中华全国律师协会
律师业务操作指引

ACLA
GUIDELINE FOR LEGAL PRACTICE

①

中华全国律师协会 / 编

图书在版编目(CIP)数据

中华全国律师协会律师业务操作指引①/中华全国律师协会编.—北京:北京大学出版社,2009.8
ISBN 978-7-301-15512-7

Ⅰ.中… Ⅱ.中… Ⅲ.律师业务-中国 Ⅳ.D926.5

中国版本图书馆 CIP 数据核字(2009)第 121161 号

书　　　名:	中华全国律师协会律师业务操作指引①
著作责任者:	中华全国律师协会　编
责 任 编 辑:	曾　健
标 准 书 号:	ISBN 978-7-301-15512-7/D·2358
出 版 发 行:	北京大学出版社
地　　　址:	北京市海淀区成府路 205 号　100871
网　　　址:	http://www.pup.cn
电　　　话:	邮购部 62752015　发行部 62750672　编辑部 62117788
	出版部 62754962
电 子 邮 箱:	law@pup.pku.edu.cn
印　刷　者:	北京中科印刷有限公司
经　销　者:	新华书店
	720 毫米×1020 毫米　16 开本　49.75 印张　1000 千字
	2009 年 8 月第 1 版　2019 年 12 月第 17 次印刷
定　　　价:	88.00 元

未经许可,不得以任何方式复制或抄袭本书之部分或全部内容。
版权所有,侵权必究
举报电话:010-62752024　电子邮箱:fd@pup.pku.edu.cn

出版说明

拓展与规范法律服务,是党和政府对律师工作的一项重要要求,也是各级司法行政机关和律师协会的重要工作之一。随着律师业务领域的不断扩展和深化,社会对律师服务专业化的要求愈来愈高。规范律师执业行为,防范律师执业风险,加强对律师业务指导的重要性逐渐凸显。作为律师行业的自律性组织,中华全国律师协会一直致力于业务规范体系建设,并以专业委员会为依托开展业务规范和指引的课题研究和编写工作,先后发布了 20 件业务规范和业务指引,包括 1997—2003 年期间发布的《律师办理刑事案件规范》、《律师法律顾问工作规则》、《律师参与仲裁工作规则》、《律师从事证券法律业务规范》。

全国律协各专业委员会根据律师业务的大致分类和发展趋势,对编写律师业务规范和指引提出了框架建议和工作规划,组建了课题组。在具体的起草工作中,各委员会注意总结广大律师的实践经验,以法律法规和司法解释为准绳,从程序和实体的结合上开展课题工作,付出了很多艰辛,也使得更多的人能分享优秀律师的经验与教训之荟萃。

本书收录了中华全国律师协会近几年正式发布的律师业务操作指引 16 个,分别由全国律协民事专业委员会、经济专业委员会、海商海事专业委员会负责起草。这些指引是:

律师办理国有企业改制与相关公司治理业务操作指引

律师办理有限责任公司收购业务操作指引

律师办理风险投资与股权激励业务操作指引

律师担任破产管理人业务操作指引

律师办理农民专业合作社设立及相关治理业务操作指引

律师办理合同审查业务操作指引

律师办理土地法律业务操作指引

律师办理拆迁法律业务操作指引

律师办理建设工程法律业务操作指引

律师为买受人提供商品房买卖合同法律服务操作指引

律师为开发商提供商品房买卖合同法律服务操作指引
律师办理二手房买卖合同业务操作指引
律师办理物业管理法律业务操作指引
律师办理基础设施特许经营法律业务操作指引
律师办理婚姻家庭法律业务操作指引
律师承办海商海事案件业务操作指引

需要说明的是，由于法规和司法解释的不断出台，我们编写规范或指引的工作总有"时差"难追之憾，有的业务指引出现了与现行法律法规不一致的情况，对此，我们尽可能进行了修订和补充。对来不及修订补充的给出了提示。

还须说明的是，本书所收录的律师业务指引仅仅是对律师执业活动的参考和提示，不能以此作为判定律师执业是否尽职合规的依据，更不能作为追究律师责任的依据。

必须特别指出的是，这些指引的编写得到北京、上海、广东、浙江等地律师协会的大力支持，有的指引就是以他们制定的规范或指引为基础或蓝本而成的。其实，很多地方的律师协会在规范和指引律师执业活动方面做了大量的工作，取得了很好的成果。应该说，所有这些成果都是各地律师执业活动的总结和归纳，共同构成了中国律师行业的业务规范、标准和指引体系。我们认为今后也有必要对此加以整理汇集。

律师业务指引和规范是一个开放的体系。除了这次编选的16个业务指引外，我们还将对以前发布的律师业务规范和指引进行修改，今后也将根据律师业务发展状况，推出新的律师业务规范和指引。

希望这本书既能对提高律师专业素质，引领律师进入新的业务领域，规范律师执业行为，防范律师执业风险，为广大律师更好地履行社会主义法律工作者的职责，更好地为国家经济建设、社会发展、百姓需求提供法律服务而发挥作用，也能使非律师读者从中管窥律师的工作过程和执业逻辑。

最后，谨对北京市、上海市、广东省、浙江省等律师协会致以谢意。

由于涉及业务种类较多，起草工作时间跨度长，加上修订时间仓促，对本书中存在的不足，敬请读者批评指正。

中华全国律师协会
2009 年 8 月

目 录

1 中华全国律师协会律师办理国有企业改制与相关公司治理业务操作指引 …… 1
2 中华全国律师协会律师办理有限责任公司收购业务操作指引 ………………… 25
3 中华全国律师协会律师办理风险投资与股权激励业务操作指引 ……………… 35
4 中华全国律师协会律师担任破产管理人业务操作指引 ………………………… 57
5 中华全国律师协会律师办理农民专业合作社设立及相关治理业务操作指引 … 83
6 中华全国律师协会律师办理合同审查业务操作指引 …………………………… 99
7 中华全国律师协会律师办理土地法律业务操作指引 …………………………… 107
8 中华全国律师协会律师办理拆迁法律业务操作指引 …………………………… 227
9 中华全国律师协会律师办理建设工程法律业务操作指引 ……………………… 255
10 中华全国律师协会律师为买受人提供商品房买卖合同法律服务操作指引 … 350
11 中华全国律师协会律师为开发商提供商品房买卖合同法律服务操作指引 … 488
12 中华全国律师协会律师办理二手房买卖合同业务操作指引 ………………… 633
13 中华全国律师协会律师办理物业管理法律业务操作指引 …………………… 643
14 中华全国律师协会律师办理基础设施特许经营法律业务操作指引 ………… 672
15 中华全国律师协会律师办理婚姻家庭法律业务操作指引 …………………… 710
16 中华全国律师协会律师承办海商海事案件业务操作指引 …………………… 737

附录1 中华全国律师协会关于律师办理群体性案件指导意见 …………………… 764
附录2 中华全国律师协会关于为应对国际金融危机、保持经济平稳较快发展
      提供优质法律服务的指导意见 ……………………………………………… 768
附录3 中华全国律师协会关于律师为"三农"提供优质法律服务、促进农村经
      济、社会和谐发展的指导意见 ……………………………………………… 771

详 目

1 中华全国律师协会律师办理国有企业改制与相关公司治理业务操作指引 …………………… 1

总　则 ………………………………… 1
第一章　国有企业改制业务 ……… 3
　第一节　尽职调查与编制
　　　　　《尽职调查报告》 ……… 3
　第二节　编制《改制方案》与
　　　　　《职工安置方案》 ……… 6
　第三节　报批备案 ………………… 10
　第四节　产权转让与产权交易 …… 12
　第五节　政策文件的制定与
　　　　　改制辅导 ………………… 14
　第六节　工商登记 ………………… 15
第二章　相关公司治理业务 ……… 17
第三章　法律意见书 ……………… 20
附　则 ………………………………… 24

2 中华全国律师协会律师办理有限责任公司收购业务操作指引 ……………………………… 25

第一章　定义与概述 ……………… 25
第二章　收购程序概述 …………… 26
第三章　收购预备 ………………… 27
第四章　对目标公司的尽职调查 … 28

第五章　收购意向达成 …………… 30
第六章　收购执行 ………………… 31
第七章　收购合同的履行 ………… 33

3 中华全国律师协会律师办理风险投资与股权激励业务操作指引 …………………………… 35

总　则 ………………………………… 35
第一章　风险投资业务 …………… 36
　第一节　风险投资概述 …………… 36
　第二节　投资预备阶段 …………… 38
　第三节　投资意向阶段 …………… 38
　第四节　尽职调查阶段 …………… 40
　第五节　投资协议签署阶段 ……… 41
　第六节　投资协议执行阶段 ……… 43
　第七节　资本退出阶段 …………… 44
第二章　股权激励业务 …………… 46
　第一节　股权激励操作模式
　　　　　及要素 …………………… 46
　第二节　股权激励的尽职调查 …… 52
　第三节　股权激励方案的制作
　　　　　及实施 …………………… 53
　第四节　法律意见书与股权激励
　　　　　操作中的注意事项 ……… 55

4 中华全国律师协会律师担任破产管理人业务操作指引 …… 57

第一章　一般规定 …… 57
第二章　裁定受理破产清算申请后的管理人职责 …… 61
第三章　裁定重整后的管理人职责 …… 75
第四章　裁定和解后的管理人职责 …… 78
第五章　宣告破产后的管理人职责 …… 79
第六章　管理人终止执行职务 …… 81

5 中华全国律师协会律师办理农民专业合作社设立及相关治理业务操作指引 …… 83

总　则 …… 83
第一章　合作社的设立及变更 …… 85
第二章　成员权利义务的设定 …… 88
第三章　设计合作社的治理结构 …… 89
第四章　合作社各项制度的建立 …… 94
第五章　合作社清算解散阶段的法律服务 …… 96
第六章　法律政策宣讲和其他注意事项 …… 98

6 中华全国律师协会律师办理合同审查业务操作指引 …… 99

7 中华全国律师协会律师办理土地法律业务操作指引 …… 107

总　则 …… 110
第一编　律师办理土地权属登记业务操作指引 …… 112
第一章　一般规定 …… 112
第二章　土地权利设定登记过程中的律师业务 …… 113
　第一节　一般规定 …… 113
　第二节　划拨国有建设用地设定登记中的律师业务 …… 114
　第三节　出让国有建设用地设定登记中的律师业务 …… 115
　第四节　国家作价出资(入股)国有建设用地设定登记中的律师业务 …… 115
　第五节　国家租赁国有建设用地设定登记中的律师业务 …… 116
　第六节　国家授权经营国有建设用地设定登记中的律师业务 …… 116
　第七节　集体土地所有权和使用权设定登记中的律师业务 …… 116
　第八节　国有建设用地抵押权设定登记中的律师业务 …… 118
　第九节　国有建设用地出租权设定登记中的律师业务 …… 119
第三章　土地变更登记中的律师业务 …… 119
　第一节　一般规定 …… 119
　第二节　划拨国有建设用地使用权变更登记中的律师业务 …… 120
　第三节　出让、国家作价出资(入股)、国家租赁和授权经营国有建设用地使用权变更登记中的律师业务 …… 120
　第四节　集体土地所有权和使用权变更登记中的律师业务 …… 121
　第五节　土地他项权利变更登记律师业务 …… 122

第六节 名称、地址和土地用途变更登记律师业务 …… 123	第四编 律师办理建设用地使用权取得的业务操作指引 …… 145
第四章 土地注销登记中的律师业务 …… 123	第一章 一般规定 …… 145
第五章 土地权属争议业务中的律师业务 …… 125	第二章 律师办理建设用地使用权划拨业务操作指引 …… 146
第一节 一般规定 …… 125	第三章 律师办理建设用地使用权协议出让业务操作指引 …… 149
第二节 土地权属的确定 …… 125	
第三节 土地权属争议中的律师业务 …… 128	第四章 律师办理建设用地使用权招标、拍卖、挂牌出让业务操作指引 …… 150
第二编 律师办理土地征收业务操作指引 …… 128	第五章 律师办理国有土地租赁业务操作指引 …… 154
第一章 一般规定 …… 128	第六章 律师办理建设用地使用权出让合同纠纷业务操作指引 …… 157
第二章 土地征收的程序 …… 129	
第三章 征地的费用补偿和人员安置 …… 131	第五编 律师办理建设用地使用权流转业务操作指引 …… 161
第一节 征地补偿费用 …… 131	第一章 一般规定 …… 161
第二节 被征地人口的安置 …… 132	第二章 律师办理建设用地使用权转让一般业务的操作指引 …… 162
第三节 征地补偿协议 …… 133	
第四章 律师办理征地补偿安置标准听证法律业务 …… 134	第一节 对拟转让的建设用地使用权的调查与审核 …… 162
第五章 律师办理土地补偿安置标准争议协调、裁决法律业务 …… 135	第二节 建设用地使用权转让合同 …… 164
第六章 律师办理土地补偿争议行政复议法律业务 …… 137	第三节 建设用地使用权转让的风险监管 …… 165
第七章 律师办理征地补偿安置标准争议的诉讼 …… 138	第四节 建设用地使用权转让登记 …… 166
第一节 征地补偿安置争议 …… 138	第三章 律师办理国有建设用地转让特殊业务的操作指引 …… 166
第二节 征地补偿费用分配纠纷 …… 139	第一节 房地产项目转让(含在建工程转让) …… 166
第三编 律师办理土地储备业务操作指引 …… 140	第二节 项目公司股权转让 …… 174
第一章 一般规定 …… 140	第四章 律师办理建设用地使用权抵押业务的操作指引 …… 178
第二章 土地储备的基本程序 …… 141	
第三章 律师审核土地储备合同应注意的问题 …… 143	第一节 对拟设定抵押的建设用地使用权的调查与审核 …… 178

第二节　建设用地使用权抵押
　　　　　　合同 …………………… 180
　　　第三节　建设用地使用权抵押
　　　　　　登记 …………………… 181
　　　第四节　建设用地使用权抵押
　　　　　　权的实现 ……………… 181
　第五章　律师办理建设用地使用权出租
　　　　　业务的操作指引 …………… 182
　　　第一节　对拟设定出租的建设用地
　　　　　　使用权的调查与审核 …… 182
　　　第二节　建设用地使用权出租
　　　　　　合同 …………………… 184
　　　第三节　建设用地使用权出租
　　　　　　登记 …………………… 185
　第六章　律师办理建设用地使用权投资
　　　　　合作业务的操作指引 ……… 185
　　　第一节　对拟投资的建设用地使用
　　　　　　权及投资合作项目的调查
　　　　　　与审核 ………………… 185
　　　第二节　建设用地使用权投资合作
　　　　　　合同 …………………… 187
　　　第三节　投资合作中建设用地使用
　　　　　　权的流转 ……………… 188
　　　第四节　建设用地使用权投资合作
　　　　　　常见问题处理 …………… 189
第六编　律师办理涉外土地法律业务
　　　　操作指引 ……………………… 191
　第一章　一般规定 …………………… 191
　第二章　境外投资者以出让方式取得
　　　　　建设用地使用权 …………… 193
　　　第一节　外商参与建设用地使用权
　　　　　　招标、拍卖、挂牌的特殊
　　　　　　要求 …………………… 193
　　　第二节　外商取得建设用地使用权
　　　　　　投资设立房地产开发企业
　　　　　　………………………… 193

　第三章　外资并购境内房地产开发
　　　　　企业 ………………………… 195
　　　第一节　境外投资者并购的一般
　　　　　　要求 …………………… 195
　　　第二节　外资股权并购境内房地产
　　　　　　开发企业的审批 ………… 196
　　　第三节　外资资产并购境内房地产
　　　　　　开发企业的审批 ………… 197
　第四章　其他涉外土地法律业务 …… 197
　　　第一节　外商投资项目核准 …… 197
　　　第二节　外商投资企业审批
　　　　　　权限 …………………… 199
　　　第三节　外商投资企业境内
　　　　　　再投资的审批 …………… 200
　　　第四节　外商投资房地产企业
　　　　　　备案 …………………… 201
第七编　律师办理农村集体土地使用权
　　　　业务操作指引 ……………… 202
　第一章　概述 ………………………… 202
　　　第一节　农村集体土地的法律
　　　　　　制度 …………………… 202
　　　第二节　耕地保护制度 ………… 203
　　　第三节　基本概念界定 ………… 204
　第二章　农村集体建设用地 ………… 205
　　　第一节　农村集体建设用地
　　　　　　使用权 ………………… 205
　　　第二节　农村集体建设用地使用权
　　　　　　的流转 ………………… 207
　　　第三节　非农建设用地 ………… 209
　第三章　农村宅基地 ………………… 212
　第四章　农村土地承包经营权 ……… 213
　　　第一节　土地承包经营权 ……… 214
　　　第二节　农村土地承包经营权的
　　　　　　具体流转 ……………… 215
　　　第三节　土地承包经营权的纠纷
　　　　　　及解决 ………………… 219

第五章　城中村改造的法律问题 …… 219
　第一节　城中村改造中的法律
　　　　　关系 …… 220
　第二节　城中村改造过程中的
　　　　　法律业务 …… 223
附　则 …… 226

8 中华全国律师协会律师办理拆迁法律业务操作指引 …… 227

总　则 …… 228
第一章　房屋拆迁前期准备中的律师
　　　　实务 …… 230
　第一节　一般规定 …… 230
　第二节　律师代理拆迁人、拆迁单位在
　　　　　房屋拆迁前期准备阶段的工作
　　　　　及应当注意的问题 …… 230
　第三节　律师代理被拆迁人、房屋
　　　　　承租人在城市房屋拆迁
　　　　　前期准备阶段的工作 …… 232
第二章　房屋拆迁评估中的律师
　　　　实务 …… 233
　第一节　一般规定 …… 233
　第二节　拆迁估价机构的确定 …… 233
　第三节　拆迁估价过程中律师法律
　　　　　业务的工作内容 …… 234
第三章　房屋拆迁补偿与安置中的律师
　　　　实务 …… 236
　第一节　一般规定 …… 236
　第二节　拆迁补偿安置协议 …… 237
　第三节　被拆迁房屋面积的
　　　　　确定 …… 238
　第四节　被拆迁房屋补偿安
　　　　　置标准 …… 238
　第五节　特殊对象的补偿与
　　　　　安置 …… 240

　第六节　货币补偿款的分配 …… 241
第四章　房屋拆迁行政裁决过程中的
　　　　律师实务 …… 243
　第一节　一般规定 …… 243
　第二节　裁决申请与受理阶段 …… 243
　第三节　裁决审理阶段 …… 245
　第四节　行政强制执行阶段 …… 246
第五章　农村房屋拆迁中的律师
　　　　实务 …… 247
　第一节　一般规定 …… 247
　第二节　集体土地的征收征用及
　　　　　补偿 …… 247
　第三节　农村房屋拆迁补偿
　　　　　安置 …… 248
　第四节　农村房屋拆迁评估 …… 250
第六章　行政复议与诉讼中的律师
　　　　实务 …… 251
　第一节　拆迁行政复议 …… 251
　第二节　拆迁诉讼 …… 252
　第三节　律师在拆迁诉讼中的
　　　　　举证 …… 253
附　则 …… 254

9 中华全国律师协会律师办理建设工程法律业务操作指引 …… 255

第一章　总则 …… 256
第二章　建设工程招、投标 …… 257
　第一节　一般规定 …… 257
　第二节　招标 …… 258
　第三节　投标 …… 264
　第四节　开标、评标和中标 …… 266
　第五节　招标投标活动投诉
　　　　　处理 …… 271
第三章　建设工程合同的订立 …… 273
　第一节　合同的类型 …… 273

第二节　合同主体适格性·············· 278
　　第三节　合同的主要内容·············· 279
　　第四节　合同各方的主要权利和
　　　　　　义务 ························ 284
　　第五节　与合同订立有关的其他
　　　　　　事项 ························ 286
第四章　建设工程合同的履行············ 288
　　第一节　一般规定 ···················· 288
　　第二节　合同交底 ···················· 289
　　第三节　建设工程工期管理·········· 290
　　第四节　建设工程施工安全
　　　　　　管理 ························ 294
　　第五节　建设工程材料、设备
　　　　　　的供应 ······················ 296
　　第六节　建设工程签证与索赔
　　　　　　管理 ························ 297
　　第七节　建设工程工程款的
　　　　　　确认和支付·················· 300
　　第八节　建设工程质量管理·········· 301
　　第九节　建设工程竣工验收·········· 303
　　第十节　建设工程造价················ 306
　　第十一节　建设工程保修············· 309
　　第十二节　建设工程勘察、设计、
　　　　　　　监理合同的履行·········· 311
第五章　建设工程合同的争议解决······ 313
　　第一节　建设工程合同效力的
　　　　　　认定 ························ 313
　　第二节　建设工程合同的法定
　　　　　　解除 ························ 315
　　第三节　建设工程合同常见纠纷
　　　　　　 ······························ 317
　　第四节　建设工程合同纠纷的处理
　　　　　　方式 ························ 323
　　第五节　涉及建设工程价款、质量、
　　　　　　工期纠纷的司法鉴定······· 330
第六章　其他···································· 333
　　第一节　律师尽职调查················ 333
　　第二节　建设工程价款优先
　　　　　　受偿权 ······················ 342
　　第三节　FIDIC 合同条件············· 343
第七章　附则·································· 348

10 **中华全国律师协会律师为买受人提供商品房买卖合同法律服务操作指引**············ 350

总　则 ··· 352
第一编　律师为买受人提供商品房
　　　　买卖合同非诉讼法律服务的
　　　　操作指引 ···························· 354
　第一章　商品房买卖合同订立前的
　　　　　法律服务 ·························· 354
　　第一节　商品房买卖合同订立前
　　　　　　的审核与调查··············· 354
　　第二节　商品房销售广告
　　　　　　——要约与要约邀请······ 358
　　第三节　商品房买卖合同的认购书
　　　　　　与定金 ······················ 360
　第二章　商品房买卖合同的签订、成立、
　　　　　生效、登记与备案············
　　第一节　合同对商品房基本情况的
　　　　　　约定 ························ 364
　　第二节　合同对商品房面积和价格
　　　　　　的约定 ······················ 367
　　第三节　合同对业主的建筑物区分
　　　　　　所有权的相关约定········· 369
　　第四节　合同对质量标准与维修
　　　　　　的约定 ······················ 371
　　第五节　合同对精装修标准与
　　　　　　样板房的约定··············· 373
　　第六节　合同对付款方式与付款
　　　　　　期限的约定·················· 374

第七节 合同对设计变更与规划变更的约定 …………… 375
第八节 合同对商品房交付条件、交付程序及权属登记的约定 …………… 376
第九节 合同对违约责任的约定 …………… 378
第十节 合同对争议解决的约定 …………… 379
第十一节 商品房买卖合同的成立、生效、登记与备案 …………… 381
第三章 商品房买卖合同的无效情形 …………… 383
第四章 商品房买卖合同的履行、变更、转让、解除、终止 …………… 386
　第一节 商品房买卖合同的履行 …………… 386
　第二节 商品房买卖合同的变更 …………… 389
　第三节 商品房买卖合同的转让 …………… 392
　第四节 商品房买卖合同的解除 …………… 393
　第五节 商品房买卖合同的终止 …………… 397
第五章 律师提供法律服务时不同类型商品房的区分及要点 …… 398
第六章 商品房买卖合同中的按揭 …… 400
第七章 商品房交付时间、交接(交付程序)与初始登记(大产权证)、买受人房屋所有权证(小产权证)的办理与取得 …………… 411
　第一节 商品房交付时间 ………… 411
　第二节 商品房交接(交付程序) …………… 412
　第三节 买受人房屋所有权证(小产权证)的办理与取得 …… 415

第四节 物权取得风险(商铺、住宅与建设工程优先受偿) …………… 416
第八章 诉讼、仲裁前的调解 ……… 418
第九章 律师为买受人提供非诉讼法律服务时自身风险的防范及相关内容 …………… 420
　第一节 律师与委托方签订、履行委托协议及相关内容 …… 420
　第二节 律师为委托方提供法律服务时的操作程序 ……… 425
　第三节 律师为买受人提供法律服务的基本模式及内容 …………… 426
　第四节 律师执业风险提示 ……… 428
第二编 律师为买受人提供商品房买卖合同诉讼法律服务的操作指引 …………… 429
第一章 诉讼与仲裁的一般规定 …… 429
　第一节 诉讼 …………………… 429
　第二节 仲裁 …………………… 441
第二章 商品房买卖合同纠纷的类型 …………… 446
　第一节 商品房买卖合同订立前的纠纷及其处理 …………… 446
　第二节 商品房买卖合同签订与成立时的纠纷及其处理 …………… 451
　第三节 商品房买卖合同效力的纠纷及其处理 …………… 463
　第四节 商品房买卖合同履行、变更、转让、解除、终止中的纠纷及处理 …………… 469
　第五节 商品房交付与买受人房屋所有权证(小产权证)取得的纠纷及其处理 …… 473
　第六节 不同类型商品房的纠纷及处理 …………… 475

第七节　商品房买卖合同中按揭
　　　　纠纷及其处理………… 478
第三章　律师提供商品房买卖合同诉讼
　　　　法律服务的执业风险提示及
　　　　相关内容……………… 482
　第一节　诉讼委托合同的签订…… 482
　第二节　律师的执业风险提示…… 483
附　则…………………………… 486

11 中华全国律师协会律师为开发商
提供商品房买卖合同法律服务
操作指引…………………… 488

总　则…………………………… 490
第一编　律师为开发商提供商品房
　　　　买卖合同非诉讼法律服务的
　　　　操作指引………………… 492
第一章　商品房买卖合同订立前的非
　　　　诉讼法律服务…………… 492
　第一节　商品房买卖合同订立前的
　　　　　审核与调查…………… 492
　第二节　商品房销售广告——要约
　　　　　与要约邀请…………… 495
　第三节　商品房买卖合同的认购书
　　　　　与定金………………… 498
第二章　商品房买卖合同的签订、成立、
　　　　生效、登记与备案……… 501
　第一节　合同对商品房基本情况的
　　　　　约定…………………… 501
　第二节　合同对商品房面积和价格
　　　　　的约定………………… 504
　第三节　合同对业主的建筑物区分
　　　　　所有权的约定………… 507
　第四节　合同对质量标准与维修的
　　　　　约定…………………… 509
　第五节　合同对精装修标准与样板
　　　　　房的约定……………… 511

　第六节　合同对付款方式与付款期限
　　　　　的约定………………… 513
　第七节　合同对设计变更与规划变更
　　　　　的约定………………… 514
　第八节　合同对商品房交付条件、
　　　　　交付程序及权属登记
　　　　　的约定………………… 514
　第九节　合同对违约责任的
　　　　　约定…………………… 516
　第十节　合同对争议解决的
　　　　　约定…………………… 518
　第十一节　商品房买卖合同的成立、
　　　　　　生效、登记与备案…… 520
第三章　商品房买卖合同无效情形… 523
第四章　商品房买卖合同的履行、变更、
　　　　转让、解除、终止……… 526
　第一节　商品房买卖合同的
　　　　　履行…………………… 526
　第二节　商品房买卖合同的
　　　　　变更…………………… 529
　第三节　商品房买卖合同的
　　　　　转让…………………… 532
　第四节　商品房买卖合同的
　　　　　解除…………………… 533
　第五节　商品房买卖合同的
　　　　　终止…………………… 536
第五章　律师提供法律服务时不同类型
　　　　商品房的区分及要点…… 538
第六章　商品房买卖合同中的按揭…… 539
第七章　商品房交付时间、交接(交付程序)
　　　　与初始登记(大产权证)、买受人
　　　　房屋所有权证(小产权证)的办理
　　　　与取得………………… 551
　第一节　商品房交付时间………… 551
　第二节　商品房交接(交付
　　　　　程序)………………… 552
　第三节　初始登记的办理………… 554

第四节　买受人房屋所有权证(小产
　　　　　　权证)的办理与取得 …… 556
　　第五节　物权取得风险(商铺、住宅
　　　　　　与建设工程优先受偿)
　　　　　　………………………… 557
第八章　诉讼、仲裁前的调解 ………… 558
第九章　律师为开发商提供法律服务
　　　　时自身风险的防范及相关
　　　　内容 …………………………… 560
　　第一节　律师与委托方签订、履行
　　　　　　委托协议及相关内容 …… 560
　　第二节　律师为委托方提供法律
　　　　　　服务时的操作程序 ……… 565
　　第三节　律师为开发商提供法律服务
　　　　　　的基本模式及内容 ……… 566
　　第四节　律师执业风险提示 ……… 567
第二编　律师为开发商提供商品房
　　　　买卖合同诉讼法律服务的
　　　　操作指引 ……………………… 569
第一章　诉讼与仲裁的一般规定 ……… 569
　　第一节　诉讼 ……………………… 569
　　第二节　仲裁 ……………………… 581
第二章　商品房买卖合同纠纷的
　　　　类型 …………………………… 586
　　第一节　商品房买卖合同订立阶段
　　　　　　纠纷及其处理 …………… 586
　　第二节　商品房买卖合同签订与
　　　　　　成立时的纠纷及其处理
　　　　　　………………………… 592
　　第三节　商品房买卖合同效力的
　　　　　　纠纷及其处理 …………… 605
　　第四节　商品房买卖合同履行、
　　　　　　变更、转让、解除、终止中
　　　　　　的纠纷及其处理 ………… 611
　　第五节　商品房交付与买受人房屋
　　　　　　所有权证(小产权证)取得
　　　　　　的纠纷及其处理 ………… 616

　　第六节　不同类型商品房的纠纷
　　　　　　及其处理 ………………… 619
　　第七节　商品房买卖合同中按揭纠纷
　　　　　　及其处理 ………………… 623
第三章　律师提供商品房买卖合同诉讼
　　　　法律服务的执业风险提示及
　　　　相关内容 ……………………… 627
　　第一节　诉讼委托合同的签订 …… 627
　　第二节　律师的执业风险提示 …… 627
附　　则 …………………………………… 630

12 中华全国律师协会律师办理
　　二手房买卖合同业务操作
　　指引 ………………………………… 633

13 中华全国律师协会律师办理物业
　　管理法律业务操作指引 ………… 643

总　　则 …………………………………… 644
　　第一节　目的、概念、指导范围 …… 644
　　第二节　现有立法及相关规定 …… 645
第一章　律师办理建设单位委托前期
　　　　物业管理提供法律服务的
　　　　业务 …………………………… 647
　　第一节　前期物业服务公司的
　　　　　　选聘 ……………………… 647
　　第二节　前期物业管理服务期间
　　　　　　的业务 …………………… 649
第二章　律师办理为物业服务企业
　　　　提供法律服务的业务 ………… 651
　　第一节　律师为物业服务企业提供
　　　　　　前期物业管理法律服务 … 651
　　第二节　律师为物业服务企业提供
　　　　　　约期物业管理法律服务 … 654
第三章　律师办理为业主、业主大会及
　　　　业主委员会提供法律服务
　　　　的业务 ………………………… 659

第一节 律师为业主大会的成立
       和业主委员会的选举产生
       提供法律服务……………… 659
第二节 律师办理为业主、业主大会
       及业主委员会运作提供法律
       服务的业务 ……………… 663
第四章 物业专项维修资金
       （基金）………………………… 664
第一节 物业专项维修资金的交纳
       与续筹 …………………… 664
第二节 物业专项维修资金的
       使用 ……………………… 665
第五章 物业管理纠纷 ……………… 666
第一节 物业管理纠纷范围、分类
       及特点 …………………… 666
第二节 物业管理纠纷的
       处理 ……………………… 668
附　则 …………………………………… 671

14 中华全国律师协会律师办理
      基础设施特许经营法律业务
      操作指引 …………………… 672

总　则 …………………………………… 673
第一章 项目立项阶段法律服务 …… 675
第一节 项目立项 ………………… 675
第二节 项目发起人的主体
       资格 ……………………… 677
第二章 项目投资人招投标阶段法律
       服务 ………………………… 678
第一节 为项目发起人提供的法律
       服务 ……………………… 678
第二节 为投标人提供的法律
       服务 ……………………… 684
第三章 特许经营协议内容审查
       法律服务 …………………… 686

第一节 特许经营权 ……………… 686
第二节 履约担保 ………………… 687
第三节 融资 ……………………… 688
第四节 土地使用权 ……………… 689
第五节 项目建设 ………………… 690
第六节 项目设施运营与维护 …… 690
第七节 项目发起人购买服务 …… 692
第八节 项目设施移交 …………… 693
第九节 特许经营协议终止、变更
       和转让 …………………… 695
第四章 特许经营项目投资建设阶段
       法律服务 …………………… 698
第一节 为项目公司提供的法律
       服务 ……………………… 698
第二节 为项目发起人提供的法律
       服务 ……………………… 699
第五章 特许经营项目运营阶段法律
       服务 ………………………… 700
第一节 为项目公司提供的法律
       服务 ……………………… 700
第二节 为项目发起人提供的法律
       服务 ……………………… 701
第六章 项目移交阶段法律服务 …… 702
第一节 项目移交委员会 ………… 702
第二节 项目移交条件审查 ……… 702
第三节 项目移交内容 …………… 704

15 中华全国律师协会律师办理婚姻
      家庭法律业务操作指引 ……… 710

总　则 …………………………………… 711
第一章 案件的受理 ………………… 712
第一节 律师接待咨询 …………… 712
第二节 律师接受委托 …………… 715
第三节 涉外及涉港澳台案件的
       委托 ……………………… 716

  第四节 收费 …………………… 719
第二章 立案前的准备 …………… 719
  第一节 立案前准备工作的
      内容 …………………… 719
  第二节 证据的收集整理 ……… 720
  第三节 调解 …………………… 726
第三章 立案及开庭前阶段 ……… 727
第四章 一审诉讼程序 …………… 729
第五章 二审诉讼程序 …………… 732
第六章 其他特别程序 …………… 732
第七章 结案后的工作 …………… 733
第八章 非诉讼业务 ……………… 733
  第一节 律师代写法律文书 …… 733
  第二节 律师提供其他非诉法律
      服务 …………………… 735
附 则 ……………………………… 736

16 **中华全国律师协会律师承办海商海事案件业务操作指引** ……… 737

总 则 ……………………………… 738
第一章 接受委托 ………………… 738
第二章 律师代理海商海事诉讼案件的
     一般事项 ………………… 740
  第一节 诉前准备 ……………… 740
  第二节 调查取证 ……………… 741
  第三节 起诉和应诉 …………… 742
  第四节 一审庭审 ……………… 743
  第五节 二审庭审 ……………… 745
  第六节 再审庭审 ……………… 745
  第七节 和解、调解 …………… 746
第三章 律师代理具体类型的海商海事
     诉讼案件 ………………… 746
  第一节 海上货物运输案件 …… 746
  第二节 沿海、内河水路货物
      运输案件 ……………… 750
  第三节 海上保险合同案件 …… 751
  第四节 船舶碰撞案件 ………… 752
  第五节 海上人身伤亡案件 …… 753
  第六节 船舶油污案件 ………… 754
  第七节 海事赔偿责任限制基金
      案件 …………………… 755
  第八节 其他海商海事诉讼特别
      程序案件 ……………… 756
第四章 律师代理海商海事仲裁
     案件 ……………………… 760
第五章 律师代理海商海事执行
     案件 ……………………… 761
附 则 ……………………………… 763

附录1 中华全国律师协会关于律师办理群体性案件指导意见 ……………………… 764

附录2 中华全国律师协会关于为应对国际金融危机、保持经济平稳较快发展提供优质法律服务的指导意见 ……………… 768

附录3 中华全国律师协会关于律师为"三农"提供优质法律服务、促进农村经济、社会和谐发展的指导意见 …… 771

中华全国律师协会
律师办理国有企业改制与相关公司治理业务操作指引

目 录

总 则 / 1

第一章 国有企业改制业务 / 3
 第一节 尽职调查与编制《尽职调查报告》/ 3
 第二节 编制《改制方案》与《职工安置方案》/ 6
 第三节 报批备案 / 10
 第四节 产权转让与产权交易 / 12
 第五节 政策文件的制定与改制辅导 / 14
 第六节 工商登记 / 15

第二章 相关公司治理业务 / 17

第三章 法律意见书 / 20

附 则 / 24

总 则

第1条 宗旨

为指导律师承办国有企业改制与相关公司治理业务,规范律师执业行为,保障律师依法履行职责,充分发挥律师在国有企业改制与公司治理中的作用,依据《中华人民共和国公司法》(以下简称《公司法》)、《关于进一步规范国有企业改制工作的实施意见》(以下简称"60号文")、《企业国有产权转让管理暂行办法》(以下简称"3号令")及其他相关法律、法规、规章和国家关于规范国有企业改制的规范性政策文件(以下简称"规范性政策文件")的规定,制定本指引。

第2条 定义及业务范围

2.1 本指引所称律师承办国有企业改制与相关公司治理业务,是指律师事务所接受改制企业、产权持有单位、其他改制当事人的委托,指派律师为委托人提供与国有企业改制相关的法律服务,协助改制后的企业建立和完善现代企业制度及法人治理结构。

2.2 律师承办国有企业改制业务包括但不限于下列范围:

2.2.1 开展尽职调查,编制《尽职调查报告》;

2.2.2 协助产权持有单位或改制企业完成国有产权界定的工作,代理产权持有单位或改制企业处理国有产权方面的纠纷;

2.2.3 制作《改制方案》、《职工安置方案》,涉及国有产权转让的,制作《国有产权转让方案》;

2.2.4 编制各类规范性法律文书,参与谈判,审核其他交易方提供的材料或法律文件;

2.2.5 依法对产权持有单位或改制企业报批的《改制方案》、《国有产权转让方案》出具《法律意见书》,涉及职工安置的,一并发表意见;

2.2.6 对改制企业的职工(代表)大会、董事会、股东(大)会进行见证并出具见证意见,协助完成国有企业各项内部审核与批准程序;

2.2.7 协助改制方案、国有产权转让方案的实施和完成产权交易工作,协助公司或企业办理工商变更登记手续。

2.3 律师承办相关公司治理业务包括但不限于下列内容:

2.3.1 协助改制后的公司制企业完善公司治理结构;

2.3.2 协助改制后的公司制企业建立规章制度;

2.3.3 协助改制后的公司制企业健全激励约束机制;

2.3.4 协助改制后的公司制企业完善公司董事诚信体系建设;

2.3.5 协助改制后的公司制企业完善外部治理体系,有效防范法律风险。

第3条 特别事项

3.1 本指引旨在向律师提供办理国有企业改制和相关公司治理业务方面的经验,而非强制性规定,供律师在实践中参考。

3.2 律师从事国有企业改制和相关公司治理业务,依据法律、法规、规章和规范性政策文件,在委托人的授权范围内,独立进行工作。

3.3 律师以律师事务所名义与委托人订立书面的《法律服务合同》,明确约定委托事项、承办人员、提供服务的方式和范围、双方的权利和义务以及收费金额等事项。

律师可以主协调人身份全程参与国企改制与公司治理过程,依据委托人的授权,全面主导改制工作组的活动,安排会计师事务所、资产评估机构等中介机构的相关工作,协调各中介机构的活动,以充分发挥律师在国企改制与公司治理中的作用。

3.4 律师从事与国有企业改制与相关公司治理业务有关的法律服务时,可参照本指引执行。

第一章
国有企业改制业务

第一节 尽职调查与编制《尽职调查报告》

第4条 本指引所称尽职调查,专指法律尽职调查,即在国有企业改制过程中,律师依据改制企业的改制、产权交易等计划,通过对相关资料、信息以及其他事实情况的收集,从法律或规范性政策文件的角度进行调查、研究、分析和判断。

第5条 律师开展尽职调查应当遵循三个基本原则:

5.1 独立性原则。律师开展尽职调查,应当独立于委托人意志,独立于审计、评估等其他中介机构。

5.2 审慎原则。在尽职调查过程中,律师应持审慎的态度,保持合理怀疑。

5.3 专业性原则。在尽职调查过程中,律师应当结合自身优势从法律角度作出专业的判断。

5.4 避免利益冲突原则。律师应履行利益冲突审查义务,在提供服务过程中或服务结束后不应利用获悉的相关信息获取任何利益,也不应在提供服务过程中,代理与产权持有单位或改制企业有直接或间接利益冲突关系的单位或个人的任何诉讼或非诉讼事务。

第6条 律师开展尽职调查,应要求被调查对象在合理或约定时间内向律师提供真实、完整的资料原件或与原件审核一致的复印件。

律师通过对相关被调查人进行口头询问,或对被调查事项进行现场勘查等方式了解情况。律师制作的谈话记录、现场勘查记录等文件材料,除非有相关人员或部门的书面保证或书面证明,否则不能作为制作《尽职调查报告》的依据。

第7条 律师开展尽职调查,一般应当涉及下列事项:

7.1 对"设立、沿革和变更情况"的核查,应包括但不限于下列文件(必要时需要辅之以企业工商登记的查询资料):

7.1.1 改制企业的营业执照;

7.1.2 改制企业历次变更的章程及目前有效的章程;

7.1.3 与改制企业设立相关的政府有权部门的批文;

7.1.4 与业务经营相关的批准、许可或授权;

7.1.5 企业取得的资格认定证书,如业务经营许可证等;

7.1.6 企业变更登记事项的申请与批准文件;

7.1.7 审计、评估报告;
7.1.8 股东会、董事会的会议记录和决议;
7.1.9 企业分支机构和企业对外投资证明;
7.1.10 税务登记证以及有关税收优惠情况说明及批文;
7.1.11 外汇登记证;
7.1.12 海关登记证明;
7.1.13 企业已经取得的优惠政策的相关证明文件;
7.1.14 其他相关证明文件。
7.2 对"基本运营结构"的核查,应包括但不限于下列文件:
7.2.1 企业目前的股本结构或出资人出资情况的说明;
7.2.2 有关企业目前的管理结构、薪酬体系的文件;
7.2.3 有关企业内部管理制度与风险控制制度的文件。
7.3 对"股权情况"的核查,应包括但不限于下列文件:
7.3.1 有关企业的股权结构及其演变过程的证明文件;
7.3.2 股权有无质押或其他形式权利行使障碍的证明文件;
7.3.3 有关股东出资方式、出资金额的证明文件;
7.3.4 股东以非货币财产出资的财产权属证明文件及权属变更登记文件。
7.4 对"有形资产情况"的核查,应包括但不限于下列文件:
7.4.1 企业及其附属机构房屋产权及重要设备的清单;
7.4.2 企业及其附属机构有关房屋及重要设备租赁的文件;
7.4.3 企业及其附属机构有关海关免税的机械设备(车辆)的证明文件;
7.4.4 企业其他有形资产的清单及权属证明文件。
7.5 对"土地使用权及其他无形资产情况"的核查,应包括但不限于下列文件:
7.5.1 企业及其附属机构对各项软件、产品等无形资产所拥有的知识产权清单,包括专利、商标、版权及其他知识产权;
7.5.2 所有与知识产权有关的注册登记证明及协议;
7.5.3 企业及其附属机构土地使用权证、租赁土地的协议;
7.5.4 企业及其附属机构签署的重大知识产权或专有技术相关协议。
7.6 对改制企业所签署或者有关联关系的"重大合同情况"的核查,应包括但不限于下列文件:
7.6.1 任何与企业及其附属机构股权有关的合同;
7.6.2 任何在企业及其附属机构的动产或不动产设定的所有抵押、质押、留置权等担保权益或其他与权益限制相关的合同;
7.6.3 企业及其关联机构的兼并、分立、合并、歇业、清算、破产的相关合同;
7.6.4 企业及其附属机构签署的所有重要服务协议;

7.6.5 企业及其附属机构签署的所有重要许可协议、特许安排及附有条件的买卖合同；

7.6.6 企业及其附属机构签署的所有重要能源与原材料或必需品的供应合同；

7.6.7 企业及其附属机构签署的重大保险合同；

7.6.8 企业及其附属机构改制前签署的任何与合并、联合、重组、收购或出售有关的重要文件；

7.6.9 企业及其附属机构与主要客户签订的其他与其经营有重大影响的合同；

7.6.10 其他重要合同，如联营合同、征用土地合同、大额贷款或拆借合同、重大承包经营、租赁经营合同或投资参/控股及利润共享的合同或协议等。

7.7 对改制企业"重大债权债务"的核查，应包括但不限于下列文件：

7.7.1 有关公司应收款、其他应收款的真实性及完整性；

7.7.2 应付款项是否与业务相关，有无异常负债；

7.7.3 有无其他或有事项；

7.7.4 有无提供抵押担保的债权债务及具体情况；

7.7.5 有无因债权债务事项而可能引发的纠纷等。

7.8 律师需要调查改制企业所涉及的"重大法律纠纷、行政处罚等情况"的，应包括但不限于下列文件：

7.8.1 企业未了结的诉讼、仲裁、行政处罚、索赔要求及政府部门之调查或质询的详细情况；

7.8.2 企业违反或被告知违反卫生、防火、建筑、规划、安全、环保等方面之法律、法规、通知的情况；

7.8.3 企业所知晓的将来可能涉及诉讼、仲裁、行政处罚、索赔要求、政府部门的调查或质询的事实。

7.9 律师需要调查改制企业"人员基本情况"的，应包括但不限于下列文件：

7.9.1 企业高级管理人员的基本情况；

7.9.2 企业和职工签订的劳动合同样本；

7.9.3 企业工会组织的情况和与工会签订的集体劳动合同或协议；

7.9.4 企业职工福利政策；

7.9.5 企业缴纳社会保险费的情况。

7.10 律师还可以依据改制计划、特点与要求的不同，要求委托人以及被调查对象提供其他各类相关文件或信息。

第8条 律师开展尽职调查，应当注意下列问题：

8.1 律师应当保持与委托人以及被调查对象的良好沟通，以便将律师在调查过程中所发现的问题及解决问题的方法及时反馈给委托人。

8.2 律师应当注意同其他中介机构的配合。律师在工作中应当同其他中介机构相互配合,确保改制项目顺利完成。

8.3 律师开展尽职调查,应当认真审核、比对相关资料。如果发现相关资料存在矛盾或者不一致,应当要求委托人予以核实,也可以商请其他中介机构协助调查,或由律师再次调查,以保证尽职调查的准确性。

8.4 律师开展尽职调查,应当注意收集完整的调查资料,对于因客观原因无法获得与改制或产权转让有重大关系的文件和证据的,应当在有关法律文件中明确说明。

8.5 律师开展尽职调查,应当制作工作底稿以防范执业风险。工作底稿应当真实、完整、记录清晰并适宜长期保存。

8.6 律师开展尽职调查,应当严格履行保密义务。未经产权持有单位或改制企业同意,律师在提供服务过程中或服务结束后均不应将获悉的相关信息透露给任何第三方。

第 9 条 编制《尽职调查报告》

《尽职调查报告》一般包括下列内容:

9.1 范围与目的。明确律师开展尽职调查工作的范围以及出具尽职调查报告的目的;

9.2 律师的工作准则。律师是否根据有关法律、法规、规章和规范性政策文件,根据委托人的授权,按照律师行业公认的业务标准、道德规范和勤勉尽责精神,出具工作报告;

9.3 律师的工作程序。律师在开展尽职调查过程中的主要工作方式、工作时间以及工作流程;

9.4 相关依据。律师获取的各项书面材料和文件、谈话记录、现场勘查记录等;

9.5 正文。正文内容应当与律师的工作程序以及律师出具的调查清单所涉及的范围保持一致,如公司概况、经营情况、资产状况、知识产权、诉讼以及处罚情况等,正文部分可以分别对每一个具体问题进行确认、分析与解释;

9.6 结尾。律师对尽职调查的结果发表结论性意见。

第二节 编制《改制方案》与《职工安置方案》

第 10 条 编制《改制方案》

10.1 律师编制改制方案应当依据国家法律、法规、规章和规范性政策文件,处理好改革、发展与稳定的关系,妥善解决改制过程中遇到的问题。

10.2 改制方案一般包括下列内容:

10.2.1 改制企业及拟出资各方的基本情况(历史沿革、主营业务、人员结构、财务状况、近几年的经营情况、组织结构图等);

10.2.2 改制的目的、必要性和可行性;

10.2.3 改制后企业的发展前景和规划；

10.2.4 改制的基本原则；

10.2.5 拟采取的改制形式；

10.2.6 国有产权受让、资产及债务处置的方式和条件；

10.2.7 职工安置；

10.2.8 党、工、团组织关系的处理；

10.2.9 股权设置及法人治理结构；

10.2.10 改制工作的组织和领导；

10.2.11 改制实施程序和步骤。

10.3 改制方案中涉及股权设置的，根据是否处于国家重点行业和关键领域决定国有控股、参股还是退出时，律师应注意下列问题：

10.3.1 涉及国家安全和经济安全的行业、自然垄断行业、提供重要公共产品和服务的行业、资源性行业和两类企业即支柱产业和高新技术产业中的骨干企业的主业部分，国有经济应继续发挥其控制力、影响力，进行股权重组时，国有股原则上应占到相对控股地位；

10.3.2 根据规模大小决定应当采取整体改制还是主辅分离辅业改制。实施辅业改制后的国有大股东持股比例原则上不能超过75%，律师应当协助改制企业在听取国资监管机构及其所出资企业、拟出资各方和改制企业职工意见的基础上，编制股权重组方案。

10.4 改制方案中涉及"资产和债权债务处置"的，律师应注意下列问题：

10.4.1 接受委托，在清产核资、财务审计的基础上，根据产权持有单位的改制目的和改制企业的具体情况制定债权债务处置方案；

10.4.2 要求改制企业如实告知各项未结债权债务，如果债权人中的金融机构持反对或保留意见，应说明该项金融债权对本次改制的影响；

10.4.3 如涉及或有负债或正在进行的有关债权债务的诉讼、仲裁和执行情况，应重点指出或有负债及诉讼、仲裁事项对本次改制的影响。

10.5 国有企业在改制过程中如将现金补偿转为股权补偿，律师应注意下列事项：

10.5.1 选择股权补偿必须自愿，不得以保留工作岗位为条件强迫职工选择；

10.5.2 职工入股采用自然人持股形式，若人数众多，应建议采取信托方式将职工的表决权和分红权分开，强化分红权，淡化表决权，通过受托人实现表决权的集中，以提高公司治理水平和决策效率。

第 11 条 编制《职工安置方案》

11.1 律师在参与国有企业的改制与重组过程中，应熟悉《劳动法》、《劳动合同法》以及相关的法律、法规、规章和规范性政策文件。

11.2 律师应帮助改制企业按照《劳动法》、《劳动合同法》的有关规定确立和职工之间的劳动关系,建立企业自主用工、劳动者自主择业的市场化机制,妥善安置职工。

11.3 律师应防止有关各方借改制之机侵害职工利益的不法行为出现。同时律师也应谨慎处理改制中发生的各种问题,避免激化矛盾,协助企业和各级政府机关维护社会稳定。

11.4 律师在接受产权持有单位或改制企业委托后,凡是涉及职工合法权益的问题,应建议委托人听取工会或企业职工(代表)大会的意见。

11.5 律师协助产权持有单位或改制企业编制有关改制方案以前应尽可能要求进行有关职工问题的尽职调查。律师开展尽职调查,应按照本指引第一章第一节的相关要求,排除各种干扰,认真收集、审核各项资料,保证尽职调查工作的独立性、真实性和准确性。

11.6 律师应首先了解企业对改制事项的初步意见,并据此寻找尽职调查的重点:

11.6.1 律师应当了解企业改制后是否将导致转让方不再拥有控股地位。如国有股在改制或重组后的企业中不占控股地位,律师对有关职工情况进行尽职调查时,应特别注意了解拖欠工资、医药费、挪用职工住房公积金以及欠缴社会保险费等债务情况;

11.6.2 律师应当了解改制企业准备采取何种方式安置职工。如转让方希望通过一次性补偿置换职工的全民所有制企业职工身份,律师在进行尽职调查时,应要求改制企业整理并列明全体职工的基本情况,特别是职工在改制企业连续工作时间的情况,以便下一步测算职工安置费用。

11.7 律师在尽职调查时应注意搜集和研究改制企业原有的政策文件和规章制度;查阅职工(代表)大会的会议记录及决议;审阅集体合同、劳动合同以及相关协议的样本;审阅已有或正在进行的劳动争议纠纷调解、仲裁或诉讼文件,并要求改制企业提供职工基本情况以及为职工缴纳社会保险及住房公积金情况的说明。

11.8 律师在对改制企业提供的职工基本情况的尽职调查中,应具体了解下列内容:

11.8.1 职工人数、职工参加工作时间以及在改制企业连续工作时间、工资以及职务、职位的基本情况;

11.8.2 不在岗(包括内退、借调、留职停薪或以其他任何形式分流的)职工的基本情况;

11.8.3 改制企业与职工之间签订的劳动合同是否有违反法律规定的内容或条款;

11.8.4 改制企业是否存在拖欠职工工资或欠缴社会保险以及住房公积金的情况;

11.8.5 职工工伤及职业病情况；

11.8.6 职工与改制企业之间是否有已发生或可能发生的仲裁或诉讼；

11.8.7 改制后有可能受到影响或发生变更的有关福利制度；

11.8.8 改制企业的劳动纪律和规章制度是否符合《劳动法》的有关规定。

11.9 律师对于改制企业违反劳动法律、法规的情况，应建议企业及时纠正。

11.10 律师应在尽职调查的基础上帮助改制企业起草职工安置方案。职工安置方案一般应包括下列内容：

11.10.1 制定职工安置方案的指导思想、原则和政策依据；

11.10.2 企业的人员状况及分流安置意见；

11.10.3 职工劳动合同的变更、解除及重新签订办法；

11.10.4 解除劳动合同职工的经济补偿金支付办法；

11.10.5 社会保险关系接续情况；

11.10.6 拖欠职工的工资、集资款等债务和企业欠缴的社会保险费处理办法等。

11.11 对产权转让企业,特别是产权转让后国有股不再拥有控股地位的企业,律师应督促企业将职工安置方案提交职工(代表)大会讨论，并要求企业协助职工(代表)大会按法定要求表决通过职工安置方案。律师在起草改制企业国有产权转让合同时，应将职工安置方案的内容包含在内，并将职工(代表)大会通过的决议或决定作为附件，和其他改制方案一起上报有关部门批准。

11.12 律师在对国有企业改制方案出具《法律意见书》时，应对职工安置方案明确提出自己的意见。如果律师认为改制企业在职工安置过程中有任何违法或不当之处，应在保留意见中予以陈述或说明。

11.13 国有企业在改制过程中如对职工安置采取支付经济补偿金方式，律师应对该方式是否合法合规进行认真审核，其中包括：

11.13.1 经济补偿标准是否达到法定最低要求；

11.13.2 经济补偿方式是否有合法依据等。

11.14 律师在帮助改制企业确定方案时应遵守劳动法律、法规和政策，不得损害职工权益。

11.15 律师在帮助改制企业确定经济补偿方式时，除非改制企业确有困难，应首先考虑现金即时兑付方式。如果必须选择其他补偿方式时，应以双方自愿协商，特别是职工一方自愿接受为前提。

11.16 在改制企业中，下列弱势群体，需要律师在工作中予以特别关注，并在安置方案中予以考虑其实际困难和安置方式：

11.16.1 内部退养人员；

11.16.2 距法定退休年龄不到5年的在职人员；

11.16.3 因公负伤或患职业病，丧失或部分丧失劳动能力的人员；

11.16.4 职工遗属;

11.16.5 征地农民工等。

第三节 报批备案

第12条 律师接受委托,依法协助《改制方案》的报批工作。对报批程序提供咨询意见时,应注意下列问题:

12.1 国有企业改制方案存在下述情况的不得实施:

12.1.1 未按照《企业国有资产监督管理暂行条例》的规定履行决定或批准程序;

12.1.2 未按照国务院国有资产监督管理机构或省、市国有资产监督管理机构的有关规定履行决定或批准程序。

12.2 国有企业改制涉及财政、劳动保障事项的,需预先报经同级人民政府有关部门审核,批准后报国有资产监督管理机构协调审批。

12.3 国有企业改制涉及政府社会公共管理审批事项的,依照国家有关法律、法规,报经政府有关部门审批。

12.4 国有企业改制涉及由国有资产监督管理机构出资的企业改制为非国有企业的,改制方案需报同级人民政府批准。

12.5 国有企业改制涉及职工安置的,其职工安置方案须经改制企业所在地劳动保障行政部门核准。

12.6 国有企业改制涉及转让上市公司国有股权的,其审批程序按国有资产监督管理委员会(以下简称"国资委")和中国证券监督管理委员会的有关规定办理。

12.7 国有企业改制涉及转让银行资产的,其审批程序按国资委和中国银行业监督管理委员会及中国人民银行的有关规定办理。

第13条 律师接受委托,依法协助《国有产权转让方案》的报批、备案工作。律师对报批、备案程序提供咨询意见时,应注意下列操作规范:

13.1 国有企业改制涉及由国有资产监督管理机构出资的企业,其国有产权转让事项应报同级人民政府批准。

13.2 产权持有单位应按照国家有关规定,制定所属企业的国有产权转让管理办法,并报国有资产监督管理机构备案。

13.3 国有资产监督管理机构决定所出资企业的国有产权转让,其中转让行为致使国家不再拥有控股地位的,应报同级人民政府批准。

13.4 产权持有单位决定其出资的子企业的国有产权转让,其中重要子企业的重大国有产权转让事项,应当报同级国有资产监督管理机构批准。

13.5 企业国有产权转让事项经批准或决定后,如转让和受让双方需调整产权转让比例或者企业国有产权转让方案发生重大变化的,产权持有单位应当按照规定程序重新报批。

13.6 产权持有单位向改制企业经营管理者转让国有产权,必须严格执行国家3号令和《企业国有产权向管理层转让暂行规定》等有关规定。

13.7 转让国有产权的价款原则上应当一次结清。一次结清确有困难的,经产权转让双方协商一致,依法报请批准国有企业改制或批准国有产权转让的部门审批后,可采取分期付款的方式。分期付款时,首期付款不得低于总价款的30%,并在产权转让合同签署之日起5个工作日内支付;其余价款应当由受让方提供合法担保,并应当按同期银行贷款利率向转让方支付延期付款期间的利息,付款期限不超过1年。上市公司母公司转让控股股权导致股权性质发生变化的,受让方应当一次付清。

第 14 条 律师依法协助改制企业与金融机构债权人办理改制确认手续。律师对确认手续所涉及的法律问题提供咨询意见时,应注意下列操作规范:

14.1 转让企业国有产权导致转让方不再拥有控股地位的,改制企业应与债权金融机构订立书面的债权债务处置协议,或取得债权金融部门签发的同意改制确认书。

14.2 国有企业改制审批时,改制企业未征得金融机构债权人同意,未提交书面协议或确认书,不得进行改制。

第 15 条 律师可以对改制企业的清产核资、财务审计、资产评估工作提供法律服务。律师对所涉及的核准或备案程序问题提供咨询意见时,应注意下列操作规范:

15.1 产权持有单位出让国有产权的,应在清产核资和财务审计的基础上委托具有资质的资产评估机构进行资产评估。评估报告依法报经核准或者备案后,作为确定企业国有产权转让价格的参考依据。在产权交易过程中,当交易价格低于评估结果的90%时,应当暂停交易,在获得相关产权转让批准部门同意后方可继续进行。

15.2 企业改制中涉及资产损失认定与处理的,改制企业必须依据有关规定履行批准程序。

第 16 条 律师接受委托,依法协助"利用外资改组国有企业"有关事项的报批工作。律师对报批程序提供咨询意见时,应注意下列操作规范:

16.1 产权持有单位拟利用外资改组国有企业的,除应向国有资产监督管理机构提出申请外,还应参考国家有关《外商投资产业指导目录》及商务部的有关规定。

16.2 产权持有单位转让国有产权、债权或出售资产的外汇资金收入,应当凭改组申请和转让协议的批准文件及有关文件报外汇管理部门批准后结汇。

16.3 利用外资改组的改制企业通过增资扩股方式吸收外国投资者投资进行改组的,经外汇管理部门批准,可以开立外汇资本金账户,保留境外投资者投入的外汇资金。

第四节 产权转让与产权交易

第 17 条 国有产权转让与产权交易概述

17.1 本指引所称国有产权转让,是指国有资产监督管理机构、产权持有单位将所持有的企业国有产权有偿转让给境内外法人、自然人或者其他组织(以下简称受让方)的活动。

17.2 国有产权转让可以采取拍卖、招投标、网络竞价、协议转让以及国家法律、行政法规规定的其他方式进行。涉及上市公司国有股或企业法人股应在规定的证券交易市场进行;破产企业所持有的国有股权除非债务人会议另有决议,由受理破产案件的法院委托拍卖机构进行拍卖。

17.3 国有产权转让应当在依法设立的产权交易机构中公开进行,其中涉及国务院国有资产监督管理机构所出资企业的国有产权的,应在北京产权交易所、上海联合产权交易所、天津产权交易中心进行。律师介入产权交易应当遵循下列原则:

17.3.1 有利于国有资产的保值增值,防止国有资产流失;

17.3.2 使交易各方在等价有偿和诚实信用的前提下完成交易;

17.3.3 符合国家产业政策,有利于资源的优化配置;

17.3.4 有利于引进国内外资金、先进科学技术和管理经验;

17.3.5 不受地区、行业、隶属关系、企业性质的限制。

17.4 律师可以接受委托,协助委托方选择经纪会员。产权交易所一般实行会员代理交易制度,从事产权交易的转让方和受让方应当委托具有产权经纪资质的交易所经纪会员(以下简称"经纪会员")代理进行产权交易。在同一宗产权交易项目中,除下述情况外,一家经纪会员不得同时接受出让方和受让方的委托:

17.4.1 国有独资企业、事业法人下属的全资企业(事业)法人之间的产权交易;

17.4.2 其他经产权交易机构批准同意的产权交易。

第 18 条 律师可以接受委托,协助企业完成国有产权交易流程:

18.1 律师可以协助转让方或其经纪机构向产权交易机构提交以下文件:

18.1.1 《产权转让申请书》;

18.1.2 转让方和转让标的企业法人营业执照;

18.1.3 转让标的企业国有资产产权登记证;

18.1.4 转让方的内部决策文件;

18.1.5 产权转让有权批准机构同意产权转让的批复或决议;

18.1.6 转让标的企业为有限责任公司的,提交转让标的企业的股东会决议和公司章程;转让标的企业为中外合资或中外合作企业的,提交转让标的企业的董事会决议和公司章程;

18.1.7 涉及职工安置的,提交转让标的企业职工(代表)大会决议;

18.1.8 转让标的企业资产评估报告及其核准表或备案表;

18.1.9 转让标的企业审计报告;

18.1.10 律师事务所出具的法律意见书;

18.1.11 拟向转让标的企业法定代表人转让的,提交法定代表人的经济责任审计报告;

18.1.12 《产权交易委托合同》。

18.2 转让方或其经纪机构提交文件齐备后,产权交易所对文件进行形式审查,审查通过的,向转让方或其经纪机构出具《产权转让申请受理通知书》。

18.3 产权交易项目挂牌公示不少于20个工作日。通过产权交易所网站、电子显示屏及指定的各类媒体对外披露产权交易信息。信息披露内容以《产权转让申请书》内容为主;如项目属于向管理层转让,还需披露《管理层拟受让国有产权申请表》。

18.4 挂牌期间,律师可以接受意向受让方的委托,协助受让方向产权交易所提交以下文件:《产权受让申请书》、受让方的资格证明、机构法人的《企业法人营业执照》副本复印件、自然人的身份证复印件、机构法人的近期资产负债表和损益表、《产权交易委托合同》、有关此次收购的内部决议及批准情况、符合受让条件的相关文件或证明,以及按照交易规则应提交的其他文件、材料。

18.5 挂牌期满,只产生一个意向受让方的,律师应协助转让方或意向受让方与对方签订《产权交易合同》;产生两个及两个以上意向受让方,采取竞价转让的方式,如拍卖、招投标、网络竞价、评审或其他竞价程序。律师应协助转让方或意向受让方组织或参加竞价程序。

18.6 律师可以协助委托方办理产权交易结算交割,受让方将产权交易价款交产权交易所。如最终受让方属于管理层,价款应来源于管理层本人银行账户。

18.7 交易价款到账后,产权交易所审核并出具产权交易凭证。交易双方将产权交易手续费统一交纳至产权交易所并领取产权交易凭证。

18.8 律师可以代理交易的一方制作工商登记所要求的规范性文件并代理完成工商登记;向产权交易所出具工商部门变更后的公司法人营业执照和工商部门核准的公司章程,协助转让方领取产权交易价款。

第19条 律师协助产权主体或改制企业完成实施国有产权转让方案的具体内容,完成交易挂牌的相关准备工作,主要包括:

19.1 协助产权持有单位或改制企业完成申请或参加产权交易前,依据法律、公司章程及3号令的规定应当完成的内部决策、清产核资、审计和资产评估、审批或备案等相关手续。

19.2 协助产权持有单位或改制企业对受让方的资质、商业信誉、经营情况、财务状况、管理能力、资产规模等提出必要的受让条件,但所提出的受让条件不得出现具有明确指向性或违反公平竞争的内容。

19.3 在产权交易的转让方和受让方按照产权交易规则确定的交易方式成交后，律师可以协助产权持有单位或改制企业与产权交易受让方订立《产权交易合同》，并对合同内容和各项条款提出修改意见。《产权交易合同》一般应当包括下列主要内容：

19.3.1 转让与受让双方的名称与住所；

19.3.2 转让标的企业国有产权的基本情况；

19.3.3 转让标的企业涉及的职工安置方案；

19.3.4 转让标的企业涉及的债权债务处理方案；

19.3.5 转让方式及付款条件；

19.3.6 产权交割事项；

19.3.7 转让涉及的有关税费负担；

19.3.8 合同争议的解决方式；

19.3.9 合同各方的违约责任；

19.3.10 合同变更和解除的条件；

19.3.11 转让和受让双方认为必要的其他条款。

19.4 转让企业国有产权导致转让方不再拥有控股地位的，在签订产权交易合同时，律师可以协助产权持有单位或改制企业与受让方协商提出企业重组方案，包括在同等条件下对转让标的企业职工的优先安置方案。

19.5 采取协议转让方式的，律师可以协助产权持有单位或改制企业与受让方草签《产权交易合同》并按照内部决策程序进行审议，形成书面决议通过后方可正式签订合同。国有独资企业的产权转让，应当由总经理办公会议审议；国有独资公司的产权转让，应当由董事会审议；没有设立董事会的，由总经理办公会议审议。涉及职工合法权益的，律师应当建议改制企业听取转让标的企业职工（代表）大会的意见，对职工安置等事项应当经职工（代表）大会讨论通过。

19.6 通过增资扩股方式提高非国有股比例实施国企改制的，律师可以协助产权持有单位或改制企业通过产权交易所等公开方式择优选择拟出资方。

第五节 政策文件的制定与改制辅导

第20条 律师除可以为改制企业编制《改制方案》和《职工安置方案》、《国有产权转让方案》外，还可以根据改制企业的实际情况协助制定其他规范性政策文件，如土地处置方案、债权债务处置方案以及用于安置人员的资产委托管理等相关方案。

第21条 律师为企业改制拟订、编制其他规范性政策文件，应注意下列问题：

21.1 拟订决议类法律文件、公告类法律文件、协议类法律文件、当事人之间承诺或保证类法律文件，为委托人编制向政府提交用于审批、核准或备案的申请报告时，应当根据法律、法规和规范性政策文件规定的程序,在充分听取产权持有单位、改制企业或其他改制当事人意见的基础上进行。

21.2 在拟订公司章程的同时,为改制企业拟定新的规章制度,应符合改制企业建立法人治理结构的需要和要求。

21.3 拟订《集体劳动合同书》和《劳动合同书》,应依据《劳动法》、《劳动合同法》等法律、法规、规章及其他规范性政策文件。

第 22 条 律师应当为改制企业提供改制辅导,改制辅导目的是通过对《公司法》和国有企业改革政策的宣传同步实现观念更新,观念更新包含四项主要内容:培养股份制意识;形成公司治理文化;树立市场经济的理念;控股股东或出资人代表的平等意识等。改制辅导一般包括下列内容:

22.1 协助改制企业组织职工认真学习国家和所处地区有关国企改革的法律、法规、规章和规范性政策文件,通过会议动员、宣传培训、座谈讨论等形式,统一思想,形成共识。

22.2 帮助职工培养股份制意识是指实现权利意识、法律意识、财务意识、风险意识四种意识的合一。公司治理文化是一种以分权制衡为核心的和谐发展文化。制度创新以后,应以分权制衡的公司治理文化取代领导与被领导的传统国有企业文化,应以和谐发展文化取代内耗斗争文化。

第六节 工 商 登 记

第 23 条 律师应当协助改制后的企业严格按照改制方案、《公司法》、《公司登记管理条例》及工商行政管理部门的有关规定,完成新公司设立的各项准备工作。

第 24 条 公司经公司登记机关依法登记,领取《企业法人营业执照》,方取得企业法人资格。

第 25 条 设立有限责任公司,应当由全体股东指定的代表或者共同委托的代理人向公司登记机关申请名称预先核准;设立股份有限公司,应当由全体发起人指定的代表或者共同委托的代理人向公司登记机关申请名称预先核准。律师协助设立公司办理申请名称预先核准手续的,应当提交下列文件:

25.1 有限责任公司的全体股东或者股份有限公司的全体发起人签署的公司名称预先核准申请书;

25.2 全体股东或者发起人指定代表或者共同委托代理人的证明;

25.3 工商行政管理部门规定要求提交的其他文件。

第 26 条 申请设立有限责任公司,律师应当协助设立企业向公司登记机关提交下列文件:

26.1　公司法定代表人签署的设立登记申请书；
26.2　全体股东指定代表或者共同委托代理人的证明；
26.3　公司章程；
26.4　依法设立的验资机构出具的验资证明，法律、行政法规另有规定的除外；
26.5　股东首次出资是非货币财产的，应当在公司设立登记时提交已办理其财产权转移手续的证明文件；
26.6　股东的主体资格证明或者自然人身份证明；
26.7　载明公司董事、监事、经理的姓名、住所的文件以及有关委派、选举或者聘用的证明；
26.8　公司法定代表人任职文件和身份证明；
26.9　企业名称预先核准通知书；
26.10　公司住所证明；
26.11　工商行政管理部门规定要求提交的其他文件。

法律、行政法规或者国务院决定规定设立有限责任公司必须报经批准的，律师可以协助设立企业提交有关批准文件。

第27条　申请设立股份有限公司，应当由董事会向公司登记机关申请设立登记。以募集方式设立股份有限公司的，应当于创立大会结束后30日内向公司登记机关申请设立登记。律师可以协助设立企业向公司登记机关提交下列文件：

27.1　公司法定代表人签署的设立登记申请书；
27.2　董事会指定代表或者共同委托代理人的证明；
27.3　公司章程；
27.4　依法设立的验资机构出具的验资证明；
27.5　发起人首次出资是非货币财产的，应当在公司设立登记时提交已办理其财产权转移手续的证明文件；
27.6　发起人的主体资格证明或者自然人身份证明；
27.7　载明公司董事、监事、经理姓名、住所的文件以及有关委派、选举或者聘用的证明；
27.8　公司法定代表人任职文件和身份证明；
27.9　企业名称预先核准通知书；
27.10　公司住所证明；
27.11　工商行政管理部门规定要求提交的其他文件。

第28条　律师可以协助新公司召开公司创立大会、登记注册与变更有关手续。律师依照有关规定，可以协助新公司办理公司登记、税务、土地、房屋、车辆等相关手续。

第二章
相关公司治理业务

第 29 条 律师承办相关公司治理业务、参与公司治理制度建设,应当充分体现"以保护股东利益为基本价值取向"的公司治理理念,深入了解企业文化背景、整体发展规划、股东需求、管理层与职工构成、企业所在地及所在产业的实际状况,坚持实事求是、依法创新、规范操作,诚信从事公司治理业务,避免损害的发生。

第 30 条 公司治理的主要目标:

30.1 保障改制企业的平稳过渡,推动改制后新公司的规范发展和防止公司僵局的出现;

30.2 协助新公司的国有股东代表、管理层、职工及其他相关人员,转变固有的"上下级指导"、"大股东拍板"、"等、靠、要"等经营管理思路,按《公司法》的规定和市场经济的要求,理解与完善公司治理;

30.3 使得控股与非控股股东的权利和利益达到有效平衡,在《公司法》框架下股东均得以有效保护,实现股东价值和长期投资回报最大化,增强投资者的信心;

30.4 规范股东、董事、经理、监事、职工、债权人等公司参与各方的权利和义务,降低公司运作成本;

30.5 建立风险管理的总体框架,在公司治理层面对公司的组织、资源、资产、投资和整个公司的运作进行有效控制,对管理层、骨干职工的活动和业绩进行监督和保持必要的激励,提高公司整体运作效率。

第 31 条 公司治理操作应坚持的基本原则:

31.1 根据公司的实际需求进行公司治理设计,在法律框架下,平衡公司参与各方的利益,保障公司稳定发展;

31.2 明确股东、董事、经理和监事的权利与责任,公平地对待所有股东,强化董事与股东之间的有效沟通机制;

31.3 强化单个董事及整个董事会的责任,包括完善董事会的结构与决策程序,确保董事会对公司的战略性指导和对管理人员的有效监督,并确保董事会对公司和股东负责,使董事会的决策和运作真正符合全体股东的根本利益,避免内部人控制或大股东操纵;

31.4 保持董事会应有的独立性,根据企业实际需要设计董事会下属各专业委员会,并明确其职责;

31.5 强化对管理层、职工的业绩和行为的监督与考核机制,有效运用薪酬设计激发个人潜能,促进企业长远发展。

第 32 条 股权结构设置与公司治理密切相关,不同的股权结构会导致不同的公司治理设计模式。律师承办国有企业改制后的相关公司治理业务时,对股权设置问题应注意以下几个方面的问题:

32.1 结合股权重组具体情况、公司发展战略,适时向重组相关方提出公司性质界定与股权结构设置建议;

32.2 对于众多职工拟参与增资扩股、职工仅倾向于获取股权分红的改制后企业,为避免股东会决策效率降低等后果,律师可以提出信托持股建议,并制作信托持股的法律文件;

32.3 对于因种种原因不参与企业管理、仅获取股权分红的股东,律师了解其合法需求后,可以提供股东表决权信托的法律文件,由该股东与其他相关股东签署;

32.4 对于需要限制管理层股东变化的公司,律师可以提出管理权与股权挂钩的建议,当管理层成员退出时,对其股权作退股处理,并在公司章程等文件中明确有关管理层股权退出的内容,如规定:退股方式、退股条件、退股时间、受让方的确定、受让价格的计算等。

第 33 条 律师可以协助改制后企业修订完善公司章程,特别注意区分哪些是《公司法》中的强制性条款,不得随意变动;哪些是任意性条款,可以自由约定。公司章程修订完善应注意以下几个方面的问题:

33.1 向公司所在地工商行政管理部门进行询问,如果工商部门要求提交统一格式的章程,或存在固定的章程签署格式等要求,律师首先应取得该章程文本,再在其基础上予以设计、完善,避免因格式问题造成章程不被工商部门接受;

33.2 根据公司有关情况,向其所在地工商、税务等职能部门核实对公司性质、经营范围、经营资质、营业期限、出资方式、最低出资额等方面的限制性规定及程序性安排,依政策法规进行章程制作。

33.3 向公司股东等相关人员充分披露、分析讲解《公司法》规定的公司章程可自由约定事项、特别限制性条款等内容,根据公司各方利益主体的实际需求进行章程设计。就有限公司章程而言,列举如下:

33.3.1 公司的法定代表人可以由董事长、执行董事或者经理担任;

33.3.2 经全体股东约定,可以不按出资比例分取红利;公司章程可以约定,股东表决权不按出资比例行使;股东股权的转让事宜可以自由约定;

33.3.3 公司向其他企业投资或者为他人提供担保,可以由董事会或者股东会决议;对投资或者担保的总额及单项投资或者担保的数额有限额规定的,不得超过规定的限额;公司为公司股东或者实际控制人提供担保的,必须经股东会决议;前款规定的股东或者受前款规定的实际控制人支配的股东,不得参加前款规定事项的表决,该项表决由出席会议的其他股东所持表决权的过半数通过。

33.3.4 公司聘用、解聘承办公司审计业务的会计师事务所,可以由股东会或者董事会决定。

33.3.5 监事会中应有职工代表,职工代表的比例不得低于1/3,由公司职工通过职工(代表)大会或者其他形式民主选举产生。

33.4 根据改制企业实际情况,合理安排股东会、董事会、经理、监事会的职权,将"公司章程规定的其他职权"与相关各方沟通后,落到实处。

33.5 注意公司章程的内部一致性,避免前后冲突,特别是单独约定事项与整体约定事项的冲突;注意公司章程与公司议事规则、工作制度、管理办法等公司内部规定的一致性,避免实际操作障碍。

第 34 条 公司议事规则与工作制度是公司章程的操作细则,根据公司情况,律师可以协助设计股东会议事规则、董事会议事规则、董事会专业委员会(如薪酬委员会、提名委员会、投资决策委员会等)议事规则、监事会议事规则、监事巡视制度、经理工作制度等文件。议事规则不能与公司章程相冲突,应当包括如下条款:

34.1 会议职权,需与公司章程保持一致,可以进一步细化。

34.2 会议召开,包括:通知、议程、表决等内容;其中要明确:会议有效召开需要多少适格成员的参加;经过多大比例成员通过,会议决议方为有效。

34.3 参会与委托参会,对参加会议及表决的手续进行规定。

34.4 提案的提出、审议、表决、决议等。

第 35 条 从有效激励、促进公司长远发展的角度,律师可以根据改制后企业情况提出薪酬设计建议,协助公司建立与公司业绩和个人工作表现挂钩的薪酬制度。薪酬设计可以体现在基本工资、年度奖金,以及各种形式的股权激励等方面,薪酬方案视不同情况,包括决策机构、授予人员、涉及的股权总数、行权期限、行权价格、方案变更、操作程序等相关条款。

第 36 条 根据改制后新公司的委托,律师可以从事该公司的常年法律顾问或其他专项法律服务工作,从日常合同的审查修改、劳动关系的规范、经营风险的防范等诸多方面协助做好公司治理工作。

第 37 条 律师可以根据改制后新公司的发展变化,协助其不断完善治理机制,帮助其积极介入产品服务竞争市场、经理人才市场、董事市场、债权人市场、劳动力市场、控制权市场等外部治理市场,实现内部治理结构和外部治理市场的良性互动,通过市场约束帮助公司不断提升治理水平。

第 38 条 律师应当通过业务实践发现公司法律、法规存在的空白、缺陷,从理论上不断总结公司治理业务经验,提出立法建议,不断完善公司法律、行政法规体系。

第三章
法律意见书

第 39 条 法律意见书,是指律师应当事人的委托或要求,针对某一特定的法律事实、法律行为或法律文书,根据自己所掌握的事实和材料,正确运用法律作出分析、判断,据此向当事人出具的载有正式律师意见的书面法律文件。

法律意见书一般以律师事务所的名义出具,由一至二名承办律师签字;简易事项或其他需要仅以本所名义出具的,可以仅由本所盖章出具;时间紧急或有其他特殊情况的,可以由本所合伙人律师签字出具,事后补盖律师事务所公章。

第 40 条 法律建议书,是指律师向当事人提供的载有律师对该项问题的想法与处理意见的书面建议性法律文件,不具有法律意见书的效力,其出具可以参照本章相关规定执行。当出现下列情形之一时,律师可以出具法律建议书:时间紧迫不能及时形成正式的法律意见书而当事人需要律师的书面文件的;律师根据相关证明材料无法确定有关事实的;当事人就专项问题的处理方式向律师提出法律咨询的;当事人有其他特别要求的。

第 41 条 律师就非国有企业改制和相关公司治理事宜出具法律意见书或法律建议书的,在无其他相关规定时,可参照本指引执行。

第 42 条 律师在承办国有企业改制和相关公司治理业务中,可以应当事人的委托或要求,就以下事项出具法律意见书:

42.1 整体或专项产权界定;

42.2 改制涉及的资产评估相关事项(该法律意见书应仅从评估机构的资格、评估备案的程序等方面发表意见);

42.3 改制方案;

42.4 职工安置方案;

42.5 国有产权转让方案;

42.6 国有企业改制的操作及审批流程;

42.7 公司治理结构、章程、议事规则、工作制度、薪酬计划、股权变化、会议决议及其调整和安排等。

第 43 条 律师出具法律意见书要谨防业务风险,在出具法律意见书之前,可以根据项目情况要求委托人出具《委托方承诺》,一般可以包括如下内容:承诺所依据的法律服务委托关系;向律师提供材料的截止时间,材料原件与复印件是一致的;提供给律师的材料是真实、准确且完整的;有关人员就相关事项的说明属实;不干预法律意见书的出具等。

第44条 在承接相关业务时,应当考虑本所指派的律师是否具备下列方面的素质和专业能力:

44.1 通过适当的培训和业务操作,已具备从事类似性质和复杂程度业务的知识和实务经验;

44.2 掌握与所出具的法律意见相关的法律、法规及规范性政策文件的规定;

44.3 对委托人所处的行业有适当了解,能够把握该行业所特有的法律问题;

44.4 具有相当的职业判断能力和执业素养。

第45条 律师在出具法律意见书时,应参照本指引第一章第一节相关要求进行尽职调查,以保证出具法律意见书所依据的相关资料的真实性、准确性、完整性。

第46条 律师应当选择相关法律、法规及规范性政策文件作为出具法律意见书的依据。如果引用的是部门规章、地方性法规或其他仅适用于特定主体或目的的文件,律师应声明法律意见书的使用仅限于该特定主体或目的。

第47条 当律师出具法律意见仅服务于特定的使用者,或具有特定目的时,律师应当考虑在法律意见中声明该意见的使用仅限于特定的使用者或特定目的。

第48条 法律意见书一般应由首部、主文和结尾组成。

首部包括标题和文件编号,标题一般采用"××律师事务所关于××事项的法律意见书"的形式,编号可以采用本所编号规则;结尾供法律意见书的签署之用,应当说明法律意见书的文本份数,加盖律师事务所公章、由经办律师加盖人名章(或采用打印律师姓名加律师签字的形式),并注明出具日期。

主文是法律意见书的核心部分,应当根据不同的事项确定其主要内容。如有必要,法律意见书可附相应附件,用以补充主文的相应内容;必要时,应委托人的要求,律师可以出具法律意见书的补充说明,作为法律意见书的有效组成部分,补充说明的出具参照本章规定执行。

第49条 法律意见书的主文部分一般应包括引言、正文。

49.1 引言一般包括五部分内容:

49.1.1 第一部分是律师事务所出具法律意见书所依据的委托关系表述。委托关系可基于律师事务所是委托人的常年法律顾问、本次委托事项的特聘专项法律顾问或其他委托关系,从而说明律师具有出具该法律意见书的合法身份。

49.1.2 第二部分是律师出具法律意见书所引用的法律依据。引用法律依据时律师应当注意适用法律、法规的准确性,正确处理法律和法规的效力冲突等问题,使用司法解释或法理以及规范性政策性文件作为依据时,应当作出适当说明。

49.1.3 第三部分是律师出具法律意见书所引用的证据材料。该证据材料须是与出具法律意见书相关的如下材料:律师依法调查取得的文件;委托人或其他相关主体提供并证明其来源真实、合法的文件;经被调查人签字确认的谈话记录;其他可以作为证据使用的材料。律师应当对证据材料来源进行说明。

49.1.4 第四部分是律师声明事项。律师可以根据具体情况确定声明事项,但不得作出违反律师行业公认的业务标准、道德规范和勤勉尽责精神的免责声明。对于律师出具法律意见过程中受到条件或资料等局限,以至可能影响法律意见的全面性或准确性的,律师应当作出相应的声明。

49.1.5 第五部分是法律意见书的名词释义。当法律意见书中使用简称、专业术语等表述时,应当进行名词释义,避免相关内容的歧义。

49.2 在法律意见书的正文部分,律师应根据出具法律意见书所针对的法律行为、法律事实或法律文书,就其所涉及的具体法律问题分别进行表述。正文部分一般包括委托人或交易事项主体的法律资格的说明、法律意见书所述各种事项决定权的说明、委托人的决策机构情况、委托人的财产情况、相关事项的合法性分析、总体结论性意见,以及律师认为需要说明的其他事项。

49.2.1 对委托人或交易事项的双方主体资格进行说明时,应查验其在有关登记机关登记注册的事项,说明其是否为依法有效存续的企业法人或其他合法主体,是否具有处理相应事项的主体资格,如审查:近期经年检的企业法人营业执照、企业国有资产产权登记证或国有资产产权登记年度检查表等。

49.2.2 关于各种事项决定权的说明,主要说明所述事项是否满足外部(如法律要求)和内部决策(如章程)程序。

在出具国有产权转让的法律意见书时,要注意其内部审议程序有所不同:转让标的企业为国有独资企业的,说明产权转让方案是否为该企业总经理办公会审议,会议的审议程序和审议结果是否合法;转让标的企业为国有独资公司的,说明产权转让方案是否为该公司董事会审议,会议的审议程序和审议结果是否合法;转让标的企业为有限责任公司的,说明该国有产权转让是否已经取得股东会同意。企业国有产权转让涉及职工合法权益的,说明是否听取转让标的企业职工(代表)大会的意见,职工安置事项是否已经职工(代表)大会讨论通过。若内部审议的程序和结果均符合法律规定,说明该企业国有产权转让尚需转让方或有权批准的部门决定或审批;若审批方已经审批通过,则需要核查并说明审批程序及有关文件是否齐备、合法。

49.2.3 关于相关事项的合法性分析,是律师根据相关法律规定作出的合法性判断。

在出具国有产权转让方案的法律意见书时,律师一般应就本所参与制作的相关方案中各项内容逐项发表意见;对于本所前期并未参与相关方案制定的,出具法律意见书前,应当进行尽职调查,审查改制方案、产权转让方案、职工安置方案以及有关附属文件。出具法律意见书时,特别注意如下几点:说明方案中基本情况的介绍、转让行为的论证情况是否与律师查证的相关情况一致;职工安置方案与经职工(代表)大会审议通过的方案内容是否一致;企业拖欠职工的各项费用的解决方案和有关社会保险关系的接续方案是否合法;债权债务的处理方案是否合法;转让收益的处置方案是否合法;有关方案中的数值与资产评估报告中是否一致;转让底价的确定是否合法;期间损益、期后事项的处理是否合法;产权转让公告的主要内容是否合法等。

49.2.4 总体结论性意见,是律师根据委托事项进行概括总结,发表明确的总体结论性意见,包括无保留意见、保留意见、否定意见三种基本形式。对不符合有关法律、法规和相关规定的事项,或已勤勉尽责仍不能对其法律性质或其合法性作出准确判断的事项,律师应发表保留意见,并说明相应的理由。

第50条 律师应及时、准确、真实地制作工作底稿,工作底稿的质量是判断律师是否勤勉尽责的重要依据,也是律师防范执业风险的重要保障。工作底稿是指律师在承办国有企业改制和相关公司治理业务中,在出具法律意见书时形成的工作记录及在工作中获取的所有文件、会议纪要、谈话记录等资料。工作底稿与法律意见书一同归档留存,按本所档案管理规定管理。

第51条 为避免原件丢失或造成其他不必要的误解和责任,律师不应留存有关材料的原件,委托方或有关主体提供的材料应是经核对的原始资料复印件(A4纸复印并加盖提供方骑缝章,或特殊情况下经有关人员骑缝签字确认)。律师的工作底稿应包括但不限于以下内容:

51.1 律师承担项目的基本情况,包括委托单位的名称、项目名称、服务于项目的时间或期间、工作量统计;

51.2 为制作法律意见书制定的工作计划及其操作程序的记录,律师工作组会议记录;

51.3 委托人或交易双方设立及历史沿革的有关资料,如设立批准书、出资协议、合同、章程、营业执照等文件(含变更文件)的复印件;

51.4 重大合同、协议、人员、财务资料,以及其他重要文件和会议记录的摘要或副本;

51.5 与委托人及相关人员相互沟通情况的记录,对其提供资料的检查、调查访问记录、往来函件、现场勘查记录、查阅文件清单等相关的资料及详细说明;

51.6 委托人的书面承诺或声明书的复印件;

51.7 对保留意见及疑难问题所作的说明;

51.8 其他相关的重要资料。

第52条 律师应当要求委托人,在改制方案、产权转让方案或其他方案有任何变动时立即通知律师,并经过委托人书面确认,该书面确认意见或就改动内容出具的法律意见书补充说明,应当立即报送决定或有权批准部门;但企业国有产权转让事项经批准或决定后,如转让或受让双方调整产权转让比例或者企业国有产权转让方案有重大变化的,应当重新出具法律意见书并按照规定程序重新报批。

附　则

第 53 条　本指引下列用语的含义:

　　53.1　改制企业,是指拟改制或正在进行改制的国有企业;

　　53.2　产权持有单位,是指国有企业出资人或国有产权转让方;

　　53.3　其他改制当事人,是指国有企业债权人、国有企业职工组织、国有产权受让人等。

第 54 条　本指引经第六届中华全国律师协会第七次常务理事会审议通过。

(本指引执笔人:徐永前)

中华全国律师协会
律师办理有限责任公司收购业务操作指引

目 录

第一章 定义与概述 / 25

第二章 收购程序概述 / 26

第三章 收购预备 / 27

第四章 对目标公司的尽职调查 / 28

第五章 收购意向达成 / 30

第六章 收购执行 / 31

第七章 收购合同的履行 / 33

第一章
定义与概述

第1条 定义

本指引所称之有限责任公司收购,仅指收购人出于资源整合、财务税收、提高企业市场竞争力等方面的考虑,通过购买有限责任公司股东的股权或以其他合法途径控制该出资进而取得该公司的控制权以及购买该公司的资产并得以自主运营该资产的行为。

本指引所称目标公司指被收购的有限责任公司。

第2条 有限责任公司收购方式

按照收购标的的不同来划分,有限责任公司收购方式有:

2.1 资产收购,以目标公司的全部或部分资产为收购标的的收购;

2.2 股权收购,以目标公司股东的全部或部分股权为收购标的的收购。

第 3 条 特别事项

3.1 律师在办理有限责任公司收购事务过程中,应注意在进行股权转让时尊重目标公司其他股东的优先购买权,在履行法定程序排除股东的优先购买权之后收购方方可进行股权收购。

3.2 律师应当注意到:股东在征求其他股东就股权转让事宜是否同意时,应采取书面形式;提示委托人法律推定其他股东同意转让的期限条件;两个以上股东均主张优先购买权时的解决程序和方法。

3.3 办理国有资产的收购和外资公司的收购时,应注意进行国有资产评估和履行相关审批手续。

3.4 应特别注意提示收购方避免因收购行为而成为对目标公司的债务承担连带责任的出资人。

第二章
收购程序概述

第 4 条 一般有限责任公司收购程序

4.1 收购方与目标公司或其股东进行洽谈,初步了解情况,进而达成收购意向,签订收购意向书。

4.2 收购方在目标公司的协助下对目标公司的资产、债权、债务进行清理,进行资产评估,对目标公司的管理构架进行详尽调查,对职工情况进行造册统计。

4.3 由收购双方及目标公司组成工作小组,草拟并通过收购实施预案。如属资产收购或债权收购的,律师应当提示委托人,根据收购项目开展的实际需要工作小组成员中可以有债权人代表。

4.4 在资产收购或债权收购中,可以由债权人与被收购方达成债务重组协议,约定收购后的债务偿还事宜。

4.5 收购双方正式谈判,协商签订收购合同。

4.6 双方根据公司章程或《中华人民共和国公司法》(以下简称《公司法》)及相关配套法规的规定,履行各自内部关于收购事宜的审批程序。

4.7 双方根据法律、法规的要求,将收购合同交有关部门批准或备案。

4.8 收购合同生效后,双方按照合同约定履行资产转移、经营管理权转移手续,涉及债权收购的,依法履行对债务人的通知义务,并依法办理包括股东变更登记在内的工商、税务登记变更手续。

4.8.1 将受让人姓名或者名称,依据约定及受让的股权额记载于目标公司的股东名册。

4.8.2 自股东发生变动之日起 30 日内向工商行政管理部门申请工商变更登记。

第 5 条 涉及国有独资公司或者具有以国有资产出资的公司收购时,还应注意:

5.1 根据国有资产管理法律法规的要求对目标公司资产进行评估。

5.2 收购项目经国有资产管理部门审查和批准。

5.3 收购完成时根据国有资产管理法律、法规的要求办理资产产权变更登记手续。

第 6 条 收购外商投资企业出资的,应当注意:

6.1 如收购外方股东股权,应保证合营项目符合国务院《外商投资产业指导目录》的要求,作出新的可行性研究报告,并遵守法律、法规关于外商投资比例的规定。如因收购外方股东股权导致外资比例低于法定比例,应办理相关审批和公司性质变更手续。

6.2 涉及合营企业投资额、注册资本、股东、经营项目、股权比例等方面的变更,均需履行审批手续。

第三章
收 购 预 备

第 7 条 预备阶段的信息收集

收购预备阶段为收购方初步确定目标公司起至实施收购前的准备期间。律师在收购预备阶段的法律事务有:

7.1 协助收购方收集目标公司的公开资料和企业资信情况、经营能力等信息,在此基础上进行信息整理和分析,从公司经营的市场风险方面考查有无重大障碍影响收购活动的进行。

7.2 综合研究公司法、证券法、税法及外商投资等法律、法规,对收购的可行性进行法律论证,寻求收购项目的法律依据。

7.3 就收购可能涉及的具体行政程序进行调查,例如收购行为是否违背我国收购政策和法律,可能产生怎样的法律后果,收购行为是否需要经当地政府批准或进行事先报告,地方政策对同类收购有无倾向性态度,等等。

第四章
对目标公司的尽职调查

第 8 条 律师应就收购方拟收购的目标公司进行深入调查,核实预备阶段获取的相关信息,以备收购方在信息充分的情况下作出收购决策。律师可以根据实际情况,在符合法律、法规的情况下对于调查的具体内容作适当增加和减少。

第 9 条 对目标公司基本情况的调查核实,主要涉及:

9.1 目标公司及其子公司、参股公司的经营范围。

9.2 目标公司及其子公司、参股公司设立及变更的有关文件,包括工商登记材料及相关主管机关的批准文件,注意了解目标公司股东出资缴付情况。

9.3 目标公司及其子公司、参股公司的公司章程,了解章程对收购的相关规定,有无设置包括超级多数条款在内的限制收购或反收购条款。

9.4 目标公司及其子公司股东名册和持股情况,结合目标公司章程核实其股东认缴的出资份额和实际已缴出资额,以及出资期限和出资到位进度。

9.5 目标公司及其子公司历次董事会和股东会决议。

9.6 目标公司及其子公司的法定代表人身份证明。

9.7 目标公司及其子公司的规章制度。

9.8 目标公司及其子公司与他人签订收购合同。

9.9 收购标的是否存在诸如设置担保、诉讼保全等在内的限制转让的情况。

9.10 目标公司股东的出资方式,非货币资产的评估作价情况。

9.11 目标公司对外投资情况。

9.12 提示收购方注意目标公司是否存在隐名股东或其他实际控制人,其存在是否影响到对目标公司收购的进行。

9.13 对目标公司的收购是否涉及《公司法》禁止的一个自然人设立多个一人公司的规定。

第 10 条 对目标公司相关附属性文件的调查:

10.1 政府有关主管部门对目标公司及其子公司的批准文件。

10.2 目标公司及其子公司土地、房屋产权及租赁文件。

10.3 目标公司及其子公司与职工签订的劳动合同。

10.4 目标公司及其子公司签订的有关代理、许可合同。

10.5 目标公司股东的出资证明文件。

第 11 条 对目标公司财产状况的调查：
  11.1 公司的财务数据，包括各种财务报表、评估报告、审计报告。
  11.2 不动产证明文件、动产清单及其保险情况。
  11.3 债权、债务清单及其证明文件。
  11.4 纳税情况证明。
  11.5 如目标公司为一人公司，应注意目标公司财务是否严格独立于股东个人财务，以便准确确定目标公司的资产范围。

第 12 条 对目标公司管理人员和职工情况的调查：
  12.1 管理人员、技术人员、职工的雇佣条件、福利待遇。
  12.2 主要技术人员对公司商业秘密掌握情况及其与公司签订的保密协议、不竞争协议等。
  12.3 特别岗位职工的保险情况。

第 13 条 对目标公司经营状况的调查：
  13.1 目标公司经营项目的立项、批准情况。
  13.2 目标公司对外签订的所有合同。
  13.3 目标公司客户清单和主要竞争者名单。
  13.4 目标公司产品质量保证文件和对个别客户的特别保证情况。
  13.5 目标公司广告协议和广告品的拷贝。
  13.6 目标公司的产品责任险保险情况。
  13.7 目标公司产品与环境保护协调问题。
  13.8 目标公司产品的消费者投诉及处理情况。
  13.9 目标公司的特许经营情况。

第 14 条 对目标公司及其子公司知识产权情况的调查：
  14.1 目标公司及其子公司拥有的专利、商标、著作权和其他知识产权证明文件。
  14.2 目标公司及其子公司正在研制的可能获得知识产权的智力成果报告。
  14.3 目标公司及其子公司正在申请的知识产权清单。

第 15 条 对目标公司法律纠纷情况的调查：
  15.1 正在进行和可能进行的诉讼和仲裁。
  15.2 诉讼或仲裁中权利的主张和放弃情况。
  15.3 生效法律文书的执行情况。

第五章
收购意向达成

第 16 条　律师在收购双方达成收购意向阶段,应在信息收集和调查的基础上,向委托人提示收购的法律风险并提出风险防范措施,必要时出具法律意见书,并为委托人起草或审查收购意向书。收购意向书通常包括以下内容:

16.1　收购标的。

16.2　收购方式及收购合同主体。是资产收购、股权转让还是其他,并根据收购方式的不同确定收购合同签订的主体。

16.3　收购项目是否需要收购双方股东会决议通过。

16.4　收购价款及确定价格的方式。转让价格的确定通常有以下几种方式:

16.4.1　以被收购股权持有人出资时的股权价值作为转让价格;

16.4.2　以被收购股权对应的公司净资产值为转让价格;

16.4.3　以评估价格为转让价格。

16.4.4　其他确定转让价格的方式。

16.5　收购款的支付。

16.6　收购项目是否需要政府相关主管部门的批准。

16.7　双方约定的进行收购所需满足的条件。

第 17 条　保障条款

律师应向委托人提示意向书与正式收购合同的区别和联系,根据委托人的实际需要提示意向书应具备何种程度的法律约束力。鉴于收购活动中,收购方投入的人力、物力、财力相对较大,承担的风险也较大。作为收购方的律师,为使收购方获得具有法律约束力的保障,应提请委托人注意在意向书中订立如下保障条款,以预防和最大程度降低收购的法律风险。

17.1　排他协商条款。此条款规定,未经收购方同意,被收购方不得与第三方以任何方式再行协商出让或出售目标公司股权或资产,否则视为违约并要求其承担违约责任。

17.2　提供资料及信息条款。该条款要求目标公司向收购方提供其所需的企业信息和资料,尤其是目标公司尚未向公众公开的相关信息和资料,以利于收购方更全面地了解目标公司。

17.3　不公开条款。该条款要求收购的任何一方在共同公开宣告收购事项前,未经对方同意不得向任何特定或不特定的第三人披露有关收购事项的信息或资料,但有权机关根据法律强制要求公开的除外。

17.4 锁定条款。该条款要求,在意向书有效期内,收购方可依约定价格购买目标公司的部分或全部资产或股权,进而排除目标公司拒绝收购的可能。

17.5 费用分摊条款。该条款规定无论收购是否成功,因收购事项发生的费用应由收购双方分摊。

第 18 条 附加条款

在收购过程中,为避免目标公司借收购之名套取收购方的商业秘密,作为收购方律师,应在意向书中设定防范此类风险的附加条款:

18.1 终止条款。该条款明确如收购双方在某一规定期限内无法签订收购协议,则意向书丧失效力。

18.2 保密条款。出于谨慎的考虑,收购双方往往在签订收购意向书之前即签订保密协议,也可在签订意向书的同时设定保密条款。保密条款的主要内容有:

18.2.1 保密条款适用的对象。除了收购双方之外,还包括参与收购事务的顾问等中介服务人员。

18.2.2 保密事项。除了会谈、资料保密的要求外,还包括禁止投资条款,即收到目标公司保密资料的第三方在一段时间内不得购买目标公司的股权。

18.2.3 收购活动中双方相互披露的各种资料的保密,通常约定所披露的信息和资料仅用于评估收购项目的可行性和收购对价,不得用于其他目的。

18.2.4 资料的返还或销毁。保密条款应约定如收购项目未能完成,收购双方负有相互返还或销毁对方提供的信息资料的义务。

第六章
收购执行

律师在收购双方达成收购意向后,应协助委托人进行谈判,共同拟订收购合同,准备相关法律文件,协助委托人向政府主管机关提出申请。

第 19 条 收购合同的起草

较为完整的收购合同包括主合同和附件两部分:

19.1 收购合同的主合同,除标的、价款、支付、合同生效及修改等主要条款外,一般还应具备如下内容:

19.1.1 说明收购项目合法性的法律依据。

19.1.2 收购的先决条件条款,一般是指:

(1) 收购行为已取得相关的审批手续,如当收购项目涉及金融、建筑、房地产、医药、新闻、电讯、通信等特殊行业时，收购项目需要报请有关行业主管部门批准。

(2) 收购各方当事人已取得收购项目所需的第三方必要的同意。

(3) 至收购标的交接日止，收购各方因收购项目所作的声明及保证均应实际履行。

(4) 在所有先决条件具备后，才进而履行股权转让和付款义务。

19.1.3　收购各方的声明、保证与承诺条款。包括：

(1) 目标公司向收购方保证没有隐瞒影响收购事项的重大问题。

(2) 收购方向目标公司保证具有实施收购行为的资格和财务能力。

(3) 目标公司履行收购义务的承诺以及其董事责任函。

19.1.4　收购标的资产评估。

19.1.5　确定股权转让总价款。

19.1.6　确定转让条件。

19.1.7　确定股权转让的数量（股比）及交割日。

19.1.8　确定拟转让股权的当前价值。

19.1.9　设定付款方式与时间，必要时可以考虑在金融机构设立双方共管或第三方监管账户，并设定共管或监管程序和条件，以尽可能地降低信用风险，以保障收购合同的顺利履行。

19.1.10　确定股权转让过程中产生的税费及其他费用的承担。

19.1.11　限制竞争条款。

19.1.12　确定违约责任和损害赔偿条款。

19.1.13　设定或有损害赔偿条款。即收购方如因目标公司在收购完成之前的经营行为导致的税务、环保等纠纷受到损害，被收购方应承担相应的赔偿责任。

19.1.14　设定不可抗力条款。

19.1.15　设定有关合同终止、收购标的交付、收购行为完成条件、保密、法律适用、争议解决等其他条款。

19.2　收购合同的附件。一般包括：

19.2.1　目标公司的财务审计报告；

19.2.2　目标公司的资产评估报告；

19.2.3　目标公司土地转让协议；

19.2.4　政府批准转让的文件；

19.2.5　其他有关权利转让协议；

19.2.6　目标公司的固定资产与机器设备清单；

19.2.7　目标公司的流动资产清单；

19.2.8　目标公司的债权债务清单；

19.2.9　目标公司对外提供担保的清单；

19.2.10 联合会议纪要;

19.2.11 谈判记录。

19.2.12 上述附件的内容,律师可以根据实际情况在符合法律、法规的情况下,选择增减。

第 20 条 收购合同的生效条款

律师应当提请委托人注意,如收购项目涉及必须由国家有关部门批准的,应建议委托人约定收购合同自批准之日起生效。其他情况下,可根据委托人实际情况约定合同生效条件和时间。

第七章
收购合同的履行

第 21 条 在收购履约阶段,律师工作主要包括:

21.1 为收购各方拟订"履约备忘录",载明履约所需各项文件,并于文件齐备时进行验证以确定是否可以开始履行合同。

21.2 协助委托人举行验证会议。

21.3 按相关法律、法规的规定办理报批手续。

21.4 协助办理收购涉及的各项变更登记、重新登记、注销登记手续。

第 22 条 律师协助收购方或目标公司起草或调取的,需要向相关政府主管部门报送的文件材料包括:

22.1 股东变更申请书;

22.2 收购前各方的原合同、章程及其修改协议;

22.3 收购各方的批准证书和营业执照复印件;

22.4 目标公司董事会、股东会关于股权转让的决议;

22.5 股权变更后的董事会成员名单;

22.6 收购各方签订的并经其他股东签字或以其他书面方式认可的股权转让协议;

22.7 审批机关要求报送的其他文件。

第 23 条 收购履约阶段的事务

23.1 收购款到账验收,出具报告书。在收购方支付全部转让款并将付款凭证传真给出让方后,在约定的工作日内,出让方指定的或双方约定的注册会计师对该转让金额是否到账予以验证,并将验证报告传真给收购方。

23.2 收购标的的交付及股东名册的变更。收购双方及目标公司应及时办理被收购资产的交割手续和被收购股权的变更登记手续,包括所涉资产权属变更需要办理的物的交付和权属变更登记手续,以及股权收购中目标公司股东名册变更和签发新股东出资证明书等手续。

23.3 股东权利义务的移转。股权转让协议可以约定,转让标的交割之后,出让方将不再作为目标公司的股东而享有任何股东权利,亦不再承担目标公司的任何义务、负债或损失;收购方将成为目标公司的股东,并取代出让方继续履行目标公司发起人协议书及章程中规定的股东权利和股东义务。

23.4 新股东与公司其他股东应当签订新的合营(合作)协议,修订原公司章程和议事规则,更换新董事。签订新的合营(合作)协议与新章程后,公司签发新的股东出资证明书,变更公司的股东名册,并于变更后30日内向工商行政管理机关提交目标公司股东、出资、章程等变更登记申请或备案申请。

第24条 特别提示

律师应向委托人提示股权转让与股权转让合同生效即收购合同生效的区别。股权转让合同除法律、法规明文规定需经主管部门批准生效的以外,或者当事人约定了生效条件之外,一般自合同主体签字盖章之日起生效;而股权转让的生效以合同的生效为前提,但股权转让合同的生效并不当然意味着股权自合同生效时起转让,其生效根据公司性质有可能还需满足法律规定的条件或当事人约定的条件。

(本指引由全国律协经济专业委员会负责起草,主要执笔人:刘宁、章雯俐)

中华全国律师协会
律师办理风险投资与股权激励业务操作指引

目　录

总　则／35

第一章　风险投资业务／36
　　第一节　风险投资概述／36
　　第二节　投资预备阶段／38
　　第三节　投资意向阶段／38
　　第四节　尽职调查阶段／40
　　第五节　投资协议签署阶段／41
　　第六节　投资协议执行阶段／43
　　第七节　资本退出阶段／44

第二章　股权激励业务／46
　　第一节　股权激励操作模式及要素／46
　　第二节　股权激励的尽职调查／52
　　第三节　股权激励方案的制作及实施／53
　　第四节　法律意见书与股权激励操作中的注意事项／55

总　则

第1条　宗旨

为指导律师办理风险投资与股权激励业务,鼓励律师积极介入创新型公司发展壮大中的融资过程和复杂劳动股权定价两大核心关联领域,充分发挥律师在创新型国家建设中的作用,依据《中华人民共和国公司法》(以下简称《公司法》)、《中华人民共和国合伙企业法》、《中华人民共和国证券法》、《上市公司股权激励管理办法(试行)》等法律、行政法规和政策,制定本指引。

第 2 条　风险投资

2.1　本指引所称"风险投资"(含私募股权投资),仅指投资方向高成长型的创业企业提供股权资本,并为其提供经营管理和咨询服务,以期在被投资企业发展成熟后,通过首次公开发行股票(IPO)、股权转让或原股东/管理层/被投资企业回购等方式获取中长期资本增值收益的投资行为。

2.2　在中国现行商事主体法律体系内,高成长型的创业企业一般均为有限责任公司架构,本指引所称目标公司主要指被投资的有限责任公司。

第 3 条　股权激励

3.1　本指引所称"股权激励",指公司以本公司股票/股权为标的,对公司"复杂劳动者"实施的中长期激励。

股权激励系律师为投资方或被投资企业提供的一项高附加值法律服务,如果运用得当,能够有效提高相关企业的经营管理效率、保障投资人投资的顺利回收。

3.2　上述"复杂劳动",指经过一定时期专门的训练和教育,具有一定科学文化知识或技术专长者的质量较高的劳动力的耗费,包括以更高的效率创造现有使用价值或创造新的使用价值的创新型劳动。

"复杂劳动者",包括公司高级管理人员、骨干职工(含技术骨干等),以及公司认为人力资本不可替代或替代成本偏高的其他人员。

第一章
风险投资业务

第一节　风险投资概述

风险投资的全过程可以分为:投资预备阶段、投资意向阶段、尽职调查阶段、投资协议签署阶段、投资协议执行阶段、资本退出阶段。在每一个阶段中,专业律师都可以提供相应的法律服务,为当事人避免及减少法律风险、为投资项目的顺利进行提供保障。

第 4 条　投资方的投资方式

按照投资行为的不同来划分,风险投资方式有:

4.1　股权转让投资,指以目标公司部分股东拟转让的全部或部分股权为投资标的的投资。

4.2　增资扩股投资,指在目标公司原股东之外,吸收投资方作为股东入股,并相应增加目标公司注册资本的投资。

4.3 具有贷款/委托贷款性质的投资方式,以及其他依法可行并经投、融资双方认可的投资方式。

第5条 注意事项

5.1 如果目标公司系有限责任公司,则在进行股权转让时应注意尊重目标公司其他股东的优先购买权/优先增资权,在履行法定程序排除股东的优先购买权/优先增资权之后投资方才可进行投资。

5.2 办理国有资产的投资和外资公司的投资时,应相应进行国有资产评估和履行相关审批备案手续。

第6条 投资程序

6.1 投资预备、可行性分析。

6.2 投资方与目标公司或目标公司股东进行洽谈,初步了解情况,进而达成投资意向,签订投资意向书(可能包括:排他协商、材料提供、保密等条款)。

6.3 投资方在目标公司的协助下,对目标公司进行尽职调查,包括但不限于:对目标公司的管理构架、职工情况、资产、债权、债务进行清查、评估。

6.4 投资方与融资方双方正式谈判,协商签订投资协议。

6.5 双方根据公司章程、《公司法》及相关配套法规的规定,提交各自的权力机构(如股东(大)会或董事会)就投资事宜进行审议表决的决议。

6.6 双方根据法律、法规的要求将投资协议交有关部门批准或备案。

6.7 投资协议生效后,双方按照合同约定履行资产转移、经营管理权转移手续,除法律另有规定外,应当依法办理股权变更登记等手续。

6.8 投资方退出目标公司。

第7条 涉及国有资产问题

涉及对国有独资公司或者具有以国有资产出资的公司进行投资时,还应注意:

7.1 根据国有资产管理法律、法规的要求,对目标公司资产进行评估;

7.2 必要时经国有资产监督管理部门或授权单位核准/备案;

7.3 投资完成时根据国有资产管理法律、法规的要求,办理资产产权变更登记手续。

第8条 涉及外资企业问题

投资外商投资企业的,应当注意:

8.1 保证合营项目符合《外商投资产业指导目录》的要求,制作新的可行性研究报告,并遵守法律、法规关于外商投资比例的规定,如导致外资比例低于法定比例,应办理相关审批和公司性质变更手续;

8.2 涉及合营企业投资额、注册资本、股东、经营项目、股权比例等方面的变更,均需履行审批手续。

第二节 投资预备阶段

投资预备阶段为投资方初步确定目标公司起至达成投资意向前的准备期间。专业律师在投资预备阶段的法律服务主要为：

第 9 条 预备阶段的信息收集

9.1 协助投资方收集目标公司的公开资料和企业资信情况、经营能力等信息，在此基础上进行信息整理和分析，从公司经营的市场风险方面，考查有无重大障碍影响投资活动的进行。

9.2 综合研究公司法、证券法、税法及外商投资等法律、法规，对投资的可行性进行法律论证，寻求立项的法律依据。

9.3 就投资可能涉及的具体行政程序进行调查，例如：投资行为是否违背我国投资政策和法律，可能产生怎样的法律后果，投资行为是否需要经当地政府批准或进行事先报告，地方政策对同类投资有无倾向性态度等。

第三节 投资意向阶段

专业律师应向委托人提示意向书与正式投资协议的联系和区别，根据委托人的实际需要提示意向书、投资条款清单具备何种程度的法律约束力。

第 10 条 投资意向书的主要条款

在投资双方达成投资意向阶段，专业律师应在信息收集和调查的基础上，向委托人提示投资的法律风险并提出风险防范措施，必要时出具法律意见书，并为委托人起草或审核投资意向书。投资意向书通常包括以下内容中的部分或全部：

10.1 投资标的。

10.2 投资方式及投资协议主体。根据投资方式的不同确定投资协议签订的主体。

10.3 投资项目是否需要投资双方股东（大）会、董事会决议通过。

10.4 投资价款及确定价格的方式。投资价格的确定通常有以下几种方式：

10.4.1 以被投资股权持有人认缴或实缴出资额作为投资价格；

10.4.2 以被投资股权对应的公司净资产值作为投资价格；

10.4.3 以评估价格作为投资价格；

10.4.4 其他确定投资价格的方式。

10.5 投资款的支付。

10.6 投资项目是否需要政府相关主管部门的批准。

10.7 双方约定的进行投资必须满足的前提条件。

10.8 排他协商条款。此条款规定,未经投资方同意,被投资方不得与第三方以任何方式再行协商出让或出售目标公司股权或资产,否则视为违约并要求其承担违约责任。

10.9 提供资料及信息条款。该条款要求目标公司向投资方提供投资方所需的企业信息和资料,尤其是目标公司尚未向公众公开的相关信息和资料,以利于投资方更全面地了解目标公司。

第 11 条 投资意见书的附加条款

在投资过程中,为避免任何一方借投资或融资之名套取对方的商业秘密,作为专业律师,应在意向书中设定防范此类风险的附加条款:

11.1 终止条款。该条款明确如投资双方在某一规定期限内无法签订投资协议,则意向书丧失效力。

11.2 保密条款。出于谨慎的考虑,投资双方往往在签订投资意向书之前即签订保密协议,也可在签订意向书的同时设定保密条款。保密条款的主要内容有:

11.2.1 保密条款适用的对象。除了投资双方之外,还包括参与投资事务的顾问等中介服务人员。

11.2.2 保密事项。除了会谈、资料保密的要求外,还包括禁止投资条款,即收到目标公司保密资料的第三方在一段时间内不得购买目标公司的股权。

11.2.3 投资活动中双方相互披露的各种资料的保密,通常约定所披露的信息和资料仅用于评估投资项目的可行性和投资对价,不得用于其他目的。

11.2.4 资料的返还或销毁。保密条款应约定如投资项目未能完成,投资双方负有相互返还或销毁对方提供的信息资料的义务。

第 12 条 投资条款清单

鉴于投资活动中,投资方投入的人力、物力、财力相对较大,承担的风险也较大。作为投资方的专业律师,应提请委托人注意在投资意向阶段中订立如下投资条款清单,以预防和降低投资的法律风险。投资条款清单记载未来投资协议的主要条款。

12.1 投资交易条件。明确投资交易达成必须满足的相应条件。

12.2 交易对价的安排。明确投资方投入资金换取股权份额的多少。

12.3 不公开条款。该条款要求投资的任何一方在共同公开宣告投资事项前,未经对方同意不得向任何特定或不特定的第三人披露有关投资事项的信息或资料,但有权机关根据法律、法规强制要求公开的除外。

12.4 锁定条款。该条款要求,在意向书有效期内,投资方可依约定价格购买目标公司的部分或全部资产或股权,进而排除目标公司拒绝投资的可能。

12.5 回购条款。投资方有权选择在投资后的一段时间内,要求公司其他股东或其他方依据约定条件回购其股权。

12.6　董事会和投票权。投资双方就董事会的组成以及相关事项的投票权进行约定,以确保投资方对被投资方重大经营行为的有效监管。

12.7　离岸框架安排。投资方根据目标公司未来是否准备在境外上市,要求被投资方在境外重新注册,本地目标公司变成境外公司的子公司。

12.8　费用分摊条款。该条款规定如果投资成功,因投资事项发生的费用应由投资双方分摊或由被投资方承担。

第四节　尽职调查阶段

专业律师应就投资方拟投资的目标公司进行深入调查,核实预备阶段获取的相关信息,以备投资方在信息充分的情况下作出投资决策。专业律师可以根据实际情况,在符合法律、法规的情况下对于调查的具体内容作适当增加或减少。

第 13 条　对目标公司基本情况调查核实的范围

13.1　目标公司及其子公司的经营范围。

13.2　目标公司及其子公司设立及变更的有关文件,包括工商登记材料及相关主管机关的批件。

13.3　目标公司及其子公司的公司章程。

13.4　目标公司及其子公司股东名册和持股情况。

13.5　目标公司及其子公司历次董事会和股东会决议。

13.6　目标公司及其子公司的法定代表人身份证明。

13.7　目标公司及其子公司的规章制度。

13.8　目标公司及其子公司与他人签订的投资协议。

13.9　投资标的是否存在设置担保、诉讼保全等在内的限制转让的情况。

第 14 条　对目标公司相关附属性文件的调查

14.1　政府有关主管部门对目标公司及其子公司的批准文件。

14.2　目标公司及其子公司土地证、房屋产权证及租赁文件。

14.3　目标公司及其子公司与职工签订的劳动合同。

14.4　目标公司及其子公司签订的有关代理、许可证合同。

第 15 条　对目标公司财产状况的调查

15.1　公司的财务数据,包括各种财务报表、评估报告、审计报告。

15.2　不动产证明文件、动产清单及其保险情况。

15.3　债权、债务清单及其证明文件。

15.4　纳税情况证明。

第16条 对目标公司管理人员和职工情况的调查
　　16.1　管理人员、技术人员、职工的雇佣条件、福利待遇。
　　16.2　主要技术人员对公司商业秘密掌握情况及其与公司签订的保密协议、不竞争协议等。
　　16.3　特别岗位职工的保险情况。

第17条 对目标公司经营状况的调查
　　17.1　目标公司经营项目的立项、批准情况。
　　17.2　目标公司对外签订的所有合同。目标公司客户清单和主要竞争者名单。
　　17.3　目标公司产品质量保证文件和对个别客户的特别保证情况。
　　17.4　目标公司广告协议和广告品的拷贝。
　　17.5　目标公司的产品责任险保险情况。
　　17.6　目标公司产品与环境保护问题。
　　17.7　目标公司产品的消费者投诉情况。
　　17.8　目标公司的特许经营情况。

第18条 对目标公司及其子公司知识产权情况的调查
　　18.1　目标公司及其子公司拥有的专利、商标、著作权和其他知识产权证明文件。
　　18.2　目标公司及其子公司正在研制的可能获得知识产权的智力成果报告。
　　18.3　目标公司及其子公司正在申请的知识产权清单。

第19条 对目标公司法律纠纷情况的调查
　　19.1　正在进行和可能进行的诉讼和仲裁。
　　19.2　诉讼或仲裁中权利的主张和放弃情况。
　　19.3　生效法律文书的执行情况。

第五节　投资协议签署阶段

　　专业律师在投资双方进行尽职调查后,应协助委托人进行谈判,共同拟订投资协议,准备相关法律文件。如果法律、法规要求投资项目必须经政府主管机关批准的,专业律师可以协助委托人向政府主管机关提出批准申请。

第20条 投资协议的起草
　　20.1　投资协议的主合同,除标的、价款、支付、合同生效及修改等主要条款外,一般还应具备如下内容:
　　　20.1.1　说明投资项目合法性的法律依据。
　　　20.1.2　投资的先决条件条款,一般是指:
　　（1）投资行为已取得相关的审批手续,如当投资项目涉及金融、建筑、房地产、医

药、新闻、电讯、通信等特殊行业时,投资项目需要报请有关行业主管部门批准;

(2)投资各方当事人已取得投资项目所需的第三方必要的同意,并不与其他交易发生冲突;

(3)投资各方因投资项目所作的声明及保证均应实际履行;

(4)完成尽职调查,并对调查结果满意;

(5)在所有先决条件具备后,才能履行股权转让(或认缴新增资本的出资)和付款义务。

20.1.3　投资各方的声明、保证与承诺条款。包括:

(1)目标公司向投资方保证没有隐瞒影响投资事项的重大问题;

(2)投资方向目标公司保证具有实施投资行为的资格和财务能力;

(3)目标公司履行投资义务的承诺以及其董事责任函。

20.1.4　确定投资条件,确定出资转让总价款。

20.1.5　确定出资转让的数量(股比)及交割日。

20.1.6　设定出资方式与时间,必要时可以考虑在金融机构设立双方共管或第三方监管账户,并设定共管或监管程序和条件,以尽可能地降低信用风险,以保障投资协议的顺利履行。

20.1.7　确定出资过程中产生的税费及其他费用的承担。

20.1.8　限制竞争条款。

20.1.9　确定违约责任和损害赔偿条款。

20.1.10　设定或有损害赔偿条款。即投资方如因目标公司在投资完成之前的经营行为导致的税务、环保等纠纷受到损害,被投资方应承担相应的赔偿责任。

20.1.11　设定不可抗力条款。

20.1.12　设定有关合同终止、投资标的交付、投资行为完成条件、保密、法律适用、争议解决等其他条款。

20.2　投资协议的附件一般包括:

20.2.1　目标公司的财务审计报告。

20.2.2　目标公司的资产评估报告。

20.2.3　目标公司土地转让协议。

20.2.4　政府批准转让的文件。

20.2.5　其他有关权利转让协议。

20.2.6　目标公司的固定资产与机器设备清单。

20.2.7　目标公司的流动资产清单。

20.2.8　目标公司的债权债务清单。

20.2.9　目标公司对外提供担保的清单。

20.2.10　联合会议纪要。

20.2.11　谈判记录。

上述附件的内容,专业律师可以根据实际情况在符合法律、法规的情况下,选择增减。

第21条　投资协议的生效条款

专业律师应当提请委托人注意,如投资项目涉及必须由国家有关部门批准的,应建议委托人约定投资协议自批准之日起生效。其他情况下,可根据委托人实际情况约定合同生效条件和时间。

第六节　投资协议执行阶段

第22条　在投资履约阶段,专业律师工作主要包括:

22.1　为投资各方拟订"履约备忘录",载明履约所需各项文件,并于文件齐备时进行验证以确定是否可以开始履行合同。

22.2　协助委托人举行验证会议。

22.3　按相关法律、法规的规定办理报批手续。

22.4　协助办理投资涉及的各项变更登记、重新登记、注销登记手续。

第23条　申报文件

专业律师协助投资方或目标公司起草或调取的、需要向相关政府主管部门报送的文件材料包括:

23.1　股东变更申请书。

23.2　投资前各方的原合同、章程及其修改协议。

23.3　投资各方的批准证书和营业执照复印件。

23.4　目标公司董事会、股东(大)会关于出资转让的决议。

23.5　出资变更后的董事会成员名单。

23.6　投资各方签订的并经其他股东签字或以其他书面方式认可的出资转让协议。

23.7　审批机关要求报送的其他文件。

第24条　投资履约阶段的事务

24.1　投资款到账验收,出具报告书。

在投资方支付全部转让款并将付款凭证传真给出让方后,在约定的工作日内,被投资方指定的或双方约定的注册会计师对该转让金额是否到账予以验证,并将验证报告传真给投资方。

24.2　投资标的交付。

投资双方及目标公司应及时办理被投资资产的交割手续和被投资股权的变更登

记手续,包括所涉资产权属变更需要办理的物的交付和权属变更登记手续。

24.3 股东权利义务的移转。

股权转让协议可以约定,转让标的交割之后,原出让方将不再作为目标公司的股东而享有股东权利和承担股东义务;投资方将成为目标公司的股东,并取代出让方继续履行目标公司发起人协议书及章程中规定的股东权利和股东义务。

24.4 规范有关登记手续。

新股东与公司其他股东应当签订新的合营(合作的)协议,修订原公司章程和议事规则,更换新董事。签订新的合营(合作的)协议与新章程后,公司签发新的股东出资证明书,变更公司的股东名册,并于变更后30日内向工商行政管理机关提交目标公司股东、出资、章程等变更登记申请或备案申请。

第25条 特别提示

专业律师应向委托人提示实际出资与投资协议生效的区别。投资协议除法律、法规明文规定需经主管部门批准生效的以外,或者当事人约定了生效条件之外,一般自合同主体签字盖章之日起生效;但投资协议的生效并不当然意味着出资自合同生效时起实际履行,其实际履行根据公司性质及当事人有关需求,可能还需满足法律规定的条件或当事人约定的条件。

第七节 资本退出阶段

风险资本退出是风险投资项目的最后一个环节。对于成功的投资,退出将最终实现其资本增值的投资收益;对于失败的投资,退出可以收回部分投资本金,减少损失的扩大。

第26条 风险资本退出的方式

风险资本退出的基本方式有四种:首次公开发行上市,并购转让,原股东、管理层或创业企业回购,以及清算等。风险资本以任何一种方式退出,从律师业务的角度来看,无论是首次公开发行上市、股权转让还是清算等,都是一个复杂的专项法律服务业务。

第27条 上市方式退出

27.1 创业企业股票发行上市通常是投资方所追求的目标。股票上市后,投资方作为发起人在经过一段禁售期后,即可通过售出其持有的企业股票从而获取巨额增值,实现成功退出。

27.2 企业股票发行上市的基本程序包括:聘请境内外承销商、律师、会计师等组成顾问班子;为股票发行上市的需要而进行必要的股权结构调整;将企业改制重组为股份有限公司;各中介机构进行尽职调查、辅导,并制作、报送股票上市申请文件;证券监督管理部门核准发行。

27.3 在公司上市之前,专业律师需要对公司的资信作全面调查,并出具法律意见,对公司及其上市的合法性出具意见书;从法律角度协助公司选择上市地点,并出具书面意见;制作申请上市的各种法律文件。

通常,专业律师的介入是法定的和强制的,根据中国证监会的有关规定,企业公开发行股票,或已上市公司增发新股、配股,以及上市公司发行可转换债券,应由专业律师出具法律意见书、律师工作报告,并制作工作底稿。法律意见书和律师工作报告,是发行人向中国证监会申请公开发行证券或申请发行可转换公司债券的必备文件之一。

第 28 条 以并购方式退出

28.1 并购中的股权转让是风险资本成功退出的另一重要途径。有限责任公司及未上市股份公司股权转让的基本程序包括:股东(大)会通过同意转让的决议;在财务顾问、律师、会计师的协助下对企业进行整合;转让方和受让方各方的股东会或董事会的同意授权;协商谈判;制作签署股权转让协议等文件;办理股权变更的工商登记手续或股份过户手续。某些项目在办理股权变更手续前还需报政府主管部门批准。

28.2 专业律师应协助以下事务:对公司进行整合和调查;出具转让的法律意见,就其合法性和后果以及应当注意的事项加以说明;参与双方的谈判协商;制作股权转让协议等法律文件;协助办理股权工商变更手续等。

事实上,转让方需要做很多准备工作,包括确定清晰的并购基础目标,评估并购的各种选择方案等。投资方的专业律师可以在准备工作阶段开始参与并购,而随着并购过程的进行,风险投资专业律师发挥的作用也会越来越大。尤其对于外资收购方来说,专业律师可以帮助其分析与解决政策性较强的法律问题。

第 29 条 回购方式退出

创业企业的原股东、管理层或创业企业自身回购投资方的股权,实际上是股权转让的一种特殊形式。回购在操作程序上与股权转让基本相同,只是这种回购要依赖于风险资本投入时签署的投资协议中有关回购的条款。

在这种方式下,专业律师的任务是协助选择回购的方式、确认其合法性、办理相关股权变动手续。需注意的是,创业企业自身回购一般会相应导致减资的出现。

第 30 条 清算方式退出

30.1 由于风险投资的高风险性,被迫清算的投资项目也是非常多的。在风险投资项目失败的情况下,投资方的退出模式通常只有清算了(不排除投资目的达到后的清算退出)。

在公司遇到重大困难时,对高科技企业而言,往往需要当机立断,及时退出。这时候专业律师应当协助公司和股东按照《公司法》规定进行非破产清算。

30.2 依据《公司法》的规定,清算包括非破产清算和破产清算两类。两类清算在

《中华人民共和国企业破产法》出台后，具体操作上有很大的区别，尤其是破产清算更需要专业律师的指导。

第二章
股权激励业务

第一节 股权激励操作模式及要素

第 31 条 综述

31.1 中共十六届三中全会通过了《关于完善社会主义市场经济体制若干问题的决定》，将劳动分为简单劳动和复杂劳动，鼓励管理、技术等作为要素参与分配，并强调要进一步健全公司法人治理结构，为高新技术企业实施股权激励提供了政策根据并指明了方向。

31.2 专业律师在办理股权激励业务过程中，应根据上市前的高新技术企业、上市后的高新技术企业的不同分类，分别适用相对应的股权激励政策。

国有高新技术企业改制过程中经营管理层、员工通过存量转让或增资扩股方式持股的，按照相关的国有企业改制政策严格执行，但通过股权激励持股的不受此限。

31.3 根据高新技术企业组织形式的不同，选择适用的股权激励方式与提法不同。一般而言，与股票有关的股权激励适用于上市的高新技术公司，与股份有关的股权激励适用于非上市的高新技术股份有限公司，与股权（狭义）有关的股权激励适用于高新技术有限责任公司。

31.4 除高新技术企业外的有限责任公司与股份有限公司，可参照上市前的高新技术企业及上市后的高新技术企业的股权激励政策，也可根据企业实际情况借鉴国外、地方的实践操作，探索新的股权激励方式。

31.5 专业律师在设计股权激励方案时，应针对企业的实际情况，结合企业的需求，规范履行相应手续，特别是对上市后的高新技术企业实施股权激励，应按照相关规定履行审批备案、信息披露等程序。

第 32 条 股权激励法律政策体系分类

《公司法》第 143 条规定，将股份奖励给本公司职工的情况下可以回购公司股份，并应当经股东大会决议。回购的公司股份不得超过本公司已发行股份总额的 5%；用于收购的资金应当从公司的税后利润中支出；所收购的股份应当在 1 年内转让给职工。

这为高新技术股份有限公司实施股权激励的股份来源和操作方式提供了法律政策支持。按照股权激励政策适用主体的分类，可将股权激励政策具体分为上市前高新技术企业的股权激励政策及上市后高新技术企业的股权激励政策。两类政策各成体系,规范的侧重点各有不同。

32.1 上市前高新技术企业股权激励适用政策包括但不限于:

32.1.1 关于中关村高新技术企业产权激励试点工作的复函(财政部、科技部财管字[2000]161号);

32.1.2 国务院办公厅转发财政部科技部关于国有高新技术企业开展股权激励试点工作指导意见的通知(国办发[2002]48号);

32.1.3 财政部科技部关于实施《关于国有高新技术企业开展股权激励试点工作的指导意见》有关问题的通知(财企[2002]508号);

32.1.4 关于高新技术中央企业开展股权激励试点工作的通知(国资厅发分配[2004]23号);

32.1.5 关于组织北京市中关村科技园区国有高新技术企业和企业化转制科研院所开展股权激励试点工作的通知(国资厅发分配[2006]1号);

32.1.6 关于印发《国家高新技术产业开发区高新技术企业认定条件和办法》的通知(国科发火字[2000]324号);

32.1.7 国家高新技术开发区外高新技术企业认定条件和办法(国科发火字[1996]018号)。

针对于一般高新技术企业与国有独资或控股的高新技术企业,应按照其分类分别对应适用上述股份激励政策规定。地方法律、法规、政策关于股权激励的相关规定,结合实际情况适用。

32.2 高新技术企业上市后激励政策

应满足上市公司实施股权激励的系列法律政策规范要求。其中,国有控股的高新技术上市公司,应分别适用《国有控股上市公司(境外)实施股权激励试行办法》和《国有控股上市公司(境内)实施股权激励试行办法》的相关规定。高新技术企业上市后应根据实际情况适用如下法律政策,规范实施股权激励:

32.2.1 《上市公司股权激励管理办法(试行)》;

32.2.2 《国有控股上市公司(境外)实施股权激励试行办法》;

32.2.3 《国有控股上市公司(境内)实施股权激励试行办法》;

32.2.4 《股权分置改革工作备忘录第18号——股权激励计划的实施》;

32.2.5 《关于上市公司股权激励备案工作有关问题的通知》;

32.2.6 《信息披露业务备忘录第8号——股权激励期权授予登记》;

32.2.7 《信息披露业务备忘录第9号——股权激励期权行权确认》;

32.2.8 《关于开展加强上市公司治理专项活动有关事项的通知》;

32.2.9 《股权激励有关事项备忘录1号》;

32.2.10 《股权激励有关事项备忘录2号》;

32.2.11 《股权激励有关事项备忘录3号》;

32.2.12 《上市公司股权激励规范意见(试行)》(征求意见稿);

32.2.13 《关于规范国有控股上市公司实施股权激励有关问题的补充通知》(征求意见稿)。

第33条 股权激励方式

按照上述股权激励政策适用主体的不同,股权激励方式可分为:适合上市前高新技术企业的股权激励方式和适合上市高新技术企业的股权激励方式。非高新技术企业可分别参照适用。

按照股权激励使用标的的不同,股权激励方式可分为:以股票为激励标的的股权激励方式、以股份为激励标的的股权激励方式、以股权(狭义)为激励标的的股权激励方式。高新技术企业应灵活选择适合自身特点的股权激励方式。

33.1 适合非上市高新技术企业的主要股权激励方式

33.1.1 奖励股权(份),是指企业按照一定的净资产增值额,以股权方式奖励给对企业的发展作出突出贡献的科技人员。

33.1.2 股权(份)出售,是指根据对企业贡献的大小,按一定价格系数将企业股权(份)出售给有关人员。价格系数应当在综合考虑净资产评估价值、净资产收益率及未来收益等因素的基础上合理确定。

33.1.3 技术折股,是指允许科技人员以个人拥有的专利技术或非专利技术(非职务发明),作价折合为一定数量的股权(份)。

33.2 适合上市高新技术企业的主要股权激励方式

33.2.1 股票激励,是指上市公司按照股权激励计划规定的条件,授予激励对象一定数量的本公司股票。

33.2.2 股票期权,是指上市公司授予激励对象在未来一定期限内以预先确定的价格和条件购买本公司一定数量股票的权利。激励对象有权行使这种权利,也有权放弃这种权利,但不得用于转让、质押或者偿还债务。

33.2.3 限制性股票,是指上市公司按照预先确定的条件授予激励对象一定数量的本公司股票,激励对象只有在工作年限或业绩目标符合股权激励计划规定的条件下,才可出售限制性股票并从中获益。

33.2.4 股票增值权,是指上市公司授予激励对象在一定的时期和条件下,获得规定数量的股票价格上升所带来的收益的权利。股票增值权主要适用于发行境外上市外资股的公司。股权激励对象不拥有这些股票的所有权,也不拥有股东表决权、配股权。股票增值权不能转让和用于担保、偿还债务等。

33.3 其他可供借鉴的股权激励方式

结合地方股权激励政策并借鉴国外的股权激励方式,适合高新技术企业的股权激励方式还有:

33.3.1 虚拟股票,是指公司授予激励对象一种"虚拟"的股票,激励对象可以据此享受一定数量的分红权和股价升值收益,但没有所有权,没有表决权,不能转让和出售,在离开企业时自动失效。

33.3.2 业绩股票,是指公司根据被激励者业绩水平,以普通股作为长期激励形式支付给管理层。通常是公司在年初确定业绩目标,如果激励对象在年末达到预定目标,则公司授予其一定数量的股票或提取一定的奖励基金购买公司股票。

33.3.3 业绩单位,和业绩股票相比,业绩单位减少了股价的影响。业绩单位支付的是现金,而且是按考核期期初市盈率计算的股价折算的现金。在业绩单位方案下,高层管理人员的收入是现金或者是市值等于现金的股票,除了有期初市盈率影响的因素外,不再受到股价的其他影响。

33.3.4 账面价值增值权。具体分为购买型和虚拟型两种。购买型是指在期初激励对象按每股净资产值购买一定数量的股份,在期末再按每股净资产期末值回售给公司。虚拟型是指激励对象在期初不需支出资金,公司授予激励对象一定数量的名义股份,在期末根据公司每股净资产的增量和名义股份的数量来计算激励对象的收益。

33.3.5 延期支付,也称延期支付计划,是指公司将管理层的部分薪酬,特别是年度奖金、股权激励收入等按当日公司股票市场价格折算成股票数量,存入公司为管理层人员单独设立的延期支付账户。在既定的期限后或在该高级管理人员退休以后,再以公司的股票形式或根据期满时的股票市场价格以现金方式支付给激励对象。激励对象通过延期支付计划获得的收入来自于既定期限内公司股票的市场价格上升,即计划执行时与激励对象行权时的股票价差收入。如果折算后存入延期支付账户的股票市价在行权时上升,则激励对象就可以获得收益。但如果该市价不升反跌,激励对象的利益就会遭受损失。

第34条 股权激励的股份来源

34.1 存量。股权激励的股份可来源于存量,即从二级市场购入股份。

34.2 增量。股权激励的股份还可来源于增量,即对激励对象发行新股。

第35条 股权激励对象

35.1 上市前高新技术企业股权激励的对象

35.1.1 高新技术企业的股权激励对象,是对高新技术股权激励试点企业的发展作出突出贡献的科技人员和经营管理人员,具体范围由试点企业股东大会或董事会决定。

35.1.2 对企业的发展做出突出贡献的科技人员,是指企业关键科技成果的主要完成人,重大开发项目的负责人,对企业主导产品或核心技术作出重大创新或改进的主要技术人员。

35.1.3 对企业的发展作出突出贡献的经营管理人员,是指参与企业战略决策、领导企业某一主要业务领域、全面负责实施某一领域业务工作并作出突出贡献的中、高级经营管理人员。

35.2 上市高新技术企业股权激励的对象

激励对象原则上限于上市公司董事、高级管理人员（以下简称"高管人员"）以及对上市公司整体业绩和持续发展有直接影响的核心技术人才和管理骨干，股权激励的重点是上市公司的高管人员。

（1）上市公司董事包括执行董事、非执行董事。独立非执行董事以及由上市公司控股公司以外的人员担任的外部董事，不参与上市公司股权激励计划。

（2）上市公司高管人员，是指对公司决策、经营、管理负有领导职责的人员，包括：总经理、副总经理、公司财务负责人（包括其他履行上述职责的人员）、董事会秘书和公司章程规定的其他人员。

（3）上市公司核心技术人才、管理骨干，由公司董事会根据其对上市公司发展的重要性和贡献等情况确定。高新技术企业可结合行业特点和高科技人才构成情况界定核心技术人才的激励范围，但须就确定依据、授予范围及数量等情况作出说明。

（4）在股权授予日，任何持有上市公司5%以上有表决权的股份的人员，未经股东大会批准，不得参加股权激励计划。

① 证券监管部门规定的不得成为激励对象的人员，不得参与股权激励计划。包括最近3年内被证券交易所公开谴责或宣布为不适当人选的；最近3年内因重大违法违规行为被中国证监会予以行政处罚的；具有公司法规定不得担任董事、监事、经理情形的。

② 上市公司监事会应当对激励对象名单予以核实，并将核实情况在股东大会上予以说明。为确保上市公司监事独立性，充分发挥其监督作用，上市公司监事不得成为股权激励对象。

第36条 实施股权激励的高新技术企业需具备的条件

36.1 上市前高新技术企业实施股权激励的条件：

36.1.1 产权清晰，法人治理结构健全。

36.1.2 近3年来，每年用于研究开发的经费占企业当年销售额5%以上，研发人员占职工总数10%以上，高新技术主业突出。

36.1.3 近3年税后利润形成的净资产增值额占企业净资产总额的30%以上。

36.1.4 建立了规范的员工绩效考核评价制度、内部财务核算制度，财务会计报告真实，近3年没有违反财经法律、法规的行为。

36.1.5 企业发展战略和实施计划明确，经专家论证具有高成长性，发展前景好。

36.2 上市高新技术企业实施股权激励的条件：

36.2.1 公司治理结构规范，股东大会、董事会、经理层组织健全，职责明确。外部董事（含独立董事，下同）占董事会成员半数以上。

36.2.2 薪酬委员会由外部董事构成，且薪酬委员会制度健全，议事规则完善，运行规范。

36.2.3 内部控制制度和绩效考核体系健全,基础管理制度规范,建立了符合市场经济和现代企业制度要求的劳动用工、薪酬福利制度及绩效考核体系。

36.2.4 发展战略明确,资产质量和财务状况良好,经营业绩稳健;近3年无财务违法违规行为和不良记录。

36.2.5 证券监管部门规定的其他条件。

第 37 条 实施股权激励的绩效考核目标

37.1 上市前高新技术企业实施股权激励计划的绩效考核目标

实行股权激励试点的高新技术企业,应当建立规范的员工绩效考核评价制度,设立考核评价管理机构。员工绩效考核评价制度应当包括员工岗位职责核定、绩效考核评价指标和标准、年度绩效责任目标、考核评价程序和奖惩细则等内容。股东大会或董事会应当根据考核结果确定股权激励的对象,以防止平均主义。

37.2 上市高新技术企业实施股权激励计划的绩效考核目标

实施股权激励计划应当以绩效考核指标完成情况为条件,建立健全绩效考核体系和考核办法。绩效考核目标应由股东大会确定。

37.2.1 上市公司实施股权激励,应建立完善的业绩考核体系和考核办法。业绩考核指标应包含反映股东回报和公司价值创造等综合性指标,如净资产收益率(ROE)、经济增加值(EVA)、每股收益等;反映公司盈利能力及市场价值等成长性指标,如净利润增长率、主营业务收入增长率、公司总市值增长率等;反映企业收益质量的指标,如主营业务利润占利润总额比重、现金营运指数等。相关业绩考核指标的计算应符合现行会计准则等相关要求。

37.2.2 上市公司实施股权激励,其授予和行使(指股票期权和股票增值权的行权或限制性股票的解锁,下同)环节均应设置应达到的业绩目标,业绩目标的设定应具有前瞻性和挑战性,并切实以业绩考核指标完成情况作为股权激励实施的条件。

上市公司授予激励对象股权时的业绩目标水平,应不低于公司近3年平均业绩水平及同行业(或选取的同行业境内、外对标企业,行业参照证券监管部门的行业分类标准确定,下同)平均业绩(或对标企业50分位值)水平。

上市公司激励对象行使权利时的业绩目标水平,应结合上市公司所处行业的周期性,在授予时业绩水平的基础上有所提高,并不得低于公司同行业平均业绩(或对标企业75分位值)水平。凡低于同行业平均业绩(或对标企业75分位值)水平以下的不得行使。

37.2.3 完善上市公司股权激励对象业绩考核体系,切实将股权的授予、行使与激励对象业绩考核结果紧密挂钩,并根据业绩考核结果分档确定不同的股权行使比例。

37.2.4 对科技类上市公司实施股权激励的业绩指标,可以根据企业的特点及成长性,分别确定授予和行权的业绩指标。

第二节 股权激励的尽职调查

第 38 条 信息收集

股权激励操作的前期接洽工作是必备的,专业律师可以初步明确拟实施股权激励公司实施股权激励的真正意图,确定下一步的操作方向。专业律师在前期接洽阶段的法律服务主要有:

38.1 收集拟实施股权激励公司的公开资料和企业资信情况、经营能力、人员构成等信息,在此基础上进行信息整理和分析,从公司经营的市场风险方面考查有无重大障碍影响股权激励操作的正常进行。

38.2 综合研究相关法律、法规、企业政策,对股权激励的可行性进行法律论证,寻求相应激励的法律依据。

38.3 就股权激励可能涉及的具体行政程序进行调查,例如是否违背我国股权变更、国有股减持的政策法规,可能产生怎样的法律后果;是否需要经当地政府批准或进行事先报告,地方政策对同类激励方案有无倾向性态度。

第 39 条 尽职调查原则

专业律师应对拟实施股权激励公司进行深入尽职调查,核实前期接洽阶段获取的相关信息,使得专业律师能够在信息充分的情况下制作可行的股权激励方案。专业律师可以根据实际情况,在符合法律、法规的情况下对尽职调查的具体内容作适当增加和减少。

第 40 条 尽职调查内容

40.1 拟实施股权激励公司设立及变更的有关文件,包括工商登记材料及相关主管机关的批件。

40.2 拟实施股权激励公司的公司章程、议事规则、规章制度。

40.3 拟实施股权激励公司的股权结构。

40.4 拟实施股权激励公司的组织机构。

40.5 拟实施股权激励公司的主要业务及经营情况。

40.6 拟实施股权激励公司最近 2 年经审计的财务报告。

40.7 拟实施股权激励公司全体人员构成情况及现有的薪酬政策、激励策略和薪酬水平,包括但不限于管理人员与技术、业务骨干的职务、薪金、福利;其他人员的职务、薪金、福利等。

40.8 拟实施股权激励公司现有的激励制度和绩效考核标准,实际运行的效果及存在的主要问题。

40.9 拟实施股权激励公司与职工签订的劳动合同、保密协议、竞争限制协议等。

40.10 启动股权激励的内部决策文件,包括但不限于本公司股东会或董事会决议、上级主管部门的文件、中央及地方相关的股权激励政策等。

40.11 拟实施股权激励公司实行股权激励的范围、对象、基本情况、拟实现目标及初步思路。

40.12 拟实施股权激励公司对股权激励的基本要求及针对性要求,例如操作模式、实施期间、股权归属方式、激励基金的提取条件、计划的终止条件等。

40.13 拟实施股权激励公司认为股权激励应关注的重点问题和可能的障碍。

40.14 制作激励方案所需要的其他资料。

第三节 股权激励方案的制作及实施

第 41 条 股权激励方案的制作

41.1 股权激励方案应当根据尽职调查的情况制作。根据方案设计思路的不同,方案的内容也存在较大差别。总体而言,股权激励方案要解决五个原则问题,即:

41.1.1 定股原则——如何选择合适股权激励工具;

41.1.2 定人原则——如何确定激励对象;

41.1.3 定时原则——股权激励计划中的时间;

41.1.4 定价原则——股权激励计划中的价格;

41.1.5 定量原则——股权激励计划中的数量。

41.2 上市前高新技术企业股权激励方案的主要内容

股权激励的范围、条件和方式,股权(份)来源,股本设置及股权(份)处置,企业财务考核与评价,出售股权的价格系数,有关人员效绩考核的评价,具体持股数量及持股期限等。

41.3 上市高新技术企业股权激励方案应包括如下内容:

41.3.1 股权激励计划的目的;

41.3.2 激励对象的确定依据和范围;

41.3.3 股权激励计划拟授予的权益数量、所涉及的标的股票种类、来源、数量及占上市公司股本总额的百分比;若分次实施的,每次拟授予的权益数量、所涉及的标的股票种类、来源、数量及占上市公司股本总额的百分比;

41.3.4 激励对象为董事、高级管理人员的,其各自可获授的权益数量、占股权激励计划拟授予权益总量的百分比;其他激励对象(各自或按适当分类)可获授的权益数量及占股权激励计划拟授予权益总量的百分比;

41.3.5 股权激励计划的有效期、授权日、可行权日、标的股票的禁售期;

41.3.6 限制性股票的授予价格或授予价格的确定方法,股票期权的行权价格或行权价格的确定方法；

41.3.7 激励对象获授权益、行权的条件，如绩效考核体系和考核办法，以绩效考核指标为实施股权激励计划的条件；

41.3.8 股权激励计划所涉及的权益数量、标的股票数量、授予价格或行权价格的调整方法和程序；

41.3.9 公司授予权益及激励对象行权的程序；

41.3.10 公司与激励对象各自的权利义务；

41.3.11 公司发生控制权变更、合并、分立、激励对象发生职务变更、离职、死亡等事项时如何实施股权激励计划；

41.3.12 股权激励计划的变更、终止；

41.3.13 其他重要事项。

第 42 条 股权激励方案的配套文件

股权激励方案的操作模式不同，配套文件亦会有所区别，大致包括：

42.1 拟实施股权激励公司董事会决议；

42.2 拟实施股权激励公司股东（大）会决议；

42.3 激励基金/股权授予/分配申请/通知书；

42.4 股权变现申请/通知书。

第 43 条 股权激励方案的审批

43.1 董事会、股东（大）会表决通过的决议；

43.2 涉及国有资产处置的，需报国有资产管理部门审查和批准；

43.3 涉及外商投资企业投资额、注册资本、股东、经营项目、股权比例等方面变更的，需报商务部门、外汇管理部门审查和批准；

43.4 涉及上市公司的，需报送中国证监会备案并获中国证监会无异议。

第 44 条 股权激励方案的实施

根据股权激励方案和委托人的委托，专业律师协助做好如下工作：

44.1 协助选择负责审计评估的中介机构；

44.2 阶段性具体分配方案的拟订或审核；

44.3 股东（大）会、董事会、薪酬委员会会议决议的制作及相关会议的协助召开；

44.4 股权（或相应权利）获得/变更/丧失，所涉及的相关法律文件的草拟或审核；

44.5 协助办理工商变更登记等手续。

第四节　法律意见书与股权激励操作中的注意事项

第 45 条　法律意见书

45.1　专业律师对股权激励方案出具法律意见的,应当依法对相关法律问题发表明确的结论性意见。

45.2　专业律师应当采取书面形式对股权激励方案出具相关法律意见书。以上市高新技术企业为例,法律意见书一般包括以下内容:

45.2.1　实施股权激励计划企业的主体资格是否适格;

45.2.2　激励对象的主体资格是否适格;

45.2.3　股权激励计划是否符合《上市公司股权激励规范意见(试行)》等相关法律、法规的规定;

45.2.4　股权激励计划是否已经履行了法定程序;

45.2.5　股权激励计划是否已经履行了信息披露义务;

45.2.6　股权激励计划是否存在明显损害公司及全体股东利益和违反有关法律、行政法规的情形;

45.2.7　其他应当说明的事项。

45.2.8　专业律师应当在法律意见书中声明:非经律师事务所及签字律师同意,不得将法律意见书用于股权激励事项以外的其他目的或用途。

45.2.9　专业律师对股权激励方案出具的法律意见书,作为上市高新技术企业申请实施股权激励计划所必备的法律文件之一,随其他申报材料一起上报中国证监会及其他有关政府部门,并依法承担相应责任。上市前高新技术企业申请实施股权激励计划,可参照上市高新技术企业的要求将法律意见书纳入必备的法律文件。

45.2.10　专业律师不得在未经尽职调查和核实、查证股权激励方案内容的情况下,仅针对股权激励方案的书面内容出具法律意见书。

45.2.11　专业律师对股权激励方案出具的法律意见书应当符合法律、法规的规定和要求。出具法律意见书时,应当注意适用法律、法规的准确性,正确处理法律和法规的效力和冲突问题,使用司法解释或法理以及规范性政策文件作为依据时应当作出适当说明。

45.2.12　专业律师出具法律意见书时,如虽已勤勉尽责但仍然不能作出明确判断,或者已经明确向拟实施股权激励计划的企业表示不同观点的,应当发表保留意见。

第 46 条　股权激励与公司治理

股权激励机制能否顺利实施在很大程度上取决于公司治理结构的完善程度。只有在公司内部构建起有效约束公司相关利益主体(如股东、董事、监事及高管人员)间相互关系的制度,并结合相应的外部市场与法律条件,股权激励机制才可能充分发挥其积极作用。

因此，专业律师应帮助拟实施股权激励的高新技术企业进行规范的公司制改造，公司股东（大）会、董事会、监事会和经理层应职责明确，形成各负其责、协调运转、有效制衡的公司法人治理结构。

第47条 涉及国有资产问题

涉及国有独资或者具有以国有资产出资的公司因实施股权激励导致股权变动时，应注意：

47.1 根据国有资产管理法律、法规的要求，对拟实施股权激励公司的资产进行评估；

47.2 必要时报国有资产管理部门或其授权部门核准/备案；

47.3 根据国有资产管理法律、法规的要求，办理产权变更登记手续。

第48条 涉及外资企业问题

涉及外商投资企业因实施股权激励导致股权变动时，应当注意：

48.1 外方股东出资变更，应保证合营项目符合《外商投资产业指导目录》的要求，作出新的可行性研究报告，并遵守法律、法规关于外商投资比例的规定。如导致外资比例低于法定比例，应办理相关审批和公司性质变更手续。

48.2 涉及合营企业投资额、注册资本、股东、经营项目、股权比例等方面的变更，均需履行审批手续。

第49条 涉及上市公司问题

涉及上市高新技术企业实施股权激励的，应履行法定的信息披露义务：

49.1 上市高新技术企业应当在董事会审议通过股权激励计划草案后的2个交易日内，公告董事会决议、股权激励计划草案摘要、独立董事意见。

49.2 股权激励计划草案摘要至少应当包括：股权激励计划的目的；股权激励计划所涉及的权益数量、标的股票数量、授予价格或行权价格的调整方法和程序；股权激励计划的变更、终止。

（本指引由全国律协民事专业委员会负责起草，主要执笔人：徐永前、李雨龙、关琦、马光钦）

中华全国律师协会
律师担任破产管理人业务操作指引

目　录

第一章　一般规定 / 57

第二章　裁定受理破产清算申请后的管理人职责 / 61

第三章　裁定重整后的管理人职责 / 75

第四章　裁定和解后的管理人职责 / 78

第五章　宣告破产后的管理人职责 / 79

第六章　管理人终止执行职务 / 81

第一章
一　般　规　定

第 1 条　宗旨和效力

1.1　为指导律师担任破产管理人业务,规范律师执业行为,提高律师的服务质量和水平,防范执业风险,充分发挥律师在企业破产案件事务中的作用,依据《中华人民共和国企业破产法》及其他相关法律、行政法规和司法解释的规定,制定本指引。

1.2　本指引为律师担任破产管理人业务的指导性意见。本指引与相关法律、行政法规及司法解释有抵触的,以相关法律、行政法规及司法解释的规定为准。

第 2 条　适用范围

2.1　进入人民法院公布的机构管理人名册的律师事务所,以及进入人民法院公布的个人管理人名册的律师个人,接受人民法院指定担任破产案件管理人并依法履行管理人职责的,适用本指引。

2.2　人民法院指定清算组为管理人的,作为清算组成员的律师事务所或律师个人依法履行管理人职责的,适用本指引。

2.3 被人民法院指定为管理人的律师事务所或者律师个人指派的管理人团队成员，无论其是否为律师，在其履行管理人职责时，负责指派其为成员的律师事务所或者律师个人可以要求其参照本指引执行。

第3条 相关制度制订

3.1 进入人民法院公布的机构管理人名册的律师事务所，应当结合本律师事务所的实际情况，制定本律师事务所担任管理人的相关制度。相关制度包括但不限于：管理人团队组成及分工负责制度、管理人业务培训制度、管理人消极资格审查和报告制度、管理人业务操作流程制度、管理人工作底稿和档案管理制度、管理人报酬分配与风险承担制度等。

3.2 进入人民法院公布的个人管理人名册中的律师个人，除应当配合本律师事务所制定前款规定的相关制度外，还应当配合本律师事务所制定律师个人担任管理人业务的相关制度。

3.3 进入人民法院公布的个人管理人名册中的律师个人，应当参加律师执业责任保险。

第4条 管理人的指定、回避、辞职和更换

4.1 进入人民法院公布的管理人名册中的律师事务所、律师个人，应当接受人民法院关于破产案件管理人的指定。但被指定的律师事务所、律师个人有下列情形之一的，视为不宜担任管理人，其应当向人民法院申请不接受指定并说明情况：

4.1.1 因故意犯罪受过刑事处罚；

4.1.2 曾被吊销相关专业执业证书；

4.1.3 与破产案件有利害关系；

4.1.4 人民法院认为的不宜担任管理人的其他情形。

4.2 被人民法院指定为破产案件管理人的律师事务所，有下列情形之一，可能影响其忠实履行管理人职责的，视为与破产案件有利害关系：

4.2.1 与债务人、债权人有未了结的债权债务关系；

4.2.2 在人民法院受理破产申请前3年内，曾为债务人提供相对固定的法律服务；

4.2.3 现在是或者在人民法院受理破产申请前3年内曾经是债务人、债权人的控股股东或者实际控制人；

4.2.4 现在担任或者在人民法院受理破产申请前3年内曾经担任债务人、债权人的财务顾问、法律顾问；

4.2.5 人民法院认为可能影响其忠实履行管理人职责的其他情形。

4.3 被人民法院指定为破产案件管理人的律师个人，有下列情形之一，可能影响其忠实履行管理人职责的，视为与破产案件有利害关系：

4.3.1 具有本指引第4.2条款规定的情形；

4.3.2 现在担任或者在人民法院受理破产申请前3年内曾经担任债务人、债权人的董事、监事、高级管理人员;

4.3.3 与债权人或者债务人的控股股东、董事、监事、高级管理人员存在夫妻、直系血亲、三代以内旁系血亲或者近姻亲关系;

4.3.4 人民法院认为可能影响其公正履行管理人职责的其他情形。

4.4 被人民法院指定为破产案件管理人的律师事务所,有下列情形之一的,视为有人民法院认为不宜担任管理人的其他情形:

4.4.1 因执业、经营中故意或者重大过失行为,受到行政机关、监管机构或者行业自律组织行政处罚或者纪律处分之日起未逾3年;

4.4.2 因涉嫌违法行为正被相关部门调查;

4.4.3 执业许可证或者营业执照被吊销或者注销;

4.4.4 因不适当履行职务或者拒绝接受人民法院指定等原因,被人民法院从管理人名册除名之日起未逾3年;

4.4.5 缺乏担任管理人所应具备的专业能力;

4.4.6 缺乏承担民事责任的能力;

4.4.7 有重大债务纠纷;

4.4.8 出现解散、破产事由或者丧失承担执业责任风险的能力;

4.4.9 履行职务时,因故意或者重大过失导致债权人利益受到损害;

4.4.10 人民法院认为可能影响履行管理人职责的其他情形。

4.5 被人民法院指定为破产案件管理人的律师个人,有下列情形之一的,视为有人民法院认为不宜担任管理人的其他情形:

4.5.1 执业资格被取消、吊销;

4.5.2 因执业、经营中故意或者重大过失行为,受到行政机关、监管机构或者行业自律组织行政处罚或者纪律处分之日起未逾3年;

4.5.3 履行职务时,因故意或者重大过失导致债权人利益受到损害;

4.5.4 因不适当履行职务或者拒绝接受人民法院指定等原因,被人民法院从管理人名册除名之日起未逾3年;

4.5.5 缺乏担任管理人所应具备的专业能力;

4.5.6 缺乏承担民事责任的能力;

4.5.7 失踪、死亡或者丧失民事行为能力;

4.5.8 因健康原因无法履行职务;

4.5.9 执业责任保险失效;

4.5.10 有重大债务纠纷;

4.5.11 因涉嫌违法行为正被相关部门调查;

4.5.12 人民法院认为可能影响履行管理人职责的其他情形。

4.6 进入人民法院公布的管理人名册的律师事务所,在参与人民法院采取公告方式邀请的管理人业务竞争时,如发现自己有本指引4.1条款规定的情形之一的,应当退出竞争。

4.7 律师事务所、律师个人接受人民法院指定为破产案件管理人后,发现自己与破产案件有利害关系的,应当向人民法院提出回避申请并说明情况。

4.8 律师事务所、律师个人接受人民法院指定为破产案件管理人后,发现自己有不宜担任管理人的其他情形之一的,应当向人民法院提出辞职申请并说明情况。

4.9 律师事务所、律师个人接受人民法院指定为破产案件管理人后,债权人会议向人民法院申请更换管理人的,作为管理人的律师事务所、律师个人应当及时作出是否同意债权人会议申请的说明,并陈述其原因和理由。

4.10 被人民法院指定为破产案件管理人的律师事务所、律师个人,依据本指引规定向人民法院提出不接受指定、回避、辞职的申请报告后,人民法院予以批准的,以及人民法院因债权人会议申请决定更换管理人的,作为原管理人的律师事务所、律师个人应当停止履行管理人职责,在人民法院监督下向新任管理人移交自己已接管的债务人的财产、印章和账簿、文书等资料,以及管理人印章、账户和档案等,并及时向新任管理人书面说明工作进展情况。此外,在破产程序终结前,作为原管理人的律师事务所、律师个人应当接受新任管理人、债权人会议、人民法院关于其已履行的管理人职责情况的询问。

4.11 被人民法院指定为破产案件管理人的律师事务所、律师个人,在人民法院未决定更换管理人之前,应当继续依法履行管理人职务。

第5条 管理人团队的人员组成、分工和调整

5.1 接受人民法院指定担任破产案件管理人的律师事务所、律师个人,可以指派一个管理人团队履行管理人职责。管理人团队成员的人员组成及其分工,由律师事务所、律师个人根据破产案件实际需要及管理人职责履行的实际情况予以确定和调整。

5.2 管理人团队可以实行组长负责制。组长对外代表管理人,对内领导团队成员,并负责管理人团队内部工作计划的制订。

5.3 律师事务所指派的管理人团队的组长,应当是该律师事务所的律师。

5.4 律师个人指派的管理人团队的组长,应当是该律师本人。

5.5 管理人团队成员可以是本律师事务所以外的人员。

5.6 因参与人民法院采取公告方式邀请的管理人业务竞争而被指定为管理人的律师事务所,其实际指派的管理人团队应当符合其竞争方案的约定。

5.7 人民法院依法对管理人团队有要求的,担任破产案件管理人的律师事务所、律师个人应当按人民法院的要求办理。

第6条 管理人的工作原则

6.1 律师事务所、律师个人担任管理人,应当勤勉尽责、忠实执行职务,并始终贯

彻审慎原则，依法办理相关事务，切实防范法律风险。

6.2 律师事务所、律师个人担任管理人，应当注重工作效率，节约破产费用，减少共益债务。

6.3 律师事务所、律师个人担任管理人，执行管理人职务，应当依法向人民法院报告工作，并依法接受债权人会议和债权人委员会的监督。

6.4 律师事务所、律师个人担任管理人，应当严格履行保密义务。对于在执业中知悉的有关债务人、债权人和其他利害关系人的商业秘密、个人隐私以及其他不能对外披露的事项，管理人应当予以保密。

6.5 律师事务所、律师个人被指定为管理人后，不得以任何方式将管理人应当履行的职责全部或者部分转让给其他社会中介机构或者个人。

第 7 条 管理人的赔偿责任

7.1 管理人没有勤勉尽责，忠实执行职务，给债权人、债务人或者第三人造成损失的，管理人依法承担赔偿责任。

7.2 管理人团队成员没有勤勉尽责，忠实执行职务，给债权人、债务人或者第三人造成损失的，该成员行为视为管理人行为。

7.3 管理人聘请的机构、工作人员没有勤勉尽责，忠实执行职务，给债权人、债务人或者第三人造成损失的，由该机构、工作人员依法承担赔偿责任。

第二章
裁定受理破产清算申请后的管理人职责

第 8 条 人民法院裁定受理破产清算申请后的管理人职责

人民法院裁定受理破产清算申请后的管理人职责，指的是自人民法院裁定受理破产清算申请时起，至人民法院裁定驳回申请、裁定宣告破产、裁定重整、裁定和解或者裁定破产程序终结时止管理人依法应当履行的职责。

第 9 条 印章刻制和使用

9.1 管理人接受人民法院指定后，应当凭人民法院受理破产申请的裁定书、人民法院指定管理人的决定书和人民法院致公安机关刻制管理人印章的函件等材料，按照国家有关规定向公安机关申请刻制管理人印章。

9.2 管理人印章刻制后，管理人应当向公安机关和人民法院封样备案，并在封样备案后开始使用。

9.3 管理人印章只能限于管理人履行职责时使用。管理人应当制订管理人印章管理规定，并按规定使用印章。

第 10 条 开立管理人账户

10.1 管理人印章刻制后,管理人应当持人民法院受理破产申请的裁定书、人民法院指定管理人的决定书和管理人的决定及身份证明等文件材料,到银行申请开立管理人账户。

10.2 管理人账户开立后,管理人可以将债务人的银行存款划入管理人账户。

10.3 管理人依法履行职责时发生的所有资金收支,均应当通过管理人账户进行。

10.4 管理人应当制订管理人账户管理规定,并按规定使用账户。

第 11 条 接管债务人财产、印章和账簿、文书等资料

11.1 接受人民法院指定后,管理人应当及时指派人员做好债务人财产、印章和账簿、文书等资料接管的准备工作。此项准备工作包括但不限于:

11.1.1 管理人安排人员到人民法院阅卷,通过阅卷了解破产案件的基本情况;

11.1.2 管理人安排人员向债务人的有关人员了解与接管有关的情况。

11.2 管理人接管的债务人的财产、印章和账簿、文书等资料,包括但不限于:

11.2.1 债务人的包括动产和不动产在内的实物财产及其权利凭证;

11.2.2 债务人的现金、有价证券、银行账户印签、银行票据;

11.2.3 债务人的知识产权、对外投资、特许权等无形资产的权利凭证;

11.2.4 债务人的公章、财务专用章、合同专用章、海关报关章、法定代表人人名章及其他印章;

11.2.5 债务人的法人营业执照、税务登记、外汇登记证、海关登记证明、经营资质文件等与债务人经营业务相关的批准、许可或授权文件;

11.2.6 债务人的总账、明细账、台账、日记账、会计凭证、重要空白凭证、会计报表等财务账簿及债务人审计、评估等资料;

11.2.7 债务人的章程、管理制度、股东名册、股东会决议、董事会决议、监事会决议以及债务人内部会议记录等档案文件;

11.2.8 债务人的各类合同协议及相关债权、债务等文件资料;

11.2.9 债务人诉讼、仲裁案件及其案件材料;

11.2.10 债务人的人事档案文件;

11.2.11 债务人的电脑数据和授权密码;

11.2.12 债务人的其他财产、印章和账簿、文书等资料。

11.3 不属于债务人所有但由债务人占有或者管理的财产、印章和账簿、文书等资料,管理人应当一并接管。

11.4 债务人有分支机构的,分支机构的财产、印章和账簿、文书等资料,管理人应当一并接管。

11.5 管理人对债务人的财产、印章和账簿、文书等资料情况有基本了解后,可以

对债务人的财产、印章和账簿、文书等资料进行全面接管,也可以根据实际情况进行分期、分批接管。

11.6 为了有计划地接管,管理人可以就债务人的财产、印章和账簿、文书等资料的接管制订接管方案,并根据接管方案规定进行接管。

11.7 管理人在接管债务人的财产、印章和账簿、文书等资料前,可以将拟接管的内容和范围告知债务人的有关人员,要求其作好交接准备,并告知其违反交接义务应该承担的法律责任。

11.8 管理人接管债务人的财产、印章和账簿、文书等资料的,应当与债务人的有关人员办理交接手续,并由管理人和债务人的有关人员在交接书和交接清单上共同签字确认。

11.9 管理人接管债务人财产时,发现债务人财产在人民法院受理破产申请前被依法采取保全措施且人民法院受理破产申请后仍未解除的,或者发现债务人财产在人民法院受理破产申请前被依法采取执行措施但在人民法院受理破产申请后仍未中止的,管理人应当通知有关人民法院解除保全措施或者中止执行措施,以便管理人有效地接管该项财产。管理人认为有必要申请裁定受理破产申请的人民法院通知有关人民法院予以解除保全措施或者中止执行措施的,管理人应当向裁定受理破产申请的人民法院提出申请。

11.10 本指引中的债务人的有关人员,除特别说明外,指的是债务人的法定代表人和人民法院决定的债务人的财务管理人员及其他经营管理人员。债务人的有关人员不协助管理人接管的,管理人应当报告人民法院并请求人民法院强制债务人的有关人员配合。

第12条 调查债务人财产状况和制作财产状况报告

12.1 管理人接受人民法院指定后,应当对债务人财产状况进行调查。管理人对债务人财产状况调查的范围,包括但不限于:

12.1.1 债务人的出资情况:出资人名册、出资协议、公司章程、验资报告及实际出资情况、非货币财产出资的批准文件、财产权属证明文件、权属变更登记文件、历次资本变动情况及相应的验资报告;

12.1.2 债务人的货币财产状况:库存现金、银行存款及其他货币资金;

12.1.3 债务人的债权状况:债权的形成原因、形成时间、具体债权内容、债务人的债务人实际状况、债权催收情况、债权是否涉及诉讼或仲裁、是否已过诉讼时效、已诉讼或仲裁的债权的履行期限等;

12.1.4 债务人的存货状况:存货的存放地点、数量、状态、性质及相关凭证;

12.1.5 债务人的设备状况:设备权属、债务人有关海关免税的设备情况;

12.1.6 债务人的不动产状况:土地使用权、房屋所有权、在建工程的立项文件、相关许可、工程进度、施工状况及相关技术资料;

12.1.7 债务人的对外投资状况：各种投资证券、全资企业、参股企业等资产情况；

12.1.8 债务人分支机构的资产状况：无法人资格的分公司、无法人资格的工厂、办事处等分支机构的资产情况；

12.1.9 债务人的无形资产状况：专利权、商标权、著作权、许可或特许经营权情况；

12.1.10 债务人的营业事务状况；

12.1.11 债务人与相对人均未履行完毕的合同情况；

12.1.12 债务人财产被其他人占有的状况。

12.2 管理人调查债务人财产状况后，应当根据调查内容制作债务人财产状况报告。债务人财产状况报告应当能反映债务人各项财产的权属状况、账面价值和实际现状等基本情况。

12.3 管理人认为有必要并经人民法院许可，可以聘请有资质的专业机构对债务人财产进行专项审计和评估。专业机构对财产专项的审计和评估报告，可以作为管理人调查财产状况和制作债务人财产状况报告的财务依据。

12.4 管理人可以要求债务人的有关人员协助管理人对债务人财产状况进行调查。债务人的有关人员拒绝协助的，管理人可以请求人民法院强制有关人员协助。

12.5 管理人非因自身原因无法全面调查债务人财产状况的，应当就无法调查的情况在债务人财产状况报告中作出说明。

12.6 管理人制作债务人财产状况报告后，应当及时地提交给人民法院、债权人会议或者债权人委员会。

第13条 管理债务人的内部事务

13.1 管理人接管债务人财产、印章和账簿、文书等资料前，债务人的内部事务仍由债务人依法管理。

13.2 管理人接管债务人财产、印章和账簿、文书等资料后，债务人的内部事务由管理人管理。管理人部分接管的，与已接管部分相关的内部事务由管理人管理；与未接管部分相关的内部事务仍由债务人依法管理。

13.3 债务人管理其内部事务的，管理人有权对其监督并有权要求债务人报告其内部事务管理情况。管理人发现债务人不当管理其内部事务的，有权予以制止和纠正。

13.4 为了有效地规范债务人的内部事务管理，管理人可以制订债务人内部事务管理规定，并要求相关人员遵照执行。

第14条 决定债务人的日常开支和其他必要开支

14.1 管理人接管债务人财产、印章和账簿、文书等资料前，债务人的日常开支和其他必要开支仍由债务人依法决定。

14.2 管理人接管债务人财产、印章和账簿、文书等资料后,债务人的日常开支和其他必要开支由管理人决定。管理人部分接管的,与已接管部分相关的日常开支和其他必要开支由管理人决定;与未接管部分相关的日常开支和其他必要开支仍由债务人依法决定。

14.3 债务人决定其日常开支和其他必要开支的,管理人有权对其监督并有权要求债务人报告其日常开支和其他必要开支情况。管理人发现债务人不当决定其日常开支和其他必要开支的,有权予以制止和纠正。

14.4 为了有效地规范债务人的日常开支和其他必要开支,管理人可以制订债务人日常开支和其他必要开支管理规定,并要求相关人员遵照执行。

第15条 决定继续或者停止债务人的营业

15.1 在第一次债权人会议召开之前,管理人决定债务人营业继续或者停止的,应当将债务人营业的实际状况以及继续或者停止营业的决定及其理由,报告给人民法院并取得人民法院的许可。

15.2 在第一次债权人会议召开之后,管理人对于债务人继续或者停止营业事务可以作出建议,并将建议及其理由报告给债权人会议,由债权人会议决定债务人继续或者停止营业事务。管理人建议债务人继续营业的,应当同时就债务人继续营业事务的管理作出方案,一并报告给债权人会议讨论决定。

15.3 管理人决定债务人继续或者停止营业的标准可以是:有利于提高债务人财产价值及债权人清偿比例。

第16条 决定合同的解除或者继续履行

16.1 人民法院受理破产申请后,管理人对于债务人与对方当事人在破产申请受理前成立而均未履行完毕的合同,应当作出解除或者继续履行的决定。

16.2 自人民法院受理破产申请之日起2个月内,无论管理人是否已接管债务人财产,对于债务人与对方当事人在破产申请受理前成立而均未履行完毕的合同,管理人未通知对方当事人解除或者继续履行的,或者自收到对方当事人催告之日起30天内未答复的,视为解除合同。

16.3 在人民法院受理破产申请后、第一次债权人会议召开之前,对于债务人与对方当事人在破产申请受理前成立而均未履行完毕的合同,管理人认为有必要继续履行的,管理人应当经人民法院许可。

16.4 第一次债权人会议召开之后,对于债务人与对方当事人在破产申请受理前成立而均未履行完毕的合同,管理人认为有必要继续履行的,管理人应当作出继续履行合同的决定,并及时报告债权人委员会。未设立债权人委员会的,管理人应当及时报告人民法院。

16.5 对于管理人依法决定并已通知对方当事人继续履行的合同,如果对方当事人要求管理人提供继续履行合同的担保,则管理人可以提供担保。管理人无法提供担保的,视为合同解除。

16.6 决定解除或者继续履行均未履行完毕合同的事项,如果与决定停止或者继续债务人营业的事项直接相关,则决定解除或者继续履行均未履行完毕合同的事项,视同于决定停止或者继续债务人营业的事项,管理人应当按照决定停止或者继续债务人营业的法定程序报告人民法院或债权人会议决定。

16.7 管理人决定解除或者继续履行均未履行完毕合同的标准可以是:有利于提高债务人财产价值及债权人清偿比例。

16.8 对方当事人因合同解除而产生的对债务人的损害赔偿请求权,对方当事人可以申报债权。因合同解除而产生的对方当事人对债务人的债务的,或者因合同解除对方当事人应当向债务人交付财产的,管理人应当在合同解除后要求对方当事人清偿债务或者交付财产。

第17条 管理和处分债务人的财产

17.1 管理人对其接管的债务人财产依法负有谨慎管理和处分的职责。

17.2 在管理人接管债务人财产前,债务人有关人员就债务人财产管理和处分向管理人请示的,管理人应当依法并谨慎地作出决定。管理人发现债务人有关人员在人民法院受理破产清算申请后对债务人财产有不当管理和处分的,管理人有权依法予以制止和纠正。

17.3 管理人对债务人财产的谨慎管理和处分,包括但不限于:

17.3.1 债务人的财产权属关系存在争议或者尚未确定的,管理人应当依法确权或者明确;

17.3.2 为了提高债务人财产的价值,需要对债务人财产进行保管、维护或者维修的,管理人应当安排保管、维护或者维修;

17.3.3 债务人的财产易损、易腐、价值明显减少、不适合保管的,管理人应当依法变卖;

17.3.4 债务人对外有出资的,管理人应当及时通知被出资企业,并依法行使出资人权利;

17.3.5 债务人的财产如不依法登记或者及时行使权利将丧失全部或者部分财产权利的,管理人应当依法登记或者及时行使权利;

17.3.6 债务人的财产需要办理保险的,管理人应当办理保险手续。

17.4 在第一次债权人会议召开之前,管理人对债务人财产的管理和处分有下列行为之一的,应当事先取得人民法院许可:

17.4.1 涉及土地、房屋等不动产权益的转让;

17.4.2 探矿权、采矿权、知识产权等财产权的转让;

17.4.3 全部库存或者营业的转让;

17.4.4 借款;

17.4.5　设定财产担保；

17.4.6　债权和有价证券的转让；

17.4.7　履行债务人和对方当事人均未履行完毕的合同；

17.4.8　放弃权利；

17.4.9　担保物的取回；

17.4.10　对债务人利益有重大影响的其他财产处分行为。

17.5　在第一次债权人会议召开之后,管理人有前款规定行为之一的,应当及时报告债权人委员会；未设立债权人委员会的,应当及时报告人民法院。

第 18 条　接收债务清偿或者财产交付

18.1　债务人的债务人在人民法院受理破产申请后向管理人清偿债务的,或者债务人的财产持有人在人民法院受理破产申请后向管理人交付财产的,如果管理人已接管债务人财产的,管理人应当及时接收；如果管理人还没有接管债务人财产,同时又不具备接收债务清偿或者财产交付条件的,管理人可以要求债务人接收。

18.2　管理人接管债务人财产后,应当书面通知债务人的债务人及时向管理人清偿债务。书面通知的内容应当载明：人民法院受理破产申请的时间,债务人的债务人应当清偿的债务金额,限定清偿债务的时间和方式,不清偿债务的法律责任等。债务人的债务人拒绝清偿债务的,管理人可以代表债务人向人民法院起诉。

18.3　管理人接管债务人财产后,应当书面通知债务人的财产持有人及时向管理人交付财产。书面通知的内容应当载明：人民法院受理破产申请的时间,债务人的财产持有人应当交付的财产品名、规格、数量及状况,限定交付财产的时间和方式,不交付财产的法律责任等。债务人的财产持有人拒绝交付财产的,管理人可以代表债务人向人民法院起诉。

18.4　债务人的债务人没有向管理人清偿债务及故意向债务人清偿债务,使债权人受到损失的,管理人应当要求债务人的债务人重新清偿债务或者赔偿损失。

18.5　债务人的财产持有人没有向管理人交付财产及故意向债务人交付财产,使债权人受到损失的,管理人应当要求债务人的财产持有人重新交付财产或者赔偿损失。

第 19 条　追回可撤销行为涉及的财产

19.1　管理人发现债务人在人民法院受理破产申请前 1 年内无偿转让财产的,管理人应当书面通知因该行为取得财产的相对人返还财产。

19.2　管理人发现债务人在人民法院受理破产申请前 1 年内以明显不合理价格进行财产交易的,管理人应当书面通知因该行为取得不当利益的相对人返还不当利益。

19.3　管理人发现债务人在人民法院受理破产申请前 1 年内对没有财产担保的债务提供财产担保的,管理人应当书面通知因该行为取得担保权益或者担保财产的相对人解除该担保权益或者返还担保财产。

19.4 管理人发现债务人在人民法院受理破产申请前 1 年内对未到期债务提前清偿的,管理人应当书面通知因该行为取得财产的相对人返还财产。

19.5 管理人发现债务人在人民法院受理破产申请前 1 年内放弃债权的,管理人应当书面通知相对人清偿债务。

19.6 管理人发现债务人在人民法院受理破产申请前 6 个月内,已经不能清偿到期债务,并且资产不足以清偿全部债务或者明显缺乏清偿能力,但债务人仍对个别债权人进行清偿的,管理人应当书面通知因该个别清偿行为而取得财产的债权人返还财产。但是,个别清偿使债务人财产受益的除外。

19.7 管理人通知相对人返还财产或者清偿债务,相对人拒绝返还或者清偿债务的,管理人可以向人民法院提起诉讼。

19.8 因本条款规定可撤销行为损害债权人利益的,管理人应当要求债务人的法定代表人和其他直接责任人承担赔偿责任。债务人的法定代表人和其他直接责任人拒绝承担赔偿责任的,管理人可以向人民法院提起诉讼。

第 20 条 追回无效行为涉及的财产

20.1 管理人发现债务人为逃避债务而隐匿、转移财产的,管理人应当要求因该行为而取得财产的相对人返还财产。相对人拒绝返还或者对管理人要求有异议的,管理人可以向人民法院提起诉讼。

20.2 管理人发现债务人有虚构债务或者承认不真实债务的,管理人应当要求因该行为而取得财产的相对人返还财产。相对人拒绝返还或者对管理人要求有异议的,管理人可以向人民法院提起诉讼。

20.3 因本条款无效行为损害债权人利益的,管理人应当要求债务人的法定代表人和其他直接责任人承担赔偿责任。债务人的法定代表人和其他直接责任人拒绝承担赔偿责任的,管理人可以向人民法院提起诉讼。

第 21 条 追缴出资人欠缴的出资

21.1 管理人发现债务人的出资人尚未完全履行出资义务的,管理人应当要求该出资人缴纳应缴纳而尚未缴纳的出资,而不受出资期限的限制。债务人的出资人拒绝缴纳的,管理人可以向人民法院提起诉讼。

21.2 债务人的出资人出资后又抽逃出资的,管理人应当要求该出资人将抽逃的出资返还。债务人的出资人拒绝返还的,管理人可以向人民法院提起诉讼。

第 22 条 追回债务人董事、监事和高级管理人员侵占的财产

管理人发现债务人的董事、监事和高级管理人员利用职权从债务人处获取非正常收入和侵占债务人财产的,管理人应当要求该债务人的董事、监事和高级管理人员返还财产或者赔偿损失。债务人的董事、监事和高级管理人员拒绝返还财产或者赔偿损失的,管理人可以向人民法院提起诉讼。

第 23 条 取回质物、留置物

23.1 管理人接管债务人财产后,为了提高债务人财产价值及债权人清偿比例,可以通过清偿债务或者提供为债权人接受的担保的方式,取回质物、留置物。管理人为取回质物、留置物而进行的清偿债务或者提供为债权人接受的替代担保,在质物、留置物的价值低于被担保的债权额时,以该质物、留置物当时的市场价值为限。

23.2 第一次债权人会议召开之前,管理人认为有必要通过清偿债务或者提供为债权人接受的担保的方式取回质物、留置物的,管理人应当事先取得人民法院的许可。

23.3 第一次债权人会议召开之后,管理人认为有必要取回质物、留置物的,可以通过清偿债务或者提供为债权人接受的担保的方式,取回质物、留置物。但管理人应当将相关情况报告债权人委员会;未设立债权人委员会的,管理人应当将相关情况报告人民法院。

第 24 条 将债务人占有的不属于债务人的财产返还权利人

24.1 管理人接管债务人财产后,权利人要求管理人返还债务人占有的不属于债务人的财产,管理人经审查确认权利人的要求成立的,应当将该财产返还给权利人。

24.2 权利人要求取回的财产是债务人合法占有的,管理人有权要求权利人清偿因其取回财产而可能产生的债务。

24.3 权利人可以取回的财产在人民法院受理破产申请后因管理人或者相关人员执行职务造成财产灭失或者毁损并构成共益债务的,管理人可以随时清偿权利人的该项债务。

第 25 条 决定在运途中的标的物的交付

25.1 人民法院受理破产申请时,出卖人已将买卖标的物向作为买受人的债务人发运,债务人尚未收到且没有付清全部价款的,出卖人可以取回在运途中的标的物。

25.2 对于出卖人可以取回的在运途中的标的物,管理人认为有必要实际取得的,有权在支付全部价款的条件下要求出卖人交付标的物。

第 26 条 决定债权、债务的抵销

26.1 债权人向管理人提出债权、债务抵销主张的,管理人应当作出是否同意抵销的决定。

26.2 债权人主张抵销的债权应当真实、有效,并经过债权申报和确认。

26.3 依法不得抵销的债权是:债务人的债务人在破产申请受理后取得他人对债务人的债权;债务人的债务人已知债务人有不能清偿到期债务或者破产申请的事实,对债务人取得的债权,但债务人的债务人因为法律规定或者有破产申请 1 年前所发生的原因而取得债权的除外。

26.4 依法不得抵销的债务是:债权人已知债务人有不能清偿到期债务或者破产申请的事实,对债务人负担债务的;但是,债权人因为破产申请 1 年前所发生的原因而负担债务的除外。

第 27 条 代表债务人参加诉讼、仲裁或者其他法律程序

27.1 人民法院受理破产申请后,人民法院或者仲裁庭已经开始审理而尚未终结的有关债务人的民事诉讼或者仲裁案件应当中止。人民法院或者仲裁庭尚未中止的,管理人可以书面通知人民法院或者仲裁庭依法中止。

27.2 管理人接管债务人财产后,应当通知人民法院或者仲裁庭对已中止的诉讼或者仲裁案件恢复审理。

27.3 人民法院受理破产申请后,有关债务人的民事诉讼,只能向受理破产申请的人民法院提起。但债务人与相对人之间有仲裁条款约定的,从其约定。

27.4 管理人代表债务人参加诉讼、仲裁或者其他法律程序的,可以委托代理人。

第 28 条 拟订和执行财产管理方案

28.1 管理人可以拟订债务人的财产管理方案。财产管理方案的主要内容包括但不限于:债务人财产管理维护方案、债务人继续营业方案、债务人财产清收方案等。

28.2 管理人拟订的财产管理方案,应当提交给债权人会议表决。债权人会议表决通过的财产管理方案,管理人应当执行;债权人会议表决没有通过的财产管理方案,管理人可以请求人民法院裁定认可,并在人民法院裁定认可后执行。

28.3 对于管理人依法应当取得债权人会议同意方可执行的事项,在债权人会议表决通过的财产管理方案中有具体规定的,视为债权人会议已同意。

28.4 对于管理人依法应当取得人民法院许可方可执行的事项,在人民法院裁定认可的财产管理方案中有具体规定的,视为人民法院已许可。

第 29 条 调查与公示职工优先债权

29.1 本指引中的职工优先债权,指的是债务人所欠职工的工资和医疗、伤残补助、抚恤费用,所欠的应当划入职工个人账户的基本养老保险、基本医疗保险费用,以及法律、行政法规规定应当支付给职工的补偿金。

29.2 债务人所欠的董事、监事和高级管理人员的工资,高于职工平均工资的,按照平均工资计算;低于平均工资的,按照实际工资计算。

29.3 职工优先债权由管理人调查后列出清单并予以公示,职工不必申报。

29.4 职工对清单记载有异议的,可以书面向管理人提出并要求更正。管理人对职工异议审查后,应当作出予以更正或不予更正的决定,并告知职工。对于管理人不予更正的决定,职工可以向人民法院提起诉讼。

第 30 条 接收债权申报材料和登记造册

30.1 管理人应当在人民法院公告的申报债权的期限和地点,接收债权人的债权申报材料。

30.2 管理人接收债权人的债权申报材料时,应当要求:

30.2.1 申报人提供企业法人营业执照或者个人合法有效的身份证明,代理申报的应提交委托人签名盖章的授权委托书和受托人的身份证明;

30.2.2 申报人书面说明债权金额和有无财产担保,并提交有关证据材料。

30.3 管理人接收债权申报材料后,应当根据申报人提交的债权申报材料登记造册。登记造册的项目包括但不限于:债权人基本情况(单位名称或个人姓名、单位法定代表人或负责人的姓名职务与住所)、债权发生原因、申报债权数额(原始债权、孳息债权等)、债权到期日、有无财产担保、是否为连带债权、有无连带债务人、是否为求偿权或将来求偿权、是否附有条件和期限、债权存在的证据、申报时间、联系方式,以及其他必要的事项。有代理人的还应记明代理人的姓名、住址、联系方式及代理权限等事项。

30.4 管理人接收债权人申报债权和证据材料,应当给申报人出具回执。

30.5 债权申报材料由管理人保存,供利害关系人查阅。

第 31 条 审查申报的债权

31.1 管理人对所有申报债权的真实性、合法性和时效性等内容进行实质审查。

31.1.1 申报债权附有利息、罚息、违约金、滞纳金的,则破产申请受理后的利息、罚息、违约金、滞纳金停止计算。

31.1.2 行政、司法机关对债务人的罚款、罚金,不作为破产债权。

31.1.3 没有到期的债权在破产申请受理时视为到期,可以申报。

31.1.4 在破产申请受理时未成就的附条件或者附期限的债权,可以申报。

31.1.5 在破产申请受理时诉讼、仲裁未决的债权,可以申报。

31.1.6 对债务人享有连带债权的任何一个连带债权人,可以经其他连带债权人授权共同向管理人申报连带债权,也可以未经其他连带债权人授权而向管理人申报连带债权。部分连带债权人分别申报连带债权并且没有达成共同协议的,该连带债权可以由该部分连带债权申报人共同享有。

31.1.7 债务人的保证人或者其他连带债务人已经代替债务人清偿全部或者部分债务的,可以就其对债务人已清偿部分的求偿权向管理人申报债权。

31.1.8 债务人的保证人或者其他连带债务人尚未代替债务人清偿债务的,可以就其对债务人尚未清偿部分的将来求偿权向管理人申报债权。但是,债权人已经向管理人申报全部债权的除外。

31.1.9 债务人是连带债务人时,债权人可以向管理人申报债权。债务人和其他连带债务人都被人民法院裁定受理破产申请的,债权人可以分别地向债务人和其他连带债务人的管理人申报其全部债权。

31.1.10 管理人在人民法院受理破产申请后依法解除合同的,合同相对人可以就合同解除所造成合同相对人的实际损失金额向管理人申报债权。

31.1.11 债务人是委托合同的委托人,受托人在人民法院受理破产申请后,不知债务人破产事实而继续处理委托事务的,受托人可以就其继续处理事务所产生的请求权向管理人申报债权;受托人在人民法院受理破产申请后,知道债务人破产事实而继续处理委托事务的,受托人就其继续处理事务所产生的请求权,不可以向管理人申报债权。

31.1.12 在停止处理委托事务将损害债务人利益的情形下,无论受托人是否知道债务人破产的事实,受托人在人民法院受理破产申请后为债务人利益而继续处理事务所产生的请求权,可以视为共益债务,由管理人随时清偿。

31.1.13 债务人是票据的出票人,该票据的付款人不知债务人破产的事实而付款或者承兑所产生的请求权,付款人或者承兑人可以向管理人申报债权;

31.2 对于债权人申报的对债务人特定财产享有担保权的债权,管理人的审查内容包括但不限于:担保权的法律效力;同一担保财产有多项担保权存在的受偿顺序;提供担保是否具有依法可以撤销的情形;担保权的受偿范围等。

第 32 条 编制债权表

32.1 管理人根据债权申报和债权审查的结果,编制债权表。管理人编制的债权表可以按管理人审查的有财产担保的债权、税款债权和社会保险债权、普通债权等分类记载,并在各类债权下分别记载各项债权的债权人名称、债权申报金额、债权原因、债权审查金额、附条件和附期限债权、尚未确定债权等。有财产担保的债权应当同时列明担保财产的名称。

32.2 管理人编制的债权表,由管理人保存,供利害关系人查阅。

第 33 条 债权表的核查、异议和确认

33.1 管理人编制的债权表应当提交给第一次债权人会议核查。

33.2 债权人、债务人对债权表记载的债权无异议的,管理人可以提请人民法院裁定确认。

33.3 债务人或债权人对债权表记载的债权有异议的,可以向受理破产申请的人民法院提起诉讼。

第 34 条 补充申报债权和调整债权

34.1 债权人在人民法院确定的债权申报期限内没有申报债权的,可以在破产财产最后分配前向管理人补充申报债权。但是,此前已进行的分配,不再对其补充分配。管理人接收补充申报债权材料后,应当登记造册,并经审查后编制补充债权表。

34.2 管理人在第一次债权人会议以后发现债权表中记载的债权有差错并需要调整的,管理人应当对该债权进行调整,并编制相应的调整债权表。

34.3 管理人编制的补充债权表和调整债权表,应当提交给以后的债权人会议核查。

34.4 债权人和债务人对补充债权表和调整债权表中记载的债权无异议的,管理人应当提请人民法院确认。

34.5 债务人或债权人对补充债权表和调整债权表中记载的债权有异议的,可以向受理破产申请的人民法院提起诉讼。

34.6 债权人补充申报债权的,应当承担因审查和确认补充申报债权的费用。

34.7 管理人编制的补充债权表和调整债权表,由管理人保存,利害关系人可以查阅。

第35条 提议召开债权人会议

35.1 第一次债权人会议的筹备和组织工作,管理人应当协助人民法院进行。第一次债权人会议后,管理人可以依据其职务执行需要,向债权人会议主席提议召开债权人会议。管理人提议召开债权人会议的,管理人应当向债权人会议主席说明提议召开债权人会议的时间、地点和讨论议题等。

35.2 第一次债权人会议后,出现下列情形的,管理人可以向债权人会议主席提议召开债权人会议:

35.2.1 需要债权人会议核查债权表;

35.2.2 需要债权人会议审查通过债务人财产的管理方案;

35.2.3 需要债权人会议决定继续或者停止债务人的营业;

35.2.4 需要债权人会议审查通过破产财产的变价方案;

35.2.5 需要债权人会议审查通过破产财产的分配方案;

35.2.6 需要召开债权人会议讨论决定的其他事项。

35.3 第一次债权人会议以后的债权人会议的召开,无论是否由管理人提议召开,均由管理人通知。管理人应当将债权人会议召开的时间、地点、讨论议题和参加会议所需手续材料等,提前15天通知已知的债权人。会议通知可以采取函件、传真、电子信件、现场送达等安全有效的方式。管理人应当保留相关的会议通知记录。

35.4 第一次债权人会议及以后的债权人会议的会议资料,由管理人准备并提交给参加债权人会议的债权人。

第36条 接受债权人会议和债权人委员会的监督

36.1 管理人执行职务,应当接受债权人会议和债权人委员会的监督。

36.2 管理人应当列席债权人会议,向债权人会议报告职务执行情况,回答债权人会议成员的询问。

36.3 债权人会议、债权人委员会要求管理人对其职权范围内的事务作出说明或者提交有关文件的,管理人应当执行。

第37条 聘用必要的工作人员

37.1 管理人认为有必要聘用管理人团队以外的机构、工作人员协助管理人履行管理人职责的,经人民法院许可,管理人可以聘用。管理人提请人民法院许可时,应当将管理人拟聘用的机构名称、人员姓名、工作时间、工作内容和费用等,一并告知人民法院。

37.2　管理人要求债务人的有关人员进行连续性工作的,可以将债务人的有关人员作为必要的工作人员进行聘用。

第 38 条　拟订管理人报酬方案

38.1　接受人民法院指定的管理人,可以对债务人最终可清偿的无担保财产的价值总额进行预估,并根据破产案件所需要的管理人工作量拟订管理人报酬方案,报人民法院初步确定。

38.2　人民法院初步确定管理人报酬方案后,管理人应当将该管理人报酬方案报告给债权人会议。

38.3　管理人认为人民法院初步确定的管理人报酬方案中管理人获取的报酬数额过低的,管理人可以提出管理人报酬向上调整的新方案并与债权人会议协商,协商一致的,管理人可以向人民法院书面提出具体的请求和理由,并附相应的债权人会议决议。

38.4　人民法院确定管理人报酬方案后,管理人在执行职务中发现管理人报酬方案不能满足管理人执行职务需要的,可以请求人民法院向上调整管理人报酬。人民法院同意向上调整的,管理人应当及时将调整内容报告债权人委员会或者债权人会议主席。

38.5　管理人对担保财产的管理、处分和变价的工作报酬,由管理人与担保财产权利人协商收取。协商不成的,管理人可以提请人民法院在规定限额内确定。

38.6　管理人应当充分考虑执行职务后所收取的报酬过低或者无报酬的风险。

38.7　律师个人接受人民法院指定担任破产案件管理人的,其管理人报酬由所在的律师事务所统一收取。

38.8　因参与人民法院采取公告方式邀请的管理人业务竞争而被指定为管理人的律师事务所,对于人民法院根据其竞争报价确定的报酬方案不得请求人民法院向上调整,但债权人会议作出决议同意向上调整的除外。

第 39 条　提请人民法院裁定宣告破产或者终结破产程序

39.1　管理人经调查初步确认债务人不能清偿到期债务,并且资产不足以清偿全部债务或者明显缺乏清偿能力的,以及可以申请重整或者和解的申请人已表示不愿意申请重整或者和解,或者在合理期间内没有提出重整或者和解申请的,管理人可以提请人民法院裁定宣告破产。

39.2　人民法院受理破产清算申请后、宣告破产前,管理人认为债务人财产不足以清偿破产费用,而且债权人、债务人的出资人以及相关人不愿意垫付相关费用的,管理人应当提请人民法院终结破产程序。债务人财产不足以支付管理人报酬和管理人执行职务费用的,管理人应当提请人民法院终结破产程序。但债权人、管理人、债务人的出资人或者其他利害关系人愿意垫付上述报酬和费用的,破产程序可以继续进行。

39.3 人民法院受理破产清算申请后、宣告破产前,第三人为债务人提供足额担保或者为债务人清偿全部到期债务的,或者债务人已清偿全部到期债务的,或者债务人与全体债权人就债权债务的处理自行达成协议的,管理人可以提请人民法院裁定终结破产程序。

第三章
裁定重整后的管理人职责

第 40 条 人民法院裁定重整后的管理人职责

40.1 人民法院直接裁定重整的,管理人应当履行的职责,除适用本章规定外,适用本指引中有关人民法院受理破产清算申请后管理人履行职责的规定。

40.2 人民法院受理破产清算申请后又裁定重整的,除适用本章规定外,本指引规定的人民法院受理破产清算申请后管理人应当履行的职责,在人民法院裁定重整时没有履行完毕的,由管理人在人民法院裁定重整后继续履行。

第 41 条 债务人财产和营业事务的管理

41.1 自人民法院裁定债务人重整之日起至人民法院裁定重整程序终止,为重整期间。

41.2 重整期间,人民法院批准由债务人自行管理财产和营业事务的,已接管债务人财产和营业事务的管理人应当向债务人移交财产和营业事务;没有接管债务人财产和营业事务的管理人应当停止接管债务人的财产和营业事务。

41.3 重整期间,债务人自行管理财产和营业事务的,与管理财产和营业事务相关的管理人职权,由债务人行使。但管理人仍须履行以下职责:

41.3.1 管理人印章的刻制与使用;

41.3.2 与债权申报相关的职责;

41.3.3 与债权人会议和债权人委员会相关的职责;

41.3.4 要求债务人有关人员工作和回答询问;

41.3.5 对债务人自行管理财产和营业事务的行为进行监督;

41.3.6 人民法院认为管理人应当履行的其他职责。

41.4 重整期间,人民法院没有批准由债务人自行管理财产和营业事务的,本指引规定的人民法院受理破产清算申请后管理人应当履行的职责,由管理人履行。

41.4.1 重整期间,管理人为管理财产和营业事务,可以聘任债务人的经营管理人员负责营业事务。

41.4.2 重整期间,管理人为继续营业可以借款,并可以为该借款设定担保。

第 42 条 财产权利的限制

42.1 重整期间,债权人对债务人的特定财产享有的担保权暂停行使。但是,因担保物有损坏或者价值明显减少的可能,足以危害担保权人权利的,担保权人可以向人民法院请求恢复行使担保权。

42.2 重整期间,债务人合法占有的他人的财产,该财产的权利人在重整期间要求取回的,应当符合事先约定的条件。

42.3 重整期间,债务人的出资人不得请求投资收益分配。

42.4 重整期间,债务人的董事、监事、高级管理人员不得向第三人转让其持有的债务人的股份。但人民法院同意的除外。

第 43 条 提请人民法院裁定终止重整程序并宣告破产

43.1 重整期间,无论债务人财产和营业事务是否由管理人管理,有下列情形之一的,管理人均可请求人民法院裁定终止重整程序,并宣告债务人破产:

43.1.1 债务人的经营状况和财产状况继续恶化,缺乏挽救的可能性;

43.1.2 债务人有欺诈、恶意减少债务人财产或者其他显著不利于债权人的行为;

43.1.3 由于债务人的行为致使管理人无法执行职务。

43.2 债务人自行管理财产和营业事务时,不接受管理人监督并拒绝向管理人报告其财产和营业事务经营管理状况的,可以视为债务人的行为致使管理人无法执行职务。

第 44 条 制作重整计划草案

44.1 重整期间,管理人负责管理债务人财产和营业事务的,由管理人制作重整计划草案。制作的期限为 6 个月,自人民法院裁定重整之日起算。6 个月期限届满时,有正当理由的,管理人可以请求人民法院延期 3 个月。

44.2 重整计划草案的内容,包括但不限于:债务人的经营方案、债权分类、债权调整方案、债权受偿方案、重整计划的执行期限、重整计划执行的监督期限、有利于债务人重整的其他方案、管理人报酬及其支付方案,以及可能发生的出资人权益的调整方案等。

44.3 管理人制作重整计划草案时,可以听取债权人、债务人、出资人、重组方、职工等相关方的意见和建议,必要时可以召集相关方进行交流和讨论。

44.4 管理人制作的重整计划草案应当对债务人财产变价后各类债权的受偿比例进行预算,并且不得对职工优先债权以外的社会保险费用进行减免。

44.5 由管理人制作的重整计划草案,管理人应当在规定的期限内同时提交给人民法院和债权人会议。

第 45 条 重整计划草案的表决、通过和批准

45.1 债权人会议对重整计划草案的表决,根据下列债权的不同分类,分组进行表决:

45.1.1 对债务人的特定财产享有担保权的债权;

45.1.2 职工优先债权;

45.1.3 债务人所欠税款;

45.1.4 普通债权。

45.2 经人民法院决定,普通债权组中可以分设大额债权组和小额债权组,对重整计划草案分别进行表决。

45.3 重整计划草案涉及债务人的出资人权益调整的,应当设出资人组,对重整计划草案进行表决。

45.4 债务人欠缴的职工优先债权以外的社会保险费用的债权,不参加债权分组表决。

45.5 管理人应当在债权人会议主席的安排下,向债权人会议就其制作的重整计划草案作出书面或者口头说明,并回答债权人的询问。

45.6 出席债权人会议的同一表决组的债权人过半数同意重整计划草案,并且其所代表的债权额占该组债权总额的 2/3 以上的,即为该表决组通过重整计划草案。

45.7 债务人出资人组对重整计划草案的表决,以债务人章程中的表决程序规定为准。

45.8 各表决组均通过重整计划草案的,重整计划即为通过。管理人应当在重整计划通过后的 10 日内,向人民法院提出批准重整计划的申请。人民法院经审查认为符合法律规定并裁定批准的,重整程序终止。

45.9 部分表决组通过重整计划草案的,管理人可以同未通过重整计划草案的表决组协商,也可以对草案中的相关内容进行调整,但此项调整不得损害其他表决组债权人的利益。无论管理人是否对草案中的相关内容进行调整,未通过重整计划草案的表决组在协商后可以再表决一次。

45.10 部分未通过重整计划草案的表决组拒绝再次表决,或者再次表决后仍未通过重整计划草案的,只要重整计划草案符合下列各项条件,管理人就可以申请人民法院直接批准重整计划草案:

45.10.1 按照重整计划草案,对债务人的特定财产享有担保权的债权,就该特定财产将获得全额清偿,其因延期清偿所受的损失将得到公平补偿,并且其担保权未受到实质性损害,或者该表决组已经通过重整计划草案;

45.10.2 按照重整计划草案,职工优先债权、税款债权将获得全额清偿,或者相应表决组已经通过重整计划草案;

45.10.3 按照重整计划草案,普通债权所获得的清偿比例,不低于其在重整计划

草案被提请批准时依照破产清算程序所能获得的清偿比例,或者该表决组已经通过重整计划草案;

45.10.4 重整计划草案对出资人权益的调整公平、公正,或者出资人组已经通过重整计划草案;

45.10.5 重整计划草案公平对待同一表决组的成员,并且所规定的债权清偿顺序,符合《中华人民共和国企业破产法》第113条有关债权清偿顺序和同一顺序债权按比例清偿的规定;

45.10.6 债务人的经营方案具有可行性。

第46条 重整计划的执行和监督

46.1 人民法院裁定批准重整计划的,重整计划由债务人负责执行。已接管财产和营业事务的管理人应当向债务人移交财产和营业事务。

46.2 在重整计划规定的监督期内,管理人监督债务人执行重整计划。监督期内,债务人应当向管理人报告重整计划执行情况和债务人财产状况。经管理人申请,人民法院可以裁定延长重整计划执行的监督期限。

46.3 监督期届满时,管理人应当向人民法院提交监督报告。自监督报告提交之日起,管理人的监督职责终止。

第47条 重整计划执行的终止

47.1 债务人不能执行或者不执行重整计划的,管理人可以请求人民法院裁定终止重整计划的执行,并宣告债务人破产。

47.2 人民法院因债务人不能执行或者不执行重整计划而裁定终止重整计划执行的,债权人在重整计划中作出的债权调整的承诺失去效力;债权人因重整计划所受的清偿仍然有效,债权未受偿部分作为破产债权,但该债权人只有在其他同顺位债权人同自己所受的清偿达到同一比例时,才能继续接受分配;为重整计划的执行提供的担保继续有效。

第四章
裁定和解后的管理人职责

第48条 人民法院裁定和解后的管理人职责

48.1 人民法院直接裁定和解的,管理人应当履行的职责,除适用本章规定外,适用本指引中有关人民法院受理破产清算申请后管理人职责履行的规定。

48.2 人民法院受理破产清算申请后又裁定和解的,除适用本章规定外,本指引规定的人民法院受理破产清算申请后管理人应当履行的职责,管理人在人民法院裁定和解时没有履行完毕的,由管理人在人民法院裁定和解后继续履行。

第49条 和解协议的认可和执行

49.1 人民法院裁定认可和解协议后,管理人应当将已接管的财产和营业事务移交给债务人,并向人民法院提交执行职务的报告。

49.2 人民法院裁定认可的和解协议执行完毕后,管理人终止执行职务。

第50条 和解协议执行的终止

50.1 债务人不能执行或者不执行和解协议的,人民法院经和解债权人请求,应当裁定终止和解协议的执行,并宣告债务人破产。

50.2 人民法院裁定终止和解协议执行的,和解债权人在和解协议中作出的债权调整的承诺失去效力。

50.3 人民法院裁定终止和解协议执行的,债权人已受偿的部分仍然有效,未受偿部分作为破产债权。但该债权人只有在其他同顺位债权人同自己所受的清偿达到同一比例时,才能继续接受分配。

50.4 人民法院裁定终止和解协议执行的,为和解协议的执行提供的担保继续有效。

第五章
宣告破产后的管理人职责

第51条 人民法院裁定宣告破产后的管理人职责

人民法院裁定宣告破产的,本指引规定的人民法院受理破产清算申请后管理人应当履行的职责,管理人在人民法院裁定宣告破产时没有履行完毕的,由管理人在人民法院裁定宣告破产后继续履行。

第52条 拟订破产财产变价方案

52.1 人民法院裁定宣告破产后,管理人应当及时拟订破产财产的变价方案。

52.2 变价出售破产财产应当通过拍卖进行。但是,债权人会议另有决议的除外。

52.3 按照国家规定不能拍卖或者限制转让的财产,应当按照国家规定的方式处理。

52.4 对于不适宜拍卖的破产财产,管理人拟订破产财产变价方案时可以提出招标转让、协议转让、委托出售等变价方式或者在破产分配时直接进行非货币方式分配。

第 53 条　破产财产变价方案的通过、裁定和执行

53.1　管理人拟订的破产财产变价方案,应当提交给债权人会议讨论。出席债权人会议的有表决权的债权人过半数通过,并且其所代表的债权额占无财产担保债权总额的 1/2 以上的,破产财产变价方案即为通过。债权人会议没有通过的,管理人可以提请人民法院裁定认可。

53.2　管理人应当根据债权人会议通过或者人民法院裁定认可的破产财产变价方案,适时变价出售破产财产。

第 54 条　拟订破产财产分配方案

54.1　管理人应当根据破产财产变价的实际情况及时地拟订破产财产分配方案。破产财产分配方案的内容包括但不限于下列事项:

54.1.1　参加破产财产分配的债权人名称或者姓名、住所;

54.1.2　参加破产财产分配的债权额;

54.1.3　可供分配的破产财产数额;

54.1.4　破产财产分配的顺序、比例及数额;

54.1.5　实施破产财产分配的方法。

54.2　对特定破产财产享有担保权的债权的分配,不列入破产财产分配方案。设定担保的破产财产的变价所得,直接优先用于对该财产享有担保权的债权的受偿。设定担保的破产财产的变价所得,大于该财产上担保债权金额的,大于部分用于无财产担保债权的分配。设定担保的破产财产的变价所得,小于该财产上担保债权金额的,不足受偿的债权作为无财产担保债权参加分配。对特定财产享有担保权的债权的债权人放弃其优先受偿权利的,其债权作为无财产担保债权参加分配。

54.3　无担保财产以及担保财产价值大于该担保财产上担保债权金额的部分,优先清偿破产费用和共益债务。优先清偿后的剩余部分,依照下列顺序进行清偿:

54.3.1　职工优先债权;

54.3.2　破产人欠缴的除前项规定以外的社会保险费用和破产人所欠税款;

54.3.3　普通债权。

54.4　无担保财产优先清偿破产费用和共益债务后不足以清偿发生于 2006 年 8 月 27 日之前的职工优先债权的,该不足以清偿部分,从设定担保的破产财产的变价所得中优先受偿。

54.5　破产财产不足以清偿同一顺序债权的清偿要求的,按照比例清偿。

54.6　破产财产的分配应当以货币分配方式进行。但债权人会议另有决议的除外。

第 55 条　破产财产分配方案的通过、裁定和执行

55.1　管理人拟订的破产财产分配方案,应当提交债权人会议讨论通过。出席债权人会议的有表决权的债权人过半数通过,并且其所代表的债权额占无财产担保债权

总额的 1/2 以上的,破产财产分配方案即为通过。

55.2　债权人会议通过破产财产分配方案的,管理人应当提请人民法院认可;债权人会议没有通过的,管理人可以要求债权人二次表决,债权人会议二次表决仍不通过或者拒绝表决的,管理人可以提请人民法院裁定认可破产财产分配方案。

55.3　债权人会议通过或者人民法院裁定认可的破产财产分配方案,由管理人执行。

55.4　管理人按照破产财产分配方案实施多次分配的,应当公告本次分配的财产额和债权额。管理人实施最后分配的,应当在公告中指明,并载明所提存分配额在最后分配公告日的交付或者分配情况。

55.5　破产人无财产可供分配的,管理人应当提请人民法院裁定终结破产程序。

55.6　管理人在破产财产最后分配完结后,应当及时地向人民法院提交破产财产分配报告,并提请人民法院裁定终结破产程序。

第 56 条　破产财产分配的提存和公告

56.1　破产财产分配时,对于诉讼或者仲裁未决的债权,管理人应当将其分配额提存。自破产程序终结之日起满 2 年仍不能受领分配的,由人民法院将提存的分配额分配给其他债权人。

56.2　附生效条件或者解除条件的债权,管理人应当将其分配额提存。在最后分配公告日,债权生效条件未成就或者解除条件成就的,管理人应当将提存的分配额分配给其他债权人;在最后分配公告日,债权生效条件成就或者解除条件未成就的,管理人应当将提存的分配额交付给债权人。

56.3　债权人未受领的破产财产分配额,管理人应当提存。债权人自最后分配公告之日起满 2 个月仍不领取的,视为债权人放弃受领分配的权利。管理人或者人民法院应当将提存的分配额分配给其他债权人。

第六章
管理人终止执行职务

第 57 条　终止执行职务

57.1　因债务人财产不足以清偿破产费用,或者因破产人无财产可供分配,或者因破产财产分配完结,人民法院裁定终结破产程序的,管理人应当在人民法院裁定终结破产程序的 10 日内,持人民法院终结破产程序的裁定,向债务人或者破产人的原登记机关办理注销登记,并在办理完毕债务人或者破产人注销登记后的次日,终止执行职务。但存在诉讼或者仲裁未决情况的除外。

57.2 人民法院受理破产清算申请后、宣告破产前,因第三人为债务人提供足额担保或者为债务人清偿全部到期债务的,或者因债务人已清偿全部到期债务的,或者债务人与全体债权人就债权债务的处理自行达成协议的,人民法院裁定终结破产程序的,管理人终止执行职务。

57.3 人民法院裁定批准的重整计划执行完毕后,管理人终止执行职务。

57.4 人民法院裁定认可的和解协议执行完毕后,管理人终止执行职务。

57.5 人民法院受理破产申请后,债务人与全体债权人就债权债务处理自行达成协议并经人民法院裁定认可后,管理人终止执行职务。

第 58 条 终止执行职务时的提存交付

管理人终止执行职务时,如果有破产财产分配额提存的,管理人应当将提存情况告知人民法院,并将提存的分配额交付给人民法院。

第 59 条 终止执行职务后的档案保管

如果管理人接管的债务人或者破产人的账簿、文书等档案资料,在管理人终止执行职务后无法移交而仍需要保管的,管理人可以预留相应的破产费用,以支付债务人或者破产人的账簿、文书等档案资料的保管费用。

第 60 条 终止执行职务后的账户、印章销毁

管理人终止执行职务后,管理人应当依据相关规定及时办理管理人银行账户的销户手续和管理人印章的销毁手续。

(本指引由全国律协经济专业委员会、民事专业委员会负责起草,主要执笔人:韩传华、尹正友、徐永前)

中华全国律师协会
律师办理农民专业合作社设立及相关治理业务操作指引

目 录

总 则 / 83

第一章 合作社的设立及变更 / 85

第二章 成员权利义务的设定 / 88

第三章 设计合作社的治理结构 / 89

第四章 合作社各项制度的建立 / 94

第五章 合作社清算解散阶段的法律服务 / 96

第六章 法律政策宣讲和其他注意事项 / 98

总 则

第 1 条 宗旨

为指导律师为农民专业合作社(以下简称合作社)的设立以及相关治理提供法律服务,规范律师的执业行为,保障律师依法履行职责,充分发挥律师在社会主义新农村建设中的积极作用,依据《中华人民共和国农民专业合作社法》(以下简称《合作社法》)、《中华人民共和国农民专业合作社登记管理条例》(以下简称《条例》)及其他相关法律、行政法规,制定本指引。

第 2 条 定义及业务范围

2.1 本指引所称律师办理合作社设立以及相关治理法律业务,是指律师事务所接受合作社的设立人、成员或者合作社委托,指派律师为合作社设立、规章制度建立、法人治理结构完善、外部治理市场体系健全及清算终止等提供专业法律服务及相关咨询服务。

2.2 律师办理合作社设立业务,包括但不限于下列范围:

2.2.1 根据委托,参与合作社的筹备工作,组织各方协商、草签设立协议等;

2.2.2 根据委托,办理设立人资格的审核、出资等事项,协助召开设立大会、整理设立大会纪要和设立大会决议;

2.2.3 根据委托,设计合作社的组织机构设置,制定各机构的产生办法,明确各机构的职责划分、议事规则等;

2.2.4 根据委托,起草合作社章程;

2.2.5 根据委托,代为准备工商登记所需文件、资料,代为办理工商登记等。

2.3 律师在合作社运行阶段提供治理以及其他法律服务,包括但不限于下列范围:

2.3.1 根据委托,协助合作社不断完善法人治理结构;

2.3.2 根据委托,协助合作社建立各项规章制度,完善理事、监事、经理人员的诚信体系;

2.3.3 根据委托,代表合作社参与商业谈判、合同审核等业务,有效防范外部法律风险;

2.3.4 根据委托,代理合作社进行商标、专利等知识产权的申请以及相关事务的处理;

2.3.5 根据委托,审查拟入社新成员的资格,办理成员入社、退社、除名、更名等事项;

2.3.6 根据委托,办理合作社成员账户内的出资份额以及公积金份额转让、继承等事项;

2.3.7 根据委托,代为参加诉讼、仲裁、行政复议等活动;

2.3.8 根据委托,代为办理登记事项的变更、年检等。

2.4 律师在合作社清算终止阶段提供的法律服务,包括但不限于下列范围:

2.4.1 根据委托,起草合作社合并、分立协议,办理有关事项;

2.4.2 根据委托,指导清算组办理合作社清算解散的有关事项;

2.4.3 根据法院的指定担任管理人,办理合作社破产清算的有关事项等。

第3条 特别事项

3.1 本指引旨在向律师提供为合作社设立及相关治理提供法律服务方面的指导和经验,而非强制性规定,仅供律师在实践中参考。

3.2 律师为合作社设立及治理提供法律服务,应当坚持"以事实为根据,以法律为准绳"的原则,并依据法律、法规和规章,在委托人的授权范围内,独立开展工作。

3.3 律师应当以律师事务所的名义与委托人订立书面的《法律服务合同》,明确约定委托事项、承办人员、提供法律服务的方式和范围、双方的权利和义务以及收费金额等法律服务事项。

3.4 律师从事将农村现有的行业协会、供销合作社或者农村集体经济组织等改制为合作社等方面的业务,可以参考本指引进行。

3.5 本指引仅重点提示为合作社提供法律服务所需要注意的事项,对于与一般日常法律服务相通的服务内容,不予赘述。

第一章
合作社的设立及变更

第4条 审核设立人的有关情况

4.1 应保证设立人数符合法律关于最低人数的限制,即至少要有5名以上设立人。

4.2 资格审核:

4.2.1 自然人农民身份的审核:合作社的成员为农民的,成员身份证明为农业人口户口簿;无农业人口户口簿的,成员身份证明为居民身份证和土地承包经营权证或者村民委员会(居民委员会)出具的身份证明。

合作社的成员不属于农民的,成员身份证明为居民身份证。

4.2.2 对企业、事业单位、社会团体成员的审核,应要求这些设立人提交企业法人营业执照或者其他登记证书、有权决定对外出资的部门的决议等证明文件,如需有关主管部门审批的还需提交审批文件。根据法律规定,具有管理公共事务职能的单位(如村民委员会)不得加入合作社。

4.3 按照法律的规定,控制不同身份、性质成员的比例。合作社的成员中,农民至少应当占成员总数的80%;成员总数20人以下的,可以有一个企业、事业单位或者社会团体成员;成员总数超过20人的,企业、事业单位和社会团体成员不得超过成员总数的5%。

4.4 设立人有自愿组成合作社的意思表示,并且各个设立人能够对合作社的性质、宗旨、主要业务开展等达成基本共识。

4.5 上述审核工作中,律师应当根据合作社的特点和实际情况,要求设立人填写书面表格,提供与原件核实一致的真实、完整、齐备的证明材料等。

第5条 确定出资事项

5.1 经设立人协商,应确定合作社出资总额的基本数额,讨论成员是否必须出资,这是内部制度安排的核心问题之一。

5.2 协商后决定成员出资应当注意以下事项:

5.2.1 可以根据实际情况明确成员最低出资额。

5.2.2 进一步明确成员可以出资的方式,一般而言成员出资的方式有现金、实物、知识产权或非专利技术等。

5.3 明确成员出资是否需要转移占有。

5.4 办理出资的评估、认价、资产转移等事项。

第6条 起草章程

6.1 章程是安排合作社基础制度的纲领性文件。律师首先应当区分强制性规范和任意性规范、绝对必要记载事项和相对必要记载事项。其次，要注意考察拟设立合作社各方面的实际情况，为合作社制定最适合的章程。

鉴于章程的复杂性和重要性，本条仅对其他章节中不能涵盖的内容进行介绍，以下第二章到第五章的内容，也应当在章程中予以明确。

6.2 章程中的绝对必要记载事项有：

6.2.1 名称和住所：一般应采取以下格式确定合作社的名称，区域＋字号＋行业类别＋"专业合作社"；住所为合作社主要办事机构所在地并且应当在其登记机关辖区内，经登记机关登记的合作社住所只能有一个。

6.2.2 合作社的业务范围：农业生产资料购买，农产品销售、加工、运输、贮藏以及与农业生产经营有关的技术、信息等服务。农产品的生产、服务活动主要是指国民经济行业分类中的 A 类，包括农、林、牧、渔业；在具体的章程中可以表述为：

（1）组织采购、供应成员所需的生产资料；

（2）组织收购、销售社员生产的产品；

（3）开展成员所需的运输、贮藏、加工、包装等服务；

（4）引进新技术、新品种，开展技术培训、技术交流和咨询服务；

（5）组织本社成员参加有关农业保险；

（6）组织本社成员在社内开展资金互助等。

上述内容应与工商行政管理部门颁发的《农民专业合作社法人营业执照》中规定的主要业务内容相符。

6.2.3 成员资格及入社、退社和除名等方面的规定。

6.2.4 成员的权利和义务。

6.2.5 组织机构及其产生办法、职权、任期、议事规则。

6.2.6 成员的出资方式、出资额。

6.2.7 财务管理和盈余分配、亏损处理。

6.2.8 章程修改程序：根据法律规定，修改章程的权力应属于成员（代表）大会，而且应当由本社成员表决权总数的 2/3 以上通过。章程对表决权数有较高规定的，从其规定。

6.2.9 解散事由和清算办法。

6.2.10 需要公告的事项及发布方式：需要公告的事项主要有成员（代表）大会、理事会、监事会的召开时间、地点、议题和决议，合作社的各项规章制度，盈余分配、亏损承担的方案、成员变动情况等。应该根据当地的实际情况,按照快捷、简便、易于为广大成员了解的原则,决定公告的方式,可选取的方式有张榜公布、社区广播、定期通信、网络传播等。

6.3 章程中的相对必要记载事项:

6.3.1 设立人的名单以及出资情况。

6.3.2 合作社的财产权属以及承担法律责任方式:根据法律的规定,可以表述为:"农民专业合作社对成员出资、公积金、国家财政直接补助、他人捐赠以及合法取得的其他资产所形成的财产,享有占有、使用和处分的权利,并以上述财产对债务承担责任。农民专业合作社成员以其账户内记载的出资额和公积金份额为限对农民专业合作社承担责任。"

6.3.3 合作社成立的目的、宗旨及合作社的主要业务。

6.3.4 合作社成员账户内的出资额和公积金份额的转让、质押和继承等事项。

6.3.5 其他应当列入章程的事项。

第7条 设立大会

7.1 设立大会筹备阶段,律师主要工作有:

7.1.1 草拟设立大会的议题;

7.1.2 在合理的时间内公布设立大会召开的时间、地点、大会议题等。

7.2 设立大会应完成以下工作:

7.2.1 全体设立人一致通过合作社章程。

7.2.2 选举产生理事长、理事、执行监事或者监事会。对于小型的合作社可以采取一致通过的形式;对规模比较大的合作社,则应该事先由设立人讨论确定候选人的推荐程序、通过的比例等;以上选举产生人员应当由社员担任。根据《合作社法》规定只有理事长和成员大会是必设机构,其他机构可以根据实际情况设立。

7.2.3 形成会议纪要和会议决议;律师可以根据委托,代为整理会议纪要和会议决议,并要求全体设立人签字、盖章。

第8条 办理工商登记及变更

8.1 律师可以协助合作社严格按照《合作社法》以及相关法律、法规的规定,完成合作社设立的各项准备工作,并在工商行政管理部门办理登记(不收取费用)。合作社经登记机关依法登记,领取执照后,取得法人资格。

8.2 需提交给登记机关的设立文件有:

8.2.1 设立登记申请书;

8.2.2 全体设立人签名、盖章的设立大会纪要;

8.2.3 全体设立人签名、盖章的章程;

8.2.4 法定代表人、理事、监事的任职文件和身份证明;

8.2.5 载明成员的姓名或者名称、出资方式、出资额以及成员出资总额,并经全

体出资成员签名、盖章予以确认的出资清单;

8.2.6 载明成员的姓名或者名称、公民身份号码或者登记证书号码和住所的成员名册,以及成员身份证明;

8.2.7 能够证明合作社对其住所享有使用权的使用证明;

8.2.8 全体设立人指定代表或者委托代理人的证明;

8.2.9 国家工商行政管理总局要求提交的其他文件。

合作社的业务范围有属于法律、行政法规或者国务院规定在登记前须经批准的项目的,应当提交有关批准文件。

8.3 关于《条例》施行前设立的农民专业合作社的登记

8.3.1 《条例》施行前设立的农民专业合作社,已采用公司、非公司企业法人或者合伙企业等组织形式在工商行政管理机关登记,且属于《农民专业合作社法》、《条例》调整范围的,应当自 2007 年 7 月 1 日至 2008 年 6 月 30 日期间,依法办理农民专业合作社登记。具体操作办法:根据申请人的申请,既可以先办理注销登记,再办理设立登记;也可以适用变更登记程序,提交《农民专业合作社变更登记申请书》、债务承接的说明和《条例》规定设立登记应当提交的有关文件。

8.3.2 《条例》施行前已在工商行政管理机关登记的农民专业合作社,自愿保留公司、非公司企业法人或者合伙企业等原有组织形式的,不再办理农民专业合作社登记,但其名称中不应当含有"专业合作社"字样。

8.3.3 《条例》施行前设立的农民专业合作社,未在工商行政管理机关登记但属于《农民专业合作社法》、《条例》调整范围的,应当自 2007 年 7 月 1 日起,依法向登记机关申请农民专业合作社设立登记。自 2008 年 7 月 1 日起,未经登记,不得以农民专业合作社名义从事经营活动。

8.4 合作社变更登记需提交的文件有:

8.4.1 法定代表人签署的变更登记申请书;

8.4.2 成员大会或者成员代表大会作出的变更决议;

8.4.3 法定代表人签署的修改后的章程或者章程修正案;

8.4.4 法定代表人指定代表或者委托代理人的证明;

8.4.5 针对不同的变更事项所需提供的其他文件。

第二章
成员权利义务的设定

第 9 条 合作社成员的权利

合作社章程中应明确列举成员的权利,成员的权利主要有以下三类:

9.1 合作共益权,即成员享有为合作社的整体利益而依法或者依章程执行任务、参与活动的权利。具体包括选举权和被选举权;知情权,具体体现为查阅本社的章程、成员名册、成员大会或者成员代表大会记录、理事会会议决议、监事会会议决议、财务会计报告和会计账簿;对合作社各项事务的管理权、监督权和表决权;合作社成员大会召集申请权、决议取消请求权等权利。

9.2 自益权,即合作社成员在法律和章程规定的范围内,为自身利益而行使的权利。具体包括收益权,即按照章程规定或者成员大会决议分享盈余;与合作社进行交易或使用合作社提供的服务的优先权、优待权、请求合作社开展某项业务或提供某种服务的请求权等;自由退社权;退出时的取回权;享有本社终止后的剩余财产分配权等。

9.3 救济权,即合作社成员在自己的利益受到损害或者需要时请求组织提供帮助、实施救助的权利。具体包括获得帮助权、获得救济权及其他保障权。在条件具备的情况下,还可以考虑通过合作社在成员的社会保障包括医疗、养老等方面作出制度安排。

第 10 条　成员义务

10.1 合作社章程中应明确列举成员的义务,成员的义务主要体现在以下几个方面:

10.1.1 在合作社的日常经营管理活动中,成员应当遵守组织的章程和制度规定,执行成员(代表)大会和理事会的决定,支持理事会、监事会履行职责;维护合作社的合法权益,保护合作社的财产,维护合作社的商誉等。

10.1.2 合作社成员还应当依照章程的约定缴纳出资,严格履行与本社签订的各项协议,按规定的生产质量标准和要求组织生产、提供产品等。

10.1.3 按照章程的规定,承担合作社亏损。

10.2 在具体安排成员的权利义务时,可以考虑按照成员身份、性质的不同,对其持股比例、投票权和其他权利义务的规定上作出适当的区别对待。

第三章
设计合作社的治理结构

第 11 条　设计合作社组织治理结构的原则

11.1 律师应当认识到合作社是互助性的经济组织,合作社以其成员为主要服务对象。在财产权的落实上坚持"民有"原则,在经营权上落实"民管"原则,在利益分配上落实"民享"原则。

11.2 律师在帮助合作社设计组织治理结构时,要充分体现合作社是互助性经济组织这一本质特征,注意防止出现两方面的问题:

11.2.1 应考虑到我国农村现行组织政权的架构对合作组织的自治、民主管理可能产生的现实影响力,要与村民自治在制度上作适度隔离,注意"政企分开"。

11.2.2 要防止资本力量对合作社组织本质的异化作用,在合作社的组织机构及其职责、议事规则、社员权利与义务等多方面进行制度安排,防止其异化成以追求利润最大化为根本目的的公司或者企业。

11.3 在坚持合作社民主管理原则的同时,律师应注意以下几个问题:

11.3.1 考虑到管理成本、决策效率以及成员能力的局限性,注意民主管理的侧重点应该放在民主控制上,这里的民主管理应该是指建立一种通过民主程序对合作社实施控制的新型法人治理机制。合作社的所有权和控制权属于全体成员。

11.3.2 应注意区分合作社与公司制企业在治理结构上的异同,共同点是都要注重权力的分配和制衡;不同点是委托人和主要的受托人都是合作社成员,这里的委托代理关系具有很强的内部性。合作社的成员是管理者的选举者、监督者,同时又是管理者管理的对象,在内部控制上呈现出一种内部循环的特征。因此在治理结构安排上要更关注节约决策成本、提高决策效率。

11.3.3 充分考虑我国普遍存在的合作社规模发展不平衡,城乡发展不平衡以及区域发展不平衡等情况,根据当地的实际,科学架构合作社的内部组织体系。理论上,合作社的组织机构设计可采取成员(代表)大会、理事长(理事会)、监事会(执行监事)、经理四层模式。实践中,除必须设立的成员大会和理事长外,是否需要设立其他机构,要根据实际情况具体处理。

11.4 要明确各组织机构的职权和议事规则。这两方面的设计都要充分考虑到降低成本、提高效率,同时还要注意防范可能出现的组织制度风险。

第 12 条 成员(代表)大会

12.1 成员(代表)大会是成员大会和成员代表大会的合称。成员大会是合作社必须设立的机构,由全体成员组成,是合作社的权力机关,行使以下职权:

12.1.1 修改章程;

12.1.2 选举和罢免理事长、理事、执行监事或者监事会成员;

12.1.3 决定重大财产处置、对外投资、对外担保和生产经营活动中的其他重大事项;

12.1.4 批准年度业务报告、盈余分配方案、亏损处理方案等;

12.1.5 对合并、分立、解散、清算作出决议;

12.1.6 决定聘用经营管理人员和专业技术人员的数量、资格和任期;

12.1.7 听取理事长或者理事会关于成员变动情况的报告;

12.1.8 章程规定的其他职权,例如规定成员大会也可以委托审计机构对本社的财务进行审计;批准或者审核入社、退社、除名等(该项权利也可以由理事长或者理事会行使)。

12.2 成员代表大会

12.2.1 成员代表大会不是必须设立的机构,成员超过150人的合作社可以按照章程规定设立成员代表大会。

12.2.2 成员代表大会可以行使成员大会的部分或者全部职权。如果需要设立成员代表大会,应在成员大会和成员代表大会之间进行权责的划分。

12.2.3 在章程中,明确约定如何选举产生代表、代表的人数、代表资格、代表的任期、离职、权利义务等。

12.3 成员(代表)大会的议事规则:

12.3.1 根据法律规定,成员(代表)大会的议事定足数为:出席大会的成员必须占总数的2/3以上,注意这里的计算基数是成员总数。

12.3.2 《合作社法》规定成员(代表)大会的决议定足数为:对于一般事项,应为所有表决权的半数以上;对于重大事项,例如合作社修改章程、合作社的分立、合并、解散的决议必须是全体表决权的2/3以上通过,注意这里的计算基数是所有表决权数。此外,章程可以对一些特殊事项规定较高的表决数。

12.3.3 成员大会的表决应该坚持一人一票为主的原则,同时恰当地运用好附加表决权。附加表决权是指按照章程的规定,出资额或者与本社交易量(额)较大的成员,可以享有附加表决权。法律规定本社的附加表决权总票数,不得超过本社成员基本表决权总票数的20%。附加表决权按照什么样的比例确定到每个有资格的成员上,由章程规定。享有附加表决权的成员及其享有的附加表决权数,应当在每次成员大会召开时告知出席会议的成员。此外,章程可以限制附加表决权行使的范围。例如在必须经绝对多数同意才能通过的事项中,限制附加表决权的使用。

12.3.4 关于委托投票的规定。成员(代表)因故不能到会,可书面委托其他成员(代表)代理,在章程中应规定一个成员(代表)最多可以代理多少投票权。

12.4 成员大会会议

12.4.1 定期会议:定期成员大会每年至少要召开一次,章程可以规定更多的定期会议,例如每半年或每季度。定期会议的召开时间、召集程序、召开前的准备工作等应由章程加以规定,可以参照《公司法》关于董事长召集会议的程序。

12.4.2 临时会议:有下列情形之一的,应当在20日内召开临时成员大会:

(1) 30%以上的成员提议;

(2) 执行监事或者监事会提议;

(3) 章程规定的其他情形,例如成员人数或者比例不符合法律规定,或者经营遇到严重困难等。

12.5 成员(代表)大会应当将所议事项的决定作成会议记录,出席会议的成员应当在会议记录上签字。

12.6 议题的提前通知：召开成员(代表)大会前,须按照章程规定的时间和程序公告会议内容、议题等,不能对公告中没有记载的事项进行表决。

第13条 理事会和理事长

13.1 理事长是合作社的法定代表人。理事、理事长必须是本社成员。

13.2 一般情况下,理事长的职权包括以下方面：

13.2.1 组织召开成员(代表)大会,执行成员(代表)大会决议；

13.2.2 向成员(代表)大会提交需讨论审议的财务预算方案、盈余分配方案、亏损承担方案、工作发展计划等各项议案等；

13.2.3 根据成员(代表)大会通过的人数、资格、任期等,决定聘任或者解聘合作社的管理和工作人员；

13.2.4 讨论决定内部业务机构的设置及其负责人的任免；

13.2.5 讨论决定入社、退社、除名和更名等事项；

13.2.6 管理本社的日常运转工作；

13.2.7 管理本社的资产和财务；

13.2.8 履行章程和成员(代表)大会授予的其他职责。

13.3 规模较大的合作社还可以设立理事会,由理事会通过民主程序行使其职权。设立理事会,在章程中应规定：

13.3.1 理事会和理事长之间权责的划分；

13.3.2 理事会的会议召开频率包括定期会议和临时会议,章程应对会议的召集程序、议事规则(要坚持一人一票原则)等作出规定。理事会应当将所议事项的决定作成会议记录,出席会议的理事应当在会议记录上签字。理事个人对某项决议有不同意见时,须将其意见记入会议记录。

13.4 章程应对理事长(理事)产生的办法、任职资格、任期等作出详细规定。

第14条 执行监事和监事会

14.1 执行监事和监事会均不是合作社必设的机构,是否设立、如何设立都应由章程规定或者成员(代表)大会决议,一般情况下,规模较小的合作社可以只设立一名执行监事,较大的可以考虑设立监事会,并选举监事长。

14.2 如需设立,应明确规定执行监事或者监事的产生办法、任职资格：

14.2.1 执行监事和监事都必须是本合作社的成员；

14.2.2 理事长、理事、经理、财务人员不能担任监事,应对其任期、权责、议事规则(监事会的表决要坚持一人一票原则)等作出详细规定。

14.3 执行监事和监事会的职权

14.3.1 监督理事长(会)对成员(代表)大会决议和本社章程的执行情况；

14.3.2 监督检查本社的生产经营业务和财务收支及盈余分配情况；

14.3.3 监督成员履行义务情况;

14.3.4 向成员(代表)大会提出工作报告;

14.3.5 列席理事会议,向理事会提出工作建议;

14.3.6 设立执行监事或者监事会的农民专业合作社,由执行监事或者监事会负责对本社的财务进行内部审计,审计结果应当向成员大会报告;

14.3.7 提议临时召开成员(代表)大会;

14.3.8 履行成员(代表)大会授予的其他职责。

14.4 在章程中规定,监事会会议的召开程序和议事规则,具体包括:

14.4.1 监事会定期会议召开频率和时间、召集临时会议的条件。

14.4.2 一般情况下,监事会议由监事长主持,应对监事会的议事定足数和议决定足数作出规定。

14.4.3 应当将所议事项的决定作成会议记录,出席会议的监事应当在会议记录上签字。监事个人对某项决议有不同意见时,须将其意见记入会议记录。

第 15 条 经理和财务管理机构

15.1 经理和财务会计机构不是合作社的必设机构,是否设立、如何设立要由章程规定或者由成员(代表)大会作出相应的决议。理事长或者理事可以兼任经理,但是不能兼任财务会计。合作社不论规模大小,都应设专人分别从事会计、出纳工作,并建立财务定期公开制度。

15.2 是否聘任经理由成员(代表)大会决定,具体人选可以由理事会或者理事长推荐、决定。设立经理的合作社,其具体的生产经营活动由经理负责,需经过章程规定或者理事会、理事长授权。经理按照章程规定或者理事会的决议,可以聘请其他工作人员。

15.3 在合作社发展的初级阶段,应该从非生产性支出最小化的管理目标出发,严格控制管理人员的规模,按照人尽其能的原则进行安排。

第 16 条 其他特别规定

16.1 关于执行和管理机构人员的补贴

16.1.1 监事、理事是否领取补贴以及补贴数额可以由成员(代表)大会进行表决。

16.1.2 经理及其他工作人员有权取得相应的报酬,具体事项可以由成员(代表)大会或者理事会、理事长决定。理事、理事长可以兼任经理,但是这种情况下,其报酬的数额应由成员大会(代表)大会决定。

16.2 大型合作社还可以考虑在理事会、监事会内部设立不同的委员会。

16.3 在章程中规定成员代表、理事、理事长、监事候选人推荐程序。

16.4 不设监事、监事会的合作社应注意加强成员(代表)大会的监督职能,必要时可以建立外部审计制度。

第四章
合作社各项制度的建立

第 17 条 入社制度

17.1 入社成员应具备相应的资格。章程中对成员资格的规定,除要体现法律规定外,还可以根据本社的特点进行约定,主要是约定成员应是某类农产品的生产经营者或者某类农业生产经营服务的提供者、利用者。

17.2 在新成员入社方面,应坚持入社自愿原则,不能采取任何方式强迫农民入社。

17.3 对入社条件可作出如下规定:

17.3.1 新成员要认同合作社的宗旨和经营理念,愿意遵守合作社的各种规章制度,自愿承担相应的义务。

17.3.2 根据章程中的有关规定,履行出资的义务。

17.3.3 对于非农身份的新成员以及非自然人新成员的加入,在上述新成员加入后,不能使合作社不同身份、性质成员的比例违反有关法律、法规的规定。

17.4 在入社程序上,可以作如下规定:

17.4.1 新成员自愿申请,要提交经其签字或者盖章的书面形式的申请书。

17.4.2 在新成员提交有效申请以及其他证明材料(主要是主体资格的有关证明)后的若干时间内,根据章程的约定,由有权的合作社机构(主要是成员大会或理事长、理事会)进行审批。

17.4.3 在成员名册上,登记新成员的名单,并报送登记机关。

第 18 条 退社制度

18.1 应坚持退社自由原则,克服成员"恐合"心理。为了保证合作社的正常运转,维护正常的市场秩序和其他成员的合法权益,应对退出的程序作出具体的制度安排。

18.2 退社的程序:

18.2.1 拟退社成员提出书面申请,明确自愿退社并自愿承担相应责任的意思表示。

18.2.2 在提出退社申请的时间方面,自然人成员要求退社的,应当在财务年度终了的 3 个月前向理事长或者理事会提出;企业、事业单位或者社会团体成员退社,应当在财务年度终了的 6 个月前提出。根据合作社类型的不同,章程还可以对提出退社申请的时间另作规定。例如在农忙时节(例如春耕、夏种、秋收时)、农副产品集中上市等特殊时间段内不能提出申请或者成员资格的终止相应推迟等。

18.2.3 由于非自然人成员或者出资额较大、掌握关键技术的成员退社可能会对合作社以及其他成员的利益造成损失,因此可以在章程中对这些成员的退社作出某些特殊限制,也可以规定相应的责任承担制度。

18.2.4 成员资格的终止:根据《合作社法》规定,退社成员的成员资格自财务年度终了时终止。

18.2.5 成员资格终止后的权利:主要是取回权和收益权。取回权的标的物是记载在该成员账户内的出资额和公积金份额,但是不包括国家财政补助以及他人捐赠形成的财产。合作社章程应当对取回权行使的方式和期限作出规定。收益权是指成员有权利按照法律和章程规定的比例取得其成员资格终止前的可分配盈余。

18.2.6 成员资格终止后的义务:成员在其资格终止前与合作社已订立的合同,应当继续履行,但章程另有规定或者与合作社另有约定的除外。此外,成员在退社时,也应该承担合作社的亏损和债务,承担的比例和方式由章程规定或成员(代表)大会通过有关决议。

第19条 出资制度

19.1 合作社的财产来源主要有:社员出资入股,合作社经营中积累,国家扶持资金或者社会各界的捐助等。

19.2 成员出资主要形式有现金、实物、知识产权或非专利技术等可以用货币估价并可以依法转让的非货币财产作价出资。成员不得以劳务、信用、自然人姓名、商誉、特许经营权或者设定担保的财产等作价出资。

土地承包经营权在社会保障基本建立的前提下可以出资。

19.2.1 在制度设计上,应支持、鼓励普通农民成员以非货币的形式出资,联合普通农民,用以抵御大市场的风险并提高与其他市场主体竞争的能力。

19.2.2 应将成员的技术、实物等非货币出资量化成货币,章程中应对如何量化作出规定。对实物、技术等作价出资可以由全体社员协商确定。

19.2.3 如果章程规定对于出资要转移占有,还应该履行相应的手续。例如,对于不动产出资应办理转移登记;对于知识产权出资,例如专利技术或者商标权等,要办理权利转让登记。非专利技术的出资人,保证无保留地向合作社提供该项技术。

19.3 合作社的资本总额、认缴方式和程序都要由章程作出规定。此外,还应注意到,由于入社、退社自由原则,合作社的出资额总是处在一个相对变化的状态下。

19.3.1 在出资转让制度安排上,应作出允许成员之间内部转让的规定,对外转让应作严格的限制,并规定同等条件下内部成员的优先购买权,程序上可以规定转让应经过社员大会或理事会依章程规定的程序条件进行讨论通过。不论是内部转让还是对外转让,都要保证成员人数、不同成员所占比例等符合法律的规定。

19.3.2 关于出资更名,发生继承、析产等事项时,取得合作社出资份额的人员并不必然会成为合作社的新成员。如果取得出资份额的是本社成员,提出要求即可。如果不是本社成员,应由成员(代表)大会或者理事长(理事会)决定是否将其接受为新成员,如果不允许则应按照退社的有关规定办理,章程中应对此规定详细的程序。

19.3.3 是否允许成员以自己在合作社的出资为自己或者其他自然人、法人的债务提供担保,应由章程规定或成员(代表)大会决议通过。

第 20 条 分配制度

20.1 在设立分配制度时,既要保证对各种生产经营要素给予适当回报,注意吸引合作社发展的稀缺资源,保证经济组织的效率和生产力水平的提高,又要维护合作社的特征,不断扩大公共积累,从而为成员带来更持久的收益。

20.2 确立分配制度要严格遵守法律规定的资本报酬有限原则、按交易额二次返利原则,同时还要注意长期利益和短期利益兼顾原则等。

资本报酬有限原则是指在合作社中不以出资的多少为分配盈余的主要根据,相反,由于合作社的互助性质和为成员服务的宗旨,在盈余分配上要限制资本的回报。

按交易额二次返利原则是指成员除在和本社进行交易当时获取相应收益外,在财务年度结算后,合作社应将可分配盈余的大部分按照各成员与本社交易额(量)的比例返还给成员。

20.3 分配的顺序一般应是:弥补亏损、提取公积金(公积金的种类和比例具体由章程或者成员大会决定)、按照交易额二次返利、按出资比例分配。

20.4 章程中对可分配盈余在按交易额二次返利额度、按出资比例分配额度之间确定合理的比例,注意不得低于法律规定的"六四分成",也就是说按出资分配不得超过法定的40%的比例。也可以在章程中对比例的确定规定具体的程序,一般应由理事长提出方案,由成员(代表)大会作出决议。

可分配盈余是指在弥补亏损、提取公积金后的当年盈余。

第五章
合作社清算解散阶段的法律服务

第 21 条 合作社分立或合并

21.1 参与合作社合并、分立的协商、谈判、起草合并、分立协议,尤其要注意合并、分立前后各个主体之间权利义务的界定,合并、分立前后债权债务的承担。

21.2 参与合并、分立后新设合作社的设立工作。

21.3 办理吸收合并后,原有合作社的注销工作。

第 22 条 合作社的解散和注销

22.1 合作社解散的原因

22.1.1 章程规定的解散事由出现；

22.1.2 成员大会决议解散；

22.1.3 因合并或者分立需要解散；

22.1.4 依法被吊销营业执照或者被撤销。

22.2 因本条第 1 款中第 1 项、第 2 项、第 4 项原因解散的,应当由成员大会推举或者人民法院指定本社成员组成清算组,开始解散清算。律师根据清算组的委托,参与清算工作。

22.3 在合作社破产清算阶段,接受法院的指定担任破产管理人或者接受破产管理人的委托,办理与破产相关的法律事务。尤其要注意以下几点：

22.3.1 合作社因章程规定的解散事由出现而解散的,或者人民法院受理破产申请时,退社自由的原则要受到限制,即在上述两种情况下,不能办理成员退社手续。

22.3.2 在解散、破产清算时,合作社接受国家财政直接补贴形成的财产,不得作为可分配剩余资产分配给社员,应根据国务院规定的办法处置。

22.3.3 注意合作社破产时在清偿顺序上的特殊规定,根据法律的规定合作社破产时的财产要按照以下顺序分配：

（1）破产费用；

（2）共益债务；

（3）清偿破产前与农民成员已经发生但是尚未结清的款项；

（4）抵押债权；

（5）合作社员工的工资和社会保险费用；

（6）所欠税款；

（7）一般债权。

22.4 成立清算组的合作社应当自清算结束之日起 30 日内,由清算组指定的代表或者委托的代理人向原登记机关申请注销登记,并提交下列文件：

22.4.1 清算组负责人签署的注销登记申请书；

22.4.2 合作社依法作出的解散决议,农民专业合作社依法被吊销营业执照或者被撤销的文件,人民法院的破产裁定、解散裁判文书；

22.4.3 成员大会、成员代表大会或者人民法院确认的清算报告；

22.4.4 营业执照；

22.4.5 清算组全体成员指定代表或者委托代理人的证明。

22.5 因合并、分立而解散的合作社,应当自作出解散决议之日起 30 日内,向原登记机关申请注销登记,并提交法定代表人签署的注销登记申请书、成员大会或者成员代表大会作出的解散决议以及债务清偿或者债务担保情况的说明、营业执照和法定代表人指定代表或者委托代理人的证明。

22.6 经登记机关注销登记,农民专业合作社终止。

第六章
法律政策宣讲和其他注意事项

第 23 条 法律政策宣讲

23.1 考虑到农村的现实情况,律师在各阶段为合作社提供法律服务的时候,都应注意向广大社员、管理人员提供相关法律和政策的咨询,使用通俗易懂的语言耐心讲解。对合作社成员以及相关人员的教育和培训是律师的职责之一。律师要通过自己的工作,弥补普通农民在合作意识、合作素质、合作能力上的缺陷。

23.2 律师还应该随时注意搜集与农业生产、合作社发展有关的新法律、法规、部门规章、行政法规以及有关政策等,及时提供给合作社并对其中可能对合作社的生存、发展产生影响的部分进行提示和讲解。

23.3 用语要尽量精简、通俗易懂。

第 24 条 对待合作社发展的原则

24.1 对于农民专业合作社应当采取先发展后规范、边发展边规范、用发展促规范的原则;

24.2 在初期相关制度设计上要注意费用最小化;对合作社存在的各种问题,应做到抓大放小,即关键问题、原则问题一定要落实,非原则性问题允许在今后的发展中逐渐建立更完善的解决方式,为今后的制度创新留够空间。

第 25 条 其他注意事项

随着合作社的发展,农民专业合作社将出现以下趋势:

25.1 随着逐渐演变成基层社—联合社—总社格局,律师应适度超前,关注新的动向,对立法、政策制定等提出建议。

25.2 结合国情和借鉴国外合作社的发展经验,不断探索研究,引领农民专业合作社的制度创新。

(本指引由全国律协民事专业委员会负责起草,主要执笔人:徐永前、张国臣、贾可)

中华全国律师协会
律师办理合同审查业务操作指引

为对律师从事商务类合同审查业务提供基本参考依据，从而保证工作质量、规避执业风险，特制订本指引供律师从事相关法律服务过程中参考。

第1条 本指引的定义及说明

1.1 本指引所称之合同审查业务，系指律师接受委托，就其送审的合同根据委托人的要求及律师的专业判断，通过检查、核对、分析等方法，就合同中存在的法律问题及其他缺陷提出意见供委托人进行决策、自行调整或商务谈判时参考的专业活动，不包括对文本进行修改。

1.2 本指引所称之委托人，系指将合同提交律师进行审查的当事人。委托人并非合同当事人的，其合同利益相关方视为委托人。

本指引所称之相对人，系指合同中委托人一方的利益相对方。

1.3 本指引所称之交易目的，系指委托人送审合同所在的交易中，委托人进行交易的真正动机或想要达到的经济等方面的目标。在委托人没有特别说明的情况下，交易目的视为合同目的。

1.4 由于合同审查业务与合同修改业务在质量要求和工作量上存在很大不同，合同审查仅对合同中存在的问题基于法律的规定及律师的专业能力，以更正或注释、提问、评述等方式提出疑问、说明、提醒、建议、警告等意见，但并不提供完整的解决方案或对合同进行全面修改。

1.5 律师在从事合同审查业务过程中，应充分注意合同双方在风险与责任上的不对等性，并在合同审查的实际工作中根据委托人的需求、合同类型、重要性等情况选择实际工作中需要完成的工作内容。

1.6 本指引所描述的工作内容，仅作为律师从事合同审查业务操作时的参考，不作为律师因执业过错对委托人承担责任的依据。

本指引可供审查非商务类合同时参考，但应注意在民事主体、法律环境方面的不同。律师向委托人提供专项合同审查服务时，尤其应当关注本指引中提及的相关专有内容。

第2条 合同审查中的一般原则

2.1 律师在审查合同时应当注意，除了法律、司法解释、行政法规、部门规章外，还需关注与合同的签订及履行相关的地方性法规、自治条例、单行条例及地方政府规章、地方政府规范性文件中的相关规定。

律师必须充分注意，合同的内容及实际履行等如与这些地方性的法规、规章、规范性文件存在冲突，虽然未必导致合同无效但有可能导致合同当事人承担不利的后果。

2.2 对于无名合同及《中华人民共和国合同法》（以下简称《合同法》）分则中没有明确规定的合同，在进行审查时应注意《合同法》总则以及《中华人民共和国民法通则》等法律规范中的规定，并依据《合同法》的规定参照《合同法》分则中关于买卖合同的有关规定进行审查。

2.3 律师在合同审查过程中应勤勉尽责，努力发现并提示委托人合同中所存在的各类风险及不利条款，特别是有可能加重委托人责任、可能导致合同无效或部分无效、因约定不明有可能产生重大争议的条款。

2.4 律师审查合同的工作范围包括但并不仅限于合同条款本身，除既有条款外，还应充分注意根据合同性质或交易目的应予约定而未予约定的内容，或足以影响双方重大权益的其他条款约定不明、冲突等情况。

2.5 合同中的标的、价格、质量标准、数量、履行期限等约定总体上属于商务条款，应提醒委托人自行确定。但律师应当注意各类商务条款中影响民事责任后果的约定，尤其是对委托人不利的情况以及涉及民事责任的识别与追究的内容。如：价格所包括的对价内容，与交易目的相关的质量标准或特别要求、验收规范，以及委托人应当注意的不利因素等。

2.6 律师提供的审查意见必须依据事实及法律，不得主观臆断妄下结论，在结合合同目的或交易目的、合同其他条款全面理解合同条款的含义后，方可作出审查意见，以维护委托人的合法权益并防止发生执业风险。但是否接受合同中的该等条款，应由委托人自行决定。

2.7 除非系向委托人提供专项合同审查服务或委托人另有要求，一般情况下律师仅对合同来稿进行审查，不负责审查交易本身的真实性或进行专项调查，但可以提醒当事人注意相关问题。

2.8 律师应保持对司法解释、权威案例、审判机关在合同理解方面的主流观点的持续关注，并在合同审查工作中应坚持审慎原则，对有可能导致败诉的条款及时提出警示。

第 3 条 合同来稿的接收

3.1 律师在接收合同送审稿及辅助性的背景文件、参考文件时，应尽可能通过复制等方式避免接收原件，以免因污染、损毁、遗失等意外情况影响委托人的权益实现。如有可能，应要求委托人提交电子文档，以便于保管和修改、传输，并易于保持版面的整洁。

如必须接收原件，且委托人在移交时要求律师签收，则相关原件在归还时一定要由委托人或其指定的工作人员签收。

3.2 所有接收到的纸质文档均应以装订等形式集中保管以避免遗失和散落,并建立文档目录载明接收日期、委托合同编号、完成时间、审查方要求等信息,以便安排工作和档案管理。

所有接收到的电子文档均应集中存放于统一的电子文件夹,并在保持来稿原状的同时将来稿的文件名另存为体现文档内容的标准文件名称,如带有委托人字号、文件标题等信息的标准文件名。同时,应建立电子文档目录载明与纸质文档目录类似的信息,以便日后的工作安排及管理、检索。

3.3 如委托人有保密要求,可选择与委托人签订保密协议后再开始工作。该保密协议应当包括保密的事项、范围、期限等内容。

委托人要求在审查后归还文件的,应在归还时由双方共同签收以证明交接及归还情况。

3.4 律师应当在接受来稿时与委托人商定完成审查工作的具体时间、提交工作成果的方式。如委托人所提交的来稿中无法辨别委托人在合同中的身份,应当要求委托人注明,以便于后续工作的开展。

第4条 对于送审目的的了解

4.1 在接收委托人提交的文档及背景文件、参考文件时,应主动询问委托人送审合同的形成背景、合同提供方、委托人在交易中是否处于优势地位等信息,尤其要通过委托人了解交易所要达到的目的、主要的问题所在,以便于判断工作内容、工作重点等。

4.2 如果需要,应针对委托人的送审合同稿及背景情况,要求委托人提供合同所需的附件、合同中所提到或有关联的资料、合同空白处准备填写的内容、委托人的主体资格情况、交易标的所属行业的相关规定等与审查相关的资料,以便于得出正确的合同审查意见。

对于以邮件方式送审的电子文档,可事先约定由委托人在提交的同时,随邮件提供审查要点、工作目标、背景情况等信息,以便开展审查工作。

4.3 如果委托人未对送审稿提交背景说明及工作目标说明,而律师根据经验及合同类型足以判断相应法律问题的,可只对来稿进行常规书面审查并提交结论,不对委托人的送审目的等进行了解。

如合同较为重大或法律关系较为复杂,或认为必要,律师也可主动向委托人询问交易背景、工作目标等信息,以便于得出准确的结论,妥善地完成审查。

第5条 对于来稿的一般处理原则

5.1 对于委托人提交的送审合同电子文稿,应另存为名称中包括委托人姓名或字号、合同类型等信息的副本文件。任何审查均应仅在副本文件上进行,以保留原件供日后核对之用。

对于委托人在合同送审时一并提交的其他辅助性的电子文档、背景文件、参考文件等，应当在审查中保持原状，以避免受到误导。

5.2 对于委托人的纸质文稿，应复印后保留原稿，而无论原稿为复印件还是原件。如需在来稿中提供审查意见，任何审查工作均在复印件上进行，并将所有文件一并存档以便于管理。如果可能，可将纸质文稿转换成电子文档，并在保留原稿的基础上进行审查工作。

5.3 对于送审合同的审查，如果在原稿上进行审查并出具意见，应当尽可能保证原稿与审查意见稿的可识别性及阅读上的便利，其中：

5.3.1 电子文档可采用批注、修订的方式提交审查意见，或以改变字体颜色等方式标示修改情况，以便于识别原稿与审查意见；

5.3.2 纸质文档应以规范的校对符号在原稿上提交审查意见，意见应写在纸页空白处并注意防止原稿文字无法识别。如果需要，可在问题部位加注序号，并另用纸张说明各序号下存在的问题。

5.4 对于来稿中表述不清或用意不明的条款，律师可以通过问询并得到准确答案后，提供审查意见。也可以直接在审查意见中写明该条款或措词无法理解、语义不明等评价。或者按通常的理解提供审查意见，并注明系按审查者的理解。

5.5 对于委托人再次提交审查的合同，应关注来稿针对上次提交的审查意见的调整情况，并核对其他部分是否与上次的来稿相一致，避免因忽略两次来稿中个别条款的变化而导致的主观误判。

5.6 审查合同条款时的具体意见分为疑问、说明、提醒、建议、警告五类，律师可根据来稿及委托人的需求提供意见。意见的使用方式分别如下：

5.6.1 审查意见中的疑问，用于标示合同中未述及、无法判断的部分，或对无法理解、比较异常的条款提出疑问；

5.6.2 审查意见中的说明，是对审查意见的依据加以描述，或以说明正确内容的方式纠正合同条款中在措辞、引用法律、引用条款等方面存在的错误；

5.6.3 审查意见中的提醒，是对明显不利于委托人的条款，或是对合同中并未提供的条款，以提请注意的方式要求委托人关注其重要性；

5.6.4 审查意见中的建议，是以简短的表述提交合同以外新的方案、思路等，以优化原合同中的方案或表述方式，供委托人在实际交易中参考；

5.6.5 审查意见中的警告，是提醒委托人合同中所发现的重大不利情况或重大法律风险，以提示委托人引起高度重视。

第6条 对于合同内容的审查

6.1 对主体合格性的审查

对于有资格要求的交易，律师应当审查或提醒委托方注意合同各方当事人从事该交易所应具备的各类法定条件，以确保签订及履行该合同的合法性以及能够得到全面的法律保护。除此之外：

6.1.1 对于营业执照的审查,应注意根据其原件判断是否具有法人资格,及经营期限、经营范围、经营地点、是否年检等信息,以判定其身份是否符合工商法规的规定;

6.1.2 对于资质等级的判断,应审查其相关的资质证书,以确定其是否合法、有效及是否在合法的范围之内从事经营活动;

6.1.3 对于需要许可方能从事的行业,应审查相关方是否具备相关的生产或经营等方面的许可手续;

6.1.4 对于涉及从业人员专业资格的交易,应结合合同约定的内容及履行方式,审查履行合同过程中所需的特定人员是否具备相应的专业资格;

6.1.5 根据交易内容及当事人的情况,某些交易需要审查提供标的物的一方是否具有合法的处分权;

6.1.6 对于经办人,应当审核其授权委托权限或代理权限与交易内容是否相适,明确其与被代理方情况是否相符。合同主体为自然人的,还应核对其合法有效的身份证件、联系地址,以及是否具备从事相关交易所必需的资格等。

6.2 对内容合法性的审查

审查合同内容的合法性,应当根据不同层面的法律规范、相关国际条约(如有)等方面的规定,并结合法律对于合同内容、审批手续等方面的要求。其中,审查合同是否有效只能依据法律及行政法规。主要包括：

6.2.1 审查合同条款及签订合同的过程中,是否涉嫌存在《合同法》中所规定的合同无效、免责条款无效、可申请变更或撤销的情况;

6.2.2 合同的签订及履行,或合同的生效、变更、转让、解除,是否存在包括但不限于相关交易需要企业章程或上级企业、相关权利人的授权,以及依法需要获得政府部门的批准、依法登记等前置条件;

6.2.3 合同中的约定是否与法律规范的强制性规定存在冲突,特别是与规范相关交易的单行法律的强制性规定存在冲突;

6.2.4 审查合同中所用的法律术语、技术术语是否与标准的解释或通常的理解相同;

6.2.5 审查交易标的物的质量标准是否符合法律的明确规定以及强制性标准的具体规定;

6.2.6 审查合同的名称与合同内容、属性是否一致,特别是有名合同的名称与合同内容是否存在冲突等。

6.3 对条款实用性的审查

律师可以根据委托人的行业性质、交易特性、相对人情况等,审查合同对于容易发生的争议是否已经设定实用性条款。主要包括：

6.3.1 合同中关于交易内容、交易方式的约定,是否适合标的的特点及需要、是否有助于实现交易目的;

6.3.2 合同中是否已经结合交易的特点、背景并基于通常的判断,对可能发生的问题或争议进行了充分的预见,以维护委托人利益、提升交易的安全性;

6.3.3 合同约定的履行地点,或合同中明示或隐含的管辖等条款,是否有利于维护委托人的交易安全、便于委托人行使权利;

6.3.4 合同条款的设置是否便于交易、便于追究违约责任,并适合合同各方的实际情况。

6.4 对权益明确性的审查

审查合同时应注意合同中的权利义务是否明确,以避免当事人因权利义务不明而丧失权益或导致损失。此类审查包括可识别性、可衡量性,主要包括:

6.4.1 履行内容范围是否明确、具体,以及是否可以识别、衡量质量并可以履行;

6.4.2 各阶段应履行的内容、先后顺序、时限等约定是否明确、具体,相关的权利义务归属是否明确;

6.4.3 自行处理争议的程序中,时限、工作内容、责任方是否明确、具体,需要选择的争议解决机构是否已经明确、有效;

6.4.4 对于双方权利义务的约定,以及违约构成要件、违约责任是否具备可识别性、可衡量性;

6.4.5 合同如有附件,其内容是否明确具体、是否与合同正文冲突,以及合同中是否已规定冲突解释顺序。

6.5 对合同严谨性的审查

律师应在审查合同时,注意来稿是否由于逻辑思维的严谨性不足而导致权益无法保护。主要包括:

6.5.1 对于具体权利义务的列举,是否由于严谨性不足而存在产生较大争议的可能性,或合同中未对这种可能的情况约定判断标准和解决方法;

6.5.2 是否存在由于术语或关键词不统一而造成的条款冲突,或由于表述不一致而影响权利义务的明确性;

6.5.3 对于合同中约定禁止的行为,是否具有相应的违约责任条款,以及类似的缺乏相应条款配合的合同条款;

6.5.4 对于篇幅较长的合同,或内容较为复杂的合同,应注意某些概念会由于使用场合的不同而发生内涵及外延的变化,避免由此而引起的权利义务变化。

6.6 对表述精确性的审查

律师在审查中应关注由于文字表述不当而对权利义务的影响,但在常规性审查中,对于不规范的表述方法只要不影响权利义务性质,可根据需要决定是否逐一列明。主要包括:

6.6.1 对于合同条款的表述,是否存在严重影响交易目的实现或合同履行的语言歧义,即同一语句存在不同的语意解释方式;

6.6.2 在合同条款的表述语句中,履行义务的主体、内容、对象是否明确,代词的指代关系是否明确,或通过合同前后条款是否足以确定;

6.6.3 合同条款中所使用的语法及标点符号是否规范、准确,是否容易因语法或标点符号不规范、不准确造成权利义务无法判断或不明确;

6.6.4 合同中的术语、特定用语、对于同一事物的表述方式,在不同的条款中是否完全一致;

6.6.5 不同层级条款序号的使用是否符合规范或习惯,各层序号是否连贯并显示出明确的层级,以及页码是否连贯。

第7条 专项合同审查时应另行注意的内容

7.1 律师承办专项合同审查业务,以单项服务的方式为委托人提供合同审查服务时,除前述工作内容外,应根据审查的目的、交易的性质、特点,以及双方当事人所设定的初步交易条件,通过更为深入、细致、严谨的工作满足委托人的审查需求。

7.2 除依照前述项目控制审查质量外,律师可根据委托人的要求或项目内容的需要从事如下工作:

7.2.1 根据委托人所提供的要求及相应背景资料,判断标的性质、交易方式、交易期限等合同条款能否最大限度实现委托人的交易目的;

7.2.2 审查相对人主体资格及所提交文件的真实性、完整性、合法性以确保委托人的交易安全,并审查委托人主体资格的合法性、提示法律风险;

7.2.3 如果项目情况需要且委托人同意,律师应当对交易相关内容展开深入的尽职调查和全面的法律调研,以了解项目的真实情况及法律环境;

7.2.4 当委托人在交易中的地位允许时,合同条款是否已经通过对生效时间、履行阶段等控制,达到分散风险、掌握主动的目的。

7.3 在提交专项合同审查工作成果时,应以更为正式的方式对项目情况进行说明,出具的审查结论更应严谨并有更为详细的法律依据。

对于专项合同审查结论,律师可以根据委托人的要求提供改进建议,以供委托人决策或项目谈判时参考。建议的详尽程度按委托合同的约定,但相关建议不得违反法律规定及职业操守的要求,不得建议委托人从事违法或有违诚信原则、社会责任的行为。

第8条 制作审查意见的原则

8.1 任何情况下,律师所提交的审查意见必须是观点明确、文字通顺、法律依据充分的正式结论,不应留有法律或表述方面的任何瑕疵,也不应存在任何不符合审查要求的情况。

8.2 律师在提交工作成果时,应以适当的方式提醒委托人律师的审查意见仅对来稿负责、供委托人参考,合同履行过程中的事务及风险由委托人自行把握。

8.3 提交审查工作成果时,律师应对于审查的范围、委托人需要掌握的内容等履行附随的告知义务,防止委托人因误解或理解错误而造成不利影响。

特别是对于应由委托人自行决策或审查的内容,应当明确告知。如委托人要求的审查时间非常紧迫,应注明因委托人要求的时间较紧,只能提供目前的意见。

8.4　律师所提交的合同审查意见应当符合执业规范及职业操守,对来稿中存在的问题应客观、文明地加以评述而不应贬低。同时,如有法律方面以外的意见,不应以合同审查意见的方式提供。

第9条　合同审查成果的提交

9.1　委托人的来稿对提交工作成果方式没有具体要求的,对于纸质文档可以直接在来稿的复印件上手写审查意见,对于电子文档可以直接在来稿的副本上以批注或不同颜色字体制作审查意见。

9.2　对于篇幅较长的合同,或者关系较为复杂的合同、影响比较重大的合同,以及委托人要求提供专门的审查意见的合同,律师在提交工作成果时,应提供来稿中在利益倾向性、法律风险程度、委托人利益保护、条款严谨程度等方面的总体性审查评述意见,并指明合同是否有效、必须修改或关注的条款、某些条款法律后果等,以便委托人决策或调整。

9.3　如委托人有明确的要求,或者律师认为在防范委托人交易风险或律师执业风险方面确有必要,应以法律意见书或独立的合同审查意见的方式提交合同审查工作成果。以此类方式提交工作成果的,应包括以下内容:

9.3.1　来稿及其他辅助资料的名称、份数、内容,以及提交的时间;

9.3.2　委托人(必要时注明经办人)对背景情况的介绍;

9.3.3　委托人对于合同审查的具体要求以及完成工作时限要求;

9.3.4　简要的律师工作程序,以及审查等工作内容;

9.3.5　各部分合同条款的具体审查意见,包括相应的法律依据;

9.3.6　需要额外加以说明的情况;

9.3.7　总结性的评述或结论。

9.4　如有必要,律师在提交工作成果时应当保有委托人签收的依据。在提交工作成果后,律师应主动关注委托人的反馈,以便发现工作中的问题、积累工作经验,便于工作质量的不断改进与提高。

9.5　律师对于完成合同审查任务所产生的合同来稿、附属资料、委托人的指示及提交的审查成果等应完整保留,以便工作经验的积累及事后查验。同时,必须严格按照国家法律、行业主管部门的相关规定保管业务档案。

9.6　律师应尽可能关注所提交的工作成果的质量及委托人的采纳情况,通过收集反馈意见不断提高对于合同的理解和审查能力,增加审查意见对于委托人的实用性和严谨性。

(本指引由全国律协经济专业委员会负责起草,主要执笔人:吴江水)

中华全国律师协会
律师办理土地法律业务操作指引

目 录

总 则 / 110

第一编 律师办理土地权属登记业务操作指引 / 112

第一章 一般规定 / 112

第二章 土地权利设定登记过程中的律师业务 / 113
 第一节 一般规定 / 113
 第二节 划拨国有建设用地设定登记中的律师业务 / 114
 第三节 出让国有建设用地设定登记中的律师业务 / 115
 第四节 国家作价出资(入股)国有建设用地设定登记中的律师业务 / 115
 第五节 国家租赁国有建设用地设定登记中的律师业务 / 116
 第六节 国家授权经营国有建设用地设定登记中的律师业务 / 116
 第七节 集体土地所有权和使用权设定登记中的律师业务 / 116
 第八节 国有建设用地抵押权设定登记中的律师业务 / 118
 第九节 国有建设用地出租权设定登记中的律师业务 / 119

第三章 土地变更登记中的律师业务 / 119
 第一节 一般规定 / 119
 第二节 划拨国有建设用地使用权变更登记中的律师业务 / 120
 第三节 出让、国家作价出资(入股)、国家租赁和授权经营国有建设用地使用权变更登记中的律师业务 / 120
 第四节 集体土地所有权和使用权变更登记中的律师业务 / 121
 第五节 土地他项权利变更登记律师业务 / 122
 第六节 名称、地址和土地用途变更登记律师业务 / 123

第四章 土地注销登记中的律师业务 / 123

第五章 土地权属争议业务中的律师业务 / 125
 第一节 一般规定 / 125
 第二节 土地权属的确定 / 125
 第三节 土地权属争议中的律师业务 / 128

第二编　律师办理土地征收业务操作指引 / 128

第一章　一般规定 / 128

第二章　土地征收的程序 / 129

第三章　征地的费用补偿和人员安置 / 131
　　第一节　征地补偿费用 / 131
　　第二节　被征地人口的安置 / 132
　　第三节　征地补偿协议 / 133

第四章　律师办理征地补偿安置标准听证法律业务 / 134

第五章　律师办理土地补偿安置标准争议协调、裁决法律业务 / 135

第六章　律师办理土地补偿争议行政复议法律业务 / 137

第七章　律师办理征地补偿安置标准争议的诉讼 / 138
　　第一节　征地补偿安置争议 / 138
　　第二节　征地补偿费用分配纠纷 / 139

第三编　律师办理土地储备业务操作指引 / 140

第一章　一般规定 / 140

第二章　土地储备的基本程序 / 141

第三章　律师审核土地储备合同应注意的问题 / 143

第四编　律师办理建设用地使用权取得的业务操作指引 / 145

第一章　一般规定 / 145

第二章　律师办理建设用地使用权划拨业务操作指引 / 146

第三章　律师办理建设用地使用权协议出让业务操作指引 / 149

第四章　律师办理建设用地使用权招标、拍卖、挂牌出让业务操作指引 / 150

第五章　律师办理国有土地租赁业务操作指引 / 154

第六章　律师办理建设用地使用权出让合同纠纷业务操作指引 / 157

第五编　律师办理建设用地使用权流转业务操作指引 / 161

第一章　一般规定 / 161

第二章　律师办理建设用地使用权转让一般业务的操作指引 / 162
　　第一节　对拟转让的建设用地使用权的调查与审核 / 162
　　第二节　建设用地使用权转让合同 / 164
　　第三节　建设用地使用权转让的风险监管 / 165

第四节 建设用地使用权转让登记 / 166

第三章 律师办理国有建设用地转让特殊业务的操作指引 / 166
    第一节 房地产项目转让(含在建工程转让) / 166
    第二节 项目公司股权转让 / 174

第四章 律师办理建设用地使用权抵押业务的操作指引 / 178
    第一节 对拟设定抵押的建设用地使用权的调查与审核 / 178
    第二节 建设用地使用权抵押合同 / 180
    第三节 建设用地使用权抵押登记 / 181
    第四节 建设用地使用权抵押权的实现 / 181

第五章 律师办理建设用地使用权出租业务的操作指引 / 182
    第一节 对拟设定出租的建设用地使用权的调查与审核 / 182
    第二节 建设用地使用权出租合同 / 184
    第三节 建设用地使用权出租登记 / 185

第六章 律师办理建设用地使用权投资合作业务的操作指引 / 185
    第一节 对拟投资的建设用地使用权及投资合作项目的调查与审核 / 185
    第二节 建设用地使用权投资合作合同 / 187
    第三节 投资合作中建设用地使用权的流转 / 188
    第四节 建设用地使用权投资合作常见问题处理 / 189

第六编 律师办理涉外土地法律业务操作指引 / 191

第一章 一般规定 / 191

第二章 境外投资者以出让方式取得建设用地使用权 / 193
    第一节 外商参与建设用地使用权招标、拍卖、挂牌的特殊要求 / 193
    第二节 外商取得建设用地使用权投资设立房地产开发企业 / 193

第三章 外资并购境内房地产开发企业 / 195
    第一节 境外投资者并购的一般要求 / 195
    第二节 外资股权并购境内房地产开发企业的审批 / 196
    第三节 外资资产并购境内房地产开发企业的审批 / 197

第四章 其他涉外土地法律业务 / 197
    第一节 外商投资项目核准 / 197
    第二节 外商投资企业审批权限 / 199
    第三节 外商投资企业境内再投资的审批 / 200
    第四节 外商投资房地产企业备案 / 201

第七编 律师办理农村集体土地使用权业务操作指引 / 202

第一章 概述 / 202

    第一节　农村集体土地的法律制度 / 202
    第二节　耕地保护制度 / 203
    第三节　基本概念界定 / 204

第二章　农村集体建设用地 / 205
    第一节　农村集体建设用地使用权 / 205
    第二节　农村集体建设用地使用权的流转 / 207
    第三节　非农建设用地 / 209

第三章　农村宅基地 / 212

第四章　农村土地承包经营权 / 213
    第一节　土地承包经营权 / 214
    第二节　农村土地承包经营权的具体流转 / 215
    第三节　土地承包经营权的纠纷及解决 / 219

第五章　城中村改造的法律问题 / 219
    第一节　城中村改造中的法律关系 / 220
    第二节　城中村改造过程中的法律业务 / 223

附　则 / 226

总　则

第 1 条　制定目的

为规范律师依法办理与土地相关的诉讼和非诉讼业务、提高律师承办土地法律业务的服务质量，依据《中华人民共和国土地管理法》等法律、法规、规章和最高人民法院相关司法解释，结合土地法律服务实务，特制定本指引供律师及相关人士在实际业务中参考与借鉴。

第 2 条　主要概念

2.1　土地权属，是指土地的所有权、使用权和他项权利的归属。

2.2　土地所有权，是指国家或集体经济组织对国家土地和集体土地依法享有的占有、使用、收益和处分的权利。

2.3　土地使用权，是指土地使用人依法对土地加以利用的权利。

2.4　划拨土地使用权，是指经县级以上人民政府依法批准，在土地使用者缴纳补偿、安置等费用后取得的国有土地使用权，或者经县级以上人民政府依法批准后无偿取得的国有土地使用权。

2.5 出让土地使用权,是指国家以土地所有者的身份将国有土地使用权在一定年限内让与土地使用者,由土地使用者向国家支付相应出让金后取得的土地使用权。

2.6 建设用地使用权,是指利用土地营造建筑物、构筑物和其他设施建设的权利。建设用地使用权分为国有土地建设用地使用权和集体土地建设用地使用权。

2.7 国有土地建设用地使用权,是指公民、法人和其他经济组织进行非农业建设依法使用国有土地的权利。

2.8 集体土地建设用地使用权,是指乡(镇)村建设用地,由乡(镇)村集体经济组织和农村个人投资或集资,进行各项非农业建设而使用土地的权利。集体土地建设用地主要包括:乡(镇)村公益事业用地和公共设施用地,以及农村居民住宅用地。

第3条 律师办理土地法律业务的主要法律依据

3.1 《中华人民共和国物权法》(以下简称《物权法》)(2007年3月16日第十届全国人民代表大会第五次会议通过,2007年10月1日起施行)。

3.2 《中华人民共和国合同法》(以下简称《合同法》)(1999年3月15日第九届全国人民代表大会第二次会议通过,1999年10月1日起施行)。

3.3 《中华人民共和国民事诉讼法》(以下简称《民事诉讼法》)(第十届全国人民代表大会常务委员会第三十次会议修订,2008年4月1日起施行)。

3.4 《中华人民共和国行政诉讼法》(以下简称《行政诉讼法》)(第七届全国人民代表大会常务委员会第二次会议通过,1990年10月1日起施行)。

3.5 《中华人民共和国土地管理法》(以下简称《土地管理法》)(2004年8月28日第十届全国人民代表大会常务委员会第十一次会议第二次修正)。

3.6 《中华人民共和国城市房地产管理法》(以下简称《城市房地产管理法》)(2007年8月30日第十届全国人民代表大会常务委员会第二十九次会议修正)。

第4条 律师办理土地法律业务的基本原则

4.1 忠诚负责原则。律师办理土地法律业务,应不受任何单位及其他组织和个人的非法干涉,依法维护国家法律的正确实施和委托人的合法权益。

4.2 专业精湛原则。律师办理土地法律业务,应具备相应的业务能力和水平,以扎实的专业知识和技能为委托人提供优质服务。

4.3 勤勉敬业原则。律师办理土地法律业务,应勤于学习、勤于思考,恪尽职守,根据委托人的要求完成各项受托法律业务。

第5条 律师办理土地法律业务的具体内容

5.1 拟制、审查、修改合同。

5.2 出具法律意见书、风险告知书。

5.3 策划涉地项目的业务操作方案。

5.4 对涉地项目相关情况出具尽职调查报告。

5.5 代表当事人参加谈判、签约、履约交割。

5.6 接受项目双方当事人的委托,对涉地交易合同的定金、保证金、价款予以监(托)管服务。

5.7 为涉地项目的项目法人担任专项法律顾问或全过程法律服务。

5.8 对发生争端的涉地项目,接受当事人的委托代理申请行政裁决、仲裁或诉讼。

第 6 条 本操作指引的适用范围

律师从事土地法律实务的非诉讼法律服务,尽职调查、参与谈判、受托起草、修改有关合同以及代办有关登记备案手续时应注意的事项。律师代理有关诉讼案件时,也可以参考本指引。

第 7 条 特别说明

本指引旨在向律师提供办理土地法律业务方面的经验,而非强制性规定,供律师在实践中参考。

第一编
律师办理土地权属登记业务操作指引

第一章
一 般 规 定

第 8 条 主要法律依据

8.1 《中华人民共和国农村土地承包法》(以下简称《农村土地承包法》)。

8.2 《中华人民共和国土地管理法实施条例》(以下简称《土地管理法实施条例》)。

8.3 《土地登记规则》。

8.4 《土地登记办法》。

8.5 《关于变更土地登记的若干规定》。

8.6 《土地登记资料公开查询办法》。

8.7 《关于办理土地登记有关问题的通知》。

8.8 《关于变更土地登记的若干规定》。

8.9 《确定土地所有权和使用权的若干规定》。

8.10 《规范国有建设用地租赁若干意见》。

8.11 《关于国有建设用地抵押登记有关问题的通知》。

8.12 《关于划拨国有建设用地抵押登记有关问题的通知》。

8.13 《农村集体国有建设用地抵押登记的若干规定》。

8.14 《土地权属争议调查处理办法》。

8.15 《最高人民法院关于能否将国有建设用地折价抵偿给抵押权人问题的批复》。

8.16 《最高人民法院关于同一土地登记在两个土地证上应如何确认权属的复函》。

第9条 律师办理土地权属登记业务的注意事项

律师代办登记手续的,要取得并向土地登记机构出具委托人的授权委托书,并按有关规定办理授权委托书的公证手续。代理境外人士申请土地登记的,授权委托书和被代理人身份证明应当依法经过公证或者认证;未成年人的土地权利,应当由其监护人代为申请登记。

第二章
土地权利设定登记过程中的律师业务

第一节 一般规定

第10条 概念界定

土地设定登记是对新设定的土地权利的登记,是在土地初始登记结束后,登记机关对一宗土地上新设定的国有建设用地使用权、所有权和土地他项权利进行的登记。

第11条 登记的基本单位

登记是以宗地为基本单元,两宗以上土地的土地使用者,应分宗申请;两个以上土地使用者共同使用一宗地的,应分别申请;跨县级行政区使用土地的,应分别向土地所在地的县级人民政府土地管理部门申请。

第12条 土地权利设定登记的分类

12.1 划拨国有建设用地的设定登记。

12.2 出让国有建设用地的设定登记。

12.3 国家作价出资(入股)国有建设用地的设定登记。

12.4 租赁国有建设用地的设定登记。

12.5 国家授权经营国有建设用地设定登记。

12.6 集体土地所有权和集体建设用地设定登记。

12.7 国有建设用地抵押权设定登记。

12.8 国有建设用地出租权设定登记。

第 13 条 申请土地权利登记的必备资料

13.1 《土地登记申请书》。

13.2 申请人身份证明。

13.3 土地权属来源证明。

13.4 地上附着物权属证明。

第二节 划拨国有建设用地设定登记中的律师业务

第 14 条 律师应当告知委托人申请条件及申请期限

14.1 新开工的大中型建设项目使用划拨国有建设用地,委托人应当持有县级以上人民政府的建设用地批准书。在接到建设用地批准书之日起 30 日内申请,建设项目竣工验收后,应当在竣工验收之日起 30 日内申请。

14.2 其他项目使用划拨国有建设用地,委托人应当持有县级以上人民政府的批准用地文件。在接到批准用地文件之日起 30 日内申请。划拨新征用农民集体所有土地的,被征地单位应当同时申请集体土地所有权注销登记或者变更登记。

第 15 条 律师应提示委托人申请所需要的材料

15.1 建设用地批准书。

15.2 国有建设用地划拨决定书。

15.3 立项批复或相关批准文件,属于划拨新征用农民集体所有土地的,应提供:

(1) 农用地转用方案批准文件;

(2) 补充耕地方案批准文件;

(3) 征用土地批准文件;

(4) 原《集体土地所有权证》;

(5) 原《集体建设用地证》。

15.4 选址意见书。

15.5 规划许可证、规划红线图。

15.6 缴纳补偿安置费的证明。

15.7 地籍调查表、宗地图等地籍资料。

15.8 属于新开工的大中型建设项目使用划拨国有建设用地的,应提供:

(1) 土地预登记文件;

(2) 项目竣工验收报告。

15.9 其他证明文件和资料。

第三节 出让国有建设用地设定登记中的律师业务

第 16 条 律师应告知委托人申请条件及申请期限

16.1 委托人应该有国有建设用地使用权出让合同和国有建设用地使用权出让金支付凭证。

16.2 以出让方式取得国有建设用地的,应当在按出让合同约定支付全部国有建设用地使用权出让金后 30 日内申请。成片开发用地采取一次出让、分期付款、分期提供出让国有建设用地使用权的,应当在每期付款后 30 日内申请。

第 17 条 律师应提示委托人申请所需材料

17.1 《建设用地批准书》。

17.2 规划许可证、规划红线图。

17.3 《国有建设用地使用权出让合同》。

17.4 出让金、契税缴纳凭证。

17.5 地籍调查表、宗地图等地籍资料。

17.6 其他证明文件和资料。

第四节 国家作价出资(入股)国有建设用地设定登记中的律师业务

第 18 条 律师应告知委托人申请条件及申请期限

18.1 申请人应为改组后的新设企业,持有国有建设用地入股合同。

18.2 应当在签订入股合同之日起 30 日内申请。

第 19 条 律师应提示委托人申请所需要的材料

19.1 企业改制方案及批准文件。

19.2 土地资产处置方案及批准文件。

19.3 土地估价备案材料。

19.4 国有建设用地作价出资(入股)合同。

19.5 土地行政主管部门与国有股权持股单位签订的委托持股合同。

19.6 建设用地批准书。

19.7 原《国有土地使用证》。

19.8 其他证明文件。

第五节 国家租赁国有建设用地设定登记中的律师业务

第 20 条　律师应告知委托人申请条件及申请期限
　　20.1　申请人应该有国有建设用地使用权租赁合同。
　　20.2　申请人应当在签订租赁合同之日起 30 日内办理。

第 21 条　律师应提示委托人申请所需要的材料
　　21.1　国有建设用地租赁批准文件。
　　21.2　国有建设用地使用权租赁合同。
　　21.3　建设用地批准书。
　　21.4　原《国有土地使用证》。
　　21.5　其他证明文件。

第六节 国家授权经营国有建设用地设定登记中的律师业务

第 22 条　律师应告知委托人申请条件及申请期限
　　22.1　申请人应当有国有建设用地经营管理授权书。
　　22.2　应在取得国有建设用地经营管理授权书后 30 日内申请。

第 23 条　律师应提示委托人申请所需要的材料
　　23.1　企业改制方案及批准文件。
　　23.2　土地资产处置方案及批准文件。
　　23.3　土地估价报告备案材料。
　　23.4　《国有建设用地经营管理授权书》。
　　23.5　被授权经营国有建设用地公司土地配置材料。
　　23.6　国有建设用地批准书。
　　23.7　原《国有土地使用证》。
　　23.8　其他证明文件。

第七节 集体土地所有权和使用权设定登记中的律师业务

第 24 条　律师应告知委托人申请条件及申请期限
　　24.1　应当在作出申请登记决定，或者接到相关单位和个人依法要求登记书面文件之日起 30 日内办理。
　　24.2　使用集体土地进行建设或者生产的，应当在接到有批准权的地方人民政府批准用地文件或者签订农地使用合同之日起 30 日内办理。

第 25 条 律师应提示委托人申请所需要的材料

25.1 集体土地所有者向土地登记机关提交的土地权属证明文件为：

（1）土地改革时颁发的土地所有证；

（2）人民政府和有关部门的批准文件；

（3）权属界线协议书；

（4）其他证明文件。

25.2 集体土地农业用地使用者向土地登记机关提交的土地权属证明文件为：

（1）人民政府批准文件；

（2）土地承包经营合同；

（3）拍卖金支付凭证；

（4）其他证明文件。

25.3 乡(镇)村企事业建设用地使用者向土地登记机关提交的土地权属证明文件为：

（1）人民政府国有建设用地批准文件；

（2）国有建设用地批准书；

（3）联营合同；

（4）原《集体土地使用证》；

（5）其他证明文件。

25.4 农村居民宅基地使用者向土地登记机关提交的土地权属证明文件为：

（1）人民政府的批准文件；

（2）其他证明文件。

25.5 集体所有的"四荒"地使用者向土地登记机关提交的土地权属证明文件：

（1）"四荒"地承包(租赁)合同或"四荒"地拍卖协议等；

（2）拍卖金支付凭证；

（3）其他证明文件。

第 26 条 律师办理本节法律业务的注意事项

26.1 土地承包经营合同的甲方(发包方、出租方或拍卖方)必须是集体土地所有权人，农村集体以外的单位和个人承包农用地必须得到乡(镇)人民政府批准。

26.2 农业用地承包经营期限为 30 年，承包、租赁、拍卖"四荒"地使用权，最长不超过 50 年。

26.3 农村村民一户只能拥有一处宅基地。

第八节 国有建设用地抵押权设定登记中的律师业务

第 27 条 律师应告知委托人申请条件及申请期限

27.1 申请人为抵押人（土地使用）和抵押权人。

27.2 应当在抵押合同签订后 15 日内申请。同一宗地多次抵押时，以收到抵押登记申请先后为序办理抵押登记和实现抵押权。

第 28 条 律师应提示委托人申请所需材料

28.1 《国有土地使用证》。

28.2 主合同和抵押合同。

28.3 土地估价报告。

28.4 下列其他相关文件：

（1）划拨国有建设用地使用权抵押的，提交土地行政主管部门批准抵押文件和处置时应交付的土地出让金数额；

（2）集体建设用地使用权抵押的，提交集体土地所有权人同意的抵押证明；

（3）抵押人为股份制企业的，提交董事会同意的抵押证明；

（4）以共有建设用地使用权抵押的，提交其他共有人同意抵押证明。

第 29 条 律师应协助委托人进行权属审核

29.1 对合同主体的审核：抵押人和抵押权人应签订一致的抵押合同。

29.2 对国有建设用地的审核：

（1）若为划拨国有建设用地，则应按照土地行政主管部门确认的抵押宗地的国有建设用地使用权出让金额证明，在抵押合同中确定实现抵押权时，应当从拍卖所得的地价款中缴纳相当于国有建设用地使用权出让金的款额。

（2）若为集体建设用地，因涉及集体土地转为国有建设用地，集体建设用地使用权抵押应取得集体土地所有权人同意。

29.3 对抵押贷款期限的审核，应小于土地使用期限减去已使用期限的剩余期限。

29.4 对抵押贷款额的审核，抵押贷款金额应小于土地评估价值，抵押率应当符合金融部门的规定。

29.5 对宗地部分抵押的审核，必须征得有关部门同意。

29.6 对一宗地多次抵押的审核，抵押贷款金额的总和应小于国有建设用地使用权及地上建筑物价值。

第 30 条 律师办理本节法律业务的注意事项

30.1 为有效设立抵押权，应及时办理抵押登记。未经土地管理部门抵押登记，不能发生抵押权成立并生效的法律效果。

30.2 异地抵押的,必须到土地所在地的原登记机关办理抵押登记。

第九节 国有建设用地出租权设定登记中的律师业务

第31条 律师应告知委托人申请条件及申请期限

31.1 申请人为出租人(土地使用者)和承租人。

31.2 应当在租赁合同签订后15日内提出申请。

第32条 律师应提示委托人申请所需要的材料

32.1 土地权属来源证明,《国有土地使用证》和《集体土地使用证》。

32.2 划拨国有建设用地出租批准文件。

32.3 国有建设用地出租合同。

32.4 有关部门认证的出租地块开发投资证明。

32.5 其他证明文件。

第33条 律师应协助委托人对权属进行审核

33.1 对申请人的审核

33.1.1 出租人应为土地使用者并与《国有土地使用证》或《集体土地使用证》的土地权利人一致。

33.1.2 出租人和承租人应与租赁合同签订双方一致。

33.2 对土地投资情况的审核,未按国有建设用地使用权出让合同规定的期限和条件投资开发、利用的土地,不得出租。

33.3 对土地用途的审核,应符合规定的国有建设用地的用途。

33.4 对租赁期限的审核,应小于国有建设用地使用权出让期限减去已使用期限的剩余期限。

第三章
土地变更登记中的律师业务

第一节 一般规定

第34条 概念界定

土地变更登记是指在初始土地登记后,土地管理部门对土地所有者、土地使用者以及他项权利拥有者因土地权属、土地用途等事项发生变更而进行的土地登记。

第 35 条 土地变更登记的分类

35.1 划拨国有建设用地的变更登记。

35.2 出让、国家作价出资(入股)、国家租赁和授权经营国有建设用地变更登记。

35.3 集体土地所有权和国有建设用地变更登记。

35.4 土地他项权利变更登记。

35.5 名称、地址和土地用途变更登记。

第二节 划拨国有建设用地使用权变更登记中的律师业务

第 36 条 律师应告知委托人申请条件及申请期限

36.1 申请人为划拨国有建设用地使用者。因住房制度改革出售公有住房引起的变更登记,申请人为售房单位和购房职工。

36.2 应当在缴纳国有建设用地使用权出让金后 30 日内申请;出售公有住房,售房单位和购房职工应当在房产管理部门登记房屋所有权之日起 30 日内申请。

第 37 条 律师应提示委托人申请所需要的材料

37.1 划拨国有建设用地补办出让手续的变更登记需要的文件:
(1) 政府批准文件;
(2) 原《国有土地使用证》;
(3) 《国有建设用地使用权出让合同》;
(4) 国有建设用地使用权出让金及有关税费缴纳凭证;
(5) 其他证明文件。

37.2 出售公有住房引起的划拨国有建设用地变更登记需要的文件:
(1) 公房出售批准文件;
(2) 原《国有土地使用证》;
(3) 权利人为购房职工的《房屋所有权证》;
(4) 售房单位与购房职工签订的售房合同;
(5) 其他证明文件。

第三节 出让、国家作价出资(入股)、国家租赁和授权经营 国有建设用地使用权变更登记中的律师业务

第 38 条 律师应告知委托人申请条件及申请期限

38.1 申请人为出让、国家作价出资(入股)、国家租赁和授权经营国有建设用地使用权的转让人和受让人,其中因处分抵押财产涉及国有建设用地使用权转让的,申

请人为抵押人(使用者)、抵押权人和受让人。

38.2 申请期限。

38.2.1 以作价出资(入股)方式转让的,在作价出资(入股)合同签订之日起30日内。

38.2.2 依法转让土地使用权的,或因买卖、转让地上建筑物、附着物等一并转移土地使用权的,在转让合同签订后30日内,涉及房产变更的,在房产变更登记发证后15日内。

38.2.3 单位合并、分立和企业兼并的,在合同签订后30日内或接到上级主管部门的批准文件后30日内。

38.2.4 处分抵押财产的,在抵押财产处分后30日内。

第39条 律师应提示委托人申请所需要的材料

39.1 原《国有土地使用证》。

39.2 土地税费缴纳证明。

39.3 除了以上权属证明文件外,各类出让、国家作价出资(入股)、国家租赁和授权经营国有建设用地使用权变更登记,还应提交以下证明文件:

(1) 以入股方式转让的,提交入股合同。

(2) 国有建设用地使用权转让的,提交转让合同、转让地块投资证明、商品房预售登记备案材料、税费缴纳凭证。

(3) 单位合并、分立和企业兼并的,提交合同及上级主管部门的批准文件。

(4) 处分抵押财产的,提交处分抵押财产的证明文件。

第40条 律师办理本章法律业务的注意事项

律师应特别提示受让人,其国有建设用地使用权转让未经土地登记管理部门转移登记,不得对抗第三人。为防止转让人一地多售等非法行为侵害买受人权益,应及时办理转移登记。

第四节 集体土地所有权和使用权变更登记中的律师业务

第41条 律师应告知委托人申请条件及申请期限

申请人为权属变更前后的权利人。应在接到有关协议批准文件后30日内办理。

第42条 律师应提示委托人申请所需要的材料

42.1 集体土地所有权变更登记所需材料:

(1) 原《集体土地所有权证》;

(2) 农用地交换调整协议;

(3) 农用地交换调整批准文件;

（4）土地征用协议及批准文件；
（5）其他证明文件。

42.2 集体建设用地使用权变更登记所需材料

（1）原《集体土地使用证》；
（2）集体建设用地使用权转移协议；
（3）转移协议批准文件；
（4）其他证明文件。

第五节　土地他项权利变更登记律师业务

第43条　律师应告知委托人申请条件及申请期限

43.1　申请人是土地他项权利关系人。在国有建设用地使用权抵押期间，抵押合同的项目内容发生变更的，申请人为抵押人和抵押权人。应当在抵押合同发生变更之日起15日内申请。

43.2　经抵押权人同意，抵押的国有建设用地使用权依法转让的，申请人为抵押人、抵押权人和受让人。应当在申请办理国有建设用地使用权转让登记的同时申请。

43.3　抵押合同期满，续签抵押合同的，申请人为抵押人和抵押权人。应当在期满之日起15日内申请。

43.4　国有建设用地使用权出租期间，租赁合同的项目内容发生变更的，申请人为出租人和承租人。应当在租赁合同发生变更之日起15日内申请。

43.5　国有建设用地使用权出租期间依法转让的，申请人为出租人、承租人和受让人。应在申请办理国有建设用地使用权转让登记的同时办理。

43.6　国有建设用地使用权出租期满，续签出租合同的，申请人为出租人和承租人。应在期满之日起15日内申请。

43.7　依法继承土地他项权利的，申请人为原土地他项权利关系人和继承人。应在办理继承手续之日起30日内申请。

43.8　其他形式土地他项权利变更的，申请人为当事人。应当在变更事实发生之日起30日内申请。

第44条　律师应提示委托人申请所需材料

44.1　原抵押合同、租赁合同等。
44.2　原《国有土地使用证》、《集体土地使用证》、《土地他项权利证明书》。
44.3　变更后的抵押合同、租赁合同、遗嘱等。
44.4　有关批准文件。
44.5　其他证明文件。

第六节 名称、地址和土地用途变更登记律师业务

第 45 条 律师应告知委托人申请条件及申请期限

45.1 名称、地址和土地用途变更登记的申请人应为土地权利人。

45.2 委托人申请的时限

45.2.1 名称、地址发生变更的,应当在变更之日起 30 日内申请。

45.2.2 国有建设用地的用途发生变更的,应当在批准变更之日起 30 日内申请。

45.2.3 农村集体所有土地进行农业结构调整涉及已登记地类变化的,应当在农业结构调整后 30 日内申请。

45.2.4 集体土地建设用地的用途发生变更的,应当在接到有批准权的地方人民政府批准文件之日起 30 日内申请。

第 46 条 律师应提示委托人申请所需材料

46.1 《国有建设用地登记申请表》。

46.2 原《国有土地使用证》、《集体土地所有权证》等。

46.3 地上建筑物、附着物权属证明。

46.4 名称变更证明文件。

46.5 地址变更登记的,需提交有关单位(地名办)批准的地址变更证明文件。

46.6 国有建设用地用途发生变更的,申请人应提交城市规划部门、土地行政主管部门等部门批准用途改变的文件,以出让方式取得国有建设用地的用途发生变更的,土地使用者还应当提交签订的国有建设用地使用权出让合同变更协议,或者重新签订的国有建设用地使用权出让合同。

46.7 农村集体所有土地进行农业结构调整涉及已登记地类变化的,申请人应提交农业部门或其他有批准权部门的批准文件;集体土地建设用地的用途发生变更的,申请人应提交地方人民政府批准用途改变的文件。

46.8 宗地图。

46.9 其他证明文件。

第四章
土地注销登记中的律师业务

第 47 条 概念界定

注销土地登记是指土地权利消灭或因其他原因致使原登记内容失去效力,而由土

地登记机关将已登记的内容进行注销的变更登记。

第 48 条　律师应告知委托人申请条件及申请期限

48.1　集体所有的土地依法被全部征用或者农业集体经济组织所属成员依法成建制转为城镇居民的，申请人为原集体土地所有权人。应当在集体土地被全部征用或者办理农转非的同时申请。

48.2　县级以上人民政府依法收回国有建设用地使用权的，申请人为原国有建设用地使用权人。应当在土地行政主管部门收回国有建设用地使用权的同时申请。

48.3　国有建设用地使用权出让或者租赁期届满，未申请续期或者续期申请未获批准的，申请人为原国有建设用地使用权人或原国有建设用地使用权承租人。应当在期满之日前 15 日内申请。

48.4　因自然灾害等造成国有建设用地权利灭失的，申请人为国有建设用地使用权人；因自然灾害等造成集体土地权利灭失的，申请人为集体土地所有权人；权利灭失的土地为集体建设用地的，申请人还应当包括集体建设用地使用权人。应当在土地权利灭失后申请。

48.5　土地他项权利终止，包括国有建设用地使用权出租终止和国有建设用地使用权抵押终止。前者的申请人为出租人和承租人；后者的申请人为抵押人和抵押权人，还可能包括因处分抵押国有建设用地使用权而产生的新的国有建设用地使用权人。应当在该土地他项权利终止之日起 15 日内申请。

第 49 条　律师应提示委托人申请所需要的材料

49.1　注销土地登记申请书。

49.2　土地证书包括，土地所有权证书或国有建设用地使用权证书或土地他项权利证书。

49.3　土地灭失或土地权利终止证明文件。

49.3.1　集体所有的土地依法被全部征用的，申请人应当提交县级土地行政主管部门开具的该集体所有的土地已被全部征用的证明文件，或者其他有证明效力的文件资料。

49.3.2　农村集体经济组织所属成员依法成建制转为城镇居民的，申请人应当提交有批准权的部门签发的该农村集体经济组织所属成员依法成建制转为城镇居民的批准文件。

49.3.3　县级以上人民政府依法收回国有建设用地使用权的，申请人应提交县级以上人民政府签发的收回该国有建设用地使用权的文件。

49.3.4　国有建设用地使用权出让或者租赁期满，未申请续期或者续期申请未获批准的，申请人应当提交县级以上人民政府以国有建设用地所有者身份，与土地使用者或土地承租者签订的国有建设用地使用权出让合同，或者国有建设用地使用权租赁合同。

49.3.5　因自然灾害等造成土地权利灭失的，申请人应当提交有充分效力的土地权利灭失的证明材料。

49.3.6 土地他项权利终止的,申请人应当提交土地他项权利合同(国有建设用地使用权出租的,为国有建设用地使用权租赁合同,国有建设用地使用权抵押的,为国有建设用地使用权抵押合同,或包括国有建设用地使用权抵押内容的经济合同),以及其他土地他项权利终止证明材料。

第 50 条 律师应特别提示委托人,如果不按照规则规定申请注销登记,土地登记机关可直接办理注销土地登记,并通知注销结果。

第五章
土地权属争议业务中的律师业务

第一节 一 般 规 定

第 51 条 调查申请

土地权属争议经协商不能解决的,当事人可以依法向县级以上人民政府,或者乡级人民政府,或者国土资源行政主管部门提出调查处理申请。

第 52 条 调查处理机关

县级以上国土资源行政主管部门负责土地权属争议案件(以下简称争议案件)的调查和调解工作;对需要依法作出处理决定的,拟定处理意见,报同级人民政府作出处理决定。

第二节 土地权属的确定

第 53 条 国家土地所有权的确定

53.1 城市市区范围内的土地,国家依法征收的土地。

53.2 国家铁路线路、车站、货场用地以及依法留用的其他铁路用地,县级以上(含县级)公路铁路用地。

53.3 国有电力、通信设施用地,但国有电力通信杆塔占用农民集体所有的土地,未办理征收手续的除外,县级以上(含县级)水利部门直接管理的水库、渠道等水利工程用地。

53.4 其他依法应属于国家所有的土地。

第 54 条 集体土地所有权的确定

54.1 土地改革时分给农民并颁发了土地所有证的土地,属于农民集体所有。

54.2 农村集体所有的土地,按目前该村农民集体实际使用的本集体土地所有权界线确定所有权。

54.3 农民集体连续使用其他农民集体所有的土地已满20年的,应视为现使用者所有;连续使用不满20年,或者虽满20年但在20年期满之前所有者曾向现使用者或有关部门提出归还的,由县级以上人民政府根据具体情况确定土地所有权。

54.4 乡(镇)或村在集体所有的土地上修建并管理的道路、水利设施用地,分别属于乡(镇)或农民集体所有。

54.5 乡(镇)企业使用本乡(镇)、村集体所有的土地,依照有关规定进行补偿和安置的,土地所有权转为乡(镇)农民集体所有。经依法批准的乡(镇)、村公共设施,公益事业使用的农民集体土地,分别属于乡(镇)、村农民集体所有。

54.6 农民集体经依法批准以国有建设用地作为联营条件与其他单位或个人举办联营企业的,或者农民集体经依法批准以集体所有土地的使用权作价入股,创办外商投资企业和内联乡镇企业的,集体土地所有权不变。

第 55 条 国有建设用地的确定

55.1 国有建设用地给直接使用土地的具有法人资格的单位或个人,另有规定的除外。

55.2 因原房屋拆除、改建或自然坍塌等原因,已经变更了实际土地使用者的,经依法审核批准,可将国有建设用地确定给实际土地使用者;空地及房屋坍塌或拆除后两年以上仍未恢复使用的土地,由当地县级以上人民政府收回国有建设用地。

55.3 原宗教团体、寺观教学等宗教活动用地,被其他单位占用,原使用单位因恢复宗教活动需要退还使用的,应按有关规定予以退还,确属无法退还或者国有建设用地有争议的,经协商、处理后确定国有建设用地。

55.4 军事设施用地(含靶场、试验场、训练场)依照解放初土地接收文件和人民政府批准征用或划拨土地的文件确定国有建设用地。国有建设用地有争议的,按照国务院、中央军委有关文件规定处理后,再确定国有建设用地。

55.5 国家确定的保留或地方代管的军事设施用地的国有建设用地确定给军队,现由其他单位使用的,可依照有关规定确定为他项权利。

55.6 经国家批准撤销的军事设施,其国有建设用地依照有关规定,由当地县级以上人民政府收回并重新确定使用权。

55.7 依法接收、征用、划拨的铁路线路用地及其他铁路设施用地,现仍由铁路单位使用的,其使用权确定给铁路单位。铁路线路路基两侧依法取得使用权的保护用地,使用权确定给铁路单位。

55.8 驻机关、企事业单位内的行政管理和服务性单位,经政府批准使用的土地,可以由土地管理部门商被驻单位规定土地的用途和其他限制条件后,分别确定实际土地使用者的国有建设用地,但租用房屋的除外。

55.9　原铁路、公路、水利、电力、军队及其他单位和个人使用的土地,1982年5月《国家建设征用土地条例》公布之前,已经转由其他单位或个人使用的,除按照国家法律和政策应当退还的,其国有建设用地可确定给实际土地使用者,但严重影响上述部门的设施安全和正常使用的,暂不确定国有建设用地,按照有关规定处理后,再确定国有建设用地。1982年5月以后非法转让的,经依法处理后再确定使用权。

55.10　以国有建设用地为条件与其他单位或个人合建房屋的,根据批准文件、合建协议或者投资数额确定国有建设用地,但1982年《国家建设征用土地条例》公布后合建的,应依法办理土地转让手续后再确定国有建设用地。

55.11　以出让方式取得国有建设用地或以划拨方式取得的国有建设用地,补办出让手续后作为资产入股的,国有建设用地确定给股份制企业。国家以国有建设用地作价入股的,国有建设用地确定给股份制企业。国家将国有建设用地租赁给股份制企业的,国有建设用地确定给股份制企业。企业以出让方式取得的国有建设用地或以划拨方式取得的国有建设用地补办出让手续后,出租给股份制企业的,国有建设用地不变。

55.12　法人之间合并,依法属于应当以有偿方式取得国有建设用地的,原国有建设用地人应当办理有关手续,有偿取得国有建设用地;依法可以划拨形式取得国有建设用地的,可以办理划拨土地权属变更登记,取得国有建设用地。

第 56 条　集体土地建设用地使用权的确定

56.1　乡(镇)村办企业事业单位和个人依法使用农民集体土地进行非农业建设,可依法确定使用者集体土地建设用地使用权。对多占少用、占而不用的,其闲置部分不予确定使用权,并退还农民集体,另行安排使用。

56.2　1982年2月国务院发布《村镇建房用地管理条例》之前农村居民建房占用的宅基地,超过当地政府规定的面积,在《村镇建房用地管理条例》施行后未经拆迁、改建、翻建的,可以暂时按照现在实现使用面积,确定集体土地建设用地使用权。

56.3　自1982年2月《村镇建房用地管理条例》发布时起至1987年1月《土地管理法》开始施行时止,农村居民建房占用的宅基地,其面积超过当地政府规定标准的,超过部分按1986年3月中共中央、国务院《关于加强土地管理、制止乱占耕地的通知》及地方人民政府的有关规定处理后,按处理后实际使用面积确定集体土地建设用地使用权。

56.4　符合当地政府分户建房规定而尚未分户的农村居民,其现有的宅基地没有超过分户建房用地合计面积标准的,可按现有宅基地面积确定集体土地建设用地使用权。

56.5　非农业户口居民(含华侨)原在农村的宅基地,房屋产权没有变化的,可依法确定其集体土地建设用地使用权。房屋拆除后没有批准重建的,集体建设用地由集体收回。

56.6　接受转让、购买房屋取得的宅基地,与原有宅基地合计面积超过当地政府规定标准,按照有关规定处理后允许继续使用的,可暂时确定其集体建设用地使用权。继承房屋取得的宅基地,可确定集体建设用地使用权。

56.7 空闲或房屋坍塌、拆除两年以上未恢复使用的宅基地,不确定集体建设用地使用权。已经确定使用权的,由集体报经县级人民政府批准,注销其土地登记,土地由集体收回。

第三节 土地权属争议中的律师业务

第57条 律师可以接受土地权属争议任一方委托,代理行政和诉讼程序。

第58条 若作为与土地管理部门相对一方的代理人,律师应当提示委托人:

(1)对土地管理部门不予受理的决定不服的,可以依照《中华人民共和国行政复议法》或者《中华人民共和国行政诉讼法》,申请行政复议或者提起行政诉讼。

(2)土地管理部门决定受理后,认为承办人员与案件处理有利害关系的,有权请求该承办人员回避。承办人员是否回避,由受理案件的土地管理部门决定。

(3)在土地权属争议解决之前,任何一方不得改变土地的现状和破坏土地上的附着物,不得影响生产和在有争议的土地上兴建建筑物和其他附着物。擅自在有争议的土地上兴建建筑物和其他附着物的,土地管理部门有权责令停止施工。

(4)土地管理部门对受理的土地权属争议案件,应当在查清事实、分清责任的基础上先行调解。调解应当符合自愿、合法的原则。调解达成协议的,应当制作调解书。调解书经当事人签名或者盖章,调处人员署名并加盖土地管理部门的印章后生效。律师应当提示当事人,生效的调解书具有法律效力,是土地登记的依据。

(5)土地权属争议处理完后,当事人应及时向土地管理部门申请土地权属登记。

第二编
律师办理土地征收业务操作指引

第一章
一 般 规 定

第59条 概念界定

59.1 土地征收,是指国家为了社会公共利益的需要,依照法定程序将集体所有的土地转变为国有土地,并给被征地的农民集体和个人合理补偿和妥善安置的法律行为。

59.2 农用地转用,是指将土地利用现状调查确定的农用地依据土地利用总体规划、土地利用年度计划,以及国家规定的审批权限报批后,转变为建设用地的行为。

第60条 主要法律依据

60.1 《中华人民共和国行政许可法》(以下简称《行政许可法》)。

60.2 《中华人民共和国村民委员会组织法》(以下简称《村民委员会组织法》)。

60.3 《征用土地公告办法》。

60.4 《国土资源听证规定》。

60.5 《国务院关于深化改革严格土地管理的意见》。

60.6 《关于完善征地补偿安置制度的指导意见》。

60.7 《关于加快推进征地补偿安置争议协调裁决制度的通知》。

60.8 《最高人民法院关于征用土地、落实私房政策等具体行政行为相互矛盾而引起的房屋纠纷不应由人民法院处理的复函》。

60.9 《最高人民法院关于审理农业承包合同纠纷案件若干问题的规定(试行)》。

60.10 《最高人民法院关于审理涉及农村土地承包纠纷案件适用法律问题的解释》。

第二章
土地征收的程序

第61条 在土地利用总体规划确定的城市建设用地范围内,为实施该规划占用集体土地的,由县级土地行政主管部门按照土地利用年度计划编制《建设项目用地呈报说明书》,拟定《农用地转用方案》、《补充耕地方案》、《征用土地方案和供地方案》,经县人民政府审核同意后,分批次逐级上报省级以上人民政府批准。一般步骤如下:

61.1 用地申请。建设单位向市、县政府土地行政主管部门申请建设用地,填写《建设用地申请表》,并附具以下材料:

(1) 建设单位有关资质证明;

(2) 项目可行性研究报告批复或其他有关批准文件;

(3) 预审报告;

(4) 初步审计或其他有关批准文件;

(5) 总平面布置图;

(6) 压覆矿床评估、地质灾害评估;

(7) 法律法规要求提供的其他文件。

61.2 填报"一书四方案"。市、县政府土地行政主管部门在受理用地申请后,拟订农用地转用方案、补充耕地方案、征用土地方案和供地方案,编制建设项目用地呈报说明书,经同级人民政府审核同意后,报上一级土地行政主管部门审查。

61.3 市级政府及土地行政主管部门审核、上报。市级政府土地行政主管部门收到上报的建设项目呈报说明书和有关方案后,对材料齐全、符合条件的,报经同级人民政府审核。同级人民政府审核同意后,上报省级人民政府土地行政主管部门审查。

61.4 省级政府及土地行政主管部门审核、上报。省级政府土地行政主管部门收到市级政府上报的材料后进行审查,并上报省级人民政府或国土资源部审查批准。

61.5 批准用地的,下达批准文件。

61.6 进行征用土地公告。市、县人民政府土地行政主管部门在收到征用土地方案批准文件10个工作日内进行征用土地公告,并负责具体实施。公告的内容包括以下4个方面:

(1) 征地批准机关、批准文号、批准时间和批准用途;

(2) 被征用土地的所有权人、位置、地类和面积;

(3) 征地补偿标准和农业人员安置途径;

(4) 办理征地补偿登记的期限、地点。

61.7 征地补偿、安置方案公告。县级人民政府土地行政主管部门会同有关部门根据批准的征收方案,在征收土地公告之日起45日内拟订征地补偿安置方案,经市、县人民政府批准,由市、县土地行政主管部门予以公告。公告内容包括:

(1) 集体经济组织被征用土地的位置、地类、面积,地上附着物和青苗的种类、数量,需要安置的农业人口的数量;

(2) 土地补偿费的标准、数额、支付对象和支付方式;

(3) 安置补助费的标准、数额、支付对象和支付方式;

(4) 地上附着物和青苗的补偿标准和支付方式;

(5) 农业人员的具体安置途径;

(6) 其他有关征地补偿、安置的具体措施。

61.8 办理征地补偿登记手续。被征地农村集体经济组织、农村村民或者其他权利人在征用土地公告规定的期限内持土地权属证书到指定地点办理征地补偿登记手续。

未如期办理征地补偿登记手续的,其补偿内容以有关市、县土地行政主管部门的调查结果为准。

61.9 落实征地补偿安置方案,实施供地。市、县人民政府土地行政主管部门根据市、县人民政府批准的征地补偿方案,实施补偿安置,并办理土地交接手续,土地行政主管部门核发《建设用地划拨决定书》,施工单位进场施工。

特别提示:在土地利用总体规划确定的城市建设用地范围外独立选址的建设项目

用地,可按项目实施统一征地。需由项目用地单位在向计划部门提交可行性研究报告的同时,向县土地行政管理部门提出用地预申请,土地行政管理部门对建设项目的用地进行审查,出具建设用地预审报告。

第62条 影响征地申请报批的情形

62.1 引发重大群体性事件的地区暂缓批地;

62.2 违反土地利用总体规划和年度计划的不得批准用地;

62.3 社会保障费用不落实的不得批准征地;

62.4 违法用地行为未经依法查处的不得批准建设用地。

第三章
征地的费用补偿和人员安置

第一节 征地补偿费用

第63条 征地补偿费用的组成

根据《土地管理法》和《物权法》等法律法规的规定,征地补偿费用包括:

(1) 土地补偿费,是对土地所有者的权属及其对土地的投入和收益造成损失的补偿,补偿对象为村集体经济组织及被征地的农民。

(2) 安置补助费,是用以安置土地被征用后失去生产资料的农业人员的补助费用,原则是谁安置补助费归谁。

(3) 地上附着物补偿费,是指因征地导致被征用土地上各种地上地下建筑物、构筑物(如房屋、水井、道路、水渠等)的拆迁和恢复,林木的迁移或砍伐等,给予所有者补偿的费用。

(4) 青苗补偿费,是指征用土地时,农作物正处在生长阶段而未能收获,给予土地承包者或使用者以经济补偿。

(5) 农民的社会保障费用,是指对土地被征用后失去生产资料的农业人员,在年老、疾病、伤残、失业、生育、死亡、遭遇灾害、面临生活困难时,依法给予物质帮助,以保障基本生活需要的费用。

特别提示:目前我国不同地区被征地农民的社会保障费用的来源不同,有的来源于征地单位在原有的征地补偿费基础上另外支付的费用;有的来源于安置补助费或扣除留给村(或组)集体之外的土地补偿费。

第 64 条　征地补偿费用的标准

64.1　根据《土地管理法》第 47 条的规定,具体计算方法为:

补偿标准 = 平均年产值 ×(土地补偿倍数 + 安置补助倍数)

平均年产值标准:一般是按被征地前三年平均年产量乘以国家规定的产品现行平均价格计算,国家没有规定价格的,按当地市场的平均价格计算。

补偿倍数标准:在法律、法规的限定范围内,综合考虑被征地的具体条件,并结合以往征地费用标准,予以确定。

64.2　根据《国务院关于深化改革严格土地管理的意见》的规定,目前各省、自治区、直辖市人民政府陆续制定了统一年产值标准和区片综合地价。

64.2.1　征地统一年产值标准,是在一定区域范围内(以市、县行政区域为主),综合考虑被征收农用地类型、质量、等级、农民对土地的投入以及农产品价格等因素,以前三年主要农产品平均产量、价格为主要依据测算的综合收益值,测算不仅要考虑农用地农作物的收益,还要考虑被征用农用地带来的其他相关收益。

64.2.2　征地区片综合地价,是指在城镇行政区土地利用总体规划确定的建设用地范围内,依据地类、产值、土地区位、农用地等级、人均耕地数量、土地供求关系、当地经济发展水平和城镇居民最低生活保障水平等因素,划分征地区片,并采用农地价格因素修正、征地案例比较和年产值倍数等方法测算的区片征地综合补偿标准。区片综合地价的实质是征地补偿标准,不含地上附着物和青苗补偿标准。

64.2.3　为切实保障被征地农民的合法权益,国土资源部发出通知,要求深化征地制度改革。从 2009 年起,国家逐步适当地提高征地补偿标准。

通知强调,要完善征地补偿机制。按照被征土地同地同价原则,综合论证和听证结果,由地方人民政府批准实施统一的征地补偿标准,对被征地农民进行合理补偿,及时足额支付到位。各省(区、市)要抓紧做好征地统一年产值标准和区片综合地价修订完善工作,结合本地区经济社会发展水平和被征地农民的社会保障费用,适当提高征地补偿标准,经省(区、市)人民政府批准,从 2009 年起逐步公布实施。

第二节　被征地人口的安置

第 65 条　依据国土资源部《关于完善征地补偿安置制度的指导意见》规定,对于被征地人口进行安置的主要方式有:

(1)农业生产安置。征收城市规划区外的农民集体土地,应当通过利用农村集体机动地、承包农户自愿交回的承包地、承包地流转和土地开发整理新增的耕地等,首先使被征地农民有必要的耕作土地,继续从事农业生产。

(2)重新择业安置。积极创造条件,向被征地农民提供免费的劳动技能培训,安排相应的工作岗位。在同等条件下,用地单位应优先吸收被征地农民就业。征收城市规划区内的农民集体土地,应当将因征地而导致无地的农民纳入城镇就业体系,并建立社会保障制度。

(3) 入股分红安置。对有长期稳定收益的项目用地,在农户自愿的前提下,被征地农村集体经济组织经与用地单位协商,可以以征地补偿安置费用入股,或以经批准的建设用地土地使用权作价入股。农村集体经济组织和农户通过合同约定以优先股的方式获取收益。

(4) 异地移民安置。本地区确实无法为因征地而导致无地的农民提供基本生产生活条件的,在充分征求被征地农村集体经济组织和农户意见的前提下,可由政府统一组织,实行异地移民安置。

第三节 征地补偿协议

第 66 条 补偿协议的双方当事人

征收集体土地的,征地单位与被征地农村集体经济组织或者村民委员会应当协商签订书面征地补偿安置协议。

第 67 条 补偿协议的具体内容

补偿协议应当包括补偿方式、补偿款金额及支付方式、安置人员数量及安置方式、青苗及土地附着物补偿、违约责任和纠纷处理方式等内容。

第 68 条 签订补偿协议的程序要求

68.1 签订协议前,市、县国土资源局在被征用土地所在地的村范围内发布征地通告,告知被征用土地的村集体经济组织和村民:征地范围、面积、补偿方式、补偿标准、安置途径以及征地用途等。通告后抢栽、抢种的农作物或者抢建的建筑物不列入补偿范围。

68.2 市、县国土资源局会同被征地所在地的乡镇政府就征地通告的内容征询村集体经济组织和农民的意见,有不同意见的应记录在案,根据村委会或村民提出的意见分别处理并协调解决。

村委会或村民对补偿标准、安置途径、补偿方式有异议的,市、县国土资源局或被征地所在的乡镇政府,应告知被征地相对人有权提出听证申请,并依法组织听证。

68.3 市、县国土资源局会同被征用土地的所有权人、使用权人实地调查被征土地的四至边界、土地用途、土地面积,地上附着物种类、数量、规格等,并现场填制调查表一式三份,由国土资源局工作人员和所有权人、使用权人共同确认无误后签字。

68.4 被征地农村集体经济组织或者村民委员会应当就协议主要内容按照村民大会或者村民代表大会议事程序等民主程序作出决议。

签订协议后,农村集体经济组织或者村民委员会应当向农村村民公示征地补偿安置协议。

第 69 条　律师对补偿协议的审查

律师接受委托后,应当对农村集体经济组织或者村民委员会在签订征地补偿安置协议前是否履行民主程序、征地双方达成协议的内容是否符合法律规定进行审查,并听取农村村民的意见。

第四章
律师办理征地补偿安置标准听证法律业务

第 70 条　征地补偿安置听证的范围

征地补偿安置的听证包括拟定或者修改区域性征地补偿标准的听证、拟定拟征地项目的补偿标准和安置方案的听证,不包括对征地行为本身的听证。本章所涉及的征地补偿安置听证是指某一具体的征地项目的被征地块的补偿标准和安置方案的听证活动。

第 71 条　申请补偿和安置费用标准听证应注意的事项

71.1　对征地补偿、安置方案有不同意见的或者要求举行听证会的,必须在征地补偿安置方案公告之日起 10 个工作日内提出申请。当事人经主管部门告知听证权利后 5 个工作日内未向听证机构提出书面申请的,视为放弃听证。

71.2　有关征地补偿和安置费用标准听证的申请,向市、县人民政府土地行政主管部门提出。

71.3　提出申请的人必须是听证的当事人,包括被征地农村集体经济组织、农村村民、其他权利人或其代理人。

第 72 条　符合上述条件,申请材料齐备的申请,主管部门应当受理,并制作《听证通知书》,在听证的 7 个工作日前通知当事人。

第 73 条　律师应告知被征地的当事人享有以下权利

73.1　农民集体土地所有权、农民土地承包经营权及其他权利人合法权益不受侵害。

73.2　在征地依法报批前,政府应将预征收土地的用途、位置、补偿标准、安置途径告知被征地集体经济组织、农户或其他权利人,当事人具有土地预征前的知情权和申请听证的权利。

73.3　对预征土地现状调查结果具有确认权。

73.4 当事人听证、确认的有关材料为各级政府在征地报批时的必备材料,具有政府征地报批的部分参与权。

73.5 土地征收批复文件下达后10日内,人民政府应公告批复结果,当事人对人民政府征收批复结果具有知情权。

73.6 土地补偿征收公告后45日内,由国土资源局公告土地补偿、安置方案,当事人对土地补偿、安置方案享有知情权。

73.7 办理征地补偿登记手续时,对土地行政主管部门的调查结果有进一步的核实权。

73.8 对征地补偿、安置方案提出异议或申请听证的权利。

73.9 对政府未依法进行征用土地公告或者未依法进行征地补偿、安置方案公告的,有依法要求公告的权利,有拒绝办理征地补偿登记手续或办理征地补偿、安置手续的权利。

73.10 政府未按照依法批准的征用土地方案和征地补偿、安置方案进行补偿,有提出协调申请或提出裁决申请的权利。

73.11 土地补偿费未全额到位,有拒绝交出土地、阻止施工的权利。

73.12 土地征收批复后两年内没有实施施工,造成土地荒芜的,由批准的政府收回后,有恢复耕种的权利。

73.13 对违法占用土地等行为有举报的权利。

第五章
律师办理土地补偿安置标准争议协调、裁决法律业务

第74条 律师应当告知委托人申请协调、裁决的事项和范围

74.1 申请协调、裁决的范围

(1) 对市、县人民政府批准的征地安置补助标准有异议的;

(2) 对征地补偿安置方案涉及的被征土地地类、人均耕地面积、被征土地前三年平均年产值的认定有异议的;

(3) 实行区片综合地价计算征地补偿费的地区,对区片综合地价的适用标准和计算有异议的;

(4) 征地补偿安置方案中的青苗、建筑物、构筑物及其他附着物的补偿标准有争议的。

特别提示:目前各省对补偿标准的具体规定不一样,承办律师一般应了解和熟悉被征地所在省或自治区的规定。

74.2 对征地方案的异议、土地征收程序违法、强行征占土地、以租代征、违法征收等,均不符合申请裁决的条件。

第 75 条 律师应审查委托人是否符合法定的申请人主体资格

75.1 对青苗、地面附着物的补偿标准有争议申请协调、裁决的,由其所有权人、使用权人提出。

75.2 对土地补偿费的标准有争议申请协调、裁决的,由被征地的农村集体经济组织提出。

75.3 对安置补助费的标准有争议申请协调、裁决的,安置补助费发放给被安置人员的,由被安置人员提出;安置补助费发放给被征地的农村集体经济组织或者其他单位的,由被征地的农村集体经济组织或者其他单位提出。

第 76 条 受理协调和裁决的机关

76.1 申请协调的机关。当事人对征地补偿标准有争议的,应当向区、县人民政府申请协调,或者向其上级人民政府申请协调。由于各省或自治区规定不同,承办律师应当按照当地的规定向有关人民政府提出申请。

76.2 申请裁决的机关。省、自治区或市人民政府是征地补偿安置标准争议裁决机关,市国土资源和房屋管理局是办理征地补偿安置标准争议裁决的具体工作机构。各省或自治区的规定基本一致,也就是《土地管理法实施条例》第 25 条的规定。

第 77 条 律师应协助委托人准备并向当地省或自治区政府土地管理部门提交下列材料:

(1) 裁决申请书;
(2) 申请人身份证明;
(3) 区、县人民政府出具的协调结果告知书;
(4) 被征收土地的所有权证或其他权属证明;
(5) 区、县人民政府批准的征地补偿安置方案;
(6) 裁决工作机构认为应当提供的其他资料。

第 78 条 律师应告知委托人协调、裁决业务的注意事项

78.1 政府协调是政府裁决征地补偿标准争议的前置程序。对征地补偿安置方案中确定的征地补偿标准有争议的,应当按照先向区、县人民政府申请协调,经协调没有达成一致意见的,区、县人民政府应当书面告知当事人申请裁决的机关和期限,并在告知书上载明协调过程及协调未达成一致意见的原因。

78.2 申请土地补偿费安置标准争议协调、裁决应当在规定期限内提出。目前由于各省或自治区协调、裁决规定的期限不同,申请人应当按照当地的规定提出申请,如果在规定期限内不提出申请,申请人等于放弃了提出异议的权利。超过规定的期限提出申请,人民政府将不予受理。

78.3　征地补偿标准争议裁决期间不停止征地方案的实施。

78.4　经过区、县人民政府协调已经达成一致意见,申请人又就同一事项申请裁决的,裁决机构不予受理。

78.5　裁决工作机构已下达准予撤回裁决申请的决定,申请人又就同一事项申请裁决的,裁决机构不予受理。

78.6　人民法院或者行政复议机关对裁决申请事项已有裁决或决定结果的或者正在审理之中的,裁决机构不予受理。

第 79 条　裁决机构作出裁决的法定期限

裁决工作机构应自受理裁决申请之日起 60 个工作日内,作出书面裁决决定。情况复杂的,经裁决工作机构负责人批准,可以延长 30 日,并书面告知申请人;情况特别复杂的,经裁决工作机构负责人同意,报市人民政府批准,可以延长 60 日,并书面告知申请人。

第六章
律师办理土地补偿争议行政复议法律业务

第 80 条　当事人对裁决机关作出的裁决决定不服的,可以在法定期限内依照《中华人民共和国行政复议法》(以下简称《行政复议法》)和《中华人民共和国行政诉讼法》的有关规定申请行政复议或者提起行政诉讼。

第 81 条　律师应告知委托人可提起行政复议的范围

81.1　对市、县人民政府批准的征地补偿安置补助标准有异议的。

81.2　对征地补偿安置方案涉及的被征土地类别、人均耕地面积、被征土地前三年平均年产值的认定有异议的。

81.3　实行区片综合地价计算征地补偿费的地区,对区片综合地价的适用标准和计算有异议的。

81.4　对征地补偿安置方案中的青苗、建筑物、构筑物及其他附着物的补偿标准有争议的。

特别说明:申请人对征地补偿标准争议裁决不服提出行政复议,故复议范围同于申请裁决的请求范围。

第 82 条　律师应告知委托人受理行政复议的机关

在征地补偿安置标准争议中,对补偿争议的"裁决"不服提起复议,复议机关为原征地批准机关(省级人民政府或国务院),并由复议机关负责法制工作的机构具体办理行政复议事项。

第 83 条 告知委托人行政复议不同的审查方法

在行政复议的实践中,行政机关主要采取以下两种方式:一是书面审查办法;行政复议机关只对申请材料及证据和被申请人及第三人提供的答辩材料及相关证据进行书面审查,原则上不向复议双方了解情况,也不做相关调查。二是当面审查办法。行政复议机关当面审查的方式是多样的,既可分别听取意见,也可将各方当事人召集到一起进行调查、质证辩论。

根据行政复议案件的具体情况应该注意以下几点:

(1) 及时与行政复议机关沟通,掌握第一时间的信息,及时查阅、了解被申请人提交的答辩意见和证据材料。

(2) 对被申请人提供的答辩和证据材料进行分析,作出是否申请听证的决定。

(3) 代理当事人提出事实、理由和相关证据,如实反映当事人的意见。着重对征地审批、补偿安置标准的合法性和合理性给予充分的论述。

第 84 条 注意行政复议的期限、期间的相关规定

84.1 复议机关自受理之日起 60 日内作出复议决定;延长期限最多不超过 30 日。

84.2 对行政复议机关不予受理或不予答复的起诉期限:自收到不受理决定书之日起或复议期满之日起 15 日内提出行政诉讼。

第 85 条 律师应告知委托人行政复议决定的救济措施

对土地复议决定不服的,可向法院提出诉讼,也可向国务院申请裁决;国务院作出的复议决定或裁定属于最终裁决。

第七章
律师办理征地补偿安置标准争议的诉讼

第一节 征地补偿安置争议

第 86 条 律师代理征地补偿安置争议诉讼的注意事项

86.1 因征地补偿安置争议裁决提起诉讼,同案原告为 5 人以上的,应当告知同案原告可以推选 1~5 名诉讼代表人参加诉讼。

86.2 征地补偿安置标准争议的裁决或复议决定,是由原征地批准机关即省、自治区、直辖市人民政府或国务院作出的,对省政府提起诉讼应向省、自治区、直辖市人民政府所在地中级人民法院提起;对国务院不得提起诉讼。

86.3 经过复议的,应当在收到复议决定书之日起 15 日内向人民法院提出起诉;

复议机关逾期不作决定的,应当在复议期满或延期届满之日起 15 日内向人民法院提出起诉。

第 87 条 律师代理征地补偿安置争议诉讼中需要审查的内容

87.1 审查争议补偿标准作出的依据。

87.2 审查争议补偿标准作出的法律程序和权限,如是否进行了征地审批、公告等。

87.3 如果补偿依据符合法律规定,则审查补偿是否到位。

第二节 征地补偿费用分配纠纷

第 88 条 农村集体经济组织或者村民委员会、村民小组,可以依照法律规定的民主议事程序,决定在本集体经济组织内部分配已经收到的土地补偿费。

第 89 条 律师应当告知委托人提起有关征地补偿费用分配的诉讼应当注意的事项:

89.1 根据相关司法解释的规定,土地承包中的承包地征收补偿费用分配纠纷属于民事案件。

89.2 集体经济组织成员就用于分配的土地补偿费数额提起民事诉讼的,人民法院不予受理。

89.3 集体经济组织成员因未实际取得土地承包经营权提起民事诉讼的,人民法院应当告知其向有关行政主管部门申请解决。

第 90 条 律师应从以下几个方面审查委托人是否具有土地补偿费分配纠纷案件诉讼主体资格

90.1 土地承包人和集体经济组织的成员具有原告主体资格。

90.2 集体经济组织成员资格标准的确定。集体经济成员资格确认问题是农村土地补偿费分配纠纷案件的核心问题。审判实践中,法院在集体经济组织成员资格确认标准主要有两种模式。一是户籍主义模式,即只要具有本集体经济组织统征前农业户籍的,就视为集体经济组织成员,可以平等享受分配权利。二是户籍加义务结合模式。即除了具有本集体经济组织农业户籍外,还应与其他成员一样尽义务,才视为集体经济组织成员。代理律师可以根据当地具体规定和法院实际做法审慎代理决定。

90.3 参与土地补偿费分配的集体经济组织成员的时间标准。土地补偿费是因征用集体土地补偿给集体经济组织成员的费用,根据司法解释的规定,这里的"集体经济组织成员"应只限于"征地补偿安置方案确定时"的人员。

90.4 特殊群体人员集体经济组织成员的资格确定。特殊群体人员,如超生子女、轮换工、出嫁的姑娘、入赘的女婿,尽义务但户籍未在本集体经济组织的集体经济组织成员资格确定,如国家或当地有规定的,按规定执行。如国家和地方均未规定,一般原则上应以尊重集体经济组织习惯和合法两个原则解决。

90.5 与原告相对应的,被告一般是村民委员会。但在有些时候,村民小组也可以成为被告。根据《中华人民共和国土地管理法》第10条和司法解释的规定,村民小组有权经营、管理集体所有土地,可以讨论决定土地补偿费分配。实践中,国土局征收土地很多时候也是以村民小组为单位的。村民小组是依《中华人民共和国村民委员会组织法》(以下简称《村民委员会组织法》)的规定由村民委员会依法设立的,具有自己的管理机构和一定财产,可视为《民事诉讼法》第49条规定的"其他组织"。因此,村民小组可以作为土地补偿费分配纠纷案件的被告。

第三编
律师办理土地储备业务操作指引

第一章
一 般 规 定

第 91 条　概念界定

土地储备,是指各级人民政府依照法定程序,在批准权限范围内,对通过收回、收购、征用或其他方式取得土地使用权的土地,进行储存或前期开发整理,并向社会提供各类建设用地的行为。

第 92 条　法律依据

92.1　《土地储备办法》。

92.2　《关于加强国有土地资产管理的通知》。

92.3　《关于整顿和规范土地市场秩序的通知》。

92.4　《关于加强国有土地使用权出让规划管理工作的通知》。

92.5　《关于深化改革严格土地管理的决定》。

92.6　《土地储备资金财务管理暂行办法》。

92.7　《关于当前进一步从严土地管理的紧急通知》。

第二章
土地储备的基本程序

第93条 完成土地储备包含三个基本环节,即土地的收回(收购、征用、置换);土地的储存;土地的供应。在这三个环节中均包含三个方面的基本程序,即审批程序、公示程序和签约程序。

93.1 土地储备的审批程序。在土地储备行为的各个环节中,土地所有权、使用权的转让和变更是经常发生的。而对于不动产产权的转让和变更,国家历来有严格的程序性规定,其中行政审批手续则是土地所有权和使用权转让或变更的前提和必经程序。

在土地储备过程中,涉及土地的收回(收购、征用、置换),土地的供应等环节均需履行必要的行政审批程序。同时在这一过程中,对于土地用途的变化,收回土地的补偿标准、收购或供应土地的价格标准等,也必须履行必要的审批手续。不履行行政审批手续,或者越权行使审批权,则可能造成土地储备行为的违法和无效。因为行政审批手续的有关规定均属于法律、法规所规定的强制性规范。

93.2 土地储备的公示程序。目前试行的土地储备制度,强调统一收购和回收土地、统一储备、统一开发、统一供应。突出强化了各个环节的透明度原则,把土地的回收、供应交易等各个环节纳入政府和社会的监督之下。

93.2.1 土地使用权交易公示制度。按照国土资源部《关于整顿和规范土地市场的通知》规定,土地使用权交易应当实行公开交易制度。

93.2.2 土地征用的公告制度。征用土地必须按照《土地管理法》第46条的规定进行公告。公告内容按照国土资源部《征用土地公告办法》规定,主要包括:征地批准文件、批准文号、批准时间和批准用途;征地补偿标准和农业人员安置途径等。

93.2.3 土地基准地价的定期更新和公布制度。在土地储备中,对土地使用权的有偿收回(收购)以及土地的供应(出让)等环节均涉及土地的基准地价问题。基准地价不仅是协议出让土地使用权时确定出让金底价的重要参考依据,也是招标、拍卖确定出让金底价的重要依据。

93.2.4 土地储备范围等内容的公告制度。公告内容应当包括已纳入土地储备的土地范围、土地基本情况、土地未来用途、土地使用年限等基本内容。

93.3 土地储备中的签约程序。在土地储备过程中大量存在的是非平等主体之间的行政法律关系,如土地使用权的无偿收回、土地的征用以及土地使用权的划拨等。在这些法律关系中,由于法律关系主体的特殊性和不平等性,在有关土地权属的变更过程中不存在当事人之间就有关土地用途、价格等实质内容进行协商、谈判的问题,有关实质内容都是由政府单方决定的,而相对人则必须无条件服从。但是在土地储备的有偿收购和土地的有偿出让(包括协议出让或招标拍卖出让)中,政府和有关当事人则是平等的民事主体。就有关的收购(出让)价格等实质内容,双方应遵循自愿、公平和诚实信用的原则,协商确定。经协商达成一致的则应签订"国有土地使用权收回协议"或"国有土地使用权出让协议"。只不过在土地储备过程中,要约和承诺的过程有一定的特殊性。政府作为一方当事人对合同的签订具有一定的主动性,在通常情况下,首次要约均是由政府发出,而且要约的许多内容如土地用途、土地使用年限等,相对人只能无条件接受(承诺),而不能提出反要约。

附:《土地储备基本程序图》

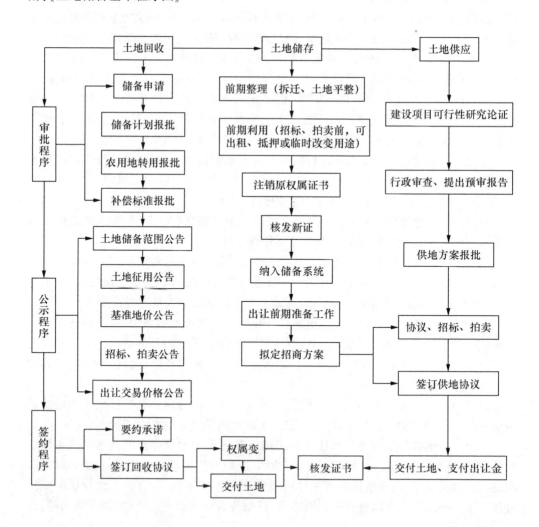

第三章
律师审核土地储备合同应注意的问题

第 94 条 合同当事人

94.1 储备机构需与拟储备地块的原权利人签署土地储备合同。

94.2 储备拟转为经营性建设用地的原国有农用地、拟调整为经营性建设用地的原划拨国有土地、土地管理部门依法收回的闲置国有土地，以及市政府为实施城市规划需要储备的其他国有土地，均应以经合法登记的原国有土地使用权人作为合同相对方，签署土地储备合同。

94.3 储备拟依法征收后实行出让的原农村集体所有土地，应以经合法登记的农村集体所有土地的所有权人作为合同相对方，签署土地储备合同。

特别提示：律师在审查土地储备合同当事人是否合法适格时，应重点审查作为合同相对方的土地原权利人，其在签订土地储备合同时是否依法存在，是否具备签署土地储备合同的民事权利能力和行为能力；若系法人，其是否获得了签署土地储备合同的合法授权、批准和同意。

第 95 条 合同主要条款

95.1 储备土地的坐落、四至范围、土地面积、土地用途、土地取得方式等。

95.2 土地储备的补偿价格。

95.3 土地储备补偿价格的支付期限、支付数额及支付方式。

95.4 储备土地的交付期限和标准。

95.5 储备土地的资料、文件移交。

95.6 合同各方在土地储备过程中的义务和责任。

95.7 土地储备手续的办理及配合。

95.8 违约责任。

95.9 不可抗力条款。

95.10 争议解决方式。

95.11 土地储备各方约定的其他事项。

第 96 条 土地储备补偿价格

除土地管理部门依法收回的闲置国有土地外，储备其他各类土地，储备机构应给予储备土地原权利人以补偿，即在储备合同中明确约定补偿价格。土地储备补偿价格，主要通过储备各方以协商的方式确定。其中，土地储备机构对原划拨给企事业单位使用的国有土地实施收购储备的，应当按照本市的基准地价并结合土地市场行情，与该单位进行协商,确定补偿价格。

律师应提示委托人:

(1)土地储备补偿价格应包括土地原权利人对土地所作前期投入、原权利人获得的经济补偿、征地费用、拆迁安置补偿费用、管理费用等。

(2)补偿价格可以是单价或者总价。若为单价,应注意土地面积的计算标准、结算程序、调整方法等问题。

第97条　储备土地的交付

土地储备合同应明确约定储备土地交付的条件、标准和期限。

储备土地交付的条件可以是现状、场地平整,或者约定的其他条件。

第98条　土地储备机构的主要义务

98.1　取得实施土地储备的全部批准、同意和许可。

98.2　作好实施土地储备前的调查、核实及相关准备。

98.3　安排用于支付土地储备补偿价格的全部资金。

98.4　按照约定向储备土地原权利人支付土地补偿价款。

98.5　办理土地储备过程中所涉征地、拆迁许可手续。

98.6　按照法律法规的规定,自行或者委托其他单位完成土地储备所涉征地、拆迁安置、补偿事宜。

98.7　完成储备土地交付的验收手续。

98.8　办理储备土地的房地产权利登记手续。

第99条　储备土地原权利人的主要义务

99.1　取得签署土地储备合同的全部批准、同意和许可。

99.2　做好土地储备的前期工作,确保按期交付储备土地。

99.3　按期完成储备土地交付条件和标准,协助储备机构验收,并向储备机构交付土地。

99.4　收取储备机构所付补偿款项,并出具合法收款凭证或者发票。

99.5　协助储备机构完成土地储备所涉征地、拆迁安置补偿事宜。

99.6　协助储备机构办理土地储备房地产权利登记手续。

第100条　违约情形

100.1　土地储备原权利人违约的情形

100.1.1　土地储备原权利人未按时、按标准交付储备土地。

100.1.2　储备土地在办理房地产权属登记前被设定抵押、查封或者受其他权利限制。

100.1.3　原权利人未予配合或者协助储备机构办理储备土地房地产权利登记。

100.2　土地储备机构违约的情形如下:

（1）土地储备机构未按时支付补偿款项；
（2）土地储备机构未按时验收并接受储备土地交付。

第四编
律师办理建设用地使用权取得的业务操作指引

第一章
一 般 规 定

第 101 条　概念界定

101.1　建设用地使用权出让，是指国家以土地所有者的身份将一定年限内的建设用地使用权让与土地使用者，并由土地使用者向国家支付土地使用权出让金的行为。

101.2　协议出让建设用地使用权，是指市、县人民政府国土资源行政主管部门以协议方式将一定年限内的建设用地使用权出让给土地使用者，由土地使用者支付土地使用权出让金的行为。

101.3　招标出让建设用地使用权，是指市、县人民政府国土资源行政主管部门发布招标公告，邀请特定或者不特定的自然人、法人和其他组织参加建设用地使用权投标，根据投标结果确定建设用地使用权人的行为。

101.4　拍卖出让建设用地使用权，是指市、县人民政府国土资源行政主管部门发布拍卖公告，由竞买人在指定时间、指定地点进行公开竞价，根据出价结果确定建设用地使用权人的行为。

101.5　挂牌出让建设用地使用权，是指市、县人民政府国土资源行政主管部门发布挂牌公告，按公告规定的期限将拟出让宗地的交易条件在指定的土地交易场所挂牌公布，接受竞买人的报价申请并更新挂牌价格，根据挂牌期限截止时的出价结果或者现场竞价结果确定建设用地使用权人的行为。

101.6　出让方案，是指在土地出让过程中，市、县人民政府国土资源行政主管部门拟定的，供国土资源行政管理部门内部审批供地和报有权批准出让土地的各级人民政府审批供地的供地方案，主要内容包括拟出让地块的空间范围、用途、年限、出让方式、供地时间和其他条件等。

第 102 条　主要法律依据

102.1　《中华人民共和国城乡规划法》（以下简称《城乡规划法》）。

102.2 《中华人民共和国行政许可法》(以下简称《行政许可法》)。

102.3 《中华人民共和国城镇国有土地使用权出让和转让暂行条例》(以下简称《城镇国有土地使用权出让和转让暂行条例》)。

102.4 《国务院关于加强国有土地资产管理的通知》。

102.5 《关于深化改革严格土地管理的决定》。

102.6 《关于促进节约集约用地的通知》。

102.7 《划拨土地使用权管理暂行办法》。

102.8 《招标拍卖挂牌出让国有建设用地使用权规定》。

102.9 《招标拍卖挂牌出让国有土地使用权规范(试行)》。

102.10 《招标拍卖挂牌出让国有土地使用权规定》。

102.11 《协议出让国有土地使用权规定》。

102.12 《协议出让国有土地使用权规范(试行)》。

102.13 《城市国有土地使用权出让转让规划管理办法》。

102.14 《国有企业改革中划拨土地使用权管理暂行规定》。

102.15 《最高人民法院关于审理房地产管理法施行前房地产开发经营案件若干问题的解答》。

102.16 《最高人民法院关于审理涉及国有土地使用权合同纠纷案件适用法律问题的解释》。

102.17 《规范国有土地租赁若干意见》。

第103条 适用范围

103.1 在建设用地使用权的取得过程中,律师的业务主要是接受建设用地使用权申请人的委托,代理建设用地使用权申请事宜。律师也可以接受市、县人民政府及其国土资源行政主管部门的委托,为其对建设用地使用权申请的审批提供法律服务。律师还可以接受建设用地使用权人或者市、县人民政府及其国土资源行政主管部门的委托,就因建设用地使用权而产生的纠纷,主持、参加调解工作,或者代理参加调解、诉讼。

103.2 本编第二章、第三章、第四章和第五章主要从律师接受申请人的委托,代为办理申请某宗土地的建设用地使用权有关事宜的角度撰写的。

第二章
律师办理建设用地使用权划拨业务操作指引

第104条 律师接受委托后,应当审查委托人申请的建设项目是否属于划拨建设用地使用权的适用范围。

104.1　依据我国现行法律、法规及政策的规定,下列建设用地的使用权,确属必需的,可以由市、县级以上人民政府依法批准划拨:

(1) 国家机关用地和军事用地;

(2) 城市基础设施用地和公益事业用地;

(3) 国家重点扶持的能源、交通、水利等项目用地;

(4) 法律、行政法规规定的其他用地。

104.2　我国国土资源行政主管部门制定并颁布了《划拨用地目录》,该目录不定期调整。律师应当特别注意划拨用地目录的调整情况。特别需要说明的是,2008年1月3日国务院发布的《关于促进节约集约用地的通知》(国发[2008]3号)明确指出,国土资源部要严格限定划拨用地的范围,及时调整划拨用地目录。今后除军事、社会保障性住房和特殊用地等可以继续以划拨方式取得土地外,对国家机关办公和交通、能源、水利等基础设施(产业)、城市基础设施以及各类社会公用事业用地要积极探索实行有偿使用,对其中的经营性用地先行实行有偿使用。其他建设用地应严格实行市场配置,有偿使用。

第105条　律师应当审查委托单位的申请是否符合申请条件

用地单位提出用地申请应当符合下列条件:

105.1　该宗地已取得建设项目用地预审意见,并获得通过。

105.2　拟建设项目已经过计划行政主管部门审批、核准或备案,取得的立项批复和项目可行性研究报告批复在有效期内,并且项目已列入年度建设计划。

105.3　建设项目符合土地利用总体规划和城市规划,已取得《建设用地规划许可证》及《审定设计方案通知书》,且均在有效期内。

105.4　其他行政机关规定的必要条件。例如:新征建设用地需完成征地补偿及安置工作;危旧房改造项目需取得市、区(县)两级危改办立项批准文件;经济适用住房项目需取得市开发办经济适用住房立项批准文件等。

第106条　律师可代理委托人和拟申请宗地的原所有人或者使用人签订征收、拆迁或者使用协议。

106.1　拟申请宗地原为农用地或者为农民集体所有的建设用地的,申请人应当办理征地手续,和土地所有人签订征地补偿协议,将该宗地转为国有建设用地。

106.2　拟申请宗地原为个人使用的国有建设用地的,申请人应当和使用人签订拆迁(搬迁)补偿协议。

106.3　拟申请的建设用地使用权范围内有中央产、军产、宗教产、文物的,申请人应当和相关单位签署有关用地协议。

106.4　拟申请宗地原为其他单位使用,原使用单位因此受到损失的,申请人应当给予适当补偿。

第 107 条 律师可协助委托人制作和整理以下申请材料,提交给市、县国土资源行政主管部门进行审批:

107.1 申请人的工商营业执照或法人代码证书,法定代表人身份证明书及授权委托书。

107.2 划拨国有建设用地申请书。

107.3 建设项目用地预审意见。

107.4 计划主管部门核发的项目审批、核准、备案批准文件。

107.5 规划主管部门核发的《建设用地规划许可证》附件及附图,《审定设计方案意见书》及附图。

107.6 与原产权单位或个人签订的用地协议、征地补偿协议、拆迁(搬迁)补充协议及相关土地权属证明文件。

107.7 其他国土资源行政主管部门要求提交的、与申请事项有关的材料。例如:新征建设用地提交政府征地批准文件及征地部门出具的征地补偿及安置完成证明文件;危旧房改造项目提交市、区(县)两级危改办立项批复;经济适用住房项目提交市开发办经济适用住房立项批复等。

第 108 条 律师可提示委托人对申请结果的处理方式

108.1 申请未得到许可的,在接到《不予行政许可决定书》或者得知未予许可后,委托人不服的,律师应当告知委托人可以依法提起行政复议或者行政诉讼。

108.2 申请被准予许可的,律师可依据特别授权,代理委托人领取《行政许可决定书》《建设用地批准书》(存量建设用地)等许可文书、证件。

第 109 条 待完成项目用地范围内居民和原用地单位的拆迁安置补偿工作后,律师可代理委托人向市、县国土资源行政主管部门申请办理《划拨决定书》。

第 110 条 《划拨决定书》送达后,律师可代理委托人接受土地,并依法向市、县国土资源行政主管部门申请土地登记,领取土地使用权证书。

第 111 条 律师应告知委托人,符合下列情形之一的,已取得的划拨建设用地使用权可能被收回或终止,但委托人可依法获得补偿:

111.1 因迁移、解散、撤销、破产或者其他原因,划拨建设用地使用权人停止使用原划拨的国有土地的;

111.2 为了实施城市规划进行旧城区改造或者其他公共利益,需要调整使用土地的;

111.3 为特定项目而设定的划拨建设用地使用权,当该特定项目完成历史使命,或该特定项目因故无法达成,或不再需要的,如经有关人民政府核准报废的公路、铁路、机场、矿场等。

第 112 条 律师应告知委托人处分划拨建设用地使用权受到以下限制：

112.1 未经市、县人民政府国土资源行政主管部门批准并办理土地出让手续、缴纳土地出让金，划拨建设用地使用权人不得转让、出租、抵押其建设用地使用权。

112.2 对划拨建设用地使用权人未经批准擅自转让、出租、抵押的，国土资源行政主管部门有权没收其非法收入，并根据情节处以罚款。划拨建设用地使用权人的转让、出租、抵押行为不受法律保护。

第三章
律师办理建设用地使用权协议出让业务操作指引

第 113 条 律师可指导委托人了解土地出让信息，提出用地申请

113.1 律师应当熟悉当地人民政府及其国土资源行政主管部门公布的办事程序，了解办理土地协议出让所需要准备的文件、证件和资料以及相关税费的缴纳情况等。

113.2 律师应当告知委托人，市、县国土资源行政主管部门定期或不定期将国有土地使用权出让计划、细化的地段、地块信息向社会公布，同时明确用地者申请用地的途径和方式，公开接受用地申请。相关信息可以查看相关市、县国土资源行政主管部门的网站或中国土地市场网（www.landchina.com）。

113.3 律师应当告知委托人注意搜集并核实相关的土地出让信息。

113.4 律师应当了解委托人对宗地的具体供地意向。

第 114 条 律师应当告知委托人，在下列情形下可以采取协议方式出让建设用地使用权：

114.1 供应商业、旅游、娱乐和商品住宅等各类经营性用地以外用途的土地，在供地计划公布后，在规定的时间内，同一宗地只有一个意向用地者的。

114.2 原划拨、承租土地使用权人申请办理协议出让，经依法批准，可以采取协议方式，但《国有土地划拨决定书》《国有土地租赁合同》、法律、法规、行政规定等明确应当收回土地使用权、重新公开出让的除外。

114.3 划拨土地使用权转让申请办理出让，经依法批准，可以采取协议方式，但《国有土地划拨决定书》、法律、法规、行政规定等明确应当收回土地使用权、重新公开出让的除外。

114.4 建设用地使用权人申请续期，经审查准予续期的，可以采用协议方式。

114.5 法律、法规、行政规定明确可以协议出让的其他情形。

第115条　律师在土地申请审批中的工作

115.1　律师应当协助委托人进行地价评估,协助委托人和市、县国土资源行政主管部门协商出让金的底价。

115.2　律师应当告知委托人,协议出让最低价不得低于新增建设用地的土地有偿使用费、征地(拆迁)补偿费用以及按照国家规定应当缴纳的有关税费之和;有基准地价的地区,协议出让最低价不得低于出让地块所在级别基准地价的70%。低于最低价时,国土资源行政主管部门不能出让建设用地使用权。

115.3　律师应当了解该宗土地的出让方案是否报经相应的市、县人民政府批准。

115.4　在该宗土地出让方案报经市、县人民政府批准后,律师可代理委托人和市、县国土资源行政主管部门签订《建设用地使用权出让意向书》。意向书应当向社会公示,公示期不得少于5日。

第116条　律师在协议出让土地结果确定后办理的事项

116.1　代理委托人和市、县国土资源行政主管部门签订《建设用地使用权出让合同》。

116.2　代理委托人领取《建设用地批准书》,缴纳土地出让金,接收土地。

116.3　代理委托人办理土地登记,领取《建设用地使用证》。

第四章
律师办理建设用地使用权招标、拍卖、挂牌出让业务操作指引

第117条　律师可指导委托人了解土地出让信息,提出用地申请。

117.1　律师代理委托人办理以招标、拍卖、挂牌形式出让建设用地使用权申请事宜,应当熟悉当地市、县国土资源行政主管部门公布的办事程序,了解办理建设用地使用权招标、拍卖、挂牌出让所需的文件、证件和资料以及相关税费的缴纳情况等。

117.2　律师应当了解市、县国土资源行政主管部门公布的建设用地使用权出让计划,并及时提供给委托人。上述信息可以在市、县国土资源行政主管部门的网站和中国土地市场网(www.landchina.com)查询。

117.3　律师应当核实国土资源行政主管部门公布的信息的真实性。

117.4　在提出用地申请后,律师要跟踪了解拟受让宗地的申请用地情况和市、县国土资源行政主管部门决定的出让方式,代理申请人参加招标、拍卖、挂牌等程序。

第118条　律师应告知委托人,符合下列情形之一的,必须通过招标、拍卖或者挂牌方式出让建设用地使用权:

(1)供应商业、旅游、娱乐和商品住宅等各类经营性用地以及有竞争要求的工业

用地；

(2) 其他土地供地计划公布后同一宗地有两个或者两个以上意向用地者的；

(3) 划拨土地使用权改变用途，《国有土地划拨决定书》或法律、法规、行政规定等明确应当收回土地使用权、实行招标拍卖挂牌出让的；

(4) 划拨土地使用权转让，《国有土地划拨决定书》或法律、法规、行政规定等明确应当收回土地使用权、实行招标拍卖挂牌出让的；

(5) 出让土地使用权改变用途，《国有土地使用权出让合同》约定或法律、法规、行政规定等明确应当收回土地使用权、实行招标拍卖挂牌出让的；

(6) 法律、法规、行政规定明确应当招标拍卖挂牌出让的其他情形。

第119条 律师代理申请人参加招标、拍卖、挂牌申请阶段的工作

119.1 律师应当审查委托人是否具有申请人的资格，是否符合市、县国土资源行政主管部门在招标、拍卖或者挂牌出让建设用地文件中要求具备的申请资格。

119.2 律师应当提醒和协助委托人充分了解拟受让地块的情况，包括但不限于宗地的物理现状、土地性质、使用年限、权属、用途、规划条件及周边环境等。

119.3 律师代理委托人依照公告的要求提出申请。提出申请时应当依照公告要求的时间和方式，提交相关的申请人资质证明和申请文件。

119.4 律师应当注意避免出现申请无效的情形。符合下列条件之一的，申请无效：

(1) 申请人不具备竞买资格的；

(2) 未按规定缴纳保证金的；

(3) 申请文件不齐全或不符合规定的；

(4) 委托他人代理但委托文件不齐全或不符合规定的；

(5) 法律、法规或者招标、拍卖、挂牌文件规定的其他情形。

第120条 律师代理委托人参加招标活动实施阶段的工作

120.1 开标。律师应当代理委托人，按照招标出让公告规定的时间、地点参加开标活动，在开标活动中，要注意检查标箱的密封情况，标箱应当众检查密封情况后当众开启。标箱开启后，律师应当听取招标主持人宣读投标人名称、投标价格和投标文件的其他主要内容，对主要内容应当书面记录。

120.2 律师应当监督评标过程是否公正。监督评标的主要工作内容包括评标人选是否合乎规定；评标是否在保密的情况下进行；评标结果和宣读的投标人名称、投标价格和投标文件的其他主要内容是否一致等。

120.3 领取《中标通知书》。

120.3.1 委托人中标的，律师可代为领取《中标通知书》，应注意审查其内容是否完备，是否正确无误。《中标通知书》主要内容包括：招标人与中标人的名称、出让标的、成交时间、地点、价款，以及双方签订《国有建设用地使用权出让合同》的时间、地

点等。

120.3.2 律师应当提醒委托人,《中标通知书》对招标人和中标人具有法律效力。中标通知书发出后,招标人改变中标结果的,或者中标人放弃中标项目的,均应依法承担相应的法律责任。

第 121 条 律师代理委托人参加拍卖出让建设用地使用权活动的实施阶段的工作

121.1 在参加拍卖会之前,律师可协助委托人确定出价的策略,确定最高出价。

121.2 律师应当代理委托人,按照出让公告规定的时间、地点参加拍卖活动。

121.3 在拍卖过程中,律师要注意拍卖程序是否合法,竞价规则是否符合规定。

121.4 律师应当注意拍卖是否有底价。

121.5 签订《成交确认书》。

121.5.1 委托人成为买受人后,律师代理委托人与拍卖人当场签订《成交确认书》。

121.5.2 律师应当提醒委托人,《成交确认书》对拍卖人和买受人具有法律效力,拍卖人改变拍卖结果的,或者买受人不按约定签订《建设用地使用权出让合同》,放弃竞得宗地的,应当承担法律责任。

第 122 条 律师代理委托人参加挂牌活动实施阶段的工作

122.1 律师可代理委托人填写报价单并按照规定报价。

122.2 律师应当注意,竞买人报价是否存在报价无效的情形。符合下列情形之一的,报价无效:

(1) 报价单未在挂牌期限内收到的;

(2) 不按规定填写报价单的;

(3) 报价单填写人与竞买申请文件不符的;

(4) 报价不符合报价规则的;

(5) 报价不符合挂牌文件规定的其他情形的。

122.3 律师在代为报价后,应当注意报价是否得到确认。对于未被确认的报价,应当查明原因,予以更改或补充,以便得到确认。

122.4 挂牌截止

122.4.1 在参加挂牌截止活动之前,律师要协助委托人确定出价的策略,确定最高出价。

122.4.2 在公告规定的挂牌截止时间,律师应当出席挂牌现场,代理委托人参加挂牌截止活动,并对活动是否合法进行监督。

122.5 《成交确认书》的签订及其效力

122.5.1 委托人成为买受人后,律师可代理其与挂牌人当场签订《成交确认书》。

122.5.2 律师应当告知委托人:《成交确认书》对挂牌人和买受人具有法律效力。挂牌人改变挂牌结果的,或者买受人不按规定签订《国有建设用地使用权出让合同》、放弃竞得宗地的,应当承担法律责任。

第 123 条 招标拍卖挂牌实施后的律师代理工作

123.1 代理委托人与市、县国土资源行政主管部门签订《国有建设用地使用权出让合同》。

123.2 代理委托人办理土地登记、领取《建设用地批准书》。

123.3 根据委托人的特别授权,律师可代理委托人办理土地登记。

第 124 条 律师应提醒委托人,符合下列情形的,国土资源行政主管部门可以解除出让合同:

124.1 建设用地使用权人延期支付出让金超过 60 日,经国土资源行政主管部门催缴后仍不能支付建设用地使用权出让金的,国土资源行政主管部门有权解除合同,建设用地使用权人无权要求返还定金,国土资源行政主管部门可请求受让人赔偿损失。

124.2 建设用地使用权人造成土地闲置,闲置期间满 1 年不满两年的,应依法缴纳土地闲置费;土地闲置满两年未开工建设的,国土资源行政主管部门有权无偿收回建设用地使用权。

124.3 建设用地使用权人未按照出让合同规定的期限和条件开发、利用土地的,国土资源行政主管部门根据情节可以给予警告、罚款直至无偿收回建设用地使用权的处罚。

第 125 条 律师应提醒委托人建设用地使用权可能被提前收回

律师应当告知委托人,在建设用地使用权期间届满前,因公共利益的需要,出让人可以依照法律规定的权限和程序提前收回建设用地使用权。出让人提前收回建设用地使用权的,应当退还相应的出让金,并对建设用地使用权人的房屋及其他不动产,依法给予拆迁补偿,维护被征收人的合法权益;征收个人住宅的,还应当保障建设用地使用权人的居住条件。

第 126 条 建设用地使用权期满的处理

律师应当告知委托人,住宅建设用地使用权期间届满的,自动续期。非住宅建设用地使用权期间届满后的续期,依照法律规定办理。所使用土地范围内的房屋及其他不动产的归属,出让人和受让人有约定的,按照约定;没有约定或者约定不明确的,依照法律、行政法规的规定办理。

第五章
律师办理国有土地租赁业务操作指引

第 127 条 概念界定

国有土地租赁,是指国家将国有土地出租给使用者使用,由使用者与市、县级以上人民政府国土资源行政主管部门签订一定期限的土地租赁合同,并支付租金的行为。国有土地租赁属于国家一级土地市场,是国有土地有偿使用的一种形式,是建设用地使用权出让方式的补充。

第 128 条 律师应当告知委托人申请国有土地租赁行为的性质

律师在指导、代理委托人申请租赁国有土地时,应当告知使用权取得是一个行政许可的申请过程。由委托人向市、县人民政府国土资源行政主管部门提出租赁申请,经其审批,取得租赁国有土地使用权。

第 129 条 律师应当告知委托人,国有土地租赁适用于下列情形:

129.1 原有划拨的建设用地,因发生土地转让、场地出租、企业改制或改变土地用途后依法应当有偿使用的。

129.2 对于新增建设用地,租赁只作为出让方式的补充,重点仍应是推行和完善建设用地使用权出让和划拨制度。

第 130 条 律师应当告知委托人,国有土地租赁不适用于下列情形:

130.1 对原有建设用地,法律规定可以划拨使用的仍然维持划拨,不实行有偿使用,也不实行租赁。

130.2 对于经营性房地产开发用地,无论是利用原有建设用地,还是利用新增建设用地,都必须实行出让,不实行租赁。

第 131 条 律师应当告知委托人,取得国有土地租赁使用权的方式有下列几种:

(1) 招标;

(2) 拍卖;

(3) 协议。律师要提醒委托人,采用双方协议方式出租国有土地使用权的租金,不得低于出租底价和按国家规定的最低地价折算的最低租金标准。协议出租结果要报上级国土资源行政主管部门备案,并向社会公开披露,接受上级国土资源行政主管部门和社会的监督。

第 132 条　律师应当告知委托人,为新建项目申请国有土地租赁需要符合下列条件:
(1) 通过建设项目用地预审,落实预审意见;
(2) 取得计划行政主管部门立项批文;
(3) 取得规划行政主管部门用地及建设规模的规划批准文件;
(4) 取得土地权属文件或土地权属来源文件,且土地权属清晰、无争议;
(5) 具备申请国有土地租赁的其他条件。

第 133 条　律师应告知委托人,为新建项目申请国有土地租赁应当提交以下申请材料:
133.1　申请人的营业执照复印件。
133.2　国有土地使用权租赁申请表。
133.3　土地(年租金)评估报告。
133.4　建设项目用地预审文件及落实预审意见的书面材料。
133.5　计划部门立项批文,即项目建议书批复和可行性研究报告批复的复印件。
133.6　规划批准文件、规划意见书及钉桩成果通知单、建设用地规划许可证。
133.7　土地权属文件或土地权属来源文件、与权属单位的协议的复印件及权属单位同意申请人办理土地使用权租赁的证明文件(近期的出具原件)。
133.8　租赁合同及其租赁土地的附图。其中申请租赁的建筑物有两种以上用途或地下含经营性用途的,提供各类用途的部位分布表及附图。
133.9　特殊情况下的申请材料:
(1) 若不按规划文件确定的用地范围整体办理租赁手续的,需要提供本次申请租赁土地的面积说明。如为共用宗地分摊的,提供租赁用地分摊说明;如为分块租赁的,提供本次拟办理租赁土地的桩点及测绘面积。
(2) 合作建设项目须提交合作建设各方的协议书,及除申请人外的其他各方同意由申请人办理土地租赁的证明文件。
(3) 如申请人为中外合资、合作或外商独资企业,需提供有权机关对中外合资、合作或外商独资企业核发的外商投资企业批准证书及合作、合资企业合同、章程的批复。

第 134 条　律师应当告知委托人,为现状项目申请国有土地租赁应当符合下列条件:
(1) 已取得房屋所有权证;
(2) 取得国有土地权属文件或土地权属来源文件,且权属清晰、无争议;
(3) 具备申请国有土地租赁的其他条件。

第 135 条　律师应告知委托人为现状项目申请国有土地租赁,应当提交以下申请材料:
(1) 申请人的营业执照复印件;
(2) 国有土地使用权租赁申请表;

（3）土地（年租金）评估报告（原件）；

（4）国有土地使用证或土地权属行政主管部门出具的权属证明文件；

（5）房屋所有权证；

（6）租赁合同及其附图；

（7）现有建筑物及面积用途清单及附图；

（8）特殊情况下的申请材料：如果不按国有土地使用证的用地范围整体办理租赁手续的，需要提供本次申请租赁土地的面积说明。如为共用宗地分摊的，提供租赁用地分摊说明；如为分块租赁的，提供本次拟办理租赁土地的桩点及测绘面积。

第136条 律师应当告知委托人《国有土地租赁合同》的相关要求

136.1 租赁期限。租赁期限6个月以上的，承租人应当和市、县国土资源行政主管部门签订书面的租赁合同。短期租赁一般不超过5年，长期租赁最长不得超过20年，期满可以续订。

136.2 租赁合同的主要内容。租赁合同的主要内容包括租赁双方当事人的基本情况；租赁宗地的位置和空间范围；租赁年限；租金标准、支付期限及方式；租赁宗地的性质及用途；租赁宗地市政配套设施建设的责任、费用及租期届满时的处置方式；租赁宗地现有建筑物、构筑物及其他附着物的处置方式；租赁宗地待建建筑物、构筑物及其他附着物在租期届满时的处置办法；违约责任；争议的解决方式以及当事人的其他权利和义务等。

第137条 律师代理委托人提交申请材料，除内容符合以上规定外，形式应当符合以下标准：

（1）提交的材料齐全、符合法定形式；

（2）原件应使用A4纸打印，复印件统一使用A4纸，图纸可用A4纸或A3纸缩印，但必须清晰；

（3）全部复印件均应加盖申请人公章。

第138条 律师可代为领取受理申请文件

律师代理委托人向国土资源行政主管部门提交申请后，当场或者5日内领取《行政许可申请受理决定书》，或《行政许可申请不予受理决定书》，或《行政许可申请补正材料告知书》。

第139条 律师可代为及时更正或补充申请材料

在租赁审批过程中，律师应当及时和国土资源行政主管部门保持联系，了解审批的进程，并根据行政机关的要求，及时更正、补充提供相关的材料。

第 140 条　律师在审批结果确定后的工作

140.1　租赁申请不予许可的,律师应当及时领取《不予行政许可决定书》,并告知当事人可以依照《行政许可法》的规定,予以提起行政复议或者行政诉讼。

140.2　租赁申请得到许可的,律师要及时领取《行政许可决定书》,并代理委托人签署《国有土地使用权租赁合同》。

第 141 条　律师可为委托人履行合同提供协助

律师在委托人履行合同过程中,应当及时跟踪,遇到问题及时和市、县国土资源行政主管部门沟通,协商解决。无法协商的,通过行政复议、行政诉讼或者民事诉讼的途径解决。

第六章
律师办理建设用地使用权出让合同纠纷业务操作指引

第 142 条　律师办理建设用地使用权出让合同纠纷业务的种类

142.1　在《国有建设用地使用权出让合同》的签订和履行过程中,律师可以接受建设用地使用权人(建设用地使用权申请人)的委托,代理其处理相关的纠纷,也可以接受市、县人民政府及国土资源行政主管部门(出让人)的委托,代理其主持相关纠纷的调解,或者参加相关纠纷的调解或者诉讼。

142.2　律师办理的具体业务,既包括纠纷的调解,也包括纠纷的诉讼。诉讼一般包括民事诉讼和行政诉讼两种。

第 143 条　律师办理国有建设用地使用权出让合同纠纷的基本原则

143.1　律师办理国有建设用地使用权出让合同纠纷案件,应当遵守宪法和法律,坚持对委托人忠诚负责的原则,恪尽职守,勤勉尽责,不受任何单位及其他组织或者个人的非法干涉,依法维护委托人的合法权益和国家法律的正确实施。

143.2　律师在办理案件过程中,既要遵守法律法规,又要考虑国家政策的要求,还要注意适用中共中央、国务院及地方各级人民政府文件等政策性规定。

第 144 条　律师应当对《国有建设用地使用权出让合同》有关纠纷的性质作出认定

144.1　《国有建设用地使用权出让合同》的性质在法学理论中尚存在争议。从司法实践看,不是所有的纠纷都作为民事或者行政纠纷处理。纠纷发生后,律师应当区分具体争议事实的不同性质,分别依据民事或者行政程序法律的规定处理。

144.2　在具体纠纷案件的民事或行政性质分析上,各地行政机关及人民法院可能存在不同的认识,律师在分析不清的情况下,要审慎研究,不要盲目下结论。

第 145 条 律师应向委托人了解纠纷的具体情况,并收集相关的证据

律师接受委托后,应当了解纠纷的具体情况,收集相关的证据,依据法律法规和政策,结合具体情况,提出解决纠纷的不同法律方案,供委托人自己决策。律师了解、调查的主要内容包括以下几个方面:

(1) 纠纷产生的阶段。查清纠纷产生在合同的签订过程中还是履行过程中。

(2) 国有建设用地使用权出让合同是否已经签订。

(3) 国有建设用地使用权出让合同项下的宗地是否属于国有建设用地,是否取得规划许可。

(4) 国有建设用地使用权出让合同出让金的缴纳情况。

(5) 其他和出让合同密切相关的事项。

第 146 条 《国有建设用地使用权出让合同》中民事性质的纠纷事项

民事诉讼主要包括以下几个方面的争议:

(1) 在招标、拍卖或者挂牌过程中发生的争议;

(2) 因《国有建设用地使用权出让合同》是否成立和是否有效而发生的争议;

(3) 因出让人没有按时交付土地,或者交付的土地不符合出让合同的约定而产生的纠纷;

(4) 因受让人超过合同约定的期限 6 个月仍然没有缴纳土地出让金,或违反合同约定的条件利用土地,或违反法律法规的其他强制性规定致使出让人行使合同解除权引起的争议;

(5) 因合同解除后,合同一方或者双方没有及时退还已经缴纳的土地出让金或者承担合同责任的;

(6) 其他应当依据民事法律处理的事项。

第 147 条 《国有建设用地使用权出让合同》中行政性质的纠纷事项

行政性质的纠纷事项,主要是指市、县人民政府及国土资源行政主管部门依据行政法律、法规作出行政处理或行政处罚的事项。建设用地使用权人对此不服的,应当依据《中华人民共和国行政复议法》或《中华人民共和国行政诉讼法》的规定,提起行政复议或者行政诉讼。

第 148 条 律师应当审查委托人是否签订了书面的《国有建设用地使用权出让合同》

148.1 根据《中华人民共和国城市房地产管理法》(以下简称《城市房地产管理法》)第 15 条的规定,《国有建设用地使用权出让合同》应当采用书面合同形式。依据《合同法》第 32 条的规定,《国有建设用地使用权出让合同》自双方当事人签字或者盖章时成立。

148.2 律师应当注意:依据《合同法》第 37 条的规定,《国有建设用地使用权出让合同》在签字或者盖章以前,一方已经履行了主要义务、对方已经接受的,合同成立。

第 149 条　律师应当审查《国有建设用地使用权出让合同》的主体是否适格

149.1　出让人应当是市、县人民政府国土资源行政主管部门。其他主体作为出让人签订的《建设用地使用权出让合同》无效。但是，在 2005 年 8 月 1 日之前，开发区管理委员会作为出让方签订的《国有土地使用权出让合同》，在起诉前经有权市、县人民政府国土资源行政主管部门追认的，可以认定合同有效。

149.2　法律、法规对受让人没有特别的规定，但要注意招标、拍卖、挂牌中对申请人的特殊要求以及对外商和香港、澳门、台湾地区投资主体投资土地的限制性规定。

第 150 条　律师应当审查《国有建设用地使用权出让合同》的标的是否符合法律规定

150.1　《国有建设用地使用权出让合同》的标的必须是国有建设用地。农村集体土地在没有办理农用地转为建设用地手续之前，不能作为《国有建设用地使用权出让合同》的标的。

150.2　律师应当审查出让的土地是否取得了《建设用地规划许可证》，是否符合城市规划。

第 151 条　律师应当审查出让方式是否符合法律、法规及政策的规定

151.1　2002 年 7 月 1 日之前，商业、旅游、娱乐和商品住宅用地允许协议出让。

151.2　2002 年 7 月 1 日至 2004 年 8 月 31 日，建设用地使用权出让要严格执行招标、拍卖、挂牌出让的规定。其中属于历史遗留问题范围的，可以采用协议出让的方式，但是必须在 2004 年 8 月 31 日前处理完毕。

151.3　自 2004 年 9 月 1 日起，必须严格执行招标、拍卖、挂牌出让国有建设用地使用权的规定，不再允许以历史遗留问题为由，协议出让经营性土地。

151.4　自 2007 年 10 月 1 日起，应当依据《物权法》第 137 条的规定，工业、商业、旅游、娱乐和商品住宅等经营性用地以及同一土地有两个以上意向用地者的，应当采取招标、拍卖等公开竞价的方式出让。

第 152 条　律师应当审查以协议方式出让的合同中出让金的约定是否合法

152.1　经市、县人民政府批准同意以协议方式出让的建设用地使用权，土地使用权出让金低于订立合同时当地政府按照国家规定确定的最低价的，应当认定土地使用权出让合同约定的价格条款无效。

152.2　出让人或者受让人请求按照订立合同时的市场评估价格缴纳土地使用权出让金的，应予支持；受让方不同意按照市场评估价格补足，请求解除合同的，应予支持。因此造成的损失，由出让方和受让方按照过错程度承担责任。

第 153 条　律师应当审查合同相关的出让方案是否得到有权人民政府的审批

153.1　出让方案经过有权的人民政府审批以后，出让人和受让人才能签订《建设用地使用权出让合同》。

153.2　土地使用权出让合同的出让方因未办理土地使用权出让批准手续而不能

交付土地,受让方请求解除合同的,人民法院应予支持。

第 154 条　律师应当审查出让人是否具有单方面行使解除权的情形

154.1　以出让方式取得建设用地使用权进行房地产开发的,如果受让人超过出让合同约定的动工开发日期满 2 年仍未动工开发的,出让人可以无偿收回土地使用权,解除《国有建设用地使用权出让合同》;但是,因不可抗力或者政府、政府有关部门的行为或者动工开发必需的前期工作造成动工开发迟延的,出让人不享有解除合同的权利。

154.2　受让方擅自改变建设用地使用权出让合同约定的土地用途,出让方请求解除合同的,人民法院会予以支持。

154.3　出让合同或者补充合同中约定的出让人行使解除权的其他条件是否成就。

154.4　律师应当注意:解除权的条件成就不意味着合同已经解除。只有解除通知送达给对方后,出让合同才解除。对方对解除合同有异议的,应当在合同约定的异议期限内向仲裁机构提起仲裁或者向人民法院提起诉讼;当事人没有约定异议期间,在解除通知送达之日起 3 个月后才提起异议的,仲裁机构或者人民法院不予支持。

第 155 条　律师应当注意到,合同有效,但是不一定判决出让人实际履行交付土地的义务。

在土地出让纠纷审理中,除了依据法律法规的规定,法院还要依据国家政策的规定。在某些情况下,合同虽然符合法律法规的规定,但是违背国家政策,或者存在《合同法》第 110 条规定的不能履行的情形的,法院不会判决出让人履行合同,只能判决出让人承担合同不能履行的违约责任。

第 156 条　律师代理出让人处理建设用地使用权出让纠纷时应注意的事项

156.1　对一些受让人违反合同义务的行为,律师可提示出让人直接行使行政处罚权;在无法依据行政法律法规处理时,适用民事法律法规处理。

156.2　对于下列事项应当通过行政程序处理:

(1) 因为建设用地使用权人闲置土地,致使建设用地使用权被无偿收回的;

(2) 根据社会公共利益的需要,依法提前收回建设用地使用权的;

(3) 建设用地使用权人改变土地用途而没有依法办理相关手续的;

(4) 其他应当通过行政程序处理的事项。

156.3　律师在指导委托人行使行政处罚权时,要严格依照法律、法规的规定执行。相对人对行政处罚和行政处理等具有行政复议权和行政诉讼权。

第 157 条　律师在主持或者参加调解中需要注意的事项

157.1　应当注意我国实行最严格的土地管理制度,存在许多禁止性规定。违反土地法律、行政法规禁止性规定的调解内容无效。

157.2 如果调解不成,要提醒委托人及时通过诉讼或者行政复议程序解决,以免超过有关诉讼或者行政复议时效的规定而失去胜诉的权利。

第 158 条 律师代理民事诉讼的注意事项

律师代理民事诉讼,应当依据相关法律规定,按照诉讼程序进行。律师应当按时提交证据,按时出席法庭审理,遵守法律中关于律师执业的规定。

第 159 条 律师代理行政复议和行政诉讼的注意事项

律师在行政复议或行政诉讼中,应当依据有关法律的规定,按时提交证据,按时出庭,履行律师在行政诉讼或行政复议中作为代理人的义务。

第五编
律师办理建设用地使用权流转业务操作指引

第一章
一般规定

第 160 条 建设用地使用权流转的概念界定

建设用地使用权,是指权利人依法对国家所有的土地享有占有、使用和收益的权利,利用该土地建造建筑物、构筑物及其附属设施的权利。

建设用地使用权流转,是指建设用地使用权属转移或实际使用人发生变更的行为,包括转让、出租、抵押及项目公司股权转让和投资合作等形式,又可分为出让取得的建设用地使用权的流转和划拨取得的建设用地使用权的流转。

第 161 条 建设用地使用权流转的法律依据

161.1 《中华人民共和国中外合作企业法》(以下简称《中外合作企业法》)。

161.2 《中华人民共和国担保法》(以下简称《担保法》)。

161.3 《中华人民共和国公司法》(以下简称《公司法》)。

161.4 《中华人民共和国物权法》(以下简称《物权法》)。

161.5 《中华人民共和国城镇国有建设用地使用权出让和转让暂行条例》(以下简称《城镇国有建设用地使用权出让和转让暂行条例》)。

161.6 《城市房地产开发经营管理条例》。

161.7 《最高人民法院关于审理联营合同纠纷案件若干问题的解答》。

161.8 《最高人民法院关于适用〈中华人民共和国担保法〉若干问题的解释》。

161.9 《最高人民法院关于建设工程价款优先受偿权问题的批复》。

161.10 《最高人民法院关于审理商品房买卖合同纠纷案件适用法律若干问题的解释》。

161.11 《最高人民法院关于审理涉及国有建设用地使用权合同纠纷案件适用法律问题的解释》。

161.12 《最高人民法院关于审理建设工程施工合同纠纷案件适用法律问题的解释》。

第二章
律师办理建设用地使用权转让一般业务的操作指引

第一节 对拟转让的建设用地使用权的调查与审核

第 162 条 律师应进行转让前土地权属调查

律师为客户办理受让建设用地使用权手续提供法律服务,应当在转让前进行土地权属调查,内容包括:

162.1 转让人是否已经领取建设用地使用权证。

162.2 建设用地使用权证的内容与土地登记机关的存档文件记载的内容是否一致。

162.3 转让人是否是建设用地使用权证上载明的建设用地使用权人。

162.4 拟受让的建设用地使用权的取得方式。

162.5 转让以出让方式取得的建设用地使用权,是否符合出让合同的有关约定:

(1) 是否已经支付全部土地出让金。

(2) 是否已经按照出让合同约定进行投资开发:属于房屋建设工程的,是否已经完成开发投资总额的25%以上;属于成片开发土地的,是否已经依照规划对土地进行开发建设,完成供排水、供电、供热、道路交通、通信等市政基础设施、公用设施的建设,达到场地平整,形成工业用地或者其他建设用地条件。

162.6 以出让方式取得的建设用地使用权的出让年限。

162.7 以出让方式取得的建设用地使用权的,是否已按出让合同的约定对土地进行了开发建设,是否属于闲置土地。

162.8 转让以划拨方式取得的建设用地使用权,是否按照国务院的规定,报有批准权的人民政府审批。

162.9 拟受让的建设用地使用权是否存在地上建筑物、其他附着物,以及地上建筑物、其他附着物产权登记情况。

162.10　建设用地使用权及其地上建筑物、其他附着物是否已经出租。如已出租，承租人有优先购买权，应先征得承租人的同意。如地上建筑物、其他附着物已经出租，租赁合同尚未解除且承租人放弃优先购买权的，建设用地使用权及其地上建筑物、其他附着物所有权转移后不影响原租赁合同的效力，新的建设用地使用权人及其地上建筑物、其他附着物所有权人应当继续履行原租赁合同。

162.11　拟受让的建设用地使用权及其地上建筑物、其他附着物有无设置抵押等他项权利。

162.12　凡需在签订建设用地使用权转让合同前征得他人同意的，该同意的意思表示应为书面形式。

162.13　审查拟受让的建设用地使用权有无下列禁止转让的情形：

（1）司法机关和行政机关依法裁定，决定查封或者以其他方式限制建设用地使用权及其地上建筑物、其他附着物权利的；

（2）已被国家有关机关依法收回建设用地使用权的；

（3）权属有争议的；

（4）未依法登记领取权属证书的；

（5）以划拨方式取得的建设用地使用权，未按照国务院的规定，报有批准权的人民政府审批。

（6）法律、行政法规规定禁止转让的其他情形。

162.14　以划拨方式取得建设用地使用权的，转让建设用地使用权时，属于下列情形之一的，经有批准权的人民政府批准，可以不办理建设用地使用权出让手续，但应当将转让收益中的土地收益上缴国家或者作其他处理。

162.14.1　经城市规划行政主管部门批准，转让的土地用于建设《城市房地产管理法》第24条规定的项目的。

162.14.2　私有住宅转让后仍用于居住的。

162.14.3　按照国务院住房制度改革有关规定出售公有住宅的。

162.14.4　同一宗土地上部分房屋转让而建设用地使用权不可分割转让的。

162.14.5　暂时难以确定建设用地使用权出让用途、年限和其他条件的。

162.14.6　根据城市规划建设用地使用权不宜出让的。

162.14.7　县级以上人民政府规定暂时无法或不需要采取建设用地使用权出让方式的其他情形。

第163条　律师应对转（受）让方主体资格进行调查

163.1　拟转（受）让建设用地使用权的转（受）让人属于有限责任公司、股份有限公司的，律师应当审查公司董事会、股东会审议同意的书面文件。

163.2　拟转（受）让建设用地使用权的转（受）让人属于国有公司的，律师应当审查政府主管部门的批准文件。

第二节　建设用地使用权转让合同

第164条　律师应提示委托人转让合同的主要内容

建设用地使用权转让合同应具备以下主要内容：

（1）转让当事人双方的姓名或者名称、住所、联系方式。

（2）建设用地使用权的坐落地点、面积、四至范围。

（3）土地所有权性质、建设用地使用权获得方式和使用期限；是否需补交土地出让金，由哪一方补交。

（4）建设用地使用权的规划用途和规划条件。

（5）建设用地使用权转让的价格、支付方式和期限。

（6）建设用地使用权的交付和验收的日期、交付方式。

（7）该建设用地上是否存在地上建筑物、其他附着物，及其处理方式。

（8）转让当事人双方的权利义务。

（9）合同履行过程中发生不可抗力的处理。

（10）担保。

（11）违约责任。

（12）争议的解决方式。

（13）转让当事人双方约定的其他事项。

第165条　律师应提示委托人注意的事项

165.1　建设用地使用权转让时，建设用地使用权出让合同和登记文件中所载明的权利、义务随之转移。

165.2　建设用地使用权转让后，应提示委托人及时办理与该建设用地使用权有关的立项、规划等批准文件相应的变更手续。

165.3　律师要提示委托人关注拟受让的建设用地使用权出让合同规定的土地用途及土地规划条件。建设用地使用权转让后，如受让人需要改变建设用地使用权出让合同规定的土地用途及土地规划条件的，律师应提示委托人，对此应当征得所在地市、县人民政府土地管理部门同意，并按规定的审批权限经土地管理部门和城市规划部门批准，依照相关规定重新签订建设用地使用权出让合同，调整建设用地使用权出让金，并办理土地登记手续。

165.4　律师应根据代理立场选择最有利的付款方式

165.4.1　律师在代表转让人利益时，应尽量采取一次性付款的方式以降低交易风险发生的可能性。

165.4.2　律师在代表受让人利益时，应尽量采取分期付款方式。可约定合同签订后支付一部分价款，土地达到约定交付条件、实际交付受让人使用时支付一部分价款,剩余价款于建设用地使用权证办理完成时支付。

第三节 建设用地使用权转让的风险监管

第 166 条 律师可提示委托人采取保证交易安全的方法

为保障交易的安全性,律师可建议委托人将建设用地使用权转让价款委托律师事务所、房地产交易中心、银行监管或向公证处提存,尽量不要选择中介机构代收代付转让价款。待建设用地使用权证过户至受让人名下后再行支付给转让人。

第 167 条 律师应提醒委托人注意国家优先购买权

建设用地使用权转让,转让双方必须如实申请成交价格,土地行政主管部门要根据基准地价、标定地价对申报价格进行审核和登记。申报土地转让价格比标定地价低20%以上的,市、县人民政府可行使优先购买权。

第 168 条 律师事务所办理委托监管业务的操作流程

转让双方在签署建设用地使用权转让合同后,可将建设用地使用权转让价款和建设用地使用权证交由监管方统一管理,待建设用地使用权转移登记完成即受让人的建设用地使用权证出证后,再由监管方通知转让双方同时领证、领款。其流程一般为:

(1) 监管方与转让双方签订《监管协议》。
(2) 监管方收取资料:单位营业执照、法定代表人身份证明或当事人身份证明;建设用地使用权证或申请权属登记的收件收据;建设用地使用权转让合同。
(3) 受让人转让价款划到监管账户。
(4) 办理过户登记手续。
(5) 土地登记管理部门转移登记,出具新的建设用地使用权证。
(6) 通知转让双方领证、领款。
(7) 三方办理交接、领证、领款、结案。

第 169 条 律师事务所在办理委托监管业务中应注意的要点

169.1 律所及律师在办理委托监管业务时,应设立专门账户,用于存放委托监管资金,不得与事务所或个人账户混淆,防止出现风险。

169.2 律所及律师在办理委托监管业务时,应妥善保管委托人所交付的资料,并在办理完成之后及时归还委托人,防止因资料丢失而承担法律责任。

169.3 律所及律师在办理委托监管业务,在建设用地使用权转移登记完成后,应及时通知双方领证领款。

第四节　建设用地使用权转让登记

第 170 条　建设用地使用权转让必须办理登记

170.1　未登记的转让不发生效力。建设用地使用权和地上建筑物、其他附着物所有权转让，应当按照规定办理登记。建设用地使用权和地上建筑物、其他附着物所有权分割转让的，应当经市、县人民政府土地管理部门和房产管理部门批准，并依照规定办理过户登记。

170.2　律师应特别提示委托人，其建设用地使用权转让未经土地登记管理部门转移登记，不得对抗第三人。为防止转让人一地多售等行为侵害买受人，应及时办理转移登记。配合受让人办理建设用地使用权转移登记是转让人的合同义务，转让人应当积极配合受让人办理该项手续。

第 171 条　律师代办登记需注意的要点

律师代办建设用地使用权转移登记手续，要取得并向土地登记机构出具当事人的授权委托书，并按有关规定办理授权委托书的公证手续。律师要认真审核登记材料是否齐全、真实，并在建设用地使用权转让合同签署后 15 日内及时办理。律师对原件要妥善保管，办理完毕及时归还当事人，以免因丢失承担责任。

第三章
律师办理国有建设用地转让特殊业务的操作指引

第一节　房地产项目转让（含在建工程转让）

第 172 条　概念界定

172.1　房地产项目转让，是指房地产公司将符合转让条件的房地产项目转让给他人，并办理国有建设用地等变更登记手续，从而由受让方取得房地产项目权益的行为。

172.2　在建工程转让，是指建设单位（转让方）以变更在建工程的建设主体和建设用地使用权主体的方式，在满足法律规定的转让条件下，将在建工程项下的国有建设用地使用权、在建工程所有权和继续建设的相关权利一并让与受让方，并由受让方支付对价的民事法律行为。

第 173 条　律师应告知委托人房地产项目转让（含在建工程转让）的基本条件

173.1　房地产项目转让（含在建工程转让）的基本条件

173.1.1　按照《国有建设用地出让合同》约定已经支付全部国有建设用地出让金,并取得《建设用地使用权证》。

173.1.2　按照出让合同约定进行投资开发,属于房屋建设工程的,完成开发投资总额的25%以上,属于成片开发土地的,形成工业用地或者其他建设用地条件。

173.1.3　取得《建设用地规划许可证》。

173.1.4　取得《建设工程规划许可证》。

173.1.5　取得《建筑工程施工许可证》。

173.2　限制转让的范围

173.2.1　以出让方式取得国有建设用地的,不符合前述在建工程转让基本条件的。

173.2.2　司法机关和行政机关依法裁定、决定查封或者以其他形式限制房地产权利的。

173.2.3　建设用地使用权被依法收回的。

173.2.4　房地产项目(含在建工程)权利主体属共有状态,未经其他共有人书面同意的。

173.2.5　权属有争议的。

173.2.6　法律、行政法规规定禁止转让的其他情形(如建设在集体经济组织的建设用地之上的工程)。

第174条　律师应提示委托人房地产项目转让(含在建工程转让)备案需提交的主要资料

174.1　转让方和受让方各自的申请报告。

174.2　发展与改革委员会立项批复和建设计划。

174.3　红线定点批文及规划方案意见书。

174.4　建设用地批准书、建设用地使用证及土地出让合同。

174.5　工程建设总平面图。

174.6　建设主管部门拆迁批文及安置清单和安置情况说明。

174.7　建设主管部门对工程初步设计批复文件。

174.8　受让方公司财务报表(上一季度资产负债表及银行当月对账单)和银行资信证明。

174.9　转、受让方企业开发(仅房地产开发项目)资质证书、营业执照复印件。

174.10　工程项目转让合同或协议原件。

174.11　项目建设计划和开发项目不得再转让的保证书。

174.12　该转让项目未抵押的依据。

第175条　律师应协助委托人签署房地产项目转让(含在建工程转让)合同

175.1　合同签署应注意的事项:

（1）转让方的名称与政府批准的项目主体是否一致；若属国有企业是否经国有资产主管部门批准，是否通过产权交易机构交易；转让方（非国有企业）是否经公司章程规定的权力机关通过。

（2）受让方是否具备继续建设受让项目工程的法人资格与实力；若属房地产开发企业，是否具有相应的资质等级；若受让方属外商投资房地产企业，是否通过国家商务部审批与备案。

175.2 合同的主要内容：

（1）房地产项目转让（含在建工程转让）合同的词语定义；

（2）合同文件解释顺序；

（3）项目状况：坐落地点、界址、占地面积、项目转让时国有建设用地性质、设施状况等；

（4）项目报建状况：包括规划参数指标（如建筑密度、建筑容积率等）并列明取得的批文、项目动拆迁、项目涉及的土地或工程的权利限制情况；

（5）房地产项目转让（含在建工程转让）范围；

（6）转让对价的构成和支付方式；

（7）转、受让双方各自承担的债权、债务范围；

（8）已完工程的质量、工程计量及工程造价的确定；

（9）转让前相关合同各方（勘测、设计、监理、施工总承包、指定专业分包、材料设备供应商）的合同解除结算、债务承担以及原合同的后续履行衔接；

（10）转让标的结算交割（包含工程移交、资料移交、施工现场移交）的条件、期限与程序；

（11）转让前违约责任、工程索赔的处理结果；

（12）双方对转让条件的保证和承诺；

（13）工程保修、保修金的返还；

（14）工程保险、工程担保、履约保函或履约保证金的处理；

（15）在建工程转让办理项目主体变更登记的时间、提供的文件、税费承担和变更登记的责任主体等；

（16）其他常规性条款，如生效条件、合同附件、争议解决等事项。

第 176 条 律师应特别提示委托人，考虑房地产项目转让（含在建工程转让）相关事项的处理

176.1 建设施工合同。施工合同的处理涉及后续工程的建设、工程质量责任的区分、工程整体的竣工验收、工程项目竣工备案、物权登记等重大事项。根据行业特点，施工合同的处理有以下几种方式：

（1）转、受让双方与施工企业协商终止原施工合同，对已完工程进行结算，并约定由转让方承担清偿合同终止后包含但不限于工程价款、各项洽商增价、索赔、保修金、

履约保函、履约保证金、违约金等一切债务的给付责任；

（2）转、受让双方与施工企业协商终止原施工合同，对已完工程进行结算，并约定由受让方承担清偿合同终止后包含但不限于工程价款、各项洽商增价、索赔、保修金、履约保函、履约保证金、违约金等一切债务的给付责任；

（3）转、受让双方与施工企业协商，由受让方替代转让方继续履行原施工合同，但转让方需提供一份受让方与施工企业共同认可的合同履行情况书面说明和承担施工合同剩余债权债务的范围；

（4）如施工企业既不同意提前解除合同，也不同意由受让方继续履行合同的，可能影响在建工程转让时，原施工合同的权利、义务仍由转让方自行承担。

176.2 抵押借款合同。抵押借款合同的处理方式有：

（1）转让方经贷款银行同意转让在建工程，提前清偿或者将转让价款清偿银行贷款，消灭抵押权。这种方式下受让方并未承担债务，但为确保抵押权如期消灭，可要求将相关款项汇入三方约定的专管银行账户，专项用于清偿贷款，以免被转让方挪作他用。

（2）转让方经贷款银行同意转让在建工程，并由受让方清偿或者提前清偿银行贷款，消灭抵押权。这种方式下由受让方承担了指定债务，受让方应将款项汇入贷款银行确定的账户。

（3）转让方经贷款银行同意转让在建工程，并由受让方替代转让方继续履行原借款合同和抵押合同，消灭原抵押权，在建工程转让过户登记以后重新设定抵押权。这种方式下受让方承担了指定债务，对各方均有法律风险。

（4）不经与贷款银行协商，或者贷款银行不同意转让在建工程的，受让方代转让方先行清偿债务，消灭抵押权。这种方式属于债的代为给付，而不是债的承担，双方应约定受让方代为支付的款项直接抵减在建工程转让的对价。

176.3 材料、设施采购合同。通常供应商已实际履行材料、设备供货义务的采购合同，相关债权债务仍由转让方自行继续履行为常态，但约定了以标的担保或未付清全款则所有权不转移的合同关系作为例外处理；对于受让方选择由其履行相关债权债务的合同，转让方应向相关供应商发出债权债务转移通知，并征得债权人同意。

176.4 建筑施工机械、流转器材租赁合同。通常由转、受让并出租方协商处理，对已实际履行的施工机械、流转器材的租赁合同予以解除终止，债权债务由转让方履行；由受让方与出租方重新签署租赁合同。

176.5 商品房预售合同。房地产项目转让前已实行预售的，应约定转、受让双方通知预购业主，并明确因此承担相应责任的处理方法。

目前法律、行政法规尚未对房地产项目转让（含在建工程转让）与商品房预售合同的关系作出明确的规定。一般情况下，在建工程的转让确定之后，转让方应当履行书面通知预售商品房买受人的义务，以确定原预售合同将解除，还是由受让方继续履行；

对于继续履行的预售合同受让方需对原件予以审核,并由三方当事人签署预售合同的承继协议。

176.6 勘察、设计、工程保险合同。在基础工程开工后的时段,转让方与勘察方的勘察合同、转让方与设计方设计合同的主要义务均已实际履行,但根据合同条款及特点,在继续施工的状态下设计方仍需继续履行附随义务(包含但不限于参加竣工验收并签署意见),勘察方、设计方仍需对自己的工作成果承担质量责任,转让方在合同生效后负有向受让方移交与之相关的包含但不限于合同、履约凭证、来往函件和履约记录等法律文件之义务,并负有书面通知勘察方、设计方之义务;对于已履行支付保险费义务的工程保险合同,转让方之材料移交与通知义务同前述。

176.7 房地产项目转让(含在建工程转让)有关税费

176.7.1 房地产项目(含在建工程)转让方应缴纳的税费包括:营业税、企业所得税、土地增值税、印花税、城市维护建设税和教育费附加。

176.7.2 房地产项目(含在建工程)受让方应缴纳的税费包括:契税、印花税。

176.7.3 房地产项目转让(含在建工程转让)办理审批、备案登记过程中实际发生费用的承担由双方在协议中约定。

第177条 律师应协助委托人完成房地产项目转让(含在建工程转让)过户登记

177.1 办理权属变更登记所需材料

(1)转让双方的企业法人营业执照和房地产开发企业资质等级证书;

(2)国有建设用地证书/房地产权证;

(3)国有建设用地出让合同;

(4)建设项目计划表;

(5)建设用地批准书;

(6)建设用地规划许可证;

(7)建设工程规划许可证;

(8)建筑工程施工许可证;

(9)建筑工程施工图设计文件审查批准书;

(10)建设工程质量监督登记书;

(11)工程设计图纸(平面图、标准层平面图);

(12)中标通知书、开工报告;

(13)工程建设监理合同;

(14)建设工程定验线单;

(15)施工合同书、施工进度表;

(16)由开户银行出具的工程项目投入资金达25%以上的书面证明或者质检/监理部门出具的工程项目完成情况证明;

(17)转让双方签署的房地产项目转让(含在建工程转让)合同书;

(18) 转让双方当事人为企业法人或者其他组织的,还应出具委托代理函,委托专人持其有效身份证件前来办理转让手续;

(19) 登记机关认为必要的其他文件。

建设主管部门受理转让双方的登记申请后,将进行审核,包括对转让双方申报的房地产项目转让(含在建工程转让)价格进行审核,必要时,还须到现场勘察,如发现转让双方申报的价格与建设主管部门核定的价格有出入的,建设主管部门有权将核定的价格作为转让双方缴纳相关税费的计算依据。

177.2 移交手续

177.2.1 财产移交。转让方应将房地产项目(含在建工程、土地上的建筑物、构筑物及附属设施)按合同的约定移交受让方,现场现状的设施设备的移交按转让合同所附的清单移交。

177.2.2 证照、档案移交。转让方应将与在建工程开发、建设有关的所有相关证照、档案包括但不限于相关批文、施工档案(包括各项合同)、技术资料、设计图纸等登记在册,移交给受让方。

177.2.3 建设现场移交。不管转让双方是否与施工企业达成有关施工合同终止或者继续履行及债务承担的协议,转让方应将在建工程转让事项书面通知施工企业。由施工企业配合转让方将建设现场移交给受让方。

第178条 律师办理房地产项目转让(含在建工程转让)业务操作提示

178.1 律师可接受转让方或受让方委托从事的法律服务的项目或范围

178.1.1 拟制房地产项目转让(含在建工程转让)合同。

178.1.2 审查房地产项目转让(含在建工程转让)合同,出具法律意见书。

178.1.3 策划房地产项目转让(含在建工程转让)或受让的方案。

178.1.4 对房地产项目转让(含在建工程转让)转让或受让当事人一方及项目背景与状态出具尽职调查报告。

178.1.5 代表项目当事人参加谈判、签约、履约交割。

178.1.6 接受项目双方当事人的委托,对转让合同的定金、保证金、价款予以托管服务。

178.1.7 对发生争端的在建工程项目,接受当事人的委托代理仲裁或诉讼。

178.2 律师提供服务时一般应注意以下方面内容的处理

178.2.1 合同的整理、审查与风险评估。

需审查的合同包括:国有建设用地出让合同,房地产抵押贷款合同,勘察、设计、施工合同,材料、设备、设施采购合同,施工机械、流转器材租赁合同、工程保险合同、商品房预售合同、前期物业管理合同等。

审查内容包括:合同效力的合法性,合同内容的公平性,合同履行的状况,违约责任的预计,作为对比权衡合同关系承继与解除的依据。还包括审查房地产项目(含在建工程)审批文件,房地产项目(含在建工程)资产权属是否明确、清晰、无瑕疵,国有建设用地是否依法取得、取得方式、土地用途、使用年限及建筑物的占用空间、项目的设计用途等是否符合受让方的投资需求,若不符合需求是否具有依法变更的可能,建设用地规划许可、建设工程规划许可证、施工许可证相关审批手续是否齐备。

178.2.2 项目潜在风险,是否存在尚未拆迁完毕、需受让方承担拆迁补偿责任的风险;项目规划是否合理、有无超规划的情况;项目的相邻关系是否存在纠纷或者潜在危机(如因采光、日照、通风、建设工地噪声等原因引发纠纷或者诉讼,有无抵押登记、是否被查封,导致工期拖延)等;通常与在建工程项目涉及的债务包括:土地出让金、行政规费、银行抵押贷款、工程价款、客户资金等,以及因迟延交付产生的违约金等。

178.2.3 规划、功能、设计变更审批,房地产项目(含在建工程)可能会有停、缓建发生,重新开工时原规划、建设许可的设计状况可能会出现不符合当前的规划要求的情况,接盘者需对原设计意见进行相应调整,调整后的设计方案须符合规划要求,且必须获得相应批准;受让方拟对项目的规划、功能、设计作调整、变更,或者原建设单位存在违规操作,则在接盘前需对规划、功能、设计调整、变更,预先向主管部门申请并取得批准。

178.2.4 若转让双方与施工企业就施工合同处理协商未果,施工企业在房地产项目(含在建工程)转让过户前提起工程价款诉讼、申请法院查封在建工程的,将发生房地产项目(含在建工程)无法过户或者无法及时过户的法律风险;如果房地产项目(含在建工程)转让已完成变更登记,根据《合同法》和《物权法》的基本原则,施工企业行使工程价款优先受偿权存在障碍,但会造成不必要的纠缠,所以要在签约前对房地产项目(含在建工程)的原施工企业是否存在工程价款优先受偿权予以澄清;转让方通常会将房地产项目(含在建工程)的建设用地使用权作为抵押融资手段,如果建设用地使用权已作抵押,抵押权人享有《担保法》规定的拍卖后优先受偿的权利,会直接影响受让方的接盘工作可行性。

178.2.5 在建工程施工进度、质量的估评,工程质量的检验或质量安全鉴定关系到是否接盘及后续的竣工验收,施工进度用于评估确实转让对价和后续建造成本;如果前期工程不合格,或者对于施工中的隐蔽工程没有做好相应的验收工作等,将使工程项目不能通过竣工验收,使接盘者承受巨大损失;工程现状一定时点的状态,不同时点的地上建筑具体构成可能会不完全相同,因此双方应确定现场现状的时点,并通过现场拍摄、文字描述、列举清单等方式予以固定。

178.2.6 转让价格的构成和支付方式,房地产项目(含在建工程)的转让价格一般由两部分构成:一部分是受让方直接支付给转让方的净资产(包含建设用地使用权)的对价,另一部分是受让人承担的指定债务;与房地产项目(含在建工程)有关的指定债权债务,项目现状是房地产项目(含在建工程)的转让基准,但房地产项目转让(含在建工程转让)将不可避免地涉及大量与房地产项目(含在建工程)有关的合同的处理,一般转让对价上充分考虑抵减此项因素后,约定选择由受让方承担全部或者部分债权、债务的处理方式;支付方式可由双方约定,一般将合同签订、工程现场移交、工程资料移交和变更登记、审批文件移交等作为支付对价的里程碑式参照依据。

178.2.7 声明与保证条款,该条款目的是为了防范风险、救济违约和处理法律纠纷。该条款主要表述和保证当事人双方主体适格、诚信履约以及意思表示真实。尤其是有关对价的条款,转让的对价只包括转让标的陈述的财产和合同约定的债权、债务,绝对不包括合同条款未约定的以及转让方隐瞒的债务。

对于双方约定由受让方承担的有关合同权利义务,如因转让方出具的合同履行情况不实,致使受让方实际承担的债务多于双方的约定,或者实际承担的债权少于双方的约定,受让方有权向转让方追偿;对于双方约定转由受让方承担的有关合同权利义务,如因部分债务转移未征得债权人同意,相关债权人仍向转让方主张债权,则转让方在偿还给部分债务后,有权向受让方追偿。

178.2.8 项目转让如果通过市场化的拍卖程序,有利于接盘者减少风险;如果是协议转让,需征得债权人的同意,特别是针对转让标的享有留置权(工程价款法定优先权)、抵押权或相关他项权人,必要时,应在转让前公告债权债务申报,以避免在项目转让后,权利人行使撤销权或优先受偿权。

178.2.9 过渡期条款,房地产项目转让(含在建工程转让)合同签订后到标的交割日之间有一段过渡期。过渡期条款主要规定当事人双方在过渡期间的权利义务,如转让方妥善管理在建工程,不得有减损房地产项目(含在建工程)利益的任何行为,转让方在处理与房地产项目(含在建工程)有关的事项时应征求受让方同意,受让方先期进入在建工程参加管理等事项。该条款的主要目的是为了促进在建工程的交割顺利进行,以及维护受让方在过渡期间的利益。

178.2.10 若房地产项目(含在建工程)存在未按出让合同约定的期限和条件进行建设或开发,转让合同应约定转让方负责补办政府主管部门认可的手续。

178.2.11 项目转让时,按出让合同的土地使用年限已开始使用的,转让合同约定的土地使用年限应作相应扣除。

178.2.12 在建工程资料的完整性,如工程技术档案资料(工程竣工报告、施工管理工作报告、质量自评报告;工程量清单、工程结算书、工程联系单、标外工程量签证单;竣工图、竣工图说明书;单元、分部、单位工程划分明细表,单位工程质量评定表,分部工程质量评定表,各分部的单元工程质量评定表;水泥质保单及试验报告,砂、石料试验报告,砼、砂浆试验报告,砼、砂浆质量强度汇总分析表,砼、砂浆试验质量评定表,钢筋质保单及试验报告,砼配送单;隐蔽工程验收单、中间阶段产品验收单;施工日志,砼施工日志;个案工程形成的其他工程资料),专业工程的相关资料(消防、暖通、煤气、电力等方面的审批、报验资料)。

178.2.13 受让方承担的债权债务范围,在转让方和受让方之间应当是清晰明确的,对于转让之前的任何合同义务与债务,无论是继续履行还是终止,双方未约定由受让方承接的,概由转让方承担。

178.2.14 受让方承担债务的形式,双方既可以约定由受让方承担原由转让方在相关合同中承担的权利义务,也可以约定与第三方协商将相关合同终止,由受让方承担合同终止后本应由转让方承担的债权债务。

178.2.15 合同生效条件,在一般情况下,约定房地产项目转让(含在建工程转让)合同和其他合同附件签署后同时生效;也可约定房地产项目转让(含在建工程转让)合同项下变更事项的备案登记、审批完成后生效。

第二节 项目公司股权转让

第 179 条 概念界定

项目公司股权转让,是指房地产企业的股东将其持有的目标公司的股权转让给他人,从而由受让方间接取得房地产项目的全部权益。以实现房地产项目转让为目的的公司股权转让不同于一般的公司股权转让:其收购股权具有目的的单一性,仅仅为了获得国有建设用地及房地产项目。

第 180 条 律师尽职调查

律师尽职调查也称审慎调查(Due Diligence),通常是指,在收购过程中买方对目标公司的资产、负债、经营、财务状况、法律关系以及目标公司所面临的机会和潜在的风险等进行的一系列调查。律师一般接受委托为买方即受让方对房地产项目公司作法律尽职调查。目的是使受让方获得所要受让项目公司的全部情况,以便受让方决定是否收购,或在何种条件下收购。且尽职调查是持续的,贯穿于整个收购过程中的,包括协商、谈判、过渡、交接等过程中。因此也是目标公司股权转让受让方常常委托律师进行的一项重要工作。

第 181 条 尽职调查的范围和内容

181.1 基本调查范围

181.1.1 项目公司的主体资格是尽职调查的首要内容。即调查项目公司设立的程序、条件、方式等是否符合当时法律、法规和规范性文件的规定,股东身份及资格是否合法有效,股东是否已足额出资,资产是否已交接并办理变更登记等。

181.1.2 查验项目公司是否有效存续,其经营范围和经营方式是否合法合规,项目公司是否正常年检。项目公司的章程对公司经营期限的约定,是否存在提前终止的情形,章程对股权转让有无限制或反收购条款,该等约定是否构成收购障碍或需要增加收购成本。

181.1.3 项目公司的主要财产和财产权利也是尽职调查的重要内容。对于项目公司财产的调查主要体现为以下几个方面：项目公司拥有生产经营设备、土地房屋等固定资产、商标、专利等无形资产情况；上述财产是否存在产权纠纷或潜在纠纷；项目公司以何种方式取得上述财产的所有权或使用权，是否已取得完备的权属证书，若未取得，取得该等权属证书是否存在法律障碍；项目公司对其主要财产的所有权或使用权的行使有无限制，是否存在担保或其他权利受到限制的情况；项目公司有无租赁房屋、国有建设用地等情况以及租赁的合法有效性等。

181.1.4 项目公司的重大债权债务通常是客户特别关注的内容，也常常是陷阱所在。律师应核查项目公司金额较大的应收、应付款和其他应收、应付款情况，是否真实有效存在，是否有法律或合同依据；项目公司将要履行、正在履行以及虽已履行完毕但可能存在潜在纠纷的重大合同的合法性、有效性。项目公司需要提供对外担保情况，是否有代为清偿的风险以及代为清偿后的追偿风险；同时还必须了解项目公司是否有因环境保护、知识产权、产品质量、劳动安全、人身权等原因产生的侵权之债。其中，对于担保的风险、应收款的诉讼时效以及实现的可能性应予以特别关注。

181.1.5 项目公司的诉讼、仲裁或行政处罚也是应当予以重视的内容。律师应当核查项目公司是否存在尚未了结的或可预见的重大诉讼、仲裁及行政处罚案件；同时应当关注项目公司转让方或项目公司的其他股东是否存在尚未了结的或可预见的重大诉讼、仲裁及行政处罚案件，因为如果股东存在此类情况，其又不具备被执行能力，可能会对项目公司股权结构产生影响；与此相关联，尚需了解项目公司股东所持项目公司股份有无质押；此外，还应当调查项目公司董事、高管人员是否存在尚未了结的或可预见的重大诉讼、仲裁及行政处罚案件，因为如存在此类情况，可能会对项目公司的正常经营产生负面影响。

181.1.6 项目公司的税务、消防、技术等方面也应引起适当关注，必要时作为尽职调查的内容之一。由于地方政府存在名目繁多的税收优惠、财政补贴，如果项目公司享受优惠政策、财政补贴等政策，该政策是否合法、合规应当关注，以免今后被追缴。同时关注项目公司是否涉及消防、质量和技术监督等方面的违法违规情况。

181.1.7 项目公司高管人员的聘用合同、普通员工劳动合同、社会保险的缴纳也必须关注，虽然通过收购股权方式，不涉及劳动合同的变更，但也经常会有意想不到的麻烦，有必要了解具体情况，在协议中针对不同人员作出妥善安排。

181.2 律师对项目公司的调查事项：

181.2.1 项目公司的开发资质。律师应核查项目公司是否具备开发资质，具备几级开发资质，结合项目情况，确认项目公司是否具有与项目相适应的开发资格和能力。

181.2.2 项目公司是否合法取得国有建设用地。这是房地产项目公司必查内容，这也是客户受让项目的关键所在。关于土地情况需要核查的是，项目公司是否取得国有建设用地；签约的主体是否真实有效；其取得土地的方式是协议、招标、拍卖出让还是转让，国有建设用地主体是否已通过多次转让，土地用途有无变更；是否存在土地开发限制条件；是否已取得土地权属证书，或是否存在取得的法律障碍；土地费用包括契税等是否已支付完毕，土地是否已抵押，如有，相关的抵押合同对权利的限制等。

  181.2.3 项目开发情况亦是房地产项目公司必不可少的调查内容。除了需了解项目基本概况，包括项目性质、容积率等规划指标外，特别需要关注的是项目是否根据进展取得了相应的政府批文，如建设规划许可、工程规划许可、建筑施工许可、销售许可。由于受让方的目的是取得项目公司名下的国有建设用地及开发权，因此项目的合法性至关重要，除了核查项目应有的政府批文外，还需特别审查实际开发情况与政府批文是否存在不符的情况，与规划设计相对照是否存在变更情况，该等变更是否需要再次报批，同时还需审查是否进行了在建工程抵押。律师需要特别关注的是项目公司是否存在违规操作的问题，已进行的开发建设是否存在重大安全或质量隐患，特别要说明的是，关于工程施工质量等问题可能非律师专业知识所能及，但律师一定要提醒客户专门核查。

  181.2.4 项目公司签订的关于项目开发的重大合同亦需关注，如规划设计合同、设备采购合同、建筑施工合同，该等合同的签订是否履行必要的程序，如招标程序，合同内容是否全面、详尽；是否可能存在潜在纠纷；是否有权利义务约定不明情况等。

  181.2.5 对于有的项目已进行预售的，律师需审查销售合同中是否存在无法履行的承诺以及相应的违约责任，该等责任可能造成多大损失等。

  181.3 尽职调查的风险和防范。建议律师事务所和律师从以下几方面加强风险防范：

  181.3.1 尽职调查应通过律师团队共同完成，事先制订全面调查方案，明确每个成员的工作和责任，负责律师应把握工作重点和难点，调查中应集思广益，建立合理有效的沟通协调机制，从而保证调查的有效性和针对性，满足客户需求。

  181.3.2 律师接受委托开展尽职调查，应向客户声明给予客户的是事实陈述和法律建议，商业决策权力和风险应由客户自行承担。

  181.3.3 对于未了解的情况、不确定的事实应出具有条件的和保留的意见，并尽可能全面详细披露调查所得并声明未关注到的事项。

  181.3.4 要善于沟通，包括与被调查对象的沟通和与客户的沟通，争取理解和支持，同时务必做好工作记录。这是证明律师勤勉尽责的依据。

  181.3.5 事务所要建立风险控制和质量控制程序，通过内部审核程序，把好质量关。

第 182 条 项目公司股权转让合同

  182.1 重要内容。股权转让合同的重要条款有：

  （1）转让标的；

  （2）股权转让价款及支付时间和方式；

（3）公司股权的交割时间及方式；

（4）股权转让过渡期间的权利行使及责任；

（5）股权转让方的单方承诺、合同的变更与解除；

（6）违约责任；

（7）争议解决方式。

需要特别重视的条款是：公司信息的披露义务及披露不实的违约责任；股权转让方对违约责任的担保方式；公司印章的移交以及移交前后的界限划分；股权转让生效前后债务的承担；合同的生效及公司股权转让的生效；工商变更登记手续的办理主体及时间。

182.2 项目公司股权转让区别于一般公司股权转让合同的特别条款

182.2.1 鉴于条款。该条款主要表述目标公司的情况；股权转让方的主体资格、持有目标公司的股权和转让该股权的意愿；股权受让方的主体资格、受让该股权的意愿；目标房地产项目的情况，包括：项目概况，如坐落地点、项目性质、四至、占地面积、有关规划指标等，土地现状，如项目转让时国有建设用地性质、取得方式及使用期限，项目现状，如项目报批现状包括规划参数并列明取得的批文，项目动拆迁、开发现状（如停建、缓建），项目涉及的土地或工程的权利限制情况等。以便为下一步合同内容的阐述奠定一个事实基础。

182.2.2 声明与保证条款。该条款目的是为了防范风险、救济违约和处理法律纠纷。该条款主要表述和保证当事人双方主体适格、诚信履约以及意思表示真实。尤其是有关价格的条款，股权转让的价格与转让方出资额、目标公司的净资产、房地产项目的开发有重大关系。转让股权的价格包括转让股权所包含的各种股东权利和义务，但不包括出让方隐瞒的债务或者应当披露的事实。这是判断当事人是否诚信履行披露义务的基础。应当要求转让方就转让方的财务和资产状况的真实性、是否设定担保或存在司法冻结、是否存在法律上的诉讼、仲裁或行政处罚作出承诺和保证。并就违反承诺和保证所应承担的法律责任作出约定。

182.2.3 过渡期条款。股权转让合同签订后，从签订之日到股权交割日之间有一段过渡期。过渡期条款主要规定当事人双方在过渡期间的权利义务，如转让方妥善经营和管理目标公司，不得有减损目标公司资产或其他利益的行为，转让方签订新的重大合同或有重大投资应征求受让方同意，受让方先期进入目标公司参加公司经营管理等事项。该条款的主要目的是为了促进股权交付工作的顺利进行，以及维护受让方在过渡期间的利益。

第183条 律师应对合同签订设定风险防范措施

183.1 公司股权转让的主要风险是转让无效。导致股权转让无效的因素有很多，如：转让主体（出让方和受让方）、法律程序、登记手续的合法性和有效性。又如：股权转让不符合公司章程的特别规定、股权转让后没有及时到工商企业登记机关办理变更登记、中外合资企业股权转让没有经过外经委(商务部门)审批、国有股权出让没有经国有资产管理部门审批办理产权界定及登记并根据产权交易中心出具的产权交割单办理股权和工商变更登记手续等情形,均会造成股权转让无效。转让无效的直接后果就是受让方不能实现收购房地产项目的目的。转让无效的风险应通过专业律师的审慎行事来避免。

183.2 公司股权转让方式中,律师应提醒股权受让方其面临的另一重大风险就是对转让方原有的、不可知的债务的承担以及承担之后向转让方追偿而不得的风险。为控制这一风险,可要求转让方对项目公司情况进行披露并承担披露不实的违约责任,在股权转让合同中设定转让方声明和保证条款。保证的内容应主要包括已提供的文件与资料均真实且无遗漏;除已披露的债权债务外不存在其他债权债务;项目公司未设定披露外的保证、抵押、质押等担保;公司的财产完整无瑕疵等。同时,应当对上述保证陈述约定相应的违约责任以及合同解除权,并由转让方提供相应的担保。

183.3 为保障受让方资金支付的安全,在付款安排上,宜拉长付款过程,转让方完成一定义务后受让方支付一定款项,要注意双方义务的对接。律师可建议受让方在办完股权变更手续后预留部分尾款,以抵扣可能的支出。

第四章
律师办理建设用地使用权抵押业务的操作指引

第一节 对拟设定抵押的建设用地使用权的调查与审核

第 184 条 律师应对拟设定抵押的建设用地使用权进行前期土地权属调查

律师为客户办理建设用地使用权抵押手续提供法律服务,应当首先告知抵押(权)人,在设定建设用地使用权抵押前应当进行调查,确定该建设用地使用权是否具备抵押的法定条件。调查内容包括:

184.1 抵押人是否已经领取建设用地使用权证。

184.2 建设用地使用权证的内容与土地登记机关的存档文件记载的内容是否一致。

184.3 抵押人是否是建设用地使用权证上载明的建设用地使用权人。

184.4 拟抵押的建设用地使用权的取得方式。

184.5 抵押以出让、转让方式取得的建设用地使用权,是否已经支付全部土地出让金。

184.6 以通过出让、转让方式取得的建设用地使用权设定抵押的,不得违背该建设用地使用权出让合同的规定;抵押期限不得超过出让合同规定的使用年限减去已经使用年限后的剩余年限。

184.7 抵押以划拨方式取得的建设用地使用权,土地行政管理部门依法办理了抵押登记手续,即视同已经获得具有审批权限的土地行政管理部门的批准,不必再另行办理建设用地使用权抵押的审批手续。

184.8 拟抵押的建设用地使用权是否存在地上建筑物、其他附着物,以及地上建筑物、其他附着物产权登记情况。

184.9 拟抵押的建设用地使用权及其地上建筑物、其他附着物是否已经出租。如已出租,抵押人应当书面告知承租人;拟抵押的建设用地使用权及其地上建筑物、其他附着物有无已经设置抵押,如有,须先征得原抵押权人同意,并应将已设定抵押权状况告知新的抵押权人。

184.10 拟抵押的建设用地使用权是否为多个主体共有。

184.11 凡需在签订建设用地使用权抵押合同前征得他人同意的,该同意的意思表示应为书面形式。

184.12 审查拟抵押的建设用地使用权有无以下禁止抵押的情形:

(1) 司法机关和行政机关依法裁定、决定查封或者以其他方式限制建设用地使用权及其地上建筑物、其他附着物权利的;

(2) 已被国家有关机关依法收回建设用地使用权的;

(3) 权属有争议的;

(4) 未依法登记领取权属证书的;

(5) 以划拨方式取得的建设用地使用权,未按照国务院的规定,报有批准权的人民政府审批。

(6) 法律、行政法规规定禁止抵押的其他情形。

184.13 审查拟抵押的以划拨方式取得的建设用地使用权是否符合《城镇国有土地使用权出让和转让暂行条例》第45条规定的条件。

第185条 律师应提示委托人对拟抵押建设用地使用权进行地价评估

185.1 律师应告知抵押权人建设用地使用权抵押应当进行地价评估,以该评估价格作为抵押合同的签订依据。

185.1.1 以出让方式取得的建设用地使用权,由抵押权人进行地价评估或由具有土地估价资格的中介机构评估并经抵押权人认可后,签定抵押合同。

185.1.2 以划拨方式取得的建设用地使用权,由抵押人委托具有土地估价资格的中介机构进行地价评估,经土地管理部门确认,并批准抵押,核定出让金数额后签定抵押合同。

185.2 拟担保的债权不能超出拟抵押的建设用地使用权的价值。建设用地使用权抵押设立时,拟担保的债权不得超过建设用地使用权的价值。抵押后,如该建设用地使用权价值提高,该建设用地使用权的价值大于所担保债权的余额部分可以再次抵押,否则,超出其余额部分不具有优先受偿的效力。

第186条 律师应提示委托人的注意要点

186.1 律师在代理委托人时,应进行如下特别调查

186.1.1 拟抵押的建设用地使用权属于有限责任公司、股份有限公司的,律师应当审查公司董事会、股东会审议同意抵押的书面文件。

186.1.2 拟抵押的建设用地使用权属于国有资产的,律师应当审查政府主管部门的批准文件。

186.2 律师要合理提示抵押权人关注拟抵押的建设用地使用权的土地用途及土地规划条件。以建设用地使用权设定抵押的,在抵押合同有效期间,抵押人必须继续履行建设用地使用权出让合同规定的各项义务。

第二节 建设用地使用权抵押合同

第187条 律师应提示委托人建设用地使用权抵押合同应具备的主要内容

187.1 抵押当事人的姓名或者名称、住所、联系方式;

187.2 建设用地使用权的坐落地点、面积、四至范围;

187.3 土地使用证编号、建设用地使用权出让合同编号;

187.4 担保范围,如被担保债务的本金、利息、罚金、违约金及有关税费;

187.5 抵押当事人双方的权利义务;

187.6 合同履行过程中发生不可抗力的处理;

187.7 抵押登记事项办理;

187.8 违约责任;

187.9 争议的解决方式;

187.10 抵押当事人约定的其他事项。

第188条 律师应提示委托人在抵押合同履行过程中应注意的事项

188.1 抵押合同应对被担保的主债权种类、抵押财产约定明确。

188.2 抵押合同中不得约定在债务履行期届满抵押权人未受清偿时,建设用地使用权转移为债权人所有。

188.3 在抵押期间,抵押人的行为使抵押建设用地使用权价值减少的,抵押权人可以要求抵押人停止其行为,或者提供与减少的价值相当的担保。

188.4 抵押权终止期限不得超过建设用地使用权出让终止期限。

188.5 抵押期间,抵押人转让已办理抵押登记的建设用地使用权的,应当通知抵押权人并告知受让人转让物已经抵押的情况。

188.6 转让抵押建设用地使用权的价款明显低于其价值的,抵押权人可以要求

抵押人提供相应的担保。

188.7 抵押人转让抵押建设用地使用权所得的价款,应向抵押权人提前清偿所担保的债权或者向与抵押权人约定的第三人提存。

第三节 建设用地使用权抵押登记

第 189 条 律师应特别提示抵押(权)人建设用地使用权抵押应办理登记

建设用地使用权抵押未经土地管理部门抵押登记,不能发生抵押权成立并生效的法律效果。异地抵押的,必须到土地所在地的原建设用地使用权登记机关办理抵押登记。抵押人有积极配合办理抵押登记的义务。

第 190 条 律师代办建设用地使用权抵押登记时需注意的要点

190.1 取得并向土地登记机构出具当事人的授权委托书,并按有关规定办理授权委托书的公证手续。

190.2 律师要认真审核上述材料是否齐全、真实,并在建设用地使用权抵押合同签署后 15 日内及时办理,律师对原件要妥善保管,办理完毕要及时归还当事人,以免因丢失承担责任。

第四节 建设用地使用权抵押权的实现

第 191 条 律师应告知委托人抵押权实现的条件

有下列情况之一的,抵押权人有权处分抵押的部分或全部建设用地使用权,直至偿还全部债务:

(1) 抵押人未按合同规定履行债务,又未能与抵押权人达成延迟履行协议的;

(2) 抵押人死亡或被依法宣告死亡,抵押人的继承人、受遗赠人、代管人拒不履行债务或无继承人、受遗赠人代其履行债务的;

(3) 抵押人被依法宣告解散或者破产的。

第 192 条 律师应告知委托人抵押权实现的方式

192.1 抵押权人可以以下列方式处分抵押的建设用地使用权:

(1) 委托中介机构出售;

(2) 委托政府指定的拍卖机构拍卖;

(3) 抵押合同约定的其他方式。

以建设用地使用权设定抵押的,抵押权人实现抵押权时,其权利及于建设用地使用权和地上建筑物、其他附着物。

192.2 在依法以建设用地使用权作抵押的担保纠纷案件中,债务履行期届满抵押权人未受清偿的,可以通过拍卖的方式将建设用地使用权变现。如果无法变现,债务人又没有其他可供清偿的财产时,应当对建设用地使用权依法评估。人民法院可以参考政府土地管理部门确认的地价评估结果,将建设用地使用权折价,经抵押权人同意,将折价后的建设用地使用权抵偿给抵押权人,建设用地使用权由抵押权人享有。

第193条 律师应告知委托人抵押权人实现抵押权过程中需注意的事项

193.1 抵押权人处分抵押的建设用地使用权时,应事先书面通知抵押人和利害关系人;抵押建设用地使用权为共有或出租的,还应同时书面通知共有人和承租人。共有人和承租人依法享有优先购买权。

193.2 抵押权人与抵押人在建设用地使用权抵押合同中约定,债务履行期届满抵押权人未受清偿时,建设用地使用权转移为抵押权人所有的内容无效。

第194条 律师应告知委托人抵押权处分的终止情形

194.1 抵押人履行了全部债务。

194.2 抵押人或抵押权人已就该抵押合同向人民法院提起诉讼。

第195条 律师应告知委托人处分抵押的建设用地使用权所得款项的分配顺序

195.1 支付处分抵押的建设用地使用权的费用。

195.2 扣除抵押建设用地使用权应缴纳的税款。

195.3 偿还抵押权人的债权本息及违约金。

195.4 剩余金额交还抵押人。

建设用地使用权是以划拨方式取得的,依法处分该建设用地使用权后,应从所得的价款中缴纳相当于应缴纳的建设用地使用权出让金的款项后,抵押权人方可优先受偿。

第五章
律师办理建设用地使用权出租业务的操作指引

第一节 对拟设定出租的建设用地使用权的调查与审核

第196条 律师应对拟设定出租的建设用地使用权提供前期土地权属调查

196.1 出租人是否已经领取建设用地使用权证。

196.2 建设用地使用权证的内容与土地登记机关的存档文件记载的内容是否一致。

196.3 出租人是否是国有土地使用证上载明的建设用地使用权人。

196.4 拟出租的建设用地使用权的取得方式。

196.5 出租以出让、转让方式取得的建设用地使用权,权利人是否履行了出让、转让合同约定的义务。

196.5.1 建设用地使用权人是否已经支付全部土地出让金或转让金。

196.5.2 是否已经按出让合同规定的期限和条件投资开发、利用土地。

196.6 出租以划拨方式取得的建设用地使用权,是否已按照国务院的规定,报有批准权的人民政府审批,签订出让合同,以出让方式取得的建设用地使用权出让合同中规定的出让年限减去已使用年限后的剩余年限是否长于出租期限。

196.7 出租以划拨方式取得的建设用地使用权,是否已按照国务院的规定,报有批准权的人民政府审批,签订出让合同,补交土地出让金或者有批准权的人民政府同意以出租所获收益抵交建设用地使用权出让金。

196.8 出租人以承租方式取得建设用地使用权的,是否具有合法的再出租的权利,包括是否具有出租他项权利证书,原出租合同是否允许再出租,或者再出租时是否获得了原出租人的同意。

196.9 拟出租的建设用地使用权是否存在地上建筑物、其他附着物,以及地上建筑物、其他附着物产权登记情况,建设用地使用权出租,地上建筑物、其他附着物随之出租。

196.10 拟出租的建设用地使用权及其地上建筑物、其他附着物是否已经出租。如已出租,不得再行出租。

196.11 拟出租的建设用地使用权及其地上建筑物、其他附着物有无已经设置抵押。如有,抵押人应书面告知承租人该建设用地使用权已抵押,如未书面告知,出租人对出租抵押物造成承租人的损失承担赔偿责任。

196.12 拟出租的建设用地使用权是否为多个主体共有。

196.13 凡需在签订建设用地使用权出租合同前征得他人同意的,该同意的意思表示应为书面形式。

196.14 审查拟出租的建设用地使用权有无禁止出租的情形。

196.14.1 司法机关和行政机关依法裁定、决定查封或者以其他方式限制建设用地使用权及其地上建筑物、其他附着物权利的。

196.14.2 已被国家有关机关依法收回建设用地使用权的。

196.14.3 权属有争议的。

196.14.4 未依法登记领取权属证书的。

196.14.5 以划拨方式取得的建设用地使用权,未按照国务院的规定,报有批准权的人民政府审批。

196.14.6 法律、行政法规规定禁止出租的其他情形。

196.15 审查拟出租的以划拨方式取得的建设用地使用权是否符合《城镇国有土地使用权出让和转让暂行条例》第45条规定的条件。

第 197 条　律师应提示委托人注意对方的主体资格

197.1　拟出租建设用地使用权的出租人属于有限责任公司、股份有限公司的,律师应当审查公司董事会、股东会审议同意出租的书面文件。

197.2　拟出租的建设用地使用权出租人属于国有公司的,律师应当审查政府主管部门的批准文件。

第 198 条　律师应提示委托人在出(承)租建设用地使用权时应注意的事项

198.1　出租人在签订租赁合同前应了解承租人使用土地的用途是否与出让合同中规定的用途一致。

198.2　承租人确需改变建设用地使用权出让合同规定的土地用途的,应要求出租人先行向所在地市、县人民政府土地管理部门申请变更土地用途,并按规定的审批权限经土地管理部门和城市规划部门批准,依照相关规定重新签订建设用地使用权出让合同,调整建设用地使用权出让金,并办理登记手续。在该手续办理完毕后,方可与出租人签订建设用地使用权租赁合同。

第二节　建设用地使用权出租合同

第 199 条　律师应告知委托人建设用地使用权出租合同的主要内容

建设用地使用权出租,应当订立书面形式的建设用地使用权出租合同,主要内容包括:

(1) 出租当事人的姓名或者名称、住所、联系方式;
(2) 建设用地使用权的坐落地点、面积、四至范围;
(3) 建设用地使用权证编号、建设用地使用权出让合同编号;
(4) 土地用途;
(5) 出租期限;
(6) 租金及其支付期限和方式;
(7) 出租当事人双方的权利义务;
(8) 优先购买权的约定;
(9) 租期届满后对承租人在租赁土地上新建建筑物是否给予补偿;
(10) 合同履行过程中发生不可抗力的处理;
(11) 出租登记事项办理;
(12) 违约责任;
(13) 争议的解决方式;
(14) 出租当事人约定的其他事项。

第 200 条　律师可向委托人提出保证建设用地使用权出租交易安全的建议

200.1　不要在合同中约定一次性缴纳承租期限内的全部租金,尽量约定年付租金的方式,以防止出租人在合同履行过程中单方解除合同而使承租人难以追回已付未到期租金。

200.2　在合同中一次性约定较长的租赁期限,以防止由于租赁期限过短导致在租期届满后出租人不再续签合同使承租人无法继续使用土地,而使承租人先期投入资金和预期商业利益遭受损失。

200.3　土地租赁可以分为短期租赁和长期租赁,短期租赁一般不超过 5 年,长期租赁最长不得超过国务院规定的建设用地使用权出让最高期限。

第三节　建设用地使用权出租登记

第 201 条　律师应提示出(承)租人办理登记

201.1　建设用地使用权和地上建筑物、其他附着物出租,未依照规定办理登记,出租行为无效。

201.2　在土地权利终止后 15 日内,应督促承租人或由出租人亲自持合同或者有关证明资料向土地管理部门申请注销登记。

第 202 条　律师代办建设用地使用权出租登记的注意要点

202.1　本指引中所涉及的建设用地使用权出租登记流程,专指承租人从国家土地管理部门直接承租建设用地使用权的情况。出让、划拨及出租获得的建设用地使用权再出租的情况,没有相关规范性文件规定其登记流程。

202.2　律师代办建设用地使用权出租登记或注销登记手续,要取得并向土地登记机构出具当事人的授权委托书,并按有关规定办理授权委托书的公证手续。律师要认真审核上述材料是否齐全、真实,并在建设用地使用权出租合同签署后 15 日内及时办理出租登记,律师对原件要妥善保管,办理完毕及时归还当事人,以免因丢失承担责任。

第六章
律师办理建设用地使用权投资合作业务的操作指引

第一节　对拟投资的建设用地使用权及投资合作项目的调查与审核

第 203 条　律师应对拟投资的建设用地使用权提供前期土地权属调查

203.1　投资方是否已经领取建设用地使用权证。

203.2 建设用地使用权证的内容与土地登记机关的存档文件记载的内容是否一致。

203.3 投资方是否是建设用地使用权证上载明的建设用地使用权人。

203.4 拟投资的建设用地使用权的取得方式。

203.5 以出让方式取得的建设用地使用权进行投资的,是否履行了出让合同约定的义务:

(1) 是否已经支付全部土地出让金;

(2) 是否已经按照出让合同约定完成相应的开发建设投资。

203.6 以出让方式取得的建设用地使用权的出让年限。

203.7 划拨方式取得的建设用地使用权进行投资合作,是否按照国务院的规定,报有批准权的人民政府审批。

203.8 以划拨方式取得的建设用地使用权进行投资合作,是否符合划拨供地项目目录。

203.9 拟投资的建设用地使用权是否存在地上建筑物、其他附着物,以及地上建筑物、其他附着物产权登记情况,以建设用地使用权进行投资、合作,地上建筑物、其他附着物应一并作出处理。

203.10 建设用地使用权及其地上建筑物、其他附着物是否已经出租。

203.11 拟投资的建设用地使用权及其地上建筑物、其他附着物有无设置抵押等他项权利,如有,投资合作应当首先取得他项权利人的同意。

203.12 凡需在以建设用地使用权投资前征得他人同意的,该同意的意思表示应为书面形式。

203.13 审查拟投资、合作的建设用地使用权有无下列投资合作障碍:

(1) 司法机关和行政机关依法裁定,决定查封或者以其他方式限制建设用地使用权及其地上建筑物、其他附着物权利的;

(2) 已被国家有关机关依法收回建设用地使用权的;

(3) 权属有争议的;

(4) 未依法登记领取权属证书的;

(5) 以划拨方式取得的建设用地使用权,未按照国务院的规定,报有批准权的人民政府审批;

(6) 法律、行政法规规定禁止投资、合作的其他情形。

第 204 条 律师应协助委托人对投资方及项目进行审查

204.1 主体是国有企业改制成立的公司,还是与私营资本或者外国投资合作成立的公司。

204.2 拟投资的建设用地使用权属于有限责任公司、股份有限公司的,律师应当审查公司董事会、股东会审议同意出资的书面文件。

204.3 拟出资的建设用地使用权属于国有或集体资产的,律师应当审查政府主管部门的批准文件。

204.4 以建设用地使用权投资与外商成立企业,应审查土地使用或者经营项目是否涉及国家安全、军事安全,是否符合外商投资政策。

204.5 审查投资合作项目是否符合划拨用地目录。

204.6 审查投资合作项目是否改变了土地用途,或者使用规划,如有改变,应提示当事人报请审批,并补交土地出让金或者土地使用费。

第二节 建设用地使用权投资合作合同

第205条 律师应告知委托人建设用地使用权投资合作合同的主要内容

以建设用地使用权进行投资、合作,应当订立书面形式的建设用地使用权投资、合作合同,律师应为委托人审查合同,合同除应具备一般投资合作合同应具备的条款外,还应具备以下有关建设用地使用权的内容:

(1) 建设用地使用权的坐落地点、面积、四至范围。

(2) 建设用地使用权获得方式和使用期限;是否需补交土地出让金,由哪一方补交。

(3) 建设用地使用权的规划用途和规划条件。

(4) 投资合作建设用地使用权的年限。

(5) 建设用地使用权投资、合作的作价。

(6) 建设用地使用权交付和验收的日期、交付方式。

(7) 该建设用地使用权上是否存在地上建筑物、其他附着物,及其处理方式。

(8) 报请政府审批的有关约定。

(9) 投资协议过程中遇政府征用土地的处理方式。

(10) 投资、合作土地在投资合作期间权属的转移。

(11) 投资、合作期满后土地权属及地上建筑物的处理。

(12) 投资、合作当事人约定的其他有关土地使用事项。

第206条 律师应提示委托人签订建设用地使用权投资合作合同的注意要点

206.1 关注拟投资合作的建设用地使用权的土地用途及土地规划条件。

206.1.1 投资合作人应了解使用土地的用途是否与出让合同中规定的用途一致。

206.1.2 投资合作人确需改变建设用地使用权出让合同规定的土地用途的,应依法办理变更手续。

206.2 律师应提示以土地作价出资的一方及时履行出资义务,将建设用地使用权转移至新公司名下并将土地交付使用,否则应承担出资不实的违约责任。

206.2.1 已办理土地过户手续但未交付土地。属于对出资义务的违反,构成了对公司利益和股东权益的事实上的侵犯。因此出资者应对公司和其他股东负违约责任,有补足出资的义务。同时,债权人在公司财产不足以清偿其债务时,亦有权诉请对此项土地强制执行。

206.2.2 已交付土地但未办理土地过户登记手续。在此种情况下,公司虽获得了土地占有和利用的实际财产利益,但这种占有和利用却未得到法律的肯定和保护,这种出资只是事实上的出资而非法律上的出资,也构成出资义务的不履行行为,因而,公司或其他股东有权要求该出资人履行土地登记过户的义务,而出资人拒绝登记,甚至以未办登记过户为由而要求收回土地的行为都是典型的恶意违约,当事人同样可通过诉讼程序诉请司法救济,请求强制登记过户。

206.2.3 既未交付土地,亦未办理土地过户手续。此种情况属于完全不履行土地出资义务的行为,此种行为在公司法上构成违法行为,并产生相应的法律责任,包括该股东继续出资的责任、其他股东或公司的发起人连带认缴的责任以及由此给公司造成损害的赔偿责任。不过,在此情况下,公司对出资人约定用于出资的土地既不存在事实上的控制,也不享有任何物权意义上的权利,因而不可能通过物权追及的诉讼而取得该土地的使用权,而只可通过债权诉讼获得救济。

第三节　投资合作中建设用地使用权的流转

第 207 条　公司成立时建设用地使用权的转移

207.1　公司成立时建设用地使用权需转移至新公司名下。

207.1.1　以建设用地使用权投资、合作成立公司的,建设用地使用权应转移到新公司名下。

207.1.2　建设用地使用权转移到新公司后,与该建设用地使用权有关的立项、规划等批准文件应办理相应的变更手续。

207.1.3　投资、合作项目利用土地,必须符合土地利用规划和城市规划,如有变化,应当经过土地行政主管部门和规划部门审批。

207.2　土地市场价格评估。律师应提示投资方,以建设用地使用权进行投资,应按照国家有关规定,由具有土地评估资格的评估机构通过合法程序评估,按提供土地时的市场价格作价确定。其评估结果须经县级以上人民政府土地管理部门确认。

207.3　建设用地使用权的转移过户。

207.3.1　投资合作中办理建设用地使用权转移手续应提交下列资料:

(1) 建设用地使用权证;

(2) 双方签订的《投资、合作协议》;

(3) 有关机关的批准文件;

(4) 土地价值评估报告;
(5) 土地提供方和新公司的营业执照文件;
(6) 变更建设用地使用权的申请;
(7) 要求提交的其他文件。

207.3.2 过户登记的审核时限和权证的领取:

(1) 律师应告知当事人:按规定登记机构应当自受理建设用地使用权转让登记申请之日起20日内完成审核。符合规定条件的,应当将转移事项记载于登记册,并通知受让人领取《建设用地使用权证》;不符合规定条件的,不予登记,并书面告知申请人。

(2) 领证时受让人(或代理人)需携带身份证件(原件)和已缴契税、手续费、登记费、印花税收据及受理时的收件收据(原件),仔细核对《建设用地使用权证》登记事项与申请登记事项是否一致。

207.3.3 律师代办登记。律师代办建设用地使用权转移登记手续,要取得并向土地登记机构出具当事人的授权委托书,并按有关规定办理授权委托书的公证手续。律师要认真审核上述材料是否齐全、真实,并在建设用地使用权转让合同签署后15日内及时办理。律师对原件要妥善保管,办理完毕及时归还当事人,以免因丢失承担责任。

第208条 投资合作终止时建设用地使用权的回转

208.1 土地投资方退出但合作企业并没有终止的。组成法人型联营体或者合伙型联营体的一方或者数方在联营期间中途退出联营的,如果联营体并不因此解散,应当清退退出方作为出资投入的财产。

208.2 合作企业清算、终止的。如果投资方希望在投资、合作终止后能够收回其投资的建设用地使用权,则应在投资、合作合同中对该事项作出明确约定。该等约定应包含如下内容:

(1) 投资、合作的清算。投资合作因合同到期、提前终止清算或者破产,股东均应办理包括建设用地使用权等资产债务的清算。

(2) 建设用地使用权回转。在投资合作到期或者提前清算、破产且处理完毕债务后,建设用地使用权属于股东可分配权利。如双方约定该权利回转投资方的,投资方在剩余土地使用期限内继续使用土地。建设用地使用权回转时仍应办理权属转移登记。

第四节 建设用地使用权投资合作常见问题处理

第209条 律师可提示委托人以国有划拨建设用地使用权作为股东出资的处理方式

209.1 如果以国有划拨建设用地使用权作为出资,必须到房地产管理局办理转让建设用地使用权申报、登记手续,申报登记时应提供下列文件的复印件:

(1) 建设用地(规划)许可证、建设用地批准书、土地权属证件及有关文件；
(2) 房屋所有权证；
(3) 经主管部门批准的项目可行性研究报告；
(4) 成立合资、合作企业的合同文本；
(5) 主管部门关于成立合资、合作企业的批复；
(6) 土地规划和利用设计条件。

209.2 经审查符合有关规定且手续齐备的，经批准后可依法签订或补签建设用地使用权出让合同，经国家土地管理部门按照法律规定进行审查评估，并由投资方按规定向国家土地管理部门缴纳建设用地使用权出让金，将该建设用地使用权的价值折成股本金后，方能作为股东的出资。

第 210 条 律师可提示委托人拟投资的土地或其附着物已经出租的处理

如地上建筑物、其他附着物已经出租，投资合作应先征得承租人的同意。能够解除的，进行投资合作时应由投资方解除租赁关系。租赁关系无法解除的，建设用地使用权及其地上建筑物、其他附着物进行投资后不应影响原租赁合同的效力，新的建设用地使用权人及其地上建筑物、其他附着物所有权人应当继续履行原租赁合同。如何处理租赁关系，投资合作合同中应该有相关约定。

第 211 条 律师可提示委托人处理合作开发房地产合同纠纷的注意事项

211.1 这里所称的合作开发房地产合同，是指当事人订立的以提供建设用地使用权、资金等作为共同投资，共享利润、共担风险合作开发房地产为基本内容的协议。实践中对合作开发房地产合同(下称"合同")性质的认定如下：

(1) 合同约定提供建设用地使用权的当事人不承担经营风险，只收取固定利益的，应当认定为建设用地使用权转让合同。
(2) 合同约定提供资金的当事人不承担经营风险，只分配固定数量房屋的，应当认定为房屋买卖合同。
(3) 合同约定提供资金的当事人不承担经营风险，只收取固定数额货币的，应当认定为借款合同。
(4) 合同约定提供资金的当事人不承担经营风险，只以租赁或者其他形式使用房屋的，应当认定为房屋租赁合同。

211.2 合作开发房地产利润分配纠纷的处理

211.2.1 投资数额超出合同的约定，对增加的投资数额的承担比例，当事人协商不成的，按照当事人的过错确定；因不可归责于当事人的事由或者当事人的过错无法确定的，按照约定的投资比例确定；没有约定投资比例的，按照约定的利润分配比例确定。

211.2.2 房屋实际建筑面积少于合同的约定，对房屋实际建筑面积的分配比例，当事人协商不成的，按照当事人的过错确定；因不可归责于当事人的事由或者当事人的过错无法确定的,按照约定的利润分配比例确定。

211.2.3 房屋实际建筑面积超出规划建筑面积,经有批准权的人民政府主管部门批准后,当事人对超出部分的房屋分配比例协商不成的,按照约定的利润分配比例确定。对增加的投资数额的承担比例,当事人协商不成的,按照约定的投资比例确定;没有约定投资比例的,按照约定的利润分配比例确定。

211.2.4 当事人违反规划开发建设的房屋,被有批准权的人民政府主管部门认定为违法建筑责令拆除,当事人对损失承担协商不成的,按照当事人过错确定责任;过错无法确定的,按照约定的投资比例确定责任;没有约定投资比例的,按照约定的利润分配比例确定责任。

211.2.5 合同约定仅以投资数额确定利润分配比例,当事人未足额交纳出资的,按照当事人的实际投资比例分配利润。

第六编
律师办理涉外土地法律业务操作指引

第一章
一 般 规 定

第 212 条 涉外土地法律业务的相关概念界定

212.1 本编所指的"外商投资房地产"中的"外商"即外国投资者,是指外国企业、机构和个人,以及具有中国法人资格的外商投资企业。涉及港澳台投资者的土地法律业务,参照对外国投资者的规定而适用本编的内容。

212.2 本编所指的"境外投资者",包括外国投资者和港澳台投资者。

212.3 本编所指"外商投资房地产企业"是指从事普通住宅、公寓、别墅等各类住宅、宾馆(饭店)、度假村、写字楼、会展中心、商业设施、主题公园等建设经营,或以上述项目建设为目的的土地开发或成片开发项目的外商投资企业。

第 213 条 本编的适用范围

213.1 本编主要适用于律师从事涉外土地业务中的非诉讼法律服务,主要包括律师为境外投资者投资的土地项目:草拟、审查、修改投资意向书、合同文本等相关法律文件;提供律师尽职调查等专项法律服务;参与谈判;出具法律咨询意见书等阶段性或全过程法律服务。

213.2 律师代理有关外商投资房地产法律业务的相关诉讼案件时,本操作指引具有相应的参考作用。

213.3　本编主要侧重对涉外土地法律业务的操作指引,未涉及的内容,可参照结合本操作指引第五编。

第 214 条　办理涉外土地法律业务主要法律依据

214.1　《中华人民共和国外资企业法实施细则》(以下简称《外资企业法实施细则》)。

214.2　《关于外商投资企业境内投资的暂行规定》。

214.3　《中华人民共和国外汇管理条例》(以下简称《外汇管理条例》)。

214.4　《外商投资项目核准暂行管理办法》。

214.5　《关于规范房地产市场外资准入和管理的意见》。

214.6　《关于贯彻落实〈关于规范房地产市场外资准入和管理的通知〉有关问题的通知》。

214.7　《关于进一步加强、规范外商直接投资房地产业审批和监管的通知》。

214.8　《关于外商收购境内建设用地使用权外汇登记有关问题的批复》。

214.9　《关于做好外商投资房地产业备案工作的通知》。

214.10　《关于外国投资者并购境内企业的规定》。

214.11　《关于规范房地产市场外汇管理有关问题的通知》。

214.12　《外商投资产业指导目录(2007 年修订)》。

第 215 条　外商投资房地产领域的分类规定

215.1　鼓励类项目。(外商投资房地产领域已经没有鼓励类项目)

215.2　限制类项目

215.2.1　土地成片开发(限于合资、合作)。

215.2.2　高档宾馆、别墅、高档写字楼和国际会展中心的建设、经营。

215.2.3　房地产二级市场交易及房地产中介或经纪公司。

215.3　禁止类项目:高尔夫球场的建设、经营。

第 216 条　商业存在原则

境外机构和个人在境内购买非自用房地产,其目的是用于出售、出租等经营活动,属于投资经营行为,根据《中华人民共和国中外合资经营企业法》、《中华人民共和国中外合作经营企业法》、《中华人民共和国外资企业法》等规定,应依法申请设立外商投资企业,并在核准的经营范围内开展经营活动。境外投资者未按照外商投资法律的规定取得《外商投资企业批准证书》和《营业执照》的,不得进行房地产开发和经营活动。

所以,境外投资者在中国投资房地产业,必须遵循商业存在原则,设立外商投资房地产公司。

第217条　项目公司原则

外商在中国境内从事房地产的开发和经营,申请设立房地产公司,必须遵循"项目公司"原则,即先取得建设用地使用权、房地产建筑物所有权,或者已经与土地管理部门、土地开发商、房地产建筑物所有人签订建设用地使用权或者房产权的预约出让、购买协议。如果上述条件不具备,审批部门则不予批准设立外商投资房地产公司。

第二章
境外投资者以出让方式取得建设用地使用权

第一节　外商参与建设用地使用权招标、拍卖、挂牌的特殊要求

第218条

取得建设用地使用权的方式主要有三种:出让、转让和划拨。其中,以出让方式取得建设用地使用权包括招标、拍卖、挂牌以及协议出让四种形式。一般情况下,外商是通过参与招标、拍卖、挂牌取得建设用地使用权的。

第219条

外商以出让方式取得国有建设用地使用权与境内企业、个人区别不大,依据《外汇管理条例》、《关于规范房地产市场外汇管理的通知》以及其他规范性文件的规定,外商参加境内土地管理部门组织的"招、拍、挂"出让建设用地使用权的特殊规定在于,外商需要申请开立"临时土地保证金账户"。

第220条　律师代理外商参与建设用地使用权"招、拍、挂"相关业务时的注意事项

220.1　临时土地保证金账户资金结汇须经外汇局逐笔核准,结汇用途仅限于购买建设用地使用权及地表附着不动产,具体审核材料由各地方外汇管理局根据实际情况规定。

220.2　外国投资者在已收购的建设用地使用权注册成立经济实体前,不得以该建设用地使用权在境内从事出租、转售、抵押贷款等经营活动。

220.3　外国投资者在支付土地保证金后,如未设立外商投资企业,应向外汇局申请关闭临时土地保证金账户,账户剩余资金及返还的土地保证金经外汇局批准可以汇出境外。

220.4　外国投资者汇入临时土地保证金账户的外汇资金可以作为日后外商投资企业设立后的外方出资(注册资金)。

第二节　外商取得建设用地使用权投资设立房地产开发企业

外商以出让方式取得国有建设用地使用权的,应当根据商业存在原则的要求,申

请设立外商投资房地产开发企业,律师在办理相关业务时应当注意以下方面。

第 221 条 对外商投资设立房地产企业的注册资本与投资总额要求

根据《关于中外合资经营企业注册资本与投资总额比例的暂行规定》、《城市房地产开发经营管理条例》、《关于规范房地产市场外资准入和管理的意见》、《关于贯彻落实〈关于规范房地产市场外资准入和管理的意见〉有关问题的通知》的相关规定,对外商投资设立房地产企业的注册资本和投资总额的要求,可以归纳为:

(1) 房地产开发企业的最低注册资本为 100 万元人民币(请注意各地方政府可能有更高要求),其他类房地产企业参照《公司法》及其他相关法律的规定,即独资企业最低注册资本为 10 万元;非独资企业最低注册资本为 3 万元。

(2) 投资总额在 300 万美元以下(含 300 万美元)的,其注册资本应不低于投资总额的 70%。

(3) 投资总额在 300 万美元至 420 万美元的,其注册资本不得低于 210 万美元。

(4) 投资总额在 420 万美元(含 420 万美元)以上的,其注册资本应不低于投资总额的 50%。

第 222 条 对外商投资设立房地产企业的投资回报要求

外商投资房地产企业的投资各方可以约定不按照出资比例分取红利(中外合资企业投资各方不得约定不按照出资比例分取红利),不得约定保证任何一方收取固定回报或者变相固定回报的条款。

第 223 条 对外商投资设立房地产企业外汇用汇的要求

根据《关于规范房地产市场外资准入和管理的意见》、《关于规范房地产市场外汇管理的通知》、《关于进一步加强、规范外商直接投资房地产业审批和监管的通知》的相关规定:

(1) 从 2006 年 9 月 1 日开始,境外机构和个人通过股权转让及其他方式并购境内房地产企业,或收购合资企业中方股权,必须以自有资金一次性支付全部转让款,否则外汇局不予办理转股收汇外资外汇登记。

(2) 外商投资房地产企业的中外投资各方,不得在合同、章程、股权转让协议以及其他文件中,订立保证任何一方固定回报或变相固定回报的条款,否则外汇局不予办理外商投资企业外汇登记或登记变更。

(3) 从 2007 年 5 月 23 日开始,外商投资房地产企业有以下两种情形的,也不能办理外汇结汇手续:① 未完成商务部备案手续的;② 未通过外商投资企业联合年检的。

第三章
外资并购境内房地产开发企业

第一节 境外投资者并购的一般要求

境外投资者并购境内房地产开发企业主要有两种方式：一是股权并购，即普遍意义上的项目公司股权转让；二是资产并购，即普遍意义上的项目转让。

第 224 条 对境外投资者并购境内房地产企业的转让金支付要求

境外投资者通过股权转让及其他方式并购境内房地产企业，须妥善安置职工，处理银行债务，并自外商投资企业营业执照颁发之日起3个月内以自有资金一次性支付全部转让金。

第 225 条 对境外投资者并购境内房地产企业转让主体的要求

对有不良记录的境外投资者，不允许其在境内进行上述股权并购和资产并购（项目转让）活动。

第 226 条 并购境内房地产企业的外国投资者的保证

投资者应提交履行《国有建设用地使用权出让合同》、《建设用地规划许可证》、《建设工程规划许可证》等保证函。

第 227 条 律师应提醒委托人，相关的审批、工商变更登记等手续，应按照《公司法》及相关要求办理。

第 228 条 返程投资应履行的审批程序

228.1 境内公司、企业或自然人以其在境外合法设立或控制的公司名义并购与其有关联关系的境内公司，应报商务部审批。

228.2 当事人不得以外商投资企业境内投资或其他方式规避前述要求。

第 229 条 境外投资者并购境内房地产企业的债权债务的处理

229.1 外国投资者做股权并购的，并购后所设外商投资企业承继被并购境内公司的债权和债务。

229.2 外国投资者做资产并购的，出售资产的境内企业承担其原有的债权和债务。

229.3 外国投资者、被并购境内企业、债权人及其他当事人可以对被并购境内企业的债权、债务的处置另行达成协议，但是该协议不得损害第三人利益和社会公共利益。

229.4 债权债务的处置协议应报送审批机关批准。

第 230 条 对境外投资者并购境内房地产企业的并购要求

外资并购需要设立外商投资房地产开发企业，或者需要将被并购企业变更为外商投资企业的，该外商投资房地产开发企业应当满足本编第二章第二节"对外商投资设立房地产开发企业的要求"。

第 231 条 以上是外商投资并购境内房地产开发企业过程中，外商作为并购主体需要特别注意的事项，其他需要注意的事项，请参照本操作指引第六编第三章的相关内容。

第二节 外资股权并购境内房地产开发企业的审批

第 232 条 外商投资股权并购境内房地产开发企业，应向具有相应审批权限的审批机关报送下列文件：

（1）被并购境内有限责任公司股东一致同意外国投资者股权并购的决议，或被并购境内股份有限公司同意外国投资者股权并购的股东大会决议。

（2）被并购境内公司依法变更设立为外商投资企业的申请书。

（3）并购后所设外商投资企业的合同、章程。

（4）外国投资者购买境内公司股东股权或认购境内公司增资的协议、股权购买协议。境内公司增资协议应适用中国法律，并包括以下主要内容：

① 协议各方的状况，包括名称（姓名）、住所、法定代表人姓名、职务、国籍等；

② 购买股权或认购增资的份额和价款；

③ 协议的履行期限、履行方式；

④ 协议各方的权利、义务；

⑤ 违约责任、争议解决；

⑥ 协议签署的时间、地点。

（5）被并购境内公司上一财务年度的财务审计报告。

（6）经公证和依法认证的投资者的身份证明文件或注册登记证明及资信证明文件。

（7）被并购境内公司所投资企业的情况说明。

（8）被并购境内公司及其所投资企业的营业执照（副本）。

（9）被并购境内公司职工安置计划。

（10）债权债务处置协议。

（11）资产评估机构对拟转让的股权价值或拟出售资产的评估结果。

（12）并购各方是否存在关联关系的说明。

（13）并购后所设外商投资企业的经营范围、规模、建设用地使用权的取得等，涉及其他相关政府部门许可的,有关的许可文件应一并报送。

第三节　外资资产并购境内房地产开发企业的审批

第 233 条　外商投资资产并购房地产开发企业(项目整体转让或土地转让),应向具有相应审批权限的审批机关报送下列文件:
（1）境内企业产权持有人或权力机构同意出售资产的决议。
（2）外商投资企业设立申请书。
（3）拟设立的外商投资企业的合同、章程。
（4）拟设立的外商投资企业与境内企业签署的资产购买协议,或外国投资者与境内企业签署的资产购买协议。资产购买协议应适用中国法律,并包括以下主要内容:
① 协议各方的状况,包括名称(姓名)、住所,法定代表人姓名、职务、国籍等;
② 拟购买资产的清单、价格;
③ 协议的履行期限、履行方式;
④ 协议各方的权利、义务;
⑤ 违约责任、争议解决;
⑥ 协议签署的时间、地点。
（5）被并购境内企业的章程、营业执照(副本)。
（6）被并购境内企业通知、公告债权人的证明以及债权人是否提出异议的说明。
（7）经公证和依法认证的投资者的身份证明文件或开业证明、有关资信证明文件。
（8）被并购境内企业职工安置计划。
（9）债权债务处置协议。
（10）资产评估机构对拟转让的股权价值或拟出售资产的评估结果。
（11）并购各方是否存在关联关系的说明。
（12）依照前款的规定购买并运营的境内企业的资产,涉及其他相关政府部门许可的,有关的许可文件应一并报送。

第四章
其他涉外土地法律业务

第一节　外商投资项目核准

第 234 条　外商投资项目核准权限
234.1　国务院核准权限。总投资 5 亿美元及以上的鼓励类、允许类项目和总投资

1亿美元及以上的限制类项目,由国家发展改革委员会对项目申请报告审核后报国务院核准。

234.2 国家发展改革委员会核准权限。总投资(包括增资额,下同)1亿美元及以上的鼓励类、允许类项目和总投资5000万美元及以上的限制类项目,由国家发展改革委员会核准项目申请报告。

234.3 地方发展改革部门核准权限。

234.3.1 总投资1亿美元以下的鼓励类、允许类项目和总投资5000万美元以下的限制类项目,由地方发展改革部门核准,地方政府根据实际情况划分各级地方政府的核准权限。

234.3.2 限制类项目只能由省级发展改革部门核准,其核准权不得下放。

第235条 外商投资项目核准范围

根据《核准办法》的规定,下列外商投资项目均需要进行核准:

(1) 外商投资新设中外合资、中外合作、外商独资企业;

(2) 外商并购境内企业;

(3) 外商投资企业增资,其中,增资项目的核准权限划分是以新增的投资额为准;

(4) 外商投资企业境内再投资;

(5) 外商投资企业申请其他新项目。

第236条 申请外商投资项目立项核准提交的文件、证件

外商投资立项核准应当提交项目申请报告及附件,包括如下文件及证件:

236.1 项目申请报告。项目申请报告应当包括以下内容:

(1) 项目名称、经营期限、投资方基本情况;

(2) 项目情况介绍(包括建设规模、主要建设内容及产品,采用的主要技术和工艺,产品目标市场,计划用工人数);

(3) 项目建设地点,对土地、水、能源等资源的需求,以及主要原材料的消耗量;

(4) 环境影响评价;

(5) 涉及公共产品或服务的价格;

(6) 项目总投资、注册资本及各方出资额、出资方式及融资方案,需要进口设备及金额;

236.2 项目申请报告的附件。项目申请报告的附件应当包括以下内容:

(1) 投资各方的企业注册证(中方:营业执照;外方:商务登记证);

(2) 经审计的最新企业财务报表(包括资产负债表、损益表和现金流量表);

(3) 开户银行出具的资金信用证明;

(4) 投资意向书;

(5) 银行出具的融资意向书;

(6) 省级或国家环境保护行政主管部门出具的环境影响评价意见书;

（7）省级规划部门出具的规划选址意见书；

（8）省级或国家国土资源管理部门出具的项目用地预审意见书；

（9）以国有资产或建设用地使用权出资的，需有相关主管部门出具的确认文件。

第二节 外商投资企业审批权限

国家对外商投资企业采取设立审批制，即设立或变更设立（并购）外商投资企业之前，应先报有权限的商务部门（对外经济贸易合作部门）审批，取得《外商投资企业批准证书》后，方可登记、注册、设立或变更设立外商投资企业。

外商投资新设、并购境内企业，以及转投资限制类外商投资产业的，均需要按照设立（变更）审批制的要求，取得《外商投资企业批准证书》；外商投资企业转投资鼓励类、允许类产业的，则不需要设立审批。

第237条 2009年3月5日之前的外商投资企业审批权限

237.1 商务部审批权限。投资总额1亿美元（含1亿美元，包括单次增资）以上的鼓励类、允许类；5000万美元以上的限制类项目的审批。

237.2 地方商务部门审批权限。投资总额1亿美元以下的鼓励类、允许类；5000万美元（含5000万美元，包括单次增资）以下的限制类项目的审批。

地方的审批权限按照各地的规定不同，划分的标准亦有所不同。

第238条 商资函[2009]7号对外商投资企业审批权限的变更

2009年3月5日，中华人民共和国商务部发布了《关于进一步改进外商投资审批工作的通知》（商资函[2009]7号），进一步改进了外商投资审批权限，主要体现在以下几个方面：

（1）原在商务部审核权限内的鼓励类且不需要国家综合平衡的外商投资企业设立、增资、合同/章程及其变更事项，均由省、自治区、直辖市、计划单列市、新疆生产建设兵团、副省级城市商务主管部门和国家级经济技术开发区审核。

（2）经商务部批准设立的外商投资企业，除由国家发展改革委员会核准的限额以上增资事项和控股权由中方向外方发生转移的股权转让事项外，其他变更事项均由地方商务主管部门审核。

（3）外国投资者和外商投资企业并购境内企业的，鼓励类、允许类并购交易额1亿美元及以下、限制类交易额5000万美元及以下的，由地方商务主管部门会同工商、税务、外汇等相关部门根据相关法律、法规规定和《关于外国投资者并购境内企业的规定》审核。

（4）扩大副省级城市商务主管部门和国家级经济技术开发区的外商投资审批权限，商务部此前下放至省级商务主管部门的审批管理事项，副省级城市商务主管部门和国家级经济技术开发区亦享有同等审批管理权限。

第 239 条 2009 年 3 月 5 日起外商投资企业的审批权限

239.1 商务部审批权限

239.1.1 投资总额 1 亿美元(含 1 亿美元)以上的鼓励类、需要国家综合平衡的。

239.1.2 投资总额 1 亿美元(含 1 亿美元)以上的允许类。

239.1.3 5000 万美元以上的限制类项目的审批。

239.1.4 投资总额(包括增资额,下同)1 亿美元及以上的鼓励类、允许类项目和投资总额 5000 万美元及以上的限制类项目的增资事项,以及控股权由中方向外方发生转移的股权转让事项。

不包括鼓励类、允许类并购交易额 1 亿美元、限制类交易额 5000 万美元,控股权不发生转变的。

239.2 地方商务部门审批权限。地方商务部门指省级商务主管部门、副省级城市商务主管部门和国家级经济技术开发区。

239.2.1 投资总额 1 亿美元以上的鼓励类且不需要国家综合平衡的。

239.2.2 投资总额 1 亿美元以下的允许类项目。

239.2.3 5000 万美元(含 5000 万美元)以下的限制类项目的审批。

239.2.4 除投资总额(包括增资额)1 亿美元及以上的鼓励类、允许类项目和投资总额 5000 万美元及以上的限制类项目中增资事项和控股权由中方向外方发生转移的股权转让事项以外的变更事项。

包括鼓励类、允许类并购交易额 1 亿美元、限制类交易额 5000 万美元,控股权不发生转变的。

第三节 外商投资企业境内再投资的审批

第 240 条 外商投资企业境内再投资鼓励类、允许类房地产领域的,不需要审批。

第 241 条 外商投资企业境内再投资限制类房地产领域的审批

241.1 外商投资企业在限制类领域投资设立公司,或者购买被投资公司股权的,应向被投资公司所在地省级外经贸主管部门(商务部门)提出申请,并应提供下列材料:

(1)外商投资企业关于投资的一致通过的董事会决议。

(2)外商投资企业的批准证书和营业执照(复印件)。

(3)法定验资机构出具的注册资本已经缴足的验资报告。

(4)外商投资企业经审计的资产负债表。

(5)外商投资企业缴纳所得税或减免所得税的证明材料。

（6）投资者签名、盖章的被投资公司的章程，章程应当载明下列事项：
① 公司名称和住所；
② 公司经营范围及产品国内外销售比例；
③ 公司注册资本；
④ 投资者的名称或姓名；
⑤ 投资者的权利和义务；
⑥ 投资者的出资方式和出资额；
⑦ 投资者转让出资的条件；
⑧ 公司的机构及其产生办法、职权、议事规则；
⑨ 公司的法定代表人；
⑩ 公司的解散事由与清算办法；
⑪ 投资者认为需要规定的其他事项。

241.2 省级外经贸主管部门（商务部门）接到上述申请后，按照被投资公司的经营范围，征求同级或国家行业管理部门的意见，并自收到被咨询部门同意或不同意的意见起 10 日之内，作出书面批复。

第四节 外商投资房地产企业备案

2008 年 7 月 1 日，商务部发布实施《关于做好外商投资房地产业备案工作的通知》，专门对外商投资房地产业备案工作进行规制。

第 242 条 外商投资房地产企业备案核对事项

省级商务主管部门需根据相关规定的要求对下述材料的合法性、真实性、准确性进行核对：

（1）公司提供的建设用地使用权、房地产建筑物所有权，或签订的建设用地使用权或房产权预约出让/购买协议等文件是否依法取得，真实有效，符合相关规定；

（2）投资设立（增资）的公司符合项目公司原则，投资（包括增资）仅限于经批准的单一房地产项目；

（3）公司注册资本占投资总额的比例不低于 50%；

（4）公司提供的材料证明外方股东不属于境内公司/自然人在境外设立的公司；公司各股东之间不存在关联关系，不属于同一实际控制人；

（5）公司中外投资各方未订立保证任何一方固定回报或变相固定回报的条款；

（6）项目投资依项目建设进度分期投入，公司提供了资金用途和分期投入的承诺。

第 243 条 外商投资房地产企业备案的效力

经商务部备案后，对完成备案的外商投资房地产企业名单予以公告。未经备案的外商投资房地产企业不予办理外汇登记等手续。并且,2007 年 5 月 23 日,商务部、国家外汇管理局《关于进一步加强、规范外商直接投资房地产业审批和监管的通知》还规定,外汇管理部门、外汇指定银行对未完成商务部备案手续的外商投资房地产企业,不予办理资本项目结售汇手续。

第七编
律师办理农村集体土地使用权业务操作指引

第一章
概　　述

第一节　农村集体土地的法律制度

第 244 条　集体土地是指农民集体所有的土地,也叫做劳动群众集体所有的土地。集体土地是我国土地所有制的一种形式。我国实行土地的社会主义公有制,土地的所有制形式包括国家所有(全民所有)和劳动群众集体所有两种形式。

第 245 条　法定形式
《中华人民共和国宪法》(以下简称《宪法》)第 10 条规定:"农村和城市郊区的土地,除由法律规定属于国家所有的以外,属于集体所有;宅基地和自留地、自留山,也属于集体所有。"
《土地管理法》规定:农村宅基地和自留地、自留山,属于农民集体所有。

第 246 条　集体土地的经营管理
246.1　农民集体所有的土地依法属于村农民集体所有的,由村集体经济组织或者村民委员会经营、管理。
246.2　已经分别属于村内两个以上农村集体经济组织的农民集体所有的,由村内各该农村集体经济组织或者村民小组经营、管理。
246.3　已经属于乡(镇)农民集体所有的,由乡(镇)农村集体经济组织经营、管理。

第 247 条　集体土地的征收和征用。国家为了公共利益的需要,可以依照法律规定对土地实行征收或者征用并给予补偿。

第 248 条　集体所有的土地可以由集体或者个人承包经营,从事农林牧渔生产。

第二节　耕地保护制度

第 249 条　耕地是我国最重要的自然资源。我国实行最严格的耕地保护制度,特别是采取追究刑事责任的办法,确保耕地数量的相对减少。耕地的保护制度是指我国《宪法》、《土地管理法》、《中华人民共和国刑法》(以下简称《刑法》)及其实施条例等一系列有关耕地管理的法律、法规的总称。

我国《刑法》规定了非法占用耕地罪。它是指违反土地管理法规,非法占用耕地改作他用,数量较大,造成耕地大量毁坏的行为。

249.1　违反土地管理法规,是指违反了《土地管理法》、全国人大常委会《关于修改〈中华人民共和国土地管理法〉的决定》、《中华人民共和国土地管理法实施条例》(以下简称《土地管理法实施条例》)、《土地复垦规定》、《关于制止农村建房用地的紧急通知》、《基本农田保护条例》、《国家建设征用土地条例》、《中华人民共和国水土保持法》(以下简称《水土保持法》)和《中华人民共和国农业法》(以下简称《农业法》)等与土地管理相关的法律、法规。

249.2　非法占用耕地,是指未经法定程序审批、登记、核发证书、确认土地使用权,而占用耕地的行为。通常表现为:

(1) 未经批准占用耕地,即未经国家土地管理机关审理核查,并报经人民政府批准,擅自占用耕地的;

(2) 少批多占耕地的,即部分耕地的占用是经过合法批准的,但超过批准的数量,且多占耕地的数量较大的;

(3) 骗取批准而占用耕地的,主要是以提供虚假文件、谎报用途或借用、盗用他人的名义申请等欺骗手段取得批准手续而占用耕地,且数量较大的。

249.3　改作他用,是指改变耕地的种植用途而作其他方面使用,诸如开办企业、建造住宅、筑路、采石、采矿、采土、采河倾倒废物等。

249.4　征用农村集体土地的审批权限

(1) 基本农田、基本农田以外的耕地超过 35 公顷、其他土地超过 70 公顷的,由国务院批准。

(2) 征用上述规定以外的土地,由省、自治区、直辖市人民政府批准,并报国务院备案。

(3) 违反上述有关土地管理的审批程序或所规定的数量而多征、使用耕地的行为,就是违反土地管理法的非法占用耕地的行为。

249.5　司法实践中也可根据当时当地耕地面积的大小、质量优劣的状况等情况,综合衡量非法占用耕地的数量是否较大。

249.6 造成耕地大量毁坏,是指非法占用耕地导致耕地种植功能基本丧失,如造成土地板结、沙化、盐渍化、水土严重流失、土壤肥力消失等。

249.7 非法占用耕地罪的主体可以是自然人,也可以是单位。

249.8 法律禁止任何单位或者个人非法占用耕地。但是,任何单位或者个人可以在不违反有关耕地保护管理制度和通过正常的审批程序的前提下,依法占有耕地,享受对耕地的使用权,并接受国家的统一管理和监督。

249.9 农村村民住宅用地,经乡(镇)人民政府审核,由县级人民政府批准;其中,涉及占用农用地的,由省、自治区、直辖市人民政府批准。凡违反该程序私自占用数量较大耕地的居民,均可构成非法占用耕地罪。

249.10 单位非法占用耕地,主要是指单位在国家建设用地、本单位发展建设和乡(镇)村建设用地过程中,违反土地管理法规,非法占用耕地改作他用,数量较大,造成耕地大量毁坏的行为。这里的单位,既包括国有的公司、企业、事业单位,也包括集体所有的公司、企业、事业单位以及合资或独资、私人所有的公司、企业以及国家各级权力机关、行政机关、审判机关、检察机关、人民团体和社会团体。

249.11 行为人非法占用耕地的动机多种多样,但不影响犯罪构成。对非法占用耕地罪的,处5年以下有期徒刑或者拘役,并处或者单处罚金。

第三节 基本概念界定

第 250 条

250.1 农用地,是指直接用于农业生产的土地,包括耕地、林地、草地、农田水利用地、养殖水面等。

250.2 地产权,指存在于土地之上的排他性完全权利,是有关土地财产的一切权利的总和。

土地产权的构成包括土地所有权、土地使用权、土地租赁权、土地抵押权、土地继承权、地役权等多项权利。

250.3 土地的用益物权,是指权利人依法对他人的不动产或者动产享有占有、使用和收益的权利。比如土地承包经营权、建设用地使用权、宅基地使用权。

250.4 农村宅基地使用权,是指农村村民建造房屋时依法提出申请,经批准后取得的宅基地使用权。

250.5 农村土地承包经营权,是指公民、法人依法对集体所有的或国家所有而由集体使用的土地按照法律规定和法定期限,通过与发包人签订承包合同的方式所取得的占有、使用、收益的权利。

250.6 权利流转,指拥有某项权利的主体依法将其全部或部分权利通过转让、出租、入股等方式让与他人,是民事权利的转移。

250.7 集体土地的征收和征用。

250.7.1 土地征收,是指国家为了公共利益的需要,依法将集体所有土地转为国家所有并给予补偿的行为。

250.7.2 土地征用,是指国家为了公共利益的需要,依法强制使用集体土地,在使用完毕后再将土地归还集体的一种行为。

250.7.3 两者都是为了公共利益需要,都要经过法定程序,都要依法给予补偿。但这两个概念的区别也是很明显的。

250.8 土地用途管制制度是《土地管理法》确定的加强土地资源管理的基本制度。通过严格按照土地利用总体规划确定的用途和土地利用计划的安排使用土地,严格控制占用农用地特别是耕地,实现土地资源合理配置,合理利用,从而保证耕地数量稳定。

250.8.1 各类非农建设占用耕地,要严格按土地利用总体规划和年度计划供地,严格把好农用地转用、土地征用审批关,严格执行耕地"占一补一"的补偿制度,严格依法征地和执行征地补偿安置制度。

250.8.2 土地利用规划是实施用途管制的依据,而用途管制是落实土地利用规划的手段和措施。

250.9 城中村,是指在城市发展的进程中,由于农村土地全部或部分被征收,农村集体成员由农民身份转变为居民身份后,仍居住在原村落,同时又被城市所包围的一种状态。

第二章
农村集体建设用地

第 251 条　法律依据

251.1 《土地管理法》。

251.2 《关于深化改革严格土地管理的决定》。

251.3 《关于 2005 年深化经济体制改革的意见》。

第一节　农村集体建设用地使用权

第 252 条　取得条件

252.1 乡(镇)村公共设施、公益事业基本建设用地。

252.1.1 农村集体经济组织可依法对用于本集体经济组织公益性活动的非农用

地享有土地使用权。

252.1.2 农村集体经济组织依法设立的学校等公益性组织也可对用于其从事公益性活动的非农用地享有土地使用权。

252.2 农村兴办的乡(村)企业或联营企业用地。

252.3 根据《担保法》,使用农村集体用地抵押权实现的时候,可以允许使用农村土地。

252.4 农民宅基地。

第253条 操作提示

253.1 根据我国现行的《土地管理法》,使用农村集体土地,法律规定只有上述四种情况是合法使用农村土地的形式。除此以外,都是国家现行法律不允许的。

253.2 目前有的地方性法规已经打破这一局面,实际操作中要具体问题具体分析。

第254条 集体土地使用权的终止。法定终止情况有:

(1) 国家征用集体所有土地的。

(2) 乡(镇)村公共设施和公益事业建设需要收回集体土地使用权的。

(3) 用地者撤销、迁移等而停止使用集体土地的。

(4) 用地者违法或违约被集体土地所有者收回土地使用权的。例如,依据《土地管理法》第37条的规定,承包土地的单位或者个人连续两年弃耕抛荒的,原发包单位应当终止承包合同,收回发包的土地。

第255条 操作提示

255.1 因上列第一种情形终止集体土地使用权的,集体经济组织应将其获得的征地补偿安置费,按照有关法律、行政法规的规定支付给原集体土地使用权人作为补偿,或者以其他方式对原集体土地使用权人进行补偿安置。

255.2 因上列第二种情形终止集体土地使用权的,由农村集体经济组织对原集体土地使用权人给予适当的补偿。土地承包经营权的终止情形及法律后果,还应依据农村土地承包法的规定确定。

第256条 乡(镇)建设用地使用原则

256.1 应当符合乡(镇)土地利用总体规划。乡(镇)土地利用总体规划是村庄、集镇及其他村镇设施建设用地的最高规划,一切乡村建设都必须服从。按照《土地管理法》的规定,乡(镇)土地利用总体规划将划分土地利用区,根据土地使用条件,确定每一块土地的用途,并予以公告。乡镇企业、乡(镇)村公共设施、公益事业和农村村民建住宅,都应当使用土地利用总体规划的村庄和集镇建设用地区域内的土地,农村道路、水利设施等需要使用村庄和集镇建设用地区域外的土地的,应当符合土地用途的要求,否则将被视为违反土地利用总体规划,是不允许的。

256.2 符合土地利用年度计划。国家将每年下达土地利用年度计划,控制建设用地的总量,乡镇企业、乡(镇)村公共设施、公益事业、农村村民建设住宅,也不能突破土地利用年度计划确定的控制指标。

256.3 符合村庄和集镇规划。根据国务院颁布的《村庄和集镇规划建设管理条例》的规定,村庄是指农村村民居住和从事各种生产的聚居点,集镇是指乡、民族乡人民政府所在地和经县级人民政府确认的由集市发展而成的,作为农村一定区域经济、文化和生活服务中心的非建制镇。在村庄和集镇规划建设区内的建设都应当服从村庄和集镇规划,并取得村庄和集镇规划行政主管部门的同意,方可申请用地。

256.4 坚持合理布局,综合开发,配套建设。

256.4.1 合理布局,是指通过土地利用总体规划、村庄和集镇规划对各项设施的用地进行合理安排,使土地利用趋于合理,提高土地利用率,改善村庄和集镇的功能。

256.4.2 综合开发,是指村庄、集镇建设用地区内,乡镇企业、乡(镇)公共设施、公益事业和农村住宅建设应当由乡(镇)村统一组织开发,统一安排用地,主要利用现有建设用地。

256.4.3 配套建设,是指农村的住宅与公共设施、公益设施等应当同步建设,使其能发挥村庄和集镇应有的功能,方便生活,改善环境,形成完善的生产和生活服务体系。

256.5 涉及农用地的,依法办理农用地转用和用地审批。乡镇企业、乡(镇)村公共设施、公益事业和农村村民建住宅必须依法办理建设用地审批手续,涉及占用农用地的,还必须办理农用地转用审批。

第二节 农村集体建设用地使用权的流转

第257条 常见的流转形式

257.1 以建设用地使用权为条件的联营和入股。

257.1.1 农村集体经济组织可以通过符合乡(镇)土地利用总体规划的非农经营用地使用权作价入股或出资及联营的形式与其他单位、个人设立公司、合伙等企业,土地使用权由该企业享有,由此产生农地使用权的流转。但属于非法人联营企业的,土地使用权仍由该集体经济组织享有。

257.1.2 非上述农村集体经济组织投资设立的企业,不得申请取得或者继受取得非农经营用地使用权,应依法取得或者继受取得国有土地使用权。

257.2 以集体建设用地使用权为条件的房屋出租

257.2.1 农村经济组织一方自行申报用地建设的各项手续,自行建造或由承租方出资建造房屋,将房屋及其场地使用权租给承租人使用。出资方先注入资金启动土地拆迁、平整工作,农村集体经济组织一方则负责申报用地手续取得规划用地许可权,从而以此为条件,由出资一方盖好房屋,产权不变,此类房屋承租年限较长,一般期满后续租。租赁期满,如双方不再续租,则出资盖房一方腾退房屋交还场地使用权。

257.2.2 操作提示

(1) 以房屋租赁方式流转农村土地使用权的应当是非农建设用地;

(2) 房屋不能是违章建筑,否则,占用农地兴建违章建筑出租为法律所禁止。

257.3 以集体房屋场地同时作为抵押所导致的流转。

257.3.1 农村经济组织根据《担保法》的规定,以其所有的房屋作抵押,当抵押期满后,抵押权人依法行使抵押权,将房屋连同相应的土地使用权变更到自己名下,从而产生农村集体土地使用权的流转。

257.3.2 操作提示

(1) 被抵押的房屋应当具备规划和建设用地的各项手续;

(2) 应当在政府主管部门办理抵押登记手续;

(3) 多次抵押的,其抵押总额一般不应超过房屋价值,当事人有约定的除外;

(4) 此种流转一般要改变土地性质,由农村集体所有变为国有。

257.4 农村经济组织与他人联营、入股的企业发生破产清算,导致集体建设用地使用权流转的。

257.5 城中村改造中与他人联建房屋所发生的集体建设用地流转。

257.6 地方性法规允许的农村集体建设用地公开"招、拍、挂"所发生的流转。

257.7 操作提示

257.7.1 当承租和出租的不是农村现有房屋场地,而是正在新建、改扩建后的房屋租赁时。应注意:

(1) 只有当用地、建房手续齐全,工程竣工,房屋租赁合同才可履行,否则可能意味着合同自始至终无效或不能继续履行。

(2) 合同履行前期出资方(一般是承租人)的风险较大,其应对用地项目的审批情况认真考察,审慎抉择。出租方则要考虑如遇国家征地拆迁,出租收益与拆迁补偿的利益平衡问题,应在合同条款中约定清楚相关补偿的归属,避免事后发生冲突。

257.7.2 当出现上述257.3、257.4、257.5 情形下的流转时,目前大部分城市是先将农村集体土地征为国有,然后由土地使用人(非农村集体经济组织一方)签订国有土地使用权出让转让协议,从而完成土地使用权的各项手续。

257.7.3 律师在处理不同地区的涉农土地业务时,要注意不同地方的法律规范性文件,因地制宜,灵活掌握。

(1) 目前出现的农村集体建设用地直接进入一级市场,公开进行"招、拍、挂"的地方性试点情况,有地方法规为依据,虽然也是农村集体土地使用权的流转,但并不发生土地所有权性质的改变。

(2) 对出现的农村集体建设用地使用权流转后不改变农村集体所有性质的,应注意集体成员和相应的集体组织之间的关联性和共有关系、权利的承继问题。

第三节 非农建设用地

第 258 条 非农用地使用权人的权益及法律适用

258.1 对土地享有占有权、使用权,其收益权适用有关公司法、合伙企业法、合同法的规定。

258.2 对法律没有禁止性规定的,依约定处置。

258.3 非农建设用地使用权不得转让、出租,但因企业破产、兼并、分立等情形致使土地使用权依法发生转移的除外。

258.4 因企业破产、兼并、分立等情形致使土地使用权流转时,继受取得土地使用权的企业不属于本农村集体经济组织投资设立的企业的,应办理国家土地征用和国有土地出让手续,向国家上缴土地使用权出让金。这样,破产、兼并、分立后继受取得土地使用权的企业取得国有出让土地使用权。

258.5 非农建设用地使用权可与厂房一同设定抵押。

258.5.1 设定抵押须经集体土地所有者同意,并出具书面证明。

258.5.2 抵押权实现拍卖、变卖抵押物时,须办理国家土地征用和国有土地出让手续。

258.5.3 拍卖、变卖所得价款,应先扣除征地补偿安置费付给集体土地所有者(集体土地所有者在同意抵押证明中放弃此项权利的除外),并扣除出让金上缴国家,余额依《担保法》规定处置。

第 259 条 使用农村集体土地的用地预申请

259.1 在土地利用总体规划确定的城市建设用地范围外,单独选址的建设项目使用农村集体土地的,建设单位应当向土地所在地的市、县人民政府土地行政主管部门提出用地申请。建设单位提出用地申请时,应当填写《建设用地申请表》,并附相应的材料。

259.2 市、县人民政府土地行政主管部门对材料齐全、符合条件的建设用地申请,应当受理,并在收到申请之日起 30 日内拟订农用地转用方案、补充耕地方案、征用土地方案和供地方案,编制建设项目用地呈报说明书,经同级人民政府审核同意后,报上一级土地行政主管部门审查。

259.2.1 农用地转用方案,应当包括占用农用地的种类、位置、面积、质量等。

259.2.2 补充耕地方案,应当包括补充耕地或者补划基本农田的位置、面积、质量,补充的期限,资金落实情况等,并附相应的图件。

259.2.3 征收土地方案,应当包括征收土地的范围、种类、面积、权属,土地补偿费和安置补助费标准,需要安置人员的安置途径等。

259.2.4 供地方案,应当包括供地方式、面积、用途、土地有偿使用费的标准、数额等。

(1) 建设只占用国有农用地的(如国有农场),市、县人民政府土地行政主管部门只需拟订农用地转用方案、补充耕地方案和供地方案。

(2) 建设只占用农村集体所有建设用地的,市、县人民政府土地管理部门只需拟订征收土地方案和供地方案。

259.2.5 建设项目用地呈报说明书。建设项目用地呈报说明书应当包括项目用地安排情况、拟使用土地情况等,并应附下列材料:

(1) 经批准的市、县土地利用总体规划图和分幅土地利用现状图,占用基本农田的,还应当提供乡级土地利用总体规划图;

(2) 由建设单位提交的、有资格的单位出具的勘测定界图及勘测定界技术报告书;

(3) 地籍资料或者其他土地权属证明材料;

(4) 以有偿方式供地的,还应当提供草签的土地有偿使用合同及说明和有关文件;

(5) 为实施城市规划和村庄、集镇规划占用土地的,还应当提供城市规划图和村庄、集镇规划图。

259.3 建设用地审查。有批准权的人民政府土地行政主管部门应当自收到上报的农用地转用方案、补充耕地方案、征用土地方案和供地方案并按规定征求有关方面意见后30日内审查完毕。

259.3.1 建设用地审查应当实行土地行政主管部门内部会审制度。

259.3.2 农用地转用方案、补充耕地方案、征用土地方案和供地方案经有批准权的人民政府批准后,同级土地行政主管部门应当在收到批件后5日内将批复发出。

259.3.3 未按规定缴纳新增建设用地土地有偿使用费的,不予批准建设用地。

259.4 方案的组织实施。经批准的农用地转用方案、补充耕地方案、征收土地方案和供地方案,由土地所在地的市、县人民政府组织实施。

259.4.1 建设项目补充耕地方案经批准下达后,在土地利用总体规划确定的城市建设用地范围外单独选址的建设项目,由市、县人民政府土地行政主管部门负责监督落实。

259.4.2 在土地利用总体规划确定的城市和村庄、集镇建设用地范围内,为实施城市规划和村庄、集镇规划占用土地的,由省、自治区、直辖市人民政府土地行政主管部门负责监督落实。

259.4.3 在土地利用总体规划确定的城市建设用地范围内,为实施城市规划占用土地的,经依法批准后,市、县人民政府土地行政主管部门应当公布规划要求,设定使用条件,确定使用方式,并组织实施。

第260条 操作提示

260.1 建设项目用地预审文件有效期为两年,自批准之日起计算。

260.2 已通过用地预审的项目,如需对土地用途、建设项目选址等进行重大调整,应重新申请预审。

260.3 除基础设施项目按照政府有关部门关于加快基础设施项目前期工作有关的规定执行外,其他建设项目在审批或核准前,应依照本办法规定完成预审,未经预审或未通过预审的,不得批准或核准建设项目,不得办理农用地转用、土地征收、供地等手续。

第261条 建设单位的用地预审申请的程序要求

261.1 属于政府投资审批类项目的办理程序:

261.1.1 项目建议书和可行性研究报告分开审批的,按照以下程序办理:

(1)向发展改革行政主管部门申请,请求其受理并审查建设单位申报的项目建议书(立项报告);

(2)发展改革行政主管部门书面征求规划行政主管部门的规划意见,规划行政主管部门回复发展改革行政主管部门规划意见;

(3)发展改革行政主管部门批复项目建议书,其中应明确规划行政主管部门确定的建设项目用地有关性质、规模和布局等意见;

(4)建设单位持项目建议书(立项)批复等材料向国土资源行政主管部门提出用地预审申请。

261.1.2 项目建议书和可行性研究报告合并审批的,按照以下程序办理:

(1)向发展改革行政主管部门申请,请求其受理并审查建设单位申报的项目建议书(代可行性研究报告)或核准材料,领预审告知单;

(2)发展改革行政主管部门书面征求规划行政主管部门的规划意见,规划行政主管部门回复发展改革行政主管部门规划意见;

(3)发展改革行政主管部门向建设单位核发项目办理用地预审告知单,其中应明确规划行政主管部门确定的建设项目用地有关性质、规模和布局等意见;

(4)建设单位持项目告知单等材料向国土资源行政主管部门提出用地预审申请。

261.2 属于非政府投资核准类的建设项目办理的程序同上(261.1.2)。

261.3 属于非政府投资备案类的建设项目,按照以下程序办理:

261.3.1 发展改革行政主管部门受理并对建设项目进行备案,核发项目备案表;

261.3.2 建设单位持项目备案表向规划行政主管部门申请规划意见书;

261.3.3 规划行政主管部门核发规划意见书。

第262条 建设用地单位申请用地预审,应提交下列材料:

262.1 建设项目用地预审申请表;

262.2 建设项目用地预审申请报告;

262.3 需审批的建设项目,按下列要求提供:

(1) 项目建议书(立项报告)和可行性研究报告分开审批的,提供项目建议书及其批复、可行性研究报告;

(2) 项目建议书和可行性研究报告合并审批的,提供发展改革行政主管部门核发的项目办理用地预审告知单和项目建议书(代可行性研究报告);

(3) 需核准的建设项目,提供发展改革行政主管部门核发的项目办理用地预审告知单;

(4) 需备案的建设项目,提供发展改革行政主管部门核发的项目备案表和规划行政主管部门核发的规划意见书。

第263条 用地预审的办理程序包括:

(1) 申请和受理,由建设单位向国土资源行政主管部门提出申请。

(2) 审查和决定,国土资源行政主管部门对用地单位的申请依法进行审查。

(3) 期限,国土资源行政主管部门应自受理预审申请之日起20个工作日内完成审查工作。在20个工作日内不能完成的,经国土资源行政主管部门行政负责人批准,可以延长10个工作日,并应将延长期限理由告知申请人。

第264条 用地预审的主要内容

264.1 建设项目用地选址是否符合土地管理法律、法规规定的条件,是否符合土地利用总体规划;

264.2 建设项目是否符合国家供地政策;

264.3 建设项目用地标准和总规模是否符合有关规定;

264.4 占用耕地的建设项目,补充耕地初步方案是否可行,资金是否有保障。

第265条 城市规划区内集体所有的土地出让,应具备的法定条件

265.1 由国家先行征收;

265.2 先转让给国家;

265.3 经集体土地所有者同意;

265.4 经集体经济组织2/3以上的成员同意。

第三章
农村宅基地

第266条 主要法律依据

266.1 《确定土地所有权和使用权的若干规定》。

266.2 《国务院办公厅关于加强土地转让管理严禁炒卖土地的通知》。

266.3 《最高人民法院关于贯彻执行民事政策法律若干问题的意见》。

266.4 《村镇建房用地条例》。

第 267 条　宅基地使用权范畴

267.1 宅基地使用权人对宅基地享有占有权、使用权、收益权和有限制的处分权。

267.2 宅基地使用权纠纷,是民事主体之间就宅基地使用权产生的确权纠纷或侵权纠纷。

267.3 律师可代理当事人采取的处理方式。

267.3.1 协商解决。只要当事人同意协商,既可以在诉讼之前协商解决,也可在诉讼期间或诉讼后协商解决。

267.3.2 行政解决。即根据《土地管理法》第 16 条第 2 款的规定请求有关政府机关予以解决。这是一个法定的前置程序。享有宅基地使用权的一方当事人,如果未经有关政府确权,不能以对方当事人侵权为由向人民法院提起民事诉讼,人民法院也不能受理。

267.3.3 诉讼解决。根据《行政复议法》和《土地管理法》的规定,当事人之间就宅基地使用权确权纠纷,如果一方或者双方对政府的处理决定不服,可以申请行政复议,或者在收到政府的处理决定通知之日起 30 日内,直接向人民法院提起行政诉讼。申请行政复议的,当事人对行政复议决定不服,还可以依法向人民法院提起行政诉讼。

第 268 条　操作提示

268.1 处理农村宅基地确权纠纷,应参考宅基地历史状况、现实使用状况、原有的地基、界石等证据来综合分析判断,并依据法定程序办理确权手续。

268.2 处理农村宅基地侵权纠纷,应以宅基地权属证明(宅基地使用证)作为侵权判断主要依据,如无权属证明的,应先解决权属问题。

第四章
农村土地承包经营权

第 269 条　主要法律依据

269.1 《中华人民共和国农村土地承包法》。

269.2 《农业部农村土地承包经营权流转管理办法》。

269.3 《中华人民共和国农村土地承包经营权证管理办法》。

269.4 《最高人民法院关于审理涉及农村土地承包纠纷案件适用法律问题的解释》。

第一节 土地承包经营权

第270条 取得的方式和途径

270.1 原始取得。家庭承包经营的土地是当前维系农民与集体、农业与工业、农村与城市的最重要的纽带,是政府能够借以影响和控制农村、确保其政策被执行的工具,是农民就业、生存的保障体制,也是当前农民增加收入的主要途径。

原始取得主要指集体经济组织的成员或本集体经济组织以外的单位或个人,通过依法订立承包合同所取得的土地承包经营权。

270.2 流转取得及其途径。

270.2.1 当事人通过签订承包经营权的转包合同取得。

270.2.2 当事人通过转让合同,从原始承包人那里得到土地承包经营权。

270.2.3 当事人通过出租合同,从原始承包人那里得到土地承包经营权。

270.2.4 当事人通过入股合作合同,从原始承包人那里得到土地承包经营权。

第271条 对承包合同制度的保护

271.1 承包期内,发包方一般不得收回承包地。依法收回承包地的,承包方对其在承包地上的投入而提高土地生产能力的,有权获得相应的补偿。

271.2 承包期内,发包方一般不得调整承包地。

271.3 因自然灾害严重毁损承包地等特殊情形,而对承包地作个别调整的,承包土地的调整方案,必须经村民会议2/3以上成员,或者2/3以上村民代表同意,并须经乡(镇)人民政府和县级人民政府农业行政主管部门批准。

承包合同约定不得调整的,按照其约定。

第272条 土地承包经营权流转

272.1 一般方式为:转包、转让、出租、入股、互换。

272.2 其他方式的承包

272.2.1 荒山、荒沟、荒丘、荒滩等可以直接通过招标、拍卖、公开协商等方式实行承包经营。

(1)以招标、拍卖方式承包的,承包费通过公开竞标、竞价确定;

(2)以公开协商等方式承包的,承包费由双方议定;

(3)无论哪种承包经营,均要签订承包合同。

272.2.2 将整片土地承包经营权作价折股,分配给本集体经济组织成员后,再实行承包经营或者股份合作经营。

第二节 农村土地承包经营权的具体流转

第 273 条 流转的法定形式

273.1 转包,是指承包方将承包的土地转承包给新承包方,原承包方为转包人,新承包方为受让人。土地转包后由受让人继续享受和履行承包合同规定的权利和义务,并向转包人提供一定数量的转包费。转包需经发包方备案,但不必经发包方同意。

转包只适用于家庭承包的情形。

273.2 出租,是指承包方将土地租赁给其他公民、法人或者其他组织使用,由承包方向出租方交纳租金,只需发包方备案即可进行。

承包方在一定期限内将部分或者全部土地承包经营权转包或者出租给他人后,转包人或者出租人并不退出土地承包合同,承包方与发包方的关系不变,由承包方直接向发包方承担义务。

273.3 互换,承包方之间为方便耕种或者各自需要,可以对属于同一集体经济组织的土地承包经营权进行互换。互换是一种互易合同。互易后,互换的双方取得对方的土地承包经营权,丧失自己的原土地承包经营权。双方农户达成互换合同后,还应与发包人变更原土地承包合同。

273.3.1 双方互换的,不必经发包人同意,但互换合同应经发包人备案。

273.3.2 互换未经登记,不得对抗善意第三人。

273.4 入股,是指将农地量化股份,把土地承包经营权转化为股权,实行股份合作制经营的一种流转方式。

我国现行法律只是把入股当作"四荒"土地承包经营权的法定流转方式之一,对于家庭承包的土地承包经营权并未赋予这种法定地位。

273.5 转让,是指土地承包经营权人将其拥有的未到期的土地承包经营权以一定的方式和条件有偿转移给其他公民、法人或者其他组织的一种农村土地流转方式。

土地承包经营权的受让对象可以是本集体经济组织的成员,也可以是本集体经济组织之外的个人和单位,本集体经济组织成员有优先受让权。

273.5.1 转让后,土地承包经营权发生转移,由受让人向发包方履行义务,原承包方完全退出承包经营关系。

273.5.2 通过家庭承包获取的土地承包经营权转让的,必须经发包方同意。

273.5.3 转让未经登记的,不得对抗善意第三人。

273.5.4 土地承包经营权的受让对象可以是本集体经济组织的成员,也可以是本集体经济组织之外的个人和单位,但本集体经济组织成员有优先受让权。

273.6 土地承包经营权抵押,是指承包方为了确保自己或者他人债务的履行,将土地不转移占有而提供相应担保。当债务人不履行债务时,债权人就土地承包经营权作价变卖或者折价抵偿,从而实现土地承包经营权的流转。

我国现行法律只允许"四荒"土地承包经营权抵押,而大量的家庭承包方式下的土地承包经营权是不允许抵押的。

273.7　继承,是指"四荒"土地承包经营权以及林地家庭承包经营权,承包方死亡的,由其继承人依法在承包期内继承土地承包经营权。

国家法律并未赋予除林地和"四荒"地以外的家庭承包土地的承包经营权的继承权。

273.8　代耕,是指承包方在承包期内依法将承包地委托给第三人(即代耕方)暂时代为经营的行为。

无论哪一种方式的流转,流转的期限不能超过原承包期的剩余期限。

第274条　其他方式的承包

274.1　直接通过招标对荒山、荒沟、荒丘、荒滩(简称"四荒地")等实行承包经营。

274.2　通过公开拍卖方式,对荒山、荒沟、荒丘、荒滩等实行承包经营。

274.3　通过公开协商方式,对荒山、荒沟、荒丘、荒滩等实行承包经营。

274.4　将整片土地承包经营权作价折股,分配给本集体经济组织成员后,再实行承包经营或者股份合作经营。

第275条　操作提示

275.1　招标、拍卖方式承包"四荒地"的,承包费通过公开竞标、竞价确定。

275.2　以公开协商方式承包"四荒地"的,承包费由双方议定。

275.3　无论哪种承包经营,均要签订承包合同。

275.4　农村土地承包经营权流转合同一式四份,流转双方各执一份,发包方和乡(镇)人民政府农村土地承包管理部门各备案一份。

275.5　承包方将土地交由他人代耕不超过1年的,可以不签订书面合同。

275.6　承包方委托发包方或者中介服务组织流转其承包土地的,流转合同应当由承包方或者其书面委托的代理人签订。

275.7　农村土地承包经营权流转当事人可以向乡(镇)人民政府农村土地承包管理部门申请合同鉴证,但乡(镇)人民政府农村土地承包管理部门不得强迫土地承包经营权流转当事人接受鉴证。

第276条　土地承包经营权流转合同应包括的内容

276.1　律师可告知委托人包括但不限于如下内容:

(1)双方当事人的姓名、住所;

(2)流转土地的四至、坐落、面积、质量等级;

(3)流转的期限和起止日期;

(4)流转方式;

(5) 流转土地的用途；
(6) 双方当事人的权利和义务；
(7) 流转价款及支付方式；
(8) 流转合同到期后地上附着物及相关设施的处理；
(9) 违约责任。

276.2　操作提示

276.2.1　起草土地承包经营权流转合同时,可以参考由省或市级人民政府农业行政管理部门确定农村土地承包经营权流转合同文本格式。

276.2.2　律师应提示委托人农村土地经营权流转合同应依法进行登记。

276.2.3　进行土地承包经营权流转时,应当依法向相关部门领取土地承包经营权证书和林业证书,同时报乡(镇)政府备案。

276.2.4　流转合同未经登记的,采取转让方式流转土地承包经营权中的受让人不得对抗第三人。

第277条　常见的流转业务操作程序

277.1　土地承包经营权转包程序

277.1.1　承包方向受转包方发出转包的意见并磋商签订土地承包经营权转包合同。

277.1.2　将土地承包经营权转包合同报送发包方备案。

277.1.3　受转包方依法经营农村承包地。

277.1.4　转包期限届满后,土地交还转包方,由原承包方依法经营农村承包地。

277.1.5　操作提示

(1) 土地承包经营权转包后,应报发包方备案。

(2) 转包的期限不得超过承包期的剩余期限,宜签订中、短期合同,期满续签。这样便于应对客观情况的变化,有利于合同的履行。

277.2　土地承包经营权出租程序

277.2.1　承包方向承租方发出土地承包经营权出租的建议。

277.2.2　出租方与承租方磋商农村土地承包经营权出租合同的内容。

277.2.3　出租方与承租方依法签订书面形式的农村土地承包经营权出租合同。

277.2.4　农村土地承包经营权出租合同报送发包方备案。

277.2.5　承租方依法经营农村承包地。

277.2.6　承包方向出租方履行农村土地承包经营权出租合同规定的义务,一般分年度履行,包括向出租方支付出租价款。

277.2.7　承包方向发包方履行物权性质的土地承包经营权法定义务和履行承包合同规定的其他约定义务。

277.2.8　租赁期限届满后,由承包方依法经营农村承包地。

277.2.9 操作提示

(1) 土地承包经营权出租后,出租方(即原承包方)的物权性质的土地承包经营权仍存在,发包方与承包方之间的承包关系不变,承租方取得的只是债权性质的农村承包地租赁权。

(2) 租赁期间,承租人依法享有生产经营自主权、产品处置权和产品收益权。

(3) 租赁期间,不得随意弃耕抛荒,不得损坏农田水利设施,不得给土地造成永久性损害;不能改变土地的土地所有权的性质和土地的农业用途,未经依法批准,不得将承包地用于非农建设。

(4) 租赁的期限不得超过承包期的剩余期限,最长不得超过20年。

(5) 出租方依法转让土地承包经营权的,承租方是农户的,则承租方在同等条件下有优先受让权。届时发包方与承包方之间的承包关系和承包方与承租方之间的农村承包地租赁关系同时消灭。

(6) 承包方依法转让土地承包经营权的,不因此消灭经营权的租赁,新的承包人应接替原承包人(出租方)继续履行原土地承包经营权租赁合同的内容。这是转让不破租赁原则的体现。

(7) 如出租方自愿委托发包方或中介组织流转其承包土地的,如果承租协议无禁止转租条款,出租方可以出具委托书,载明委托的事项、权限和期限等,并由委托人签名或者盖章。

(8) 承租方在出租期间因投入而提高土地生产能力的,土地出租合同到期或者未到期由出租方依法收回承包土地时,承租方有权获得相应的补偿。具体补偿办法可以在土地承包经营权出租合同中约定或双方通过协商解决。

(9) 土地出租期间,承租人将土地进行再流转,必须取得出租人的书面同意。

277.3 土地承包经营权互换程序

277.3.1 一方向另一方发出土地承包经营权互换的建议。

277.3.2 双方磋商土地承包经营权互换合同的内容。

277.3.3 双方依法签订书面形式的土地承包经营权互换合同。

277.3.4 土地承包经营权互换合同报发包方备案。

277.3.5 双方一般应向县级以上地方人民政府申请登记,未经登记不得对抗善意第三人。

277.3.6 获益方需补给对方互换差价。

277.3.7 土地承包经营人依法经营互换后的农村承包地。

277.3.8 土地承包经营权人向发包方应履行互换后的物权性质土地承包经营权法定义务和该承包合同规定的其他约定义务。

277.3.9 操作提示

(1) 以两个通过家庭承包方式取得物权性质的土地承包经营权有效存在为前提。

（2）互换土地承包经营权的当事人，仅限于发包方内的农户（即本集体经济组织的农户）。

（3）承包经营权可以等价互换，也可以不等价互换，在不等价互换情况下，获益方需补给对方互换差价。

第三节　土地承包经营权的纠纷及解决

第 278 条　概念界定

278.1　土地承包经营权纠纷，是民事主体之间就土地承包经营权产生的确权纠纷或侵权纠纷。

278.2　土地承包经营权纠纷解决途径

278.2.1　协商调解。因土地承包经营发生纠纷的，双方当事人可以通过协商解决，也可以请求村民委员会、乡（镇）人民政府等调解解决。

278.2.2　仲裁。当事人不愿协商、调解或者协商、调解不成的，可以向农村土地承包仲裁机构申请仲裁。

278.2.3　诉讼。当事人不愿协商、调解或者协商、调解不成的，可以直接向人民法院起诉。

278.3　当事人对农村土地承包仲裁机构的仲裁裁决不服的，可以在收到裁决书之日起 30 日内向人民法院起诉。逾期不起诉的，裁决书即发生法律效力。

278.4　律师操作提示

278.4.1　如果一方已经依法登记，则该人享有的是一种物权性质的权利；其他未进行依法登记的仅为合同权利人，在性质上属于债权。两者相较，前者优先。

278.4.2　如果均未依法登记，则两者权利性质同属债权，应依承包合同生效的时间先后确定。

278.4.3　如根据以上方法仍不能确定，则依据合法占有使用承包地的事实确定土地承包经营权的归属。

278.4.4　已经发生争议的，在争议解决前的强行先占不得作为确定土地承包经营权的依据。

第五章
城中村改造的法律问题

第 279 条　主要法律依据

279.1　《城市房屋拆迁管理条例》。

279.2 《最高人民法院关于受理房屋拆迁、补偿、安置等案件问题的批复》。

279.3 《最高人民法院行政审判庭关于拆迁强制执行的有关问题的答复意见》。

279.4 《最高人民法院关于当事人达不成拆迁补偿安置协议就补偿安置争议提起民事诉讼人民法院应否受理问题的批复》。

279.5 《最高人民法院行政审判庭关于农村集体土地征用后地上房屋拆迁补偿有关问题的答复》。

第一节 城中村改造中的法律关系

第 280 条 城中村及其改造

在改革开放后的三十多年里,一些经济发达地区城市的建成面积迅速扩张,原先分布在城市周边的农村被纳入城市的版图,被高楼大厦所包围,成为"都市里的村庄"。

城中村的城乡结合部,以低矮拥挤的违章建筑为主、环境脏乱、治安混乱、基础设施不配套、游离于城市管理体制之外,成了都市的顽疾,改造城中村势在必行。

第 281 条 城中村改造的常见模式

281.1 由政府主导,主要是政府完成前期土地开发,然后采取市场化的招标拍卖方式。这种方式由于前期拆迁安置成本高,政府难以做到资金的平衡,政府财政资金有限,目前还没有过大规模开展此类土地的开发。

281.2 村民在政府指导与支持下,自筹资金,自行完成改造。这种模式需要政府支持力度比较大,比如在基础设施、公建设施及资金等方面,适用于村集体及村民筹资能力强,村规模较小的情况。

281.3 开发商主导的开发模式。开发商资金雄厚,开发经验丰富,既可以缓解政府资金的压力,使财政资金可以投入更多的基础设施及公益事业上,又可以避免行政力量的介入,减少社会问题,这种模式是目前较为自觉的改造模式。

第 282 条 城中村改造中的法律关系

282.1 民事法律关系。

282.1.1 拆迁人与被拆迁人的拆迁补偿合同关系

(1)在拆迁过程中,拆迁人与被拆迁人之间所发生的民事关系主要是拆迁补偿安置的问题,拆迁当事人可以以拆迁补偿安置协议的形式确定双方的权利和义务。拆迁补偿安置协议是约定拆迁当事人之间民事权利与义务关系的合同,适用《中华人民共和国民法通则》和《中华人民共和国合同法》。

(2)依法成立的拆迁补偿安置协议,对当事人具有法律约束力。当事人应当按照约定履行自己的义务,不得擅自变更或者解除协议。

(3)补偿安置方式如下:

① 产权调换；
② 货币补偿。
（4）被拆迁人对上述补偿安置方式有选择权，补偿安置协议必需满足被拆迁人对补偿安置方式的选择。否则，拆迁合同无效。

282.1.2 拆迁人与城中村内物业承租人的法律关系，应注意：
（1）拆迁租赁房屋，应衔接好补偿与租赁的关系。
（2）《城市房屋拆迁管理条例》第27条规定："拆迁租赁房屋，被拆迁人与房屋承租人解除租赁关系的，或者被拆迁人对房屋承租人进行安置的，拆迁人对被拆迁人给予补偿。被拆迁人与房屋承租人对解除租赁关系达不成协议的，拆迁人应当对被拆迁人实行房屋产权调换。产权调换的房屋由原承租人承租，被拆迁人应当与原房屋承租人重新订立房屋租赁合同。"
（3）拆迁租赁房屋应当考虑两个因素：
① 保护房屋所有权人的合法权益，所有权人可以选择货币补偿和产权调换的补偿方式；
② 保护承租人的合法权益。应当说，拆迁租赁房屋涉及补偿安置和解除合同等两个法律关系。两个法律关系表面上是独立的，但实际上是关联的，故在处理两个法律关系时应当一并考虑。

282.1.3 拆迁人与抵押权人之间的法律关系，应注意：
（1）对于设立了抵押权的房屋进行拆迁的，应该处理好补偿与抵押的关系。
（2）抵押权人与被拆迁主体之间的抵押权关系和房屋拆迁补偿是两个独立的法律关系。
（3）在拆迁设立了抵押权房屋时应注意以下两点：
① 保护房屋所有权人的合法权益。作为被拆迁人同时又是抵押权人的相对义务人，有权对拆迁补偿的形式做出选择，而不是只听命于拆迁人。
② 维护抵押权人的合法权益。如果房屋所有权人选择产权调换的方式，应由抵押权人和抵押人重新签订抵押协议。如果房屋所有权人选择货币补偿的方式，则抵押权人对货币享有优先受偿权。

282.1.4 拆迁人与继受人之间的法律关系，应注意：
（1）继受人实质上是所拆迁房屋的间接受益人，对所拆迁的房屋享有期待利益。
（2）拆迁人与继受人之间的法律关系，是实际主体对名义主体在拆迁权益上的继受关系。

282.1.5 拆迁人与拆迁公司之间的法律关系，应注意：
（1）拆迁人与其所委托的房屋拆迁公司之间是拆迁委托关系。
（2）拆迁人依法可以自行拆迁，但实践中一般都委托具备拆迁资格证书的房屋拆迁公司实施拆迁与补偿安置工作。拆迁公司可以自己的名义与被拆迁人等相对人签订补偿协议。

282.1.6 操作提示

（1）被拆迁人是指房屋的所有权人、土地的所有权人或土地使用权人。征地拆迁中涉及的承租人或承包人（指农村企业承包人）并不是被拆迁人，除非被拆迁人同意的，拆迁人不可以抛开被拆迁人而与承租人或承包人签订拆迁补偿安置协议。

（2）拆迁公司在受到委托后，成为形式上的被拆迁人的相对人。拆迁纠纷、安置协议纠纷中的法律主体是拆迁公司，而非房地产公司或市政建设部门。

282.2 行政法律关系。

282.2.1 土地征收法律关系。

（1）土地征收是指国家依据公共利益的理由，取得农村集体所有的土地，稍有不慎即可能造成对公民和法人合法财产的严重侵害，因此必须由法律严格规定征收的法定条件。

（2）征收的法定条件有三项：

① 为了公共利益的目的；

② 必须严格依照法律规定的程序；

③ 必须予以公正补偿。

282.2.2 拆迁行政许可法律关系。

（1）拆迁许可证的申请和发放程序要求：

① 根据法律规定，拆迁房屋的单位取得房屋拆迁许可证后，方可实施拆迁。申请行政许可是进行房屋拆迁的前置程序。

② 申请领取房屋拆迁许可证的，应当向房屋所在地的市、县人民政府房屋拆迁管理部门申领。

③ 拆迁人应提交下列资料：

A. 建设项目批准文件；

B. 建设用地规划许可证；

C. 国有土地使用权批准文件；

D. 拆迁计划和拆迁方案；

E. 办理存款业务的金融机构出具的拆迁补偿安置资金证明。

④ 市、县人民政府房屋拆迁管理部门应当自收到申请之日起30日内，对申请事项进行审查；经审查，对符合条件的，颁发房屋拆迁许可证。

（2）对违章建筑的行政处罚。

① 强制拆除。《中华人民共和国城乡规划法》第68条规定："城乡规划主管部门作出责令停止建设或者限期拆除的决定后，当事人不停止建设或者逾期不拆除的，建设工程所在地县级以上地方人民政府可以责成有关部门采取查封施工现场、强制拆除等措施。"

② 强制拆除等措施必须交由具有执法权的人民法院执法部门。地方人民政府在行使这项权利的时候,要充分保护当事人正当、合法的权利。对行政处罚不服的,当事人仍然可以提起诉讼。

(3) 强制拆迁。被拆迁人无正当理由拒绝拆迁的,县级以上人民政府可以作出责令限期拆迁的决定,逾期不拆迁的,由县级以上人民政府责成有关部门强制拆迁,或者由房屋拆迁主管部门申请人民法院强制拆迁。

(4) 城市房屋拆迁的行政裁决。

拆迁人与被拆迁人对补偿形式和补偿金额、安置用房面积和安置地点、搬迁过渡方式和过渡期限,经协商达不成协议的,由拆迁的房屋拆迁主管部门裁决。当事人对裁决不服的,可以在接到裁决书之日起 15 日内向人民法院起诉。

282.2.3 裁决是诉讼的前置程序。根据国务院的《城市房屋拆迁管理条例》和最高人民法院的 2005 年第 9 号司法解释规定,拆迁安置补偿纠纷不经裁决直接诉讼的,法院不予受理。

第二节 城中村改造过程中的法律业务

第 283 条 土地使用权及地上附着物权属的确认

对改造范围内土地利用现状要进行勘测,主要包括:

(1) 改造范围内土地权属、集体土地、国有划拨土地、国有出让土地(含年限)的范围、面积、位置、用途(用途如村民住房用地、市场用地、乡镇企业用地)等情况,需附图说明。

(2) 提供土地证复印件。同时地上附着物的权属确认,由实际权属人提供相应的权属证明以及附着物的概括,然后交由当地土地管理部门审核以确定补偿标准。

政府与城中村集体经济组织或者开发商签订拆迁改造框架协议问题。

第 284 条 政府与城中村集体经济组织或者开发商签订拆迁改造框架协议

框架协议的意义

284.1 对村集体经济组织或者开发商改造地位的确认。

284.2 对村集体经济组织或开发商的权利范围以及改造计划性质给予确定。只有签订了相关的改造框架协议,才使得改造者的地位得到确认。

284.3 确认该改造计划的性质。因为正常的房地产开发的资金来源与城中村改造项目的资金来源有着明显不同,同时就地价以及相关配套项目的办理,均有着很大程度上的优惠,而律师的介入,就是帮助起草相关的改造协议,并协调相关的法律关系。

第 285 条 拆迁改造主体资格的确定及拆迁许可证办理

285.1 确定拆迁人主体。拆迁涉及后面项目的改造,拆迁是改造的基础条件,以什么主体办理拆迁许可证,以及如何办理,这些关乎民事权利和义务的主体,需要慎重考虑。律师应当提供相关的法律意见以及协助委托人办理。

村内股份制合作企业自行改造建设及与他人合作的改造建设。

(1) 自行改造。其特点是自行申报,主体清晰,资金自筹独享政策优惠,回迁安置的成分单一,便于管理。可自行拆迁或委托拆迁公司拆迁。

(2) 与他人合作改造。受托律师应至少做到:

① 明确利益分配和责任分工以及如何承担拆迁风险的问题。

② 律师需要提供相关法律意见和确立相关协议的关注点。

③ 明确谈判的焦点。

285.2 村外其他机构参与城中改造竞拍过程中的法律问题:

285.2.1 应做好招标文件的起草以及招标或挂牌成功后协议的签署。

285.2.2 关注招投标程序的合法化问题。

第286条 拆迁中的证据保全

286.1 城市房屋拆迁过程中以下几种情况应注意采取证据保全

286.1.1 对产权不明的房产如何进行拆迁。

(1) 拆迁产权不明确的房屋,拆迁人应当提出补偿安置方案,报房屋拆迁管理部门审核同意后实施拆迁。

(2) 拆迁前,拆迁人应当就被拆迁房屋的有关事项向公证机关办理证据保全。

286.1.2 对代管房屋的证据保全。

(1) 代管人亦属于被拆迁人,但由于代管人对被拆迁房屋没有所有权、处分权、在所有权人不在的情况下,拆迁人应就被拆迁的房屋面积、建筑材料的构成、房屋的新旧程度等有关证据进行保全。

(2) 如果代管人是房屋拆迁主管部门的,补偿、安置协议必须经公证机关公证,并办理证据保全。

286.1.3 对有产权纠纷的房屋的证据保全。

(1) 拆除产权有纠纷的房屋,在房屋拆迁主管部门公布的规定期限内纠纷未解决的,由拆迁人提出补偿安置方案,报县级以上人民政府房屋拆迁主管部门批准后实施拆迁。

(2) 拆迁前,房屋拆迁主管部门应当组织拆迁人对被拆除房屋作勘察记录,并向公证机关办理证据保全。

286.1.4 对设有抵押权的房屋的证据保全。

(1) 对拆除设有抵押权的房屋实行产权调换的,应由抵押权人和抵押人重新签订抵押协议。

(2) 如果双方在房屋拆迁主管部门公布的规定期限内达不成协议的,由拆迁人按有产权纠纷的方式实施拆迁,并进行相应的证据保全工作。

286.1.5 对租赁房屋的证据保全。
(1) 拆除出租住宅房屋,应当实行产权调换,原租赁关系继续保持;
(2) 因拆迁而引起变动原租赁合同条款的,应当作相应修改;
(3) 应对原租赁合同、产权变更书、变更后的租赁合同等作必要的证据保全。

第 287 条 对拆迁造成停产、停业的经济补偿
287.1 因拆迁非住宅房屋造成停产、停业的,拆迁人应该给予适当补偿。
287.1.1 适用范围只限定在产权调换。
287.1.2 适当补偿的标准由各地具体规定,实际操作中可以委托评估机构进行评估。
287.1.3 作价补偿的由评估机构在评估时考虑由拆迁引起的经济损失。

第 288 条 拆迁担保房屋
288.1 如果抵押房屋拆迁,选用了货币补偿方式,应当先由抵押权人和抵押人协商重新设立抵押权或者先偿还债务,使抵押房屋原有的抵押权消失,被拆迁人方能向拆迁人领取补偿金。
288.2 如果抵押人和抵押权人不能订立新的抵押协议或者不能清偿到期债务,拆迁人有权暂不支付拆迁补偿金。
288.3 按照《合同法》的相关规定,拆迁人和被拆迁人都有及时通知抵押权人的义务。有的地方则有具体规定,对没有在拆迁期限内与抵押权人重新设立抵押或者清偿原债务的,对其补偿款由拆迁人交公证机关或房屋拆迁管理部门提存或代保管。
288.4 所得的拆迁补偿金属于抵押财产。房屋抵押权因房屋被拆迁而消灭,其补偿金作为抵押财产,使抵押权人的权益得到保障。

第 289 条 抵押房屋拆迁采用产权调换方式的操作。
如果被拆迁人在抵押房屋拆迁时,选用了产权调换方式,其补偿操作应注意以下几点:
(1) 抵押人和抵押权人应当就产权调换后的房屋作为房屋抵押物而重新签订抵押合同。新的抵押合同必须依法成立并登记生效。否则,拆迁人不得与被拆迁人订立拆迁补偿安置协议,即使订立也因违反担保法的规定而无效。
(2) 抵押权人与抵押人在拆迁期限内达不成新的抵押协议的,该房屋视为产权有争议的房屋,由拆迁人提出拆迁补偿安置方案,报房屋拆迁管理部门审核同意后实施拆迁。拆迁前,房屋拆迁管理部门应当组织拆迁人对被拆迁房屋作勘察记录,并由拆迁人向公证机关办理证据保全。
(3) 抵押房屋拆除未达成新的抵押协议,抵押权人应及时提起诉讼,避免债权落空。当然,拆迁人也可主动起诉,要求法院确认原抵押合同无效或撤销原抵押合同,维护自身之合法权益。

第 290 条 拆迁共住房屋的操作

290.1 被拆迁的共有人确认。

290.1.1 住宅房屋拆迁,对被拆迁户的划分标准是以房屋产权证为准,按照房屋所有权证上分割的份额,给予补偿。

290.1.2 共同居住但房产证上未注明的,如长期居住、单独立户的,可以作为独立房屋使用人给予补偿。

290.1.3 其共有人不在拆迁范围内长期居住,或者其住房不能独立使用,或者没有单独立户的,只能给予房屋所有权人补偿。

第 291 条 常见的律师业务内容

291.1 尽职调查,提供法律咨询意见。

291.2 代为办理政府审批法律手续。

291.3 对项目开发融资提供法律意见,起草、审查融资协议,参与商业谈判和签约,协助处理融资过程中的争议。

291.4 对项目补偿安置出具法律意见,参与拆迁补偿谈判,起草、审查拆迁补偿安置协议,协助处理拆迁补偿纠纷。

291.5 出具合作建设方案和风险控制的法律咨询意见,对合作方进行资信调查,参与合作建设谈判,起草、审查合作建设合同。

291.6 对拆迁人与合作方新设联合开发公司的,提供从公司设立、机构设置到申请工商注册登记等全过程的专项法律服务。

291.7 对违法建筑物申报登记、申请补办确认产权手续提供服务。

291.8 就项目土地使用权事宜,起草、审查《土地使用权出让合同》,协助办理出让手续。

291.9 就项目建设规划、施工许可等提供法律咨询意见。

291.10 对项目改造所涉城管、环保、公安、民政等其他行政许可事宜,提供法律咨询意见,参与办理相关手续。

附　则

第 292 条 本指引根据 2009 年 6 月 20 日之前国家颁布实施的法律、行政法规、规章、司法解释及其他相关文件的规定,结合当前律师办理土地实务操作方法制定。若国家的法律、法规及规范性文件发生变化,应以新的法律、法规及规范性文件为依据。

(本指引由全国律协民事专业委员会负责起草,主要执笔人:李晓斌、刘正东、程建平、常鸨旻、周胜、张庆华、孟凡胜、徐西华、张茜、肖潇)

中华全国律师协会
律师办理拆迁法律业务操作指引

目 录

总 则 / 228

第一章 房屋拆迁前期准备中的律师实务 / 230
  第一节 一般规定 / 230
  第二节 律师代理拆迁人、拆迁单位在房屋拆迁前期准备阶段的工作及
     应当注意的问题 / 230
  第三节 律师代理被拆迁人、房屋承租人在城市房屋拆迁前期准备阶段的工作 / 232

第二章 房屋拆迁评估中的律师实务 / 233
  第一节 一般规定 / 233
  第二节 拆迁估价机构的确定 / 233
  第三节 拆迁估价过程中律师法律业务的工作内容 / 234

第三章 房屋拆迁补偿与安置中的律师实务 / 236
  第一节 一般规定 / 236
  第二节 拆迁补偿安置协议 / 237
  第三节 被拆迁房屋面积的确定 / 238
  第四节 被拆迁房屋补偿安置标准 / 238
  第五节 特殊对象的补偿与安置 / 240
  第六节 货币补偿款的分配 / 241

第四章 房屋拆迁行政裁决过程中的律师实务 / 243
  第一节 一般规定 / 243
  第二节 裁决申请与受理阶段 / 243
  第三节 裁决审理阶段 / 245
  第四节 行政强制执行阶段 / 246

第五章 农村房屋拆迁中的律师实务 / 247
  第一节 一般规定 / 247
  第二节 集体土地的征收征用及补偿 / 247
  第三节 农村房屋拆迁补偿安置 / 248

第四节 农村房屋拆迁评估/250

第六章 行政复议与诉讼中的律师实务/251
　　第一节 拆迁行政复议/251
　　第二节 拆迁诉讼/252
　　第三节 律师在拆迁诉讼中的举证/253

附　则/254

总　则

第 1 条　制定目的

为提高律师承办房屋拆迁业务的服务水平,指导律师办理与房屋拆迁相关的诉讼和非诉讼业务,依据《中华人民共和国物权法》、《中华人民共和国土地管理法》等法律、法规、规章和最高人民法院相关司法解释,结合拆迁业务操作流程和经验,制定本指引。本指引供律师在办理拆迁法律服务业务中参考和借鉴,并非强制性规定。

第 2 条　概念界定

2.1　城市房屋拆迁,是指经依法许可,拆迁人对城市规划区内国有土地上的房屋所有者或使用者给予补偿安置的前提下予以迁出,对房屋及附属物进行拆除的法律行为。

2.2　农村房屋拆迁,是指经依法许可,拆迁人对城市规划区外农民集体所有土地上的房屋所有者或使用者给予补偿安置的前提下予以迁出,对房屋及附属物进行拆除的法律行为。

2.3　拆迁人,是指依法取得房屋拆迁许可证的单位。

2.4　拆迁单位,是指依法取得拆迁资质的房屋拆迁企业。

2.5　被拆迁人,是指被拆除房屋的所有人和使用人。

2.6　房屋承租人,是指与被拆迁人具有合法租赁关系的单位和个人。

2.7　违章建筑,是指依法应予以无偿拆除的违法建筑物。

第 3 条　律师办理拆迁法律业务的基本原则

拆迁关系到社会稳定和广大被拆迁人的切身利益,律师办理拆迁法律业务应遵循如下原则:

3.1 忠诚负责原则。律师办理拆迁法律业务,应不受任何单位及其他组织和个人的非法干涉,依法维护国家法律的正确实施和委托人的合法权益。

3.2 专业精湛原则。律师办理拆迁法律业务,应掌握拆迁专业知识和业务操作的相应能力和水平,以扎实的专业知识和技能为委托人提供优质的法律服务。

3.3 勤勉敬业原则。律师办理拆迁法律业务,应勤于学习、勤于思考,恪尽职守,根据委托人的要求,在与委托人约定的期限内完成各项受托法律业务。

3.4 支持合理补偿原则。律师办理拆迁法律业务,应当支持被拆迁人的合理补偿要求,合理补偿的底线是:被拆迁人原有居住水平不因拆迁而降低。

第 4 条 律师办理拆迁法律业务的前提和要求

4.1 律师办理拆迁法律业务,应在核实委托人的主体资格并充分了解受托事项的具体情况后,与委托人制作谈话笔录,分析利弊,告知法律风险。

4.2 律师须与委托人签订委托协议,在取得委托人的合法授权后,在受托权限内依法履行职责,不得损害委托人的合法权益。

4.3 律师办理拆迁法律业务,应把有利于社会稳定作为自己的社会责任,把维护被拆迁人的合法权益、促进矛盾化解、构建和谐社会作为办理拆迁法律业务的工作要求。

4.4 律师在办理拆迁法律业务中应保守所知悉的国家秘密、委托人的商业秘密和个人隐私。

第 5 条 本操作指引的业务适用范围

5.1 本操作指引适用于律师代理与拆迁相关的诉讼和非诉讼法律业务。主要适用于律师在提供拆迁法律咨询;受托调查、起草并修改拆迁计划与方案;起草并修改各类法律文书;出具专项法律意见书;培训拆迁管理与实施人员;代理政府、拆迁人、拆迁单位、被拆迁人、房屋承租人、房屋同住人、房屋使用人参与拆迁评估活动;参与听证及谈判活动;参与行政裁决活动;参与强制拆迁活动;参与行政复议活动;参与仲裁活动;参与诉讼活动等法律服务。

5.2 涉及军事设施、教堂、寺庙、文物古迹以及外国驻华使(领)馆房屋的拆迁法律服务不适用本操作指引。

第一章
房屋拆迁前期准备中的律师实务

第一节 一般规定

本章所称前期准备阶段是指截至房屋拆迁许可证公告之日前的阶段。

第6条 房屋拆迁的前提条件

国家法律规定,凡需要拆迁房屋的建设单位应当向拟拆迁房屋所在地的县、市拆迁主管行政机关提出申请,取得行政许可后,方可实施拆迁房屋。其中,城市拆迁许可的形式为《房屋拆迁许可证》,农村为拆迁许可证或征收批准文件。

第7条 概念界定

7.1 搬迁期限,是指被拆迁人和拆迁人在拆迁补偿安置协议中约定或者行政裁决中规定的被拆迁人腾出房屋完成搬迁事宜的期限。

7.2 拆迁期限,是指拆迁许可证设立的实施拆迁活动的期限。

第二节 律师代理拆迁人、拆迁单位在房屋拆迁前期准备阶段的工作及应当注意的问题

第8条 律师代理拆迁人、拆迁单位在房屋拆迁前期准备阶段的工作:

8.1 核实拟拆迁地段的土地性质,以确定是适用城市还是农村房屋拆迁的程序。

8.2 核实拆迁人、拆迁单位的主体资格与资质,核实拆迁工作人员的上岗证并核实拆迁人与拆迁单位签订的拆迁委托合同。

8.3 核实拆迁人是否已合法取得国有土地使用权或土地征收征用批准文件且是否依法公示。

8.4 核实拆迁人是否已合法取得建设项目批准文件且是否依法公示。

8.5 核实拆迁人是否已合法取得建设用地规划许可证且是否依法公示。

8.6 调查被拆迁人的基本情况(拆迁的四至范围、房屋类型、面积、户数、人口、老弱病残特殊对象等)。

8.7 核实在规划管理部门核发建设用地规划许可证、确定拆迁范围后,拆迁范围内的单位和个人有无进行下列活动:

(1)新建、改建和扩建房屋及其附属物;

(2)改变房屋和土地用途;

（3）建立新的房屋租赁关系；

（4）分列房屋租赁户名。

8.8 参与制定拆迁方案的听证会，发表律师意见。

8.9 核实拆迁计划与拆迁方案的合法性、完整性、可行性，拆迁方案应载明如下事项：

（1）拆迁四至范围；

（2）拆迁房屋总建筑面积（分别列出居住房屋与非居住房屋的具体数量及公房、私房、宗教产和代管产的具体数量）；

（3）拆迁户数；

（4）拆迁期限；

（5）拆迁范围分期实施拆迁的情况；

（6）拆迁补偿安置资金总额的预算；

（7）申请拆迁许可证时首期补偿安置资金到位数额、产权调换房屋的面积量与价值量，以及后续资金分期到位计划；

（8）实施拆迁的方式；

（9）拆迁计划是否已经列入本地经济发展计划和本省（市）的拆迁计划；

（10）核实拆迁人是否有足额的拆迁补偿安置资金专用存款账户，前述存款金额不得低于省市政府规定的补偿安置资金总额的比例。该存款金额与安置用房价值之和不足补偿安置资金总额的，建设单位应当在拆迁方案中明确资金分期到位的时间；

（11）核实用于产权调换房源的产权是否清晰、无权利负担；

（12）核实用于产权调换房源是否符合国家质量安全标准及是否达到当地公共建筑设施配套要求。

第9条 律师代理拆迁人、拆迁单位在城市房屋拆迁前期准备阶段应当谨慎注意的问题：

9.1 律师应提示委托人，拆迁主管行政机关不得作为拆迁人，也不得接受委托实施拆迁。

9.2 律师应提示委托人，不得采用恐吓、胁迫以及停水、停电、停止供气、供热等非法手段实施拆迁。

9.3 律师应提示委托人，须按照房屋拆迁许可证确定的拆迁范围实施拆迁，不得擅自扩大或者缩小。确需扩大或者缩小拆迁范围的，应当按规定办理规划、土地批准手续，并向颁发该拆迁许可证的拆迁主管行政机关申请变更拆迁范围。

9.4 律师须提示委托人，要在拆迁期限内完成拆迁。确需延长拆迁期限的，应当在拆迁期限届满日的15日前，向拆迁主管行政机关提出延期拆迁申请，区、县房屋土地管理局应当在收到延期拆迁申请之日起10日内给予答复。

9.5 律师应提示委托人，建设项目若在拆迁期限内发生转让，应当经拆迁主管行政机关同意后,办理房屋拆迁许可证变更手续;拆迁主管行政机关应当将变更后的房屋拆迁许可证的相关内容予以公告。建设项目转让人尚未将拆迁补偿安置协议或者裁决载明的有关权利、义务履行完毕的,由受让人继续履行;项目转让人与受让人应当书面通知被拆迁人、房屋承租人,并自转让合同签订之日起 30 日内予以公告。

9.6 律师应提示委托人,拆迁补偿安置方案要符合党的方针政策、国家法律规定,以及本地的实际情况。如存在可能严重侵害被拆迁人合法权益的情况,经提示,委托人拒绝调整的,律师应解除委托。

第三节 律师代理被拆迁人、房屋承租人在城市房屋拆迁前期准备阶段的工作

第 10 条 核实拆迁人、拆迁单位的主体资格与资质,核实拆迁工作人员的上岗证。

第 11 条 核实拆迁人是否已合法取得国有土地使用权批准文件。

第 12 条 核实拆迁人是否已合法取得建设项目批准文件。

第 13 条 核实拆迁人是否已合法取得建设用地规划许可证。

第 14 条 核实拆迁许可证是否载明拆迁人、拆迁范围和拆迁期限等事项并准确无误,并核实委托人是否在该拆迁范围内。

第 15 条 参加制定拆迁方案或是否作出拆迁许可的听证会,发表律师意见。

第 16 条 核实拆迁计划与拆迁方案的合法性、合理性、完整性、可行性,拆迁计划与方案除了说明拆迁依据之外,还应说明如下事项:
　　(1)拆迁四至范围;
　　(2)拆迁房屋总建筑面积(分别列出居住房屋与非居住房屋的具体数量,公房、私房、宗教产和代管产的具体数量);
　　(3)拆迁户数;
　　(4)拆迁期限;
　　(5)拆迁范围有无分期实施拆迁的情况;
　　(6)拆迁补偿安置资金总额的预算;
　　(7)申请拆迁许可证时首期补偿安置资金到位数额、用于产权调整房屋的面积量与价值量,及后续资金分期到位计划;
　　(8)实施拆迁的方式。

第 17 条 核实拆迁人是否有足额的拆迁补偿安置资金专用存款账户,前述存款金额不得低于省市政府关于应占补偿安置资金总额的比例,该存款金额与安置用房价值之

和不足补偿安置资金总额的,建设单位应当在拆迁方案中明确资金分期到位的时间。

第 18 条　核实用于调整房源的产权是否清晰、无权利负担。

第 19 条　核实安置房源是否符合国家质量安全标准及是否达到当地公共建筑设施配套要求。

第 20 条　奖励措施。

第 21 条　对特殊问题的应急方法。

第二章
房屋拆迁评估中的律师实务

第一节　一般规定

第 22 条　房屋拆迁估价,是指为确定被拆迁房屋货币补偿金额,根据被拆迁房屋的区位、用途、建筑面积等因素,对房地产市场价格进行的评估。

第 23 条　房屋拆迁估价时点为房屋拆迁许可证颁发之日(农村房屋拆迁评估为征地公告发布之日)。拆迁规模大,分期分段实施的(包括延期),以当期(段)房屋拆迁实施之日为估价时点。

第二节　拆迁估价机构的确定

第 24 条　房屋拆迁估价机构的执业资质
　　律师应提示委托人:从事房地产拆迁估价的房地产估价机构,应当具有经建设行政主管机关依法核准的相应房地产估价资质。不具备资质的房地产估价机构,不得接受房屋拆迁估价委托、出具估价报告或价格咨询报告。

第 25 条　房屋拆迁估价机构的产生
　　根据有关规定,估价机构的产生有三种方式,一般采取被拆迁人投票的方式,也可以由拆迁当事人通过协商一致的方式或者抽签方式确定估价机构。

第 26 条　拆迁估价委托
　　同一拆迁范围内,一般情况下只能委托一家估价机构进行估价,并与其签订书面的房屋拆迁估价委托合同。在签订房屋拆迁估价委托合同时律师应核实如下内容:
　　(1)核实双方当事人的主体资格;

（2）委托范围是否是在房屋拆迁许可证确定的拆迁范围内；

（3）委托估价的被拆迁房屋的性质、用途、面积；

（4）估价的价值标准及估价方式；

（5）需要双方当事人提供的资料及提供方式；

（6）估价报告的交付日期；

（7）酬金及支付方式；

（8）违约责任；

（9）争议的解决方式；

（10）其他需要约定的事项。

第三节 拆迁估价过程中律师法律业务的工作内容

第 27 条 拆迁估价过程中律师工作的一般内容：

（1）核实估价机构及估价人员的资质、综合实力、社会信誉。

（2）对估价机构确定程序的合法性进行核实。律师应提示委托人投票确定估价机构的，拆迁人有将投票结果进行公告的义务。而拆迁主管机关可对投票、抽签过程进行监督，并可以邀请纪检监察机关和基层组织等共同监督。

（3）对拆迁估价委托合同的真实性、合法性进行核实。

（4）核实估价机构和估价人员与拆迁当事人是否有利害关系，或者是否是拆迁当事人。

（5）对估价报告的形式与内容进行核实。包括履行拆迁估价委托合同的情况、估价内容的真实性与合法性、房屋拆迁估价时点及估价报告的有效期限以及是否由两名以上专职注册房地产估价师签字。

（6）对估价机构公示初步估价结果和送达分户估价报告的程序合法性进行核实。

（7）如委托人对估价报告有疑问或异议的，协助委托人向原估价机构询问、申请复核，或者另行委托估价机构重新评估。

（8）对委托人就原估价机构的估价结果、复核结果有异议，或者另行委托估价的结果与原估价结果有差异，且协商达不成一致意见时，律师可以协助委托人在收到估价报告、复估结论或重估报告后的 5 日内向被拆迁房屋所在地的房地产价格评估专家委员会申请技术鉴定。

（9）对房地产价格评估专家委员会成员是否与原估价机构、拆迁当事人有利害关系，或者是否是拆迁当事人进行核实。

（10）律师应提示委托人，若房地产价格评估专家委员会认为估价报告存在技术问题的，应要求估价机构改正错误，重新出具估价报告；而拆迁当事人对重新出具的估价报告仍有争议的，可以重新向专家委员会申请鉴定。

第 28 条 拆迁估价过程中律师为拆迁人提供法律服务时的注意事项:

28.1 律师应提示委托人,须如实向估价机构提供估价所需资料,协助估价机构开展现场查勘等工作。

28.2 律师应提示委托人,将分户估价报告送交被拆迁人。

28.3 律师应提示委托人,拆迁估价的价值标准为公开市场价值,不考虑房屋租赁、抵押、查封等因素的影响。委托拆迁估价,应当明确被拆迁房屋的性质(包括用途,下同)和面积。

28.3.1 被拆迁房屋的性质和面积一般以房屋权属证书及权属档案的记载为准;各地对被拆迁房屋的性质和面积认定有特别规定的,从其规定;拆迁人与被拆迁人对被拆迁房屋的性质或者面积协商一致的,可以按照协商结果进行评估。

28.3.2 对被拆迁房屋的性质不能协商一致的,应当向城乡规划行政主管部门申请确认。对被拆迁房屋的面积不能协商一致的,可以向依照《房产测绘管理办法》设立的房屋面积鉴定机构申请鉴定;没有设立房屋面积鉴定机构的,可以委托具有房产测绘资格的房产测绘单位测算。

28.4 律师应提示委托人不得授意评估机构作出偏离客观公正的评估结果。

第 29 条 拆迁估价过程中律师为被拆迁人提供法律服务的注意事项:

29.1 律师应提示委托人,须充分调查候选估价机构的资质与信誉,并调查估价机构及估价人员与拆迁人是否有利害关系或者是否是拆迁人,建议被拆迁人慎重选择评估机构。

29.2 律师应提示委托人,如实向估价机构提供估价所需资料,配合估价机构开展现场查勘等工作。拆迁估价的价值标准为公开市场价值,不考虑房屋租赁、抵押、查封等因素的影响。

29.2.1 委托拆迁估价,应当明确被拆迁房屋的性质(包括用途,下同)和面积。被拆迁房屋的性质和面积一般以房屋权属证书及权属档案的记载为准;各地对被拆迁房屋的性质和面积认定有特别规定的,从其规定;拆迁人与被拆迁人对被拆迁房屋的性质或者面积协商一致的,可以按照协商结果进行评估。

29.2.2 对被拆迁房屋的性质不能协商一致的,应当向城市规划行政主管部门申请确认。对被拆迁房屋的面积不能协商一致的,可以向依照《房产测绘管理办法》设立的房屋面积鉴定机构申请鉴定;没有设立房屋面积鉴定机构的,可以委托具有房产测绘资格的房产测绘单位测算。

29.3 律师应提示委托人拒绝评估或拒绝申请重新评估、鉴定的法律后果。

第 30 条 拆迁估价过程中律师为估价机构提供法律服务的注意事项:

30.1 对估价工作程序的合法性进行核实。核实包括房地产估价人员是否持证上岗;对被拆迁房屋进行实地查勘是否有实地查勘记录、被拆迁房屋状况的照片及录像;实地查勘记录是否由实地查勘的估价人员、拆迁人、被拆迁人签字认可。

30.2 律师应提示委托人接受房屋拆迁估价委托后,处理好与拆迁人、被拆迁人的关系,客观公正评估。未经许可不得转让、变相转让受托的估价业务。

30.3 核实委托人是否按照拆迁估价委托合同约定的时间和要求完成估价,将分户的初步估价结果向被拆迁人公示7日,听取有关意见;并向拆迁人出具估价报告(包括分户估价报告)。律师应提示委托人,如未按照约定的时间和要求完成估价,或者估价失实的,应当承担相应的责任。

30.4 律师应提示委托人,拆迁估价的价值标准为公开市场价值,不考虑房屋租赁、抵押、查封等因素的影响。估价一般应当采用市场比较法。不具备采用市场比较法条件的,可以采用其他估价方法,并在估价报告中充分说明原因。对拆迁人、被拆迁人就估价报告提出的疑问向其作充分解释,解释内容包括拆迁估价的依据、原则、程序、方法、参数选取和估价结果产生的过程。

30.5 律师应提示委托人,估价机构应当配合专家委员会的鉴定工作,向专家委员会提供估价报告、估价技术报告及鉴定所需的其他有关资料。

30.6 律师应提示委托人,拆迁当事人应当明确被拆迁房屋的性质、用途和面积。被拆迁房屋的性质和面积一般以房屋权属证书及权属档案的记载为准;拆迁人与被拆迁人对被拆迁房屋的性质或者面积协商一致的,可以按照协商结果进行评估。

第三章
房屋拆迁补偿与安置中的律师实务

第一节 一般规定

第31条 概念界定

31.1 房屋拆迁补偿安置协议,是指拆迁人与被拆迁人、房屋承租人依照法律规定,就补偿安置和房屋拆除的有关问题所达成的协议。

31.2 价值标准房屋调换,是指实行与货币补偿金额同等价值的产权房屋调换。

31.3 面积标准房屋调换,是指拆迁居住房屋,实行以房屋建筑面积为基础,在应安置面积内不结算差价的产权房屋调换。

31.4 异地安置,是拆迁人以拆迁范围外的房屋与被拆迁人进行产权调换,所以又可称为异地产权调换。

31.5 就地安置,是指拆迁人以拆迁范围内的房屋与被拆迁房屋进行产权调换,所以又称为回迁安置。

31.6 最低补偿单价标准,是指被拆除房屋同区域已购公有居住房屋上市交易的平均市场单价,本指引所称的单价,是指每平方米建筑面积的价格。

第 32 条　适用范围

本章适用于城市房屋拆迁补偿与安置实务操作,集体土地的房屋拆迁补偿与安置不适用本章。

第二节　拆迁补偿安置协议

第 33 条　拆迁补偿的方式

拆迁补偿的方式有两种:既可以实行货币补偿,也可以实行产权调换;产权调换可以实行以房屋建筑面积为基础,结算差价或不结算差价的就地安置或异地产权调换。

律师要提示委托人,被拆迁人可以选择补偿方式。但是选择权要受到以下两种条件的限制:一是拆迁非公益事业房屋的附属物不作产权调换,拆迁时被拆迁人只能选择货币补偿;二是被拆迁人与房屋承租人对解除租赁关系达不成协议的,只能实行产权调换,被拆迁人不能选择货币补偿。

第 34 条　订立拆迁补偿安置协议的主体

34.1　由于被拆迁房屋有私有房屋与公有房屋之区别,故拆迁私有房屋的,拆迁人应当与房屋所有人订立拆迁补偿安置协议,而拆迁公有房屋的,拆迁人应当与房屋使用权人订立拆迁补偿安置协议。

34.2　拆迁租赁房屋的,拆迁人应当与被拆迁人、房屋承租人共同订立拆迁补偿安置协议。符合下列情形之一的,拆迁人应当与被拆迁人、房屋承租人分别订立拆迁补偿安置协议:

(1) 拆迁执行政府规定租金标准的公有出租房屋且被拆迁人选择货币补偿的。

(2) 拆迁执行政府规定租金标准的私有居住房屋的。

(3) 拆迁房管部门依法代管的房屋的。

(4) 拆迁宗教团体委托房管部门代为经租的房屋的。

上述所称的执行政府规定租金标准的私有出租居住房屋,包括由房管部门代为经租的私有居住房屋、落实私房政策后由房管部门代为经租的居住房屋,以及 1983 年 12 月 17 日《城市私有房屋管理条例》实施前已经建立租赁关系,执行政府规定租金标准,且租赁关系延续至今的私有出租居住房屋。

第 35 条　拆迁补偿安置协议的内容

35.1　签订拆迁补偿安置协议,要注意协议应包括以下内容:

(1) 订立协议的主体。

(2) 被拆除房屋的位置、性质、建筑面积。

(3) 补偿安置方式。

(4) 货币补偿金额。

（5）搬迁期限。
（6）违约责任。
（7）争议的处理。
（8）需要约定的其他事项。

35.2 律师要注意，如果是实行房屋调换的，拆迁补偿安置协议的内容还应当包括调换房屋的价值金额、面积、地点、层次和房屋交付时间、是否补差价等事项，拆迁人应当向被拆迁人支付搬家补助费、设备迁移费。拆迁居住房屋以期房调换的，拆迁人应当与被拆迁人、房屋承租人在拆迁补偿安置协议中，根据建设情况约定过渡期，并遵守过渡期的约定。过渡期内，由被拆迁人、房屋承租人自行安排住处的，拆迁人还应支付过渡期内的临时安置补助费。搬家补助费和临时安置补助费的标准依照各省、市、自治区人民政府的规定确定。

35.3 如当地对协议有备案要求的，律师应提示拆迁人按当地规定将其订立的所有拆迁补偿安置协议报拆迁主管机关备案。

第三节 被拆迁房屋面积的确定

第36条 被拆迁房屋面积的确定标准

被拆迁房屋建筑面积，一般以房地产权证记载的建筑面积为准，实际面积与产权证不一致的，除违章建筑外，应以实际为准。无房地产权证的，以相关批准文件记载的建筑面积为准，实际建筑面积小于相关批准文件记载的建筑面积的，以实际建筑面积为准。相关批准文件未记载建筑面积的，或者虽无批准文件但在《城市规划法》实施以前已经建造用于居住的房屋，以有资质的房地产测绘机构实地丈量的建筑面积为准。房屋所在地的省、市、自治区在《城市规划法》实施以前对此作出明确规定的，从其规定。

第37条 面积争议的处理

发生房屋面积争议的，当事人之间协商一致的按协商结果认定，协商不一致的，可以向依照《房产测绘管理办法》设立的房屋面积鉴定机构申请鉴定；没有设立房屋面积鉴定机构的，可以委托具有房产测绘资格的房产测绘单位测算。

第四节 被拆迁房屋补偿安置标准

第38条 居住房屋的货币补偿金额的确定

38.1 由于很多被拆迁人对居住房屋的货币补偿金额如何确定并不清楚，因此，律师应提示委托人，拆迁居住房屋，货币补偿金额一般根据被拆除房屋的区位、建筑结构、建筑面积等因素确定。当事人对此应先行协商,协商不成的可委托评估。估价的结果应当保证足以买到与被拆迁房屋相同水平的房屋。

38.2 被拆除房屋的房地产市场单价为房地产市场评估单价,房地产市场评估单价低于当地政府规定的同类房屋补偿单价标准的,按该补偿单价标准计算。

38.3 拆迁执行政府规定租金标准的公有出租居住房屋(含由房管部门代为经租的宗教团体房屋、由房管部门依法代管的房屋),被拆迁人和承租人都选择货币补偿的,租赁关系终止,承租人有权获得省、市政府规定比例的货币补偿款。出租人与承租人未达成解除租赁关系的,应当实行按面积的产权调换,以保障承租人的居住水平不因拆迁而下降。

38.4 执行政府规定租金标准的私有出租居住房屋,按租赁合同的规定处理。

38.5 实行价值标准房屋调换的,律师应提示委托人先按照房地产市场评估价格确定货币补偿金额,再将该金额与安置房屋的房地产市场价结算差价。需特别重视的是,被拆迁房屋和拟调换的房屋在评估时应适用同一评估时点、同一评估方法和标准。

第 39 条 非住宅房屋的补偿安置

39.1 拆迁非住宅房屋的,应充分考虑当地工商业水平和就业的问题。除国家产业政策确定属于淘汰的行业外,不能因拆迁导致企业破产和工人下岗。拆迁租赁非住宅房屋的,被拆迁人与房屋承租人协议解除租赁关系的,拆迁人对被拆迁人给予补偿安置;被拆迁人与房屋承租人对解除租赁关系未达成协议的,拆迁人应当对被拆迁人实行房屋调换。调换后的房屋由原房屋承租人承租,被拆迁人应当与原房屋承租人重新订立房屋租赁合同。

39.2 拆迁非居住房屋,律师还应提示委托人,拆迁人应当补偿被拆迁人或者房屋承租人的下列费用:

(1)按国家和当地规定的货物运输价格、设备安装价格计算的设备搬迁和安装费用。

(2)无法恢复使用的设备按重置价结合成新结算的费用。

(3)因拆迁造成停产、停业的适当补偿。补偿标准按由拆迁当事人协商确定或依各省、市、自治区规定。

第 40 条 可以按照非居住房屋补偿标准认定的情形

律师在实践中应提示委托人注意,以下几种情形可以按照非居住房屋补偿标准予以补偿认定:

(1)原始设计为非居住房屋或房屋依法销售时是非居住房屋的,可以认定为非居住房屋。

(2)公房承租人与房屋所有人签订了公有非居住房屋租赁合同,建立了公有非居住房屋租赁关系的,可以认定为非居住房屋。

(3)房地产权证记载的权利人为单位的,可以认定为非居住房屋,但原始设计为居住房屋以及实际用作职工或者职工家庭居住使用的除外。

（4）原始设计为居住房屋，改变为非居住用途，作为经营场所并领取营业执照照章纳税的，可以依据国务院和省级以上人民政府的规定并根据其经营状况、纳税情况，参照当地非住宅同类房屋的市场价值给予适当的补偿。

第 41 条 拆迁居住和非居住兼用房屋的补偿安置

拆除居住和非居住兼用的房屋，被拆迁人或房屋承租人选择货币补偿的，可以按照居住用建筑面积和非居住用建筑面积分别计算货币补偿款；被拆迁人或房屋承租人选择房屋调换的，应当按照约定或按照被拆迁房屋和产权调换房屋的股价结果结算差价。

第五节 特殊对象的补偿与安置

第 42 条 对低收入、居住困难户的补偿安置的特殊保护

实践中，律师要注意拆迁廉租住房以及被拆迁人、房屋承租人属于孤老、孤残、孤幼的，拆迁人应当优先给予面积标准房屋调换，并可适当减免超过应安置面积部分的房价款，使之达到当地最低住房保障标准。

第 43 条 拆迁宗教团体所有房屋的处理

拆迁宗教团体所有的房屋，律师应提示拆迁人，要事先征求宗教事务管理部门意见，并与宗教团体签订拆迁补偿安置协议。

第 44 条 拆迁公益事业房屋的处理

律师应注意，如果拆迁用于公益事业的房屋及其附属物，拆迁人应当根据有关法律、法规的规定和城市规划的要求，按照原性质和规模予以重建或者按照房地产市场价补偿。

第 45 条 拆迁公共设施的处理

45.1 需要拆除交通岗亭、交通标志、交通护栏、邮筒、废物箱、车辆站点、消防栓、人防等公共设施以及树木绿地的，拆迁人应当重建或者给予适当补偿。

45.2 因房屋拆迁需要迁移管线或铺设临时管线的费用，由拆迁人负担；但结合道路扩建按规划需要就位或新建、扩建各种管线的费用，拆迁人不予负担。

第 46 条 拆迁由房管部门依法代管的房屋的处理

拆迁房管部门依法代管的房屋，拆迁人应当与代管人订立拆迁补偿安置协议。拆迁补偿安置协议应当经公证机关公证，拆迁房屋有关资料应当向公证机关办理证据保全。

第 47 条 拆除违章建筑和临时建筑的处理

47.1 律师应提示委托人拆除违章建筑、超过批准期限的临时建筑,按现行规定是不予补偿的;拆除未超过批准期限的临时建筑,应当给予适当补偿。是否属于违章建筑以及是否应无偿拆除,应当依法确定。

47.2 《城市规划法》实施后,未取得规划许可证或违反规划许可证规定进行建设的,以及临时建筑使用期限届满未拆除的为违法建筑。对违法建筑依据《城市规划法》及地方城市规划实施条例规定处理。《城市规划法》实施前违法建筑的认定,由县级以上地方人民政府城市规划行政主管部门根据历史情况,依据所在省、自治区、直辖市人民政府规定处理。

47.3 在拆迁公告依法发布后,或被拆迁人接到有关部门依法作出的停止建设通知后,继续进行房屋及其附属物新建、改建、扩建的部分,不予补偿。

第 48 条 拆迁争议房屋的处理

争议房屋属于"产权不明确的房屋",为了保障建设项目的顺利进行,拆迁人要提出补偿安置方案,报房屋拆迁管理部门依法核实同意后,向公证机关办理证据保全,并且将拆迁补偿资金办理提存或者提供符合国家质量标准的安置用房、周转用房,便可实施拆迁。

第 49 条 拆迁设有抵押权的房屋的处理

律师应注意:首先要核实抵押的有效性;其次,在拆迁前,应当通知抵押权人关于拆迁房屋的相关事项;再次,经与抵押权人、被拆迁人协商,能解除抵押合同的,可达成一致意见,将拆迁补偿款交付被拆迁人。

第 50 条 租赁期限未满的房屋拆迁的处理

拆迁租赁房屋,被拆迁人与房屋承租人解除租赁关系的,或者被拆迁人对房屋承租人进行安置的,拆迁人对被拆迁人给予补偿。被拆迁人与房屋承租人对解除租赁关系达不成协议的,拆迁人应当对被拆迁人实行房屋产权调换。产权调换的房屋由原房屋承租人承租,被拆迁人应当与原房屋承租人重新订立房屋租赁合同。

第六节 货币补偿款的分配

第 51 条 公有房屋货币补偿款的分配

拆迁人给予房屋承租人的货币补偿款或安置房屋归房屋承租人及其同住人共有。

承租人、同住人之间一般遵循一人一份、均等分割的原则取得拆迁补偿款。但律师应提示委托人注意,下列情况除外:

(1) 承租人或同住人属于年老体弱,缺乏经济来源,且按均分所得的补偿款,无法购得房屋保证其正常生活的。

（2）承租人或同住人在取得公房承租权时额外支付较多款项的。

（3）对公房内居住的未成年人实际承担监护义务的。

第 52 条 私有房屋补偿款的分割

拆迁人给予被拆迁人的货币补偿款和安置房屋归被拆迁人所有。被拆迁人应当负责安置房屋使用人。

第 53 条 房屋拆迁补偿款之外的其他补偿费的处理

搬家补偿费、设备迁移费、临时安家补助费，应归确因拆迁而搬家、设备迁移和临时过渡的实际居住人和使用人。奖励费和一次性补偿费，一般应当由拆迁时在被拆迁房屋内实际居住的人之间予以分割。设备搬迁和安装费用、无法恢复使用的设备按重置价结合成新结算的费用，应归设备所有人。因拆迁造成停产、停业损失的补偿归遭受实际损失的经营人。

第 54 条 补偿款由他人领取的处理

在实践中，有时会遇到由于拆迁人的疏忽，导致房屋补偿款由他人领取的情形，律师应提示委托人，补偿款应由领款人亲自领取，委托他人领款的应认真审查委托书的真实性和内容的准确性。如拆迁人疏于审查，错将拆迁款项支付给他人，仍应对实际的被拆迁人或房屋承租人承担补偿安置的义务。对冒领或错发，拆迁人可以依法要求返还不当得利。

第 55 条 被拆迁人拒绝受领补偿款的处理

55.1 拆迁补偿安置争议经裁决后，被拆迁人如无法定理由在法定期限内不申请行政复议，也不提起行政诉讼，且拒绝受领补偿款的，拆迁人应当向公证机关办理提存。

55.2 拆迁当事人就补偿安置事宜达成书面协议后，被拆迁人无正当理由拒绝受领补偿款的，拆迁人应当向公证机关办理提存。

第 56 条 售后公房拆迁维修资金的处理

因房屋拆迁等原因造成公有住宅售后房屋灭失的，由业主、房屋拆迁单位、原售房单位或物业管理单位持房屋灭失等有关证明文件，到该项资金保管单位办理住宅维修资金交割手续，其中原个人缴纳住宅维修资金中的剩余部分，由该项资金保管单位退还给业主，原房屋出售单位缴纳三项维修资金的剩余部分，用于补贴社区公共设施维修资金的不足。

第四章
房屋拆迁行政裁决过程中的律师实务

第一节 一般规定

第 57 条 概念界定

57.1 房屋拆迁裁决,是指房屋拆迁主管部门依据拆迁法律规定,对拆迁人和被拆迁人之间就房屋拆迁补偿的形式和金额、安置用房的面积和安置地点、搬迁过渡的方式和过渡期限等拆迁事宜作出的关于双方当事人之间的权利和义务的具体行政行为。

57.2 强制拆迁,是指被拆迁人或者房屋承租人在裁决规定的搬迁期限内未搬迁的,由房屋所在地的市、县人民政府责成有关部门强制执行,或者由房屋拆迁管理部门依法申请人民法院予以强制执行的行为。

第 58 条 适用范围

本章主要针对城市房屋拆迁中的律师实务,集体土地上的房屋拆迁裁决,按各省、市的规定确定是否适用本章内容。

第二节 裁决申请与受理阶段

第 59 条 申请阶段

59.1 律师在代理当事人提请房屋拆迁裁决申请时,重点是把握按规定申请所必需的资料。为拆迁主管行政机关提供服务时应审查申请资料是否符合要求。

59.2 拆迁人申请裁决应提交的资料:
（1）裁决申请书;
（2）法定代表人的身份证明;
（3）被拆迁房屋权属证明材料;
（4）被拆迁房屋的估价报告;
（5）对被申请人的补偿安置方案;
（6）申请人与被申请人的协商记录;
（7）未达成协议的被拆迁人比例及原因;
（8）其他与裁决有关的资料。

59.3 被拆迁人、房屋承租人申请裁决应提交的资料:

（1）裁决申请书；
（2）申请人的身份证明；
（3）被拆迁房屋的权属证明；
（4）申请裁决的理由及相关证明材料；
（5）房屋拆迁管理部门认为应当提供的与行政裁决有关的其他材料。
59.4 裁决申请书应包括以下主要内容：
（1）申请人的名称、地址、法定代表人及代理人的姓名、年龄、职业、住所；
（2）被申请人名称、地址等基本情况；
（3）申请裁决的请求、事实和理由；
（4）申请人签名或盖章、申请日期。

第 60 条 审查受理阶段

律师在拆迁行政裁决阶段，应注意的重点是听证和可能不被受理的情形。

60.1 裁决听证

裁决机关收到拆迁人的裁决申请后，应当对达成拆迁补偿安置协议的户数占拆迁范围总户数的比例进行审核，未达成拆迁补偿安置协议户数较多或比例较高的，房屋拆迁管理部门在受理裁决申请前，应当进行听证。具体标准、程序按省、自治区、直辖市人民政府房屋拆迁管理部门规定执行。

律师可代理委托人参与裁决受理前的听证，并可结合相关法律法规，以及委托人的合法权益发表律师意见。

60.2 不予受理的情形

有下列情形之一的，裁决机关不予受理裁决申请：
（1）已超过房屋拆迁期限的；
（2）申请人未在规定的日期内补齐资料的；
（3）申请人与被申请人达成房屋拆迁补偿安置协议后发生合同纠纷的；
（4）房屋已经灭失的；
（5）申请人主体资格不符合法律、法规、规章规定的；
（6）申请人对拆迁许可证合法性申请裁决的；
（7）裁决作出后，当事人就同一理由再次申请裁决的。

60.3 对裁决申请不予受理的，裁决机关应当自收到申请之日起 5 日内书面通知申请人。

60.4 对行政机关作出受理或不予受理的决定，律师均可为当事人提供咨询意见，确认行政机关的决定是否符合法律规定。如确认不符合法律规定，可接受委托代书复议申请书、诉状或代理复议与行政诉讼。

第三节 裁决审理阶段

第61条 在拆迁裁决的审理阶段,律师的服务重点

61.1 对裁决审理的程序和内容的核实。具体包括以下方面:
(1) 裁决行政机关是否向申请人发出裁决受理通知书。
(2) 裁决行政机关是否向被申请人送达裁决申请副本及答辩通知书。
(3) 相关资料、程序的合法性。
(4) 裁决机关是否组织拆迁当事人进行调解。注意未经调解,不能作出裁决,而申请人经两次通知未参加裁决调解的,视为撤回裁决申请;被申请人经两次通知不出席裁决调解的,裁决机关可以缺席裁决。
(5) 核实补偿安置标准是否符合法律规定与该案的实际情况。在审理过程中,当事人对评估结果有异议且未经房屋拆迁估价专家委员会鉴定的,裁决机关应当委托估价专家委员会进行鉴定,并以鉴定后的估价结果作为裁决依据。
(6) 裁决机关是否及时合法地作出书面的裁决书。经调解当事人达不成协议的,裁决机关应自收到裁决申请之日起30日内作出裁决。裁决书内容应当合法、适当。裁决须经裁决机关领导班子集体讨论决定。
(7) 裁决书是否送达。裁决书应当送达当事人,并留有送达的证据。裁决书可以按照直接送达、邮寄送达、留置送达、公告送达的顺序以及实际情况,确定送达方式。无法直接送达、邮寄送达、留置送达的,可公告送达,将裁决书张贴于被拆除房屋的拆迁范围公示栏内,裁决书自张贴于公示栏内之日起满7天视作送达。

61.2 裁决中止的审查
在裁决审理过程中,可能出现中止裁决的情形。律师在此种情形下的服务重点是以下六个方面:
(1) 审查是否发现新的需要查证的事实。
(2) 审查是否是裁决需要以相关裁决或法院判决结果为依据的,而相关案件未结案的。
(3) 审查是否是作为自然人的申请人死亡,需要等待继受人表明是否愿意继续裁决的。
(4) 审查是否是作为自然人的被申请人死亡,需要变更被申请人的。
(5) 审查是否是其他特殊情况需要中止的情形。
(6) 中止裁决的情形消除后,应当提请行政裁决机关恢复裁决。

61.3 裁决终结的审查
裁决审理过程中,行政裁决机关可能会决定裁决终结,律师在这种情形下提供法律服务的重点是以下四个方面:

（1）审查当事人是否达成拆迁补偿安置协议；
（2）审查申请人或被申请人是否是裁决当事人；
（3）审查申请人是否撤回裁决申请；
（4）审查作为自然人的申请人死亡，继受人是否表示放弃参加裁决。

61.4 裁决书内容的审查

裁决书应包括以下主要内容：

（1）申请人与被申请人（包括代理人）的姓名或单位名称等基本情况。
（2）申请裁决的请求、争议的事实和理由。
（3）裁决机关认定的事实、理由和适用的法律依据。
（4）根据行政裁决申请需要裁决的补偿方式、补偿金额、安置用房面积、安置地点、搬迁期限、搬迁过渡方式和过渡期限等。
（5）告知当事人行政复议、行政诉讼的权利及期限。
（6）裁决机关的名称、裁决日期并加盖公章。
（7）裁决规定的搬迁期限不得少于15日。

第四节 行政强制执行阶段

第 62 条 在行政裁决的行政强制执行阶段，律师为当事人以及行政机关提供法律服务的重点主要有以下四个方面：

62.1 审查行政强制执行申请主体

房屋拆迁裁决书送达后，申请人与被申请人应当执行裁决方案。被拆迁人在裁决规定的搬迁期限内未搬迁的，裁决机关可依法申请强制执行。

62.2 审查申请强制拆迁前是否依法听证

申请行政强制执行前，裁决机关应当组织拆迁当事人对行政强制执行的依据、程序、补偿安置方案及测算依据等内容进行听证。同时，还应邀请政府有关部门和具有社会公信力的人员参加。律师可代理委托人参与听证会，发表律师意见。

62.3 审查行政强制执行申请应提交的材料

申请行政强制执行，应当提交下列资料：

（1）行政强制执行申请书；
（2）裁决调解记录和裁决书；
（3）安置用房或补偿资金证明；
（4）被拆迁人拒绝接受补偿资金的，应当提交补偿资金的提存证明；
（5）被拆迁人不同意拆迁的有关材料；
（6）听证会或调查记录。

62.4 行政强制执行其他应注意的事项：

（1）申请行政强制执行,应当由裁决机关领导班子集体讨论决定；

（2）拆迁人未按裁决规定向被拆迁人提供拆迁补偿资金或者符合国家质量安全标准和产权清晰、无权利负担的安置用房的,不得申请行政强制执行；

（3）依据强制拆迁决定实施行政强制拆迁,裁决机关应当提前15天通知被拆迁人并做好宣传解释,动员被拆迁人自行搬迁；

（4）行政强制执行时,强制执行组织机关应当对被拆除房屋以及房屋内的物品向公证机关办理证据保全；

（5）行政强制执行时,强制执行组织机关应当组织街道办事处、居(村)委会代表和公证人员到现场；

（6）行政强制执行应当注意防止人身伤害的发生,要有应对突发事件的预案；

（7）执行的整个过程都要坚持"以人为本"的原则,注重社会稳定与和谐。

第五章
农村房屋拆迁中的律师实务

第一节 一般规定

第63条 适用范围

本章适用于指导律师办理农村房屋拆迁法律业务的实务操作。如有关省市地方性法规或规章规定集体土地上的房屋拆迁适用城市房屋拆迁程序的,从其规定。

第64条 本章所指的农村房屋拆迁是指依法许可,拆迁人对城市规划区外农民集体所有土地上的房屋所有者或使用者给予合法补偿安置的前提下予以迁出,对房屋及附属物进行拆除的法律行为。

第65条 律师为城市规划区内农民集体土地上的房屋拆迁提供法律服务也可参照本章规定。

第二节 集体土地的征收征用及补偿

第66条 律师为农村房屋拆迁提供法律服务应当掌握并向委托人宣传下列有关法律知识：

66.1 征地的原则

66.1.1 国家为了公共利益的需要,可以依照法律规定的授权和程序对农民集体所有的土地实行征收或征用,并给予补偿。

66.1.2 征收征用土地的,按照被征土地的原用途给予补偿。

66.1.3 征收征用耕地的补偿费用包括土地补偿费、安置补助费以及地上附着物和青苗的补偿费。征用耕地的土地补偿费,为该耕地被征用前3年平均年产值的6至10倍。

66.2 注意研究当地的有关征地补偿安置的具体规定:由于我国城市土地实行国家所有,农村土地实行集体所有,因此,城市化过程中对土地的需求必然要通过行政机关对农村集体所有土地的征收征用来满足。律师在办理此类案件时,不仅要了解国家的有关规定,还要注意研究当地的具体规定。

66.3 征地补偿安置的工作程序

66.3.1 在征地依法报批前,县级土地管理部门应当将拟征地的用途、位置、补偿标准、安置途径等,以书面形式告知被征地农村集体经济组织和农户。在告知后,凡被征地农村集体经济组织和农户在拟征土地上抢栽、抢种、抢建的地上附着物和植物,征地时不予补偿。

66.3.2 县级以上建设用地管理部门应当对拟征土地的权属、地类、面积以及地上附着物权属、种类、数量等现状进行调查,调查结果应与被征地农村集体经济组织、农户和地上附着物产权人共同确认。

66.3.3 征地依法批准后,县级以上土地管理部门应当按照《征用土地公告办法》规定公告征地批准事项。除涉及国家保密规定等特殊情况的以外,征地批准事项应当网上公告。

66.3.4 县级以上土地管理部门应当根据征收土地的批准文件,在征地公告之日起45日内以被征用土地的所有权人为单位拟订征地补偿安置方案(含征地拆迁房屋补偿安置标准),报当地人民政府审查同意后,按照《征用土地公告办法》规定公告。被征地农村集体经济组织和农户提出申请听证的,土地管理部门应当按照《国土资源听证规定》的程序和有关要求组织听证。

66.3.5 征地补偿安置方案批准后,当地人民政府应组织县级土地管理部门或委托有关单位与被征地单位协商签订征地补偿安置协议。

单独选址项目和分批次项目的征地补偿安置费用,应当根据市、县人民政府的征地补偿安置方案支付,未按期全额支付的,不得核发建设用地批准书,也不得使用土地。

66.3.6 征地中拆迁房屋补偿安置的实施程序,按照各省市的有关规定执行。征地拆迁房屋的补偿安置需要估价的,也应按照《房地产估价规范》进行。

第三节 农村房屋拆迁补偿安置

第67条 补偿安置依据

被拆除房屋的用途和建筑面积,一般以房地产权证、农村宅基地使用证或者建房批准文件的记载为准。如记载与实际不符的,除已依法确认的违章建筑外,应以实际面积为准。

第 68 条　特别情况的处理

68.1　征地公告时,被拆迁人已取得建房批准文件且新房已建造完毕的,对新房予以补偿,对应当拆除而未拆除的旧房不予补偿。征地公告时,被拆迁人已取得建房批准文件但新房尚未建造完毕的,被拆迁人应当立即停止建房,具体补偿金额可以参照建房批准文件内容补偿,也可由拆迁当事人协商议定。

68.2　拆除未超过批准期限的临时建筑,可以给予适当补偿。

68.3　违法并应无偿拆除的建筑、超过批准期限的临时建筑,以及征地公告后擅自进行房屋及其附属物新建、改建、扩建的部分,一般不予补偿。

68.4　同一拆迁范围内,既有国有土地、又有集体土地的,国有土地范围内的拆迁房屋补偿安置按城市房屋拆迁管理规定执行;被征集体土地范围内的房屋拆迁补偿安置按集体所有土地房屋拆迁补偿安置的规定执行,如当地规定按城市房屋拆迁规定执行的,从其规定。

第 69 条　征地中拆迁居住房屋的补偿安置规定

69.1　被征地的村或者村民小组建制撤销的补偿安置

69.1.1　被拆迁人可以选择货币补偿,也可以选择与货币补偿金额同等价值的产权房屋调换。

69.1.2　货币补偿金额计算公式一般为:(被拆除房屋建安重置单价结合成新+同区域新建多层商品住房每平方米建筑面积的土地使用权基价+价格补贴)×被拆除房屋的建筑面积。

69.1.3　被拆除房屋评估如选用重置法的,其建安重置单价结合成新,由建设单位委托具有房屋拆迁评估资格的房地产估价机构评估;同区域新建多层商品住房每平方米建筑面积的土地使用权基价及价格补贴标准,由被拆除房屋所在地的市、县人民政府根据土地市场的实际情况制定并公布。

69.2　被征地的村或者村民小组建制不撤销的补偿安置

律师应了解,现行规定拆迁人对未转为城镇户籍的被拆迁人应当按下列规定予以补偿安置:

(1)具备易地建房条件的区域,被拆迁人可以在乡(镇)土地利用总体规划确定的中心村或居民点范围内申请宅基地新建住房,并获得相应的货币补偿。

(2)货币补偿金额计算公式为:(被拆除房屋建安重置单价结合成新+价格补贴)×被拆除房屋的建筑面积;被拆迁人使用新宅基地所需的费用,由建设单位支付给被征地的村或者村民小组。被拆迁人申请宅基地新建房屋的审批程序,按照国家和当地农村住房建设的有关规定执行。

(3)不具备易地建房条件的区域,可以选择货币补偿,也可以选择与货币补偿金额同等价值的产权房屋调换。被拆迁人不得再申请宅基地新建住房。

69.3 其他补偿

律师应了解并告知当事人,拆迁人应当补偿被拆迁人搬家补助费、设备迁移费、过渡期内的临时安置补助费,并自过渡期逾期之日起增加临时安置补助费。

69.4 补偿原则是使被拆迁人的居住水平不因拆迁而降低。

第70条 拆迁非居住房屋的补偿安置

70.1 在办理拆迁非居住房屋的补偿的服务中,律师应提醒当事人,这种拆迁及补偿应当有利于当地经济的发展,防止拆迁对当地原有工商业与就业的负面影响。

70.2 一般的补偿标准

(1)拆除农村集体经济组织以土地使用权入股、联营等形式与其他单位、个人共同举办的企业所有的非居住房屋,货币补偿金额计算公式为:被拆除房屋的建安重置价 + 相应的土地使用权取得费用。

(2)被拆除房屋的建安重置价、相应的土地使用权取得费用,当事人协商不成时由房地产估价机构评估。

70.3 其他补偿

(1)按国家和当地规定的货物运输价格、设备安装价格计算的设备搬迁和安装费用。

(2)无法恢复使用的设备按重置价结合成新结算的费用。

(3)因拆迁造成停产、停业的适当补偿。

(4)其他非居住房屋、居住房屋附属的棚舍,以及其他地上构筑物的补偿,按照当地有关国家建设征地的财物补偿标准执行。

第四节 农村房屋拆迁评估

第71条 一般规定

71.1 农村房屋拆迁当事人经协商对被拆迁房屋价格达不成一致时,律师应提醒委托人及时聘请评估机构依法评估。律师在提供服务时应了解并可向当事人介绍有关农村房屋评估的一般规定。

71.2 房屋重置价格,是指采用估价时点的建筑材料和建筑技术,按估价时点的价格水平,重新建造与被拆除房屋具有同等功能效用的全新状态的房屋的正常价格。拆迁房屋的评估价格不包括房屋的装饰价值。房屋装饰应单独出具评估报告。

71.3 估价时点为房屋拆迁许可证颁发之日。

71.4 评估报告:估价机构应按《房地产估价规范》的规定格式出具评估报告,评估报告应由注册房地产估价师签名,经估价机构审核并加盖机构公章。

第 72 条 对附属物、附着物、在建工程、临时建筑的评估

72.1 附属物、附着物等的评估:按照国家建设征地的财物补偿标准和当地实际情况进行。

72.2 在建工程评估:一般应采用成本法进行评估。在建工程评估以政府管理部门批准的用途、参数或规划设计方案等为依据,工程建设进度以政府管理部门通知停工时的状态为准。

72.3 临时建筑评估:未超过批准期限的临时建筑应评估其建筑物残值。

第 73 条 协助评估

凡房屋拆迁评估中涉及原始成本、机电设备、工程造价等专业技术工作的,估价机构可委托有资格从事该类业务的机构协助评估。

第六章
行政复议与诉讼中的律师实务

第一节 拆迁行政复议

第 74 条 一般规定

74.1 拆迁行政复议并不是每个拆迁项目的必经阶段,但拆迁行政复议与拆迁各阶段交织在一起,律师可以对此提供相应的法律服务。

74.2 在拆迁人申请规划许可证、房屋拆迁许可证等文件,拆迁管理部门作出与拆迁相关的行政决定等过程中,只要当事人认为该具体行政行为侵犯其合法权益,就有权依法向管辖部门申请行政复议。

74.3 除《行政复议法》、《行政诉讼法》已有规定外,律师应当提示委托人,对城市房屋拆迁裁决不服的,拆迁人依法已对被拆迁人给予货币补偿或者提供拆迁安置用房、周转用房的,诉讼期间不停止拆迁的执行,拆迁人可以依法申请人民法院先予执行。

第 75 条 律师在行政复议阶段的法律业务

75.1 审查拆迁许可以及前置程序的合法性,律师工作内容包括但不限于:
(1)审查立项文件的合法性,对所列文件进行实体和程序审查;
(2)审查规划许可的合法性,对所列文件进行实体和程序审查;
(3)审查用地许可的合法性,对所列文件进行实体和程序审查;
(4)审查拆迁许可证发放的合法性,对所列文件进行实体和程序审查;
(5)审查拆迁人申请拆迁许可时提交的拆迁计划和方案是否合法,有无损害被拆

迁人合法权益的情形;

(6) 审查拆迁补偿资金是否符合法律规定及是否被挪用等情形。

75.2 审查相关拆迁实施行为,律师工作内容主要包括:

75.2.1 审查被拆迁房屋评估的合法性。包括评估机构的确定、评估程序、评估报告和专家鉴定等内容(内容详见本指引第二章第二、三节部分)。

75.2.2 审查补偿安置方案的合法性。包括补偿对象、利益相关人、补偿范围、补偿标准、补偿方法以及安置房源等内容。

75.2.3 审查补偿安置实施过程的合法性。包括拆迁实施单位与被拆迁人之间的协商、谈话、协议,以及补偿安置的执行等事实情况。

75.3 审查作出行政裁决或具体行政行为的合法性

包括具体行政机关对被拆迁房屋的面积认定、违章建筑处理、婚姻状况证明、共有产权情况、户籍人口证明、伤残证明、住改非以及经营许可等内容。

75.4 审查行政强制拆迁的合法性

包括行政裁决、被拆迁人或者房屋承租人在裁决规定的搬迁期限内未搬迁的原因、行政强制拆迁的实施等内容。

75.5 对相关事实调查取证,发表律师意见。

75.6 向委托人提供法律咨询。

75.7 对具体事项进行专项法律研究。

75.8 代理协商、调解、申请行政复议、仲裁、诉讼、申诉。

75.9 参与对被拆迁人被行政处罚、裁决或强制拆迁后的法律疏导、矛盾化解工作。

75.10 其他相关法律服务。

第二节 拆迁诉讼

第76条 一般规定

律师代理房屋拆迁行政案件,除应依照法律、法规、规章及全国律协关于律师代理行政诉讼案件、群体性案件的一般规定外,还要重视拆迁案件的特殊性。

第77条 房屋拆迁行政诉讼案件涵盖多种具体行政行为,涉及许多法律、法规、规章和规范性文件,法律关系繁杂,是社会的热点,容易引发群体矛盾。除了本章第一节行政复议后15日内提起行政诉讼,当事人也可以在行政裁决书送达之日起3个月内直接向法院提起行政诉讼(如果行政机关作出行政行为时未告知行政相对人诉讼权利与期间的,其诉讼时效为两年)。

第78条 拆迁民事诉讼是拆迁当事人因房屋拆迁法律行为而引起的民事诉讼,以及拆迁当事人与非拆迁当事人之间的与拆迁相关的诉讼。

第 79 条 律师代理拆迁诉讼应注意以下案件受理管辖的特别规定：

79.1 公民、法人或者其他组织对人民政府或者城市房屋主管行政机关依职权作出的有关房屋拆迁、补偿、安置等问题的行政决定或行政裁决等行政行为不服，依法向人民法院提起诉讼的，人民法院应按行政案件受理。

79.2 拆迁人与被拆迁人因房屋补偿、安置等问题达成协议后，一方或者双方当事人反悔，依法向人民法院提起诉讼的，人民法院应当作为民事案件受理。

79.3 拆迁人与被拆迁人或者拆迁人、被拆迁人与房屋承租人达不成拆迁补偿安置协议，就补偿安置争议向人民法院提起民事诉讼的，人民法院不予受理，并告知当事人可以申请房屋拆迁主管机关裁决。房屋拆迁主管机关是被拆迁人的，由同级人民政府裁决。裁决应当自收到申请之日起 30 日内作出。当事人对裁决不服的，可以按法律规定向人民法院起诉，人民法院将按行政案件受理。

第三节　律师在拆迁诉讼中的举证

第 80 条 根据不同的案情及诉讼请求，律师应当分别按照《最高人民法院关于行政诉讼证据若干问题的规定》和《最高人民法院关于民事诉讼证据的若干规定》提交如下（但不限于）证据：

80.1 证明诉讼主体资格的证据

当事人应当提交身份证明资料，即：当事人为自然人的，应提交身份证或户口本；为法人或其他经济组织的，应提交工商营业执照副本、工商注册登记资料或社团法人登记证等。法人或其他经济组织的名称在讼争法律事实发生后有变更的，还应当提交变更登记资料。

80.2 证明房屋发生拆迁法律事实的证据。

第 81 条 拆迁人应提交的证据：

（1）房屋拆迁许可证及其许可要件；

（2）拆迁公告；

（3）新建建筑物的，提交《建设工程规划许可证》及工程竣工验收证明；

（4）房屋被拆除前所作的面积测量报告；

（5）已经达成拆迁补偿安置协议的，要提交该协议；

（6）已向被拆迁人支付货币补偿款、过渡费、搬家补助费、设备迁移费等费用的，提交支付凭证；

（7）给被拆迁人提供过渡期临时用房的证据；

（8）用以安置被拆迁人的房屋平面图、建筑面积竣工测量报告等。

第 82 条 被拆迁人应提交的证据:
（1）能证明被拆除房屋的所有权的凭据；
（2）能证明被拆除房屋的结构、房屋的性质（住宅、办公或商铺）、房屋的建筑面积等的证据；
（3）在被拆迁房屋所有权凭据上记载的所有人不是主张权利的被拆迁人时，还须要提交能够证明被拆迁人有权主张补偿安置的证据，例如：继承关系证明、亲属关系证明、原权利人放弃权利的证明等；
（4）能证明房屋何时被拆除的证据；
（5）已经达成拆迁补偿安置协议的，要提交该协议；
（6）经过房屋拆迁主管部门裁决的，还应提交裁决书。

附 则

第 83 条 本操作指引是根据现行国家颁布的法律、行政法规、规章、地方性法规及其他相关文件的规定，结合当前律师办理城市房屋拆迁的实务操作制定，若国家法律、法规、地方性法规、规章及规范性文件发生变化，应以新的法律、法规及规范性文件为依据调整。

第 84 条 本指引经第六届中华全国律师协会第七次常务理事会审议通过。

（本指引由全国律协民事专业委员会负责起草，主要执笔人：王才亮、朱树英、张善美、栗红、王令)

中华全国律师协会
律师办理建设工程法律业务操作指引

目 录

第一章 总则 / 256

第二章 建设工程招、投标 / 257
  第一节 一般规定 / 257
  第二节 招标 / 258
  第三节 投标 / 264
  第四节 开标、评标和中标 / 266
  第五节 招标投标活动投诉处理 / 271

第三章 建设工程合同的订立 / 273
  第一节 合同的类型 / 273
  第二节 合同主体适格性 / 278
  第三节 合同的主要内容 / 279
  第四节 合同各方的主要权利和义务 / 284
  第五节 与合同订立有关的其他事项 / 286

第四章 建设工程合同的履行 / 288
  第一节 一般规定 / 288
  第二节 合同交底 / 289
  第三节 建设工程工期管理 / 290
  第四节 建设工程施工安全管理 / 294
  第五节 建设工程材料、设备的供应 / 296
  第六节 建设工程签证与索赔管理 / 297
  第七节 建设工程工程款的确认和支付 / 300
  第八节 建设工程质量管理 / 301
  第九节 建设工程竣工验收 / 303
  第十节 建设工程造价 / 306
  第十一节 建设工程保修 / 309
  第十二节 建设工程勘察、设计、监理合同的履行 / 311

第五章 建设工程合同的争议解决 / 313
  第一节 建设工程合同效力的认定 / 313
  第二节 建设工程合同的法定解除 / 315
  第三节 建设工程合同常见纠纷 / 317

第四节　建设工程合同纠纷的处理方式／323
　　第五节　涉及建设工程价款、质量、工期纠纷的司法鉴定／330
第六章　其他／333
　　第一节　律师尽职调查／333
　　第二节　建设工程价款优先受偿权／342
　　第三节　FIDIC 合同条件／343
第七章　附则／348

第一章
总　　则

第1条　制定目的

本操作指引由中华全国律师协会起草,其目的是向律师提供办理建设工程法律业务操作方面的借鉴经验,并非强制性或规范性规定,仅供律师在办理建设工程法律业务时参考。

第2条　概念界定

本操作指引所称建设工程,是指土木工程、建筑工程、线路管道和设备安装工程及装饰、装修工程。

发包人:具有工程发包主体资格和支付工程价款能力的当事人以及取得该当事人资格的合法继承人。

承包人:被发包人接受的具有工程承包主体资格及相应资质的当事人以及取得该当事人资格的合法继承人。

建设工程合同:承包人进行工程建设、发包人支付工程价款的承发包双方就建设工程的主要内容达成一致意见的协议。

分包工程:承包人所承包工程中的非地基和非主体结构工程的部分,经发包人同意,由总包人和分包人就分包项目达成一致意见的工程。

分包工程的发包人:可以将其所承包工程中的非主体、非关键性工程施工或劳务作业进行分包的承包人。

分包工程的承包人:接受分包工程或劳务作业的具有相应资质的当事人。

建设工程分包合同:分包工程的承包人进行分包工程建设,分包工程的发包人支付工程价款的合同。

第3条　律师办理建设工程法律业务的基本原则

由于建设工程法律事务疑难复杂,对律师业务能力要求较高,律师办理建设工程法律业务应遵循如下原则:

第一,忠诚守信原则。律师办理建设工程法律业务,应当坚持对委托人忠诚不二。

在承发包、总分包或劳务总分包双方之间,信守只接受其中一方当事人委托,并且在办理委托事务过程中不受任何单位及其他组织和个人的非法干涉,依法维护委托人的合法权益和国家有关法律法规的正确实施。

第二,专业负责原则。律师办理建设工程法律业务,应刻苦钻研专业法律问题,熟悉专业的法律规定和熟悉行业特点,为当事人提供准确的、负责的专业服务。

第三,勤勉尽责原则,律师办理建设工程法律业务,应根据当事人的要求并适应业务涉及法律领域多、情况复杂的特点,恪尽职守,勤勉敬业,在委托人要求、承办律师承诺的期限内完成各项具体的法律服务。

第4条 律师办理建设工程法律业务的基本要求

律师办理建设工程法律业务,应依据与委托人签订的委托协议所设定的具体服务内容和要求,在委托权限内依约履行职责,应严格执行中华全国律师协会颁发的《律师执业行为规范(试行)》中关于防止利益冲突的有关规定,不得损害委托人的合法权益;应保守当事人的商业秘密和个人隐私,但按有关规定须向主管司法行政机关通报案情及已失密或已解密的事项除外。

第5条 本操作指引的业务指导范围

本操作指引主要适用于律师从事建设工程非诉讼法律服务。律师向委托人提供建设工程招投标、建设工程承发包合同管理、工程质量和工程造价管理或建设工程全过程的法律服务可参考本操作指引。

律师代理委托人有关建设工程诉讼业务,本操作指引也根据此类业务的具体情况作相应的指导性操作规定,同样具有参考作用。

第二章
建设工程招、投标

第一节　一 般 规 定

第6条 提供法律服务的依据

为维护建设工程招投标活动的合法性,保护招标人、投标人的合法权益,保证工程项目质量,提高律师办理招投标业务法律服务水平,依据我国《招标投标法》、《建筑法》、《工程建设项目招标范围和规模标准规定》、《建筑工程设计招标投标管理办法》、《房屋建筑和市政基础设施工程施工招标投标管理办法》、《工程建设项目勘察设计招标投标办法》、《工程建设项目施工招标投标办法》及相关法律、法规和司法解释的规定,制定本章。

第 7 条　指导范围

律师办理建设工程勘察、设计、施工招标投标及其相关的法律服务业务,可参考本章内容。

第二节　招　　标

第 8 条　是否必须招标的审查

根据《中华人民共和国招标投标法》(以下简称《招标投标法》)第 3 条及《工程建设项目招标范围和规模标准规定》的规定,律师承办建设工程招标法律服务,首先应查明委托人的工程项目是否属于必须公开招标的范围,并据此提供有针对性的法律服务。

第 9 条　必须招标的工程建设项目

9.1　根据《招标投标法》和《工程建设项目招标范围和规模标准规定》的规定,大型基础设施、公用事业等关系社会公共利益、公众安全的项目,全部或者部分使用国有资金投资或者国家融资的项目,使用国际组织或者外国政府贷款、援助资金的项目,包括项目的勘察、设计、施工、监理以及与工程建设有关的重要设备、材料等的采购,达到下列标准之一的,必须进行招标:

(1) 施工单项合同估算价在 200 万元人民币以上的;

(2) 重要设备、材料等货物的采购,单项合同估算价在 100 万元人民币以上的;

(3) 勘察、设计、监理等服务的采购,单项合同估算价在 50 万元人民币以上的;

(4) 单项合同估算价低于第(1)、(2)、(3)项规定的标准,但项目总投资额在 3000 万元人民币以上的。

9.2　根据《工程建设项目招标范围和规模标准规定》的规定,关系社会公共利益、公众安全的基础设施项目的范围包括:

(1) 煤炭、石油、天然气、电力、新能源等能源项目;

(2) 铁路、公路、管道、水运、航空以及其他交通运输业等交通运输项目;

(3) 邮政、电信枢纽、通信、信息网络等邮电通信项目;

(4) 防洪、灌溉、排涝、引(供)水、滩涂治理、水土保持、水利枢纽等水利项目;

(5) 道路、桥梁、地铁和轻轨交通、污水排放及处理、垃圾处理、地下管道、公共停车场等城市设施项目;

(6) 生态环境保护项目;

(7) 其他基础设施项目。

9.3　关系社会公共利益、公众安全的公用事业项目的范围包括:

(1) 供水、供电、供气、供热等市政工程项目;

(2) 科技、教育、文化等项目;

（3）体育、旅游等项目；
（4）卫生、社会福利等项目；
（5）商品住宅，包括经济适用住房；
（6）其他公用事业项目。

9.4 使用国有资金投资项目的范围包括：
（1）使用各级财政预算资金的项目；
（2）使用纳入财政管理的各种政府性专项建设基金的项目；
（3）使用国有企业事业单位自有资金，并且国有资产投资者实际拥有控制权的项目。

9.5 国家融资项目的范围包括：
（1）使用国家发行债券所筹资金的项目；
（2）使用国家对外借款或者担保所筹资金的项目；
（3）使用国家政策性贷款的项目；
（4）国家授权投资主体融资的项目；
（5）国家特许的融资项目。

9.6 使用国际组织或者外国政府资金的项目的范围包括：
（1）使用世界银行、亚洲开发银行等国际组织贷款资金的项目；
（2）使用外国政府及其机构贷款资金的项目；
（3）使用国际组织或者外国政府援助资金的项目。

第 10 条 可不进行施工招标的项目

律师应注意根据《工程建设项目招标范围和规模标准规定》、《工程建设项目施工招标投标办法》和《房屋建筑和市政基础设施工程施工招标投标管理办法》规定，有下列情形之一的，可以不进行招标：
（1）涉及国家安全、国家秘密或者抢险救灾而不适宜招标的；
（2）属于利用扶贫资金实行以工代赈需要使用农民工的；
（3）施工主要技术采用特定的专利或者专有技术的；
（4）施工企业自建自用的工程，且该施工企业资质等级符合工程要求的；
（5）在建工程追加的附属小型工程或者主体加层工程，原中标人仍具备承包能力的或承包人未发生变更的；
（6）停建或者缓建后恢复建设的单位工程，且承包人未发生变更的；
（7）建设项目的勘察、设计，采用特定专利或者专有技术的，或者其建筑艺术造型有特殊要求的，经项目主管部门批准的；
（8）法律、行政法规规定的其他情形。

第 11 条 工程招标的条件

律师应当注意工程招标须具备下列条件：

（1）招标人已经依法成立；
（2）按照国家有关规定需要履行项目审批手续的，已经履行审批手续；
（3）工程资金或者资金来源已经落实；
（4）施工招标的，应有满足施工需要的设计文件及其他技术资料；
（5）法律、法规、规章规定的其他条件。

第 12 条　自行招标和委托招标

律师应注意招标人具有编制招标文件和组织评标能力的，可以自行办理招标事宜。任何单位和个人不得强制其委托招标代理机构办理招标事宜。依法必须进行招标的项目，招标人自行办理招标事宜的，应当向有关行政监督部门备案。

招标人不具有编制招标文件和组织评标能力的，工程建设项目进行招标应当委托具有相应资格的招标代理机构进行招标。

第 13 条　招标代理机构及其资格

招标代理机构是依法设立、从事招标代理业务并提供相关服务的社会中介组织。根据《工程建设项目招标代理机构资格认定办法》的规定，工程招标代理机构资格分为甲级、乙级和暂定级。工程招标代理机构可以跨省、自治区、直辖市承担工程招标代理业务。甲级工程招标代理机构可以承担各类工程的招标代理业务；乙级工程招标代理机构只能承担工程总投资在 1 亿元人民币以下的工程招标代理业务；暂定级工程招标代理机构，只能承担工程总投资在 6000 万元人民币以下的工程招标代理业务。

第 14 条　公开招标和邀请招标

招标方式可分为公开招标和邀请招标。公开招标是指招标人以招标公告的方式邀请不特定的法人或者其他组织投标；邀请招标是指招标人以投标邀请书的方式邀请特定的法人或者其他组织投标。

在依法应当招标的工程建设项目中，有下列情形之一的，经批准可以邀请招标：
（1）项目技术复杂或有特殊要求，只有少量几家潜在投标人可供选择的；
（2）受自然地域环境限制的；
（3）涉及国家安全、国家秘密或者抢险救灾，适宜招标但不宜公开招标的；
（4）拟公开招标的费用与项目的价值相比，不值得的；
（5）法律、法规规定不宜公开招标的。

国家重点建设项目的邀请招标，应当经国务院发展计划部门批准；地方重点建设项目的邀请招标，应当经各省、自治区、直辖市人民政府批准。全部使用国有资金投资或者国有资金投资占控股或者主导地位的并需要审批的工程建设项目的邀请招标，应当经项目审批部门批准，但项目审批部门只审批立项的，由有关行政监督部门批准。

律师应注意招标人采用公开招标方式的，应当发布招标公告，应当通过国家指定的报刊、信息网络或者其他媒介发布。招标人采用邀请招标方式的，应当向三个以上具备承担招标项目的能力、资信良好的特定的法人或者其他组织发出招标邀请书。

招标公告或投标邀请书应当载明招标人的名称和地址、招标项目的性质、规模、实施地点和时间以及获取招标文件的办法等事项。

第 15 条 招标人对投标申请人的资格预审

律师应提示招标人可以根据招标工程的需要,对投标申请人进行资格预审,也可以委托工程招标代理机构对投标申请人进行资格预审。实行资格预审的招标工程,招标人应当在招标公告或者投标邀请书中载明资格预审的条件和获取资格预审文件的办法。

资格预审文件一般应当包括资格预审申请书格式、申请人须知,以及需要投标申请人提供的企业资质、业绩、技术装备、财务状况和拟派出的项目经理与主要技术人员的简历、业绩等证明材料。

经资格预审后,招标人应当向资格预审合格的投标申请人发出资格预审合格通知书,告知获取招标文件的时间、地点和方法,并同时向资格预审不合格的投标申请人告知资格预审结果。

如果资格预审合格的投标申请人过多,可以由招标人从中选择不少于 7 家资格预审合格的投标申请人。

第 16 条 招标文件

16.1 施工招标的招标人应当根据招标工程的特点和需要,自行或者委托工程招标代理机构编制招标文件。律师应注意招标文件应当包括下列内容:

(1)投标须知,包括工程概况,招标范围,资格审查条件,工程资金来源或者落实情况(包括银行出具的资金证明),标段划分,工期要求,质量标准,现场踏勘和答疑安排,投标文件编制、提交、修改、撤回的要求,投标报价要求,投标有效期,开标的时间和地点,评标的方法和标准等;

(2)招标工程的技术要求和设计文件;

(3)采用工程量清单招标的,应当提供工程量清单,但应明确投标单位自行负责核算工程量清单所示工程量,并对工程量清单的准确性负责;

(4)投标函的格式及附录;

(5)拟签订合同的主要条款;

(6)要求投标人提交的其他材料。

律师应注意依法必须进行施工招标的工程,招标人应当在招标文件发出的同时,将招标文件报工程所在地的县级以上地方人民政府建设行政主管部门备案。

16.2 律师应注意设计招标文件应当包括以下内容:

(1)工程名称、地址、占地面积、建筑面积等;

(2)已批准的项目建议书或者可行性研究报告;

(3)工程经济技术要求;

(4) 城市规划管理部门确定的规划控制条件和用地红线图；

(5) 可供参考的工程地质、水文地质、工程测量等建设场地勘察成果报告；

(6) 供水、供电、供气、供热、环保、市政道路等方面的基础资料；

(7) 招标文件答疑、踏勘现场的时间和地点；

(8) 投标文件编制要求及评标原则；

(9) 投标文件送达的截止时间；

(10) 拟选用的合同示范文本或拟签订合同的主要条款；

(11) 设计深度要求；

(12) 未中标方案的补偿办法。

16.3 律师应注意勘察设计招标文件应当包括下列内容：

(1) 投标须知；

(2) 投标文件格式及合同主要条款；

(3) 项目说明书，包括资金来源情况；

(4) 勘察设计范围,对勘察设计进度、阶段和深度的要求；

(5) 规划设计条件及建筑设计要求；

(6) 勘察设计基础资料；

(7) 勘察设计费用支付方式,对未中标人是否给予补偿及补偿标准；

(8) 投标报价要求；

(9) 对投标人资格审查的标准；

(10) 评标标准和方法；

(11) 投标有效期限；

(12) 其他有关的实质性要求和条件。

16.4 律师应注意政府投资工程中由国务院有关部门或地方人民政府选择为试点的项目，其招标资格预审文件和招标文件应当包括的内容及注意事项。

16.4.1 九部委制定的《标准施工招标资格预审文件》(2007年版)规定的预审文件应包括的内容及应注意事项。

(1) 应包括的内容：

① 资格预审公告；

② 申请人须知；

③ 资格审查办法(合格制或有限数量制)；

④ 资格预审申请文件格式；

⑤ 项目建设概况。

(2) 应注意事项。对于编制的资格预审文件：

① 应不加修改地引用《标准施工招标资格预审文件》中的"申请人须知"(申请人须知前附表除外)、"资格审查办法"(资格审查办法前附表除外)。

②"申请人须知前附表"用于进一步明确"申请人须知"正文中的未尽事宜,试点项目招标人应结合招标项目具体特点和实际需要编制和填写,但不得与"申请人须知"正文内容相抵触,否则抵触内容无效。

③"资格审查办法前附表"用于明确资格审查的方法、因素、标准和程序。试点项目招标人应根据招标项目具体特点和实际需要,详细列明全部审查因素、标准,没有列明的因素和标准不得作为资格审查的依据。

④招标人发布资格预审公告后,应将实际发布的资格预审公告编入出售的资格预审文件中,作为资格预审邀请。资格预审公告应同时注明发布所在的所有媒介名称。

16.4.2 九部委制定的《标准施工招标文件》(2007年版)规定的招标文件应包括的内容及应注意事项。

(1)应包括的内容:

① 招标公告(未进行资格预审的)或投标邀请书(适用于邀请招标的或代资格预审通过通知书的);

② 投标人须知,包括总则、招标文件、投标文件、投标、开标、评标、合同授予、重新招标和不再招标、纪律和监督等;

③ 评标办法(适用于经评审的最低投标价法的或综合评估法的);

④ 合同条款及格式,包括通用合同条款(24条121款)、专用合同条款及合同附件;

⑤ 工程量清单;

⑥ 图纸;

⑦ 技术标准和要求;

⑧ 投标文件格式。

(2)应注意事项。对于编制的招标文件:

① 应不加修改地引用《标准施工招标文件》中的"投标人须知"(投标人须知前附表和其他附表除外)、"评标办法"(评标办法前附表除外)、"通用合同条款"。

② 行业标准施工招标文件中的"专用合同条款"可对《标准施工招标文件》中的"通用合同条款"进行补充、细化,除"通用合同条款"明确"专用合同条款"可作出不同约定外,补充和细化的内容不得与"通用合同条款"强制性规定相抵触,否则抵触内容无效。

③"投标人须知前附表"用于进一步明确"投标人须知"正文中的未尽事宜,试点项目招标人应结合招标项目具体特点和实际需要编制和填写,但不得与"投标人须知"正文内容相抵触,否则抵触内容无效。

④"评标办法前附表"用于明确评标的方法、因素、标准和程序。试点项目招标人应根据招标项目具体特点和实际需要,详细列明全部评审因素、标准,没有列明的因素和标准不得作为评标的依据。

16.4.3 重点关注

(1)《标准施工招标文件》中的通用合同条款(2007年版)既不同于原国家工商局和建设部联合推荐使用的《建设工程施工合同示范文本》(1999年版),也不同于国际通用的 FIDIC 合同文本,是一种适用于当前政府投资的基础设施建设的全新的合同文本。

(2) 2007年版通用合同条款不同于1999年版示范文本的重大区别有:
① 监理人制度以及监理人的权力扩大化设定;
② 增加与 FIDIC 合同条件相同的签证和索赔条款可要求增加利润的新规定;
③ 增加工程通过竣工验收,颁发工程接收证书的新规定;
④ 增设质量缺陷责任期制度,缺陷责任期届满颁发缺陷责任期终止证书;
⑤ 改变原示范文本的索赔规定,承发包双方均实行默示推定为放弃权力;
⑥ 增加与 FIDIC 合同条件接轨的当事人提出仲裁或诉讼的前置争议评审制度,确定由争议评审员在过程中随机解决争议。

(3) 全部使用国有资金投资或国有资金投资为主(以下两者简称"国有资金投资")的基础设施工程建设项目,必须采用2008年12月1日起实施的国标《建设工程工程量清单计价规范》(国标编号为 gb50500-2008)。

第17条 招标文件的修改和要求提交投标文件的时限

律师应注意招标人对已发出的招标文件进行必要的澄清或者修改的,应当在招标文件要求提交投标文件的截止时间至少15日前,以书面形式通知所有招标文件收受人,并同时报工程所在地的县级以上地方人民政府建设行政主管部门备案。该澄清或者修改的内容为招标文件的组成部分。

招标人应当确定投标人编制投标文件所需要的合理时间。依法必须招标的勘察设计、施工招标项目,自招标文件开始发出之日起至投标人提交投标文件截止之日止,最短不得少于20日。

依法必须招标的设计项目,招标人要求投标人提交投标文件的时限为:特级和一级建筑工程不少于45日;二级以下建筑工程不少于30日;进行概念设计招标的,不少于20日。

第三节 投 标

第18条 投标人的资格审查

律师应注意施工投标人应当具备相应的施工企业资质,并在工程业绩、技术能力、项目经理资格条件、财务状况等方面满足招标文件提出的要求。

设计投标人应当具有与招标项目相适应的工程设计资质。境外设计单位参加国内建筑工程设计投标的,应当经省、自治区、直辖市人民政府建设行政主管部门批准。

第 19 条　投标文件

律师应提示投标人须按照招标文件的要求编制投标文件,对招标文件提出的实质性要求和条件作出响应。招标文件允许投标人提供备选标的,投标人可以按照招标文件的要求提交替代方案,并作出相应报价作备选标。律师应注意施工投标文件应当包括下列内容:

(1) 投标函;

(2) 施工组织设计或者施工方案;

(3) 投标报价,如是工程量清单报价,应提请招标人考察投标人投标报价是否存在不平衡报价等不规范投标报价的情况;

(4) 招标文件要求提供的其他材料。

其中应包括拟派出的项目负责人与主要技术人员的简历、业绩和拟用于完成招标项目的机械设备等。

投标人应当在招标文件要求提交投标文件的截止时间前,将投标文件密封送达投标地点。在招标文件要求提交投标文件的截止时间后送达的投标文件,为无效的投标文件,招标人应当拒收。招标人收到投标文件后,应当向投标人出具标明签收人和签收时间的凭证,并妥善保存投标文件。在开标前,任何单位和个人均不得开启投标文件。

投标人在招标文件要求提交投标文件的截止时间前,可以补充、修改或者撤回已提交的投标文件,并书面通知招标人。补充、修改的内容为投标文件的组成部分,在招标文件要求提交投标文件的截止时间后送达的补充或者修改的投标文件内容无效。

在提交投标文件截止时间后到招标文件规定的投标有效期终止之前,投标人不得补充、修改、替代或者撤回其投标文件。投标人补充、修改、替代投标文件的,招标人不予接受;投标人撤回投标文件的,其投标保证金将被没收。

第 20 条　投标担保

律师应注意招标人在招标文件中要求投标人提交投标担保的,投标担保可以采用投标保函或者投标保证金的方式。投标保证金可以使用支票、银行汇票等,但一般不得超过投标总价的 2%,最高不得超过 80 万元。

投标人应当按照招标文件要求的方式和金额,将投标保函或者投标保证金随投标文件提交招标人。

第 21 条　联合投标

律师应注意两个以上法人或者其他组织可以组成一个联合体,以一个投标人的身份共同投标。联合体各方均应当具备承担招标项目的相应能力和相应的勘察、设计、施工、监理资格条件。由同一专业的单位组成的联合体,按照资质等级较低的单位确定资质等级。

联合体各方应当签订共同投标协议,明确约定各方拟承担的工作和责任,并将共同投标协议连同投标文件一并提交招标人。联合体中标的,联合体各方应当共同与招标人签订合同,就中标项目向招标人承担连带责任。

第 22 条 投标人禁止行为

投标人不得相互串通投标报价,不得排挤其他投标人的公平竞争,损害招标人或者其他投标人的合法权益。

投标人不得与招标人串通投标,损害国家利益、社会公共利益或者他人的合法权益。

禁止投标人以向招标人或者评标委员会成员行贿的手段谋取中标。

投标人不得以低于成本的报价竞标,也不得以他人名义投标或者以其他方式弄虚作假,骗取中标。

第四节 开标、评标和中标

第 23 条 开标时间和地点

律师应当注意审查,开标应当在招标文件确定的提交投标文件截止时间的同一时间公开进行,开标地点应当为招标文件中预先确定的地点。开标应当按照下列规定进行:

由投标人或者其推选的代表检查投标文件的密封情况,也可以由招标人委托的公证机构进行检查并公证。经确认无误后,由有关工作人员当众拆封,宣读投标人名称、投标价格和投标文件的其他主要内容。

招标人在招标文件要求提交投标文件的截止时间前收到的所有投标文件,开标时都应当当众予以拆封、宣读。

开标过程应当记录,并存档备查。

第 24 条 无效投标文件的认定

律师应注意,在开标时,投标文件出现下列情形之一的,应当作为无效投标文件,不得进入评标程序:

(1)逾期送达的或者未送达指定地点的;

(2)未按招标文件要求密封的。

投标文件有下列情形之一的,由评标委员会初审后按废标处理:

(1)无单位盖章并无法定代表人或法定代表人授权的代理人签字或盖章的;

(2)未按规定的格式填写,内容不全或关键字迹模糊、无法辨认的;

(3)投标人递交两份或多份内容不同的投标文件,或在一份投标文件中对同一招标项目报有两个或多个报价,且未声明哪一个有效,按招标文件规定提交备选投标方案的除外;

(4) 投标人名称或组织结构与资格预审时不一致的;
(5) 未按招标文件要求提交投标保证金的;
(6) 联合体投标未附联合体各方共同投标协议的。

第 25 条　评标委员会

评标由招标人依法组建的评标委员会负责。律师应注意依法必须进行招标的工程,其评标委员会由招标人的代表和有关技术、经济等方面的专家组成,成员人数为 5 人以上单数,其中招标人、招标代理机构以外的技术、经济等方面专家不得少于成员总数的 2/3。根据《评标委员会和评标方法暂行规定》第 11 条规定,评标专家应符合下列条件:

(1) 从事相关专业领域工作满八年并具有高级职称或者同等专业水平;
(2) 熟悉有关招标投标的法律法规,并具有与招标项目相关的实践经验;
(3) 能够认真、公正、诚实、廉洁地履行职责。

评标委员会的专家成员,应当由招标人从建设行政主管部门及其他有关政府部门确定的专家名册或者工程招标代理机构的专家库内相关专业的专家名单中确定。确定专家成员一般采取随机抽取的方式。

律师应提醒发包人,根据《评标委员会和评标方法暂行规定》第 12 条规定,有下列情形之一的,不得担任评标委员会成员:

(1) 投标人或者投标人主要负责人的近亲属;
(2) 项目主管部门或者行政监督部门的人员;
(3) 与投标人有经济利益,可能影响对投标公正评审的;
(4) 曾因在招标、评标以及其他与招标投标有关活动中从事违法行为而受过行政处罚或刑事处罚的。

评标委员会成员的名单在中标结果确定前应当保密。

律师参加评标委员会工作的注意事项:律师要注意审核开标时间和地点的合法性、投标文件的有效性、有效投标文件是否对招标文件的实质性内容作出响应等,要根据项目特殊性起草有针对性的询标提纲,审核评标方法的合法性等。

第 26 条　询标

律师应注意,评标委员会不得向投标人提出带有暗示性或诱导性的问题,或向其明确投标文件中的遗漏和错误。评标委员会可以用书面形式要求投标人对投标文件中含义不明确的、对同类问题表述不一致或者有明显文字和计算错误的内容作必要的澄清、说明或者补正。投标人应当采用书面形式进行澄清或者说明,其澄清或者说明不得超出投标文件的范围或者改变投标文件的实质性内容。

有下列情形之一的,评标委员会可以要求投标人作出书面说明并提供相关材料:

(1) 设有标底的,投标报价低于标底合理幅度的;
(2) 不设标底的,投标报价明显低于其他投标报价,有可能低于其企业成本的;

（3）采用工程量清单报价的，评标委员会认为投标报价存在不平衡报价情况的。

经评标委员会论证，认定该投标人的报价低于其企业成本的，不能推荐为中标候选人或者中标人。

律师为招标人起草询标提纲时应注意：不得向投标人提出带有暗示性或诱导性的问题，或向其明确投标文件中的遗漏和错误。只是通过询标澄清不确定的变数和相应的责任。需要澄清的问题，是招投标过程中尚不确定的、中标后签订承发包合同时往往又会容易产生争议的问题，例如总包管理费（包括管理范围和取费基价）、不同年限的保修金及相应保修年限的设置、对监理单位的认可和配合工作措施以及如果中标将选用什么合同文本、如何适用等。

第 27 条 评标和评标方法

评标委员会应当依据《招标投标法》及相关法律、法规的规定进行评标。并按照招标文件确定的评标标准和方法、评标内容、中标条件，对投标文件进行评审和比较，并对评标结果签字确认；设有标底的，应当参考标底。评标委员会不得随意改变招标文件中确定的评标标准和方法、评标内容、中标条件，更不能制定新的标准、方法、内容、条件。招标文件中没有规定的评标标准和方法、评标内容、中标条件，不得作为评标委员会评标的依据。

评标可以采用综合评估法、经评审的最低投标价法或者法律法规允许的其他评标方法。

采用综合评估法的，应当对投标文件提出的工程质量、施工工期、投标价格、施工组织设计或者施工方案、投标人及项目经理业绩等，能否最大限度地满足招标文件中规定的各项要求和评价标准进行评审和比较。以评分方式进行评估的，对于各种评比奖项不得额外计分。

采用经评审的最低投标价法的，应当在投标文件能够满足招标文件实质性要求的投标人中，评审出投标价格最低的投标人，但投标价格低于其企业成本的除外。

评标委员会完成评标后，应当向招标人提出书面评标报告，阐明评标委员会对各投标文件的评审和比较意见，并按照招标文件中规定的评标方法，推荐不超过 3 名有排序的合格的中标候选人。招标人根据评标委员会提出的书面评标报告和推荐的中标候选人确定中标人。使用国有资金投资或者国家融资的工程项目，招标人应当按照中标候选人的排序确定中标人。当确定中标的中标候选人放弃中标或者因不可抗力提出不能履行合同的，招标人可以依序确定其他中标候选人为中标人。招标人也可以授权评标委员会直接确定中标人。

第 28 条 确定中标人时限和条件

招标人应当在投标有效期截止时限 30 日前确定中标人。中标人的投标应当符合下列条件之一：

（1）能够最大限度地满足招标文件中规定的各项综合评价标准；

（2）能够满足招标文件的实质性要求,并且经评审的投标价格最低;但是投标价格低于成本的除外。

中标人确定后,招标人应当向中标人发出中标通知书,并同时将中标结果通知所有未中标的投标人。

中标通知书对招标人和中标人具有法律效力。

第29条　确定中标人后向建设部门的报告

律师应注意,依法必须进行招标的工程,招标人应当自确定中标人之日起15日内,向工程所在地的县级以上地方人民政府建设行政主管部门提交施工招标投标情况的书面报告。书面报告应当包括下列内容:

（1）招标投标的基本情况,包括招标范围、招标方式、资格审查、开评标过程和确定中标人的方式及理由等。

（2）相关的文件资料,包括招标公告或者投标邀请书、投标报名表、资格预审文件、招标文件、评标委员会的评标报告(设有标底的,应当附标底)、中标人的投标文件。委托工程招标代理的,还应当附工程施工招标代理委托合同。

第30条　合同的签署

招标人和中标人应当自中标通知书发出之日起30日内,按照招标文件和中标人的投标文件订立书面合同;招标人和中标人不得再行订立背离合同实质性内容的其他协议。订立书面合同后7日内,中标人应当将合同送县级以上工程所在地的建设行政主管部门备案。

中标人不与招标人订立合同的,投标保证金不予退还并取消其中标资格,给招标人造成的损失超过投标保证金数额的,应当对超过部分予以赔偿;没有提交投标保证金的,应当对招标人的损失承担赔偿责任。

招标人无正当理由不与中标人签订合同,给中标人造成损失的,招标人应当给予赔偿。

第31条　中标无效的情形

律师应注意,发生下列六种情形的中标无效:

（1）招标代理机构违反《招标投标法》的规定,泄露应当保密的与招标投标活动有关的情况和资料,或者与招标人、投标人串通损害国家利益、社会公共利益或者他人合法权益,影响中标结果的;

（2）依法必须进行招标的项目的招标人向他人透露已获取招标文件的潜在投标人的名称、数量或者可能影响公平竞争的有关招标投标的其他情况,或者泄露标底,影响中标结果的;

（3）投标人相互串通投标或者与招标人串通投标的,投标人以向招标人或者评标委员会成员行贿的手段谋取中标的;

（4）投标人以他人名义投标或者以其他方式弄虚作假，骗取中标的；

（5）依法必须进行招标的项目，招标人违反《招标投标法》规定，与投标人就投标价格、投标方案等实质性内容进行谈判，影响中标结果的；

（6）招标人在评标委员会依法推荐的中标候选人以外确定中标人的，依法必须进行招标的项目在所有投标被评标委员会否决后自行确定中标人的。

依法必须进行招标的项目违反法律规定，中标无效的，应当依照《招标投标法》规定的中标条件从其余投标人中重新确定中标人或者依照《招标投标法》重新进行招标。

第32条 可责令改正的四种招投标行为

律师应注意，发生下列四种情形之一的，行政机关可以"责令改正"：

（1）违法不招标或规避招标。招标人违反法律规定，对必须招标的项目不招标的，将必须进行招标的项目化整为零或者以其他任何方式规避招标的，《招标投标法》第49条规定，可以"责令限期改正"。

（2）违法限制投标。招标人以不合理的条件限制或排斥潜在投标人的，对潜在投标人实行歧视待遇的，强制要求投标人组成联合体共同投标的，或者限制投标人之间竞争的，《招标投标法》第51条规定，可以"责令改正"。

（3）中标后改变投标实质性内容。招标人与中标人不按照招标文件和中标人的投标文件订立合同的，或者招标人、中标人订立背离招投标文件实质性内容的合同的，《招标投标法》第59条规定，可以"责令改正"。

（4）违法干涉招投标活动。任何单位违反法律规定，限制或者排斥本地区、本系统以外的法人或者其他组织参加投标的，为招标人指定招标代理机构，强制招标人委托招标代理机构办理招标事宜的，或者以其他方式干涉招标投标活动的，《招标投标法》第62条规定，可以"责令改正"。

第33条 应当重新招标的情形

律师要注意，发生下列两种情形的，应当重新招标：

（1）投标人少于法定人数。《招标投标法》第28条第1款规定："投标人应当在招标文件要求提交投标文件的截止时间前，将投标文件送达投标地点。招标人收到投标文件后，应当签收保存，不得开启。投标人少于三个的，招标人应当依照本法重新招标。"

（2）所有投标均被否决。《招标投标法》第42条规定："评标委员会经评审，认为所有投标都不符合招标文件要求的，可以否决所有投标。依法必须进行招标的项目的所有投标被否决的，招标人应当依照本法重新招标。"

第34条 律师在建设工程招标投标过程中可承担的业务内容

34.1 作为投标方的代理人，律师可从事两方面的工作：

（1）保证投标方工作的合法性。主要是审查投标方向招标方提交的投标书及其他文件、资料,保证这些文件、资料的合法性与规范性,以避免其内容或形式上的不合法而导致废标的产生。

(2) 监督招标方的工作。主要是:

① 审查招标文件。内容上审其是否公平、合理,尤其是招标方提出的特殊要求;文字上审其是否清楚达意,有无歧义之处;形式上审其是否符合法定要件。最终,协助投标方作出是否投标——即是否向招标方发出具法律拘束力的要约的决策。

② 监督招标方的招标、开标、议标、评标、决标工作是否按法定程序和期间开展。若否,可代理投标方向招标方提出意见或异议,甚至向招标方的上级行政主管部门投诉。

③ 中标后,为招投标双方签订的工程承发包合同把关,并在以后可能发生的争议中代理中标方解决问题。

34.2 作为招标方的代理人,律师可从事:

(1) 招标准备期间,律师一要为招标活动是否具备法定要件出具法律意见书,避免整个招标活动自始无效从而产生不利后果;二要参与草拟或审查招标文件,包括投标人须知、合同条件、协议书等,并提示招标方对招标过程中出现的围标、不平衡报价、虚报工程量等不规范投标行为的认定及防范,并在招标文件中明确对前述事项的处理方式。

(2) 招投标过程中,律师一要建议招标方应保证整个过程是依照法定程序且在法定期间内进行,二要在审查投保人的实际资质状况及投标文件的基础上,向招标方出具法律意见,供其作决标参考,确保最终的中标者在法律上合乎要求,即在工程建设方面具备合法的缔约和履约能力。

(3) 决标后,律师一要草拟并审查招投标双方之间的承发包合同,二要处理双方在合同履行过程中发生的争议及招标方因此工程而与第三方发生的纠纷。

第五节 招标投标活动投诉处理

第 35 条 一般规定

律师可代理投标人和其他利害关系人处理招投标活动中的投诉事宜。投标人和其他利害关系人认为招标投标活动不符合法律、法规和规章规定的,有权依法向有关行政监督部门投诉。

招标投标活动是指招标、投标、开标、评标、中标以及签订合同等各阶段。

其他利害关系人指投标人以外的、与招标项目或招标活动有直接和间接利益关系的法人、其他组织和个人,如招标人。

35.1 投诉监督部门

各级发展改革、建设、水利、交通、铁道、民航、信息产业(通信、电子)等招标投标活动行政监督部门,受理投诉并依法作出处理决定。

各类房屋建筑及其附属设施的建造和与其配套的线路、管道、设备的安装项目及市政工程项目的招投标活动的监督执法,由建设行政主管部门负责。

35.2 投诉书内容

投诉应当提交投诉书,律师代委托起草投诉书时应注意如下内容:

(1) 投诉人的名称、地址及有效联系方式;

(2) 被投诉人的名称、地址及有效联系方式;

(3) 投诉事项的基本事实;

(4) 相关请求及主张;

(5) 有效线索和相关证明材料。

投诉人是法人的,投诉书必须由其法定代表人或者授权代表签字并加盖公章;其他组织或者个人投诉的,投诉书必须由其主要负责人或者投诉人本人签字,并附有效身份证明复印件。同时投诉书中须有有效的联系方式。

35.3 对投诉的要求

(1) 投诉的违法、违规事实应是客观存在的。投诉人不得以投诉为名排挤竞争对手,不得进行虚假、恶意投诉,阻碍招标投标活动的正常进行。如投诉人故意捏造事实、伪造证明材料的,则属于虚假恶意投诉,行政监督部门将驳回投诉,并给予警告;情节严重的,可以并处 1 万元以下罚款。

(2) 投诉应当在投诉时效内提出。投诉人应当在知道或者应当知道其权益受到侵害之日起 10 日内提出书面投诉。超过投诉时效的,行政监督部门有权不予受理。

35.4 行政监督部门投诉受理的审查

行政监督部门收到投诉书后,应在 5 日内进行审查,并视情况分别作出以下处理决定:

(1) 不符合投诉处理条件的,决定不予受理,并将不予受理的理由书面告知投诉人;

(2) 对符合投诉处理条件,但不属于本部门受理的投诉,书面告知投诉人向其他行政监督部门提出投诉;

(3) 对于符合投诉处理条件并决定受理的,收到投诉书之日即为正式受理。

35.5 投诉不予受理情形

投诉可能不被受理。律师应提示委托人,投诉人提交的投诉有下列情形之一的,行政监督部门将不予受理:

(1) 投诉人不是所投诉招标投标活动的参与者,或者与投诉项目无任何利害关系;

(2) 投诉事项不具体,且未提供有效线索,难以查证的;

(3) 投诉书未署具投诉人真实姓名、签字和有效联系方式的;以法人名义投诉的,投诉书未经法定代表人签字并加盖公章的；

(4) 超过投诉时效的；

(5) 已经作出处理决定,并且投诉人没有提出新的证据；

(6) 投诉事项已进入行政复议或者行政诉讼程序的。

35.6 投诉处理决定

负责受理投诉的行政监督部门自受理投诉之日起30日内,根据调查和取证情况对投诉事项作出如下处理决定,并以书面形式通知投诉人、被投诉人和其他与投诉处理结果有关的当事人：

(1) 投诉缺乏事实根据或者法律依据的,驳回投诉；

(2) 投诉情况属实,招标投标活动确实存在违法行为的,依据《招标投标法》及其他有关法规、规章作出处罚。

第36条 律师给投诉人提供法律服务时的工作

(1) 律师应注意代理投诉事务时必须向相关的行政监督部门提出投诉。同时注意应将授权委托书连同投诉书一并提交给行政监督部门。

(2) 律师应审查投标书内容是否符合要求,投诉的违法、违约事实是否客观存在,是否有投诉不予受理情形。

(3) 律师应提醒投诉人,投诉应在投诉时效内书面提出。

(4) 律师应注意当事人包括投诉人和与投诉处理决定有利害关系的人如对行政监督部门的投诉处理决定不服或者行政监督部门逾期未作处理的,可以依法申请行政复议或者向人民法院提起行政诉讼,律师可接受委托代理参加行政复议或行政诉讼。

第三章
建设工程合同的订立

第一节 合同的类型

《合同法》第269条规定,建设工程合同是承包人进行工程建设,发包人支付价款的合同。发包人与承包人应采用书面形式订立勘察、设计、施工或工程总承包等建设工程合同。建设工程实行监理的,发包人还应当与监理人采用书面形式订立委托监理合同。

第37条 建设工程勘察、设计合同

37.1 建设工程勘察合同

建设工程勘察合同,是指工程勘察人接受发包人(建设单位或其他有关单位)的委

托,根据建设工程的要求,查明、分析、评价建设场地的地质、地理环境特征和岩土工程条件,编制建设工程勘察文件,由发包人支付价款的合同。上述其他有关单位通常是指代建人或者工程总承包人或者勘察总承包人。

37.2 建设工程设计合同

建设工程设计合同是指设计人接受发包人(建设单位或其他有关单位)的委托,根据经有关政府部门批准的项目规划和设计等建设工程的要求,对建设工程所需的技术、经济、资源、环境等条件进行综合分析、论证,编制工程设计文件,发包人支付价款的合同。上述其他有关单位通常是指代建人或者施工人或者工程总承包人或者设计总承包人。

37.3 律师可以依据委托人要求,结合项目具体情况,参考国家建设部、国家工商总局于2000年联合颁布的《建设工程勘察合同》、《建设工程设计合同(一)》(GF-2000-0209)(民用建设工程设计合同)和《建设工程设计合同(二)》(GF-2000-0210)(专业建设工程设计合同)等示范文本,按照我国《合同法》、《建筑法》、《建设工程质量管理条例》、《建设勘察设计管理条例》、《工程建设项目勘察设计招标投标办法》等有关法律法规的规定起草、审查工程勘察、设计合同。

37.4 律师应当提醒委托人注意:

(1)委托人在建设工程勘察、设计合同中对勘察人、设计人提出的工作要求应当符合经有关政府部门批准的项目规划和设计等建设工程的要求。勘察人、设计人不应在不符合经有关政府部门批准的项目规划和设计等建设工程的要求的情况下接受勘察、设计委托。

(2)严格执行勘察文件、施工图设计文件审查批准制度,未经审查批准合格的,不得使用。

(3)勘察、设计单位应在其资质等级许可范围内承揽建设工程勘察、设计任务。

(4)国家允许取得相应资质条件的外国设计企业以跨境交付的方式在我国境内提供编制建设工程初步设计(基础设计)、施工图设计(详细设计)文件等建设工程设计服务,但外国企业还必须选择至少一家持有建设行政主管部门颁发的建设工程设计资质的中方设计人进行中外合作设计,且在所选择的中方设计企业资质许可的范围内承接设计任务。

(5)在建设工程勘察、设计合同中,发包人不得:

① 直接指定分包工程勘察人、设计人。

② 将应当由一个勘察人、设计人完成的工程勘察、设计肢解成若干部分发包给其他单位或个人。

③ 将应当采取招标方式发包的建筑工程勘察、设计发包给未中标或中标无效的单位或个人。

(6)在建设工程勘察、设计合同中,工程勘察人、设计人不得:

① 指定建筑材料、设备、构配件的生产商、供应商。

② 不得将工程勘察、设计合同全部转给其他单位或个人,或者将工程勘察、设计工程内容肢解成若干部分以分包的名义发包给其他单位或个人。

③ 在工程勘察、设计合同未约定且未经建设单位认可的情况下将工程勘察、设计合同中的专业勘察、设计内容分包给其他单位或个人。

④ 不得将工程勘察、设计合同中的主体勘察、设计内容分包给其他单位或个人。

(7) 建设工程勘察、设计分包应遵循一定的原则:

① 除工程勘察、设计合同已有约定外,专业工程勘察、设计分包必须经发包人认可;

② 专业分包工程勘察人、设计人必须具备相应的专业勘察、设计资质,并在其资质等级许可的范围内承揽业务;

③ 专业分包工程勘察人、设计人必须自行完成所承包的工程勘察、设计,不得全部转包或者部分再分包;

④ 专业分包工程勘察人、设计人就其完成的工作成果与工程勘察人、设计人向发包人承担连带责任。

第 38 条　建设工程施工合同

38.1　建设工程施工合同是指施工人作为承包人从事土木工程、建筑工程、线路管道和设备安装工程及装修工程的新建、扩建、改建和拆除等施工作业,发包人(建设单位或其他有关单位)支付价款的合同。上述其他有关单位通常是指代建人或者施工总承包人或者工程总承包人。

38.2　建设工程施工合同包括施工总承包合同和施工分包合同。施工分包合同包括专业施工分包合同和劳务分包合同。

38.2.1　施工总承包合同是指发包人将建设工程全部施工内容交由施工人完成的合同。上述施工人又称承包人或者施工总承包人。

38.2.2　专业施工分包合同是指,根据施工总承包合同的约定或者在获得发包人认可的情况下,施工总承包人将其所施工总承包工程中除主体工程之外的其他部分专业工程发包给具有相应资质的其他施工人完成而签订的合同。上述施工总承包人又称专业施工发包人,上述其他施工人又称专业施工分包人。

38.2.3　劳务分包是指施工人(包括施工总承包人或者专业施工分包人)作为劳务发包人将其承包工程中的劳务作业发包给劳务分包人完成而签订的合同。

38.3　律师可以参照国家建设部、国家工商局于 1999 年联合颁布的《建设工程施工合同》(示范文本 GF-1999-0201),或者根据委托人的要求使用国际通用合同文本(如 FIDIC 合同条件),结合具体项目的实际情况起草、审查工程施工合同。

38.4　律师应当提醒委托人注意:

(1) 在施工总承包合同中,发包人不得:

① 直接指定专业施工分包人或劳务分包人。
② 指定承包人负责采购的建筑材料、设备、建筑构配件的生产商、供应商。
③ 将应当由一个承包人完成的建设工程肢解成若干部分发包给几个承包人。
④ 将应当采取招标方式发包的建筑工程发包给未中标人或中标无效的投标人。
（2）在施工总承包合同中，施工总承包人不得：
① 将总承包工程全部转包给其他承包人，或者将工程肢解成若干部分以分包的名义发包给其他承包人；
② 除劳务分包外，在合同未约定且未经发包人认可的情况下将总承包工程中的专业工程分包给其他施工人；
③ 将工程主体结构的施工交由他人完成。
（3）工程分包应遵循一定的原则：
① 除施工总承包合同已有约定外，专业施工分包必须经发包人认可。
② 专业施工分包人必须具备相应的专业承包施工资质，并在其资质等级许可的范围内承揽业务；劳务分包人必须具备相应的劳务承包资质，并在其资质许可的范围内承揽业务。
③ 专业施工分包人必须自行完成所承包的工程，不得全部转包或者部分再分包。
④ 专业施工分包人就其完成的工作成果与施工总承包人共同向施工总承包合同发包人承担连带责任。

第39条 建设工程（勘察、设计、施工）总承包合同

39.1 工程总承包合同是指从事工程总承包人接受发包人（建设单位或其他有关单位）委托，按照合同约定完成工程项目的勘察、设计、采购、施工、试运行（竣工验收）等实行全过程或若干阶段的承包工作，发包人支付价款的合同。上述其他有关单位通常是指代建人。

39.2 发包人可以将建筑工程的勘察、设计、施工、设备采购一并发包给一个工程总承包人，也可以将建筑工程勘察、设计、施工、采购的一项或者多项发包给一个工程总承包人。

39.3 工程总承包主要有设计采购施工（EPC）总承包、交钥匙总承包、设计—施工总承包、设计—采购总承包、采购—施工总承包、勘察设计施工总承包等形式。

39.4 律师应提醒委托人注意：
（1）对具备条件的工程项目，有投融资能力的工程总承包人可以根据发包人的要求，按照建设—转让（BT）、建设—经营—转让（BOT）、建设—拥有—经营（BOO）、建设—拥有—经营—转让（BOOT）等方式组织实施。
（2）工程勘察人、设计人、施工人可以组成联合体对工程项目进行工程联合总承包。
（3）发包人应当要求工程总承包人联合体的各成员订立联合体协议。联合体协

议中应明确各成员在工程总承包活动中的各自分工,并就工程总承包合同的订立和履行向发包人承担连带责任。

(4) 发包人尚应同时遵守本节第一、二条有关发包人的规定。

(5) 单一的工程总承包人尚应同时遵守本节第一、二条有关工程勘察人、设计人、施工人的规定。

(6) 工程总承包人联合体的各成员尚应按照其在联合体协议中的分工性质分别遵守本节第一、二条有关工程勘察人、设计人、施工人的规定。

第40条 工程监理合同

40.1 工程监理合同是指监理人接受发包人(建设单位或其他有关单位)委托并代表其对工程质量、造价、工期、进度、工程款支付等方面进行专业监督、控制并协调施工现场有关各方之间的工作关系,发包人支付报酬的合同。上述其他有关单位通常是指代建人或者工程总承包人。

40.2 根据《建设工程监理范围和规模标准规定》,下列建设工程必须实施监理:

(1) 国家重点建设工程。是指依据《国家重点建设项目管理办法》所确定的对国民经济和社会发展有重大影响的骨干项目。

(2) 大中型公用事业工程。是指项目总投资额在3000万元以上的下列工程项目:

① 供水、供电、供气、供热等市政工程项目;

② 科技、教育、文化等项目;

③ 体育、旅游、商业等项目;

④ 卫生、社会福利等项目;

⑤ 其他公用事业项目。

(3) 成片开发建设的住宅小区工程。建筑面积在5万平方米以上的住宅建设工程必须实行监理;5万平方米以下的住宅建设工程,可以实行监理,具体范围和规模标准,由省、自治区、直辖市人民政府建设行政主管部门规定。为了保证住宅质量,对高层住宅及地基、结构复杂的多层住宅应当实行监理。

(4) 利用外国政府或者国际组织贷款、援助资金的工程。包括:

① 使用世界银行、亚洲开发银行等国际组织贷款资金的项目;

② 使用国外政府及其机构贷款资金的项目;

③ 使用国际组织或者国外政府援助资金的项目。

(5) 国家规定必须实行监理的其他工程。包括:

① 项目总投资额在3000万元以上关系社会公共利益、公众安全的下列基础设施项目:

 a. 煤炭、石油、化工、天然气、电力、新能源等项目;

 b. 铁路、公路、管道、水运、民航以及其他交通运输业等项目;

 c. 邮政、电信枢纽、通信、信息网络等项目;

d. 防洪、灌溉、排涝、发电、引（供）水、滩涂治理、水资源保护、水土保持等水利建设项目；

　　e. 道路、桥梁、地铁和轻轨交通、污水排放及处理、垃圾处理、地下管道、公共停车场等城市基础设施项目；

　　f. 生态环境保护项目；

　　g. 其他基础设施项目。

　　② 学校、影剧院、体育场馆项目。

　　40.3　律师可以结合委托人要求和项目具体情况，参照2000年建设部、国家工商行政管理局颁布的《建设工程委托监理合同》（示范文本 GF-2000-0202）；按照我国《合同法》、《建筑法》、《建设工程质量管理条例》、《建设工程安全生产管理条例》等有关法律法规的规定起草、审查工程监理合同。

　　40.4　律师应当提醒委托人注意：

　　（1）监理人应在其资质等级许可范围内承揽建设工程监理任务。

　　（2）国家允许符合规定条件的外国机构在我国境内设立独资或者合资监理企业，并在取得相应资质后在我国境内提供建设工程监理服务。

　　（3）在工程监理合同中，发包人不得将应当采取招标方式委托的建筑工程监理工作委托给未中标人或中标无效的投标人。

　　（4）在工程监理合同中，监理人不得：

　　① 指定建筑材料、设备、构配件的生产商、供应商。

　　② 将工程监理合同全部转包给其他人，或者将工程监理工作内容肢解成若干部分以分包的名义委托给其他人。

　　③ 在工程监理合同未约定且未经发包人认可的情况下将工程监理合同中的监理工作内容分包给其他人。

　　④ 监理人不得与被监理的施工人、材料设备供应商和其他被监理人存在任何利益关联。

第二节　合同主体适格性

第41条　建设工程主体的共性特点

　　建设工程各类合同的主体适格性各不相同，律师在审查建设工程合同主体适格性时应注意以下一些共性的审查要点：

　　（1）合同主体有无法人资格或者是否系依法成立的其他组织，属于独立的民事主体。

　　（2）是否有权签订建设工程合同或已得到合法授权。

（3）是否满足一定的资质要求。资质，是依据企业的注册资本、净资产额、专业技术人员和已完成开发或建设的工程等因素对企业的综合评定。建筑企业应当持有依法取得的资质证书，并在其资质等级许可的业务范围内承揽工程。

（4）律师应当提醒建筑施工企业以下行为属于违法行为：

① 超越资质等级许可的范围承担工程业务；

② 没有资质而借用有资质企业的名义承担工程业务，或者允许其他单位或者个人以本企业的名义承担工程业务。

第 42 条 建设工程主体适格性的具体审查

建设工程合同各主体适格性的具体审查内容参见本指引第五章第一节"律师尽职调查"。

第三节 合同的主要内容

第 43 条 工程勘察合同

工程勘察合同的内容主要包括：提交有关基础文件资料和勘察成果的时限、对勘察工作及其成果的质量要求、勘察成果的提交形式、勘察费用和其他费用、双方权利和义务、违约责任、争议解决以及其他事项等条款。

律师起草或审查工程勘察合同一般应注意以下具体内容是否已被明确约定：

（1）发包人提供基础文件资料的详细内容、份数和时限及勘察人返还文件资料的要求、时限。

（2）勘察人提交勘察成果的详细内容、数量、质量、质量确认标准及程序。

（3）勘察工作的开工、提交勘察成果的时限及勘察成果的提交形式。

（4）勘察工作迟延的各方责任。

（5）勘察费用和其他费用的金额及其支付方式。

（6）发包人提供的基础文件资料的瑕疵的处理及各方责任。

（7）勘察工作中发现勘察对象异常或者其他异常时的处理程序及各方责任。

（8）勘察成果瑕疵及其后果的处理及各方责任。

（9）勘察成果知识产权归属、勘察成果的使用、勘察人的延续服务及费用承担（如需要）。

（10）保密与保险（如需要）。

（11）各方违约责任。

（12）合同终止和解除，包括提前解除的情形及补偿标准。

（13）通知与送达。

（14）适用法律及争议解决办法。

（15）各方要求明确约定的其他事项。

第 44 条　建设工程设计合同

建设工程设计合同的内容通常包括词语定义、项目概况、委托事项、设计深度、设计阶段、设计成果、设计进度、设计成果的提交形式、份数、人员安排、双方权利与义务、专业责任与保险、设计费及付款方式、辅助服务、附加服务及额外服务、税费负担、设计分包、设计变更与赔偿、设计成果的财产权与知识产权的归属、设计成果的使用、不可抗力、履约担保、违约与赔偿、合同变更及转让、合同期限、合同解除、适用法律及争议解决、通知与送达、保密、各方要求明确约定的其他事项等条款。

律师起草或审查工程设计合同一般应注意以下具体内容是否已被明确约定：

（1）设计人有根据发包人和政府部门的意见修改并完善设计，直至通过政府部门批准的义务。

（2）如设计人提供包括施工图设计在内的设计工作，设计人提供施工期间施工现场服务等伴随服务的工作内容。

（3）由中国设计人和外国设计人（并称中外设计人）合作设计的，工程设计合同应当由合作设计的中国设计人或者中外设计人各方共同与发包人签订。外国设计人与中国设计人应签订明确其各方权利义务的《联合体协议》作为设计合同附件。设计合同应明确设计人各方共同对发包人承担连带责任。

（4）设计深度与设计范围。

（5）设计修改、设计变更的界定、程序和责任。

（6）设计成果知识产权的归属和责任。设计成果知识产权归属和责任的重点在于著作权和专利权的归属及后期设计成果的使用。

（7）设计人职业责任保险条款（设计缺陷可能造成工程建设的巨大损失，而设计人一般难以独立承担，因此约定设计人投保职业责任保险分散设计责任风险对于大型工程项目设计非常必要）。

（8）履约担保条款（如需要）。

（9）保密（如需要）。

（10）负责、主持、参加设计的设计人员的清单和个人信息作为合同附件（设计成果的水平和质量主要在于设计师）。

（11）设计合同中止履行或提前解除时，设计人已完成工作量的费用支付及补偿标准的约定。

第 45 条　建设工程施工合同（含工程施工总承包合同、专业施工分包合同和劳务分包合同）

45.1　建设工程施工总承包合同

工程合同的内容主要包括：施工总承包词语定义；合同文件解释顺序；工程施工总承包范围；工程施工总承包方式；各方代表及授权范围；各方工作与责任；施工总承包工期、工期顺延、停工与缓建；工程质量、安全文明施工；工程造价、价款的计取和调整条件、方式、决算的程序、期限;工程计量、签证;材料和设备供应责任;工程预付款、进度款的支付及支付条件、结算款的核算、支付方式、时间、条件;工程竣工、验收、备案;工程移交、撤场;工程索赔的程序和处理;违约责任;工程转包与分包;总承包人管理与配合责任;分包人的权利和义务;工程保修、保修金的返还;工程保险、工程担保、履约保函或履约保证金的处理;争议解决以及其他事项等条款。

律师起草或审查工程施工总承包合同一般应注意以下具体内容是否已被明确约定:

(1) 合同文件的解释顺序。律师应提醒委托人,如双方当事人对合同文件的解释顺序有特殊约定的,双方应在《建设工程施工合同》第三部分"专用条款"中明确约定,并优先于《建设工程施工合同》第二部分"通用条款"的约定。

《建设工程施工合同》签订后,双方有关工程的洽商、变更等书面协议或文件,因签订时间在后,系双方就变更《建设工程施工合同》内容达成的新的合意,该洽商、变更等书面协议或文件在符合法律规定的情况下,应最优先解释适用,即使该洽商、变更等书面协议或文件属于《建设工程施工合同》约定的解释顺序在后的文件类别。

(2) 各方代表具体人选及权限,特别是工程师及发包人代表的权限范围。

(3) 合同价款的性质(暂定价或可调价、固定单价或固定总价);价款的调整条件和方法;价款调整的依据;固定总价时的包干范围和风险包干系数;固定单价时的工程量调整依据、计量方法及适用单价。

(4) 合同工期的定义(合同范围内工程完工工期、总承包工程开工至整体竣工验收的工期);计划开工日、实际开工日、计划完工日、实际完工日、计划竣工日和实际竣工日的定义、确认程序和时限;工程阶段工期要求;工期顺延的条件和确认程序;工期延误、逾期竣工的违约责任及赔偿范围。

(5) 质量标准、质量争议的处理方式和质量违约责任。

(6) 工程签证的条件、形式、确认程序及作为结算依据的必要条件。

(7) 工程变更、设计修改、方案变更、材料代用、合理化建议的处理程序、责任、费用承担及价款结算。

(8) 阶段性工程技术档案资料的收集整理及提供。

(9) 已完工程的保护、竣工验收(预验收、竣工验收、物业管理公司等有关第三方验收)的性质、程序;竣工资料的内容、份数、提交时限和逾期提交的违约责任;完整竣工资料的标准、竣工验收备案的责任。

(10) 施工总承包人的管理职责、配合义务、总包管理费、配合费的计算方式、支付办法;总包人管理的连带责任。

(11) 竣工结算的前提条件、依据、结算(含施工总承包人单方结算、发包人审核结算、委托社会中介机构审价)的期限、程序和审核费用的承担方式;结算争议的调解机构和调解程序;逾期审核的违约责任等。

（12）工程移交的条件、标志、程序；逾期移交的违约责任。

（13）各方投保险种；保险费用的承担方式；保险合同中的保险责任范围、保险金金额、免赔额、保险期限；保险理赔的责任和义务；保险理赔不足、保险拒赔时或者免赔额内的损失承担；投保责任方未予投保时的责任承担。

（14）各方互为履约担保的内容：发包人支付担保的方式，逾期付款的处理；承包人履约担保的方式、工期质量违约时的处理；分包支付、工资支付担保的形式和处理方式；履约保函或保证金的返还条件、期限。

（15）索赔文件的内容、形式、索赔程序。

（16）工程转包的禁止；发包人同意专业工程施工分包的范围；非法转包、违法分包的确认和处理程序；违约责任。

（17）合同提前终止、解除的条件、确认和处理程序；违约责任。

（18）合同终止、解除或者符合约定交付工程时的撤场时限、确认程序；违约责任。

（19）合同提前终止、解除时：已完的工程量、质量的审查确认程序；已采购材料设备的处理、工程资料编制与移交的时限及程序；已完工程与未完工程的技术衔接和已完工程对未完工程质量影响的评价、确认、处理程序；工程款（进度款）结算、支付的前提条件及程序；违约责任。

（20）工程质量保修范围、保修期、保修金的返还。

（21）对于装饰装修工程，工程选用材料和工程质量验收中有关环保要求、验收标准及责任承担。

（22）对于消防、煤气、电力等专业工程的审批、报验手续办理责任的划分及费用分担。

45.2 专业施工分包合同

专业施工分包合同的内容主要包括：分包词语定义、合同文件解释顺序、工程范围、承包方式；各方授权代表及授权范围；分包工程工期、工期延误的确认、工期顺延的条件、程序；分包工程质量、安全文明施工；分包工程价款的确定、调整方式、结算方式；分包人与总承包人、发包人的关系、各方权利义务；分包工程技术资料交付时间；分包工程材料和设备供应责任；分包工程变更；分包工程价款的支付条件、方式；分包违约责任；分包索赔；分包签证；竣工验收分包工程的完工、验收；配合总承包工程的验收；分包工程的移交；分包工程质量保修范围、质量保修期、保修金的返还；分包工程担保；再分包、转分包的责任；争议解决以及其他事项等条款。

律师起草或审查专业施工分包合同一般应注意以下具体内容是否已被明确约定：

（1）分包工程工期的界定、分包工程实际开工和竣工日期的确定方式；分包工程工期顺延的条件和程序；分包工程工期延误违约责任（包括分包工程工期延误但未影响总承包工程关键线路施工工期的违约责任；分包工程工期延误且导致总承包工程工期延误的违约责任）；工期违约金是否需有最高限额的限制；工期违约与保函处罚的关系;分包工程进度计划表的报批审核程序。

(2) 分包工程价款签证的前提——发包人的确认;分包工程工期签证的前提——不影响总承包工程的,总承包人的确认即可;影响总承包工程进度的,须发包人确认。

(3) 分包工程价款的确认——发包人审核确认为前提。

(4) 分包工程价款支付程序:发包人支付总承包人——总承包人支付分包人。特殊情况下发包人可以直接支付分包工程款,前提是总承包人无正当理由不按期支付分包工程价款,造成总承包工程进度迟延,或总承包人未按期向分包人支付工程价款,造成工程进度迟延或停工的。

(5) 分包人、总包人、发包人三者间对于发包人指令的传递程序、发包人指令对分包人的效力,当总包人与发包人的指令出现不一致时的处理方案。

(6) 分包人对于总包合同的了解,分包人应执行总包合同中总包人承担的与分包工程有关的义务。

(7) 分包工程验收的程序、分包配合总包工程验收的义务、分包工程移交的程序、逾期移交的责任;分包工程资料整理移交的义务及责任;分包工程报验手续办理的责任划分及费用承担。

(8) 分包工程担保方式,保函或保证金的处理与返还。

(9) 分包工程保修责任;保修金的返还。

(10) 工程施工总包合同效力与专业施工分包合同效力的相互关系;工程施工总包合同解除时,专业施工分包合同的处理办法和程序。

(11) 分包人再分包、转分包工程的处理办法和程序。

(12) 施工总承包人应履行的管理及配合义务的内容。

(13) 本指引第45.1款"建设工程施工总承包合同"中非仅适用于施工总承包人及其发包人的其他条款。

45.3 劳务分包合同

劳务分包合同的内容主要包括:劳务分包工作范围;工作期限;质量标准;劳务报酬的计算及支付方式;材料设备供应;双方权利和义务;违约责任;劳务工作量的核查和接受;争议解决以及其他事项等条款。

律师起草或审查劳务分包合同一般应注意以下具体内容是否被明确约定:

(1) 与本指引第45.2款"专业施工分包合同"中基本相同的具体内容。

(2) 劳务报酬是指劳务人工费用、劳务分包人相应的管理费用和税金的总和,不应计取属于专业施工分包内容的工程款。

(3) 劳务人员的意外伤害保险或综合保险。

(4) 拖欠劳务人员工资造成停工、上访的处理办法。

第46条 建设工程(勘察、设计、施工)总承包合同

建设工程(勘察、设计、施工)总承包合同的内容主要包括:承包范围、发包人对项目建设的意图和要求、建设工期、中间交工工程的开工和竣工时间、工程质量(包括勘察质量、设计质量、施工质量)、工程造价、技术资料交付时间、材料和设备供应责任、拨款和结算、双方权利和义务、合同提前终止和解除的条件、确认和处理程序、违约责任、竣工验收、质量保修范围和质量保修期、争议解决以及其他事项等条款。

律师起草或审查工程(勘察、设计、施工)总承包合同一般应注意以下具体内容是否已被明确约定:

(1) 与本指引第 45.1 款"建设工程施工总承包合同"中基本相同的具体内容;

(2) 发包人对项目建设的意图和要求;

(3) 工程总承包人在勘察、设计、施工阶段应承担的义务,以及在每个阶段工作完成后发包人验收确认的程序及下一阶段工作开展的条件。

(4) 发包人同意工程总承包人进行分包的工作内容及责任承担。

第 47 条 工程监理合同

工程监理合同的内容主要包括:监理的范围和内容、监理人的权限范围、监理期限、双方的权利和义务、监理费的计取标准和支付方式、合同提前终止和解除的条件、确认和处理程序、违约责任、争议解决以及双方认为需要约定的其他事项。

律师起草或审查工程监理合同一般应注意以下具体内容是否已被明确约定:

(1) 监理人履行合同的总监理工程师人选、具体工作人员以及对他们驻场工作的时间要求。

(2) 监理人权限范围;监理人的指令(如涉及工期延长、费用增加)是否需要委托人(即工程监理合同的发包人)事先同意。

(3) 监理工作的期限;监理期限与监理报酬的关系。

(4) 监理报酬的计算及支付方式。

(5) 监理人对于监理工作中所形成的技术资料的提交义务。

(6) 商业秘密保密条款。

(7) 工程质量发生问题时监理的责任。

(8) 监理人承担违约和/或侵权责任的赔偿范围和赔偿数额的计算方式等。

(9) 工程延期监理费用调整计算方式和调整程序。

第四节 合同各方的主要权利和义务

第 48 条 发包人的主要合同权利和义务

48.1 工程勘察、设计合同中的发包人:

(1) 对其提供的技术要求和资料应负瑕疵担保责任。因发包人的原因造成勘察人、设计人不能完成工作或工作量增加的,按其实际消耗的工作时间增付费用。

(2) 为承包人提供必要的协助条件。

(3) 向承包人支付勘察费、设计费。
(4) 确认和维护勘察设计成果,享有依照合同约定和符合订立合同目的的利用勘察设计成果的权利。

48.2 工程施工合同(含工程施工总承包合同、专业施工分包合同和劳务分包合同)中的发包人:
(1) 做好施工前的准备工作,提供符合施工条件的场地及办理各种证照,提供临时设施和材料堆场。
(2) 按约定向承包人提供各种材料和设备并对材料设备的质量负责。
(3) 及时处置工程中的有关问题,办理工程(或劳务工作)签证。
(4) 对已完工程量(或劳务工作量)进行审核,随时对工程(或劳务工作)进度、质量进行检查,要求承包人返工或修补。
(5) 组织工程竣工验收,提出修改意见。
(6) 工程竣工(或劳务工作量完工)结算。
(7) 接受合格工程(或劳务工作量)并支付工程价款(或劳务报酬)。

48.3 工程监理合同中的发包人(即委托人):
(1) 按约支付监理报酬。
(2) 协调外部关系,并为监理人开展监理工作提供工作便利。
(3) 提供工程资料。
(4) 监督监理人工作,接受监理成果。
(5) 授予监理人相应的工作职责和权利。
(6) 对监理人提出的有关工作报告及时作出回复。

第49条 勘察人的主要合同权利和义务
(1) 按照合同约定按期完成勘察工作,并向发包人提交符合合同约定的工作成果。
(2) 对勘察成果承担瑕疵担保责任,因其原因造成发包人损失的,承包人应当继续完善勘察,减收或者免收勘察费并赔偿损失。
(3) 对勘察成果享有合同约定的和/或法律规定的权利。
(4) 提供勘察工作的延续服务。
(5) 向发包人收取合同约定的费用和/或报酬。
(6) 对合同约定的发包人基础资料和勘察人提交的勘察成果承担保守商业秘密和技术秘密的责任。

第50条 设计人的主要合同权利和义务
(1) 按照合同约定按期完成设计工作,并向发包人提交合同约定的设计成果。
(2) 对设计成果承担瑕疵担保责任,因其原因造成发包人损失的,承包人应当继续完善设计,减收或者免收设计费并赔偿损失。

（3）对设计成果享有合同约定的和/或法律规定的权利。
（4）提供设计工作的现场服务、施工期间的施工现场服务等伴随服务。
（5）向发包人收取合同约定的费用和/或报酬。
（6）对合同约定的发包人基础资料和勘察人提交的勘察成果承担保守商业秘密和技术秘密的责任。

第51条 施工人（含施工总承包人、专业施工分包人、劳务分包人）的主要合同权利和义务

（1）做好开工前的准备工作，按时开工，确保工程（或劳务工作）质量。
（2）接受发包人的指令，接受发包人对工程（或劳务工作）进度和质量的检查和监督，根据发包人意见进行返工、修补。
（3）提供材料设备并对材料设备的质量负责，对材料设备承担保管责任。
（4）按约定质量及工期完成工程（或劳务工作）并配合竣工验收。
（5）提交完整的且符合合同约定的竣工资料和结算报告（或劳务工作量完工报告），配合竣工结算。
（6）交付符合合同约定质量标准的工程（或劳务工作量）并收取工程价款（或劳务报酬）。
（7）在质量保修期内承担保修责任，并对地基基础和主体结构工程在设计文件规定的该工程的合理使用年限内承担保修责任。

第52条 监理人的主要合同权利和义务

（1）督促施工人按工期、安全标准和质量标准完工。
（2）对工程施工期间的技术问题、施工队伍的选择、工程变更等事项的建议权及在发包人授权范围内的事项决定权。
（3）参与施工过程的质量、进度和费用控制，参与竣工验收，签署监理意见。
（4）提交监理期间的技术资料。
（5）公正监理，维护发包人（委托人）的合同利益。
（6）保守发包人、施工人的商业秘密和技术秘密。
（7）按约向发包人收取监理酬金和其他费用。

第五节　与合同订立有关的其他事项

第53条 合同当事人的代理人的适格性

适格的合同当事人的代理人应该取得合同当事人的明确授权，代理人只能在合同当事人的授权范围内代表合同当事人行使合同权利及履行合同义务。虽然法律规定的合同当事人的代理人可以是法人、自然人或其他组织，但在工程实务中，实际履行合

同的当事人通常为自然人(如发包人项目经理或承包人项目经理、监理工程师)。

无权代理人以被代理人的名义订立合同,被代理人已经开始履行合同义务的,视为对合同的追认。

第 54 条 合同形式

《合同法》第 10 条规定:"当事人订立合同,有书面形式、口头形式和其他形式。法律、行政法规规定采用书面形式的,应当采用书面形式。当事人约定采用书面形式的,应当采用书面形式。"第 36 条规定:"法律、行政法规规定或者当事人约定采用书面形式订立合同,当事人未采用书面形式但一方已经履行主要义务,对方接受的,该合同成立。"第 269 条规定:"建设工程合同是承包人进行工程建设,发包人支付价款的合同。建设工程合同包括工程勘察、设计、施工合同。"第 270 条规定:"建设工程合同应当采用书面形式。"第 276 条规定:"建设工程实行监理的,发包人应当与监理人采用书面形式订立委托监理合同。发包人与监理人的权利和义务以及法律责任,应当依照本法委托合同以及其他有关法律、行政法规的规定。"

因此,按照《合同法》规定,勘察、设计、施工、监理合同的订立应当采用书面形式。但是,未订立书面合同,如果一方已经履行了主要义务,对方接受的,该合同也成立;或者当事人未以书面形式或者口头形式订立合同,但从双方从事的民事行为能够推定双方有订立合同意愿的,人民法院可以认定是以《合同法》第 10 条第 1 款中的"其他形式"订立的合同。但法律另有规定的除外。

第 55 条 合同是否成立的司法认定

当事人对合同是否成立存在争议,人民法院能够确定当事人名称或者姓名、标的和数量的,一般应当认定合同成立。但法律另有规定或者当事人另有约定的除外。

第 56 条 合同签订地的司法认定

采用书面形式订立合同,合同约定的签订地与实际签字或者盖章地点不符的,人民法院应当认定约定的签订地为合同签订地;合同没有约定签订地,双方当事人签字或者盖章不在同一地点的,人民法院应当认定最后签字或者盖章的地点为合同签订地。

第 57 条 示范合同与格式条款

57.1 示范合同

示范合同是国家建设主管部门或者国际工程师协会或者其他具有行业广泛影响的国际行业组织为了指导当事人订立建设工程合同,规范合同内容而制定的参考文本。当事人可以选择使用,也可以不选择使用而根据实际情况另行拟定合同文本。

目前建设工程领域中我国建设部、工商总局推荐使用的示范合同有:

(1)《建设工程勘察合同(一)》(GF-2000-0203)[岩土工程勘察、水文地质勘察(含凿井)工程测量、工程物探]、《建设工程勘察合同(二)》(GF-2000-0204)[岩土工程设计、治理、监测]。

(2)《建设工程设计合同(一)》(GF-2000-0209)(民用建设工程设计合同)、《建设工程设计合同(二)》(GF-2000-0210)(专业建设工程设计合同)。

(3)《建设工程施工合同》(GF-1999-0201)、《建设工程施工专业分包合同》(GF-2003-0213)、《建设工程施工劳务分包合同》(GF-2003-0214)。

(4)《建设工程委托监理合同(示范文本)》。

示范合同是国家建设部和工商总局为了平衡各方当事人的权利义务而制定的供各方选择性采用的示范合同文本,除通用条款外,合同当事人可以对协议书及专用条款的内容进行协商、修改,最终确认合同条款。律师应提醒发包人是否需对《建设工程施工合同》中如下约定进行调整:

(1)合同文件的解释顺序;

(2)逾期未答复、确认视为认可的约定。

另外,对《建设工程施工合同》中未予约定或未予明确的事项,如工地考察、延长工期的因素、工期的顺延条件、工程例会与会议纪要、材料、设备采购、施工及工程保护、工程的变更、竣工验收、结算、工程档案、违约责任等以《建设工程施工合同补充协议》的方式予以约定。

57.2 格式条款

《合同法》第39条第2款规定:"格式条款是当事人为了重复使用而预先拟定,并在订立合同时未与对方协商的条款。"因此格式合同必须是事先一方当事人拟定的,并在订立时未与合同相对方协商确定的合同。而示范合同不是由合同当事人一方拟定的,而是国家建设部及工商总局为了平衡各方当事人的权利义务而制定的供各方选择性采用的示范合同文本,并且示范文本的条款并不是都事先拟定好的,除了通用条款外,协议书及专用条款的内容还需要合同签订双方协商确定。由此可见示范文本并不符合《合同法》对格式条款的规定,其中的条款不能被认定为格式条款。

但若使用了格式条款,则须注意:提供格式条款的一方对格式条款中免除或者限制其责任的内容,在合同订立时应采用足以引起对方注意的文字、符号、字体等特别标识,并按照对方的要求对该格式条款予以说明,否则该条款有可能被依法撤销或被认定无效。

第四章
建设工程合同的履行

第一节 一般规定

第58条 建设工程合同履行的一般原则

建设工程合同一经签订,即具有法律约束力,合同当事人必须坚决履行合同规定的内容,不得违反。合同当事人应按下列原则履行建设工程合同。

(1) 遵守约定和诚实信用原则

建设单位和施工单位应当按照双方签订的建设工程合同约定的工期、质量、工程价款等内容全面、完整、及时履行合同义务,并以互相协助、及时通知等经济合理的方式进行。

(2) 工程质量为中心的原则

建设工程是建设工程合同履行的标的物,建设工程是否合格或符合约定是建设单位能否使用工程、施工单位能否取得工程款的基础。交付合格的建设工程是建设工程合同的目标。

(3) 造价管理有效原则

建设工程约定的工程造价计算依据要合法有效,涉及造价的变更、支付、结算等均应及时进行、手续到位,防止工程款任意拖欠和克扣。

第二节 合同交底

第59条 合同交底的必要性

合同交底是建设工程合同管理的重要制度,是指施工单位(承包人)的合同管理人员在对合同的主要内容作出解释和说明的基础上,通过组织项目管理人员和各工程小组负责人学习合同条文和合同总体分析结果,使各执行部门和执行人员熟悉合同中的主要内容、各种规定、管理程序,了解施工单位的合同责任和工程范围、各种行为的法律后果等,从而保证施工单位正确履行合同和防范合同风险。它包括合同分析、合同交底、交底的对象提出问题、再分析、再交底的过程。

(1) 合同交底有利于合同相关方统一理解合同,避免因不了解合同或对合同理解不一致造成工作上的失误。

(2) 合同交底有利于合同当事人发现合同问题、完善合同风险防范措施,有利于合同风险的事前控制。

(3) 合同交底有利于合同当事人内部进一步了解自己权利的界限和义务的范围、工作的程序和法律后果,摆正自己在合同中的地位,有效防止由于权利义务的界限不清引起的内部职责争议和外部合同责任争议的发生,提高合同管理的效率。

(4) 合同交底有利于增强、促进当事人内部人员自觉执行合同管理程序和制度,并采取积极的措施防止和减少工作失误和偏差。

第60条 合同交底的程序

合同交底是施工单位(承包人)合同签订人员和律师向项目部成员陈述合同意图、合同要点、合同执行计划的过程。通常按下列三个层次进行:

(1) 施工单位向项目部负责人交底

施工单位向项目负责人及项目合同管理人员进行合同交底,全面陈述合同背景、合同工作范围、合同目标、合同执行要点及特殊情况处理,并解答项目负责人及项目合同管理人员提出的问题,最后形成书面合同交底记录。

(2) 项目部负责人向项目职能部门负责人交底

项目负责人或由其委派的合同管理人员向项目部职能部门负责人进行合同交底,陈述合同基本情况、合同执行计划、各职能部门的执行要点、合同风险防范措施等,并解答各职能部门提出的问题,最后形成书面交底记录。

(3) 职能部门负责人向其所属执行人员交底

各职能部门负责人向其所属执行人员进行合同交底,陈述合同基本情况、本部门的合同责任及执行要点、合同风险防范措施等,并答所属人员提出的问题,最后形成书面交底记录。

各部门将交底情况反馈给律师和项目合同管理人员,由其对合同执行计划、合同管理程序、合同管理措施及风险防范措施进行进一步修改完善,最后形成合同管理文件,下发各执行人员,指导其工作。

第 61 条　合同交底的内容

律师为当事人起草合同交底文件一般包括以下主要内容:

(1) 工程概况及合同工作范围;

(2) 合同关系及合同涉及各方之间的权利、义务与责任;

(3) 合同工期控制总目标及阶段控制目标,目标控制的网络表示及关键线路说明;

(4) 合同质量控制目标及合同规定执行的规范、标准和验收程序;

(5) 合同对本工程的材料、设备采购、验收的规定;

(6) 投资及成本控制目标,特别是合同价款的支付及调整的条件、方式和程序;

(7) 合同双方争议问题的处理方式、程序和要求;

(8) 合同双方的违约责任;

(9) 索赔的机会和处理策略;

(10) 合同风险的内容及防范措施;

(11) 合同进展文档管理的要求。

第三节　建设工程工期管理

第 62 条　施工组织和进度计划

62.1　律师应合理提示委托人,承包人应按合同约定将施工组织设计和工程进度计划提交发包人,发包人在约定的时间内予以确认或提出修改意见;群体工程中单位工程分期进行施工的,承包人可按照发包人提供的图纸及有关资料的时间,按单位工程编制进度计划。承包人应按发包人确认的进度计划组织施工,接受发包人对进度的检查、监督。

62.2 施工组织设计是用科学管理方法全面组织施工的技术经济文件,主要内容包括:

(1) 建设工程各分部、分项工程的完整施工方案,保证质量的措施;

(2) 施工机械的进场计划;

(3) 工程材料的进场计划;

(4) 施工现场平面布置图及施工道路平面图;

(5) 冬、雨季施工措施;

(6) 地下管线及其他地上地下设施的加固措施;

(7) 保证安全生产,文明施工,减少扰民,减低环境污染和噪音的措施。

62.3 施工组织设计的审查程序:

(1) 承包人必须完成施工组织设计的编制及自审工作,并填写施工组织设计报审表,报送监理机构。

(2) 总监理工程师应在约定的时间内组织专业工程师进行审查,提出审查意见后,由总监理工程师审定批准。需要承包人修改时,由总监理工程师签发书面意见,退回承包人修改后再报审,总监理工程师应重新审定。

(3) 已审定的施工组织设计由监理机构报送发包人。

(4) 承包人应按已审定的施工组织设计文件组织施工。如需对其内容做较大变更,应在实施前将变更内容书面报送监理机构重新审定。

(5) 对规模大、结构复杂或属新结构、特种结构的工程,监理机构应在审查施工组织设计后,报送监理单位技术负责人审查,其审查意见由总监理工程师签发。必要时,与发包人协商,组织有关专家会审。

审查施工组织设计的基本要求:

(1) 施工组织设计应由承包人的技术负责人签字。

(2) 施工组织设计应符合施工合同的要求。

(3) 施工组织设计应由专业监理工程师审核后,经项目总监签认。

62.4 对施工组织设计的审核主要包括如下方面:

(1) 施工组织体系特别是质量管理体系是否健全。

(2) 施工现场总体布置是否合理,是否有利于保证施工的正常、顺利地进行,是否有利于保证质量,特别是要对场区的道路、防洪排水、器材存放、给水及供电、砼供应及主要垂直运输机械设备布置等方面予以重视。

(3) 认真审查工程地质特征及场区环境状况,判断它们可能在施工中对质量与安全带来的不利影响,例如,深基础施工的质量与安全有无保证,主体建筑物完成后是否可能出现不正常的沉降,影响建筑物的综合质量;现场环境因素对工程施工质量与安全的影响,有无应对方案及有针对性的保证质量及安全的措施等。

（4）主要的施工组织技术措施针对性、有效性如何。对于主要的分部分项工程施工质量保证有无针对性措施及预控的方法；对于有害气候条件，有无可靠而有效的技术和组织措施。

62.5 工程进度计划，是以分部工程作为施工项目划分对象，控制各分部工程的施工时间及分部之间相互配合、搭接关系的一种进度计划。工程进度计划应当与施工组织设计相适应。工程进度计划的审核要点：

（1）总进度计划是否符合施工合同中开、竣工日期的规定。
（2）总进度计划中的项目是否有遗漏，分期施工是否满足分期使用的要求。
（3）总进度计划中施工顺序的安排是否合理：如尽量提前建设可供施工使用的永久性工程；急需和关键的工程先施工。
（4）单位工程施工进度计划是否符合总进度计划中的总目标和分目标的要求。
（5）单位工程施工进度计划施工项目的划分的粗细程度，一般应细到分项工程或更具体。
（6）各分部分项工程之间的施工顺序、施工的时间以及搭接关系是否合理。
（7）主导工程是否连续施工。
（8）施工平面各空间的安排是否合理。
（9）劳动力、材料、机械需要量是否均衡。

第63条 开、竣工日期的确定

开工日期是发包人与承包人约定的承包人开始施工的绝对或相对日期；竣工日期是发包人与承包人约定的承包人完成承包范围内工程的绝对或相对日期。

律师应合理提示委托人，合同对开、竣工日期有约定的，从其约定。合同没有约定的，开工日期可以发包人出具的开工通知书日期为准，竣工日期可以承包人送交竣工验收报告的日期为准；若发包人要求修改的，则以承包人修改后提请发包人验收的日期为竣工日期。

律师可合理提示承包人，工程竣工验收备案由发包人报送，在合同中约定的竣工日期不要选择以竣工验收备案日期为准。

如果发包人对建设项目需进行阶段验收，且有阶段工期要求的，应在招标文件和合同文件中明确各阶段工期。

第64条 工期延期

64.1 律师应依据合同的约定提示发包人注意下列情形，并及时做好书面记录、收集证据：

（1）承包人负责图纸设计的，承包人未按约定提供图纸；
（2）承包人未按约定进行施工准备，致使工程不能正常进行；
（3）承包人未按约定将施工组织设计和工程进度计划提交发包人；
（4）承包人未按约定或发包人在通知中确定或发包人同意顺延的开工日期开

施工;

(5) 承包人未按约定执行发包人及工程师指令,致使工程不能正常进行;

(6) 因承包人原因引起的设计变更和工程量增加;

(7) 不可抗力;

(8) 隐蔽工程在隐蔽前,承包人未通知发包人检查;

(9) 由承包人原因导致安全责任事故,致使工程不能正常进行;

(10) 承包人未按约定的时间和要求提供原材料、设备等;

(11) 因承包人原因不能按照约定的竣工日期或工程师同意顺延的工期竣工;

(12) 承包人不履行合同义务或不按合同约定履行义务的其他情况,致使工程不能正常进行。

64.2 律师应依据合同的约定提示承包人注意下列情形,并及时做好书面记录:

(1) 发包人未按约提供图纸及开工条件;

(2) 发包人未能按约支付工程预付款、进度款,致使施工不能正常进行;

(3) 发包人指定的代表(以下称指定代表)未按约定提供所需指令、批准等,致使施工不能正常进行;

(4) 设计变更和工程量增加;

(5) 一周内非承包人原因停水、停电、停气造成停工累计超过 8 小时;

(6) 不可抗力;

(7) 隐蔽工程在隐蔽前,承包人通知发包人检查,发包人没有及时检查;

(8) 发包人未按约定的时间和要求提供原材料、设备、场地等。

发包人违反《合同法》第 278 条、第 283 条和第 284 条规定,承包人应当书面催告发包人在合理期限内履行义务。发包人在合理期限内没有履行义务的,承包人有权要求发包人赔偿因此造成的停工、窝工等损失,并相应顺延工期。律师可合理提示承包人在发生工程顺延时,应当及时书面告知发包人或指定代表。

第 65 条 停工期间的确认

经承包人催告,发包人在合理期限内没有履行义务,停工时间从催告之日起算至停工原因消除之日止。律师可合理提示委托人,暂停和恢复施工都应当书面的形式提出。

因承包人的原因造成的停工,律师可合理提示发包人,应收集、固定暂停和恢复施工的证据材料。

第 66 条 逾期竣工的责任

承包人必须按照约定的竣工日期或发包人同意顺延的工期竣工,因承包人原因不能按照约定的竣工日期或发包人同意顺延的工期竣工的,承包人承担违约责任。

第四节 建设工程施工安全管理

第 67 条 建设单位的安全义务

建设单位应提交符合国家规范的工程勘察、设计文件,并组织设计单位、施工单位、监理单位进行施工图会审,回答施工单位的各项疑义。律师应提醒建设单位,涉及建筑主体和承重结构变动的装修工程,建设单位应当在施工前委托原设计单位或者具有相应资质条件的设计单位提出设计方案;没有设计方案的,不得施工。

建设单位应当向建筑施工企业提供与施工现场相关的地下管线资料。建设单位应当向施工单位提供施工现场及毗邻区域内供水、排水、供电、供气、供热、通信、广播电视等地下管线资料,气象和水文观测资料,相邻建筑物和构筑物、地下工程的有关资料,并保证资料的真实、准确、完整。

建设单位不得压缩合同约定的工期。建设单位不得明示或者暗示施工单位购买、租赁、使用不符合安全施工要求的安全防护用具、机械设备、施工机具及配件、消防设施和器材。

律师应提醒建设单位,以下情形建设单位应当按照国家有关规定自己或委托施工单位办理申请批准手续:

(1)需要临时占用规划批准范围以外场地的;
(2)可能损坏道路、管线、电力、邮电通信等公共设施的;
(3)需要临时停水、停电、中断道路交通的;
(4)需要进行爆破作业的;
(5)法律、法规规定需要办理报批手续的其他情形。

第 68 条 施工单位的安全义务

施工单位的项目负责人对建设工程项目的安全施工负责,落实安全生产责任制度、安全生产规章制度和操作规程,确保安全生产费用的有效使用,并根据工程的特点组织制定安全施工措施,消除安全事故隐患,及时、如实报告生产安全事故。

建设工程实行施工总承包的,由总承包单位对施工现场的安全生产负总责。总承包单位和分包单位对分包工程的安全生产承担连带责任。分包单位应当服从总承包单位的安全生产管理,分包单位不服从管理导致生产安全事故的,由分包单位承担主要责任。

施工企业在编制施工组织设计时,应当根据建筑工程的特点制定相应的安全技术措施;对专业性较强的工程项目,应当编制专项安全施工组织设计,并采取安全技术措施。

施工单位对因建设工程施工可能造成毗邻建筑物、构筑物和地下管线等损害的,应当采取专项防护措施。

施工单位应当根据不同施工阶段和周围环境及季节、气候的变化,在施工现场采取相应的安全施工措施。施工现场临时搭建的建筑物应当符合安全使用要求。

施工单位应当遵守有关环境保护法律、法规的规定,在施工现场采取措施,防止或者减少粉尘、废气、废水、固体废物、噪声、振动和施工照明对人和环境的危害和污染。在城市市区内的建设工程,施工单位应当对施工现场实行封闭围挡。

施工单位应当建立健全劳动安全生产教育培训制度,加强对职工安全生产的教育培训;未经安全生产教育培训的人员,不得上岗作业。

施工单位应当在施工现场建立消防安全责任制度,确定消防安全责任人,制定用火、用电、使用易燃易爆材料等各项消防安全管理制度和操作规程,设置消防通道、消防水源、配备消防设施和灭火器材,并在施工现场入口处设置明显标志。

第69条　工程保险

由于建设工程投资大、工期较长,受气候、地质等因素的影响较大,为确保工程顺利进行,避免和减少风险,律师可建议发包人、承包人投保各项施工保险。施工保险的主要险种包括工程保险、施工设备保险、人员工伤事故保险和第三者责任险。

69.1　工程保险

工程保险通常情况下由承包人以合同双方当事人的共同名义投保。但是对于若干个独立的承包人分别承包工程的各部分,或者涉及分阶段移交工程时,由发包人以合同双方当事人的共同名义投保为宜。

发包人、承包人可以在招标文件和合同文件中对由何方投保工程保险及费用承担等进行约定。如果由承包人投保,承包人应向发包人同意的保险公司进行投保。投保的项目、保险金额、保险期限、责任范围由发包人和承包人约定。

69.2　第三者责任险(包括发包人的财产)

第三者责任险一般情况下由承包人投保。但对于若干个独立的承包人分别承包工程的各部分,或者涉及分阶段移交工程时,由发包人以合同双方当事人的共同名义投保为宜。

发包人、承包人可以通过招标文件和合同文件对由何方投保第三者责任险作出约定。如约定由承包人投保,承包人应以合同双方当事人的共同名义,投保在工地及其毗邻地带的第三者人员的人身伤害和财产损失的第三者责任险。保险金额、保险时限和责任范围均应按合同规定或双方协商确定。一般情况下第三者责任险的保险时限和责任范围与工程险相同,还包括由于发包人的任何责任造成第三者人员伤亡或者财产的损失或损坏,以及与此有关的任何赔偿费、诉讼费和其他有关费用。因该险赔偿金额事先很难估算,故保险金额应视工程规模、施工环境和工程复杂程度等因素确定。一般情况下由发包人事先确定保险的最低数额,列明在招标文件和投标书附件中。保险单应考虑在任何一年内不限次数的向保险公司索赔。

69.3　施工设备保险

施工所需设备通常均由承包人提供、使用,因此承包人应对其运至施工现场的施工设备和其他物品进行施工设备保险。

69.4 人员工伤事故的保险

承包人应为其雇佣的所有人员投保人身意外伤害险。在分包工程中，承包人可要求分包人对其自行雇佣人员投保人身意外伤害险，但并不解除承包人对其所雇佣的全部人员（包括分包人的人员）承担人员工伤事故责任，并赔偿费用。

除上述保险外，承包人在接到开工通知后的一定期限内，应按合同约定向发包人提交各项保险单的副本，以便发包人核查。承包人需要变动保险条件时，应事先征得发包人的同意。如果承包人未按合同规定办理保险，并使其保持有效，发包人可以代为办理。所需费用发包人可随时从任何应付或将付给承包人的款项中扣除，或作为债权向承包人追偿。

第五节 建设工程材料、设备的供应

第70条 发包人指定材料设备

律师可以提醒发包人：按照合同约定，建筑材料、建筑构配件和设备由工程承包单位采购的，发包人不得指定承包人购入用于工程的建筑材料、建筑构配件和设备或者指定生产厂、供应商。但发包人、承包人可以在招标文件和合同文件中约定发包人可以限定承包人采购的合理价格。

律师可提醒发包人：承包人采购的材料设备，不得侵犯他人的权利（包括知识产权等），承包人应当自费取得权利人的使用许可，否则一切责任由承包人承担。发包人为继续使用而承担的费用，均由承包人承担。

第71条 发包人供应材料设备

律师应该提醒发包人按照合同约定的时间供应由其供应的材料设备，并应对其供应材料设备的质量负责。

第72条 承包人采购材料设备

律师应该提醒承包人：由其采购的材料设备，发包人不得指定生产厂或供应商。

律师应该提醒发包人：应要求承包人在采购的所有材料设备运进现场前向发包人提供相应的产品合格证、入网许可证、备案证等品质合格证明、生产厂家的质保承诺及安装使用维修的技术资料，并应当按国家、地方规定或发包人的要求进行必要的试验、测试、复检。在使用材料设备前向发包人提供相应的试验、检测、复检报告。否则，相关的材料设备不得使用，无论该材料设备是否质量合格，发包人有权要求承包人更换，因此所发生的费用由承包人承担，工期不予顺延。

第六节 建设工程签证与索赔管理

第73条 加强签证和索赔管理的重要意义

律师应提示承包人在发现发包人变更设计、增减工作量的图纸或变更技术要求等时,应当及时书面要求发包人书面确认该变更,并按照约定程序提交工程变更价款调整报告报发包人。律师应提示发包人应对承包人报送的书面确认要求、工程变更价款调整报告严格进行审查,对不属于发包人原因发生的变更、增减工程量、变更技术要求等或不属于变更价款调整范围的事项,要在规定期限内以书面形式明确答复。

律师应该提示承包人,在工程量发生争议时,应按照施工过程中双方之间达成的补充协议、会议纪要、工程变更单、工程对账签证等书面文件形成确认;若没有签证等书面文件,在承包人能够证明发包人同意其施工时,其他非书面的证明工程量的证据,在经过举证、质证等法定程序后足以证明该证据所证明的实际工程量事实的真实性、合法性和关联性的情况下,在一定条件下也可作为计算工程量的依据。

第74条 工程索赔

工程索赔是工程合同承、发包双方中的任何一方因未能获得按合同约定支付各种费用、顺延工期、赔偿损失的书面确认,在约定期限内向对方提出赔偿请求的一种权利,是单方的权利主张。索赔的法律特征有:

(1) 与工程签证是双方法律行为的特征不同,工程索赔是双方未能协商一致的结果,是单方主张权利的要求,是单方法律行为。

(2) 与工程签证涉及的利益已经确定的特点不同,工程索赔涉及的利益尚待确定,是一种期待权益。

(3) 与工程签证一般不依赖于其他证据不同,工程索赔是要求未获确认的权利的单方主张,必须依赖于证据。

发包人未能按合同约定支付各种费用、顺延工期、赔偿损失的,根据《建设工程施工合同(示范文本)》(GF-1999-0201)的规定,承包人可按以下规定向发包人索赔:

(1) 有正当索赔理由,且有索赔事件发生时的有关证据;

(2) 索赔事件发生后28天内,向发包人发出要求索赔的通知;

(3) 发包人在接到索赔通知后28天内给予答复,或要求承包人进一步补充索赔理由和证据,发包人在10天内未予答复或未对承包人作进一步要求的,应视为该项索赔已经认可。

律师应该提醒承包人在施工过程中注意资料管理,并在出现合同约定的索赔事项时及时按照合同约定的索赔程序提起索赔。

在承包人提出索赔请求时,律师应提醒发包人对承包人是否按合同规定的程序、时间和时限提出索赔进行审查,主要包括:

（1）承包人是否是在索赔事项发生后 28 天内向发包人发出索赔通知，是否存在过期的情况，如超期，则发包人没有责任处理承包人的索赔请求；

（2）承包人提出索赔请求时，是否向发包人提供索赔事件发生时的有关证据，如未提供或不足，发包人应在承包人提交的索赔请求中直接注明未提供索赔事件发生的证据或证据不足；

（3）发包人应在规定期限内对承包人的索赔请求予以答复或要求承包人进一步补充索赔证据，否则将视为发包人认可承包人的索赔请求。建议发包人在收到承包人提交的索赔请求及相关文件的同时即以书面形式明确对承包人提出的索赔请求不予认可。

发包人向承包人索赔的主要原因有：工程误期、违反合同规定、工程缺陷和不执行工程师纠正指示、承包人违约，以及由于承包人违约、毁约或他对此负有责任引起的变更等。发包人应按合同规定的合法程序要求承包人补偿、赔偿和赶工。在发包人向承包人索赔成立时，发包人可以从应支付或将要支付的任何款项中将承包人应承担赔偿扣回，也可以从保留金和履约担保中得到补偿，或者以债务方式利用承包人的现场材料和设备作为抵押等。

第 75 条 工程签证

工程签证是工程承、发包双方在施工过程中对合同履行、费用支付、顺延工期、赔偿损失等方面所达成的双方意思表示一致的补充协议。互相书面确认的签证即成为工程结算或最终结算增减工程造价的凭据。签证的法律特征有：

（1）工程签证是双方协商一致的结果，是双方法律行为；

（2）工程签证涉及的利益已经确定，可直接作为工程结算的凭据；

（3）工程签证是施工过程中的例行工作，一般不依赖于证据。

律师应该提醒承包人：非承包人原因的进度拖延、工程变更、约定由发包人承担的风险、发包人违约导致承包人增加的成本和费用的，应该按照合同约定的程序尽量要求发包人签证。律师应提醒发包人：对承包人报送的签证，应进行严格的审查，并在规定时间内予以答复，否则将被视为认可承包人的签证。对非发包人原因引起的进度拖延、工程变更、约定由承包人承担的风险、承包人违约导致发包人增加成本和费用的，发包人应不予签证，并应立即要求承包人确认。

《建设工程施工合同》(示范文本 GF-1999-0201)对签证和索赔的规定：

（1）6.2 款:(发包人)工程师签证的总规定

（2）7.2 款:(承包人)项目经理签证的总规定

（3）4.1 款:发包人交图签证

（4）7.3 款:施工遇紧急情况的签证

（5）9.1.1 款:委托施工图设计签证

（6）10.1 款:施工组织设计签证

(7) 11.1 款:延期开工签证

(8) 12 款:发包人暂停施工签证

(9) 13.1、13.2 款:工期延误签证

(10) 14.3 款:工期提前签证

(11) 17.1 款:隐蔽工程验收签证

(12) 18 款:重新检验签证

(13) 19.2 款:工程试车签证

(14) 21.1 款:安全保护措施签证

(15) 21.2 款:危险施工安全防护措施签证

(16) 23.4 款:价款调整签证

(17) 25.1 款:工程量计量签证

(18) 26.3 款:承包人同意延期支付价款签证

(19) 26.4 款:承包人停工签证(通知)

(20) 27.2 款:供料交料签证

(21) 28.1 款:承包人采购材料及代用材料签证

(22) 29.3 款:合理化建议的费用分摊及收益分享签证

(23) 31.1 款:确定变更价款签证

(24) 32.1、32.2 款:竣工验收签证

(25) 32.7 款:甩项竣工签证

(26) 33.1、33.2 款:接受竣工结算资料签证

(27) 36.2 款:提交索赔资料签证

(28) 39.2 款:发生不可抗力事件签证

(29) 42.1 款:使用专利技术等申报签证

(30) 43.1 款:发现地下障碍和文物的保护措施签证

第76条 工程签证和索赔的管理

律师要提示建设工程承、发包方要强化签证和索赔管理:

(1) 提高和强化及时签证、依约索赔的意识和自觉性,把签证和索赔作为降低成本和提高效益的最有效手段。

(2) 建立严格的文档记录和资料保管制度,加强专业的和有针对性的签证和索赔管理。

(3) 明确发包人代表和承包人项目经理的量化管理责任,杜绝该签未签、该赔不赔的情况。

(4) 注意提出签证和索赔的期限和程序,凡是应该在施工过程中提出的均应及时提出。

(5) 深入研究获得签证和索赔的方法和实际效果,友好协商和谋求调解是有效

方法。

(6) 随时进行签证、索赔咨询，聘请懂行的律师或专业咨询、服务机构进行有效的签证、索赔。

第七节　建设工程工程款的确认和支付

第77条　一般规定

工程价款由合同价款和合同追加价款组成，按支付时间不同分为预付款、进度款、结算款和保修款。发包人应按合同约定的时间和条件按期足额支付工程价款。

律师应提示承包人，发包人延期支付工程款的，可以依约要求发包人承担延期付款利息，并依约停止工程施工及解除合同。

律师应提示发包人，工程款（进度款、结算款）的支付，应严格按合同约定条件及时间付款，如承包人履行合同未达约定条件，如工程进度未达付款要求或未提交完整竣工结算资料等，发包人有权拒绝结算、支付工程款。

第78条　工程预付款的支付

律师可依约合理提示承包人应得到预付工程款的时间；对发包人不按约定预付工程款的，承包人可以书面方式催告，发包人仍不支付的，承包人可暂停开工并要求发包人承担违约责任。

第79条　工程进度款的支付

律师应合理提示承包人在合同约定的时间内向发包人提交已完工作量的报告，并督促发包人按合同约定确定并支付工程进度款。律师可合理提示发包人计量工程量的时间和不及时计量的可能后果。

第80条　竣工结算的确认和支付

建设工程施工合同如明确约定，发包人收到竣工结算文件后，在约定的期限内不予答复，视为认可竣工结算条件，则承包人可主张按照竣工结算文件作为结算依据。律师应提示承包人应当依约尽早提交竣工结算文件。律师应提示发包人应当在收到竣工结算文件后的合理时间内予以答复，若有异议可一并提出。律师可合理提示发包人计量工程量的时间，以及不及时计量的可能后果。

第81条　固定价款结算的确认

固定价款合同，是指承发包人双方在订立合同时已对工程价款结算作出确认，不论盈亏、不论实际工程量多少，均无须另行结算，只要合同履行完毕，发包人就应该无条件按合同约定的固定价款予以支付。律师应提示委托人，对于约定按照固定价款结算工程价款的，无须经过鉴定确定工程价款。

律师应提示委托人，应明确固定价款之外的工程量增减的结算标准。

第 82 条　工程款利息

律师可合理提示委托人,在计算欠付工程款利息时,欠付工程价款的本金数额应当具体明确;对于欠付工程价款的利息计付标准有约定的,按照约定处理;没有约定的,按照中国人民银行发布的同期同类贷款利率计算。

律师可合理提示承包人,对于工程价款利息的起算时间应从应付工程价款之日计付。若对付款时间没有约定或者约定不明确的,下列时间视为应付款时间:

(1) 建设工程已实际交付的,为交付之日;
(2) 建设工程没有交付的,为提交竣工结算文件之日;
(3) 建设工程未交付,工程价款也未结算的,为起诉之日。

第 83 条　工程质量保修金的支付

质量保修金通常不超过工程总价款的5%,支付期限一般是工程竣工验收合格后约定的保修期限届满时。律师可合理提示委托人,注意是否约定保修金的利息及出现保修责任时扣除保修金的有关程序。

第 84 条　工程履约保证

律师可以提醒承包人按照合同约定提供履约保函或保证金。律师可以提醒发包人依约在承包人提供履约保函或保证金前拒付工程款。

第八节　建设工程质量管理

第 85 条　一般规定

建设工程质量应达到建设单位与施工单位确定的质量标准,质量标准的评定以国家或行业的质量检验评定标准为依据。因施工单位原因工程质量达不到约定的质量标准的,施工单位承担违约责任。

现行《建筑工程施工质量验收统一标准》(GB50300-2001)等14项建筑工程施工质量验收规范是我国建筑工程施工质量验收的强制性标准规范,该标准规范体系对工程质量检验评定按分项、分部、单位工程的质量分为"合格"与"不合格"两个等级。律师应提醒当事人,该标准规范体系实施后,建设单位和施工单位对工程质量达到优良标准的约定无效;当事人约定工程质量"创杯"、"创奖"的,因施工单位原因工程质量未达约定标准的,施工单位应承担相应的违约责任。

律师应提示发包人,建立、健全质量保证体系,推行全面质量管理,采取施工质量的保证措施,对施工活动全过程进行质量监督和控制,按工程进度对工程质量进行检查,并收集、保管工程质量资料。

另外,为有效保证工程质量,律师应建议发包人以工程价款支付作为工程质量的控制手段,发包人在每期签署工程价款支付凭证时,应附有本期完成各项目的质量成果资料,对质量合格的项目给予结算。对不合格的,先不予结算,待处理合格后再予以结算。

第 86 条　建设单位工程质量方面的权利、义务

律师应提示建设单位必须向施工单位、工程监理单位提供与建设工程有关的原始资料,包括勘察成果文件、经过审查的施工图设计文件等,且原始资料必须真实、准确、齐全。

建设单位不得明示或暗示施工单位违反工程建设强制性标准,降低建设工程质量。

建设单位在领取施工许可证或者开工报告前,应当按照国家有关规定办理工程质量监督手续。

按照合同约定,由建设单位采购建筑材料、建筑构配件和设备必须符合设计文件和合同要求。不得明示或暗示施工单位使用不合格的建筑材料、建筑构配件和设备。

在工程建设过程中,如发现已完工程的质量不合格,建设单位要求施工单位修复,施工单位拒绝修复的,建设单位可以解除施工合同。

第 87 条　施工单位工程质量方面的权利、义务

律师应提示施工单位应对建设工程的施工质量负责。建设工程质量合格是发包人支付工程价款的前提条件,建设工程质量不合格的,施工单位无权主张工程价款。

施工单位应当依法取得相应等级的资质证书,并在其资质等级许可的范围内承揽工程。

施工单位必须按照工程设计图纸和施工技术标准施工,不得擅自修改工程设计,不得偷工减料。施工单位在施工过程中发现设计文件和图纸有差错的,应当及时提出意见和建议。

施工单位必须按照工程设计要求、施工技术标准和合同约定,对建筑材料、建筑构配件、设备和商品混凝土进行检验,检验应当有书面记录和专人签字;未经检验或者检验不合格的,不得使用。

施工单位必须建立、健全施工质量的检验制度,严格工序管理,作好隐蔽工程的质量检查和记录。隐蔽工程在隐蔽前,施工单位应当通知建设单位和建设工程质量监督机构。

施工人员对涉及结构安全的试块、试件以及有关材料,应当在建设单位或者工程监理单位监督下现场取样,并送具有相应资质等级的质量检测单位进行检测。施工单位对施工中出现质量问题的建设工程应及时查清原因并予以修改。

施工单位应当在工程完工后及时向建设单位提交工程竣工报告,申请工程竣工验收。施工单位应当参加建设单位组织的竣工验收。

对竣工验收不合格的建设工程,施工单位应进行返工、返修至合格标准。如质量不合格是施工单位原因造成的,修复费用由施工单位承担,修复并经验收合格后,施工单

位方可主张工程结算价款。

在建设工程竣工前,如发生质量争议的,律师应提醒施工单位尽快要求或协助委托鉴定,并告知如鉴定不合格,则鉴定期限一般不能作为顺延工期期间。

当保修人向律师咨询保修人不及时履行保修义务之后果时,律师应告知保修人,如因此导致建筑物毁损或造成人身、财产损害的,保修人需要承担赔偿责任。

第 88 条　隐蔽工程和中间工程验收

建设工程具备隐蔽条件或达到约定的中间验收部位,承包人应在自检后书面通知发包人验收:验收合格,承包人方可继续施工;验收不合格,承包人在限定的时间内修改后重新验收。律师应提示承包人,在发包人接到通知后未及时对隐蔽工程进行验收时,不仅可以顺延工期,而且有权要求发包人赔偿停工、窝工等损失。

第九节　建设工程竣工验收

第 89 条　竣工报验

建设工程竣工后,承包人应当按照国家工程竣工验收有关规定,向发包人提供完整的竣工资料和竣工验收报告,并按照合同约定的日期和份数向发包人提交竣工图,申请竣工验收。

律师应提示承包人在申请竣工验收前确认下列事项:

(1) 完成工程设计和合同约定的各项内容。

(2) 在工程完工后对工程质量进行了检查,确认工程质量符合有关法律、法规和工程建设强制性标准,符合设计文件及合同要求,并提出工程竣工报告。工程竣工报告应经项目经理和施工单位有关负责人审核签字。

(3) 对于委托监理的工程项目,监理单位对工程进行了质量评估,具有完整的监理资料,并提出工程质量评估报告。工程质量评估报告应经总监理工程师和监理单位有关负责人审核签字。

(4) 勘察、设计单位对勘察、设计文件及施工过程中由设计单位签署的设计变更通知书进行检查,并提出质量检查报告。质量检查报告应经该项目勘察、设计负责人和勘察、设计单位有关负责人审核签字。

(5) 有完整的技术档案和施工管理资料。

(6) 有工程使用的主要建筑材料、建筑构配件和设备的进场试验报告。

(7) 签署了工程质量保修书。

(8) 有关部门责令整改的问题全部整改完毕。

因特殊原因,发包人要求部分单位工程或工程部位甩项竣工的,律师应提示当事人另行签订甩项竣工协议。

第 90 条　工程竣工验收的程序

律师应提示发包人(建设单位)按以下程序组织竣工验收:

(1) 工程完工后,承包人向发包人提交工程竣工报告,申请工程竣工验收。实行监理的工程,工程竣工报告须经总监理工程师签署意见。

(2) 发包人收到工程竣工报告后,对符合竣工验收要求的工程,组织勘察、设计、施工、监理等单位和其他有关方面的专家组成验收组,制定验收方案。

(3) 发包人应当在工程竣工验收 7 个工作日前将验收的时间、地点及验收组名单书面通知负责监督该工程的工程质量监督机构。

(4) 发包人组织工程竣工验收。

① 建设、勘察、设计、施工、监理单位分别汇报工程合同履约情况和在工程建设各个环节执行法律、法规和工程建设强制性标准的情况;

② 审阅建设、勘察、设计、施工、监理单位的工程档案资料;

③ 实地查验工程质量;

④ 对工程勘察、设计、施工、设备安装质量和各管理环节等方面作出全面评价,形成经验收组人员签署的工程竣工验收意见。

参与工程竣工验收的建设、勘察、设计、施工、监理等各方不能形成一致意见时,应当协商提出解决的方法,待意见一致后,重新组织工程竣工验收。

工程竣工验收合格后,建设单位应当及时提出工程竣工验收报告。工程竣工验收报告主要包括工程概况,建设单位执行基本建设程序情况,对工程勘察、设计、施工、监理等方面的评价,工程竣工验收时间、程序、内容和组织形式,工程竣工验收意见等内容。

律师可合理提示承包人,在合同中约定发包人在收到竣工验收报告后 28 天内组织验收,并在验收后 14 天内给予认可或提出修改意见;逾期不组织验收或不提出修改意见的,可视为对竣工验收报告的认可。

律师应提示发包人,承包人在提交竣工验收报告时,还应向发包人提供完整的竣工资料。发包人应在规定期限内进行验收或提出修改意见,否则视为发包人已认可竣工验收报告。

工程竣工验收通过,承包人送交竣工验收报告的日期为实际竣工日期。工程按发包人要求修改后通过竣工验收的,实际竣工日期为承包人修改后提请发包人验收的日期。

律师可合理提示委托人,双方因未约定竣工日期而对建设工程实际竣工日期有争议时,应按照以下情形分别处理:

(1) 建设工程经竣工验收合格的,以竣工验收合格之日为竣工日期;

(2) 建设工程经竣工验收不合格,但修复后合格的,以重新验收合格之日为实际竣工日期;

（3）承包人已提交竣工验收报告，发包人故意拖延验收的，以承包人提交验收报告之日为实际竣工日期；

（4）建设工程未经竣工验收，发包人擅自使用的，以转移占有建设工程之日为实际竣工日期。

第 91 条　工程备案

建设单位应当自建设工程竣工验收合格之日起 15 日内，将建设工程竣工验收报告和规划、公安消防、环保等部门出具的认可文件或者准许使用文件报建设行政主管部门或者其他有关部门备案。

建设行政主管部门或者其他部门发现建设单位在竣工验收过程中违反国家有关建设工程质量管理规定行为的，责令停止使用，重新组织竣工验收。

第 92 条　工程交付

律师应提示承包人向发包人交付建设工程应符合下列规定：

（1）完成工程设计和工程承包合同中约定的各项内容，达到国家规定的竣工条件；

（2）工程质量符合国家和工程承包合同中约定的有关建设工程质量标准，达到设计文件和合同约定的要求，通过建设工程质量合格认证；

（3）有完整的工程技术档案和竣工图；

（4）已经签署工程质量保修证书；

（5）符合双方约定的其他交付条件。

律师应提示承包人，在发包人认可工程竣工验收报告后，应按合同的约定与发包人办理工程交接手续，向发包人移交全部工程技术档案、竣工图及已签署的工程质量保修证书。工程交付后，工程保管责任及工程毁损、灭失的风险由发包人承担。发包人对符合交付条件的工程不得拒绝。

律师应提示承包人可依据工程承包合同的约定要求在进行工程结算后再行向发包人交付工程；发包人在收到承包人竣工结算报告及结算资料后未能按期支付工程价款的，承包人可依法行使工程价款优先受偿权。

律师应提示发包人，承包人未能向发包人递交竣工结算报告及完整结算资料，造成工程竣工结算不能正常进行或工程竣工结算价款不能及时支付，发包人要求交付工程的，承包人应当交付；发包人不要求交付工程时，承包人承担保管责任。

第 93 条　未经验收擅自使用的后果

建设工程竣工经验收合格后，方可交付使用；未经验收或者验收不合格的，不得交付使用。律师可合理提示发包人，工程未经验收合格擅自使用的，不得就使用部分的工程质量不符合约定和由此造成的人员、财产损失要求承包人赔偿。但在合理使用寿命内，承包人仍必须确保地基基础工程和主体结构质量，并承担民事责任。

第十节 建设工程造价

第94条 一般规定

94.1 提供服务依据

建设工程造价贯穿于工程建设全过程的各个阶段,即包括项目前期的可行性研究阶段、勘察设计阶段、招标投标阶段、建筑施工阶段、竣工结(决)算阶段、质量保修阶段。同时,工程造价还与工程建筑设计方案、施工方案、施工工艺、方法及工程质量有密切联系。为明确律师在办理建设工程造价法律事务的内容、程序,特依据我国《合同法》、《招标投标法》、《建筑法》、《建筑工程质量管理条例》等法律法规及建设行政主管部门有关规定,制定本节,旨在为律师办理建设工程造价法律事务作参考。

94.2 适用范围

律师在为建设项目提供全过程或阶段性服务中涉及工程造价事宜的法律服务,可参考适用本指引。

律师在办理工程造价纠纷的诉讼或仲裁案件时,也可参考本指引。

94.3 工程造价含义

工程造价系根据国家定额规定和双方合同约定的工程价格。它由工程成本价(直接成本与间接成本)、利润(酬金)、税金等组成。通常情况下施工图预算、招标标底、投标报价及竣工结算均由成本、税金、利润构成。

第95条 建设项目前期可行性研究阶段

95.1 可行性研究与工程造价

建设单位对建设项目可行性研究的主要内容为:项目所在地法律法规及规章政策、项目技术论证、经济评价、总投资估算、投资效益与投资风险等内容。工程造价是建设项目可行性研究报告中投资估算部分的重要组成内容。

95.2 在编制可行性研究报告期间,律师应着重审查可行性研究报告的内容及编制主体的合法性:

(1) 建设单位自行编制可行性研究报告的,律师就工程造价部分应注重审查其编制依据的可靠性、有效性、合法性。

(2) 建设单位委托咨询单位编制可行性报告的,律师对咨询单位编制的可行性报告着重审查:

① 咨询单位及咨询人员的资质和资格;

② 咨询文件涉及工程造价的编制是否符合国家建设、规划、定额等政府有关主管部门的现行规定与要求。

95.3 可行性研究报告审批程序

建设项目可行性研究报告根据投资规模、投资渠道、投资主体,按不同程序、不同

级别、不同权限,经相应的审批部门批准才具有相应法律效力。主要报送审批程序:

(1) 上级主管部门的审批;
(2) 地方建设行政主管部门的审批;
(3) 国务院或国务院发展改革规划部门的审批或备案。

第 96 条 建设项目设计阶段工程造价

96.1 概算和预算

建设项目设计阶段是建设单位控制建设工程造价的关键环节,设计方案、设计所采用的施工方法、材料、设备的选品选型等均与工程造价有密切的联系。根据设计的不同阶段即初步设计(扩充设计)、施工图设计阶段相对应的构成工程造价的"两算"即概算和预算。

96.2 律师在初步设计阶段进行概算审查时应注意:

(1) 设计单位及设计人员的资质资格;
(2) 初步设计涉及工程造价的技术措施方案的经济性、实用性;
(3) 所设计的建筑物外观、结构、功能的经济合理性;
(4) 选用的设备、设施与房屋结构的相称性、合理性;
(5) 概算编制的依据及其合法性;
(6) 概算与投资估算的衔接、吻合及差异的调整。

96.3 律师在施工图设计阶段进行预算审查时应注意:

(1) 施工图设计及其说明的施工方法、施工工艺在满足安全性、可靠性等其他功能的前提下,是否符合经济、实用的原则;
(2) 预算编制的依据是否符合国家及行政主管部门的现行规定;
(3) 预算与概算、投资估算的衔接或一致性,若有超概算或估算的,要分析原因,并提出调整的方法。特别是国家财政投资的项目需要追加投资资金的,应按审批程序管辖范围及时申请报批,或修正设计方案,以缩小建设规模,减少工程量及工程造价。

第 97 条 施工招投标阶段工程造价

97.1 一般注意事项

依法通过招投标程序承包和发包工程是确保工程质量、控制工程造价的重要措施。律师在招投标过程中,根据《建筑法》、《招标投标法》及《合同法》等相关规定对招投标文件中涉及工程造价的标底、商务标、技术标、施工组织设计等内容进行审查。

97.2 律师对招标文件标底进行审查时应注意:

(1) 标底编制的依据及其合法性,标底不得低于成本价;
(2) 施工图预算组的三要素:工程量计算规则、单价组成依据(定额价、市场价、中准价)、费率适用标准及合理性;
(3) 投标价的下浮率幅度,中标价不得低于成本价的测定。

97.3 律师对投标文件中商务标进行审查时应注意：
（1）施工范围与预算的一致性，工程量相对应的定额子目有无疏漏；
（2）合同价款组成方式即单价合同、固定总价合同、成本加酬金合同。若采用固定总价合同，则应约定造价调整方式和条件，成本价的含义或标准；
（3）涉及增加工程造价或核减工程造价经济签证的程序、权限、时效；
（4）工程造价竣工结算的程序、方法、依据、时效；
（5）涉及节约工程造价的施工方法的优化及合理化建议的审核、认定程序和奖励方法。
（6）质量奖标准、计算方法及确认的程序。
97.4 律师对投标文件中技术标进行审查时应注意：
（1）涉及工程造价的施工技术措施方案；
（2）技术规范标准；
（3）节省造价的施工方法的依据；
（4）材料、设备、设施选用标准的依据。

第98条 建筑施工阶段工程造价

98.1 一般注意事项

建设工程在施工阶段的各环节、各工序中经常涉及工程造价的变化，即施工图的变更会导致造价的增加或减少；施工方案、施工方法、施工工艺的变化导致工程造价的变化；建筑材料、设备、设施的变化或市场行情的涨、跌引发工程造价的变化；施工质量、工期也会引起造价的变化。律师应根据施工现场的实际情况，依法为当事人适时提供提示审查。

98.2 施工图会审

施工图纸是明确施工范围、施工内容、施工方法，明确所使用的建材、设备的品牌、规格的工程技术文件，施工前建设单位应组织相关单位进行图纸会审。

（1）会审时间及组织参与会审的主体：开工前一个月，由建设单位召集主持，由设计、监理、造价咨询单位、施工单位参加；

（2）施工图会审的内容：发现施工图纸有错误的经设计院核实予以纠正；图纸有不妥或遗漏的予以修改完善；对施工方法使用新材料或替代材料节约造价有合理化建议的，予以论证确认；对图纸、施工方法有不明确的予以澄清；需增加或减少子目的予以调整；前述种种均涉及工程造价。为此，相关单位应根据施工图变化情况，提出必要的造价增减报告，根据合同约定的程序或方案予以调整。

98.3 施工过程中履行合同审查

建筑施工过程的特点是时间长、变化多、涉及面广，据此，在施工过程中会形成大量的书面变更资料，双方协商一致的变更是合同的组成部分，是结算工程造价的依据。

（1）对工程联系单、技术核定单的审查
① 施工内容变更的事实认定；
② 工程量及工期、质量设计变更等内容的签证主体、程序、权限等的审查；
③ 工程量增减变化的量化标准及计算方式的审查。
（2）合同约定的工程形象进度及完成工程量的审查
① 形象进度节点与支付进度款的标准；
② 已完工程量的核对；
③ 已完工程质量的核检。

第 99 条　竣工结(决)算阶段

99.1　一般注意事项

工程竣工通过验收合格后，建设单位、施工单位对工程总造价要进行结算，以确定最终造价及工程尾款金额。建设单位、施工单位各自均须对工程造价进行财务决算，以检查项目的效益。律师应提示或协助当事人着重对工程竣工结算造价，进行审查或者对审价单位出具的审价报告进行审核。

99.2　对工程竣工结算的审查

（1）竣工结算时效，有合同约定的按约定，没有约定的可以按建设部《建筑工程施工发包与承包计价管理办法》、《建设工程价款结算暂行办法》规定的时间办理结算。

（2）竣工结算依据

工程量计算依据：施工图纸及其说明、现场签证、施工合同、施工组织设计方案、招投标报价书等涉及工程造价的其他资料；

定额适用依据：定额(单价、费用、费率)的适用，三大材含量及用量的确定，材差、人工费差价调整方法依据等。合同有约定的按约定，没有约定的按施工期间的定额根据当时的市场信息价调整材料、人工差价，定额无子目的按市场价。

（3）现场签证效力的审查：按照合同约定的签证时效、程序、权限审查签证的效力。

99.3　对审价单位审价报告的审查

（1）审价、鉴定单位及其人员资质、资格的审查；

（2）审价的依据、最终造价组成依据的审查；

（3）工程量计算方法、费用取定、费率适用的审查。

第十一节　建设工程保修

第 100 条　一般规定

建设工程承包单位在向建设单位提交工程竣工验收报告时，应当向建设单位出具质量保修书。质量保修书中应当明确建设工程的保修范围、保修期限和保修责任等。承包人应对其完成的全部建筑工程承担质量保修责任。

建设工程在保修范围和保修期限内发生质量问题的,施工单位应当履行保修义务,并对造成的损失承担赔偿责任。

在正常使用条件下,建设工程的最低保修期限为：

（1）基础设施工程、房屋建筑的地基基础工程和主体结构工程,为设计文件规定的该工程的合理使用年限；

（2）屋面防水工程、有防水要求的卫生间、房间和外墙面的防渗漏,为5年；

（3）供热与供冷系统,为2个采暖期、供冷期；

（4）电气管线、给排水管道、设备安装和装修工程,为2年。

其他项目的保修期限由发包方与承包方约定。

建设工程的保修期,通常情况下自竣工验收合格之日起计算。但商品房等工程自竣工验收合格至交付使用期间可能经历较长时间,如自竣工验收合格之日起开始计算保修期,可能导致交付使用后不久保修期即已届满,出现质量问题因超过保修期限,而得不到妥善解决。因此,律师可提示发包人将保修期的起算时间约定为自工程竣工验收合格并交付之日起计算。

律师可建议当事人对建设工程质量保修责任投保责任险,并且明确投保人和受益人。如已设定有工程保险金的,应自提供保修保单起释放全部保修金。

第101条　工程保修义务的履行

101.1　保修通知

发生保修事项后,发包人应当向承包人发出保修通知,发包人可以采用电话通知方式或书面通知方式向承包人发出保修通知。律师应提示发包人注意保存发包人向承包人发出保修通知的证据。

属于保修范围、内容的项目,承包人应当按保修制度规定的期限派人保修。律师应提示发包人明确承包人维修完毕的期限。

发生紧急抢修事故的,承包人在接到事故通知后,应当立即到达事故现场抢修。为督促承包人按约定履行保修义务,发包人、承包人可以约定承包人逾期履行保修义务,要按日向发包人支付一定比例的违约金。

101.2　维修方案

承包人在实施维修之前,应在规定期限内向发包人提交组织计划及维修方案,经审核合格后,承包人方可进行维修。

对于涉及结构安全的质量问题,应当按照《房屋建筑工程质量保修办法》的规定,立即向当地建设行政主管部门报告,采取安全防范措施；由原设计单位或者具有相应资质等级的设计单位提出保修方案,承包人实施保修。

承包人的施工工艺应满足国家相关规范、法律法规的要求,工程质量应达到发包人及具体业主满意,且不低于原施工合同约定的质量标准。

101.3　承包人不在约定期限内派人保修或经维修达到一定次数后仍出现问题

的,发包人可以委托他人修理。

为避免承包人拒绝维修,发包人维修后,承包人对质量问题又不予认可,律师应建议发包人明确约定,承包人如明示或以其行为表示拒绝派员或拒绝进行维修,视为承包人对质量问题的性质、产生原因、另行委托维修、赔偿及承担违约金等均无异议。发包人有权从保修金中直接扣除上述费用,不足部分,有权向承包人追偿。

101.4 验收

质量保修完成后,由发包人组织验收。

101.5 赔偿责任

(1)在保修期内,因房屋建筑工程质量缺陷造成房屋所有人、使用人或者第三方人身、财产损害的,房屋所有人、使用人或第三方向发包人提出赔偿要求的,发包人可以向造成房屋建筑工程质量缺陷的责任方追偿。因保修不及时造成新的人身、财产损害,由承包人承担赔偿责任。

(2)由于承包人原因对保修范围外的任何设施造成损坏的,应由承包人负责维修并承担维修费用及赔偿责任。

第 102 条 工程保修费用的承担

保修费用由造成质量缺陷的责任方承担。

第十二节 建设工程勘察、设计、监理合同的履行

第 103 条 工程勘察、设计合同的履行

103.1 建设工程进行勘察、设计的依据

律师应提示建设单位必须向勘察单位提供与工程建设有关的原始资料,且原始资料必须真实、准确、齐全。编制建设工程勘察、设计文件,应当以下列文件为依据:

(1)项目批准文件;

(2)城市规划;

(3)工程建设强制性标准;

(4)国家规定的建设工程勘察、设计深度要求。

103.2 勘察、设计文件的编制和提交

编制建设工程勘察文件应当真实、准确,满足建设工程规划、选址、设计、岩土治理和施工的需要。

编制方案设计文件,应当满足编制初步设计文件和控制概算的需要。编制初步设计文件,应当满足编制施工招标文件、主要设备材料订货和编制施工图设计文件的需要。编制施工图设计文件,应当满足设备材料采购、非标准设备制作和施工的需要,并注明建设工程合理使用年限。

设计文件中选用的材料、构配件、设备,应当注明其规格、型号、性能等技术指标,

其质量要求必须符合国家规定的标准。除有特殊要求的建筑材料、专用设备和工艺生产线等外,设计单位不得指定生产厂、供应商。

勘察、设计单位应按约定的时间提交勘察、设计文件,逾期提交的应承担违约责任。

103.3 勘察、设计文件的修改

建设单位、施工单位、监理单位不得修改建设工程勘察、设计文件;确需修改建设工程勘察、设计文件的,应当由原建设工程勘察、设计单位修改。经原建设工程勘察、设计单位书面同意,建设单位也可以委托其他具有相应资质的建设工程勘察、设计单位修改。修改单位对修改的勘察、设计文件承担相应责任。

施工单位、监理单位发现建设工程勘察、设计文件不符合工程建设强制性标准或合同约定的质量要求的,应当报告建设单位,建设单位有权要求建设工程勘察、设计单位对建设工程勘察、设计文件进行补充、修改。

建设工程勘察、设计文件内容需要作重大修改的,建设单位应当报经原审批机关批准后,方可修改。

103.4 施工图审查

国家实行施工图设计文件(含勘察文件)审查制度,建设单位在收到施工图设计文件后应及时报建设主管部门认定的施工图审查机构进行审查;施工图设计文件未经审查批准的,不得使用。建设单位不得明示或暗示设计单位违反工程建设强制性标准,降低建设工程质量。

103.5 勘察、设计文件的会审

建设工程勘察、设计单位应当在建设工程施工前,向施工单位和监理单位说明建设工程勘察、设计意图,解释建设工程勘察、设计文件。建设工程勘察、设计单位应当及时解决施工中出现的勘察、设计问题。设计单位应当参与建设工程质量事故分析,并对因设计造成的质量事故,提出相应的技术处理方案。

103.6 勘察、设计责任

勘察、设计单位必须按照工程建设强制性标准进行勘察、设计,并对其勘察、设计的质量负责。注册建筑师、注册结构工程师等注册执业人员应当在设计文件上签字,对设计文件负责。

勘察、设计单位有下列行为造成建设单位损失的,依法应承担赔偿责任:

(1)勘察、设计单位未按照工程建设强制性标准进行勘察、设计的;

(2)设计单位未根据勘察成果文件进行工程设计的;

(3)设计单位指定建筑材料、建筑构配件的生产厂、供应商的。

第104条 工程监理合同的履行

律师应提示工程监理单位应当依法取得相应等级的资质证书,并在其资质等级许可的范围内承揽工程。工程监理单位应当依据法律、法规以及有关技术标准、设计文件和建设工程承包合同,对施工质量实施监理。

工程监理单位应当选派具备相应资格的总监理工程师和监理工程师进驻施工现场。监理工程师应当按照工程监理规范的要求,采取旁站、巡视和平行检验等形式,对建设工程实施监理。监理工程师应及时记载监理日志。

未经总监理工程师签字,建设单位不能进行竣工验收;监理单位应当参加建设单位组织的竣工验收。

第五章
建设工程合同的争议解决

第一节 建设工程合同效力的认定

第105条 建设工程施工合同的效力及其补正

105.1 建设工程施工合同无效的情形

具有下列情形之一的,应当认定建设工程施工合同(含施工总承包合同、专业施工分包合同、劳务分包合同)违反法律强制性规定而无效:

(1) 施工人未取得资质证书或超越资质等级承揽施工(劳务)任务的;

(2) 没有资质的实际施工人借用具有法定资质的施工人(劳务分包人)名义的;

(3) 招标投标法规定必须招标未招标或中标无效的(参见本指引第31条);

(4) 施工人非法转包、违法分包建设工程的。

但是,工程总承包人、施工总承包人、专业施工分包人将承包范围内的劳务作业发包给具有相应劳务作业资质的劳务分包人,应当认定为有效。

105.2 无效建设工程施工合同的效力补正

建设工程施工合同在效力上存在瑕疵的,当事人可通过合法途径对该瑕疵进行补充和修改,使合同最终具有法律效力。

无效建设工程施工合同效力补正主要有以下几个情形:

(1) 行为人没有代理权、超越代理权或者代理权终止后以被代理人名义签订的合同,未经被代理人追认的,对被代理人不发生效力,由行为人承担责任。如果被代理人在一个月内予以追认的,该合同有效。

(2) 发包人无权处分发包建设工程的,其签订的施工合同无效,但经权利人追认或者该发包人在订立合同后取得了处分权的,该施工合同有效。

(3) 承包人超越资质等级许可的业务范围签订建设工程施工合同,属于无效合同,但在建设工程竣工前取得相应资质等级,施工合同视为有效合同,当事人请求按照无效合同处理的,人民法院将不予支持。

第 106 条　工程(勘察、设计、施工)总承包合同的效力及其补正

106.1　工程(勘察、设计、施工)总承包合同无效的情形

具有下列情形之一的,应当认定建设工程总承包合同违反法律强制性规定而无效:

(1) 工程总承包人未取得任何一项(勘察、设计、施工总承包资质)资质证书或超越(勘察、设计、施工总承包)资质等级承揽工程承包业务的;

(2) 没有(勘察、设计、施工总承包)资质或者具有不符合建设工程项目要求的(勘察、设计、施工总承包)较低等级资质的工程总承包人借用具有符合工建设程项目要求的(勘察、设计、施工总承包)较高等级资质的工程总承包人名义的;

(3) 招标投标法规定(勘察、设计、施工)必须招标未招标或中标无效的;

(4) 工程总承包人非法转包、违法分包承揽工程总承包任务的。

106.2　无效工程(勘察、设计、施工)总承包合同的效力补正

对于工程(勘察、设计、施工)总承包人超越资质等级许可的业务范围订立工程(勘察、设计、施工)总承包合同,在工程(勘察、设计、施工)总承包任务完成前取得相应资质等级,工程(勘察、设计、施工)总承包合同的效力是否可以补正,法律、法规并没有明确的规定。在没有法律、法规明确规定的情况下,不能简单推定此时效力可以补正,是否能进行效力补正依赖于今后有关法律、法规、司法解释的进一步明确。

第 107 条　工程监理合同的效力及其补正

107.1　工程监理合同无效的情形

具有下列情形之一的,应当认定工程监理合同违反法律强制性规定而无效:

(1) 监理人未取得监理资质证书或超越资质等级承揽工程监理业务的;

(2) 没有监理资质或者具有不符合工程项目要求的较低等级资质的工程监理人借用具有符合工程项目要求的较高等级资质的工程监理人名义承揽工程监理业务的;

(3) 招标投标法规定必须招标而未招标的;

(4) 工程监理人非法转让所承揽的工程监理任务的。

107.2　无效工程监理合同的效力补正

工程监理人超越资质等级许可的业务范围订立工程监理合同,在工程监理任务完成前取得相应资质等级,工程监理合同的效力是否可以补正,法律、法规并没有明确的规定。在没有法律、法规明确规定的情况下,不能简单推定此时效力可以补正,是否能进行效力补正依赖于今后有关法律、法规、司法解释进一步明确。

第 108 条　建设工程合同及建设工程监理合同无效的处理原则

建设工程合同(勘察、设计、施工合同)及建设工程监理合同无效,性质上不可能或者不容易恢复原状的,不能适用返还原则,应当适用折价补偿原则,根据提供的建筑产品及完成的工作,进行折价补偿。

律师可提示委托人注意下列情形:

(1) 在合同无效的情况下,根据工程验收是否合格,将导致不同的处理结果:

① 建设工程竣工验收合格的,施工人可请求参照合同约定支付工程价款;

② 建设工程竣工验收不合格,但修复后合格的,修复费用由施工人承担;

③ 建设工程竣工验收不合格,且无法修复,发包人可请求返还已经支付给施工人的工程款。

(2) 建设工程不合格的,发包人及施工人按照过错程度承担施工人返工、修理、停工、窝工损失以及因工程质量缺陷造成发包人的损失。

(3) 对施工人非法转包、违法分包建设工程取得的利益、出借法定资质的建设施工人因出借行为取得的利益、没有资质的实际施工人借用资质签订合同取得的利益,由人民法院采取民事制裁措施予以收缴。

第二节 建设工程合同的法定解除

第 109 条 建设工程施工合同中发包人和承包人的法定解除权

《合同法》第 93 条、第 94 条规定了合同当事人的意定解除权和法定解除权;第 95 条规定了解除权消灭的情形;第 96 条规定了解除权的行使程序;第 97 条规定了合同解除的效力;第 253 条、第 259 条对建设工程合同当事人的法定解除权作了规定。

《最高人民法院关于审理建设工程施工合同纠纷案件适用法律问题的解释》第 8 条、第 9 条在《合同法》的法理基础上对建设工程施工合同的承、发包当事人的法定解除权作了规定;第 10 条规定了建设工程施工合同解除后的处理原则。

109.1 发包人的解除权

承包人具有下列情形之一的,发包人可以解除建设工程施工合同:

(1) 明确表示或者以行为表明不履行合同主要义务的;

(2) 合同约定的期限内没有完工,且在发包人催告的合理期限内仍未完工的;

(3) 已经完成的建设工程质量不合格,并拒绝修复的;

(4) 将承包的建设工程非法转包、违法分包的。

109.2 承包人的解除权

发包人具有下列情形之一,致使承包人无法施工,且在催告的合理期限内仍未履行相应义务的,承包人可以解除建设工程施工合同:

(1) 未按约定支付工程价款的;

(2) 提供的主要建筑材料、建筑构配件和设备不符合强制性标准的;

(3) 不履行合同约定的协助义务的。

第 110 条 建设工程设计合同中委托人和设计人的法定解除权

110.1 委托人的解除权

委托人可依据《合同法》第 94 条及第 253 条行使合同解除权。

第 111 条　建设工程监理合同中委托人和监理人的法定解除权

发包人与工程监理人之间的关系在性质上是委托合同关系。委托人或者监理人可以随时解除委托合同。

第 112 条　因情势变更而要求解除合同

合同成立以后客观情况发生了当事人在订立合同时无法预见的、非不可抗力造成的不属于商业风险的重大变化,继续履行合同对于一方当事人明显不公平或者不能实现合同目的,当事人请求人民法院解除合同的,人民法院应当根据公平原则,并结合案件的实际情况确定是否解除。

第 113 条　建设工程合同解除后的处理原则

113.1　合同法定解除的法律后果

建设工程施工合同解除后,已经完成的建设工程质量合格的,发包人应当按照约定支付相应的工程价款。

已经完成的建设工程质量不合格的,修复后的建设工程经竣工验收合格,承包人可请求支付工程价款,但承包人应承担修复费用;修复后的建设工程经竣工验收不合格,承包无权请求支付工程价款。因建设工程不合格造成的损失,发包人有过错的,也应承担相应的民事责任。

《建设工程设计合同(一)》(示范文本 GF—2000—0209)第 7.1 条,在合同履行期间,发包人要求解除合同,设计人未开始设计工作的,不退还发包人已付的定金;已开始设计工作的,发包人应根据设计人已进行的实际工作量,不足一半时,按该阶段设计费的一半支付;超过一半时,按该阶段设计费的全部支付。合同解除后,设计人仍应对已提交设计资料及文件出现的遗漏或错误负责修改或补充。

《建设工程勘察合同(一)》(示范文本 GF—2000—0203)第 6.3 条,合同履行期间,由于工程停建而终止合同或发包人要求解除合同时,勘察人未进行勘察工作的,不退还发包人已付定金;已进行勘察工作的,完成的工作量在 50% 以内时,发包人应向勘察人支付预算额 50% 的勘察费;完成的工作量超过 50% 时,则应向勘察人支付预算额 100% 的勘察费。勘察成果资料质量不合格,不能满足技术要求时,其返工勘察费用由勘察人承担。

建设工程监理委托合同就合同属性而言不可能或者不容易恢复原状。委托人解除合同的,委托人除对受托人已履行的部分给付监理报酬外,对不可归责于受托人的情况,因解除委托合同给委托人造成的监理报酬减少承担赔偿责任。

受托人解除合同的,对在不可归责于委托人的情况下,若委托人自己不可能亲自处理该项事务,而且又不能及时找到合适的受托人代他处理该委托事务而发生损害的,受托人应承担赔偿责任。

113.2　合同解除后的损害赔偿

《民法通则》第 111 条规定,当事人一方不履行合同义务或者履行合同义务不符合约定条件的,另一方有权要求履行或者采取补救措施,并有权要求赔偿损失。同时根据《民法通则》第 115 条的规定,合同的变更或者解除,不影响当事人要求赔偿损失的权利。因一方违约导致合同解除的,违约方应当赔偿因此而给对方造成的损失。

第 114 条　行使合同解除权应注意的事项

114.1　律师代理当事人主张解除合同时应告知委托人注意下列事项:
(1) 行使解除权应当书面通知对方;
(2) 未在法定或约定的期限内行使解除权的,该权利消灭;
(3) 没有法定或约定解除权行使期限的,经对方催告在合理期限内不行使的,该权利消灭;
(4) 合同解除后,不影响合同中结算和清算条款的效力;
(5) 律师应提示委托人在合同解除后,还应当履行通知、协助、保密等后契约义务。

114.2　当事人不同意对方提出的解除合同主张时,律师应告知委托人注意下列事项:
(1) 当事人有权对合同解除或合同相对方合同解除权的行使提出异议。异议提出的方式,应与合同相对方解除合同的通知相同或相类似。
(2) 当事人异议不能产生预期效果时,当事人可以请求法院或仲裁机构宣告解除合同的行为无效。
(3) 当事人对《合同法》第 96 条规定的合同解除有异议,应在约定的异议期限内提出异议并向人民法院起诉;当事人没有约定异议期间,在解除合同通知到达之日起 3 个月内应向人民法院起诉。

第三节　建设工程合同常见纠纷

第 115 条　招标投标纠纷

115.1　中标结果无效纠纷
招投标双方就招投标过程中的行为发生争议要求确认中标无效,必须具有法定的事由。《招标投标法》对六种导致"中标无效"的法定事由作了规定,参见本指引第 31 条。

115.2　中标后拒签合同纠纷
招标人和中标人应当自中标通知书发出之日起 30 日内,按照招标文件和中标人的投标文件订立书面合同,招标人和中标人不得再行订立背离合同实质性内容的其他协议。投标文件要求中标人提交履约保证金的,中标人应当提交。

实践中,经常出现投标人在中标后拒绝与招标人签订书面合同,以及招标人在确定中标人并向中标人发出中标通知书后,在法定或约定的时间内拒绝与中标人签订书面合同的情况。

中标通知书对招标人和中标人具有法律效力。中标通知书发出后,招标人改变中标结果,或者中标人放弃中标项目的,应当依法承担法律责任;相关法律责任是违约责任还是缔约过失责任尚存争议。

第 116 条　勘察、设计合同纠纷

116.1　勘察、设计质量纠纷案件

勘察人、设计人对勘察、设计成果承担瑕疵担保责任,因其原因造成发包人损失的,承包人应继续完善勘察、设计,减收或者免收勘察费、设计费并赔偿损失;勘察人、设计人应按照有关政府部门批准的项目规划和设计等建设工程要求进行勘察、设计。

116.2　勘察、设计合同期限纠纷案件

勘察人、设计人未按合同约定提供勘察、设计成果的,应按合同约定承担违约责任或者赔偿损失;因发包人或业主原因导致工期延误的,勘察人、设计人有权要求业主承担窝工损失。

116.3　勘察、设计变更纠纷案件

勘察、设计过程中发生合同外工程范围变更和工程量增减的,发包人应当按照实际发生的工作量支付勘察费、设计费。

第 117 条　监理合同纠纷

117.1　监理工作内容纠纷

117.1.1　因监理合同对监理工作内容约定不明确而发生的纠纷

通常情况下,纠纷发生的原因主要是:

(1)发包人和监理人双方未采用《建设工程委托监理合同》(示范文本 GF—2000—0202),而是自行拟订工程委托监理合同,且自行拟订的合同中对监理人的正常工作、附加工作和额外工作的范围和内容的约定不明确;

(2)双方采用《建设工程委托监理合同》(示范文本 GF—2000—0202)签订合同,但合同专用条件中对监理人实施工程监理的正常工作内容的约定不明确;

(3)工程施工期间监理人实施了合同约定之外的监理工作内容。

117.2　监理工作缺陷纠纷

117.2.1　因监理人不履行合同约定的监理工作内容而发生的纠纷

监理人员明知工程施工不符合工程设计要求、施工技术标准和合同约定而并不要求建筑施工企业改正的,工程监理人员发现工程设计不符合建筑工程质量标准或者合同约定的质量要求后,既不报告给建设单位也不要求设计单位改正时,均应承担相应违约责任。

117.2.2　因监理人履行的监理工作内容不符合合同约定而发生的纠纷

监理人员故意阻挠承包单位的施工而影响工程工期的、逾期向发包人提交监理工作报告的、未经发包人同意随意给承包人签发施工联系单或进行工程量签证等情形下,委托监理合同对违约责任有约定的,发包人可以依据合同要求监理人承担违约责任;合同对违约责任没有约定的,发包人可以依据《建筑法》第35条的规定要求监理人承担相应赔偿责任。

117.2.3　因监理人与承包人串通损害发包人利益而发生的纠纷

实践中,不少监理人员为获取非法利益,违反法律规定、合同约定及职业操守,置合同约定的监理工作内容于不顾,与承包人串通导致工程质量达不到验收标准、工期延误和安全事故等,进而损害发包人的利益。在发生该等情形下,律师可以提示发包人在起诉时有权将监理人和承包人列为共同被告,要求监理人和承包人承担连带赔偿责任。

第118条　建设工程合同纠纷

118.1　施工合同主体纠纷

118.1.1　因承包商资质不够导致的纠纷

(1)施工单位无证、无照承包工程所签订的合同无效(一般农建工程除外)。

(2)施工单位借用、冒用、盗用营业执照、资质证书承包工程所签订的合同无效。

(3)施工单位超越经营范围、资质等级承包工程所签订的合同无效。

(4)无资质的建筑队挂靠建筑公司,成为建筑公司的一个工区对外承包工程,有两种情况:

① 以挂靠单位的名义签订合同的,合同无效;

② 以被挂靠单位的名义签订合同,有两种情况:A. 建筑公司承包工程,将工程交给建筑队施工,所签订的合同有效。B. 建筑队自己承包工程,以建筑公司的名义签订合同,合同无效。

(5)建筑公司的分支机构对外承包工程,所签订的合同无效。

(6)个体建筑队、个人合伙建筑队承建的一般农用建筑,符合有关规定的,认定有效。

(7)两个施工单位联合共同承包工程的,应按资质等级低的单位的业务许可范围承包,否则合同无效。

118.1.2　因无权代理与表见代理导致的纠纷

(1)建设单位的内部机构对外发包工程的合同效力

有两种情况:

① 以法人名义签订合同,法人明知而不反对的,若无其他违法情节,可认定合同有效;内部机构既无事先授权又无事后追认的,合同因主体不合格而归于无效。

② 以内部机构名义签订合同,法人明知而不表示反对并准备履行或已开始履行合同的,可认定合同有效;其他情况(法人不知道、反对、不准备履行)认定合同无效;当事人对合同效力不提异议的,可按有效合同处理。

（2）临时机构对外发包工程的合同效力

审查临时机构是否是行政机关正式行文成立，是否有一定的机构、办公地点、职责的组织，并在授权的范围内签订合同，具备以上条件并符合其他条件的，认定合同有效。

（3）筹建单位对外发包工程的合同效力

审查筹建单位是否依法经过核准登记，依法登记的，认定其对外发包有效，未经依法登记或工商登记正在申请之中的，可以根据实际情况确认。

118.1.3　因联合体承包导致的纠纷

发生纠纷时发包人应根据承包协议约定向所有联营单位主张权利；各联营单位之间根据联合体联营协议的约定各自承担相应的责任。

118.1.4　因"挂靠"问题而产生的纠纷

实践中"挂靠"情况比较普遍，需要根据具体的情况来确定"挂靠"合同和施工合同的法律效力。

118.2　施工合同工程款纠纷

118.2.1　关于无效合同的工程价款结算

施工合同被确认为无效后，若建设工程经竣工验收合格的，按照双方合同的约定结算工程价款；若建设工程经竣工验收不合格的，修复后验收合格的，发包人可以要求承包人承担修复费用；修复后仍验收不合格的，承包人无权得到整个工程的工程价款。

118.2.2　关于建设方以施工方违约作为拒付工程款抗辩的工程价款结算

这一类纠纷主要有：

（1）发包人以工程质量存在瑕疵或未予修复为由拒付工程款；

（2）发包人以工程未竣工为由拒付工程款；

（3）发包人以承包人逾期竣工为由拒付工程款；

（4）发包人以承包人未按约垫资为由拒付工程余款；

（5）发包人以承包人主张权利超过诉讼时效为由拒付工程款。

118.2.3　关于合同价款约定不明确的工程价款结算

造成工程价款约定不明确的主要原因是工程设计尚未完成，无法依据施工图纸等确定工程量。其情形在合同中分别表现为：对工程造价决算笼统约定为按省、市有关文件执行；根据承包方式的不同，笼统约定为施工图预算加签证、执行国家工程定额、工程概算包干、施工图加系数包干等；此外，还有的无书面合同，双方对工程造价决算的依据和方法各执一词。依据《合同法》第61、62条的规定，当事人双方在诉讼中可以协商补充工程造价及决算的约定。协商不成时，可按以下方法处理：

（1）合同中约定了工程造价及决算的计价方法的，应当从其约定。对于约定工程造价决算执行省、市有关文件规定的，如约定了明确的年度工程定额文件的，依据该文件确定；无明确约定的，依据当年工程定额文件确定。对于约定根据承包方式采用施工图预算加签证、工程概算包干、施工图预算加系数包干等的,如果施工图纸、工程概算等文件已经完成,并经双方签字,应作为工程造价决算的依据。如仍不能确定工程价款的,应依据当地建设行政主管部门制定的当年工程计价文件。对于合同未就工程价款作具体约定的,或者无书面合同、双方对工程价款的确定又认识不一的,亦应依据当地建设行政主管部门制定的当年工程计价文件确定。

(2) 双方当事人就工程造价及决算的计价方法能够形成一致意见,或者按照前述方法能够确定计价方法的,双方当事人应进行工程价款的核算。对因涉及专业性较强的问题不能核算的,可以申请委托专业部门进行审计,并经庭审质证后审查确定工程价款。

118.2.4 关于施工方主张优先受偿权的工程价款结算

《合同法》第286条和最高人民法院司法解释明确了优先受偿权的适用条件和范围、权利限制情形、行使方式、溯及力等,强化了对施工人合法权益的优先救济和法律保护。在通常情况下催告的合理期限,可参考建设部、工商行政管理局联合颁布的建设工程施工合同示范文本中有关工程款给付时间段的规定,确定为1个月左右为宜。但如果双方对以工程折抵欠款达成协议的,承包方可不必经过催告而取得行使折价受偿的权利。如果发包方恶意转移建筑物所有权,承包方可以随时申请人民法院拍卖。

118.2.5 关于发包人与承包人之间就同一工程签订几份不同版本合同的工程价款结算

若几份不同版本的合同中有一份是经备案的中标合同,则根据《最高人民法院关于审理建设工程施工合同纠纷案件适用法律问题的解释》第21条的规定,以经备案的中标合同为结算依据。否则,应根据合同签订的时间顺序,以后签订的合同为结算依据。

118.2.6 关于实际施工人主张工程价款的特别规定

实际施工人以转包人、违法分包人为被告起诉的,人民法院应当依法受理。

实际施工人以发包人为被告主张权利的,人民法院可以追加转包人或者违法分包人为本案当事人。发包人只在欠付工程价款范围内对实际施工人承担责任。

118.3 施工合同质量纠纷

118.3.1 一般施工质量纠纷

由于承包方的原因造成工程质量不符合合同规定的,承包方应负责无偿修理或返工,由此造成工程逾期交付的,应支付逾期违约金。在合同规定的保修期内,对属于承包方责任的工程质量问题,负责无偿修理。

隐蔽工程经双方验收认可后,承包人继续施工而发现隐蔽工程存在质量问题造成损失的,发包人应承担相应的过错责任;若设计单位和监理单位亦有过错的,应按过错大小各自承担相应的责任。

118.3.2 工程未经验收即投入使用的质量纠纷

发包方工程未经验收即投入使用的,其责任在发包方,承包方不予认可,出现的质量问题应由发包方自己承担。但未经竣工验收,发包人提前使用建筑物,使用后发现因地基基础工程和主体结构的质量存在缺陷影响建筑物安全使用的,承包人应当承担民事责任。发包人能够证明工程质量不符合规定的质量标准,是由于施工人偷工减料,使用不合格材料,或者不按设计图纸、技术标准施工造成的,施工人应当承担民事责任。对于其他可整改或者外露的质量问题,施工人不承担民事责任,返工和修理费用由发包人自行承担。

118.4 施工合同变更和解除纠纷

118.4.1 施工合同变更纠纷

施工合同变更纠纷含工期变更、质量变更、材料变更等,若系双方协商一致变更的,则应按补充协议确定纠纷解决方式。若发包人一方通过指令、通知等要求承包人变更的,则应参照施工合同约定就变更的部分确定相应的价款。若承包人未经发包人同意而擅自变更的,则由承包人承担责任。但,合同成立以后客观情况发生了当事人在订立合同时无法预见的、非不可抗力造成的不属于商业风险的重大变化,继续履行合同对于一方当事人明显不公平或者不能实现合同目的,当事人可以请求人民法院变更合同,人民法院应当根据公平原则,并结合案件的实际情况确定是否变更。

118.4.2 施工合同解除纠纷

施工合同解除纠纷分为有权解除而产生的纠纷、无权解除纠纷或协商解除而产生的纠纷。一方根据合同约定或法律规定行使合同解除权而产生的纠纷,则应根据合同约定或法律规定要求违约方进行赔偿。一方无法律或合同依据而单方解除合同的,则应就此向对方承担违约责任。双方协商一致而解除合同,但未能就解除后的处理方式达成一致的,则应按合同约定在分清责任的基础上承担责任。

118.5 施工合同工期纠纷

118.5.1 因工期索赔而产生的工期纠纷

工程实际工期超过施工合同约定工期的,若系承包人原因造成延期,则应按合同约定承担违约责任。若是发包人原因造成延期,应按合同约定赔偿承包人损失。若是双方原因造成工期延误的,则应按实际情况确定责任。

118.5.2 因未能确定竣工日期而产生的工期纠纷

承包人和发包人就竣工日期发生争议的,应根据《最高人民法院关于审理建设工程施工合同纠纷案件的适用法律问题的解释》第14条的规定确定竣工日期,参见本指引第90条部分。

118.6 建设工程分包合同纠纷

118.6.1 因资质问题而产生的纠纷

从事建筑活动的建筑施工企业应具备相应的资质,在其资质等级许可的范围内从事建筑活动。禁止建筑施工企业超越本企业的资质等级许可的业务范围承揽工程。禁止施工企业向无资质或不具备相应资质的企业分包工程。

118.6.2　因履约范围不清而产生的纠纷

造成履约范围不清的主要原因是分包合同条款内容不规范、不具体。分包合同订立的质量完全取决于承包人和分包商的合同水平和法律意识。若承包人、分包商的合同水平和法律意识都比较低或差异大,则订出的合同内容不全,权利义务不均衡。因此,在订立分包合同时,应严格按照《分包合同示范文本》的条款进行订立。

118.6.3　因转包而产生的纠纷

建设工程转包被法律所禁止。《合同法》第272条、《建筑法》第28条和《建设工程质量管理条例》第25条都规定禁止转包工程。施工企业在转包工程中的收益,法院将依据《最高人民法院关于审理建设工程施工合同纠纷案件适用法律问题的解释》第4条和《民法通则》第134条的规定收缴当事人的非法所得。

118.6.4　总承包企业或专业施工企业与不具备相应资质的企业签订的劳务分包合同纠纷

根据《最高人民法院关于审理建设工程施工合同纠纷案件适用法律问题的解释》第1条和《合同法》等的规定被认定为无效合同。合同无效后的处理：如果劳务分包企业提供劳务的工程合格,劳务分包企业依据《最高人民法院关于审理建设工程施工合同纠纷案件适用法律问题的解释》第2条的规定,请求劳务费的应当得到法律支持。如果因劳务分包企业提供的劳务质量不合格引起工程不合格,劳务分包企业请求劳务分包合同约定的劳务价款的,将得不到法律支持,并且,还应承担相应的损失。

118.6.5　总承包企业或专业承包企业与劳务分包企业以劳务分包合同的名义签订的实质上的工程分包合同纠纷

这种合同将依据合同的实际内容、建设施工中的客观事实及双方结算的具体情况,来认定双方合同关系的本质。其中有的可能会被认定为工程分包合同,那么就要按照工程分包合同的权利义务,来重新确认双方的权利义务。

118.6.6　工程分包企业以劳务分包合同的名义与劳务分包企业签订的实质上的工程再分包合同纠纷

这种合同将被认定为无效。工程分包企业因此种行为取得的利润将被法院依据《最高人民法院关于审理建设工程施工合同纠纷案件适用法律问题的解释》第4条的规定收缴,或者由建筑行政管理机关作出同样的收缴处罚。

第四节　建设工程合同纠纷的处理方式

第119条　调解

建设工程合同纠纷在进入诉讼或仲裁程序之前,双方可参照本指引的规定在合同中约定或合同签订后共同选择调解人进行调解，以达到快捷、高效、低成本地解决纠纷。

119.1 调解人的确定

（1）调解人可以在国家建筑与房地产专家库、省级律师协会建筑与房地产专业委员会专家库、省级施工行业协会专家库或地市级律师协会建筑与房地产专业委员会推荐的专家库中选择，双方可选择由一名调解人进行调解或者三名调解人组成调解小组进行调解。

（2）由一名调解人进行调解的，该调解人由双方共同在专家库中选择确定。双方选择由调解小组进行调解的，则各自选择一名专家，再由双方共同选择一名专家作为调解小组的组长，由公证处在双方在场的情况下抽签确定。

（3）如果合同中已经包括备选调解人名单，除有人不能或不愿接受作为调解人外，双方应从备选名单上选择调解人。

（4）若双方在合同约定或在双方商定的时间内未能就调解人的选择达成一致意见，或者双方共同选择的调解人拒绝履行职责，或不能履行职责后14天内双方未能重新达成一致意见，则按合同约定双方调解程序终结，或者一方或双方按合同约定请地市级律师协会建筑与房地产专业委员会指定一名专家，此项指定是最终的、决定性的，各方将支付一半的专家报酬。

（5）调解人的报酬，包括涉及调解的其他费用，应在双方选择调解人时商定，由每方承担上述报酬和费用的一半。

119.2 调解准备

调解人或调解小组组长事先应根据案件具体情况，筹划进行调解的时间、范围、参与人员及议题的先后顺序。调解双方事先应准备好相关资料，以备展示或查阅。

119.3 调解程序

调解由调解人或调解小组组长主持，可参照仲裁庭审理程序进行调解。双方应对争议事项进行充分阐述后，参照法律规定、合同约定、交易习惯，以平等、互谅的原则寻求调解方案。

调解过程中，可选择一揽子的方式解决双方全部争议事项，也可对部分争议事项先协商一致，其余争议事项留待后续解决。

119.4 调解时间

调解人进行调解的时间一般以56天为宜，防止久调不决而影响承包人的优先受偿权。

119.5 调解效力

在调解过程中，应及时将已达成一致意见的事项制作成会议纪要、补充协议等书面文件，交双方授权人员签字、加盖法人公章或合同章。

如双方无法对争议事项的权利义务分配达成一致意见，亦可对施工过程中的事实情况进行确认,固定事实,以有利于继续协商或进行诉讼。

无论双方是否达成一致意见,调解人或调解小组应在接受委托之日起 56 天之内作出调解决定,调解对双方具有约束力,除非一方或双方在收到调解决定之日起 14 天内向对方发出不认可调解决定的通知。

任何一方在收到调解决定之日起 14 天内向对方发出不认可调解决定的通知的,调解人或调解小组作出的调解决定对双方均无约束力。调解不成的,双方均有权按照合同约定向法院起诉或者申请仲裁。

119.6 律师执业风险提示

为承包人提供法律服务的律师在调解过程中,除了工程款的总额、支付时间和方式外,还应关注承包人是否在工期、质量、安全文明施工等方面有违约事项,力争发包人对工期、质量、安全文明施工等事项确认无违约或者对违约事项免除、减轻违约责任。

为发包人提供法律服务的律师在调解过程中,除了造价、工期、质量、安全文明施工事项外,还应关注已完工程及工程资料移交的程序、范围、时间,力争明确承包人移交已完工程及工程资料的时间和范围,并约定承包人未及时移交的违约责任。

第 120 条　诉讼

建设工程合同双方均可在发生争议时选择向人民法院提起诉讼。

120.1 适格诉讼主体的确定

律师应分析研究案件资料,明确法律关系,确定适格诉讼主体。

(1)建设单位内部不具备法人条件的职能部门或下属机构签订的建筑承包合同,产生纠纷后,应以该建设单位为诉讼主体。

(2)建筑施工企业的分支机构(分公司、工程处、工区、项目经理部、建筑队等)签订的建筑承包合同,产生纠纷后,一般以该分支机构作为诉讼主体,如该分支机构不具有独立的财产,则应追加该建筑企业为共同诉讼人。

(3)借用营业执照、资质证书及他人名义签订的建筑承包合同,涉诉后,由借用人和出借人为共同诉讼人。

(4)共同承包或联合承包的建筑工程项目,产生纠纷后,应以共同承包人为共同诉讼人;如共同承包人组成联营体,且具备法人资格的,则以该联营体为诉讼主体。两个以上的法人、其他经济组织或个人合作建设工程并对合作建设工程享有共同权益的,其中合作一方因与工程的承包人签订建设工程合同而发生纠纷的,其他合作建设方应列为共同原、被告。

(5)实行总分包办法的建筑工程,因分包工程产生纠纷后,总承包人和分包人应作为共同诉讼人;如果分包人起诉总承包人,则以分包合同主体作为诉讼主体,是否列建设单位为第三人,视具体案情而定。

(6)涉及个体建筑队或个人合伙建筑队签订的建筑承包合同,产生纠纷后,一般应以个体建筑队或个人合伙建筑队为诉讼主体。

（7）挂靠经营关系的建筑施工企业以自己的名义或以被挂靠单位的名义签订的承包合同,一般应以挂靠经营者和被挂靠单位为共同诉讼人。《最高人民法院关于适用〈中华人民共和国民事诉讼法〉若干问题的意见》第43条规定:"个体工商户、个人合伙或私营企业挂靠集体企业并以集体企业的名义从事生产经营活动的,在诉讼中,该个体工商户、个人合伙或私营企业与其挂靠的集体企业为共同诉讼人。"施工人挂靠其他建筑施工企业,并以被挂靠施工企业名义签订建设工程合同,而被挂靠建筑施工企业不愿起诉的,施工人可作为原告起诉,不必将被挂靠建筑施工企业列为共同原告。

（8）因转包产生的合同纠纷,如发包人起诉,应列转包人和被转包人作为共同被告;如因转包合同产生纠纷,以转包人和被转包人为诉讼主体,建设单位为第三人;多层次转包的,除诉讼当事人外,应将其他各方列为第三人。

（9）以筹建或临时机构的名义发包工程,涉讼后,如果该单位已经合法批准成立,应由其作为诉讼主体起诉或应诉;如该单位仅是临时性的机构,尚未办理正式审批手续的,或该临时机构被撤销的,由成立或开办该单位的组织进行起诉或应诉。

（10）实行承包经营的施工企业,产生纠纷后,如果该企业是法人组织,则由该企业为诉讼主体;如果该企业不是法人组织,则发包人和承包企业为共同当事人。

（11）因拖欠工程款引起的纠纷,承包人将承包的建设工程合同转包而由实际承包人起诉承包人的,可不将发包人列为案件的当事人;承包人提出将发包人列为第三人,并对其主张权利而发包人对承包人又负有义务的,可将发包人列为第三人,当事人根据不同的法律关系承担相应的法律责任;如转包经发包人同意,即属合同转让,应直接列发包人为被告。

（12）因工程质量引起的纠纷,发包人只起诉总承包人,在审理中查明有转包、分包的,应追加分包人、实际施工人为共同被告,实际施工人、分包人与总承包人对工程质量承担连带责任。

120.2 诉讼管辖的确定

建设工程施工合同纠纷以施工行为地为合同履行地,即建设工程施工合同纠纷不适用专属管辖,而适用一般管辖,施工行为地与被告住所地人民法院或双方合同中约定的其他有管辖权的人民法院均有权管辖受理。

建设工程合同当事人应注意在协议选择管辖法院时,不得违反《民事诉讼法》对级别管辖的规定;起诉时如合同没有实际履行的,当事人双方住所地又都不在合同约定的履行地的,应当由被告住所地人民法院管辖。

120.3 诉讼请求的确定

诉讼请求应全面涵盖原告的合法权益。代理承包人因工程款发生争议提起诉讼的,如起诉时尚未超出工程竣工或合同约定竣工之日起六个月,应将请求确认建设工程价款的优先受偿权列入诉讼请求。

120.4 诉讼时效的审查

律师在接受当事人的委托代理后,应当仔细审查当事人的起诉是否已经超过两年诉讼时效。如自权利被侵害之日起已超过两年,律师应当仔细审查是否存在诉讼时效中断、中止的情形。律师在接受代理工程价款纠纷案件时,应当注意行使优先受偿权的诉讼期限。

当事人的起诉已过诉讼时效,但对方自愿履行的,律师应当告知委托人履行后不得以起诉已过诉讼时效要求返还。

120.5 财产保全

代理律师应查找对方可供查封的财产或可被冻结的银行账号,及时采取诉前财产保全或诉讼保全措施。

120.6 证据提交

涉诉各方应在法院指定的举证期限内及时提交证据,提出司法鉴定申请。申请鉴定的一方还应将全部鉴定资料在举证期限内提交。如提交证据确有困难,应在举证期限内申请延长举证期限。

120.7 反诉的提出

被告对原告的诉讼请求不仅仅是否定和拒绝,如认为有其他事由可吞并或抵消的,被告代理律师应在举证期限内及时提出反诉。

120.8 庭审要求

代理律师应认真研究诉讼资料,列出书面代理提纲,准备好对对方证据的书面质证意见,按时参加庭审,发表代理意见,并在庭审程序完成后及时向法庭提交书面代理词。

第 121 条　仲裁

121.1 仲裁申请的提起

仲裁申请的提起与诉讼的提起基本一致,但须注重以下几个方面:

(1) 申请仲裁须提交仲裁协议,且仲裁事项须在约定的仲裁委员会受理范围内。

(2) 申请仲裁除须按被申请人数向仲裁委提交仲裁申请书和证据及副本外,一般还须按仲裁庭组成人员数向仲裁委提交申请书和证据副本。

(3) 申请仲裁须在仲裁机构受理后领取仲裁员名册和仲裁规则,并应在仲裁规则规定时限内选定仲裁员。

121.2 仲裁申请请求的确定

仲裁申请请求的确定与诉讼基本一致,但关于请求事项的变更和反请求的提出时限,各地仲裁机构的仲裁规则的规定有所区别,应予以充分注意。

121.3 仲裁案件的财产保全

仲裁案件的财产保全申请应先向仲裁机构提出,仲裁机构将当事人的申请转交有关法院后,再根据管辖法院要求提交有关资料并交纳费用。仲裁案件的财产保全一般由财产所在地法院或被申请人住所地法院作出裁定。

121.4 仲裁庭的组成

仲裁庭一般由三名仲裁员组成,简易程序案件由一名仲裁员独任仲裁。当事人应当各自选定或各自委托仲裁委员会主任指定一名仲裁员,第三名仲裁员可以由当事人共同选定,或由仲裁委员会主任指定。在选定仲裁员的过程中应注意下列事项:

(1)应在规定时限内提交指定仲裁员名单而不致丧失权利。

(2)认真阅读仲裁员名册并充分了解仲裁员的知识、经验等,选择精通建设工程法律、熟悉建设工程业实务的仲裁员组成仲裁庭。

(3)由于仲裁员中有较多兼职执业律师,故仲裁委指定和对方选定的律师仲裁员,应予关注其与对方代理人及当事人之间可能存在的各种利害关系,如有发现应及时告知当事人并提请仲裁委注意是否存在回避情形。

121.5 举证责任

(1)仲裁的举证与最高人民法院《关于民事诉讼证据的若干规定》基本一致,但也有所区别,尤其是关于举证时限和逾期提交证据的认定,各仲裁机构的仲裁规则不尽一致,应充分注意。

(2)仲裁关于造价审计鉴定的运用较诉讼相对宽松,应充分注意。

121.6 开庭审理

仲裁案件的开庭审理程序与诉讼程序基本一致,须注意的是:

(1)仲裁案件不公开进行,一方当事人有旁听人员列席,须征得另一方当事人和仲裁庭同意。

(2)仲裁案件的代理人,一般不受两人的限制,可以因案件需要而委托两名以上代理人出庭。

(3)仲裁案件的审限一般自仲裁庭组庭之日起计算,而非受理之日起计。

121.7 律师执业风险提示

(1)仲裁实行一裁终局制度,律师在仲裁代理中应充分告知当事人仲裁的基本制度,制定恰当的仲裁思路,并在必要时接受合理的调解方案。

(2)律师应认真审查仲裁协议的效力,并根据当事人的意愿,及时对效力存在缺陷的仲裁协议提出异议。

(3)律师应协助委托人在规定时限内指定仲裁员并建议委托人指定熟悉建筑工程领域专业知识的仲裁员。

(4)律师应及时根据仲裁规则,提醒当事人变更请求或提出反请求。

(5)为避免裁决难以执行,律师应及时提醒并帮助委托人申请财产保全。

(6)律师应充分了解仲裁机构的仲裁规则和程序,重视举证责任等相关规定,及时提交证据或申请鉴定,避免丧失权利。

(7)律师对于委托人不服的裁决,如发现存在符合撤销和不予执行情形,应及时提醒委托人向有管辖权的法院提出主张。

第122条　执行

122.1　诉讼案件的执行

（1）发生法律效力的民事判决、裁定、调解书，在当事人不能自觉履行义务时，律师应当提醒委托人及时申请强制执行。

（2）强制执行申请书内容应包括申请执行的理由、事项、执行标的，以及申请执行人所了解的被执行人的财产状况。同时，应向法院提交下列文件：

① 生效法律书副本；

② 申请执行人的身份证明；

③ 其他应当提交的文件或证件。

（3）发生法律效力的民事判决、裁定，由第一审人民法院执行。法律规定由人民法院执行的其他法律文书，由被执行人住所地或财产所在地人民法院执行。

（4）申请执行的期限为两年。其期限起算从法律文书规定履行期限的最后一日起计算；法律文书规定分期履行的，从规定的每次履行期间的最后一日起计算。

（5）执行中止：根据《民事诉讼法》第232条的规定，有下列情形之一的，人民法院应当裁定中止执行：

① 申请人表示可以延期执行的；

② 案外人对执行标的提出确有理由的异议的；

③ 作为一方当事人的公民死亡，需要等待继承人继承权利或者承担义务的；

④ 作为一方当事人的法人或者其他组织终止，尚未确定权利义务承受人的；

⑤ 法院认为应当中止执行的其他情形。

中止的情形消失后，恢复执行。

《最高人民法院关于适用〈中华人民共和国民事诉讼法〉若干问题的意见》第267条规定："申请恢复执行原法律文书，适用民事诉讼法第219条申请执行期限的规定。申请执行期限因达成执行中的和解协议而中止，其期限自和解协议所定履行期限的最后一日起连续计算。"

122.2　仲裁案件的执行

（1）对依法设立的仲裁机构的裁决和调解书，一方当事人不履行的，对方当事人可以向有管辖权的人民法院申请执行。

（2）申请执行仲裁裁决案件，由被执行人住所地或被执行的财产所在地的中级人民法院管辖。

（3）被执行人对申请人提起的执行申请，根据现行法律规定，可以向仲裁委员会所在地的中级人民法院申请撤销裁决，如果仲裁裁决具有《仲裁法》第58条规定的六种情形，则人民法院应当裁定撤销仲裁裁决。

（4）被执行人也可以选择直接向人民法院申请不予执行。被执行人提出证据证明裁决具有《民事诉讼法》第213条第2款规定的情形之一的,经人民法院组成合议庭审查核实,可裁定不予执行。

(5)需要特别指出的,为了防止被执行人恶意利用申请撤销仲裁裁决和申请不予执行达到拖延执行的目的,最高人民法院《关于适用〈中华人民共和国仲裁法〉若干问题的解释》第26条规定,当事人向人民法院申请撤销仲裁裁决被驳回后,又在执行程序中以相同理由提出不予执行抗辩的,人民法院不予支持。解释同时还规定,若当事人在仲裁程序中未对仲裁协议的效力提出异议,在仲裁裁决作出后以仲裁协议无效为由申请撤销仲裁裁决或者提出不予执行抗辩的,人民法院不予支持。上述规定均加强了对申请执行人的保护力度。

(6)人民法院受理仲裁案件的执行申请后,具体的执行程序与诉讼案件的执行程序基本一致。

122.3 律师执行风险提示

建设工程案件执行具有标的大、执行期限长、执行环节多等特点,律师在代理案件过程中,应当谨慎处理如下事项:

(1)及时申请执行,切勿使案件超过申请执行的法定期限。

(2)对已经采取查封、冻结措施的财产,在执行期间要及时做好续封工作,防止被执行人转移财产。

(3)在提起执行申请之前,应充分做好对被执行人财产的摸底工作。对在建或已竣工的工程是否存在抵押、销售等情况应做尽职调查。

第五节 涉及建设工程价款、质量、工期纠纷的司法鉴定

第123条 建设工程价款的司法鉴定

123.1 审价鉴定的申请

(1)根据证据规则的规定,负有举证责任的一方,在举证期限届满前应对主张的工程造价提出审价鉴定申请。

(2)主张工程价款一方有证据证明工程价款已被对方确认或合同约定的确定工程价款条件已成就的不必申请鉴定。对该价款有异议方可提出鉴定申请。

(3)双方约定按照固定价结算工程造价不必委托鉴定。

(4)经有资质的造价机构审定并经双方确认的工程造价,另一方不得以财政审计为由重新申请鉴定。

123.2 审价费用的预付

司法鉴定费,一般由申请鉴定方预付。双方均要求鉴定的,双方各预付一半。

123.3 审价单位的选定

双方协商选定鉴定单位,协商不成由人民法院委托。但委托的鉴定单位必须具有

工程造价咨询企业资质,甲级资质的工程造价咨询企业可以从事各类工程价款鉴定,乙级资质的工程造价咨询企业只能从事送审价在5000万元以下的工程价款鉴定。

123.4　对审价鉴定初稿的异议

按审价鉴定程序,鉴定单位与双方核对工程量,或自行计算工程量后,向委托人出具鉴定初稿。律师协助当事人对鉴定初稿从以下几方面审查:

(1) 审价鉴定单位及人员的资质和资格;

(2) 工程量计算的方法、费用、费率适用的依据;

(3) 材料费、机械费、人工费差价调整方法及依据;

(4) 审定造价组成的依据。

123.5　对审价鉴定报告的质证

律师可从以下几个方面对司法鉴定报告提出质证意见和异议:

(1) 审价鉴定的程序是否合法;

(2) 审价鉴定的范围;

(3) 审价鉴定的方法、程序及其依据;

(4) 施工图预算的工程量与竣工图工程量的差异及调整依据。

必要时可以根据《民事诉讼证据规则》第61条的规定,聘请具有造价咨询专业资格的人员出庭协助质证,对专门性问题进行说明。

123.6　申请重新鉴定

根据《最高人民法院关于民事诉讼证据的若干规定》第27、28条的规定,对鉴定报告可申请重新鉴定的有以下情况:

(1) 鉴定机构或鉴定人员不具备相关的鉴定资格的;

(2) 鉴定程序严重违法的;

(3) 鉴定结论明显依据不足的;

(4) 经过质证认定不能作为证据使用的其他情形;

(5) 一方当事人自行委托有关部门作出的鉴定结论,另一方当事人有证据足以反驳、推翻的。

对有缺陷的鉴定结论,可以通过补充鉴定、重新质证或者补充质证等方法解决的,不予重新鉴定。

第124条　建设工程质量的司法鉴定

124.1　质量鉴定的申请

涉及建设工程质量纠纷的诉讼或仲裁案件,如果当事人对造成工程质量的原因、损失程度存在争议,律师应向当事人建议法院或裁决机构提起工程质量鉴定申请,通过鉴定确定应承担工程质量的主体(建设单位、勘察单位、设计单位、施工单位、监理单位)、工程质量造成的损失程度、范围。

在工程质量缺陷的性质、严重程度和原因及其责任承担主体确定后,还应对质量缺陷的修复、加固方案及其费用进行鉴定。

上述两项鉴定申请可在举证期限内一并提出。

申请质量鉴定应在举证期限届满之前提出，律师要特别向当事人告知，不申请质量鉴定，有可能被法院或仲裁机构判定为举证不能而承担不利后果。

124.2　鉴定单位的选定

双方协商选定鉴定单位，协商不成的，由人民法院委托。

委托的鉴定单位必须具有建设工程或房屋质量检测资质。

对尚未通过竣工验收的建设工程发生质量争议的，按照《建设工程质量检测管理办法》第3、4条的规定，必须委托取得省、自治区、直辖市人民政府建设主管部门颁发的建设工程质量检测资质证明的检测机构进行鉴定。

对已经通过竣工验收，投入使用的建设工程发生质量争议的，按照《城市危险房屋管理规定》第6条的规定，必须委托市、县人民政府房地产行政主管部门设立的房屋安全鉴定机构进行鉴定。

对质量缺陷的修复、加固方案进行鉴定的，按照《建设工程勘查设计管理条例》第7条、第28条的规定，应委托原设计单位或者取得原设计单位书面同意后，委托有相应设计资质的设计单位进行。

对修复、加固方案所需费用进行鉴定的，应按照上节"建设工程价款的司法鉴定"的规定进行。

124.3　工程质量鉴定费用的预缴、对鉴定结论的质证以及重新提起鉴定等内容，可参考第123条"建设工程价款的司法鉴定"的相关内容。

第125条　建设工程工期的司法鉴定

125.1　工期鉴定的申请

涉及建设工程工期延期责任的诉讼或仲裁案件，由于建设工程施工周期长、施工工序繁、涉及主体多的特点，往往难以直接认定工期延期的责任承担主体，如果当事人对造成工程工期延期的原因、责任存在争议，律师应向当事人建议向法院或仲裁机构提出工期鉴定申请，通过鉴定确定工期延期的天数、延期的原因、责任承担主体及应承担的违约金、损失的数额。

125.2　鉴定单位的选定

双方协商选定鉴定单位，协商不成由人民法院委托。

目前法律、行政法规并未对工期鉴定机构的资质作出相关规定，但由于工期鉴定一般牵涉工期延期后应承担的违约金、损失赔偿的数额，故以委托具有工程造价咨询资质的机构进行鉴定为宜。

125.3　工期鉴定费用的预缴、对鉴定结论的质证以及重新提起鉴定等内容，可参考第123条"建设工程价款的司法鉴定"的相关内容。

第六章
其　他

第一节　律师尽职调查

第126条　一般规定

126.1　尽职调查的目的

本指引所称尽职调查是指建设工程项目进行前,一方委托律师事务所对相对方的企业性质、资质、信誉、履约能力以及有关资料、文件等从法律角度进行分析和判断,并出具法律意见书,以最大限度地减免风险的行为。

建设工程项目投资大、周期长、涉及面广,当事人有必要事先作好风险防范工作,对建设工程项目情况等方面进行充分的调查、了解。律师通过尽职调查可以为委托人提供项目及项目相对方的真实情况,对建设工程项目现存和潜在的法律风险作出法律上的判断,为委托人的决策提供依据,帮助委托人防范法律风险。

126.2　尽职调查的基本要求

律师在尽职调查中,应遵循独立性、完整性和客观性的工作态度,遵循勤勉尽责、诚实信用的原则,对要收集的事项应做到符合客观性、完整性和针对性的要求。

独立性,指律师进行尽职调查工作需要独立、亲自完成,不得委托他人或机构代为进行;完整性,指在调查中应尽可能地了解、掌握全部的相关事实,不得有重大遗漏;客观性,是指要保证调查到的是已经存在的事实,包括法律事件和法律行为,而不得作主观臆断。

保证事实的客观性、完整性和针对性,是律师在事实基础上做出法律判断的前提和基础,否则,可能会导致法律意见书缺乏准确性、完整性。

126.3　尽职调查的法律依据

126.3.1　律师进行调查的法律依据

《律师法》第35条第2款规定:"律师自行调查取证的,凭律师执业证书和律师事务所证明,可以向有关单位或者个人调查与承办法律事务有关的情况。"该规定明确赋予了律师在民事活动中的调查取证权,也是律师为委托人在建设工程项目中提供调查法律服务的基础。

126.3.2　政府部门有关信息调查的依据

《政府信息公开条例》、《土地登记资料公开查询办法》、《房屋权属登记信息查询暂行办法》、《企业登记档案资料查询办法》等。

126.4 尽职调查风险提示

126.4.1 尽职调查概念存在争议,一般是指企业改制过程中或拟上市企业在上市准备过程中,律师和会计师联合完成的,对企业的资产情况进行调查并出具法律意见的行为。而本操作指引所指的尽职调查由律师独立完成,故应在委托协议中写明尽职调查的范围内容,以避免对尽职调查概念产生争议。律师应当根据委托协议中写明的尽职调查的范围内容进行调查,并出具法律意见书。

126.4.2 律师进行尽职调查应当客观、全面、及时,坚持尽职调查的独立性和完整性,做到调查内容真实、准确。

律师应当尽力核实相关传真件、复印件、副本和节录本等文件是否与原件一致。律师对尽职调查中收集到的资料,应当从资料的来源、颁发的时间、内容、形式、资料之间的内在联系及资料要证明的事实等方面进行审查。对现有法律法规没明确规定的事项,或者律师虽经勤勉尽责仍不能对其法律性质或合法性作出准确判断的事项,或者经过合理努力仍不能核实的事项,律师应当出具保留意见或者明确予以说明。

如律师因严重失职给当事人造成损失的,将依法承担相应的赔偿责任。

第127条 律师为承包人进行尽职调查

127.1 对发包人本身调查

127.1.1 发包人法律主体地位的调查

律师应主要审查:发包人有无法人资格或者是否系依法成立的其他组织,是否属于独立的民事主体,是否项目的实际建设单位。

(1) 发包人是否是按照法律规定成立的法人组织,企业性质,有无法人章程和营业执照;发包人是否属于法人组织,是否属于法人组织下属分支机构,有无法人章程和营业执照;

(2) 发包人注册资本到位情况、主要财产状况和银行信用情况;

(3) 发包人股东对发包人经营、资本、财产的控制、影响情况。

律师还应注意发包人股权结构以及控股股东的情况,是否为国有或国有资金占主导地位,以及控股股东对发包人经营、资本、财产的控制、影响情况。

如发包人系建设单位的代建人,建设单位委托代建人负责项目的投资管理和建设组织实施工作,严格控制项目投资、质量和工期,在项目建成后交付给使用单位,我国法律法规对代建的规定仍处于空白状态,律师应主要审查发包人有无得到建设单位的授权,另外律师应对委托人、代建人和承包商三方之间的权利和义务进行审查。

实践中有些发包人单位为筹建处、指挥部等,对于此类发包人,应当查清单位是否已经合法成立,有无独立的财产,同时还应查清成立或开办该单位的组织。

127.1.2 对发包人开发资质的调查

房地产开发企业按照企业条件分为一、二、三、四共四个资质等级。《房地产开发企业资质管理规定》第18条规定,一级资质的房地产开发企业承担房地产项目的建设规模不受限制,可以在全国范围承揽房地产开发项目。二级资质及二级资质以下的房地产开发企业可以承担建筑面积 25 万平方米以下的开发建设项目,承担业务的具体范围由省、自治区、直辖市人民政府建设行政主管部门确定。各资质等级企业应当在规定的业务范围内从事房地产开发经营业务,不得越级承担任务。

127.1.3 对发包人诚信、履约能力等的相关调查

律师接受承包人的委托,通过对发包人的工商登记、诚信档案等的调查,掌握发包人的资质情况、资金实力等,应主要关注:

(1) 发包人是否具有项目开发或工程建设相应的资金来源及完成项目开发或支付工程价款的能力;

(2) 发包人是否通过最近一年的工商年检;

(3) 发包人近期是否存在过拖欠工程款、货款及其他债务等违约不诚信的情况;

(4) 发包人是否存有违反国家法律、法规并受相关行政管理部门处罚的情形,相关处罚有否构成项目开发或工程建设的实质障碍或重大影响;

(5) 其他应调查、证实的与委托事务相关的信息和事实。

127.2 对项目调查

127.2.1 项目调查的基本内容

律师通过对立项、规划、用地指标、土地使用证等情况的调查可以帮助委托人确定项目的真实性,帮助委托人预见项目开发过程中可能出现的风险,并采取相应的防范措施。

律师接受承包人的委托对项目进行调查,应主要关注:

(1) 立项——是否需要立项,如需要立项则查清项目是否获得了当地发改委的审批,是否已经准予立项,取得了相关的项目许可文件。

(2) 规划——查明是否已取得规划用地许可证,是否符合相关规划要求,如设计、环保、消防等要求;尤其要明确规划用地的面积、容积率等;是否取得用地指标。

(3) 土地使用证。查清土地是国有土地还是集体土地,如果是集体土地应查清是否获得土地管理部门批准,是否正在办理土地征用手续。

开发商获得土地方式:是划拨方式还是出让方式;实践中存在划拨土地进行商业开发的,应当查清是否已经获得有关部门批准,是否已补缴土地出让金。

出让取得土地的,查清土地用途是工业用地、住宅用地还是商业用地。

土地出让金是否已全部缴纳,取得了土地使用权证或持有使用土地的批准文件。

项目所在土地是否存在他项限制性权利,如有无在建工程抵押情形,抵押资金的使用情况等事实。

(4) 查明该项目是否取得建筑工程规划许可证、建设工程施工许可证。

(5) 发包人项目是否是必须招标项目,《招标投标法》第 3 条及《工程建设项目投标范围和规模标准规定》中对必须招投标的范围有明确的约定;必须招标的是否属于必须公开招标。

（6）发包人项目已开始建设的，项目建设的形象进度，承包人再行进场是否存在困难或障碍。

（7）其他应调查、证实的与委托事务相关的信息和事实。

127.2.2　对"烂尾楼"工程项目的调查

（1）项目是否已经取得商品房预售许可及实际预售备案情况；

（2）项目是否存在查封抵押等限制性权利；

（3）项目上存在的债权债务结构；

（4）与原工程承包人的合同是否已经终止，工程款是否付清，是否撤场。如果是招投标的，是否已经在当地招投标主管部门办理注销手续。

127.2.3　对必须招投标项目的调查

如果是必须招标的项目，则查明招标条件是否满足：

（1）按照国家有关规定需要履行项目审批手续的，已经履行审批手续；

（2）工程资金或者资金来源已经落实；

（3）施工招标的，应有满足需要的设计文件及其他技术资料；

（4）法律、法规、规章规定的其他条件。

127.3　律师为承包人对发包人进行调查应特别注意的问题

律师调查发包人或项目时，应对发包人和项目进行全方位的了解，重点调查和核实发包人的主体资格、资质、资金实力、信誉情况、公司内部的管理状况以及项目土地、规划审批情况，一方面避免相关合同因违反国家强制性规定而无效，另一方面通过对发包人的履约能力及项目合法性调查确保能够收回工程款。

127.4　律师为承包人对发包人进行调查的风险提示

律师进行尽职调查前一定要得到承包人的书面许可，必要时签订单独的尽职调查协议，同时明确尽职调查的范围及内容。实践中，一些承包人为了能顺利中标或承接该项目考虑，并不希望进行尽职调查或是不希望发包人知晓其委托律师进行尽职调查。

律师查明房产开发企业注册资金未按法律规定到位、不具备相应资质，或者实际条件与资质不符的，应慎重对待此项目，避免风险。如果因发包人无开发资质或其资质与项目不符合法律要求，无立项、规划不符合要求、无用地指标、未缴清土地出让金或者划拨土地未办理出让手续等，应向委托人提出，律师未尽到告知义务的，需向委托人承担赔偿责任。

第128条　律师为发包人对承包人进行尽职调查

128.1　施工合同相对方的尽职调查

128.1.1　承包人企业性质调查

承包人是否有法人资格或者是否系依法成立的其他组织，是否属于独立的民事主体。

128.1.2 承包人资质的调查

建筑业企业资质分为施工总承包、专业承包和劳务分包三个序列。

取得施工总承包资质的企业(以下简称施工总承包企业),可以承接施工总承包工程。施工总承包企业可以对所承接的施工总承包工程内各专业工程全部自行施工,也可以将专业工程或劳务作业依法分包给具有相应资质的专业承包企业或劳务分包企业。

取得专业承包资质的企业(以下简称专业承包企业),可以承接施工总承包企业分包的专业工程和建设单位依法发包的专业工程。专业承包企业可以对所承接的专业工程全部自行施工,也可以将劳务作业依法分包给具有相应资质的劳务分包企业。

取得劳务分包资质的企业(以下简称劳务分包企业),可以承接施工总承包企业或专业承包企业分包的劳务作业。

律师应当注意审查承包人资质证书所许可的业务范围与其承包或分包的工程业务是否一致。

(一)房屋建筑工程施工总承包企业资质分为特级、一级、二级、三级。

(1)特级资质标准:

① 企业注册资本金3亿元以上。

② 企业净资产3.6亿元以上。

③ 企业近3年年平均工程结算收入15亿元以上。

④ 企业其他条件均达到一级资质标准。

(2)一级资质标准:

① 企业近5年承担过下列6项中的4项以上工程的施工总承包或主体工程承包,工程质量合格。

A. 25层以上的房屋建筑工程;

B. 高度100米以上的构筑物或建筑物;

C. 单体建筑面积3万平方米以上的房屋建筑工程;

D. 单跨跨度30米以上的房屋建筑工程;

E. 建筑面积10万平方米以上的住宅小区或建筑群体;

F. 单项建安合同额1亿元以上的房屋建筑工程。

② 企业经理具有10年以上从事工程管理工作经历或具有高级职称;总工程师具有10年以上从事建筑施工技术管理工作经历并具有本专业高级职称;总会计师具有高级会计职称;总经济师具有高级职称。

企业有职称的工程技术和经济管理人员不少于300人,其中工程技术人员不少于200人;工程技术人员中,具有高级职称的人员不少于10人,具有中级职称的人员不少于60人。企业具有的一级资质项目经理不少于12人。

③ 企业注册资本金5000万元以上，企业净资产6000万元以上。

④ 企业近3年最高年工程结算收入2亿元以上。

⑤ 企业具有与承包工程范围相适应的施工机械和质量检测设备。

（3）二级资质标准：

① 企业近5年承担过下列6项中的4项以上工程的施工总承包或主体工程承包，工程质量合格。

　　A. 12层以上的房屋建筑工程；

　　B. 高度50米以上的构筑物或建筑物；

　　C. 单体建筑面积1万平方米以上的房屋建筑工程；

　　D. 单跨跨度21米以上的房屋建筑工程；

　　E. 建筑面积5万平方米以上的住宅小区或建筑群体；

　　F. 单项建安合同额3000万元以上的房屋建筑工程。

② 企业经理具有8年以上从事工程管理工作经历或具有中级以上职称；技术负责人具有8年以上从事建筑施工技术管理工作经历并具有本专业高级职称；财务负责人具有中级以上会计职称。

企业有职称的工程技术和经济管理人员不少于150人，其中工程技术人员不少于100人；工程技术人员中具有高级职称的人员不少于2人，具有中级职称的人员不少于20人。

企业具有的二级资质以上项目经理不少于12人。

③ 企业注册资本金2000万元以上企业净资产2500万元以上。

④ 企业近3年最高年工程结算收入8000万元以上。

⑤ 企业具有与承包工程范围相适应的施工机械和质量检测设备。

（4）三级资质标准：

① 企业近5年承担过下列5项中的3项以上工程的施工总承包或主体工程承包，工程质量合格。

　　A. 6层以上的房屋建筑工程；

　　B. 高度25米以上的构筑物或建筑物；

　　C. 单体建筑面积5000平方米以上的房屋建筑工程；

　　D. 单跨跨度15米以上的房屋建筑工程；

　　E. 单项建安合同额500万元以上的房屋建筑工程。

② 企业经理具有5年以上从事工程管理工作经历；技术负责人具有5年以上从事建筑施工技术管理工作经历并具有本专业中级以上职称；财务负责人具有初级以上会计职称；企业有职称的工程技术和经济管理人员不少于50人，其中工程技术人员不少于30人；工程技术人员中，具有中级以上职称的人员不少于10人。

企业具有的三级资质以上项目经理不少于10人。

③ 企业注册资本金 600 万元以上,企业净资产 700 万元以上。

④ 企业近 3 年最高年工程结算收入 2400 万元以上。

⑤ 企业具有与承包工程范围相适应的施工机械和质量检测设备。

(二)承包工程范围:

(1)特级企业:可承担各类房屋建筑工程的施工。

(2)一级企业:可承担单项建安合同额不超过企业注册资本金 5 倍的下列房屋建筑工程的施工:

① 40 层及以下、各类跨度的房屋建筑工程;

② 高度 240 米及以下的构筑物;

③ 建筑面积 20 万平方米及以下的住宅小区或建筑群体。

(3)二级企业:可承担单项建安合同额不超过企业注册资本金 5 倍的下列房屋建筑工程的施工:

① 28 层及以下、单跨跨度 36 米及以下的房屋建筑工程;

② 高度 120 米及以下的构筑物;

③ 建筑面积 12 万平方米及以下的住宅小区或建筑群体。

(3)三级企业:可承担单项建安合同额不超过企业注册资本金 5 倍的下列房屋建筑工程的施工:

① 14 层及以下、单跨跨度 24 米及以下的房屋建筑工程;

② 高度 70 米及以下的构筑物;

③ 建筑面积 6 万平方米及以下的住宅小区或建筑群体。

128.1.3 对发包人诚信、履约能力等的相关调查

(1)承包人是否具有满足发包人要求的垫资能力;

(2)承包人承担其他工程的履约情况和诚信情况,是否存在不良信誉等情形,包括是否被列入拖欠民工工资企业名单等;

(3)其他应调查、证实的与委托事务相关的信息和事实。

128.1.4 律师服务时应特别注意的问题

(1)律师调查承包人时,应重点关注承包人是否具有合法主体资格和相应的资质,特别是注册资金与资质的关系,以及注册资金和承接业务的比例,全面考察承包人是否具有和发包人项目或建设工程规模相一致的履约能力和垫资实力。

(2)对于挂靠于建筑施工企业的单位或个人,由于其隐蔽性较好,要认清挂靠关系,律师在提供服务进行调查时,可以从承包人与承包单位的工资、人事关系等方面进行充分的调查,避免挂靠人不合法的情形,以降低风险。

(3)律师应根据委托人具体的委托事务确定调查目的、调查对象和调查范围,并最终根据调查结果出具书面的尽职调查报告,以满足委托人决策需要。

(4)律师应勤勉尽责,对相关调查信息和事实的完整性、真实性与合法性等问题

进行谨慎的法律研究和咨询,并在审阅相关的调查文件时最大限度地甄别、排除虚假事实,尽可能再现被隐瞒或被忽视的事实。

(5)律师应当在尽职调查前及调查过程中制作必要的工作底稿。工作底稿应当真实、完整、记录清晰并适宜长期保存。形成完备的工作底稿是考核律师尽职调查工作的一项核心内容,工作底稿的制作不仅是律师工作过程的完整体现,同时也是防范律师执业风险的重要手段。

128.2 勘察、设计、监理合同相对方的尽职调查

128.2.1 一般注意事项

从事工程勘察、设计、监理业务的企业应具备相应的资质条件,只能从事在其允许的资质条件范围内的相应业务。

128.2.2 勘察、设计企业资质

《建设工程勘察设计资质管理规定》明确规定工程勘察资质分为工程勘察综合资质、工程勘察专业资质、工程勘察劳务资质。

工程勘察综合资质只设甲级;工程勘察专业资质设甲级、乙级,根据工程性质和技术特点,部分专业可以设丙级;工程勘察劳务资质不分等级。

取得工程勘察综合资质的企业,可以承接各专业(海洋工程勘察除外)、各等级工程勘察业务;取得工程勘察专业资质的企业,可以承接相应等级、相应专业的工程勘察业务;取得工程勘察劳务资质的企业,可以承接岩土工程治理、工程钻探、凿井等工程勘察劳务业务。

工程设计资质分为工程设计综合资质、工程设计行业资质、工程设计专业资质和工程设计专项资质。工程设计综合资质只设甲级;工程设计行业资质、工程设计专业资质、工程设计专项资质设甲级、乙级。根据工程性质和技术特点,个别行业、专业、专项资质可以设丙级,建筑工程专业资质可以设丁级。

取得工程设计综合资质的企业,可以承接各行业、各等级的建设工程设计业务;取得工程设计行业资质的企业,可以承接相应行业、相应等级的工程设计业务及本行业范围内同级别的相应专业、专项(设计施工一体化资质除外)工程设计业务;取得工程设计专业资质的企业,可以承接本专业相应等级的专业工程设计业务及同级别的相应专项工程设计业务(设计施工一体化资质除外);取得工程设计专项资质的企业,可以承接本专项相应等级的专项工程设计业务。

128.2.3 外国设计企业在我国境内从事工程设计活动

外国设计企业是指在中华人民共和国境外注册登记的、从事建设工程设计活动的企业。外国设计企业在中国境内承接建设工程设计,必须选择至少一家持有相应设计资质的中方设计企业进行中外合作设计,且在所选择的中方设计企业资质许可的范围内承接设计业务。

128.2.4 监理企业资质

《工程监理企业资质管理规定》明确规定,工程监理企业资质相应许可的业务范围如下:

(1)综合资质:可以承担所有专业工程类别建设工程项目的工程监理业务。

(2)专业资质:

① 专业甲级资质:可承担相应专业工程类别建设工程项目的工程监理业务。

② 专业乙级资质:可承担相应专业工程类别二级以下(含二级)建设工程项目的工程监理业务。

③ 专业丙级资质:可承担相应专业工程类别三级建设工程项目的工程监理业务。

(3)事务所资质:可承担三级建设工程项目的工程监理业务,但是,国家规定必须实行强制监理的工程除外。

128.2.5 律师对建设工程勘察、设计、监理企业进行调查应主要关注:

(1)承包人是否是按照法律规定成立的法人组织,有无法人章程和营业执照;

(2)承包人是否具有相应的资质条件以及承担的勘察、设计、监理、咨询任务是否在其资质证书批准内容的范围之内;查明设计单位所设计的工程图等是否符合国家的强制性规范,是否切实可行;

(3)承包人承担其他工程的履约情况和诚信情况;

(4)承包人所指派的从业人员是否取得了相应的从业资格,配备的技术、管理人员是否齐备;

(5)注意在《行政许可法》施行后,建设部已对年检不做强制性要求,因此,提供法律服务时,不能再以未经年检为由而认定该企业无资质;

(6)其他应调查、证实的与委托事务相关的信息和事实。

第129条 合同相对方为施工总承包人、联合体的尽职调查

129.1 对施工总承包人的调查

施工总承包人在工程总包合同中为承包人,在非主体工程的分包合同中为分包人。律师应结合本指引第128条和第129条,依施工总承包人不同的法律地位予以审查,同时还应注意:

(1)施工总承包人作为非主体工程的专业分包合同发包人时,施工总承包人分包工程除总承包合同有约定外,应得到建设单位同意。

(2)施工总承包人作为劳务分包合同发包人时,施工总承包人分包劳务工程无需合同约定或建设单位同意。

129.2 对联合体的尽职调查

根据联合体的地位是发包人还是承包人,律师应按发包人或承包人尽职调查的要求和内容对联合体各方进行审查。律师审查联合体时应注意:

(1)联合体作为承包人时,联合体各方的资质都必须符合建设单位的要求,且两

个以上不同资质等级的单位实行联合共同承包的,应当按照资质等级低的单位的业务许可范围承揽工程。联合体各方应当共同与业主方签订委托项目管理合同,对委托项目管理合同的履行承担连带责任。

(2) 联合体作为发包人时,联合体作为发包人的资格根据联合体处于工程总承包人还是施工总承包人地位而有所不同,但联合体作为发包人签订合同时应当由联合体各方或者授权其中某一方签订;授权某一方签订时,律师应当审查相关授权的真实性。

第二节 建设工程价款优先受偿权

第 130 条 工程价款优先权的法律依据

承包人行使工程价款优先受偿权的法律依据是《合同法》第 286 条和最高人民法院《关于建设工程价款优先受偿权问题的批复》(法释〔2002〕16 号)。

第 131 条 工程价款优先受偿权的形成

《合同法》第 286 条规定,承包人按约定履行了施工合同义务后,发包人未按照约定支付价款的,承包人可以催告发包人在合理期限内支付价款。发包人逾期不支付的,承包人的工程价款优先受偿权即告形成,即除按照建设工程的性质不宜折价、拍卖的以外,承包人可以与发包人协议将该工程折价,也可以申请人民法院将该工程依法拍卖。建设工程的价款就该工程折价或者拍卖的价款优先受偿。

对此项被称为对物的处分权的工程价款优先受偿权的理解,律师要注意:承包人依约履行合同义务主要是工程已经竣工并已通过质量验收,且承包人已按合同约定在验收通过后的约定期限内向发包人提交了竣工结算书和全部竣工资料。

第 132 条 行使工程价款优先受偿权的范围和时限

按司法解释的规定,具有优先受偿权的建筑工程价款包括承包人为建设工程应当支付的工作人员报酬、材料款等实际支出的费用,不包括承包人因发包人违约所造成的损失。因此,对优先受偿权的范围可理解为除违约责任之外的全部工程成本的价款。

建设工程承包人行使优先权的期限为六个月,自建设工程竣工之日或者建设工程合同约定的竣工之日起计算。超过六个月的期限,工程价款优先受偿权一般即丧失。

第 133 条 行使工程价款优先受偿权的方式

(1) 折价。即承包人与发包人自行协商将工程折价变卖,承包人的工程价款从折价变卖款中优先受偿。这种折价方式也应包括承包人与发包人平等自愿协商将部分或全部工程折价归承包人所有、还包括折价的计价方法是按工程成本价折取建筑面积,还是以市场销售价折取建筑面积。

(2) 拍卖。在承包人按约定履行施工合同义务后,发包人不支付工程价款,承包人可直接、也可在与发包人协商折价不成后,申请人民法院将该工程依法拍卖,要求承包人的工程价款从拍卖款中优先受偿。法条本身并未规定向法院的哪一个部门提出依法拍卖,操作实践中可先向执行庭提出申请,如执行庭需要公示或者需要审判庭先作出裁定的,则应按执行庭的要求进行。

法条规定建设工程的性质不宜折价、拍卖的,主要指建设工程用于国防、军事等对国民生计有重要影响的公益性用途的建筑物,不能折价或拍卖,但律师对此可通过发包人的行政上级单位协调解决。

第 134 条 工程价款优先受偿权与作为开发商的发包人的银行抵押贷款和预售房屋之间的关系

按司法解释的规定,建筑工程承包人的工程价款优先受偿权优于发包人的银行抵押权和其他债权。不论抵押权设定在前或在后,工程价款受偿均优先于抵押权。

但消费者支付购买商品房的全部或者大部分款项后,承包人就该商品房享有的工程价款优先受偿权不得对抗买受人。支付大部分款项是指已支付总房款的 50%以上。

第 135 条 垫资有效对行使工程价款优先受偿权的影响

根据最高人民法院《关于审理建设工程施工合同纠纷案件适用法律若干问题的解释》第 6 条的规定,垫资原则上按有效处理。

垫资款的本质属于工程价款的范畴,因此垫资款应该属于优先受偿的范围。律师在提供相应法律服务时应明确提示承包人:(1) 若要就垫资款行使优先受偿权,对于垫资款的归还时间就不能约定在竣工六个月以后;(2) 应当视案件情况及时行使工程价款优先受偿权。

第三节 FIDIC 合同条件

第 136 条 FIDIC 合同条件简介

136.1 FIDIC 与 FIDIC 合同条件

FIDIC 是"国际咨询工程师联合会"的法文缩写,该组织拟定的一系列与建筑工程相关的标准合同文本被称为 FIDIC 合同条件。FIDIC 自 1957 年以来,先后发布了多个版本合同。1999 年,FIDIC 重新编排并发布了:《施工合同条件》(俗称红皮书,下文红皮书专指 1999 年版红皮书)、《永久设备与设计——建造合同条件》(俗称黄皮书)、《EPC 交钥匙项目合同条件》(俗称银皮书)、《简明合同格式》(俗称绿皮书)。

其中,红皮书主要适用建设工程,最负盛名,先后得到欧洲、亚洲、美国等承包商协会认可和批准,为世界银行、亚洲银行全文采用。本指引对 FIDIC 合同条件的介绍也以红皮书文本为基础。

136.2 FIDIC 合同条件的主要特点

我国出台的施工合同的版本合同分别参照、等效甚至等同采用了红皮书的模式。红皮书主要特点在于：发包人负责大部分设计工作；承包人负责施工，也可能承担小部分设计工作；发包人雇佣工程师进行项目管理；单价固定，以实测工程量计价；发包人承担有经验的承包人不可能预见和控制的风险以外的风险。

第 137 条　FIDIC 合同条件的主要内容

137.1 工程师机制

红皮书规定，工程师可以是自然人，也可以是法人。1999 年版红皮书改变了工程师为"独立的一方"、"应行为无偏"的角色定位，将其纳入发包人。

首先，工程师是发包人的代理人。代表发包人管理工程，其权利来源于发包人的委托，体现在专用条件以及红皮书通用条件 3.1 至 3.5 条中。

其次，工程师是证明人。工程师向发包人签发期中付款证书、最终付款证书、接收证书、履约证书等，起到一定的证明作用。对发包人而言，工程师一旦被任命，便不得就其权利行使施以干扰；对承包人而言，工程师是其"唯一命令源"，承包人可以抗辩发包人关于施工方面的直接指令和要求。

发包人任命的工程师应当具备相应的资质。由于我国的监理制度与红皮书工程师机制大致相当，因此，工程师的任命应当符合我国《建筑法》等关于监理资质等级的要求。

工程师权限远大于我国的监理单位的权限，贯穿于进度控制、质量控制、成本控制、合同管理等各方面。工程师还拥有决定权，即"临时裁判权"。对于某些事项，如果发包人与承包人不能达成一致意见的，工程师可以结合实际，依据合同，公平做出"决定"，在提交争端裁决委员会之前，双方均应当遵照"决定"执行。但是，工程师无权"更改"合同。工程师的"任何批准、检查、证书、同意、通知、建议、检验、指令和要求"等不免除承包人的义务。如果工程师的要求和指令等超出合同范围，承包人有权提出索赔。

137.2 工程预付款机制

137.2.1 工程动员预付款

工程动员预付款是发包人向承包人提供的无息借款。该借贷行为虽发生于企业之间，但是，因其不收取利息，不谋取非法利益，未违反法律、行政法规的强制性规定，所以动员预付款条款有效。

由于动员预付款系借款，故承包人应返还借款，红皮书规定"发包人可从进度款中抵扣预付款"，这里的"抵扣"实为债务抵销。

137.2.2 材料预付款

材料预付款与我国"备料款"的法律性质、用途、支付及返还等大致相当，是工程款的一部分，是先行支付的工程款。

137.3 工程保留金机制

工程保留金是发包人为了防止付超工程进度款,担保承包人恰当履约,而从每期进度款中扣留的款项。

按照惯例,发包人从每期进度款中扣留应付款额的10%,最多扣至工程总款额的5%作为保留金。

一般情况下,保留金于工程接收证书签发日后返还50%,缺陷通知期届满后返还50%。

137.4 竣工及结算程序

137.4.1 竣工检验

工程完工后,承包人应当提交竣工资料,提前21天申请竣工检验。如果由于发包人原因迟延检验,承包人有两种选择:其一,自行组织竣工检验,结果视为被认可;其二,消极等待至第14天,则视为发包人已接受了工程,但此种情形并不免除承包人继续检验的义务,如果由于承包人原因迟延检验,自工程师发出通知之日起21日,发包人可自行检验,结果视为被认可。

137.4.2 发包人的接收

竣工验收通过后,承包人应提前14日向工程师申请接收证书。

工程师应于收到承包人申请后21日答复,否则,视为接收证书已签发。

如果签发接收证书前发包人已使用工程,则视为接收工程,承包人不再承担照管工程的责任。

137.4.3 承包人提交竣工报表

工程验收以后84日内,承包人应向工程师提交工程竣工报表,列明已完工程的价值及尚欠款额等。竣工报表如果漏项,发包人不予补正。

137.4.4 工程师签发履约证书

工程师应于最后一个缺陷通知期届满后28日内签发履约证书。但是,如果承包人未提交承包人文件、未完成扫尾工程或者没有修复全部缺陷,工程师有权拒绝签发履约证书。

137.4.5 承包人提交最终报表草案

收到履约证书56日内,承包人应当向工程师提交最终报表草案,列明工程总价款及发包人尚欠工程款额。

137.4.6 承包人提交最终报表及结清单

如果工程师对最终报表草案审核无异议,承包人应提交最终报表和结清单。最终报表是最终结算依据,如果漏项,发包人不承担支付责任。结清单用以确认最终报表总额为发包人应支付给承包人的全部款额。

137.4.7 工程师签发最终支付证书

收到最终报表和结清单后28日内,工程师应当签发最终支付证书。

137.4.8 发包人支付工程结算款

红皮书关于工程结算款的规定不同于我国的现行做法。我国现行做法是工程验收即支付工程结算款,承包人的保修责任以保修金担保和支付。而红皮书规定,工程竣工检验和接收后,发包人只支付工程进度款,只有缺陷责任通知期届满,颁发履约证书后,发包人才支付工程结算款。

137.5 合同价格的调整机制

由于红皮书采用清单报价,单价包死,所以这里的合同价格主要指工程单价。如果出现以下情况,合同单价可以调整。

(1) 因法律变动的调整

基准日之后,工程所在国的法律变动致使承包人成本和工期变动,属于风险,应由发包人承担。承包人可索赔工期和费用,合同价格应予调整。

(2) 因成本改变的调整

基准日后,人工、材料、机械等的价格出现波动,应根据调价公式调整中标合同价格。此款说明成本波动的风险应由发包人承担。

(3) 因工程量巨大变化导致的调整

如果工程量变化,满足以下四个条件,则可以调整单价:第一,某项工作变动的数量超过10%;第二,变化的工程量相对应的造价超过总价的0.01%;第三,由于工程量变动导致单位成本变动超过1%;第四,该项工作在合同中非"固定单价"项。

137.6 合同终止机制

红皮书确定的合同终止的情形为:

(1) 承包人违约,发包人终止合同(见红皮书第15.2条)。

(2) 发包人可自由终止合同(见红皮书第15.5条)。除了企图自行或雇佣其他承包人实施工程,出于自身利益考虑,发包人可随时终止合同。

(3) 因发包人违约,承包人终止合同(见红皮书第16.2条)。

(4) 发生某些不可抗力事件超过一定天数,发包人和承包人均可终止合同(见红皮书第16.9条)。

合同终止的法律后果:

(1) 因承包人违约导致合同终止,发包人有权索赔并将承包人的设备、临时工程等变卖以弥补损失。

(2) 如果因为发包人违约导致合同终止,则承包人除可索赔成本和直接损失以外,还有权索赔利润。

(3) 如果因为不可抗力(自然灾害除外)或发包人行使自由终止合同的权利导致合同终止,则承包人只能按照红皮书第19.6条的规定获得成本和直接损失的赔偿。

(4) 与我国的示范文本不同,红皮书没有赋予承包人留置工程的权利。

红皮书一旦作为合同版本被发包人和承包人所采用,则成为发包人和承包人的意思表示,那么,红皮书规定的合同终止的权利就成为约定解除权,符合我国《合同法》第93条关于约定解除权的规定。如果以我国法律为准据法,则在红皮书规定的情形之外,发包人或承包人还可按照合同法的其他相关规定解除合同。解除合同的程序和法律后果优先适用发包人和承包人的约定(红皮书),如果没有约定或约定不明,适用我国《合同法》第96条、第97条的相关规定。

137.7 索赔机制

索赔是指红皮书的履行状态与签订状态不一致时,发包人或承包人享有获取补偿或赔偿权利的制度。索赔分为经济索赔和工期索赔。

索赔主要是指承包人索赔,具体程序如下:

(1) 承包人应于知道或应当知道索赔事件发生后28日内向工程师发出索赔通知。承包人逾期发出通知,则"失去一切索赔权利"。

(2) 承包人应当保持必要同期记录,搜集相关证据。

(3) 承包人应于索赔事件结束后28日内,提交完整的索赔报告。

(4) 工程师应于收到索赔报告后42日内予以答复。但红皮书没有对工程师迟延答复的法律后果进行规定。我国的示范合同则对发包人迟延答复的法律后果规定为"如果发包人未在28日内答复,视为认可该项索赔"。

137.8 争端处理机制

红皮书履行过程中,如果双方发生争议,工程师根据3.5款之规定"决定"处理,如果一方不服决定可提交争端裁决委员会处理。

争端裁决委员会一般由三人组成,双方各提名一位成员,供对方批准,再协商确定第三位,作为主席。如果双方在规定的时间内未能任命争端裁决委员会成员或未能就主席人选达成一致,则由投标书附录中的机构负责任命。争端裁决委员会应于84日内作出裁决,如果某一方不认可裁决,则应于28日内提出异议,否则视为认可,裁决为终局裁决,对其产生约束力。如果不执行争端裁决委员会终局裁决,另一方可将"不执行该决定事件本身"提交仲裁。

如果争端裁决委员会的裁决未能成为终局裁决,则双方可友好协商解决争端,协商不成,可以依据仲裁条款申请仲裁委员会仲裁或直接向人民法院起诉。争端裁决委员会的裁决不是仲裁或起诉的前置程序。

工程师的决定、争端裁决委员会的裁决或仲裁委员会仲裁不影响双方继续履行合同义务。

第138条 《建筑法》强制性规定对红皮书效力的影响

138.1 承包人资质管理制度对于红皮书效力的影响

不管是国内承包人还是国外承包人,在我国承揽工程必须具备相应的资质,无资质、超越资质、借用资质承揽工程,即使当事人选择了红皮书,也将被确认无效。

138.2 禁止转包和违法分包的规定与红皮书分包条款的适用

红皮书4.4条规定,承包人不得将整个工程"分包"出去。虽表述成"分包",但其内涵等同我国的转包。可见,红皮书与我国法律一样均禁止转包行为。

红皮书禁止未经工程师同意的分包行为,并不禁止承包人将工程分包给无资质的分包商的行为、承包人将主要结构的施工分包给分包商的行为以及分包商再分包的行为。后三种行为为我国法律所禁止,因此,即使合同当事人选择了红皮书,也将被确认无效。

138.3 保修制度对于红皮书效力的影响

红皮书规定的缺陷责任通知期机制与我国的保修制度大致相当。缺陷责任通知期自竣工日起算一年,而保修期则分别为两年、五年、设计使用年限。由于缺陷责任是红皮书内容,是约定责任,而保修责任来源于法律的规定,是法定责任,所以即使合同当事人选择了红皮书,约定了缺陷责任及缺陷责任通知期,也不能排除保修责任及保修期的适用。

138.4 施工许可证制度对于红皮书效力的影响

虽然施工许可制度是强制性规定,但只是一种取缔性规定,而非效力规定,所以,施工许可证取得与否并不影响工期的起算,也不影响红皮书的效力。如果由于没有施工许可证延误了工期,承包人可通过索赔程序主张权利。

第七章
附　　则

第139条 律师在建设工程法律服务中可出具的法律文件

律师可以为建设工程项目的招投标文件、合同文本提供咨询、审查、修改、制作相关法律文件、出具法律咨询意见书、提供阶段过程法律服务或全过程法律服务等。律师也可担任评标委员会成员。

第140条 律师从事建设工程法律服务的风险防范

建设工程法律服务是一项专业性强、涉及标的巨大的专项服务。参与服务的律师应当经过专业培训并具备相应的专业法律知识和行业知识。根据《律师法》的规定,律师应当对在建设工程招投标活动中提供的法律服务承担相应的民事责任。同时,建设工程涉及标的巨大这一特点,决定了一旦律师由于工作失误而提供了错误的法律意见,给当事人造成的损失会十分巨大,律师承担的民事责任亦相应重大。因此,建议参与建设工程法律服务的律师所在的单位,应当投保律师执业责任险,使律师的民事责任的承担落到实处,也使当事人能放心地聘请律师参与招投标活动。

第141条 本指引是根据2009年6月20日前国家颁布的法律、行政法规、规章、司法解释及其他相关文件的规定,结合当前律师办理建设工程实务操作制订的。若国家的法律法规及规范性文件发生变化,应以新的法律法规及规范性文件为依据。

(本指引由全国律协民事专业委员会负责起草,主要执笔人:李旺荣、曹珊、徐燕春、程惠英、曹文衔、丁继旺、林镕海)

中华全国律师协会
律师为买受人提供商品房买卖合同法律服务操作指引

目 录

总 则 / 352

第一编 律师为买受人提供商品房买卖合同非诉讼法律服务的操作指引 / 354

第一章 商品房买卖合同订立前的法律服务 / 354
  第一节 商品房买卖合同订立前的审核与调查 / 354
  第二节 商品房销售广告——要约与要约邀请 / 358
  第三节 商品房买卖合同的认购书与定金 / 360

第二章 商品房买卖合同的签订、成立、生效、登记与备案 / 364
  第一节 合同对商品房基本情况的约定 / 364
  第二节 合同对商品房面积和价格的约定 / 367
  第三节 合同对业主的建筑物区分所有权的相关约定 / 369
  第四节 合同对质量标准与维修的约定 / 371
  第五节 合同对精装修标准与样板房的约定 / 373
  第六节 合同对付款方式与付款期限的约定 / 374
  第七节 合同对设计变更与规划变更的约定 / 375
  第八节 合同对商品房交付条件、交付程序及权属登记的约定 / 376
  第九节 合同对违约责任的约定 / 378
  第十节 合同对争议解决的约定 / 379
  第十一节 商品房买卖合同的成立、生效、登记与备案 / 381

第三章 商品房买卖合同的无效情形 / 383

第四章 商品房买卖合同的履行、变更、转让、解除、终止 / 386
  第一节 商品房买卖合同的履行 / 386
  第二节 商品房买卖合同的变更 / 389
  第三节 商品房买卖合同的转让 / 392
  第四节 商品房买卖合同的解除 / 393
  第五节 商品房买卖合同的终止 / 397

第五章　律师提供法律服务时不同 / 398

第六章　商品房买卖合同中的按揭 / 400

第七章　商品房交付时间、交接(交付程序)与初始登记 / 411
  第一节　商品房交付时间 / 411
  第二节　商品房交接(交付程序) / 412
  第三节　买受人房屋所有权证(小产权证)的办理与取得 / 415
  第四节　物权取得风险(商铺、住宅与建设工程优先受偿) / 416

第八章　诉讼、仲裁前的调解 / 418

第九章　律师为买受人提供非诉讼法律服务时自身风险的防范及相关内容 / 420
  第一节　律师与委托方签订、履行委托协议及相关内容 / 420
  第二节　律师为委托方提供法律服务时的操作程序 / 425
  第三节　律师为买受人提供法律服务的基本模式及内容 / 426
  第四节　律师执业风险提示 / 428

第二编　律师为买受人提供商品房买卖合同诉讼法律服务的操作指引 / 429

第一章　诉讼与仲裁的一般规定 / 429
  第一节　诉讼 / 429
  第二节　仲裁 / 441

第二章　商品房买卖合同纠纷的类型 / 446
  第一节　商品房买卖合同订立前的纠纷及其处理 / 446
  第二节　商品房买卖合同签订与成立时的纠纷及其处理 / 451
  第三节　商品房买卖合同效力的纠纷及其处理 / 463
  第四节　商品房买卖合同履行、变更、转让、解除、终止中的纠纷及处理 / 469
  第五节　商品房交付与买受人房屋所有权证(小产权证)取得的纠纷及其处理 / 473
  第六节　不同类型商品房的纠纷及处理 / 475
  第七节　商品房买卖合同中按揭纠纷及其处理 / 478

第三章　律师提供商品房买卖合同诉讼法律服务的执业风险提示及相关内容 / 482
  第一节　诉讼委托合同的签订 / 482
  第二节　律师的执业风险提示 / 483

附　则 / 486

总　　则

第 1 条　制订目的

为更好地维护商品房买卖合同法律服务委托人的合法权益,提高律师办理商品房买卖合同法律服务的质量和水平,指导全国律师办理有关商品房买卖合同的非诉讼和诉讼法律服务,中华全国律师协会民事业务委员会,在总结律师为买受人提供商品房买卖合同法律服务经验的基础上,制定本操作指引。

第 2 条　适用范围

本操作指引适用于律师在中华人民共和国境内从事商品房买卖合同的非诉讼和诉讼法律服务。

本操作指引所称的商品房买卖合同,是指房地产开发企业将尚未建成或者已竣工的房屋向社会销售并转移房屋所有权于买受人,由买受人支付价款的合同。商品房在我国具有独特的含义,专指由房地产开发企业为获取商业利润而进行开发建设、向不特定的社会公众销售的房屋,不包括公房改制出售给个人的房屋(即房改房)和经济适用房(包括安居工程住房和集资合作建设的住房)。

本操作指引不涉及已经取得《房屋所有权证》和《国有土地使用权证》,并可在房屋二级市场交易的各类房屋(包括自建私有房、已购公有房、经济适用房、集资房、单位自有房和已购商品房)的再转让。对此类房屋的交易行为,另行制定专项的操作指引。

本操作指引适用于律师为买受人提供商品房买卖合同法律服务。

第 3 条　法律依据

本操作指引涉及的主要法律依据为:

法律类:《中华人民共和国民法通则》(以下简称《民法通则》)、《中华人民共和国合同法》(以下简称《合同法》)、《中华人民共和国物权法》(以下简称《物权法》)、《中华人民共和国城市房地产管理法》(以下简称《城市房地产管理法》)、《中华人民共和国土地管理法》(以下简称《土地管理法》)、《中华人民共和国城乡规划法》(以下简称《城乡规划法》)等;

行政法规类:《城市房地产开发经营管理条例》等;

部门规章类:建设部《城市房地产抵押管理办法》、《城市商品房预售管理办法》、《商品房销售管理办法》、《房屋登记办法》等;

司法解释类:《最高人民法院关于审理商品房买卖合同纠纷案件适用法律若干问题的解释》(以下简称《司法解释》)等。

律师提供商品房买卖合同法律服务时应当注意,各级地方政府部门对本地区的商品房交易制定了不同的政策和法规,政府对商品房交易的调整和控制具有明显的地域特征,并且其调整和控制会在不同时期出现变化。律师在提供商品房买卖合同法律服务时,必须详细了解当地与商品房交易相关政府部门(包括土地、规划、城建、房地产、税务、水电气供应等管理机关)的现行政策和法规。

第4条 律师为买受人提供商品房买卖合同法律服务的基本原则

4.1 忠诚守信原则。律师为买受人提供商品房买卖合同法律服务,应当以维护委任人合法权益为目的,在办理委托事务过程中不受任何单位及其他组织和个人的非法干涉。

4.2 专业精湛原则。律师为买受人提供商品房买卖合同法律服务,应当熟悉并精通法律知识,掌握与商品房买卖相关的专业知识,提高操作能力和水平,以扎实的专业知识和技能为委托人提供优质的法律服务。

4.3 勤勉尽责原则。律师为买受人提供商品房买卖合同法律服务,应当恪尽职守,勤勉敬业,对相关法律事实作尽职调查,向委托人提示各种法律风险,在与委托人约定的期限内完成各项具体的法律服务。

第5条 律师为买受人提供商品房买卖合同法律服务的基本要求

5.1 律师为买受人提供商品房买卖合同法律服务,应在核实委托人的主体资格并充分了解受托事项的具体情况后,与委托人制作谈话笔录,提示法律风险,分析法律后果。

5.2 律师接受当事人的委托,应当与委任人签订规范的委托合同,根据委托合同所约定的具体服务内容和要求,在委托权限内履行职责,不得损害委托人的合法权益。

5.3 律师为买受人提供商品房买卖合同法律服务,应严格遵守国家发展和改革委员会、司法部《律师服务收费管理办法》和司法部《律师事务所收费程序规则》的规定,向委托人收取合理的律师服务费、代理费和其他相关费用。

5.4 律师应当严格执行中华全国律师协会颁发的《律师执业行为规范(试行)》、《律师职业道德和执业纪律规范》,注意防止出现利益冲突的情形,保守当事人的商业秘密和个人隐私(根据有关规定须向主管司法行政机关通报案情及已失密或已解密的事项除外)。

5.5 律师为买受人提供商品房买卖合同法律服务,应当指导委托人以合法方式维护自身的合法权益,在委托人权益与第三方利益发生严重冲突时,律师应以构建和谐社会为宗旨,尽力防止冲突恶化,促进矛盾化解,引导各方当事人通过合法途径解决冲突。

第6条 声明

本操作指引仅供律师在提供商品房买卖合同的非诉讼和诉讼法律服务过程中参考。本操作指引所述的内容不是强制性的,也不保证涵盖商品房买卖合同法律服务的全部内容。在提供商品房买卖合同法律服务的具体操作过程中,律师应当根据我国现行法律法规,结合律师事务所的实际情况,自行判断运用本操作指引的内容。律师根据本操作指引为委托人提供商品房买卖合同的非诉讼和诉讼法律服务,所产生的一切风险由该律师以及该律师所属的律师事务所自行承担,本操作指引对此类风险不构成任何明示或默示的担保。

本操作指引主体内容的完成时间是 2008 年 10 月份。2009 年 5 月最高人民法院相继出台了《最高人民法院关于适用〈中华人民共和国合同法〉若干问题的解释(二)》(以下简称《合同法司法解释二》)、《最高人民法院关于审理建筑物区分所有权纠纷案件具体应用法律若干问题的解释》(以下简称《建筑物区分所有权的司法解释》)、《最高人民法院关于审理物业服务纠纷案件具体应用法律若干问题的解释》(以下简称《物业服务的司法解释》),对操作指引的内容有一定影响,由于对司法解释的理解尚需进一步深化研究,且在司法实践中又会有很多新的疑难、复杂问题出现,律师在参考本操作指引提供法律服务时,应按上述三个司法解释的最新规定执行,谨慎处理,并且密切关注司法实践的最新动态。

第一编
律师为买受人提供商品房买卖合同非诉讼法律服务的操作指引

第一章
商品房买卖合同订立前的法律服务

第一节　商品房买卖合同订立前的审核与调查

第 7 条　一般规定

商品房买卖合同订立前的审核与调查是指律师接受一方当事人的委托,对合同相对方的主体资格、履约能力、资信情况等相关事项进行审核和调查。对开发商的审核和调查主要包括但不限于开发商的主体资格(包括法人资格、开发资质)、履约能力、项目合法性、预售许可证、销售方式等。审核与调查可以作为律师在提供商品房买卖合同的非诉讼法律服务中单独的一项法律服务内容进行。

第 8 条　律师为买受人提供法律服务时对开发商的审核与调查

8.1　开发商主体资格及履约能力

到工商局可以查询开发商的注册资金、成立日期及法定代表人（企业领导人），年检等情况。

还可以到开发商的经营场所进行实地考察。通过观察开发商的形象可以对开发商的实力作一个初步判断。可以到该开发商已开发的小区进行实地考察，询问小区住户，房屋质量情况、物业管理服务质量情况、收费情况。如果可能，可以争取进入已经入住的房中观看质量。通常情况下，房屋入住后经过 1 至 3 年，比较容易发现是否存在缺陷和质量问题。可通过网络搜索查找相关信息，通过搜索了解开发商已经开发的楼盘的情况；了解该开发商是否曾与购房者发生过纠纷，发生纠纷后态度如何，处理情况怎样；了解开发商已开发的楼盘是否存在质量问题。相关楼盘的业主论坛也是一个不错的信息来源。

8.2　调查开发商（房地产开发企业）的资质

房地产开发企业，即房地产开发商，根据建设部《房地产开发企业资质管理规定》第 2 条规定，房地产开发企业是指在城市及村镇从事土地开发、房屋及基础设施和配套设施开发经营内容，具有企业法人资格的经济实体。根据建设部 2000 年 3 月 23 日修改后的《房地产开发企业资质管理规定》，房地产开发企业应当申请核定企业资质等级，未取得房地产开发资质等级证书的企业，不得从事房地产开发经营内容。房地产开发企业按照企业条件分为一、二、三、四四个资质等级。一般说来，房地产开发企业资质等级越高，其履约能力就越强。调查方法为：

（1）询问主管部门。购房者可以到行政主管机关查询开发商、发展商和承建商的资质情况。房地产行政管理部门对这些房地产企业的开办时间、开发项目、资信情况和一些工程质量检测情况等一般有所掌握。

（2）检查《房地产开发企业资质证书》。根据开发商《房地产开发企业资质证书》的等级，可以初步判断开发商的实力。如果开发商持有的是《房地产开发企业暂定资质证书》，则应注意证书的有效期，按照规定，《房地产开发企业暂定资质证书》的有效期为 1 年，到期之后可以延长有效期，延长期限不得超过 2 年，自领取《房地产开发企业暂定资质证书》之日起 1 年内无开发项目的房地产开发企业，有效期不得延长。因此，如果开发商持有的是《房地产开发企业暂定资质证书》，购房者应谨慎考虑，再作购房决定。

8.3　商品房开发手续

房地产开发公司必须具备"四证一照"，即国有土地使用权证、建筑用地规划许可证、建筑工程规划许可证、建筑工程施工许可证和营业执照。

商品房预售应具有预售许可证。一般而言，取得预售许可证的前提是开发商已经具备"四证一照"。按照相关规定，预售许可证必须公示于销售现场，查看预售许可证时应注意预售许可证期限,预售许可的房屋面积等。重点是审查开发商的预售许可证被批准的售房类型和实际销售的房屋类型是否相符。

8.4 审查楼盘具体情况

8.4.1 楼盘状态

(1)该楼盘原来是否为烂尾楼以及是否可能成为烂尾楼,应审核楼盘项目上存在的债权债务结构,与原工程承包人的合同是否已经终止,工程款是否付清,是否撤场。当前工程进度是否正常,工程进度款支付情况。

(2)楼盘项目是否已经取得商品房预售许可及实际预售备案情况。

(3)楼盘项目(包括土地使用权)是否存在查封、抵押等限制性权利。

(4)出卖人订立商品房买卖合同时,是否存在《司法解释》第9条规定情形。

8.4.2 楼盘销售方式

(1)商品房预售

律师应提示买受人,商品房预售应当符合《中华人民共和国城市房地产管理法》(以下简称《城市房地产管理法》)第45条、《城市房地产开发经营管理条例》第23条、《城市商品房预售管理办法》第5条、第6条的规定,可要求开发商提供下列资料和证明文件:

① 开发商应当具有企业法人营业执照和房地产开发企业资质证书。

② 已取得建设用地规划许可证。

③ 非划拨土地的已交付全部土地使用权出让金,取得土地使用权证书。

④ 持有建设工程规划许可证和施工许可证。

⑤ 按提供预售的商品房计算,投入开发建设的资金达到工程建设总投资的25%以上,并已经确定施工进度和竣工交付日期。

⑥ 已办理预售登记,取得《商品房预售许可证》。

⑦ 开发商已签订前期物业管理合同。

⑧ 已符合当地地方法规、行政规章及行政机关规定的开发程序规定的预售条件。

(2)商品房现房销售

律师应提示买受人,商品房现售应当符合《城市房地产管理法》第39条、《商品房销售管理办法》第7条的规定,可要求开发商提供下列资料和证明文件:

① 开发商应当具有企业法人营业执照和房地产开发企业资质证书。

② 已取得建设用地规划许可证。

③ 非划拨土地的,已缴纳全部土地使用权出让金,取得土地使用权证书或者使用土地的批准文件。

④ 持有建设工程规划许可证和施工许可证。

⑤ 商品房已竣工验收合格。

⑥ 拆迁安置已经落实。

⑦ 供水、供电、供热、燃气、通讯等配套基础设施具备交付使用条件,其他配套设施和公共设施具备交付使用条件或者已确定施工进度和交付日期。

⑧ 物业管理方案已经落实。

⑨ 开发商已经将房地产开发项目手册及符合商品房现售条件的有关证明文件报送房地产开发主管部门备案,并已办理新建房屋初始登记手续。

8.5 销售模式(分为自行销售、代理销售、包销)

8.5.1 自行销售(略)

8.5.2 代理销售

律师应提醒买受人,如开发商委托中介服务机构销售商品房的,受托机构应当是依法设立并取得工商营业执照的房地产中介服务机构。开发商应当与受托房地产中介公司订立书面委托合同,委托合同应当载明委托期限、委托权限、委托人和被委托人的权利、义务。买受人有权查阅开发商出具给代理销售机构的授权委托书。受托房地产中介服务机构销售商品房时,应当向买受人出示商品房的有关证明文件和商品房销售委托书。如果是联合代理销售,联合代理销售的都应具备上述相关证明文件。

8.5.3 包销

律师应提示买受人,开发商与他人(包销人)可订立商品房包销合同,约定开发商将其建设的房屋交由包销人以开发商的名义销售。包销时还可以由数个包销商联合包销。

包销人不具备房地产开发经营资质或商品房中介、经纪资质,不影响包销合同的效力。

理论界目前对代理销售的法人或自然人、包销的法人或自然人是否需要资质的问题存有争议,律师在审查该等内容的时候,需要结合最新的法律法规或者司法解释以及当地的审判实践情况,谨慎地作出相应的判断。

第9条 律师为买受人提供法律服务时的重点内容

9.1 帮助买受人调查了解开发商资信、商品房开发手续、楼盘具体情况、销售模式等具体情况。

9.2 帮助买受人审核开发商开发楼盘的相关证照和提供资料的真实性、合法性。

9.3 根据已经调查了解和审核的情况,向买受人提供法律意见,提示相应风险。

第10条 律师为买受人提供法律服务时的风险提示

10.1 有关开发商的资信信息来源较窄,不能较为全面收集风险。由于开发商的资信要从多方面加以证明,律师要注意扩大收集资料的途径和方法,从多个角度证实,而不是仅仅通过单一、狭窄的渠道了解开发商的资信程度。

10.2 信息来源真假辨别的风险。由于律师需要通过多种渠道审核和调查开发商的相关资信、证照等情况,尤其要注意信息来源的真实性和可信度。比如通过网络搜索了解开发商相关情况,其中可能有不少虚假信息,律师要通过自己的经验辨别信息的真伪。要全面了解、全面调查。

10.3 预售许可证变更的情况,开发商在预售期限、房屋状况(如住宅变更酒店式公寓)等发生变更时,必须及时办理预售许可证变更手续,律师为买受人提供法律服务审核预售许可证时必须审核开发商是否及时办理了变更手续。

10.4 律师必须对开发商资信、履约能力等进行详尽的调查,预防烂尾楼的出现而导致买受人遭受损失。

10.5 开发商超越开发资质时签订的商品房买卖合同效力存在争议,律师应进行风险提示。

第二节 商品房销售广告——要约与要约邀请

第11条 一般规定

11.1 要约邀请与要约的区分

要约邀请是当事人希望受邀请人向自己发出订立合同的一种意思表示。

商品房买卖中的要约邀请一般指开发商发布的、面向不特定对象的销售广告和宣传资料等。

要约是一方当事人以缔结合同为目的,向对方当事人所作的意思表示。发出要约的一方称为要约人,受领要约的一方称为受要约人。

商品房买卖中的要约一般指开发商或潜在买受人直接向对方要求订立商品房买卖合同的意思表示。

要约邀请和要约的主要区别在于:要约邀请面向不特定对象,不以直接缔结合同为目的;而要约面向特定对象,以直接缔结合同为目的。

在商品房买卖中,商品房的销售广告和宣传资料一般应当视为要约邀请。但《司法解释》第3条规定:商品房的销售广告和宣传资料为要约邀请,但是出卖人就商品房开发规划范围内的房屋及相关设施所作的说明和允诺具体确定,并对商品房买卖合同的订立以及房屋价格的确定有重大影响的,应当视为要约。该说明和允诺即使未载入商品房买卖合同,亦应当视为合同内容,当事人违反的,应当承担违约责任。

因此,开发商应就商品房开发规划范围内的房屋及相关设施所作的说明和允诺具体确定,并对商品房买卖合同的订立以及房屋价格的确定有重大影响的,应当视为要约。

11.2 法律、法规及规范性文件的相关规定

我国《商品房销售管理办法》对商品房销售的广告作了原则性的规定。房地产开发商、房地产中介服务机构发布商品房销售宣传广告,应当执行《中华人民共和国广告法》(以下简称《广告法》)、《房地产广告发布暂行规定》等规定,广告内容必须真实、合法、科学、准确。为了规范房地产广告,国家工商行政管理局于1996年颁布了《房地产

广告发布暂行规定》,并于 1998 年进行了修订。

《城市房地产开发经营管理条例》第 26 条、第 27 条规定,房地产开发企业不得进行虚假广告宣传,商品房预售广告中应当载明商品房预售许可证明的文号,在预售商品房时,应向预购人出示商品房预售许可证明。《城市商品房预售管理办法》第 9 条也规定,售楼广告和说明书应当载明《商品房预售许可证》的批准文号。

第 12 条 律师为买受人提供法律服务的内容

12.1 广告审查。

商品房销售广告的发布是开发商销售商品房的重要手段和措施。购房者往往通过商品房销售广告来决定是否购买。发布预购广告和销售广告的条件、内容等要求都是不同的。根据《房地产广告发布暂行规定》第 6 条的规定,律师要提示买受人认真审查开发商的销售广告是否具备以下必须载明事项:

(1) 开发商名称;

(2) 中介服务机构代理销售的,载明该机构名称;

(3) 预售或者销售许可证书号;

(4) 广告中仅介绍房地产项目名称的,可以不必载明上述事项。

12.2 审查是否存在禁止发布广告的情形。

根据《房地产广告发布暂行规定》第 4 条,律师应当提示买受人下列情形是禁止发布销售广告的:

(1) 在未经依法取得国有土地使用权的土地上开发建设的;

(2) 在未经国家征用的集体所有的土地上建设的;

(3) 司法机关和行政机关依法裁定、决定查封或以其他形式限制房地产权利的;

(4) 预售房地产,但未取得该项目预售许可证的;

(5) 权属有争议的;

(6) 违反国家有关规定建设的;

(7) 不符合工程质量标准,经验收不合格的;

(8) 法律、行政法规规定禁止的其他情形。

如有上述情况,则需要提示买受人慎重考虑是否购买该商品房。

12.3 分辨广告是要约邀请还是要约。

审查广告,律师要提示买受人特别要注意要约邀请与要约的区别,商品房的销售广告和宣传资料一般均为要约邀请,如果未写入合同,对开发商不具有约束力。但是开发商就商品房开发规划范围内的房屋及相关设施所作的说明和允诺具体确定,并对商品房买卖合同的订立以及房屋价格的确定有重大影响的,应当视为要约。该说明和允诺即使未载入商品房买卖合同,亦应当视为合同内容,当事人违反的,应当承担违约责任。

律师应当提示买受人,为避免因对未写入合同的广告内容的属性发生争议而影响买受人的权益,应要求开发商将影响购房意愿和实质性影响的广告内容写入正式合同或补充协议中。如果符合《司法解释》第3条属于要约的,律师应当做见证,最好做公证。

第13条 律师为买受人提供法律服务时的重点内容

13.1 帮助买受人审核商品房销售广告内容的合法性,并告知买受人可能存在的风险。

13.2 帮助买受人审核商品房销售广告内容的真实性,必要时进行相关内容的调查,并告知买受人可能存在的风险。

13.3 帮助买受人确定商品房销售广告的性质是要约还是要约邀请,并提示买受人两者的不同和可能发生的后果与情况。

13.4 帮助买受人确认商品房销售广告中商品房的实际类型。

第14条 律师为买受人提供法律服务时的风险提示

14.1 未分清商品房销售广告性质为要约还是要约邀请所产生的相关风险。开发商在商品房销售广告中宣传和承诺的一些具体内容可能不在商品房买卖合同中约定。如果此广告内容的性质为要约邀请,则对开发商没有约束力,这样势必会影响买受人的权利。

14.2 开发商发布虚假广告信息的风险。开发商可能为了促进销售而在广告中夸大或者作虚假内容的宣传,而这些内容可能是影响买受人购买商品房的关键。

14.3 开发商在广告中做出的承诺可能不兑现的风险。

第三节 商品房买卖合同的认购书与定金

第15条 一般规定

认购书(预订协议)一般是商品房买卖合同双方在订立正式商品房买卖合同的条件、条款尚不明确而有待协商情况下,从诚实守信的原则出发,对将来订立商品房买卖合同的预先约定。

定金是指为了担保债权的实现,当事人一方依据合同的约定向对方给付的一定数量的金钱。债务人履行债务后,定金应当抵作价款或收回,给付定金的一方不履行约定时,无权要求返还定金;收受定金的一方不履行约定时,应当双倍返还定金。这就是我国合同法中关于定金罚则的规定。定金罚则是一种惩罚性的规定,目的在于督促当事人正确、积极地行使权利。定金按其作用来分,主要有订约定金、成约定金、解约定金、违约定金、证约定金五种,实际中常见的有解约定金(是指当事人在合同中约定的以承受定金罚则作为保留合同解除权的代价的定金)和违约定金(违约定金实际就是履约定金,即以担保合同的履行而支付一定数额的金钱)。在认购书中约定的定金,性质较为复杂,在审判实践中也有不同的判例。《合同法司法解释二》已经实施,对合同成立是一个突破,商品房买卖合同又是一个特殊的合同,是适用《司法解释》还是《合同法司法解释二》,在实践中会有争议,律师应谨慎处理,密切关注司法实践的动向。

第 16 条 律师为买受人提供法律服务的内容

销售签约工作法律服务方案:

(1)协助买受人与开发商谈判、协商;

(2)协助买受人审核认购书;

(3)为买受人提供口头或书面的法律意见,就认购书及定金相关的法律问题提供咨询意见;

(4)起草买受人致开发商的通知函、通告函、催款函、终止函等法律文书。

第 17 条 律师为买受人提供法律服务时的重点内容

17.1 签订认购(预订)书的前提条件

协商签订《商品房买卖合同》一般都有个较长的过程,开发商为了稳住买受人,一般会要求买受人在签订正式的合同前先签订认购协议(认购书、预订书等)并要求买受人交付一定数额的定金。

由于商品房开发的特点,开发商既可能在取得预售许可证后签订认购协议,也可能在未取得预售许可证的情况下签订认购协议。如开发商与买受人就尚未取得预售许可证的项目签订认购协议,属于类似意向书的法律文件,律师应提醒买受人在此类认购书中加上类似于"买受人知道开发商尚未取得商品房预售许可证,一旦取得预售许可证,开发商立即通知买受人,双方应当立即签订正式的《商品房买卖合同》"的内容。

17.2 认购书(预订书)的基本内容

签署认购书,要注意认购书应包括以下基本内容:当事人姓名或名称、预订的房地产的坐落地点、面积、价格、预订期限、定金数额及定金处理办法等。如果尚未取得预售许可证,则应在认购书中说明。如果商品房的认购、订购、预订等协议具备商品房买卖合同特征的主要内容,并且出卖人已经按照约定收受购房款的,该协议应当认定为商品房买卖合同。

特别说明,《合同法司法解释二》已经实施,对合同成立是一个突破,商品房买卖合同又是一个特殊的合同,是适用《司法解释》还是《合同法司法解释二》,在实践中会有争议,律师应谨慎处理,密切关注司法实践的动向。

17.3 定金的处理

定金是认购协议中一个很重要的内容,也是买卖双方容易发生争议的重点问题。出卖人通过认购、订购、预订等方式向买受人收受定金作为订立商品房买卖合同担保的,如果因当事人一方原因未能订立商品房买卖合同,定金就按法律规定的没收或双倍返还处理。但是,如果因不可归责于当事人双方的事由,导致商品房买卖合同未能订立的,出卖人应当将定金返还买受人。

但是根据《司法解释》第 5 条规定:"商品房的认购、订购、预订等协议具备《商品房销售管理办法》第 16 条规定的商品房买卖合同的主要内容,并且出卖人已经按照约定收受购房款的,该协议应当认定为商品房买卖合同。"

特别说明,《合同法司法解释二》已经实施,对合同成立是一个突破,商品房买卖合同又是一个特殊的合同,是适用《司法解释》还是《合同法司法解释二》,在实践中会有争议,律师应谨慎处理,密切关注司法实践的动向。

认购协议中常常出现订金、押金等字眼,这些不是法律意义上的定金。但如果认购书上载明:双方未签订正式的商品房买卖合同,买受人违约,订金、押金不退还,出卖人违约双倍返还订金、押金。对于这种订金、押金的法律性质认定就存在争议。在司法实践中,法院或仲裁机构有认定这是一种违约责任的约定,也有认定为定金的。因此,在最高人民法院发布相关司法解释前,律师应当谨慎处理。

律师为买受人提供商品房交易法律服务时应当提示买受人,必须在合同约定的预约签订正式合同的期限内与开发商协商正式合同的内容并应留下书面记录,避免出现非买受人原因未能签订正式合同,开发商以买受人未进行过协商或买受人因无法证明与开发商进行过协商而导致定金被没收的情形。

17.4 开发商销售商品房与买房人签订认购书,买房人需要提供相应的资料

17.4.1 买受人为中国公民

(1) 本市居民:居民身份证(无居民身份证的提交户口簿);

(2) 外省市居民:居民身份证(无居民身份证的提交户口簿)和暂住证(需要办理暂住证的城市);

(3) 军人:军官证或文职干部证或士兵证或学生证或军官退休证或文职干部退休或离休干部荣誉证。

17.4.2 买受人为中国法人及其他经济组织

(1) 企业法人:企业法人营业执照、上级单位批准的证明、法定代表人或负责人身份证明、董事会购房决议;

(2) 其他经济组织:营业执照、有关的批准文件和具备其他经济组织条件的证明;

(3) 机关、事业单位:单位成立的批准文件、上级主管部门批准购房的文件;

(4) 中央机关、所属企事业单位:国务院机关事务管理局批准购房的文件,单位成立的批准文件;

(5) 银行、保险企业等分支机构:营业执照、上级企业法人出具的授权委托书和承担法律责任保证书。

17.4.3 买受人为中国港、澳、台同胞

(1) 港澳同胞:中华人民共和国香港(澳门)特别行政区护照或居民身份证或往来内地通行证;

(2) 台湾同胞:台胞证或旅行证或经确认的身份证明。

17.4.4　买受人为外国公民、法人

(1) 外国人:护照和外国人居留证(无外国人居留证的提交中国公证机构公证的护照中文译本)。

(2) 境外法人(含港澳台)、其他组织(含港澳台):经公证的法人或者其他组织的商业登记或注册书或批准该法人、其他组织成立的文件;外国法人或其他组织的公司注册文件在注册地公证后需中国驻该国使、领馆认证。

17.4.5　买受人委托代理人

(1) 委托代理人购房的,提交授权委托书(原件)(如授权委托书不是当面签署的则应当经过公证)、受托人身份证明。

(2) 无(限制)民事行为能力人购房的,由其监护人代理购买,提交监护人关系身份证明、被监护人居民身份证或户口簿、证明法定监护关系的户口簿(监护人由法院确定的,提交法院出具的证明文件)。

(3) 港澳台法人、其他组织、个人的委托书应公证。根据2002年司法部69号令《中国委托公证人(香港)管理办法》第3条、第5条规定,香港出具的公证书应由中国法律服务(香港)有限公司加章转递,方为有效。根据2008年《最高人民法院、澳门特别行政区关于内地与澳门特别行政区相互认可和执行仲裁裁决的安排》第12条规定:"由一方有权限公共机构(包括公证员)作成的文书正本或者经公证的文书副本及译本,在适用本安排时,可以免除认证手续在对方使用。"可见,澳门有权限的公证机构出具的公证书在内地可以直接认可使用。根据1993年司法部发布的《海峡两岸公证书使用查证协议实施办法》第2条规定,台湾出具的公证书应由中国公证员协会或者省、自治区、直辖市公证员协会确认。

(4) 外国法人、其他组织、个人的委托书应公证,公证文件在外国公证的需中国驻该国使、领馆认证。

另外,对于境外机构和人士在中国境内购买商品房,律师还应依据建设部、商务部、国家发展和改革委员会、中国人民银行、国家工商行政管理总局、国家外汇管理局于2006年7月11日颁布的《关于规范房地产市场外资准入和管理的意见》(建住房[2006]171号)的规定,以及结合当地的具体政策,应对以下两个方面的问题予以关注:

(1) 境外机构在境内设立的分支、代表机构(经批准从事经营房地产的企业除外)和在境内工作、学习时间超过一年的境外个人,可以购买符合实际需要的自用、自住的商品房,不得购买非自用、非自住商品房。在境内没有设立分支、代表机构的境外机构和在境内工作、学习时间一年以下的境外个人,不得购买商品房。港澳台地区居民和华侨因生活需要,可在境内限购一定面积的自住商品房。

(2) 符合规定的境外机构和个人购买自用、自住商品房必须采取实名制。并持有效证明(境外机构应持我政府有关部门批准设立驻境内机构的证明,境外个人应持其来境内工作、学习,经我方批准的证明,下同)到土地和房地产部门办理相应的土地使用权及房屋产权登记手续。房地产产权登记部门必须严格按照自用、自住原则办理境外机构和个人的产权登记,对不符合条件的不予登记。

第18条　律师为买受人提供法律服务时的风险提示

18.1　当开发商经协商与具体买受人签订的认购书具备了商品房买卖合同的主要内容,且买受人支付部分或全部价款时,预约即转化为本约,如果买受人改变决定不买此房则必须承担违约责任。

18.2　认购书中错把定金写成"押金"或"订金"的风险。押金和订金都不是法律意义上的定金,如果认购书中没有特别说明,由于对方原因导致签约不能,则买受人不能按法律规定要求开发商双倍返还此款。

第二章
商品房买卖合同的签订、成立、生效、登记与备案

第一节　合同对商品房基本情况的约定

第19条　一般规定

商品房的基本情况包括但不限于项目建设依据、商品房的销售依据以及商品房的坐落、用途、结构、层高、建筑层数、阳台是否封闭、建筑面积(套内建筑面积、公共部位与公用房屋分摊建筑面积,商品房面积在第二节介绍)、房屋平面图。

19.1　项目建设依据

项目建设依据内容应约定国有建设用地使用权(在《物权法》施行前称国有土地使用权)基本情况、建设工程规划许可证编号、施工许可证编号等内容。

19.1.1　国有建设用地使用权

(1)取得方式。根据《城市房地产管理法》的规定,房地产开发用地的取得方式为划拨和出让两种,但普通商品房建设用地必须以出让方式取得。

国有建设用地使用权出让是指国家将国有建设用地使用权在一定年限内出让给土地使用者,由土地使用者向国家支付土地出让金的行为。

(2)规划用途及使用年限。建设用地规划用途及出让的最高年限分别为:居住用地70年;工业用地50年;教育、科技文化、卫生体育用地50年;商业、旅游、娱乐用地40年;综合或其他用地50年。

19.1.2　建设工程规划许可证

在城市、镇规划区内进行建筑物、构筑物、道路、管线和其他工程建设的,建设单位

或者个人应当向城市、县人民政府城乡规划主管部门或者省、自治区、直辖市人民政府确定的镇人民政府申请办理建设工程规划许可证。

建设工程规划许可证一般包括下列内容：许可证编号、发证机关名称和发证日期、建设单位、建设项目名称、位置、宗地号以及子项目名称、建筑性质、栋数、层数、结构类型、计容积率面积及各分类面积，附件包括总平面图、各层建筑平面图、各向立面图和剖面图。

19.1.3　建筑工程施工许可证

从事各类房屋及其附属设施的建造、装修装饰和与之配套的线路、管道、设备的安装以及城镇市政基础配套设施工程的施工，建设单位在开工前应向工程所在地县级以上建设主管部门申请领取施工许可证。

建筑工程施工许可证一般包括以下内容：建设单位、工程名称、建设地址、建设规模、设计单位、施工单位、监理单位、开竣工日期。

19.2　商品房的销售依据

根据《商品房销售管理办法》第3条规定，商品房销售包括商品房现售和商品房预售。

19.2.1　商品房现售，是指开发商将竣工验收合格的商品房出售给买受人，并由买受人支付商品房价款的行为。

19.2.2　商品房预售，是指开发商将正在建设中的商品房预先出售给买受人，并由买受人支付定金或者商品房价款的行为。

除了上述规定，部分地方政府为了加强对商品房预售的管理，为商品房预售增设了一些条件。

房地产管理部门在审查了开发商提供的营业执照、建设项目的投资立项、规划、用地和施工等批准文件、证件和工程施工进度计划、投入开发建设的资金证明等材料后，对符合条件的，发给《商品房预售许可证》。

《商品房预售许可证》是商品房可以预售的唯一合法性文件，其主要内容有：预售许可证号、售房单位名称、项目名称、预售总建筑面积、房屋坐落、房屋用途、发证机关及发证日期等。

19.3　房屋的坐落是指该商品房在所开发小区中的确切位置，包括商品房所在幢（座）号、层数、门牌号。

19.4　商品房用途是指行政主管部门根据城市规划、土地用途核准的房屋应用范围，如住宅、写字楼、营业用房等。不同用途的商品房的价格、土地使用年限、物业管理费用、税负等都有区别。

19.5　房屋建筑结构根据房屋的梁、柱、墙等主要承重构件的建筑材料划分类别，根据2000年8月1日实施的《房产测量规范》（GB/T 17986—2000）的规定，房屋的建筑结构分为六大类：

(1) 钢结构:承重的主要构件是用钢材料建造的,包括悬索结构;

(2) 钢、钢筋混泥土结构:承重的主要构件是用钢、钢筋混泥土建造的;

(3) 钢筋混泥土结构:承重的主要构件是用钢筋混泥土建造的,包括薄壳结构、大模板现浇结构及使用滑模、升板等建造的钢筋混泥土结构的建筑物;

(4) 混合结构:承重的主要构件是用钢筋混泥土和砖木建造的,如一幢房屋的梁是用钢筋混泥土制成,以砖墙为承重墙,或者梁是用木材建造,柱是用钢筋混泥土建造;

(5) 砖木结构:承重的主要构件是用砖、木材建造的。

(6) 其他结构:如竹结构、窑洞等。

19.6 层高是指上下两层楼面或楼面与地面之间的垂直距离。根据《房产测量规范》的规定,计入建筑面积的房屋层高应在2.20米以上(含2.20米)。

层高与楼层的净高是不同的概念,净高是指楼面或地面至上部楼板底面或吊顶底面之间的垂直距离,层高 = 净高 + 楼板厚度。

19.7 房屋层数是指房屋的自然层数,一般按室内地坪±0.0以上计算;采光窗在室外地坪以上的半地下室,其室内层高在2.20米以上的,计算自然层数。房屋总层数为房屋地上层数与地下层数之和。

假层、附层(夹层)、插层、阁楼(暗楼)、装饰性塔楼,以及突出屋面的楼梯间、水箱间不计层数。

所在层次是指本权属单元的房屋在该幢楼房中的第几层,地下层次以负数表示。

19.8 商品房的阳台是否封闭与房屋面积的确定有直接关系,根据《房产测量规范》的规定,封闭式阳台的建筑面积按其外围水平投影面积计算,非封闭式阳台的建筑面积按其外围水平投影面积的一半计算。

第20条 律师为买受人提供法律服务的内容

20.1 要求开发商提供相关权证资料。

20.2 根据开发商提供的格式文本,提出修改意见。

20.3 参加买受人与开发商的签约谈判。

第21条 律师为买受人提供法律服务时的重点内容

21.1 核对开发商提供的前期审批资料,以确认审批资料记载的内容与商品房买卖合同约定的相关内容是否一致。

21.2 向开发商了解所附平面图是否按比例绘制,并要求标明朝向。如图纸没有标注门、窗、墙体、柱子、管线位置的,可要求开发商标注。

21.3 买受人购买商品房拟用于开设饭店、歌舞厅等需要环保前置审批项目的,应了解该项目在总平方案或初步设计方案审批时环保部门的审批意见。

21.4 对于非标准层(如阁楼)及其他可能影响净高的空间,除了约定层高外,还应要求约定房屋的净高。

21.5 对于现售商品房,应按照《商品房销售管理办法》第 7 条规定逐一核实现售条件是否具备。

第 22 条 律师为买受人提供法律服务时的风险提示

对于那些以科研大楼、酒店、商业设施等非经营性房地产开发项目立项的房屋能否在交易后办理分割产权证,在实践中存在争议,买受人购买后,往往不能取得产权证,应引起注意。

第二节　合同对商品房面积和价格的约定

第 23 条　一般规定

商品房的建筑面积由套内建筑面积与分摊的共有建筑面积组成。

23.1　套内建筑面积

套内建筑面积是指套内使用面积与套内墙体面积以及套内阳台面积之和。

(1) 套内使用面积是指客厅、卧室、厨房、卫生间等商品房各功能使用空间墙体内表面所围合的水平投影面积之和,是能够让买受人直接使用的面积。

(2) 套内墙体面积是套内使用空间周围的维护或其他承重支撑体所占的面积,有共用墙和套内自有墙体两部分。商品房各套(单元)之间的分割墙、套(单元)与公用建筑空间之间的分割墙以及外墙(山墙)均为共用墙,共用墙墙体水平投影面积的一半计入套内墙体面积。套内自有墙体按水平投影面积全部计入套内墙体面积。

(3) 套内阳台建筑面积。阳台建筑面积按《房产测量规范》的规定计算面积。

23.2　共有建筑面积

共有建筑面积是各产权人共同占有或共同使用的在功能上为整幢建筑服务的公共部位和公用房屋。共有建筑面积的产权由整幢建筑的产权人共同拥有,开发商无权随意处置,不得出售、出租、赠送等。

23.2.1　共有建筑面积的组成

根据《房产测量规范》规定,共有建筑面积由以下两部分组成:一是电梯井、管道井、楼梯间、垃圾道、变电室、设备间、公共门厅、过道、地下室、值班警卫室,以及其他功能上为整幢建筑服务的公共用房和管理用房的建筑面积;二是套(单元)与公共建筑空间之间的分隔墙,以及外墙(包括山墙)墙体水平投影面积的一半。

独立使用的地下室、车棚、车库、为多幢建筑服务的警卫室,管理用房,作为人防工程的地下室,都不计入共有建筑面积。

23.2.2　共有建筑面积的分摊方法

共有建筑面积的分摊原则是,整幢房屋产权人共同所有的共有建筑面积,由整幢房屋产权人共同分摊,非整幢房屋产权人共同使用的共有建筑面积应由共同使用的产权人共同分摊。

(1) 住宅楼共有建筑面积的分摊方法。住宅楼以幢为单位,须先计算出整幢建筑的共有建筑分摊系数(K值),它的计算方式为:

共有建筑面积分摊系数 = 共有建筑面积 ÷ 套内建筑面积之和

商品房分摊的共有建筑面积 = 套内建筑面积 × 分摊系数

(2) 商住混合楼共有建筑面积的分摊方法。应根据住宅和商业的不同使用功能按各自的建筑面积将全幢建筑物的共有建筑面积分摊成住宅和商业两部分,即住宅部分分摊得到的全幢共有建筑面积和商业部分分摊得到的全幢共有建筑面积。然后住宅和商业部分将所得到的分摊面积再各自分摊。

住宅部分:将分摊得到的幢共有建筑面积,加上住宅部分本身的共有建筑面积,依照(1)中方法和公式,按各自的套内建筑面积分摊计算各套房屋的分摊面积。

商业部分:将分摊得到的幢共有建筑面积,加上商业部分本身的共有建筑面积,按各层套内的建筑面积依比例分摊至各层,作为各层共有建筑面积的一部分,加至各层的共有建筑面积中,得到各层总的共有建筑面积,然后再根据层内各套房屋的套内建筑面积按比例分摊至各套,求出各套房屋分摊得到的共有建筑面积。

多功能综合楼共有建筑面积的分摊方法按照各自的功能,参照商住混合楼的分摊计算方法分摊。

23.3 根据《商品房销售管理办法》第18条的规定,商品房销售可以按套(单元)计价,也可以按套内建筑面积或者建筑面积计价。

23.4 面积差异的处理方式

按建筑面积计价或者套内建筑面积计价时,面积差异的处理方式

(1) 一般原则:根据《司法解释》第14条的规定,出卖人交付使用的房屋套内建筑面积或者建筑面积与商品房买卖合同约定面积不符,合同有约定的,按照约定处理;合同没有约定或者约定不明确的,按照以下原则处理:① 面积误差比绝对值在3%以内(含3%),按照合同约定的价格据实结算,买受人请求解除合同的,不予支持;② 面积误差比绝对值超出3%,买受人请求解除合同、返还已付购房款及利息的,应予支持。买受人同意继续履行合同,房屋实际面积大于合同约定面积的,面积误差比在3%以内(含3%)部分的商品房价款由买受人按照约定的价格补足,面积误差比超出3%部分的商品房价款由出卖人承担,所有权归买受人;房屋实际面积小于合同约定面积的,面积误差比在3%以内(含3%)部分的商品房价款及利息由出卖人返还买受人,面积误差比超过3%部分的商品房价款由出卖人双倍返还买受人。

(2) 由开发商与买受人自行约定:只要双方当事人约定内容不属于《合同法》第52条规定的无效情形之一的,该约定有效。

《商品房销售管理办法》第19条规定:按套(单元)计价的预售房屋,开发商应当在合同中附所售房屋的平面图。平面图应当详细标明尺寸,并约定误差范围。房屋交付时,套型与设计图纸一致,相关尺寸也在约定的误差范围内,维持总价款不变;套

型与设计图纸不一致或者相关尺寸超出约定的误差范围,合同中未约定处理方式的,买受人可以退房或者与开发商重新约定总价款。买受人退房的,由开发商承担违约责任。

第 24 条　律师为买受人提供法律服务的内容

24.1　审查开发商提供的测绘资料,特别是有关共有建筑面积的分摊是否符合相关规范的规定。

24.2　详见 20.2、20.3。

第 25 条　律师为买受人提供法律服务时的重点内容

25.1　审查开发商提出的价格组成(除了商品房价款外,买受人还应当支付的费用)是否符合相关法律规定。

25.2　审查开发商提出的面积差异处理方式是否合理,特别是当面积差异绝对值超过 3% 时,开发商是否需要承担惩罚性的赔偿责任,以及买受人是否具有解约权。

25.3　按建筑面积计价时,买受人可以要求约定,当建筑面积增加,套内面积没有增加或增加比例小于建筑面积增加比例时的处理方式,以及当建筑面积减少,套内建筑面积减少比例大于建筑面积减少比例时的处理方式。

25.4　按套计价时,买受人可以要求,对于影响房屋价格的因素发生变化时,调整房屋价格,如建筑面积、房间距、周边绿地面积(别墅、排屋、景观房)等。

第 26 条　律师为买受人提供法律服务时的风险提示

26.1　买受人选择按建筑面积计价时,就有可能出现买受人实际可使用的套内建筑面积减少,但因共有建筑面积增加,买受人还要增加商品房价款的情形。

26.2　如果合同约定按套计价,商品房价款不作调整,则开发商交付的商品房面积误差比无论多大,买受人也不能追究开发商的违约责任。

第三节　合同对业主的建筑物区分所有权的相关约定

第 27 条　一般规定

业主对建筑物内的住宅、经营性用房的专有部分享有所有权,对专有部分以外的共有部分享有共有权和共同管理权。

根据《最高人民法院关于审理建筑物区分所有权纠纷案件具体应用法律若干问题的解释》第 2 条的规定:建筑区划内符合下列条件的房屋,以及车位、摊位等特定空间,应当认定为《物权法》第六章所称的专有部分:① 具有构造上的独立性,能够明确区分;② 具有利用上的独立性,可以排他使用;③ 能够登记为特定业主所有权的客体。规划上专属于特定房屋,且建设单位销售时已经根据规划列入该特定房屋买卖合同中的露台等,应当认定为《物权法》第六章所称的专有部分的组成部分。

建筑区划内的道路、绿地、其他公共场所、公用设施及物业服务用房、建筑物及其附属设施的维修资金、占用业主共有的道路或者其他场地用于停放汽车的车位等属于业主共有，但城镇公共道路、城镇公共绿地及明示属于个人的绿地除外。另外，根据最高人民法院《关于审理建筑物区分所有权纠纷案件具体应用法律若干问题的解释》第3条的规定，建筑物的基础、承重结构、外墙、屋顶等基本结构部分，通道、楼梯、大堂等公共通行部分，消防、公共照明等附属设施、设备，避难层、设备层或者设备间等结构部分，以及其他不属于业主专有部分，也不属于市政公用部分或者其他权利人所有的场所及设施等，由业主共有。建筑区划内的土地，依法由业主共同享有建设用地使用权，但属于业主专有的整栋建筑物的规划占地或者城镇公共道路、绿地占地除外。

在法律上已经明确规定属于业主所有的公共空间，不允许开发商与业主在合同中约定其权利归属。

开发商与业主在商品房买卖合同中可以约定的主要内容是：屋顶、外墙面的使用权，小区、楼宇的命名申请权等；在业主公约中可以约定的内容是建筑物及其附属设施的费用分摊、收益分配等事项。

27.1　建筑区划内，规划用于停放汽车的车位、车库的归属，由当事人通过出售、附赠或者出租等方式约定。上述车位、车库应当首先满足业主的需要。在没有满足业主需要之前，不得向业主以外的第三人销售、出租、赠与。

27.2　建筑区划内的绿地属于个人，应予以明示。没有按法律规定明示的，属于全体业主共有。（对于本条中的何为"明示"目前尚没有具体法律、法规确定）。

27.3　商品房外墙面和屋顶属于全体业主共有，但其使用权归属可以在合同中约定。

27.4　根据《〈地名管理条例〉实施细则》第7条的规定，地名的命名、更名权只能由县级以上民政管理部门（或地名委员会）行使。但是，民政管理部门（或地名委员会）一般不会主动对建筑物、构筑物命名，而是根据申请人的申请进行审核、命名。由于《地名管理条例》及其实施细则没有规定地名命名的具体程序，相关规定多出现在地方法规、规章中。在绝大多数地方性法规、规章中，建设单位或产权所有人是建筑物、构筑物地名的命名申请人。

27.5　建筑物及其附属设施的费用分摊、收益分配等事项，应在《业主公约》中约定。如果没有约定的，则按照业主专有部分占建筑物总面积的比例确定。

27.6　其他未涉及的内容详见《物权法》第六章规定。

第28条　律师为买受人提供法律服务的内容

28.1　审查开发商提供的合同文本中有关公共空间的约定是否符合《物权法》等法律、法规的规定。

28.2　如果开发商将某一公共空间的所有权或使用权单独转让、出租或赠与买受人，律师应当审查开发商是否按约定履行了明示手续或已取得其他业主的同意。

28.3 买受人购买地下车位的,应当查清该地下车位是否属于"人防"设施。

28.4 详见 20.2、20.3。

第 29 条 律师为买受人提供法律服务时的重点内容

29.1 经审查,如果开发商提供的合同文本中有关公共空间的约定不符合《物权法》等法律、法规的规定的,应协助买受人要求开发商依法修改。

29.2 开发商如承诺绿地给买受人使用的,则应要求开发商出示其已按规定将该绿地明示给个人使用的证明。

29.3 业主使用属于"人防"工程的车位时,应要求开发商出示"人防"工程平时使用审批手续,并审核开发商准许业主使用年限有否超过"人防"主管部门准许开发商使用的年限。

29.4 开发商向业主转让或赠与屋顶或外墙面使用权的,应取得其他共有权人同意。

第 30 条 律师为买受人提供法律服务时的风险提示

30.1 商品房买卖合同就公共空间的约定如违反《物权法》等法律法规的强制性规定,该约定无效。

30.2 买受人取得车库、车位、绿地使用权后,不得改变其规划用途。

30.3 建筑物及其附属设施的费用分摊、收益分配等事项,如果没有约定或约定不明确的,则按照业主专有部分占建筑物总面积的比例确定。

第四节 合同对质量标准与维修的约定

第 31 条 一般规定

31.1 质量标准

商品房质量验收的主要依据有:

(1) GBJ 7 建筑地基基础设计规范。

(2) GBJ 10 钢筋混凝土结构设计规范。

(3) GBJ 11 建筑抗震设计规范。

(4) GBJ 14 室外排水设计规范。

(5) GBJ 16 建筑设计防火规范。

(6) GBJ 45 高层民用建筑设计防火规范。

(7) GBJ 206 木结构工程施工及验收规范。

(8) GBJ 207 屋面工程施工及验收规范。

(9) GBJ 232 电气装置安装工程施工及验收规范。

(10) GBJ 242 采暖与卫生工程施工及验收规范。

（11）GBJ 13 危险房屋鉴定标准。
（12）GB 50325—2001(2006 版)民用建筑工程室内环境污染控制规范。
（13）GBT 18883—2002 室内空气质量标准。
（14）GB 50096—1999 住宅设计规范(2003 版)。
（15）GB 50180—93 城市居住区规划设计规范(2002 版)。
（16）GB 50210—2001《建筑装饰装修工程质量验收规范》(精装修房适用)。
（17）GB 50327—2001《住宅装饰装修工程施工规范》(精装修房适用)。

31.2 质量问题

房屋质量问题是指房屋的地基基础工程、主体结构工程、屋面防水工程、其他土建工程、电气管线、给排水系统管线的安装工程、供热、供冷系统工程等出现的质量问题，主要表现为：

（1）地基基础工程和主体结构工程的质量问题。房屋的地基基础工程和主体结构工程出现质量问题一般表现为：地基下沉、房屋倾斜、承重结构变形、墙体开裂、倾斜等严重的质量问题。建筑物在合理使用寿命内，必须确保地基基础工程和主体结构的质量。

（2）屋面防水工程的质量问题。按照建设部 2000 年颁布的《房屋建筑工程质量保修办法》规定，在正常使用下房屋防水工程、有防水要求的卫生间、房间和外墙面的防渗漏，最低保修期限为 5 年。

（3）其他土建工程质量问题，一般包括地面、楼面工程，门窗工程等出现的问题。地面工程质量问题，如室内地坪空鼓、开裂、起沙、地面渗水；楼面工程质量问题，如墙面浆活起碱脱皮、龟裂，顶棚抹灰、墙纸、面砖镶贴、油漆等饰面脱落，卫生间、厨房地面泛水、积水、阳台积水漏水；门窗工程质量问题，如铝合金窗框扇相碰、密封条、毛刷条短缺、密封股封闭不严向内渗水等质量问题。

（4）电气管线、给排水系统管线的安装工程的质量问题，主要指电气的线路、开关、电表的安装，电气照明灯具的安装，给水管道、排水管道的安装等出现的问题。如电器照明的开关、插座安装倾斜、插座缺项或短路，给排水管道漏水、堵塞，给水阀门关闭不严、脱丝，连接件滴、渗水，截止阀生锈、水表空走等均属安装工程质量问题。

（5）供热、供冷系统工程的质量问题，是指暖气设备、中央空调设备等的安装工程等出现的质量问题。供热与供冷系统的最低保修期限为两个采暖期、供冷期。

31.3 发生质量纠纷后的处理方式

房屋质量问题按性质和程度可分为房屋的主体结构质量不合格、影响正常使用的严重质量问题和其他一般质量问题三种情况。

第32条 律师为买受人提供法律服务的内容

32.1 审查开发商提供的《住宅质量保证书》或附件中约定的质量保修条款。

32.2 详见 20.3。

第 33 条 律师为买受人提供法律服务时的重点内容

33.1 审查开发商提供的《住宅质量保证书》或附件中约定的质量保修条款是否符合相关法律、法规、规章的规定,特别是当地行政法规、规章对商品房的保修期限、保修范围、保修责任有特别规定的,是否执行了当地规定。

33.2 审查开发商在商品房买卖合同及其附件(包括《住宅质量保证书》)中约定的开发商质量免责条款、处理机制、违约责任是否公平合理。

33.3 如开发商承诺商品房的质量标准高于国家标准或对商品房质量有特别约定的,则应在商品房买卖合同中作特别约定。

第 34 条 律师为买受人提供法律服务时的风险提示

如果合同约定买受人应当对是否存在质量问题承担举证责任,且要求以鉴定机构出具的鉴定结论为依据,则买受人很有可能因为高额的鉴定费用而无法向开发商主张权利。

第五节 合同对精装修标准与样板房的约定

第 35 条 一般规定

35.1 精装修房又称全装修住宅,是指房屋交钥匙前,所有功能空间的固定面全部铺装或粉刷完成,厨房和卫生间的基本设备全部安装完成。

35.2 建筑装饰装修工程质量验收规范主要有《建筑装饰装修工程质量验收规范》、《住宅装饰装修工程施工规范》等,另外,各地还制定了一些地方标准,如北京市的《家庭居室装饰工程质量验收标准》、上海市的《住宅装饰装修验收标准》、浙江省《家庭装饰装修工程质量规范》,等等。2002 年,建设部住宅产业化促进中心颁发了《商品住宅装修一次到位实施细则》和《商品住宅装修一次到位材料、部品技术要点》,建设部已经将此标准推广到康居示范工程 3A 级住宅里面,并推荐给全行业的房地产开发、设计和施工单位参照执行。如果买卖双方参照该标准的,则应在买卖合同中约定。

第 36 条 律师为买受人提供法律服务的内容

详见 20.2、20.3。

第 37 条 律师为买受人提供法律服务时的重点内容

37.1 有的开发商为了规避税收等原因,要求买受人与装修施工单位签署装修施工合同的,则买受人可要求开发商对装修工程的质量承担第一责任。

37.2 开发商提供菜单装修的,有关设备、材料的品牌、规格型号、产地的约定应当确定,不会产生歧义;颜色等方面的约定应十分明确,如,不能将某一种装饰的颜色简单地约定为蓝色,而应确定为深蓝色还是浅蓝色。如有可能,建议封存颜色样品。

37.3 买受人要求开发商在交付使用时提供相关材料、设备及整体质量检测证明的,应在合同中约定。

37.4 开发商在销售时设置样板房且未在合同中就交付商品房的质量、设备及装修与样板房是否一致作出说明的,应对样板房的质量、设备及装修情况进行证据保全。

37.5 装修工程竣工后,并不像土建工程竣工后需要得到建设行政主管部门认可或备案,因此,没有一份统一的证明材料来证明该装修工程符合相关规范。如果买卖双方约定需要对装修质量进行检测的,应约定检测项目及检测单位。

37.6 开发商交付使用的商品房的装饰、设备达不到约定标准的,应区别不同情况作出约定(推荐):

(1) 达不到约定标准并存在安全隐患或影响买受人正常使用的,如使用的材料不符合环保、消防、安全用电的要求或在安装过程中造成安全隐患的,管道密封性能差致使水、气外泄的,供水、供电达不到合同要求的,应约定由开发商调换材料或修复,直至消除安全隐患或能够正常使用为止。由此而导致房屋逾期交付的,由开发商承担逾期交房的违约责任。

(2) 达不到约定标准但不影响买受人正常使用的,如安装的电梯、装修所采用的材料的品牌与合同约定不一致的,可以约定由开发商赔偿双倍的装饰、设备差价。

(3) 没有按约定的要求装修,但约定使用的装饰材料、设备与实际使用的材料、设备之间没有差价的,如约定的房间地板颜色为暗红色,实际使用的房间地板为米黄色,虽然两者的标准、价格都一样,但买受人不满意,在这种情况下,原则上应当由开发商重新施工。如果买受人同意,也可以约定由开发商支付一定数额的违约金。

第38条 律师为买受人提供法律服务时的风险提示

由于目前没有法定机构对装修质量进行统一检测,因此,对于整体装修质量是否符合相应标准没有相关验收文件可以作为凭据,如果合同约定买受人应当对是否存在装修质量问题承担举证责任,且要求以鉴定机构出具的鉴定结论为依据,则买受人很有可能因为高额的鉴定费用而造成无法向开发商主张权利的后果。

第六节　合同对付款方式与付款期限的约定

第39条　一般规定

39.1 付款方式一般分为一次性付款、分期付款、银行按揭三种方式。

39.2 一次性付款

一次性付款是指买受人在签订商品房买卖合同时或在合同约定的时间一次性支付全部商品房价款的付款方式。

39.3 分期付款

分期付款是指根据商品房买卖合同的约定,先由开发商将期房预售或将现房出售给买受人,买受人在一定期限内分次支付商品房价款的付款方式。

39.4 银行按揭

按揭付款的非诉法律服务详见本编第六章。

第 40 条 律师为买受人提供法律服务的内容

详见 20.2、20.3。

第 41 条 律师为买受人提供法律服务时的重点内容

41.1 开发商要求买受人将商品房价款汇入其指定账户的,则应在合同中约定账号等信息。

41.2 买受人以现金支付商品房价款的,则应在合同或收据中注明现金付讫。

41.3 买受人以分期付款方式付款的,如果买受人已按约定支付了大部分款项,仅仅是尾款没有按约定期限支付的,应限制开发商行使合同解除权。

第 42 条 律师为买受人提供法律服务时的风险提示

42.1 买受人不按合同约定期限付款的,应按约定承担逾期付款的责任;逾期超过一定期限的,开发商有权要求解除合同。

42.2 买受人以第三人的名义向开发商付款的,在商品房价款支付后应向开发商确认,否则,开发商有理由认为买受人未按约定支付商品房价款。

第七节　合同对设计变更与规划变更的约定

第 43 条 一般规定

43.1 经依法审定的修建性详细规划、建设工程设计方案的总平面图不得随意修改;确需修改的,城乡规划主管部门应当采取听证会等形式,听取利害关系人的意见;因修改给利害关系人合法权益造成损失的,应当依法给予补偿。

43.2 商品房销售后,开发商不得擅自变更规划、设计。确实需要变更的应取得设计单位同意和规划部门批准。

第 44 条 律师为买受人提供法律服务的内容

详见 20.2、20.3。

第 45 条 律师为买受人提供法律服务时的重点内容

45.1 除了开发商提供的格式文本约定的规划变更、设计变更情形之外,买受人认为哪些规划变更、设计变更还需要开发商通知,并要求保留解约权的,可要求开发商在合同中约定。

45.2 当发生规划变更、设计变更的情形时,买受人除了行使解约权外,建议应约定在不解约的情形下,可以向开发商索赔。

45.3 为保护自身权益,买受人可以要求在商品房买卖合同中就规划、设计变更

做出如下特别约定(推荐):

(1) 商品房买卖合同签订后,未经买受人同意,出卖人不能擅自对房屋的结构形式、户型、空间尺寸、朝向、质量以及小区公共配套设施、容积率、绿化率、房屋间距等进行变更。

(2) 出卖人确因建设需要必须变更规划、设计,并可能影响买受人所购商品房质量或使用功能的,应将变更方案书面通知买受人,并征求买受人意见。

(3) 买受人同意变更方案的,买受人应与开发商另行签订补充协议。

(4) 开发商未将变更方案书面通知买受人,或虽通知买受人但买受人不同意变更方案,若开发商擅自变更规划、设计后,影响买受人所购商品房质量或使用功能的,买受人有权退房,买受人退房的,开发商应当在收到退房通知书之日起_____天内将买受人已付款退还给买受人,并向买受人赔偿经济损失(包括可得利益损失);买受人不退房的,开发商应按照合同约定承担违约责任(买受人所购商品房面积发生变化的,按照示范文本第5条的约定处理,其他变化可以约定一定比例或一定数额的违约金)。

第 46 条 律师为买受人提供法律服务时的风险提示

如果合同约定买受人在接到开发商提出的规划变更、设计变更通知之日起15日内未作出书面答复的,视同接受变更。因此,买受人应予以及时答复。

第八节 合同对商品房交付条件、交付程序及权属登记的约定

第 47 条 一般规定

47.1 商品房的交付使用条件

根据《城市房地产管理法》第26条规定,房地产开发项目的设计、施工,必须符合国家的有关标准和规范。房地产开发项目竣工,经验收合格后,方可交付使用。验收合格包括以下内容与程序:

(1) 取得规划、消防、环保等单项验收合格证明

① 规划验收合格。根据《城乡规划法》第45条第1款的规定,县级以上地方人民政府城乡规划主管部门按照国务院规定对建设工程是否符合规划条件予以核实。在一些市县,建设项目完成后,由规划部门验收,符合规划许可证及附件等规划文件载明的规划条件的,出具相应的合格证书。

② 消防验收合格。根据《中华人民共和国消防法》(以下简称《消防法》)第10条的规定,按照国家工程建筑消防技术标准进行消防设计的建筑工程竣工时,必须经公安消防机构验收;未经验收或者验收不合格的,不得投入使用。房地产开发项目应当按照国家工程建筑消防技术标准进行消防设计,建设项目竣工后应当取得公安消防部门出具的消防验收合格的认可文件或者准许使用文件。

③ 环保验收。房地产建设项目的环保验收是房地产开发过程中的重要一环,但房

地产建设项目在居民未入住前,难以对环保设施进行验收。因此,国家环保总局在1999年7月1日环发(1999)154号复函曾经对此作出规定:对房地产建设项目可在主体工程验收时先对环境保护设施进行预验收,待居民入住率达75%以上时,再对环境保护设施进行正式验收。在实际执行中,部分地区取消了房地产建设项目竣工环保预验收。

(2) 工程竣工验收合格

根据《中华人民共和国建筑法》(以下简称《建筑法》)第61条的规定,交付竣工验收的建筑工程,必须符合规定的建筑工程质量标准,有完整的工程技术经济资料和经签署的工程保修书,并具备国家规定的其他竣工条件。建筑工程竣工经验收合格后,方可交付使用;未经验收或者验收不合格的,不得交付使用。

(3) 竣工验收备案

我国现有法律、法规规定,国家对建设工程质量采用备案制度。《建设工程质量管理条例》第49条规定,建设单位应当自建设工程竣工验收合格之日起15日内,将建设工程竣工验收报告和规划、公安消防、环保等部门出具的认可文件或者准许使用文件报建设行政主管部门或者其他有关部门备案。

47.2 商品房交付使用程序

我国现行法律、法规、规章及规范性文件对商品房交付的具体程序并无明确规定,商品房交付的一般程序如下:

(1) 入住通知。商品房具备交付使用条件后,开发商应向买受人发出入住通知书。

(2) 检查验收。买受人在接收房屋前应按照合同约定对房屋进行验收,开发商应当给买受人预留检查验收的时间。

(3) 结算房款、交纳物业维修资金及合同约定的其他费用。

(4) 签署房屋交接单。买受人确认开发商所交付的房屋符合法律规定和合同约定,开发商也已确认买受人按合同约定履行了付款义务,合同双方就应签署房屋交接单。

(5) 交纳先期物业服务费以及代办产权证所需要缴纳的税、费。

47.3 房地产权属登记

虽然《物权法》规定实行不动产统一登记制度,但在不少地区,房屋所有权与土地使用权分别登记。房屋所有权登记还包括房屋所有权初始登记和房屋所有权转移登记,经房屋所有权转移登记后,买受人才取得房屋的所有权。

第 48 条 律师为买受人提供法律服务的内容

详见20.2、20.3。

第 49 条 律师为买受人提供法律服务时的重点内容

49.1 买受人可以要求在约定以验收合格或者取得批准使用文件为交付条件的

同时，约定其他更为具体的条件，特别是精装修房屋，可增加约定相关部门（如环保部门）检测，室内空气质量达到有关环保标准；小区设施已全部交付使用等。并约定未达到上述条件的任何一条，即使商品房已经通过验收，仍视为未达到交房条件。

49.2 对于不可抗力以外的开发商免责事由应从严控制。对于这些特殊原因，买卖双方也应当约定一个告知期限以及举证期限，即应约定开发商在合理的时间内告知买受人，并向买受人提供发生免责事由的证据。

49.3 约定买受人解除合同的权利。商品房是特殊商品，若不可抗力事件或开发商的其他免责事由持续时间过长，会影响买受人的生活。如考古发现，有可能会延长工期几个月甚至一两年。因此，买卖双方可以在合同中约定不可抗力事件或开发商的其他免责事由的持续时间达到一定期限时，买受人有权解除合同。

49.4 交接程序应符合一般的商业惯例，即经验收合格后再签署房屋交接书。

49.5 房屋初始登记的权利人是开发商，因此，买受人要求办理的产权登记应该是房屋所有权转移登记。

第 50 条 律师为买受人提供法律服务时的风险提示

如果合同没有特别约定，则自买受人接到开发商的书面交房通知，无正当理由拒绝接收的，房屋毁损、灭失的风险自书面交房通知确定的交付使用之日起，由买受人承担。

第九节 合同对违约责任的约定

第 51 条 一般规定

违约责任的承担方式

51.1 解除合同

解除合同，是指在合同有效成立之后，当具备解除合同的条件时，因当事人一方的意思表示或双方的意思表示而使基于合同发生的债权债务归于消灭的行为。合同的解除，分为约定解除和法定解除两种主要类型。

《合同法》第 93 条规定了合同的约定解除：当事人协商一致，可以解除合同。当事人也可以约定一方解除合同的条件。解除合同的条件成就时，解除权人可以解除合同。

《合同法》第 94 条规定了合同法定解除的五种情形：因不可抗力致使合同目的不能实现；在履行期限届满之前，当事人一方明确表示或者以自己的行为表明不履行主要债务；当事人一方迟延履行主要债务，经催告后在合理期限内仍未履行；当事人一方迟延履行债务或者有其他违约行为致使不能实现合同目的；法律规定的其他情形。

52.2 支付违约金

违约金是指合同当事人不履行或不按约定履行合同时，应付给对方当事人由法律规定或合同约定的一定数额的货币。违约金分为法定违约金和约定违约金,凡法律规定的违约金是法定违约金,由合同双方当事人在合同中约定的违约金是约定违约金。

52.3 赔偿损失

对于因当事人违约行为给对方当事人造成财产损失的,应当赔偿对方当事人因违约所受到的损失,这就是承担赔偿损失的违约责任形式。

第52条 律师为买受人提供法律服务的内容

详见20.2、20.3。

第53条 律师为买受人提供法律服务时的重点内容

53.1 约定开发商违约的主要情形

(1) 没有按合同约定的时间交房;
(2) 交付的商品房不符合合同约定的交付条件;
(3) 商品房没有达到合同约定的装饰、设备标准;
(4) 基础设施、公共配套建筑不能在合同约定的时间内达到使用条件;
(5) 没有按合同约定的时间提供相关资料导致买受人无法取得商品房权属证书;
(6) 没有按合同约定履行保修义务。

53.2 买受人是否有权拒绝收房,应依据商品房买卖合同约定的交付条件来看,而不是说只要商品房存在质量问题,买受人就可以拒绝收房。当然,买受人可以约定更为具体的交付条件,比如,鉴于基础设施、公共配套建筑的正常使用是买受人能够正常居住商品房的前提条件,可以将基础设施、公共配套建筑符合正常使用条件约定为交付条件之一。

53.3 对于精装修房,对装饰、设备标准的约定的违约责任尤其要详细具体。

第54条 律师为买受人提供法律服务时的风险提示

54.1 如果合同没有对开发商违约时应承担的违约金或违约金计算方式作出明确约定,而仅仅约定赔偿损失的,则买受人举证证明其损失金额有一定难度。

54.2 法律规定或合同约定买受人行使合同解除权应在一定期限内行使的,买受人应在规定或约定的期限内行使,否则,买受人丧失合同解除权。

第十节 合同对争议解决的约定

第55条 合同对调解的约定

55.1 一般规定

调解是指合同当事人自愿将合同争议提交给合同之外的第三方,在第三方的主持下协商解决的方式。

55.2 律师为买受人提供法律服务的内容

律师应当提醒开发商在商品房买卖合同补充条款中(示范文本附件四)对调解进行明确的约定,约定内容一般包括以下几方面:

(1) 调解人的确定

① 双方可以直接约定调解人,也可以约定调解人选择范围、人数以及最终确定方式。

② 调解人选择范围:调解人可以在省级律师协会建筑与房地产专业委员会专家库、省级或所在地、市律师协会常务理事、民事内容委员会推荐的专家,或者消费者协会中有关专家中选择。

③ 调解人人数:双方可选择由1名调解人进行调解或者3名调解人组成调解小组进行调解。由1名调解人进行调解的,该调解人由双方共同在专家库中选择确定。双方选择由调解小组进行调解的,则各自选择1名专家,再由双方共同选择1名专家作为调解小组的组长,由公证处在双方在场的情况下抽签确定。

④ 若双方在合同约定或在双方商定的时间内未能就调解人的选择达成一致意见,或者双方共同选择的调解人拒绝履行职责或不能履行职责后14天内,双方未能重新达成一致意见,则合同可约定双方调解程序终结。

⑤ 调解人的报酬:包括涉及调解的其他费用,应在双方选择调解人时商定,由各方承担上述报酬和费用的一半。

(2) 调解程序

合同应对确定调解人后的调解程序进行明确约定,包括调解时间、调解效力、调解程序本身地位等。

① 调解时间:调解人进行调解的时间一般以不超过56天为宜,无论双方是否达成一致意见,调解人或调解小组应在约定调解时间之内作出调解决定。

② 调解效力包括,调解决定如何生效,生效后对双方的约束力,一方对调解决定有异议的处理。

③ 调解程序本身的地位:合同之中应当明确调解程序是否为进行仲裁或诉讼的前置程序。

55.3 律师为买受人提供法律服务时的重点内容

调解过程中,可选择一揽子解决双方全部争议事项,也可对部分争议事项先协商一致,其余争议事项留待后续解决。

双方可以在合同中直接选定主持调解的调解人,如省级律师协会建筑与房地产专业委员会专家库、省级或所在地、市律师协会常务理事、民事内容委员会推荐的专家、或者消费者协会中有关专家。

如合同约定调解程序的,调解程序启动。但调解达到一定期限未果,则建议终止调解程序。

具体内容参照本编第八章"诉讼、仲裁前的调解"。

55.4 律师为买受人提供法律服务时的风险提示

如合同约定调解是仲裁或诉讼前置程序的,律师应当提醒买受人,如果未经调解而直接进入仲裁或诉讼,可能会在仲裁或诉讼中被驳回。

第 56 条 合同对诉讼与仲裁的约定

56.1 一般规定

诉讼是解决合同争议最常用的方式,是指司法机关和案件的当事人,在其他诉讼参与人的配合下,为解决争议所进行的活动。在合同纠纷发生后,当事人可以直接向人民法院起诉(除当事人之间存在有效的仲裁协议外)。

仲裁是指各方当事人自愿将他们之间的争议交给各方所同意的仲裁机构进行审理和裁决,以仲裁机构的裁决作为最终解决争议依据的法律制度。

56.2 律师为买受人提供法律服务的内容

详见20.2、20.3。

56.3 律师为买受人提供法律服务时的重点内容

诉讼或仲裁的成本比较大,因此解决争议的最佳手段是和解或调解。另外,因商品房买卖合同纠纷易发,往往是群体性的,因此买受人应当注意利用群体的力量,团结起来,增加谈判的筹码。

56.4 律师为买受人提供法律服务时的风险提示

仲裁机构选定后,未经双方协商同意,不得变更。

仲裁机构的裁决是终局性的,除了发生法定情形时可以向人民法院申请撤销仲裁裁决或申请不予执行外,不得再向人民法院起诉。

第十一节 商品房买卖合同的成立、生效、登记与备案

第 57 条 一般规定

57.1 商品房买卖合同的成立与生效

57.1.1 合同成立,是指订约当事人就合同的主要条款达成合意,包括要约和承诺两个阶段。根据《合同法》的相关规定,承诺生效时合同即成立;但合同当事人如果采用合同书形式订立合同的,自双方当事人签字或者盖章时合同即可成立。

商品房买卖合同的成立,是指开发商与买受人之间就尚未建成或者已竣工房屋的出售达成一致的意见。一般商品房买卖合同均采用书面形式订立合同,根据《合同法》第32条的规定,开发商与买受人在商品房买卖合同上签字或者盖章时合同即可成立。

特别说明:《合同法司法解释二》已经实施,对合同成立是一个突破,商品房买卖合同又是一个特殊的合同,是适用《司法解释》还是《合同法司法解释二》,在实践中会有争议,律师应谨慎处理,密切关注司法实践的动向。

57.1.2 合同生效,是指已经成立的合同在当事人之间产生一定的法律约束力,即对合同双方当事人发生强制性约束力,也就是通常所说的法律效力。《合同法》第44条、第45条、第46条对合同生效作出了规定。

商品房买卖合同的生效,是指房地产开发企业即出卖人与买受人之间就尚未建成或者已竣工房屋的出售达成符合法律规定及双方约定的合意,并履行法定及约定的相关手续后,该合意对出卖人与买受人即发生法律效力。

在合同生效时间上,通常是合同成立即生效,但如果法律、法规有特殊规定需要办理批准、登记手续的,应当依照规定办理相关手续,否则合同不能生效;此外,合同生效可以由合同主体在合同中约定附期限或附条件,在双方约定的期限届至或者条件成就时合同生效。之所以合同成立并不等于合同生效,是因为存在以下四个方面的区别:

(1)两者反映的主体意志不同。合同成立反映的是合同双方当事人的意志,即当事人双方就合同主要内容达成的合意;而合同生效反映的是国家的意志,即国家法律对已成立合同的一种法律认可或价值判断。

(2)两者体现的原则不同。由于合同成立是双方当事人的意志,体现的是合同自由原则;而合同生效则是国家的意志,其生效与否取决于国家对合同关系的干预,体现的是强制性原则。

(3)两者属于不同的问题领域。合同成立是事实问题,属于事实领域的判断;合同生效则是法律问题,能产生相应的法律效力。

(4)两者的地位作用不同。合同成立是合同生效的前提,合同成立并不意味着合同生效;而合同生效与否还取决于当事人双方的约定,在特殊情形下,需要办理相应的法律手续或期限届至或条件成就时才能使合同生效。

57.2 商品房买卖合同备案与登记

57.2.1 商品房买卖合同的备案,根据《城市房地产开发经营管理条例》的规定,开发商应当自商品房预售合同签订之日起30日内到商品房所在地的县级以上人民政府房地产开发主管部门和负责土地管理工作的部门备案。在《物权法》实施以前,合同备案作为一种政府的行政行为,并非商品房买卖合同的生效要件,仅具有对抗第三人的效力,除非出卖人与买受人约定商品房买卖合同履行备案登记后才生效。在《物权法》实施以后,商品房买卖合同的备案实际上即是向登记机构申请预告登记。预告登记后,未经预告登记的权利人同意,处分该不动产的,不发生物权效力。

57.2.2 商品房买卖合同的登记,根据《物权法》第9条的规定:不动产物权的设立、变更、转让和消灭,经依法登记,发生效力;未经登记,不发生效力,但法律另有规定的除外。因此,生效的商品房买卖合同并不能导致买受人当即取得物权,合同当事人只有依法向房产管理部门办理了商品房登记以后,买受人才能取得物权。

第58条 律师为买受人提供法律服务时的内容

律师应仔细审查商品房买卖合同的合法性与完整性,包括审查对方当事人的主体资格、合同条款内容、生效时间及程序和开发商提供的合同文件是否齐全等。

其余参照20.2、20.3。

第59条　律师为买受人提供法律服务时的重点内容

59.1　商品房所有权的转让,经依法登记,发生效力;未经登记的,即使合同已经生效,但不发生物权效力。

59.2　律师应当提示买受人,根据《物权法》第20条的规定,买受人在与开发商签订商品房买卖合同后,为保障买受人将来能够实现物权,按照约定可以向不动产登记机构申请预告登记。预告登记后,未经预告登记的权利人同意,开发商处分该不动产的,不发生物权效力。预告登记制度可以很好地堵住一房数卖的漏洞,对于买受人来讲,应当有效利用法律武器,维护自身权利,预防风险。因此,在合同中,应当约定预告登记。

第60条　律师为买受人提供法律服务时的风险提示

律师应当提醒买受人及时进行预告登记及登记。

在预告登记后,债权消灭或者自能够进行不动产登记之日起3个月内未申请登记的,预告登记失效。债权消灭或者自能够进行房屋登记之日起3个月内未申请登记的,预告登记失效,这就可以促使买受人及时行使权利。

第三章
商品房买卖合同的无效情形

第61条　一般规定

61.1　概念界定

合同无效,是指合同虽然成立,但因其违反法律、行政法规、社会公共利益而无效。可见,无效合同是已经成立的合同,是欠缺生效要件的合同,是不具有法律约束力的合同,不受国家法律保护的合同。无效合同自始无效,但部分条款无效,不影响其余部分的效力。

61.2　关于商品房买卖合同无效的相关法律规定

《合同法》第44条、第47条、第48条、第51条、第52条、第54条,《司法解释》第2条、第6条、第9条、第10条等,均对商品房买卖合同无效的认定作出了规定。

61.3　导致商品房买卖合同无效的情形

综合上述法律规定,可以将商品房买卖合同无效的情形归结为以下几类:

（1）商品房买卖合同本身的无效

① 一方以欺诈、胁迫的手段订立合同,损害国家利益的;

② 恶意串通,损害国家、集体或者第三人利益的,比如,出卖人与第三人恶意串通,另行订立商品房买卖合同并将房屋交付使用,买受人可请求法院确认出卖人与第三人订立的商品房买卖合同无效;

③ 以合法形式掩盖非法目的的;

④ 损害社会公共利益的;

⑤ 违反法律、行政法规的强制性规定的;

⑥ 开发商未取得商品房预售许可证明,与买受人签订的商品房预售合同无效;

⑦ 当事人约定以办理登记备案为商品房预售合同生效要件,但合同未办理登记备案的;

⑧ 开发商在划拨土地上进行商品房开发,未经政府部门批准的,签订的商品房买卖合同无效。

(2) 商品房买卖合同被撤销的,自始无效

① 因重大误解订立的合同,当事人请求撤销的;

② 在订立合同时显失公平,当事人请求撤销的;

③ 一方以欺诈、胁迫的手段或者乘人之危,使对方在违背真实意思的情况下订立的合同,受损害方请求撤销的;

④ 出卖人故意隐瞒所售房屋已经抵押、所售房屋已经出卖给第三人、或者为拆迁补偿安置房屋的事实的,买受人请求撤销的;

⑤ 限制民事行为能力人订立的商品房买卖合同,在被法定代理人追认之前,善意相对人要求撤销的;

⑥ 代理人没有代理权、超越代理权或者代理权终止后以被代理人名义订立的合同,在被代理人追认前,善意相对人要求撤销的。

(3) 效力待定的商品房买卖合同,未经权利人、被代理人或法定代理人及时追认的为无效合同

① 限制民事行为能力人订立的商品房买卖合同,未经法定代理人追认的,该合同无效;

② 代理人没有代理权、超越代理权或者代理权终止后以被代理人名义订立的合同,未经被代理人追认的,该合同无效;

③ 无处分权的人处分他人财产,签订商品房买卖合同,未经权利人追认的,该合同无效。

第62条 律师为买受人提供法律服务时的内容

一旦商品房买卖合同被确认为无效,律师可以根据实际情况向买受人提供相应的法律服务,内容如下:

(1) 律师首先应帮助买受人分析导致合同无效的原因及责任方,并判断是否可以采取补救措施,以使合同满足生效要件。若是因代理人没有代理权、超越代理权,或者

代理权终止后以被代理人名义订立合同,或者买受人为限制民事行为能力人的,若买受人确实有购房意愿,律师应提请被代理人,或者限制民事行为能力人的法定代理人在开发商行使撤销权前及时予以追认。

(2) 若是因开发商原因导致合同无效的,律师应提请买受人注意证据的收集,并提请买受人注意及时履行催告、告知等义务,协助买受人与开发商友好协商,确定具体的赔偿金额。若协商不能达成一致,应注意诉讼时效的把握。

(3) 若是因买受人原因导致合同无效的,开发商应提请买受人注意与开发商进行友好协商,确定具体的赔偿金额,尽量减少买受人应承担的责任。

(4) 商品房买卖合同约定以按揭贷款方式支付房屋价款,且买受人已与银行签订了按揭贷款合同的,律师应协助买受人妥善处理与银行解除按揭贷款的事宜。

第63条 律师为买受人提供法律服务时的重点内容

63.1 提请买受人行使要求开发商承担购房款一倍的赔偿责任

根据《司法解释》第9条的规定:"出卖人订立商品房买卖合同时,具有下列情形之一,导致合同无效或者被撤销、解除的,买受人可以请求返还已付购房款及利息、赔偿损失,并可以请求出卖人承担不超过已付购房款一倍的赔偿责任:(一)故意隐瞒没有取得商品房预售许可证明的事实或者提供虚假商品房预售许可证明;(二)故意隐瞒所售房屋已经抵押的事实;(三)故意隐瞒所售房屋已经出卖给第三人或者为拆迁补偿安置房屋的事实。"

因上述原因导致商品房买卖合同无效或者被撤销的,律师在向买受人提供法律服务与开发商交涉时,应告知买受人其享有的权利为:

(1) 请求开发商返还购房款及利息;
(2) 赔偿买受人因此造成的损失;
(3) 请求开发商承担不超过已付购房款一倍的赔偿责任。

63.2 妥善处理按揭贷款合同的解除事宜

如上文所述,商品房买卖合同与担保贷款合同是两个不同的法律关系,且根据最高人民法院《司法解释》的规定,商品房买卖合同被确认无效或者被撤销、解除的,买受人可以要求解除担保贷款合同。买受人签订担保贷款合同的目的是购买商品房,当商品房买卖合同被确认无效或被撤销、解除时,贷款已经没有任何意义,因此,律师应提请买受人及时解除该担保贷款合同,免得支付巨额的贷款利息,并同时要求开发商返还购房款的本金及利息。

第64条 律师为买受人提供法律服务时的风险提示

64.1 律师为买受人提供法律服务时开发商的风险提示

律师应当提醒买受人,出卖人如果与第三人恶意串通,另行订立商品房买卖合同并将房屋交付第三人使用,导致买受人无法取得房屋的,可以请求确认出卖人与第三人订立的商品房买卖合同无效。

律师应当提醒买受人,出卖人即开发商未取得商品房预售许可证明或提供虚假的商品房预售许可证明而与买受人签订的商品房预售合同,应当认定为无效,但在起诉前取得商品房预售许可证明的,可以认定有效。

律师应当提醒买受人,开发商在与买受人签订商品房买卖合同时,故意隐瞒所售房屋已经抵押、所售房屋已经出卖给第三人,或者为拆迁补偿安置房屋的事实的,买受人有权要求撤销或解除合同,并可以请求返还已付购房款及利息、赔偿损失,以及由出卖人承担不超过已付购房款一倍的赔偿责任。

64.2 律师为买受人提供法律服务时律师自身执业风险提示

律师在为买受人提供法律服务时,首先应全面了解情况,要求当事人提供与纠纷有关的所有材料,在此基础上判断导致合同无效的原因及责任方,并根据开发商对合同效力的预期提供相关的法律服务。

律师在提供服务的过程中,对于应当告知当事人的相关法律风险、注意事项等,应采取书面法律提示意见等方式告知当事人;对需征求当事人意见的事项,应由当事人出具书面的确认意见。

第四章
商品房买卖合同的履行、变更、转让、解除、终止
(本章仅限于合同签订、登记备案之后,商品房交付之前)

第一节 商品房买卖合同的履行

第65条 一般规定

65.1 概念

合同的履行,就其实质来说,是合同当事人在合同生效后,全面、适当地完成合同义务的行为。商品房买卖合同的履行,主要是指开发商和小业主按照合同约定行使权利、承担义务的行为,即开发商按照约定时间提供符合质量、面积等要求的商品房,小业主按照约定交付购房款等行为。

65.2 商品房买卖合同履行的基本原则

根据《合同法》第60条的规定,在商品房买卖合同履行过程中,当事人一般应遵循以下原则:

(1)全面、适当履行的原则。在商品房买卖合同中,对开发商来说,主要义务是按期交付商品房,包括但不限于按约定的时间、质量、面积、设计要求等交付符合合同要求的商品房;对买受人来说,主要的义务就是按期支付购房款。

(2) 诚实信用原则。
(3) 公平合理、促进合同履行的原则。
(4) 当事人一方不得擅自变更合同的原则。商品房买卖合同中的变更将在合同变更部分详细说明。

65.3 合同履行中条款空缺的法律适用

(1) 合同条款空缺的概念。合同条款空缺,是指合同生效后,当事人对合同条款约定有缺陷,依法采取完善或妥善处理的法律行为。根据《合同法》第61条规定,当事人可以协议补充,如不能达成补充协议的,按照合同有关条款或者交易习惯确定。

(2) 协议补充、按照有关规定或者交易习惯。协议补充,是指合同当事人对没有约定或者约定不明确的合同内容通过协商的办法订立补充协议,该协议是对原合同内容的补充,因而成为原合同的组成部分。《商品房买卖合同示范文本》(GF—2000—0171)有四个附件作为合同的组成部分,附件涵盖了房屋平面图、公共部位与分摊的面积构成说明、装饰、设备标准等,律师在提供法律服务时,应提示开发商或买受人重视附件,以避免不必要的麻烦。

合同当事人不能达成补充协议,按照合同有关条款或者交易习惯确定。

(3) 合同内容约定不明确,依照《合同法》第61条规定仍不能确定的,按照《合同法》第62条的规定处理。

65.4 商品房买卖合同履行中的抗辩权

抗辩权是合同法中维护当事人合法权益的重要保障,商品房买卖合同作为众多合同中的一种,也享有《合同法》的抗辩权。主要表现在以下几个方面:

(1) 同时履行抗辩权。法律依据为《合同法》第66条的规定。在商品房买卖合同中,如果是一手交钱一手交房,未约定先后顺序的,双方在履行自己的义务前就可以行使相应的同时履行抗辩权。

(2) 先履行抗辩权。法律依据为《合同法》第67条的规定。在商品房买卖合同履行过程中,主要存在以下几种先后履行合同的行为:即开发商应取得预售(销售)许可证——买受人支付购房款——开发商交付商品房。在这几种行为中,形成了一个有先后顺序的锁链行为,如前一步骤未完成,合同相对方在先履行方要求履行时,可提出相应的抗辩权,以维护自己的合法权益。

(3) 不安抗辩权。法律依据为《合同法》第68条的规定。在商品房买卖合同中,如有一方行使不安抗辩权,也应遵循不安抗辩权的基本原理。实践中,开发商要行使不安抗辩权,主要是基于买受人因为各种原因可能无法支付购房款的情形;买受人要行使不安抗辩权,主要是基于开发商经营不善,在施工过程中无法支付工程款,导致工程存在烂尾楼的风险,面临可能无法交房的情形。

同时,律师应提示当事人不安抗辩的构成应符合严格的条件,应防止滥用。根据《合同法》第69条的规定,先履行义务一方当事人应负担两项附随义务,即通知义务和举证义务。如果没有充分的证据证明对方不能履行合同而中止自己的履行的,应当承担违约责任,因此,行使不安抗辩权的一方有主张不成立而承担违约责任的危险。

第 66 条　律师为买受人提供法律服务的内容

律师对买受人的主要义务如付款时间、对设计变更通知的及时回复等应着重提示。

在商品房买卖合同的履行阶段,律师可以为买受人提供以下法律服务:

(1)律师应提醒买受人:在合同成立、生效后,就应遵循全面、适当履行的基本原则,应严格按照合同约定履行合同,不能违反。律师应对双方的商品房买卖合同进行详尽的审查,尤其对合同的实质性内容进行审查,并以法律意见书的形式向委托人说明其在合同中所享有的权利,应承担的法律义务,并提醒其在合同履行中应注意的事项,如确保按期交付房款、按期办理有关按揭手续、按时收房验房、按时交付物业维修基金及物业管理费用等。

(2)律师应在尊重事实和法律的基础上,善意解答买受人提出的与商品房买卖合同履行中相关的法律问题并给予合理化的建议。

(3)律师可接受买受人的委托,为买受人的合同履行提供全过程的法律服务,审查合同、出具来往函件等,以防范风险于未然。

第 67 条　律师为买受人提供法律服务时的重点内容

67.1　审查双方签订的合同,主要就商品房买卖合同中买受人所享有的权利、应承担的义务做详细的审查,并以法律意见书的形式向买受人做详尽讲解

如律师可就付款时间、设计变更的回复等义务向买受人进行详细的说明:

(1)提示买受人按约支付购房款。付款方式中有一次性付款、分期付款以及按揭等方式,律师应提醒买受人严格按照合同约定的时间、约定的方式办好付款手续,支付购房款,否则,可能承担相应的违约责任,支付高额的滞纳金,甚至被开发商解除合同。

(2)提示买受人对规划变更、设计变更及时回复意见。《商品房买卖合同示范文本》(GF—2000—0171)第 10 条就规划变更、设计变更做了详尽的说明,开发商"应当在有关部门批准同意之日起 10 日内,书面通知买受人",而"买受人有权在通知到达之日起 15 日内做出是否退房的书面答复。买受人在通知到达之日起 15 日内未作书面答复的,视同接受变更"。因此,律师应提醒买受人注意,在收到开发商的书面通知后,应在合同约定时间内就此变更及时做出书面答复。如买受人不同意该变更并要求退房的,律师在接受委托后,应及时与开发商沟通,并做好退房手续。

另外,律师可就买受人享有的权利做简要的说明,以提醒买受人及时行使权利以维护自己的利益。

67.2　如在合同履行过程中,开发商存在产权纠纷时的提示

发现开发商即出卖人在该商品房上存在产权纠纷,有可能导致商品房买卖合同无法实现时,律师应提醒买受人及时行使权利,并可代为出具律师函等函件,要求开发商

提供相应的保证。

第 68 条　律师为买受人提供法律服务时的风险提示

68.1　律师在为买受人提供法律服务时,应以法律意见书的形式提醒买受人应按合同约定支付购房款,并提醒买受人如未按约定支付购房款,可能面临被开发商解除合同的风险。

68.2　在开发商违约的情形下,律师应代表买受人严格按照合同约定的时间及时出具相应的法律文书,以行使必要的权利,并保存好相应的证据材料。

68.3　如接到开发商设计变更、规划变更等书面通知,律师应提醒买受人严格按照合同约定的时间,及时作出书面回复,否则,将有可能被开发商视为买受人默认该项变更,该变更将对买受人产生法律效力。

第二节　商品房买卖合同的变更

第 69 条　一般规定

69.1　概念

商品房买卖合同的变更主要指买卖双方因为各种原因,就原合同中包括但不限于房屋的价款、面积、质量、付款方式、交房时间进行的实质性内容的修改、补充和完善。

69.2　商品房买卖合同变更的基本原则

根据《合同法》第 77 条的规定,商品房买卖合同当事人要变更合同,应遵循以下原则:

(1)自愿、协商一致原则。

(2)变更的内容应具体明确。如果就变更合同的意思表示没有达成一致,则原合同继续有效,当事人仍应按原协议执行。

(3)采取书面形式,并进行登记。由于商品房买卖合同是采取书面形式,故合同的变更也应采取书面形式,并应及时登记。

69.3　商品房买卖合同变更的主要原因

根据有关规定,并结合实践,当事人主要因下列原因可以变更合同:

(1)因不可抗力使合同部分义务不能履行而变更。

(2)因当事人违约而变更合同。

(3)因订立时意思表示不真实而变更。法律依据主要为《合同法》第 54 条。

(4)因当事人自愿而变更合同。这里所说的当事人自愿,是指在上述三种原因之外,当事人在不违反法律规定、不损害国家利益或者社会公共利益的情况下,双方由于其他原因按照意思自治原则变更合同。

69.4 合同变更的主要方式

引起合同变更的法律事实不同则合同变更所适用的方式亦不同。具体说来,合同变更的方式主要有两种:

(1) 双方协商一致。法律依据为《合同法》第77条和第78条。

(2) 法院或仲裁机关的裁决。通过这种方式变更合同具体包括以下几种情形:

① 因情势变更的出现,当事人一方可提出延期履行或部分履行的变更要求,但他并不享有单方变更合同的权利。

② 因可归责于债务人的事由而致原合同没有履行,可以适用裁决的方式予以变更。例如,《民法通则》第108条规定,暂时无力偿还的债务,可以由法院裁决分期偿还。

③ 因重大误解或显失公平的合同,以欺诈、胁迫的手段或者乘人之危,使对方在违背真实意思表示下订立的合同可裁决变更。法律依据为《合同法》第54条。

69.5 商品房买卖合同有效变更的条件

商品房买卖合同双方形成有效的合同变更,一般应具备以下条件:

(1) 当事人之间存在有效的商品房买卖合同,合同的变更是在原合同基础上通过当事人双方协商一致的内容。

(2) 当事人协商一致,即当事人双方对变更合同及合同新内容的确定都同意。

(3) 必须有合同内容的变化,即合同内容方面必须有变更,否则不存在合同变更。

(4) 合同的变更必须遵守法定的形式,否则合同变更并不生效,在法律没有明确规定的情况下,当事人变更合同的形式可以协商确定,一般要与原合同形式一致。而商品房买卖合同中约定采取登记备案作为合同生效的条件,双方变更合同实质性内容后,应该到相关部门登记备案才能最终生效。

69.6 房价涨跌时,合同的变更

开发商与买受人在签订商品房买卖合同后,如果遇到市场形势发生重大变化,导致商品房的价格发生大幅上涨或回落,一方可否要求顺应形势变更或解除合同?律师在提供法律服务时,应认真审查双方签订的合同,看房价涨跌是不是属于合同变更或解除的理由。

如合同对此没有做出明确约定,导致房价涨跌的事由又不属于不可抗力等情形,也不存在其他可变更或解除合同的情形时,律师应向当事人说明合同是双方的真实意思表示行为,如不存在可变更或解除事由时,一经签订就确实有效,应严格按照合同约定履行,不能随意变更。如确实属于合同约定的变更或解除事由,则应协助当事人一方与对方友好协商,维护本方当事人的合法权益。

如当事人提出可借助情势变更原则要求变更合同时,律师在提供法律服务时,应指出情势变更原则在《合同法》中没有规定,但《合同法司法解释二》第26条规定:"合同成立以后客观情况发生了当事人在订立合同时无法预见的、非不可抗力造成的不属

于商业风险的重大变化,继续履行合同对于一方当事人明显不公平或者不能实现合同目的,当事人请求人民法院变更或者解除合同的,人民法院应当根据公平原则,并结合案件的实际情况确定是否变更或者解除。"房价涨跌属于商业风险而不属于情势变更范畴,提醒当事人可能存在的风险。

第 70 条 律师为买受人提供法律服务的内容

在商品房买卖合同的变更中,律师可以为买受人提供以下法律服务:

(1) 律师应提醒买受人:在合同成立、生效后,应严格按照合同约定履行合同,不能擅自变更。而在发生可能导致开发商无法履行合同,需要变更的情形时,律师应及时向买受人提出,并协助开发商与买受人进行沟通、谈判,按照实际可履行的情形进行必要的变更,并协助买受人进行备案登记。

(2) 律师应在尊重事实和法律的基础上,善意解答买受人提出的与商品房买卖合同变更中相关的法律问题并给予合理化建议,提醒买受人变更合同的风险。

(3) 如果实际中存在可以通过法院或仲裁机构裁决而要求变更合同的情形时,律师首先应协助买受人收集证据,做好起诉准备;并及时提出变更的请求,以维护买受人的合法权益。

(4) 在发生房价涨跌,买受人要求变更房价或要求解除合同时,律师应认真审查商品房买卖合同,如果合同中对此有约定,应严格依据合同约定解决;如果合同没有约定,律师应说明该项事实不属于可变更或解除合同的条件,既然双方已签订合同,就应严格按照合同约定履行。必要的时候,应予以合理的应诉。

(5) 如果律师发现开发商进行了规划变更、设计变更时,应及时以法律意见书的形式提醒买受人,在收到变更通知或得知变更情况后,应及时在 15 日内作出不同意接受的意思表示,并办理有关解除合同的手续。

(6) 如律师发现开发商建造的商品房面积、房型与合同约定不符,应以法律意见书的形式协助买受人与开发商沟通,签订补充协议。

第 71 条 律师为买受人提供法律服务时的重点内容

71.1 律师在接受买受人变更合同的委托后,应要求买受人提供相应的证据以证明确实可以变更合同。在法律和事实依据的基础上,律师根据规定,以法律意见书的形式给买受人提供一个切实可行的变更方案,以妥善解决因实际情况变化而导致原合同不能履行的风险;并说明该项变更可能存在的风险,以供买受人在做最终决策时参考。

71.2 买受人如最终决定变更的,律师应在征询买受人的意见后,起草初步的补充协议,以反映买受人的变更请求,并协助买受人与开发商沟通、谈判,参与签署最终的变更协议。

71.3 在签署变更协议后,律师应及时提醒买受人及时进行备案登记,以确保变更后合同的效力。

71.4　在合同履行过程中,律师如发现有合同变更情形(如不可抗力致使合同部分不能履行的,或买受人存在违约、欺诈行为的),而如果变更原先的合同,也的确更有利于买受人的,律师应及时向买受人提出自己的合理化建议。

第 72 条　律师为买受人提供法律服务时的风险提示

72.1　在开发商发出设计变更、规划变更、面积、房型调整通知时,律师应及时以法律意见书的形式提醒买受人如不按合同约定时间及时回复,可能存在默认的法律风险。

72.2　在房价下跌,买受人要求变更或解除合同时,律师应提醒买受人该行为可能存在无法实现的风险,以及可能遭受的其他风险;在发生房价上涨,如开发商要变更(或解除)合同时,律师应提醒买受人可采取的措施以及风险所在。

72.3　律师应提醒买受人如因开发商存在违约事由,买受人如变更合同,应及时提出,并经开发商同意,并以法律意见书形式提出变更中可能存在的风险。

第三节　商品房买卖合同的转让

商品房买卖合同的转让,在现实中主要有现房转让和预售商品房转让两种。而对预售商品房能否进行再转让,由于实践中对此存有较大的争议,该转让可能存在无法取得物权的法律风险,本操作指引只对现实中切实合法有效的行为进行论述,故在此只就基本概念和相关规定做简单的介绍,对此争议问题暂不详细展开论述。

第 73 条　相关概念

商品房预售是指开发商将正在建设中的房屋预先出售给买受人,由买受人支付定金或房价款的行为,也就是我们所称的"卖楼花";预售商品房再转让是指商品房预购人将购买的未竣工的预售商品房再行转让的行为,又称商品房转预售,行业里称此行为为"炒卖楼花"。

第 74 条　预售商品房再转让的法律依据

《城市房地产管理法》第 46 条规定:"商品房预售的,商品房预购人将购买的未竣工的预售商品房再行转让的问题,由国务院规定。"但国务院至今尚未对此作出规定。

而 2005 年 4 月 30 日,建设部、发改委、财政部、国土资源部、人民银行、税务总局、银监会七部委联合发布了《关于做好稳定住房价格工作的意见》,其中第 7 条规定:"禁止商品房预购人将购买的未竣工的预售商品房再行转让。在预售商品房竣工交付、预购人取得房屋所有权证之前,房地产主管部门不得为其办理转让手续;房屋所有权申请人与登记备案的预售合同载明的预购人不一致的,房屋权属登记机关不得为其办理房屋权属登记手续。"该规定出台后,各地纷纷制定相应政策严禁预售商品房的再转让。

故,预售商品房的再转让存在无法取得物权的法律风险。律师在提供法律服务时应调查清楚当地房地产权属登记部门的相关规定,并向当事人提出该转让的风险所在。

第四节　商品房买卖合同的解除

第75条　一般规定

75.1　合同解除的概念及基本方式

合同解除,是指合同有效成立后,当具备合同解除条件时,因当事人双方或者一方的意思表示而使合同关系自始消灭或者将来消灭的一种行为,包括协议解除、约定解除、法定解除三种方式。

实践中,应注意合同解除的法定事由,详见《合同法》第94条。从该法定的5种情形看,我国对解除合同的法定条件是严格限制的,主要是"违约方不履行主要债务"或者"使合同目的不能实现"的根本违约行为。

75.2　商品房买卖合同解除的主要情形

除我国《合同法》规定的法定事由外,《司法解释》中第8条、第9条、第12条、第13条、第14条、第15条、第19条、第23条等,《商品房买卖合同示范文本》、《商品房销售管理办法》等规定,对合同双方的解除权进行了明确约定。具体为:

(1)开发商可以解除合同的主要情形

① 买受人迟延支付购房款,经催告后在3个月的合理期限内仍未履行;

② 因非开发商原因致使买受人未能办理按揭款,导致合同无法实际履行的;

③ 其他情形。

(2)买受人可以解除合同的主要情形

① 开发商擅自变更规划设计。《商品房买卖合同示范文本》(GF—2000—0171)第10条规定:"开发商未在规定时限内通知买受人的,买受人有权退房;买受人退房的,由开发商承担违约责任。"

② 商品房面积误差过大。指商品房预售合同中的约定面积与产权登记的实际面积产生误差。如果商品房买卖合同中有约定的则按照约定处理,未约定处理方式的,依据《商品房销售管理办法》第20条的规定,面积误差比绝对值超出3%时,买受人有权选择退房。买受人选择退房,开发商应当在买受人提出退房之日起30日内将买受人已付清的房价款退还给买受人,同时支付已付房价款利息。

③ 开发商迟延交房。指开发商没有按照合同约定的交楼时间交付。买受人与开发商应在商品房预售合同中明确约定交楼时间,若开发商未能在约定期限交付,买受人有权要求开发商退房,并依照合同约定的金额支付延期违约金。如果开发商迟延交付房屋,经催告后在3个月的合理期限内仍未履行,买受人有权要求解除合同;法律没

有规定或者当事人没有约定,经对方当事人催告后,解除权行使的合理期限为 3 个月;如买受人没有进行催告,应当在解除权发生之日起 1 年内要求解除购房合同,否则,解除权消灭。(详见《司法解释》第 15 条)

④ 商品房质量问题。指开发商交付的房屋应当是验收合格的商品房。如因房屋主体结构质量不合格不能交付使用,或者房屋交付使用后,房屋主体结构质量经核验确属不合格,买受人有权要求解除合同和赔偿损失。买受人应先向工程质量监督单位申请重新核验,如果确属主体结构质量不合格,开发商应当办理退房手续,返还购房款,并应就房屋主体结构质量不合格给买受人造成的损失进行赔偿。另外,如因房屋质量问题严重影响正常居住使用,买受人也有权要求解除合同和赔偿损失。(详见《司法解释》第 12 条、第 13 条)

⑤ 购房者无法取得房屋。指商品房买卖合同订立后,出卖人未告知买受人,又将该房屋抵押或出卖给第三人,导致商品房买卖合同目的不能实现的,无法取得房屋的买受人可以请求解除合同、返还已付购房款及利息、赔偿损失,并可以要求出卖人承担不超过已付购房款一倍的赔偿责任。另外,出卖人与第三人恶意串通,另行订立商品房买卖合同并将房屋交付使用,导致买受人无法取得房屋,买受人也有权解除合同。(详见《司法解释》第 8 条、第 10 条)

⑥ 开发商故意隐瞒真相。指开发商故意隐瞒没有取得商品房预售许可证明的事实或者提供虚假商品房预售许可证明;故意隐瞒所售房屋已经抵押、出卖给第三人或为拆迁补偿安置房屋的事实,导致合同无效或被撤销、解除的,买受人可请求返还已付购房款及利息、赔偿损失,并可以请求出卖人承担不超过已付购房款一倍的赔偿责任。(详见《司法解释》第 9 条)

⑦ 因非属于买受人的原因导致按揭贷款申请未获批准,是指《司法解释》第 23 条规定的情形:"商品房买卖合同约定,买受人以担保贷款方式付款,因当事人一方原因未能订立商品房担保贷款合同并导致商品房买卖合同不能继续履行的,对方当事人可以请求解除合同和赔偿损失。因不可归责于当事人双方的事由未能订立商品房担保贷款合同并导致商品房买卖合同不能继续履行的,当事人可以请求解除合同,出卖人应当将收受的购房款本金及其利息或者定金返还买受人。"

⑧ 因开发商原因延迟办理房产证的。指商品房买卖合同约定或者《城市房地产开发经营管理条例》第 33 条规定(即"预售商品房的购买人应当自商品房交付使用之日起 90 日内,办理土地使用权变更和房屋所有权登记手续;现售商品房的购买人应当自销售合同签订之日起 90 日内,办理土地使用权变更和房屋所有权登记手续")的办理房屋所有权登记的期限届满后超过 1 年,由于出卖人的原因,导致买受人无法办理房屋所有权登记,买受人有权请求解除合同和赔偿损失。(详见《司法解释》第 19 条)

⑨ 其他情况。主要指所购买的商品房因违反了法律禁止性规定而无效,如因司法机关依法查封或者以其他形式限制商品房权利的;属于共有房产,签订购买协议未经

过其他共有人书面同意的;合同约定的其他情形(如双方可约定商品房套型误差超过约定范围的,买受人可解除合同)。

75.3　商品房买卖合同解除权的行使和期限

根据《合同法》第96条的规定,如果一方当事人行使解除权,应通知对方,该"通知"包括声明、要求、请求或其他任何意图的表达,通知在送达对方当事人时即生效,如对方当事人有异议的,提出请求解除合同的一方可请求法院或仲裁机构确认。

根据《合同法》第95条的规定,解除权的行使是有期间限制的。《司法解释》第15条第2款是对商品房买卖合同解除权行使期限的规定,该款规定:"法律没有规定或者当事人没有约定,经对方当事人催告后,解除权行使的合理期限为三个月。对方当事人没有催告的,解除权应当在解除权发生之日起一年内行使;逾期不行使的,解除权消灭。"即,如果对方当事人在解除权发生之日起的一年内进行催告,仍应再延长三个月,解除权人未行使解除权的,解除权消灭。律师在提供法律服务时,这一点在实践中应准确把握。

75.4　商品房买卖合同解除的法律后果

商品房买卖合同解除后的处理见《合同法》第97条规定。

同时,《司法解释》对商品房买卖合同的解除也规定了相应的法律责任,并且对于开发商恶意侵犯买受人合法权益的行为,采取了更为严厉的损害赔偿,即买受人不仅可请求解除合同、返还已付购房款及利息、赔偿损失,并可以请求开发商承担不超过已付购房款的一倍的赔偿责任。这五种惩罚性损害赔偿的情形见《司法解释》第8条、第9条的相关规定。

对于其他的解除事由,《司法解释》并未授予买受人请求惩罚性损害赔偿的权利,这也是为了更好地发挥惩罚性损害赔偿制度的应有功能,有利于准确地制裁和遏制欺诈、恶意毁约等摒弃诚实信用原则、严重损害市场交易安全的行为,维护守约方的合法权益,促进社会诚信制度的确立。

第76条　律师为买受人提供法律服务的内容

76.1　律师应提醒买受人:在商品房买卖合同成立、生效后,就应严格按照合同约定去履行合同,确保按合同约定支付购房款,否则可能面临被开发商解除合同的风险。在必要的情况下,应出具法律意见书,以书面形式提醒买受人在合同履行过程中尤其应该注意的问题。

76.2　如发现开发商存在本节合同解除的情形时,律师应提醒买受人及时进行书面催告,并要求开发商有关人员签收或保存邮寄送达的凭证;经催告后,如果开发商在约定的时间内,仍未能及时按约履行合同,应提醒买受人可以行使合同解除权以维护自己的合法权益。在提醒买受人行使解除权的同时,律师应根据事实和法律,对整起事件进行详细的分析,并列明行使解除权的利弊和风险所在,以供买受人决策时参考。

76.3　在开发商提出解除合同的请求时,律师接受买受人的委托后,应及时对买受人请求的依据进行实质性的审查,并及时进行回复,协助买受人与开发商进行友好协商,将买受人的损失减小到最低限度。

76.4 参与双方解除合同的谈判,确保维护买受人的合法权益。

第77条 律师为买受人提供法律服务时的重点内容

77.1 律师接受买受人的委托后,应及时对商品房买卖合同进行全面细致的审查,对可能导致买受人解除合同的情形进行详细分析,并以法律意见书的形式进行说明,以使买受人对合同解除方面有个全面的了解,防范风险于未然。合同解除方面的法律意见主要涵盖以下内容:应依据《合同法》、《司法解释》、《商品房销售管理办法》和双方之间的合同进行分析,明确说明买受人可以解除合同的情形、开发商可以解除合同的情形,以及该如何行使合同解除权、解除权行使的期限、合同解除的法律后果、合同解除可能存在的风险等。

77.2 在发生买受人可以借助解除合同获取更大利益的时候,律师应及时向买受人提出建议,供其参考。而在买受人提出解除合同的请求时,律师对买受人请求的依据进行审查时,应不仅仅局限于形式上的审查,更应注重实质性条件的审查。具体说来,就是对解除所依据的事实进行综合衡量,是不是符合合同约定,是不是符合法律规定的解除条件,以及可能因解除而带来的风险。

77.3 在买受人提出解除合同的请求时,律师对开发商请求的依据进行审查时,应不仅仅局限于形式上的审查,更应注重实质性条件的审查。具体说来,就是对解除所依据的事实进行综合衡量,是否符合合同约定,是否符合法律规定的解除条件。审查后,应及时进行回复,并向买受人提出合理化建议,以应对可能因解除带来的风险。

77.4 在实践中,买受人提出退房后,开发商一般会采取拖延战术,迟迟不给买受人明确答复,企图通过拖延时间让买受人丧失解除权,因此解除权的行使要以书面形式(最好是律师函)郑重明确地告知开发商;另一方面开发商会让买受人写一个书面形式的退房申请,一旦买受人在退房申请中有不利于自己的陈述,则很有可能被开发商作为不予退房的证据,因此律师应建议买受人不要给开发商以书面退房申请,以防开发商设下陷阱;开发商答应退房后,对于买受人已付购房款包括贷款,要求开发商在确定期限内退还,并约定在此期限内没有退还应当承担的违约责任,从而让开发商有及时退款的压力。

第78条 律师为买受人提供法律服务时的风险提示

78.1 律师应提醒买受人严格按照合同约定支付购房款,如延期支付、未按约办理按揭款,可能面临被开发商解除合同并赔偿损失的风险。

78.2 在发生开发商违约,买受人拟行使合同解除权时,律师应以法律意见书的形式提醒买受人该行为的可行性和法律风险,以及预防风险的方案。

第五节 商品房买卖合同的终止

第 79 条 一般规定

79.1 概念

商品房买卖合同的终止,是指已经合法成立的商品房买卖合同,因法定原因、一方或双方的行为,终止其法律效力,合同规定的当事人的权利义务关系归于消灭的行为。

79.2 商品房买卖合同终止的原因

根据《合同法》第 91 条的规定,在商品房买卖合同中,合同的终止主要有以下几种:

(1) 买卖双方已按约定履行完相应义务,即买受人按约付款,开发商按约交房、办理产权证;

(2) 解除合同;

(3) 双方协商一致;

(4) 其他情形,如不可抗力等。

79.3 合同终止后的义务

详见《合同法》第 92 条的规定。

79.4 合同解除与合同终止的区别

根据《合同法》第 91 条的规定,合同解除是合同终止的一种。从定义来看,二者极为相似,即都有债权债务关系归于消灭的效力。但是合同解除与其他类型的合同终止还是有区别的,其区别主要在:

(1) 二者的效力不同。合同的解除既能向过去发生效力,使合同关系溯及既往地消灭,发生恢复原状的效力,也能向将来发生效力,即不发生溯及既往的效力。而合同的终止只是使合同关系消灭,向将来发生效力,不产生恢复原状的效力。

(2) 二者适用的范围不同。合同解除通常被视为对违约的一种补救措施,是对违约方的制裁,因此,合同的解除一般仅适用于违约场合。合同解除之外的合同的终止主要适用于非违约的情形,如合同因履行、双方协商一致、抵销、混同等终止,由此可见,合同终止的适用范围要比合同解除的适用范围广。

第 80 条 律师为买受人提供法律服务的内容

80.1 参照 76.1。

80.2 参照 76.2。

80.3 协助买受人与开发商进行友好协商,参与合同的起草、谈判,确保合同顺利终止,维护买受人的合法权利。

第 81 条 律师为买受人提供法律服务时的重点内容

参照 71.1、71.2。

第 82 条 律师为买受人提供法律服务时的风险提示

律师应对双方的商品房买卖合同进行认真细致的审查,结合法律规定及合同约定,以法律意见书的方式提醒买受人可以终止合同的情形,在买受人提出终止合同时,律师可友情提醒买受人终止存在的风险及应对的方案。

第五章
律师提供法律服务时不同类型商品房的区分及要点

第 83 条 一般规定

商品房一般可分为以下类型:

(1)住宅,是指专供居住的房屋。

(2)商住,主要是指建筑体本身同时具有住宅和商业用途的商品房。

(3)纯商铺,是指经营者为顾客提供商品交易、服务及/或感受体验的场所。

(4)酒店式公寓,是一种提供酒店式管理服务的公寓,集住宅、酒店、会所多功能于一体,具有"自用"和"投资"两大功效,但其本质仍然是公寓。酒店式公寓是既吸收了星级酒店较好的服务功能和管理模式,又吸收了住宅、写字楼的某些特点,既可居住,又可办公的综合性很强的物业。

(5)办公用房,是指供各种政府机构的行政管理人员、企事业的职员和个人等办理行政事务和从事商务活动的楼宇,通常又称写字楼。

(6)工业用房,是指独立设置的各类工厂、车间、手工作坊、发电厂等从事生产活动的房屋。

不同类型的商品房在买卖时有一定的特殊性质,律师在提供法律服务时应当注意。

第 84 条 律师为买受人提供法律服务的内容

84.1 律师应当注意审查使用年限,尤其要注意的是目前市场上买卖的商铺,由于土地性质的不同或各地政府规定不同而导致其使用年限有所不同,如浙江省嘉兴市住宅小区中的商铺土地使用权的使用年限为 40 年,而上海市松江区住宅小区中的商铺土地使用权的使用年限为 70 年,因此,律师应当根据当地政府的规定,结合法律,及时提醒当事人,必要时出具法律意见书。

84.2 在涉及开发商变更商品房类型时,律师应提醒买受人认真审核开发商是否已经取得相应的规划变更手续及预售许可证变更手续。

84.3 我国法律关于不同类型商品房买受主体身份认定不同,导致买受人与建设工程施工合同中承包人工程价款优先权的冲突。

根据《最高人民法院关于建设工程价款优先受偿权问题的批复》(以下简称《批复》)第2条规定:"消费者交付购买商品房的全部或者大部分款项后,承包人就该商品房享有的工程价款优先受偿权不得对抗买受人。"

应当说,上述"消费者"并不是一般意义上的房屋买受人(因为有些房屋买受人并非单纯用于消费居住,可能会有其他经营性用途),而是指《中华人民共和国消费者权益保护法》(以下简称《消费者权益保护法》)中所称的消费者。根据《消费者权益保护法》第2条规定的消费者的定义,消费者是指"为生活消费需要购买、使用商品或者接受服务"的法律主体。

因此,除住宅之外的其他商品房类型如商住中的商铺、纯商铺、酒店式公寓、办公用楼、工业用房及其他类型的买受人不适用上述"消费者"认定的法律规定,买受人的权利不能对抗承包人。但各地法院及仲裁机构也有不同的判例与裁决,故律师需结合最新的法律、法规或者司法解释以及当地的审判实践情况谨慎地作出相应的判断,并谨慎地提醒买受人。

84.4 契税缴纳不同,即不同的商品房类型在缴纳契税时,主要区分为住宅和非住宅两种。律师应帮助买受人进行税费策划,规划商业房产运作过程中的成本,办理相关税费的缴纳手续。

84.5 律师应提醒买受人,居民住宅楼内(包括商住两用楼及住宅底商)禁止四类公司(餐饮、网吧、桑拿洗浴、歌舞娱乐)经营注册,其他公司注册必须经业主自治组织书面同意。

第85条 律师为买受人提供法律服务时的重点内容

买受人购买不同类型商品房的买受人提供法律服务时,必须认真审查商品房预售许可证及届时能够办理单独产权证、产权证年限等问题。

第86条 律师为买受人提供法律服务时的风险提示

86.1 开发商资信存在一定风险时,对于购买非住宅的买受人,律师必须提醒买受人,我国法律规定购买非住宅买受人对承包人工程价款不具有优先性。

86.2 应提醒开发商区分并明确不同类型的商品房买卖合同。

86.3 开发商对商品房类型进行变更时,律师必须就变更涉及的行政手续及民事法律后果出具详细的法律意见书,以供开发商决策参考。

86.4 产权证登记册上记载为一个权属的,包括但不限于酒店式公寓、商铺、办公用房,不能进行实体分割,买受人也不能取得单独的产权证,不能进行预售与出售。

第六章
商品房买卖合同中的按揭

第 87 条　一般规定

在目前我国房地产开发经营中,开发商通过购房者申请按揭贷款支付购房款从而及时回笼资金的情况极为普通。银行按揭涉及开发商、购房者和按揭银行三方(有时还有保险公司作为第四方),程序较为复杂,开发商和购房者都有必要请熟悉银行按揭内容的律师给予帮助。

87.1　按揭的概念

"按揭"一词并非法律用语,且从未被任何法律、行政法规等规范性文件采纳,《司法解释》也未使用这一用语。

本操作指引所称的按揭,指不能或不愿一次性支付房款的购房者(即商品房买受人)向提供贷款的银行(即按揭银行)提出申请,由购房者将其与开发商(即商品房出卖人)所签订的商品房买卖合同项下的合同权益质押(经常被叫做抵押)于按揭银行,或将其因与开发商所签订的商品房买卖合同而取得的商品房抵押于按揭银行,按揭银行将一定数额的借款贷给购房者并以购房者名义将借款交由开发商用于支付房款的行为。

一般认为,"按揭"一词是从香港传至大陆的,它是英语中"mortgage"的意译与音译的混合体。在中国古代,"按"有押的意思,从字面上来看,按与押都有压住不动的含义,即将一定的物从其他物中分离出来,专门为特定的债权担保;"揭"实际上是 mortgage 一词的后半部分(gage)的音译。因此,将 mortgage 译为"按揭"。

在现房交易时,购房者在签订商品房买卖合同后即可以取得现实的房屋,同时可以办理房屋所有权转让手续,此时购房者将现实的房屋抵押给按揭银行,完全符合我国《物权法》第 180 第 1 款第 1 项的规定,按揭银行可以办理抵押权登记后取得房屋他项权证,按揭银行取得完整的抵押权。

然而,目前我国绝大多数开发商是在商品房预售过程中展开按揭内容的,在购房者与开发商签订商品房预售合同并支付全部购房款后,开发商并不能现实地向购房者交付所购买的商品房,购房者此时仅享有合同约定的请求开发商交付房屋的请求权,换言之,购房者仅享有债权,而并未取得物权。在此情形下,即使购房者与按揭银行签订抵押合同,购房者只是将合同项下的请求权抵押给银行(严格来讲,权利只能是质押客体,而不是抵押客体),对于这类抵押的法律属性,学界有不同的解释,但没有一种解释是完整并符合我国现行法律制度的。但是,根据我国《物权法》第 20 条的不动产预告登记制度和建设部《房屋登记办法》第 67 条、第 71 条的规定,购房者和按揭银行可以申请预购商品房抵押权预告登记,为按揭银行对购房者在商品房预售合同项下的合同权利具有优先受偿权提供了法律依据。

87.2 银行按揭的基本步骤

(1)按揭银行与开发商签订按揭贷款合作协议书,按揭银行承诺针对开发商某一特定的房地产开发项目的购房者,向符合特定条件的购房者提供贷款,由购房者将所购房产抵押给银行,开发商向银行提供担保,保证在购房者未能按期偿还银行贷款时,由开发商代购房者向银行偿还借款。

(2)申请按揭贷款的购房者向按揭银行提出申请,递交各类证明文件。

(3)按揭银行对申请者进行资信审查,对合格的购房者予以批准,发给同意贷款书或按揭贷款承诺书。

(4)开发商与购房者签订商品房买卖合同,购房者付清首付款,并取得交纳购房款的凭证。

(5)按揭银行与购房者签订按揭贷款合同,按揭贷款合同包括购房借款和抵押两部分内容,部分银行并未将这两部分内容写入同一份合同,而是分别订立购房贷款合同和抵押合同。

(6)开发商、购房者和按揭银行一起持相关证明文件以及商品房买卖合同和按揭贷款合同到房屋登记机构办理登记手续,开发商与购房者办理房屋所有权转移登记,购房者取得房屋所有权证(购房者还另行取得国有土地使用权证),购房者与按揭银行办理房屋抵押登记,按揭银行取得房屋他项权证,银行的抵押权成立。

(7)按揭银行抵押权成立后,按揭银行向购房者放款,并将此款拨入开发商在按揭银行开立的账户,开发商收到此笔款后,视为购房者已交纳房款,然后给购房者开具房款发票。

(8)购房者在按揭银行同时开立还款账户,根据按揭贷款合同约定的方式,按期向该账户还本付息,直至全部还清贷款,再与银行办理解除抵押手续。

以上是开发商销售现房的情况。但大多数的开发商是在预售房屋,所以上述步骤在预售房屋时便有所不同:

在第(4)步中,开发商与购房者签订的是商品房预售合同,购房者付清首付款后,先办理商品房预售合同备案登记,然后再办理预购商品房预告登记,并取得预购商品房预告登记证明。

在第(6)步中,按揭银行与购房者持按揭贷款合同、抵押合同和预售商品房预告登记证明,前往房屋登记机构接受预购商品房抵押权预告登记,银行取得预购商品房抵押权预告登记证明。

开发商的商品房竣工后,开发商与购房者一起办理房屋所有权转移登记手续,购房者取得房屋所有权证和国有土地使用证,此时可以将预购商品房抵押权预告登记转为房屋抵押权登记。

87.3 按揭贷款合作协议书的主要内容

按揭贷款合作协议书是开发商与按揭银行就按揭银行向开发商的潜在购房者提供按揭贷款服务的约定。由于该协议书内容大多为意向性的,对当事人双方的拘束力并不十分严格,对其中有关开发商担保的内容,按揭银行在与特定的购房者订立按揭贷款合同时,会要求开发商另行出具相关的法律文书,由开发商对各特定购房者的债务提供担保。

按揭贷款合作协议书签订时,并不要求开发商具备商品房预售条件,即在开发商取得商品房预售许可证之前,双方就可以签订合作协议书。但是,按揭银行发放按揭贷款,必须是开发商取得商品房预售许可证之后才可以进行。注意,有些银行为防范风险,对非住房按揭贷款发放的时间较为苛刻,例如,要求开发商取得商用房的产权证后才发放按揭贷款,这实质上已限制了开发商对期房的预售。

按揭贷款合作协议书的主要内容包括:

87.3.1 商品房抵押贷款额度。
指按揭银行对开发商的某一特定房地产开发项目可以提供按揭贷款的授信额度,即按揭银行向该项目全部符合条件的购房者发放贷款的总额。

注意该条款对银行并无绝对的拘束力,因为银行不是向开发商发放贷款,而是向各个单一的购房者发放贷款,购房者必须经银行审查,银行如要减少授信规模,可以通过加严审查标准等方法达到目的。

87.3.2 购房者首付比例和借款期限。
在按揭贷款购房模式下,购房者向开发商支付购房款包括两个部分,第一部分是购房者自有资金,该资金由购房者在取得按揭贷款前先行支付给开发商,第二部分是购房者从按揭银行取得贷款。首付比例指购房者先行支付给开发商的自有资金。影响首付比例的因素包括银行授信额度和中央银行信贷政策,即使在银行与开发商的合同中约定了首付比例下限,若在合作协议的履行过程中出现中央银行金融政策调整,按揭银行仍必须严格遵守中央银行的金融政策而调整首付比例,这不属于银行违约行为,但对开发商的销售会产生影响。

由于开发商不是借款人,在合同协议中一般只约定首付比例的下限和借款期限的上限,由按揭银行与购房者在按揭贷款合同中约定最终的首付比例和借款期限。

87.3.3 开发商的保证。
银行要求开发商对购房者的按揭贷款合同提供连带责任保证。保证分为全程性保证和阶段性保证。

全程性保证是指开发商对自按揭贷款合同生效之日起到购房者全部还清借款本息时止的购房者全部债务提供保证。这种保证形式多在按揭内容兴起的初期,现已不再普遍使用。

阶段性保证指开发商仅对自按揭贷款合同生效之日起到购房者取得房屋所有权证、办妥抵押权登记并将房屋他项权证,及其他相关资料凭证交银行保管之日止的购房者应还借款本息提供保证。这是目前普遍的做法。

87.3.4 开发商回购责任和竞拍责任。这两种责任是在按揭银行处分抵押物时开发商应承担的责任,其实质仍为开发商的担保责任。

回购指的是,按揭银行在购房者不能按约归还借款本息时,由开发商以不低于借款人(即购房者)未清偿债务总额的价格回购抵押物,并将回购款打入银行指定账户或由银行直接从开发商银行账户中扣划。

竞拍指的是,在银行以公开拍卖方式处分抵押物时,开发商必须无条件参加竞拍,竞拍时应提供不低于借款人(即购房者)未清偿债务总额的报价,否则当拍卖因低于保留价流拍时,由开发商承担回购责任。

87.3.5 银行监管。按揭银行要求开发商在该银行开立专用存款账户,开发商应将其向购房者收取的定金、购房款、费用等款项通过该账户结算,银行有权对该账户的资金使用进行监督。这种做法可以有效防止开发商挪用资金,保证未完成工程顺利竣工交付,保护购房者的利益,最终保障按揭银行自身的利益,即可以现实地取得对竣工商品房的抵押权。

87.3.6 在建工程保险。在合作的房地产未竣工验收前,银行要求开发商办理在建工程建筑保险,保险金额不低于开发商的售楼总价,若上述房产未竣工验收就遭损毁,开发商可以向保险公司理赔,从而保证银行可以收回预售房屋借款。

87.4 按揭贷款对象和条件

根据中国人民银行《个人住房贷款管理办法》第5条规定,借款人须同时具备以下条件:

(1)具有城镇常住户口或有效居留身份。

(2)有稳定的职业和收入,信用良好,有偿还贷款本息的能力。

(3)具有购买住房的合同或协议。

(4)不享受购房补贴的以不低于所购住房全部价款的30%作为购房的首期付款;享受购房补贴的以个人承担部分的30%作为购房的首期付款。

(5)有贷款人认可的资产作为抵押或质押,或有足够代偿能力的单位或个人作为保证人。

(6)贷款人规定的其他条件。

不同的银行会对贷款申请者另外制定一些限制性条件,例如,银行要求借款人为年满18周岁的完全民事行为能力人,未满18周岁仍需要办理贷款的由银行进行特别审核。

值得注意的是,上述规定在特定情况下有所突破。例如,申请者的首付比例也可以下降为20%(例如根据银发[2007]359号通知,对购买首套自住房且套型建筑面积在90平方米以下的,贷款首付款比例可以为20%),申请者若无城镇常住户口但有稳定职业和收入也可以申请按揭贷款。

按揭贷款申请者在向银行提出申请时应提交相关的身份证明文件,包括:

(1) 申请人及配偶的身份证件,指居民身份证、户口簿或其他有效居留证件;

(2) 婚姻状况证明,指已婚的出具结婚证,离婚的出具离婚证,未婚的出具当地户籍管理机关的证明;

(3) 家庭收入证明,指有稳定职业的出具加盖单位公章的收入证明及银行发放工资的流水账单,个体工商户可以出具银行结算账户的资金往来流水账单;

(4) 个人重大财产权属证书或证明。

87.5 按揭贷款合同与商品房买卖合同的关系

个人申请按揭贷款,需要与按揭银行签订一份按揭贷款合同,该合同约定购房者从按揭银行取得用于支付购房款的借款并按照约定方式归还借款本息的合同。

对按揭贷款合同与商品房买卖合同(或商品房预售合同)之间的关系,目前存在不同的认识。第一种意见认为,两者之间存在主从关系,即商品房买卖合同为主合同,按揭贷款合同为从合同。第二种意见认为,两个合同之间并非主合同与从合同的关系。《司法解释》第 24 条规定认为,两个合同紧密联系但又相互独立,显然是采用了上述第二种意见。该《司法解释》规定,因商品房买卖合同被确认无效或者被撤销、解除,致使按揭贷款合同的目的无法实现,当事人请求解除按揭贷款合同的,应予支持。换言之,商品房买卖合同被确认无效或者被撤销、解除,并不能直接认定按揭贷款合同对合同当事人双方失去拘束力,还应由当事人完成解除按揭贷款合同这一程序。

此外,购房者与开发商签订商品房买卖合同或商品房预售合同后,如果购房者未能与按揭银行签订按揭贷款合同,无法取得按揭贷款用于支付购房款,购房者并不当然地可以解除商品房买卖(预售)合同。《司法解释》第 23 条规定,因开发商或购房者一方原因未能订立按揭贷款合同的,对方当事人可以解除商品房买卖合同;因不可归责当事人双方的事由未能订立按揭贷款合同的,当事人可以解除商品房买卖合同。

87.6 按揭贷款合同的主要内容

按揭贷款合同除了具备一般贷款合同的主要内容外,还有一些按揭贷款特定的内容。

87.6.1 借款金额。借款金额是按揭贷款合同最主要的内容,由购房款总额和首付款额两个因素决定,即:

借款金额 = 购房款总额 - 首付款额

首付款额通常以其所占购房款总额的比例确定,即所谓的首付比例,一般为 30% 以上。在开发商与银行的按揭贷款合同协议中会约定一个最低的首付比例,具体比例由购房者根据其自身的现款状况和偿还能力进行选择,银行对购房者进行审核后予以批准。

由于商品房按揭贷款涉及银行金融信贷规模,国家可以通过限制购房者的首付比例对银行信贷加以控制,例如,2007 年 9 月 27 日中国人民银行、中国银行业监督管理委员会《关于加强商业性房地产信贷管理的通知》(银发[2007]359号)中就规定,对购买首套自住房且套型建筑面积在90平方米以下的,贷款首付款比例不得低于20%;对购买首套自住房且套型建筑面积在90平方米以上的,贷款首付款比例不得低于30%;对已利用贷款购买住房、又申请购买第二套(含)以上住房的,贷款首付款比例不得低于40%,贷款利率不得低于中国人民银行公布的同期同档次基准利率的1.1倍。因此,购房者在决定首付比例时,还应密切关注购房时相关的信贷政策。

87.6.2 借款期限。借款期限最长不超过30年。由于借款期限通常受到每期还款额的影响,银行会对购房者提出的借款期限进行审核。另外,银行还会考虑购房者的年龄因素,因为借款期限过长超过购房者的退休年龄,银行会担心购房者失去还款能力,因此,有些银行会有限制性规定,例如:年龄与按揭年限之和,男性不超过60岁,女性不超过55岁。

87.6.3 借款利率。借款利率可以由按揭银行在中央银行准许的范围内自行确定,更常见的方式是在中央银行的同期同档次基准利率基础上确定上浮或下浮的比例,以此确定借款利率。

由于按揭贷款合同中借款期限一般都比较长,合同双方还应约定在这漫长的还款过程中,借款利率是否可以调整。当事人双方可以约定:

(1)变动利率,即借款利率按照约定的定价方式和变动周期随中央银行的基准利率变化而相应调整,分段计息。

(2)固定利率,即一旦在订立按揭贷款合同便确定了借款利率,今后不论中央银行是否调整贷款基准利率,当事人双方约定的借款利率均不作变动。这种情况较为少见,一般出现在借款期限短的场合。

(3)组合方式,将变动利率与固定利率组合,或分阶段固定利率组合等。

87.6.4 借款归还方式。在通常情况下,按揭银行会提供多种还款方式由购房者选择,这些方式包括:

(1)等额本息偿还法。在还款期内,每月以相等的数额归还借款本金和利息。这是最常用的方式,但若采用浮动利率的,每期的还款额度会因利率的变动而发生变化。

(2)等额本金偿还法。在还款期内,每期等额归还借款本金,并同时付清当期未归还本金所产生的利息,可以按月还款或按季还款。

(3)到期还本法。借款本金一次性归还,借款利息可以一次性在借款到期日同本金一并归还,也可以按约定的周期归还。此方式仅适用于期限小于或等于1年的短期借款。

(4)等额本金递增还款法。在还款期内,同一还款年度(即放款当月至次年的对应月)内各月本金还款额相等,后一还款年度内每月的本金还款额大于前一年度的月本金还款额的约定金额,在此基础上计算出每期的还款本息额。

(5)等额本金递减还款法。在还款期内,同一还款年度(即放款当月至次年的对应月)内各月本金还款额相等,后一还款年度内每月的本金还款额小于前一年度的月本金还款额的约定金额,在此基础上计算出每期的还款本息额。

(6) 等比本金递增还款法。在还款期内,同一还款年度(即放款当月至次年的对应月)内各月本金还款额相等,后一还款年度内每月的本金还款额在前一年度的月本金还款额的基础上按约定比例增加,在此基础上计算出每期的还款本息额。

(7) 等比本金递减还款法。在还款期内,同一还款年度(即放款当月至次年的对应月)内各月本金还款额相等,后一还款年度内每月的本金还款额在前一年度的月本金还款额的基础上按约定比例减少,在此基础上计算出每期的还款本息额。

上述还款方式中,第(1)种最为常见。注意,并非所有的银行都会提供上述全部方式供购房者选择,各家银行提供的可选方式会各有不同。

除上述还款方式外,银行还会提供以下增值服务:

(1) 递延还款服务。在借款发放后约定的期限内,债务只归还每期借款利息,暂不归还本金,待约定期限届满后,根据本金和剩余期限选择以上各种方式中的某一方式归还借款本息。上述约定期限常常以购房者实际入住为准。

(2) 自主还款服务。根据已生成的还款计划,在扣款日先扣收当期本息,在约定还款账户余额超过预先设定的账户保留余额的情况下,将超出部分的金额进行自动提前还款,在借款期限保持不变的情况下,根据剩余借款本金和约定的还款方式重新计算每期应还的本息金额。

按揭银行还会根据购房者的月收入情况限制购房者每期还款额度,例如,根据前述《关于加强商业性房地产信贷管理的通知》(银发[2007]359号)的规定,借款人每期还款本息额不得超过其月收入的50%。

87.6.5 担保方式。在按揭贷款合同中,按揭银行一般要求对银行的债权提供以下担保:

(1) 购房者的抵押担保;

(2) 开发商的全程性保证或阶段性保证;

(3) 其他担保,如第三人的保证、购房者的存单质押等。

上述担保可以直接在按揭贷款合同中约定,也可以由担保人另行与按揭银行签订担保合同或出具担保承诺函。

第88条 律师在签订合同前为买受人提供银行按揭法律服务的内容

88.1 对开发商的尽职调查

律师对开发商进行与按揭内容相关的尽职调查包括:

(1) 开发商与本项目按揭银行合作的历史、授信规模;

(2) 开发商在其他项目与其他按揭银行合作历史及停止合作的原因;

(3) 开发商提供的按揭贷款方案;

(4) 开发商在购房者不能取得按揭贷款时的补救措施等。

88.2 对按揭银行的尽职调查

律师应根据委托人的要求对按揭银行作尽职调查：

(1) 银行的整体实力(存贷款规模、营业网点数量、审批权限等)；
(2) 银行信誉和服务质量；
(3) 银行在按揭内容方面的历史和经验；
(4) 银行对按揭贷款申请者审批的宽严尺度；
(5) 银行对开发商的监管力度等。

上述第(4)、(5)两项对购房者尤其重要，律师有必要作深入了解。

第89条 律师在签订合同时为买受人提供银行按揭法律服务的内容

89.1 为购房者准备按揭贷款申请资料

律师应根据按揭银行的要求，指导购房者准备各类申请资料，如果购房者取得申请资料有困难，律师应协助购房者向相关单位获取资料。

89.2 法律文书审核

律师为购房者审核的法律文书包括：

(1) 与开发商签订的商品房买卖合同；
(2) 与按揭银行签订的按揭贷款合同；
(3) 与按揭银行签订的房屋抵押合同；
(4) 购房者的资信证明；
(5) 与保险公司签订的家庭财产保险投保单、保险单或保证保险投保单、保险单。
(6) 其他法律文书。

89.3 合同见证

律师参与合同见证，应当要求对方当事人出具营业执照、法定代表人身份证明、授权委托书，审核合同签署者的合法性(包括身份的真实性、授权的有效性等)，并要求合同签署者在律师前签字、捺印和盖章，检查不同合同文本的内容是否完全一致，合同文本有多页内容时，应要求合同签署者在各页文本上保留印鉴或对各页文本作好骑缝处理。

89.4 提供咨询服务

律师应针对购房者对按揭内容不熟悉、按揭内容流程复杂且专业性强的特点，耐心细致地向购房者解释：

(1) 各类合同条款的含义；
(2) 违约行为的法律后果；
(3) 各阶段的收费标准；
(4) 实务中可能出现的风险；
(5) 其他应解释的内容。

律师的语言应当通俗，保证当事人能够充分了解律师陈述内容的真正含义。

89.5 其他法律服务

律师的其他法律服务包括：

（1）协助准备各类按揭贷款申请资料。

（2）协助办理各类登记手续。如：预售合同备案登记、预购商品房预告登记、预购商品房抵押权预告登记、房屋抵押权登记等。

（3）保管法律文件。律师应提醒购房者妥善保管各类法律文件（包括各类原始凭证），凡律师参与制定、见证的法律文件，律师至少应保留一份复印件，有条件的可以要求当事人多提供正本一份交律师保管。

（4）代收代缴相关费用。

第90条 律师在签订合同时为买受人提供银行按揭法律服务时的重点内容

90.1 为购房者准备按揭贷款申请资料

购房者的申请资料根据不同银行的要求有所不同，一般包括：

（1）申请人身份证件，指居民身份证、户口簿和其他有效居留证件；申请人配偶的身份证件以及结婚证。

（2）申请人家庭稳定的经济收入证明（如单位加盖公章的收入证明、个人工资银行存折或银行卡流水记录、个体工商户银行结算账户的流水记录等）。

（3）申请人现有财产权属证明，如房屋所有权证、机动车登记证、股权证等。

（4）商品房预定协议书或商品房预售（买卖）合同。

（5）预交款凭证或定金交款凭证。

（6）其他资料。

上述资料应同时提交原件和复印件。

90.2 审核与开发商签订的商品房买卖合同

在本阶段律师主要审核与按揭相关的内容，包括：

（1）首付比例和首付款金额；

（2）购房者不能取得按揭贷款时的补救措施。

第（2）项内容应为律师审核的重点。一般来说，购房者如果不能取得按揭贷款，可以采取以下三种补救措施：一是解除商品房买卖合同，这对购房者最有利，但注意合同中可能会约定在此情形开发商要没收购房者已交的款项，律师应审核这一内容的合理性；二是改为一次性付款，开发商给予一定的折扣优惠；三是改为分期付款。

90.3 审核与按揭银行签订的按揭贷款合同

由于按揭贷款合同总是以按揭银行提供的格式文本签订，律师很难说服银行对合同文本进行修改，但律师在此阶段仍可进行下列工作：

（1）告知购房者根据自身经济实力，谨慎决定借款金额、借款期限；

（2）向购房者解释合同条款的含义，尤其应对一些专门术语作出明确的说明；

（3）对合同中晦涩难懂、模糊不清的词语，要求银行方面作出解释，并以书面形式对银行的解释加以固定；

（4）要求银行以特别条款的形式，对合同中明显排除购房者权利、减轻按揭银行责任的不公平条款加以修改或排除。

90.4 审核与按揭银行签订的抵押合同

90.4.1 购房阶段的抵押合同。在购房时，与按揭银行的抵押合同可以单独签订，也可以合并在按揭贷款合同中。

90.4.2 开发商交房后的抵押合同。开发商交房后，购房者可以取得房屋所有权证和国有土地使用证，这就具备了将先前的预购商品房抵押权预告登记转为房屋抵押权登记的条件，此时按揭银行可能要求与购房者另行签订一份抵押合同。律师应审核该合同内容与原抵押合同是否一致。若有不一致的，是否侵害购房者的权益，如有此情形，应向购房者作出提示，并告知其法律后果，由购房者决定是否接受。

第 91 条 律师在签订合同时为买受人提供银行按揭法律服务时的风险提示

91.1 不能签订按揭贷款合同的风险

购房者与开发商约定以商品房按揭生效所得到的借款支付房款，后购房者未能取得按揭贷款，购房者并不当然可以解除商品房买卖合同。根据《最高人民法院关于审理商品房买卖合同纠纷案件适用法律若干问题的解释》，因购房者自身原因无法取得按揭贷款的，购房者无权解除商品房买卖合同。为避免此风险，律师可以建议购房者在与开发商签订商品房买卖合同之前，先将相关资料交按揭银行审核，并取得按揭银行的按揭贷款承诺书，或者建议购房者在商品房买卖合同中约定，若购房者未能取得按揭贷款不是购房者故意造成的，购房者仍可以请求解除商品房买卖合同。

91.2 零首付的风险

所谓零首付，是指开发商自己或通过开发商指定某家企业向购房者提供一定期限的免息借款，购房者以该借款支付购房的首付款，其余购房款由购房者通过银行按揭支付。

律师应提示购房者，开发商策划的零首付做法，违反了国家的金融政策，为我国金融监管部门所禁止。购房者接受零首付存在极大的风险。

按照中国人民银行《贷款通则》第 2 条、第 21 条的规定，经营贷款内容的贷款人必须是持有《金融机构法人许可证》或《金融机构营业许可证》的中资金融机构。开发商及其指定企业一般都不具备贷款资格，因此购房者与开发商及其指定企业签订的借款协议实为无效协议，而借款协议无效，购房者就必须按照《合同法》的相关规定，返还因该协议而取得的财产，这样一来，购房人既要偿还银行按揭款，又要归还开发商或其指定企业的借款，抗风险能力不强的购房者，一旦出现断供情况，购房者必须承担由此带来的金融信用风险。

律师应提醒购房者，提供首付借款的企业，因其债权没有物的担保，往往要求购房者出具一份附条件的授权委托书，内容是当购房者违约时，授权该企业将购房者所购的商品房向第三方转让。这种授权委托书极易损害购房者的权益,购房者不可随意签发。

第 92 条 律师在合同履行过程中为买受人提供银行按揭法律服务的内容

律师在此阶段为购房者提供银行按揭法律服务时,主要内容包括:

(1)对按揭银行利率变动是否符合合同约定的审核;

(2)对按揭银行提前收贷是否符合合同约定的审核;

(3)协助购房者办理提前还贷手续;

(4)协助购房者注销抵押手续。

第 93 条 律师在合同履行过程中为买受人提供银行按揭法律服务时的重点内容

93.1 协助购房者办理提前还贷手续

购房者提前还贷的原因主要有两种:

(1)手头现金充裕,可以归还贷款,今后不再承担支付利息的成本;

(2)将手中的房产向第三方转让,而目前银行一般不同意"转按揭",过户前必须将银行贷款还清,以便解除房产上的抵押权。

一般来说,按照银行的规定,借款期限在 1 年以内(含 1 年)的,不得提前还款;对于提前还款,银行有权收取提前还款违约金,从目前的房贷市场来看,银行普遍不收取违约金。

提前还贷可分为部分还贷和全额还贷。一般应履行以下三个程序:

(1)提前预约,可以打电话或直接到贷款银行柜台提出提前还款申请;

(2)填写提前还款申请表,应准备身份证、按揭贷款合同等资料,到指定的营业柜台办理;

(3)存入提前还款的款项,银行从贷款本金中予以扣除,也可以在具体办理时转账。

93.2 协助购房者注销抵押手续

由于许多购房者对抵押权比较淡漠,提前还款后往往忘记了去房地产登记部门办理抵押注销,这样贷款虽然还清了,但房屋仍在房地产登记部门备案,这会为日后的房屋交易带来不必要的麻烦。

律师可以提醒购房者,在还清贷款后及时注销抵押,也可以协助办理注销手续。

注销时,先应在银行申领退还的抵押权证明书,然后向房地产登记部门提交以下资料:

(1)登记申请书;

(2)申请人的身份证明;

(3)房屋他项权证书;

(4)证明房屋抵押权消灭的材料(银行出具的证明);

(5)其他必要的材料。

第 94 条　律师在合同履行过程中为买受人提供银行按揭法律服务时的风险提示

94.1　开发商违约风险

律师应提示购房者,按揭贷款合同与商品房预售合同(商品房买卖合同)是两个相互独立的合同,购房者办理按揭贷款手续并支付了全部房款后,购房者还款的对象是按揭银行,而不是开发商。在购房者归还按揭贷款的过程中,如果开发商出现违约(如延期交房、房屋质量有瑕疵),甚至因开发商破产而购房者无法取得房屋时,购房者并非当然有权拒绝向按揭银行还款。律师应告知购房者,在以下两种情形下,按揭贷款合同才能被解除:

(1)与按揭银行协商一致解除的,但此时银行仍会要求购房者还清剩余债务;

(2)因商品房买卖合同被确认无效或被撤销、解除,致使按揭贷款合同的目的不能实现,此时购房者可以要求解除按揭贷款合同,开发商应将已收的按揭贷款本息返还给按揭银行(参照《司法解释》第 25 条)。

94.2　再转让的风险

购房者采用按揭贷款购房的,必须办理预购商品房抵押权预告登记,购房者作为该商品房的第一买受人已在房屋登记机构进行了登记,今后购房者将所购的商品房转让(不论是现房还是期房),应属于二手房转让,买卖当事人双方均应按二手房交易缴纳各项税费。律师应向购房者提示此类风险。

此外,绝大多数的银行不允许"转按揭",即不允许对按揭贷款合同中的借款人进行变更。因此,购房者转让其按揭所供的商品房时,很难由下一手的买受人承继原按揭贷款合同中的权利义务。

再转让的风险,详见第 74 条。

第七章
商品房交付时间、交接(交付程序)与初始登记(大产权证)、买受人房屋所有权证(小产权证)的办理与取得

第一节　商品房交付时间

第 95 条　一般规定

95.1　词语定义

商品房交付时间:指开发商与买受人在商品房买卖合同中约定的开发商将符合交付使用条件的房屋向买受人交付,买受人查验并接受房屋的期限。

95.2　法律规定

《商品房销售管理办法》第 30 条规定:房地产开发企业应当按照合同约定,将符合

交付使用条件的商品房按期交付给买受人。未能按期交付的,房地产开发企业应当承担违约责任。因不可抗力或者当事人在合同中约定的其他原因,需延期交付的,房地产开发企业应当及时告知买受人。

《司法解释》第 15 条、第 17 条对此也作了规定。

第 96 条 律师为买受人提供法律服务的内容

96.1 审查合同对商品房交付期限的约定,在开发商未能按约交付商品房时,指导、协助买受人固定证据,并按照合同约定,及时行使合同解除权。

96.2 审查开发商是否已按照规定及约定完成了相应的交付前义务,如,是否已按约交纳物业维修基金,是否取得《住宅交付使用许可证》等。

第 97 条 律师为买受人提供法律服务时的重点内容

在开发商未能按约交付商品房时,应及时出具法律意见书告知买受人其按照法律规定和合同约定所享有的权利,以及如何行使权利。

第 98 条 律师为买受人提供法律服务时的风险提示

应注意合同对于交付时间实现的要求,如是否要求必须以书面通知为前提,则在开发商未按约发出书面通知时,应告知买受人可视为开发商未按交付时间交房。

第二节 商品房交接(交付程序)

第 99 条 一般规定

99.1 词语定义

商品房交接(交付程序),指开发商与买受人在商品房买卖合同中约定的,开发商将符合交付使用条件的房屋向买受人交付,买受人查验并接受房屋的过程。

99.2 法律规定

《商品房销售管理办法》第 31 条规定:房地产开发企业销售商品房时设置样板房的,应当说明实际交付的商品房质量、设备及装修与样板房是否一致,未作说明的,实际交付的商品房应当与样板房一致。

《商品房销售管理办法》第 32 条规定,销售商品住宅时,房地产开发企业应当根据《商品住宅实行质量保证书和住宅使用说明书制度的规定》(以下简称《规定》),向买受人提供《住宅质量保证书》、《住宅使用说明书》。

《商品房销售管理办法》第 34 条规定,房地产开发企业应当在商品房交付使用前,按项目委托具有房产测绘资格的单位实施测绘,测绘成果报房地产行政主管部门审核后用于房屋权属登记。

《商品房销售管理办法》第 35 条规定,商品房交付使用后,买受人认为主体结构质量不合格的,可以依照有关规定委托工程质量检测机构重新核验。经核验,确属主体结构质量不合格的,买受人有权退房;给买受人造成损失的,房地产开发企业应当依法承担赔偿责任。

《司法解释》第 11 条规定,对房屋的转移占有,视为房屋的交付使用,但当事人另有约定的除外。房屋毁损、灭失的风险,在交付使用前由出卖人承担,交付使用后由买受人承担;买受人接到出卖人的书面交房通知,无正当理由拒绝接收的,房屋损毁、灭失的风险自书面交房通知确定的交付使用之日起由买受人承担,但法律另有规定或者当事人另有约定的除外。

《司法解释》第 13 条规定,因房屋质量问题严重影响正常居住使用,买受人请求解除合同和赔偿损失的,应予支持。

第 100 条　律师为买受人提供法律服务的内容

100.1　实地陪同买受人对房屋进行查验,按照法律规定和合同约定,提出存在的不符合规定和约定之处,并告知买受人享有的权利。

100.2　对房屋存在的质量问题,与开发商按照法律规定和合同约定进行谈判,要求赔偿或承担违约金,起草谈判协议,必要时告知买受人可行使合同解除权。

100.3　对房屋存在的面积问题,与开发商按照法律规定和合同约定进行谈判,要求赔偿或承担违约金,起草谈判协议,必要时告知买受人可以行使合同解除权。

100.4　协助买受人办理房屋的交接手续。

100.5　协助买受人审查、签署有关协议,如业主公约、承诺书等。若在签订商品房预售合同时,已经签订临时的业主公约等,应审查协议内容是否与原来的有变更,以及变更后对买受人的法律意义。

100.6　协助买受人办理物业管理的相关手续。

第 101 条　律师为买受人提供法律服务时的重点内容

101.1　审查商品房买卖合同是否存在可撤销或无效的情形,若存在此类情形的,应出具书面法律意见书告知买受人,并提供相应的解决方案。

101.2　在审查合同不存在可撤销或无效情形时,继续审查合同对于交付标准、交付程序、违约责任、合同解除条款等的约定,并告知买受人。

101.3　审查房地产项目曾经发布的各类广告等宣传资料,对于可构成要约的内容,应告知买受人作为交接验房的内容之一。

101.4　审查合同是否约定交付房屋与样板房相同,或者是哪些方面相同,告知买受人作为交接验房的内容之一。

101.5　审查开发商应具备的有关文件,包括可能需要的规划验收批准文件、建设工程竣工验收备案表、房屋面积实际测绘报告书、《住宅质量保证书》《住宅使用说明书》等法律规定或合同约定的其他文件,对于不能按要求提供上述文件的,买受人可以拒绝接收房屋。

101.6　作为买受人的律师,考虑到验房需要非常丰富的建筑类专业知识,可提示买受人委托有资质的验房师验房,律师应协助做好证据固定工作。验房内容包含户型、朝向、结构、层高、面积、装饰、供热、采暖方式等是否符合原合同约定。

101.7 对于拟交接房屋存在质量问题的,应区分不同质量问题予以不同对待。首先应确定质量是否合格,若双方对此有重大分歧,应委托有资质的房屋质量检测部门予以鉴定。对于质量经检验合格的,一些细小的房屋质量问题,可按照保修约定,要求开发商承担维修义务;对于不能修复但又不影响房屋正常使用的质量问题,可通过协商,以赔偿金的形式解决;对于质量不合格的,则在开发商修复至合格之前,均可拒绝接收;或按约行使合同解除权。

101.8 对于面积与约定不符的情况处理。根据《商品房销售管理办法》的规定,商品房建筑面积由套内建筑面积和分摊的共有建筑面积组成,套内建筑面积部分为独立产权,分摊的共有建筑面积部分为共有产权,买受人按照法律、法规的规定对其享有权利,承担责任。一般应以商品房产权登记面积为实际面积,若开发商或买受人对此有异议,可委托有资质的鉴定单位予以重新测绘。买受人可按照合同约定或法律规定,就面积的差异进行补偿或行使合同解除权。

101.9 查验拟交付房屋内的上水、下水、电、供热、燃气等市政基础设施,检查各项设备的完好程度及使用状况,如有不符、缺少或损坏等情况,应详细作好书面记录,并要求房地产开发企业书面承诺更换或配齐的日期。

101.10 查验电梯、公共绿地、公共道路、公共停车场、幼儿园、学校、会所、购物中心、体育设施等公共设施是否如期达到约定条件。

101.11 提示查验拟交付房屋及其所在楼座、所在小区的设计或规划是否变更。一般对于非现房销售的商品房,合同中会约定设计和规划变更以政府部门最后批准的为准,所以,在发现设计或规划存在变更的情况下,应确认是否系政府部门批准,若非经政府部门批准,提示开发商可能需承担的违约责任,提示买受人因此所享有的权利。

101.12 如果买受人购买商品房时一并购买了地下车位,应提醒买受人对地下车位是否已经验收合格,以及是否符合双方约定予以查验。

101.13 基于司法解释规定除法律规定或合同约定外,转移占有即视为交付,且一般将房屋钥匙交接作为转移占有的标志,所以,在接受买受人委托时,要提示买受人,在房屋尚不具备交付条件时,不应轻易接受开发商提供的房屋钥匙,以避免不必要的争议。

101.14 若按照法律规定和合同约定,买受人选择解除合同的,作为买受人的律师应提示、协助买受人妥善解除按揭贷款合同;若因解除按揭贷款合同,使买受人遭受损失的,律师应提示并协助买受人向开发商提出赔偿。

101.15 在房屋实地验收通过后,按照实际面积,与开发商最终结算房款,并向开发商按照法律规定索取发票。

101.16 从开发商或其聘请的前期物业公司处取得房屋钥匙,共同确认水、电、煤的底数。

101.17 审查开发商聘请的前期物业公司的资质是否符合要求,在不符合要求的情况下,应出具法律意见书告知买受人所享有的权利。

101.18 指导买受人与前期物业管理企业签订前期物业管理服务协议,指导买受人办理物业管理费的交纳手续。

第 102 条 律师为买受人提供法律服务时的风险提示

102.1 应按照《商品房销售管理办法》第 31 条至第 35 条及《司法解释》第 11 条至第 13 条,对商品房交付的原则性法律规定,结合买受人签订的房屋买卖合同的实际,出具指导性的法律意见书,其中应特别注意房屋交付应具备的标准及相应的法律后果。

102.2 开发商未能按照约定标准交付房屋的,应及时出具法律意见书,告知买受人所享有的权利。

第三节 买受人房屋所有权证(小产权证)的办理与取得

第 103 条 一般规定

买受人房屋所有权证(小产权证)即为商品房房屋权属证书,一般由买受人在开发商的协助下自行办理。

《商品房销售管理办法》第 34 条规定:……房地产开发企业应当在商品房交付使用之日起 60 日内,将需要由其提供的办理房屋权属登记的资料报送房屋所在地房地产行政主管部门。房地产开发企业应当协助商品房买受人办理土地使用权变更和房屋所有权登记手续。

《司法解释》第 18 条规定,由于出卖人的原因,买受人在下列期限届满未能取得房屋权属证书的,除当事人有特殊约定外,出卖人应当承担违约责任:

(1)商品房买卖合同约定的办理房屋所有权登记的期限;

(2)商品房买卖合同的标的物为尚未建成房屋的,自房屋交付使用之日起 90 日;

(3)商品房买卖合同的标的物为已竣工房屋的,自合同订立之日起 90 日。合同没有约定违约金或者损失数额难以确定的,可以按照已付购房款总额,参照中国人民银行规定的金融机构计收逾期贷款利息的标准计算。

《司法解释》第 19 条规定,商品房买卖合同约定或者《城市房地产开发经营管理条例》第 33 条规定的办理房屋所有权登记的期限届满后超过 1 年的,由于出卖人的原因,导致买受人无法办理房屋所有权登记,买受人请求解除合同和赔偿损失的,应予支持。

第 104 条　律师为买受人提供法律服务的内容

104.1　指导、协助买受人办理商品房房屋权属证书。

104.2　如因开发商原因导致无法按期办理房屋权属证书,协助买受人按照法律规定要求赔偿或解除合同。

第 105 条　律师为买受人提供法律服务时的重点内容

在协助买受人办理房屋权属证书时,需要先至当地的主管部门或其官方网站,查询所需资料、缴税费标准,以及办理流程,并提示买受人,也可考虑采用出具法律意见书的形式。如在上海,一般流程是:先至开发商处签署房屋交接,再至指定银行交纳维修基金,再携带房屋交接书、身份证明、全额发票至当地主管部门缴纳契税,最后携带上述资料至当地主管部门办证窗口办理买受人房屋所有权证(小产权证)。

若委托开发商办理的,则在按照开发商要求提供全部资料后,应让开发商签收,以免非因买受人资料不全而导致无法按期办理买受人房屋所有权证(小产权证)时发生争议。

若因开发商原因,致使无法按期办理房屋权属证书的,应提示买受人其所享有的权利,并协助买受人与开发商谈判,要求承担违约金或赔偿损失,甚至按照约定要求解除合同。

若按照法律规定和合同约定,买受人选择解除合同的,作为买受人的律师应提示、协助买受人妥善解除按揭贷款合同。且若因解除按揭贷款合同,使买受人遭受损失的,律师应提示并协助买受人向开发商提出赔偿。

第 106 条　律师为买受人提供法律服务时的风险提示

在该阶段,律师的任务就是至当地主管部门或其官方网站,查询办理买受人房屋所有权证(小产权证)所需要的全部资料,包括需要开发商协助提供的资料,并出具法律意见书告知买受人。

第四节　物权取得风险
(商铺、住宅与建设工程优先受偿)

第 107 条　一般规定

《合同法》第 286 条规定,发包人未按照约定支付价款的,承包人可以催告发包人在合理期限内支付价款。发包人逾期不支付的,除按照建设工程的性质不宜折价、拍卖的以外,承包人可以与发包人协议将该工程折价,也可以申请人民法院将该工程依法拍卖。建设工程的价款就该工程折价或者拍卖的价款优先受偿。

《最高人民法院关于建设工程价款优先受偿权问题的批复》(以下简称《批复》)第 2 条规定,消费者交付购买商品房的全部或者大部分款项后,承包人就该商品房享有的工程价款优先受偿权不得对抗买受人。

《批复》第3条规定,建筑工程价款包括承包人为建设工程应当支付的工作人员报酬、材料款等实际支出的费用,不包括承包人因发包人违约所造成的损失。

《批复》第4条规定,建设工程承包人行使优先权的期限为6个月,自建设工程竣工之日或者建设工程合同约定的竣工之日起计算。

第108条 律师为买受人提供法律服务的内容

108.1 指导买受人按照《批复》交付购买商品房的全部或者大部分款项,以确保优先受偿权不能对抗买受人。

108.2 发生建设工程在办理完成初始登记(大产权证)之前被查封,导致无法按照约定交付房屋,办理买受人房屋所有权证(小产权证)的情况下,指导、协助买受人根据法律规定、合同约定和实际情况保护自身的合法权益。

108.3 在发生建设工程被折价或者拍卖时,且不属于《批复》规定的可以对抗优先受偿权的买受人,则指导、协助买受人与开发商谈判,妥善处理合同解除事宜。

第109条 律师为买受人提供法律服务时的重点内容

109.1 协助买受人做好预告(预售)登记工作。正是基于在商品房预售等不动产交易中,买受人常常处于弱势,如果不进行预告登记,则很可能造成一房二卖,致使买受人的权益无法实现。所以,一定要协助买受人,要求开发商按照规定,进行预告(预售)登记。

109.2 告知买受人大部分或全部交清房款的法律意义,若买受人选择交纳小部分房款时,应及时出具法律意见书。

109.3 一旦发生工程项目被折价或拍卖,且施工单位行使优先受偿权的情况下,即使房地产证暂时无法得到办理,也应根据实际情况,提示买受人正确地选择维护自身权益的合法手段。因为在工程建设过程中,开发商需要支付的不但有工程款,往往还有银行贷款,而所谓工程款优先受偿,也就意味着银行贷款的受偿顺序在工程款之后,而若此时,买受人选择解除合同,已付房款的返还将在银行贷款之后,很可能会得不到补偿。所以,恰当的维权手段是需要律师在这个阶段协助买受人选择的。

第110条 律师为买受人提供法律服务时的风险提示

应根据工作进度及实际需要,及时出具法律意见书,特别是如果发生项目在大产权证办理之前被查封,房屋无法按时交付,买受人无法按时取得买受人房屋所有权证(小产权证)的情况下,如何维护自身权益以及相应的法律和现实后果等,并做好签收工作,以固定工作内容。

第八章
诉讼、仲裁前的调解

第 111 条 一般规定

商品房买卖合同纠纷在进入诉讼或仲裁程序之前,双方可参照本指引的规定,在合同中约定或合同签订后共同选择调解人进行调解,以达到快捷、高效、低成本地解决纠纷。

111.1 调解人的确定

111.1.1 调解人可以在省级律师协会建筑与房地产专业委员会专家库、省级或所在地市律师协会常务理事、民事业务委员会或者消费者协会推荐的专家中选择,双方可选择由一名调解人进行调解或者 3 名调解人组成调解小组进行调解。

111.1.2 由 1 名调解人进行调解的,该调解人由双方共同在专家库中选择确定。双方选择由调解小组进行调解的,则各自选择 1 名专家,再由双方共同选择 1 名专家作为调解小组的组长,由公证处在双方均在场的情况下抽签确定。

111.1.3 如果合同中已经包括备选调解人名单,除有人不能或不愿接受作为调解人外,双方应从备选名单上选择调解人。

111.1.4 若双方在合同约定或者双方商定的时间内未能就调解人的选择达成一致意见,或者双方共同选择的调解人拒绝履行职责或不能履行职责后 14 天内,双方未能重新达成一致意见,则按合同约定双方调解程序终结。

111.1.5 调解人的报酬,包括调解的其他费用,应在双方选择调解人时商定,由双方各自承担上述报酬和费用的一半。

111.2 调解准备

调解人或调解小组组长事先应根据案件具体情况,筹划进行调解的时间、范围、参与人员及议题的先后顺序。调解双方事先应准备好相关资料,以备展示或查阅。

111.3 调解程序

111.3.1 调解由调解人或调解小组组长主持,可参照仲裁庭审理程序进行。双方应对争议事项进行充分阐述后,参照法律规定、合同约定、交易习惯,以平等、互谅的原则寻求调解方案。

111.3.2 在调解过程中,可选择一揽子解决双方全部的争议事项,也可对部分争议事项先协商一致,其余争议事项留待后续解决。

111.4 调解时间

调解人进行调解的时间一般以不超过 56 天为宜,防止久调不决而影响委托双方的权益。

111.5 调解效力

111.5.1 在调解过程中,应及时将已达成一致意见的事项制作成会议纪要、补充协议等书面文件,交双方授权人员签字或加盖法人公章或合同章。

111.5.2 双方如无法对争议事项的权利义务分配达成一致意见,亦可对商品房买卖合同履行过程中的事实情况予以确认,以固定事实,有利于继续协商或进行诉讼。

111.5.3 无论双方是否达成一致意见,调解人或调解小组均应在约定的调解期限内作出调解决定,调解应对双方具有约束力,除非一方或双方在收到调解决定之日起 14 天内向对方发出不认可调解决定的通知。

任何一方在收到调解决定之日起 14 天内向对方发出不认可调解决定的通知的,调解人或调解小组作出的调解决定对双方均无约束力。调解不成的,双方均有权按照合同约定向法院起诉或者申请仲裁。

如合同约定调解是仲裁或诉讼前置程序,任何一方如果未经调解而直接进入仲裁或诉讼程序,则可能会在仲裁或诉讼中被驳回。

第 112 条 律师为买受人提供法律服务时的内容

律师应当协助买受人选定调解人。

律师应当做好调解准备,收集好调解有关的资料并进行系统的整理和归纳,并提交给调解人。

律师在调解过程中,应当归纳争议焦点并形成书面意见提交给调解人。

律师应提醒买受人在调解过程中严格遵照合同约定的调解程序及有关期限要求。

第 113 条 律师为买受人提供法律服务时的重点内容

调解期限届满如仍未达成调解协议的,律师应当及时通知调解人及开发商终止调解,防止久拖不决。

如买受人收到调解决定后不予认可的,律师应当及时向调解人和买受人表明不予认可,并开始进行诉讼或仲裁准备。

第 114 条 律师为买受人提供法律服务时的风险提示

如合同约定调解是仲裁或诉讼前置程序的,律师应提醒买受人如果未经调解而直接进入仲裁或者诉讼,则可能会在仲裁或诉讼中被驳回请求。

买受人应当注意合同约定的有关期限,如合同约定的在收到调解决定之日起 14 天内向对方发出不认可调解决定的通知,以及在 56 天调解期限届满后及时发出终止调解的通知。

第九章
律师为买受人提供非诉讼法律服务时自身风险的防范及相关内容

第一节 律师与委托方签订、履行委托协议及相关内容

第 115 条 协议签订之前对开发商的审核和调查

买受人对开发商的审核和调查(参照第 8 条)

第 116 条 利害关系的审查

律师应当根据《律师职业道德和执业纪律规范》、《律师执业行为规范》、《律师事务所管理办法》,审查律师事务所及代理律师和委托方的利害关系。

116.1 利益冲突,是指同一律师事务所代理的委托事项与该所其他委托事项的委托人之间有利益上的冲突,继续代理会直接影响相关委托人的利益的情形。

116.2 在接受委托之前,律师及其所属律师事务所应当进行利益冲突查证。只有在委托人之间没有利益冲突的情况下才可以建立委托代理关系。

116.3 拟接受委托人委托的律师已经明知诉讼相对方或利益冲突方已委聘的律师是自己的近亲属或其他利害关系人的,应当予以回避,但双方委托人签发豁免函的除外。

116.4 律师在接受委托后知道诉讼相对方或利益冲突方委聘的律师是自己的近亲属或其他利害关系人,应及时将这种关系明确告诉委托人。委托人提出异议的,律师应当回避。

116.5 律师在接受委托后知道诉讼相对方或利益冲突方已委聘同一律师事务所其他律师的,应由双方律师协商解除一方的委托关系,协商不成的,应与后签订委托合同的一方或尚没有支付律师费的一方解除委托关系。

116.6 曾经在前一法律事务中代理一方法律事务的律师,即使在解除或终止代理关系后,亦不能再接受与前任委托人具有利益冲突的相对方委托,办理相同的法律事务,除非前任委托人做出书面同意。

116.7 曾经在前一法律事务中代理一方法律事务的律师,不得在以后相同或相似法律事务中运用来自该前一法律事务中不利于前任委托人的相关信息,除非经该前任委托人许可,或有足够证据证明这些信息已为人所共知。

116.8 委托人拟聘请律师处理的法律事务,是该律师从事律师职业之前曾以政府官员或司法人员、仲裁人员身份经办过的事务,律师和其律师事务所应当回避。

116.9 律师不得在同一非诉法律事务中为双方当事人担任代理人。

116.10 律师在未征得委托人同意的情况下,不得接受对方当事人办理其他法律

事务的委托,但办结委托事项后除外。

116.11　律师不得借提供法律服务的便利谋取当事人的利益,包括但不限于炒卖楼花、以明显低于市场价购入商品房等行为。

第117条　委托协议的签订

117.1　原则

律师事务所应当确定"统一收案、统一收费、统一标准"的原则。

117.2　收案条件

委托人的要求和主张应符合《中华人民共和国律师法》(以下简称《律师法》)、《律师职业行为规范》的有关要求,对委托人的要求和主张违法,经指出不肯采纳律师的意见,有违反《律师执业避免利益冲突规则》的规定,以及不能接受委托的其他情形不予收案。

117.3　委托程序

(1) 接待律师审查委托人委托资格;

(2) 填写《收案审批表》,送律师事务所主任或主管律师审批,指定承办律师或按委托人的要求指定承办律师;

(3) 签订《委托代理合同》一式两份,委托人收存一份,承办律师附卷存档一份;

(4) 委托人按照《委托代理合同》的约定,交纳律师费;

(5) 办理收案登记,编号建立案卷。

117.4　委托代理合同重点条款

律师应当与委托人就委托事项的代理范围、代理内容、代理权限、代理费用、代理期限等进行讨论,经协商达成一致后,由律师事务所与委托人签署委托代理协议或者取得委托人的确认。

117.4.1　明确界定非诉讼法律服务的范围和内容

(1) 律师与开发商签订的项目非诉讼委托代理合同应包括以下内容:

① 律师非诉讼服务项目的概况、已取得的相关证件的名称、项目的进展情况。

② 律师服务的主要内容:

营销代理商的谈判;

起草购房须知、定金合同、订购书、认购书,并修改商品房买卖合同及补充协议、物业服务合同和业主公约等法律文件;

出具法律意见书;

解答客户就本项目的法律咨询;

与按揭银行进行项目合作谈判;

监督商品房买卖合同签定后的履行;

处理商品房交付的相关法律问题等。律师应根据与开发商协商的服务范围和内容进行具体的约定。

（2）律师与买受人签订的非诉讼委托代理合同应包括以下内容：

① 对开发商的资信调查；

② 对项目销售的合法性调查；

③ 审查开发商提供的楼书、广告等宣传资料；

④ 审查开发商起草的订单、合同、补充协议、附件等法律文件；

⑤ 代理委托人与开发商谈判；

⑥ 提出律师的法律意见等，律师应根据与买受人协商的服务范围和内容具体约定。

律师在签订非诉讼法律服务合同时，应尽量明确和细化服务的内容和范围，使之具有可量度性，以避免产生纠纷。

117.4.2　由于商品房买卖受到市场因素等多方面原因的影响，若开发商委托的范围为整个规划区划内的商品房，则可能销售的时间跨度很长，因此律师应与委托人约定具体的服务期限以及超出服务期限的收费方式。如是按时间段约定收费办法，超出服务期限后，超过部分律师收费金额因按增加的时间同比例增加；如是按完成任务约定，应约定因开发商原因使该项目迟迟不能对外销售或无法交付时，律师应有的合同解除权和损失赔偿权。

117.4.3　委托协议中应明确约定在本项目法律服务中律师的代理权限，如多项服务内容的代理权限不同，应分别约定。

117.4.4　如确有部分内容在代理合同签订时无法明确代理权限的，双方应约定以委托人出具的委托书的授权为准。

117.4.5　律师服务费。具体参照司法部、国家发展改革委员会2006年12月1日颁布实施的《律师服务收费管理办法》。律师费用的收取应当遵循平等协商、合理公平的原则。律师事务所应当严格执行价格主管部门会同同级司法行政部门制定的律师服务收费管理办法和收费标准。

律师收费应当考虑以下合理因素：

（1）从事法律服务所需工作时间、难度、包含的新意和需要的技巧等；

（2）接受这一聘请会明显妨碍律师开展其他工作的风险；

（3）同一区域相似法律服务通常的收费数额；

（4）委托事项涉及的金额和预期的合理结果；

（5）由委托人提出的或由客观环境所施加的法律服务时间限制；

（6）律师的经验、声誉、专业水平和能力；

（7）费用标准及支付方式是否固定，是否附有条件；

（8）合理的成本。

律师收费方式依照国家规定或由律师事务所与委托人协商确定，可以采用计时收费、固定收费、按标的比例收费。在一个委托事项中可以约定一种或几种方式，但一定要明确无歧义。

如采用计时收费的,应在委托合同中约定律师计费时间的计算方式(如通常约定每小时为一个计费单位),还应约定律师工作时间单的确认程序。

以非诉讼结果作为律师收费依据的,该项收费的支付数额及支付方式应当以协议形式确定,应当明确计付收费的法律服务内容、计付费用的标准、方式,包括调解不同结果对计付费用的影响,以及调解中的必要开支是否已经包含于风险代理酬金中等。

实行风险代理收费,最高收费金额不得高于收费合同约定标的额的30%。关于此节风险代理的限额,律师应当密切注意最新的法律规定和当地司法管理部门或律协的特别规定。

委托代理合同中应明确约定律师费的计付办法、付款方式、付款时间、差旅费的承担问题等。

双方应在委托代理合同中约定相应的违约责任和提前解除合同的处理办法等。

117.5 律师委托合同签订后应注意的事项

律师不得私自收案、收费。委托人所支付的费用应当直接交付律师所在的律师事务所,律师不得直接向委托人收取费用。委托人委托律师代交费用的,律师应将代收的费用及时交付律师事务所。

律师不得索要或获取除依照规定收取的法律服务费用之外的额外报酬或利益。

律师事务所收取的法律服务费用,应当在计入会计账簿后才可以按规定项目和开支范围使用。

律师事务所不得向委托人开具非正式的律师收费凭证。

律师事务所因合理原因终止委托代理协议的,有权收取已完成部分的费用。

委托人因合理原因终止委托代理协议的,律师事务所有权收取已完成部分的费用。

委托人单方终止委托代理协议的,应按约定支付律师费。

117.6 不可撤销委托的风险提示

律师在商品房买卖非诉法律服务的委托合同中往往约定了"委托人的授权委托为不可撤销的授权委托"的内容,律师应当注意到该约定的法律风险。根据《合同法》第410条的规定,委托人或者受托人可以随时解除合同,因解除委托合同给对方造成损失的,除不可归责于该当事人的事由之外,应当赔偿损失。因此,律师在委托合同中应当侧重约定,当委托人除了不可归责于律师事由的原因解除委托合同时,委托人应当向律师承担赔偿责任的内容。赔偿条款的约定,可根据律师已经完成的工作量、委托事务的进展程度、解除委托给律师事务所造成的损失等因素考量。

117.7 律师过错赔偿限额的风险提示

律师在商品房买卖非诉法律服务的委托合同中往往限定"律师执业过错的赔偿限额条款",但律师应当注意该约定的法律风险。根据法律规定,律师和律师事务所不得免除或限制因为违法执业和执业过错给委托人造成损失所应承担的民事责任。因此，律师应当提高执业水平和加强执业规范，避免执业风险的出现。

117.8 违约责任的约定。委托合同中应明确约定，双方违约的行为范围、违约损失的计算、违约责任的承担以及违约行为发生时，守约方的权利和救济措施。

117.9 为进一步明确委托代理事宜，建议律师在签订《委托代理合同》的同时做好收接案笔录，就委托代理范围、工作要求、工作方式、人员安排、委托方应提交的资料和应予以配合的事宜，以及律师服务的深度、项目非诉讼法律服务中可能涉及的法律风险等予以明确，以避免产生委托人与律师约定不明或风险提示不清的纠纷。

第118条　委托协议的履行、转让、变更、终止

118.1 律师应当谨慎、诚实、客观地告知委托人委托事项可能出现的法律风险，并在必要时出具法律意见书交委托人签收。

118.2 在委托合同履行的过程中，应定期书面报告委托事务的处理情况，包括已经处理完毕的法律事务及下一步的工作计划；如出现签订委托合同时无法预料的问题，应及时提出建议并与委托人签订补充协议。

律师应将工作记录和工作汇报按时间顺序装订成册备查。

118.3 律师应当严格按照法律规定的期间、时效以及与委托人约定的时间，办理委托事项。

118.4 律师接受委托后，只能在委托权限内开展执业活动，不得擅自超越委托权限。

118.5 律师在进行受托的法律事务时，如发现委托人所授权限不能适应需要时，应及时告知委托人，在未经委托人同意或办理有关的授权委托手续之前，律师只能在授权范围内办理法律事务。

118.6 律师接受委托时必须与委托人明确规定包括程序法和实体法两方面的委托权限。委托权限不明确的，律师应要求委托人重新出具有明确授权的委托书。

118.7 律师事务所签订委托合同后若出现确需转让、变更或者解除委托协议的情况的，律师应做好如下工作：

（1）应当及时与委托人协商和沟通，征得委托人同意。

（2）如系委托合同转让的，应由委托人、原承办该非诉讼法律事务的律师事务所及受让的律师事务所签订转让协议，明确各方的权利义务，特别是涉及律师服务的风险界定和费用划分支付等问题。

（3）如系委托合同变更的，应明确所涉变更内容及变更的时间节点。

（4）如系委托合同解除的，双方应在补充协议中确认律师已完成的工作成果、应支付的律师费用金额和支付时间、律师非诉讼服务的风险界定等。如出现委托合同的转让或解除事项，原承办律师应同时将已完成的工作成果和相关资料移交委托人，双方办妥交接手续；原承办律师还应出具一份工作小结，陈述已完成的工作和尚需完成的工作内容,并提出需提请委托人注意的事项。

118.8 未经委托人同意,律师不得将委托人委托的法律事务转委托他人办理。

118.9 律师在接受委托后出现突患疾病、工作调动等情况,需要更换律师的,律师事务所应当及时告知委托人。委托人同意更换律师的,应取得委托人的书面确认意见,承办律师之间要及时移交材料,并通过律师事务所办理相关手续。

118.10 非经委托人同意,律师不能因为转委托而增加委托人的经济负担。

118.11 律师在委托权限内完成了受托的法律事务,应及时告知委托人。律师与委托人明确解除委托关系后,律师不得再以被委托人的名义进行活动。

118.12 律师接受委托后,无正当理由不得拒绝履行协议约定的职责,不得无故终止代理。

118.13 若委托协议约定的服务期限届满,或者终止条件出现,律师应当及时书面告知委托人委托协议终止,并总结委托事项的履行情况,作好有关文件资料的交接工作,办理书面交接手续。

118.14 律师在办理委托事项过程中出现下列情况,律师事务所应终止其代理工作:

(1) 与委托人协商终止;

(2) 承办律师被取消或者中止执业资格,委托人不同意更换其他律师的;

(3) 发现不可克服的利益冲突;

(4) 承办律师的健康状况不适合继续代理,委托人不同意更换其他律师的;

(5) 委托人的要求不符合法律规定或律师职业道德和执业纪律要求的,律师继续代理将违反法律或者律师执业规范。

118.15 出现上述终止代理情形的,律师事务所应当尽可能提前向委托人发出通知,律师事务所应当尽量不使委托人的合法利益受到影响。

第二节 律师为委托方提供法律服务时的操作程序

第119条 商品房买卖合同签订前的审查与调查(参照本指引第一编第一章),并在结束时向委托人出具法律意见书。

第120条 律师代表委托方在和对方谈判之前,应仔细审阅开发商制定的销售合同条款,以维护买受人利益角度出具法律意见书。

第121条 双方律师代表委托方进行谈判后,律师应与对方签订最后确认文件及合同主要内容的确认文件。

第122条 商品房买卖合同的签订与登记备案(参照本指引第一编第二章、第三章),并出具法律意见书。

第 123 条　买卖合同履行，主要为义务的履行，应及时提醒委托当事人履行买卖合同义务；若当事人不履行或不及时履行，应出具法律意见书，告之不履行的法律后果。

第 124 条　合同变更、终止之前出具法律意见书（参照本指引第一编第四章）。

第 125 条　商品房交付与大产权证、小产权证的取得（参照本指引第一编第五章）。

第三节　律师为买受人提供法律服务的基本模式及内容

第 126 条　买受人委托的法律服务调查范围
　　（1）调查出卖人工商登记档案。
　　（2）调查商品房所有权情况。
　　（3）调查商品房土地使用权情况。
　　（4）调查商品房预售或销售的批准备案文件。
　　（5）调查商品房项目的建设进度和具体建设指标（用途、层高、绿化率、建筑密度、日照、车位、公共设施和公共配套等）。
　　（6）调查商品房是否存在租赁的情况。
　　（7）调查商品房项目涉及抵押、施工承包人的优先受偿权、查封等权利限制的情况。
　　（8）调查出卖人重大债权债务情况。
　　（9）调查涉及的诉讼、仲裁或行政处罚情况。
　　（10）调查购买商品房物业涉及的税费成本。

第 127 条　调查服务的方法和途径
　　127.1　深入目标公司办公现场
　　律师应直接与被调查公司代表或个人面谈，商谈有关调查事宜，争取获取对方的配合。事先应制作一份尽职调查清单，列明调查所需要的各种文件资料。
　　127.2　向行政机关调查核实情况
　　商品房开发建设项目的立项、审批、登记、备案等行政许可事项，均由各政府行政主管机关负责，因此也是获取目标企业和目标项目的各项合法信息的重要来源。主要行政主管部门包括发改委、规划局、建委、工商局、土管局、房管局、税务局、外汇管理局等机构。
　　127.3　询问目标公司员工和客户代表
　　律师通过询问、问卷调查获取重要的或有异议的信息，应在调查过程中作出书面记录，并要求被调查人签字留存。
　　127.4　与合同的债权人、债务人当面沟通
　　对于重大合同、侵权责任的债务，律师有必要与合同相对方或被侵害人面洽，调查

核实合同的签订过程与实际履行情况。调查可以通过谈话记录或书面说明等方式进行。

127.5　与专业人士适当交流

对尽职调查过程中涉及的专业建筑方面、财务方面、税务方面的情况,应向其他专业人士咨询,吸取各方面的专业知识,这将更有利于律师对法律风险的分析和预测。

第 128 条　调查的注意事项

128.1　有关开发商的资信信息来源较窄,可能难以较为全面地收集信息。因而,律师要注意扩大收集资料的途径和方法,从多个角度加以证实,而不是仅仅通过单一、狭窄的渠道了解开发商的资信程度。

128.2　信息来源真假辨别的风险。律师需要通过多种渠道审核和调查开发商的相关资信、证照等情况,尤其要注意信息来源的真实性和可信度。比如通过网络搜索了解开发商的相关情况,其中可能有不少虚假信息,律师要通过自己的经验辨别信息的真伪;要全面了解、全面调查,并在告知委托人的同时提示风险。

第 129 条　法律意见书的制作

作为商品房买卖交易的法律意见书,至少应包括以下几个部分的内容:

(1) 前言部分。表述委托人委托的法律事务内容和范围,报告律师所作的调查范围、调查内容和委托提供的资料内容。对有关律师不可预测的风险进行免责声明。

(2) 列举法律、法规条款依据。结合法律、法规对相关事实进行分析是制作调查报告的基本方式。因此,法律、法规查询对尽职调查来说也是一个重要的环节。律师应该将所涉及的法律、法规及条文索引作为一个单独的部分在调查报告中列明,使阅读者首先有一个直观的认识,能够大致了解此份调查报告会涉及哪些法律规定,从而更好地理解律师所作的律师意见的内容。

(3) 准确地描述基本信息。律师在法律调查过程中获取的信息很多,掌握的信息量十分庞大,因此,律师在进行信息整理的同时,必须联系本次调查的目的,对大量的信息进行细致的甄别和筛选。如买受人委托的法律尽职调查内容应侧重商品房的基本情况,准确地描述商品房的项目开发背景情况、各种审批手续、土地、房屋权属的登记情况、具体建设规划指标、工程施工、销售及物业管理情况等。

(4) 总结焦点问题,提出律师观点。通过分析法律风险,对双方争议的焦点,或者委托方关注的焦点问题进行深入分析,陈述事实引用法律,提出律师的观点。

(5) 提示、陈述法律风险的分析意见。法律风险的分析意见是整个调查报告的核心,也是真正考验律师职业水平和执业经验的部分,需要律师将掌握的信息和相关的法律规定紧密有机地结合起来。结合商品房买卖交易的特点,重点就商品房买卖合同的效力、商品房买卖履约的风险进行分析和提示。

(6) 明确提出法律问题的解决方案

针对前面发现的问题,律师应该逐一进行解答,以保证商品房交易的安全,这是律师职责所在。律师不需要干涉买卖双方的商业决策,仅就有关事实和法律提供最详尽的信息和最全面的法律意见。

第四节 律师执业风险提示

第 130 条 结合商品房买卖合同非诉讼法律服务的特点,律师在执业过程中应当遵守以下操作模式,避免工作疏漏而产生执业风险。

130.1 律师应签订《法律服务协议》。对提供法律服务过程中律师事务所的权利与义务做出明确的界定,以明确双方的权责和授权范围。

130.2 律师在受委托人委托参加项目谈判过程中,既要积极向委托人提供法律建议,也要避免出现干扰谈判进行的情况发生。要从有利于委托人的全局利益和长远利益着眼,努力克服谈判中的法律障碍,促使符合委托人根本利益的谈判成功。

130.3 参与委托人谈判和商洽时,律师应书面记录每次谈判和商洽的内容,以便备查。

130.4 起草或修改商品房买卖合同文本时,应保存每次双方合同内容和条款修改的往来记录,包括修改的具体内容、时间和修改原因和要求。

130.5 最后签订版本应由委托人确认,并对终稿中可能存在的风险再次书面提示并保存已作告知的记录。

130.6 律师在出具正式的法律意见时,既要借鉴以往成功的经验与业绩,也要结合本项目的实际情况。特别需要注意的是,针对一个非常专业的项目,提出法律意见时要留有余地,以保护律师及律师事务所的利益。

130.7 对委托人提出的要求,要区分不同的情况与要求的性质,既要把握原则,又要表现充分的灵活性。原则问题,坚决不能妥协;操作方法,可以灵活处理。同时,要与委托人就此问题留下书面的证明,以表明律师及律师事务所的责任界限。

130.8 商品房买卖合同履行时,应当根据商品房买卖合同的内容,制定书面的双方权利、义务履行内容和时间的表格;根据履约表格,在委托方合同义务履行期限届满前十天,书面《法律意见书》提示委托方履行义务内容和时间,以及违约责任。

130.9 对方履约时,陪同委托方核查对方履约行为是否全面并符合合同要求,记录履约不符的内容;对方未按时履约或履约不符时,及时代理委托人与对方交涉,并制作《法律意见书》,告知相应的违约责任,敦促其按约履行。

130.10 收集、保存对方违约的证据,必要的时候做律师见证,对证据进行公证。对对方的违约行为,及时制作《法律意见书》,告知委托人对方应承担的违约责任,进一步采取行动的建议。

130.11 律师在一个非诉法律项目结束后,仍然要注意跟踪项目进展,以进一步提供后续的法律服务,以及提前了解项目可能遇到什么问题,并自检本身是否有过失。

同时,要注意及时整理相关档案。整个项目及法律服务工作完成后,要组织相关参加人员互查有关文件及关键问题,以便及时发现漏洞或失误,并采取补救措施。

130.12 在处理委托人日常法律事务过程中,要保留来往文件与文字。对委托人要求提供法律服务的事项建立登记制度,以确定服务范围。针对一些特定的事项,必要时应与委托人签署谅解备忘录,以保障律师及事务所的权益。此外,在重大协议签署前,相关法律文件文本的编辑、打印、装订、小签要遵循行之有效的程序。加强对法律文件的保管。与每一个项目相关的所有法律文件及来往信函(包括电子邮件)要按时间顺序或性质单独建立档案,并在明确的保管地点保管。同时,电子文档也应在服务器上设置专门的保存区域、审阅与修改权限。相关文件的原件、印章最好不要由律师事务所保管。

130.13 基于为委托人保守商业秘密的需要,律师在工作中要注意建立屏蔽制度。每个项目要确定固定的律师与助手参与,无关人员不得接触项目文件及案卷。参与人员未经主管合伙人批准,不得向其他人(包括其他合伙人)披露与项目内容相关的情况。这也是律师执业纪律的要求。

此篇内容侧重律师自身执业风险的防范,律师自身执业风险还与律师在执业过程中是否尽到律师应有的职责和执业能力密切相关,律师应在执业过程中适时、适当地提示委托人可能遇到的风险。具体内容参照本指引各个章节中律师为买受人提供法律服务的风险提示。

第二编
律师为买受人提供商品房买卖合同诉讼法律服务的操作指引

第一章
诉讼与仲裁的一般规定

第一节 诉 讼

第 131 条 诉讼主体的确定

131.1 一般规定

根据《中华人民共和国民事诉讼法》(以下简称《民事诉讼法》)第49、第56、第108

条等规定,原告、被告和第三人都是与本案有关的自然人、法人和其他组织。

131.2 律师为买受人提供法律服务的内容

律师应根据案情分析确定适格的诉讼主体。一般情况下,对方当事人应为开发商,特定情况下的担保人、贷款人、包销人、联建人,均可成为本案当事人。

131.3 律师为买受人提供法律服务时的重点内容

存在商品房包销人的买受人与开发商之间的商品房买卖合同纠纷,律师应审查包销合同,并申请人民法院通知包销人参加诉讼;开发商、包销人和买受人对各自的权利义务有明确约定的,按照约定的内容确定各方的诉讼地位。

买受人未按照商品房担保贷款合同的约定偿还贷款,亦未与担保权人办理商品房抵押登记手续,担保权人起诉买受人,请求处分商品房买卖合同项下买受人合同权利的,律师应当申请法院通知开发商参加诉讼;担保权人同时起诉开发商时,如果开发商为商品房担保贷款合同提供保证的,律师应当申请法院将其列为共同被告。

对于存在联建项目情况的开发商与买受人之间的合同纠纷,除非联建单位作为共同开发商已载于商品房买卖合同,否则,律师应审查联建协议,并申请人民法院通知联建单位参加诉讼,并根据联建协议内容,确定联建单位或为第三人,或为共同被告。

131.4 律师为买受人提供法律服务时的风险提示

律师应审查相关文件以确定适格的诉讼主体,不要遗漏或者选错诉讼主体。对于其他当事人主张或法院追加的不适当的主体,应提出异议。

第 132 条 诉讼请求的确定

132.1 一般规定

律师在起诉前,须分析本案的法律关系,选择合适的诉讼请求,提出恰当的标的金额。

132.2 律师为买受人提供法律服务的内容

买受人为原告时,可主张的诉讼请求主要涉及合同的效力,开发商关于商品房面积、质量、交房、办证等义务的履行及违约责任,合同的解除、"一房两卖"、定金的返还等。部分省市地方性法规赋予买受人以消费者的地位,故买受人还可以依据消费者权益保护的相关规定主张权利。

132.3 律师为买受人提供法律服务时的重点内容

商品房买卖合同没有约定违约金数额或者损失赔偿额计算方法,买受人可以请求违约金数额或者损失赔偿额参照以下标准确定:逾期交付使用房屋的,按照逾期交付使用房屋期间,有关主管部门公布或者有资格的房地产评估机构评定的同地段同类房屋租金标准确定。

开发商向买受人收受定金作为订立商品房买卖合同担保的,如果因当事人一方原因未能订立商品房买卖合同,买受人与开发商都可以请求按照法律关于定金的规定处理;因不可归责于当事人双方的事由,导致商品房买卖合同未能订立的,则买受人可以请求开发商返还定金。

开发商交付使用的房屋套内建筑面积或者建筑面积与商品房买卖合同约定面积不符,合同有约定的,买受人可以请求按照约定处理;合同没有约定或者约定不明确的,买受人可以请求按照《司法解释》第14条的规定处理。

由于开发商的原因,买受人未能在《司法解释》第18条规定的情形之一期限届满时取得房屋权属证书的,合同没有约定违约金或者损失数额难以确定的,买受人可以请求按照已付购房款总额,参照中国人民银行规定的金融机构计收逾期贷款利息的标准计算,由开发商承担违约责任。

买受人以开发商与第三人恶意串通,另行订立商品房买卖合同并将房屋交付使用,导致其无法取得房屋为由,可以请求确认开发商与第三人订立的商品房买卖合同无效。

具有《司法解释》第8条规定的情形之一,导致商品房买卖合同目的不能实现的,无法取得房屋的买受人可以请求解除合同、返还已付购房款及利息、赔偿损失,并可以请求开发商承担不超过已付购房款一倍的赔偿责任。

开发商订立商品房买卖合同时,具有《司法解释》第9条规定的情形之一,导致合同无效或者被撤销、解除的,买受人可以请求返还已付购房款及利息、赔偿损失,并可以请求开发商承担不超过已付购房款一倍的赔偿责任。

因房屋主体结构质量不合格不能交付使用,或者房屋交付使用后,房屋主体结构质量经核验确属不合格,买受人可以请求解除合同和赔偿损失。

根据《合同法》第94条的规定,开发商迟延交付房屋或者买受人迟延支付购房款,经催告后在3个月的合理期限内仍未履行,当事人一方可以请求解除合同。

商品房买卖合同约定或者《城市房地产开发经营管理条例》第33条的规定,办理房屋所有权登记的期限届满后超过1年,由于开发商的原因,导致买受人无法办理房屋所有权登记,买受人可以请求解除合同和赔偿损失。

因不可归责于当事人双方的事由未能订立商品房担保贷款合同,并导致商品房买卖合同不能继续履行的,当事人可以请求解除合同,开发商返还购房款本金及其利息或者定金。

因商品房买卖合同被确认无效或者被撤销、解除,致使商品房担保贷款合同的目的无法实现,当事人可以请求解除商品房担保贷款合同。

开发商未取得商品房预售许可证明,与买受人订立的商品房预售合同,律师应告知当事人在起诉前取得商品房预售许可证明的,则不能请求确认合同无效。

买受人不能以商品房预售合同未按照法律、行政法规规定办理登记备案手续为由,请求确认合同无效。

132.4 律师为买受人提供法律服务时的风险提示

买受人为原告时,律师须注意合同效力、开发商违约时选择合同继续履行还是解除,追究违约责任时选择地方性法规关于消费者权益保护的规定还是合同法的相关规定,须作谨慎分析。

第 133 条　诉讼管辖的确定

133.1　一般规定

《民事诉讼法》第 34 条规定,因不动产纠纷提起的诉讼,由不动产所在地法院专属管辖。

133.2　律师为买受人提供法律服务的内容

律师应告知当事人因不动产提起的诉讼,属专属管辖,合同约定的协议管辖因违反专属管辖的法定要求而无效。

133.3　律师为买受人提供法律服务时的重点内容

参照 133.2。

133.4　律师为买受人提供法律服务时的风险提示

参照 133.2。

第 134 条　诉讼时效的审查

134.1　一般规定

律师审查诉讼时效时,应注意审查是否超过诉讼时效期间、有无诉讼时效中断的事由。

134.2　律师为买受人提供法律服务的内容

对于在诉讼时效内的案件,应告知当事人及时起诉。对已超过诉讼时效的案件,应告知当事人采取补救措施。

134.3　律师为买受人提供法律服务时的重点内容

应注意买受人与开发商在合同订立、履行各个环节,开发商关于质量、交房时间、交房条件、办证等方面的约定和承诺,注意收集相应的资料,尤其注意与开发商或其委托的代理机构如物管公司或律师事务所、销售中介等办理交接的时间点。

买受人作为被告时,对已超过诉讼时效的案件,应告知当事人进行时效抗辩。

134.4　律师为买受人提供法律服务时的风险提示

律师应告知当事人在时效期间内提起诉讼。对于超过诉讼时效的起诉应告知当事人诉讼风险,并做告知笔录。

第 135 条　诉讼提起

135.1　一般规定

律师代理原告提起诉讼,应依据《民事诉讼法》第 108 条的规定,提出具体明确的诉讼请求,并阐明起诉的事实和理由。

135.2　律师为买受人提供法律服务的内容

律师向法院申请立案时,应提交起诉状、证据目录和证据材料,并按对方人数提供副本,同时,还应提交委托书、律师事务所公函以及原、被告身份情况证明。是公民的,提交户籍证明,是法人的,提交营业执照复印件、法定代表人身份证明,是其他组织的,提交登记证明复印件、主要负责人身份证明。

法院经审查如认为立案尚需补交有关证据材料的,律师应及时补交。

律师在接到法院的受理通知书后,应通知当事人及时交纳诉讼费。律师在接到法院不予受理的裁定书后,应及时告知当事人,并可依据当事人的委托,提起上诉。

135.3 律师为买受人提供法律服务时的重点内容

律师应根据案件具体情况的要求,准备齐全的文件。对于提交的证据清单及其证明对象,须征得当事人同意。

135.4 律师为买受人提供法律服务时的风险提示

律师在起诉前,应对被告的财产状况有所了解,并告知当事人可能出现的风险。

第136条 财产保全

136.1 一般规定

律师作为原告或有独立请求权的第三人或反诉原告的代理人,可以依照当事人的要求,根据《民事诉讼法》第92条及相关司法解释之规定提出财产保全申请。

136.2 律师为买受人提供法律服务的内容

买受人为原告,提起诉讼保全,应提供被申请人的房地产、车辆等财产线索,同时应提供担保。

如采取诉前保全,律师应当告知当事人在法院采取保全措施后的15日内提起诉讼。若被申请人愿意提供担保,律师应向法院申请解除财产保全。

作为被告时,律师应告知当事人对原告申请保全的金额与法院采取保全措施的财产价值进行审查,若保全财产价值高于申请金额的,应告知当事人向法院提出异议。

律师须与委托人制作保全谈话笔录,将包括但不限于保全对象、保全金额所产生的法律后果等记录在案。

136.3 律师为买受人提供法律服务时的重点内容

开发商作为被告时,除对诉争的商品房买卖合同中的房屋采取保全措施外,还应对开发商的包括但不限于其他未售房屋、对外投资、银行存款予以调查并查封。

136.4 律师为买受人提供法律服务时的风险提示

律师应提醒买受人在提起诉讼的同时提起诉讼保全,并提供财产线索。财产保全的金额仅限于诉讼请求的标的。应注意审查可能出现的因保全不当而引起的法律责任。同时还应注意法院对不同性质的财产的冻结查封期限,提醒当事人在到期前及时请求续封、续冻。

第137条 举证责任

137.1 一般规定

律师对相对方提出的诉讼请求所依据的事实或者反驳对方诉讼请求所依据的事

实,有责任根据《民事诉讼法》第六章和《证据规则》的相关规定请求委托人提供证据证明。没有证据或者证据不足以证明当事人的事实主张的,由负有举证责任的当事人承担不利后果。

律师应告知当事人提供下列证据:
① 书证;② 物证;③ 视听资料;④ 证人证言;⑤ 当事人陈述;⑥ 鉴定结论;⑦ 其他可以证明案件事实的材料。

律师应遵循法院指定的举证期限,除符合《民事诉讼法》第125条第1款规定的"新的证据"之外。

律师提供新的证据的,应当在一审开庭前或者开庭审理时提出。律师在二审程序中提供新的证据的,应当在二审开庭前或者开庭审理时提出;二审不需要开庭审理的,应当在人民法院指定的期限内提出。

律师调查收集证据时,应当注意证据的真实性、合法性和关联性。

律师调查、收集证据材料时,应出示介绍信和律师执业证。律师向证人调查取证时,应制作调查笔录,以二人以上共同进行为宜。调查笔录应载明:调查时间、调查地点、调查人、被调查人、调查内容。被调查人应核对调查笔录,并签署"以上看过,无误"字样,并签名、注明年月日。若调查笔录为多页,被调查人应在每页签字确认。

律师收集书证、物证应收集原件、原物。收集原件、原物有困难的,可以复制、拍照,或者收集副本、节录本,但对复制件、照片、节录本应附说明。

律师不能及时调查、收集证据的,应向人民法院说明情况,并申请延期提交该证据。

律师向法院提交证据时,应提交证据复印件。证据应至少准备4份,向法院提交1份、对方当事人1份、律师1份、委托人1份。证据原件,在开庭时提交。证据原件一般由当事人保管,律师不宜保管证据原件。

律师应当对证据材料逐一分类编号,制作证据目录,对证据名称、证据来源、证明对象等做出说明。提交法院时,签名盖章,注明提交日期。

律师向法院提交录音资料,应提交录音源文件,并整理成书面文字材料。

律师向法院提交照片,应提交照片的电子源文件或原胶片,并冲洗或彩打出来。

律师对涉及商业秘密和个人隐私的证据应当保密,需要在法庭上出示的,应事先告之法庭,以不公开方式举证,不宜在公开开庭时出示。

律师申请法院调查取证的,应由开发商在申请书上盖章。

137.2 律师为买受人提供法律服务的内容

除了提供买卖合同外,买受人为原告时,应根据其诉争的内容,分别就质量、面积、交房、办证等提供相应的证据,买受人为被告时,须充分提交己方未违约的证据。

137.3 律师为买受人提供法律服务时的重点内容

涉及面积差异、质量问题的,律师应告知买受人申请法院鉴定。涉及广告纠纷的,律师应告知买受人提供楼书、广告宣传材料。

律师须要求开发商对其提供的格式条款已尽合理提示及说明义务予以举证。并应注意开发商有无对格式条款中免除或者限制其责任的内容,在合同订立时采用足以引起对方注意的文字、符号、字体等特别标识,并按照买受人的要求对该格式条款予以说明。

137.4 律师为买受人提供法律服务时的风险提示

律师应审查证据的关联性与证明力问题,避免出现前后矛盾的地方。

律师提交证据时,应由当事人签字确认。

注意发现对方提供的证据中出现矛盾的地方。

在法律规定的举证期限内举证。

第138条 庭审准备

138.1 一般规定

律师收到开庭通知后,应立即将开庭时间、地点、审判人员组成等信息通知当事人。并询问当事人对合议庭组成人员有无需要提出回避请求及其理由。

庭审前一两天,提醒当事人开庭时携带证据原件。

138.2 律师为买受人提供法律服务的内容

当事人若有亲友参加旁听,应提示携带身份证明,并提前告之旁听规则。

开庭之前,可与当事人就开庭的程序、开庭时应注意的问题、对方可能的发问、我方的诉讼思路、发问等进行沟通,明确当事人与律师在庭审中的分工,当事人侧重事实部分,律师侧重法律部分。

开庭之前,应将案卷材料重新熟悉一遍,了解案件的各种细节,检查案卷材料是否完整,有否遗漏,证据是否在举证期限内提交,证据是否按证据目录的顺序整理好,证人是否安排妥当,委托书、公函是否已提交法院。涉及赔偿损失的,计算方法是否明了。

开庭前做好向对方当事人、证人、鉴定人发问的准备,拟好发问提纲。

律师应在庭前准备好代理词,并根据庭审情况作必要的修改。

138.3 律师为买受人提供法律服务时的重点内容

律师应熟悉案件情况和证据材料,明确案件的争议焦点。

138.4 律师为买受人提供法律服务时的风险提示

律师应避免不了解案情,不熟悉证据的情况出现,避免遗漏案件材料。

第139条 开庭审理

139.1 一般规定

律师出庭应携带执业证。

律师参加开庭,应提前到达法庭,避免开庭迟到。

律师应着正装出庭,到达法庭后,若没有提交委托、公函的,应及时提交委托书、公函等法律文书。

律师在庭审中要用语规范,态度谦虚,举止得当。注意避免与对方当事人和代理人发生人身和语言冲突,不挑词架讼,不恶语相逼。

律师在法庭调查和法庭辩认阶段都要做好庭审记录。

如果当事人一同出庭,可由当事人陈述事实部分,律师着重从法律方面陈述。

律师在庭审中的发言,声音应洪亮,言之要有物、有据。

律师出庭应遵守法庭规则和法庭秩序,庭审顺序按照法官指导进行。

在庭审过程中,律师发现审判程序违法,应当指出,并要求立即纠正。

律师必须仔细阅读庭审笔录,发现庭审笔录中的错误,应及时与书记员联系纠正。

庭审结束后,律师应及时向法院提交书面代理意见。

一审法院判决书若是律师代收的,应在收到后立即告之委托人,并在 24 小时内交付委托人,并留好寄件凭据,或让当事人签收,相关文件均应入卷。律师代为签收调解书,应有委托人的书面授权,否则,不能签收。

139.2　律师为买受人提供法律服务的内容

审判长在核对当事人身份时,律师有权对对方当事人及其代理人的身份提出异议。

审判长询问委托人是否申请回避时,律师可对审判人员、书记员提出回避申请,并说明理由。

法庭调查开始后,律师应当完成下列工作:

(1) 代理原告的,可代为宣读起诉状,讲明具体诉讼请求和事实与理由。

(2) 代理被告的,可代为宣读答辩状;提起反诉的,宣读反诉状,讲明具体反诉请求和事实与理由。

(3) 代理第三人的,可代为宣读答辩状,提出承认或者否认的答辩意见,或提出独立的诉讼请求。

(4) 与起诉状、答辩状、反诉状不一致的地方,律师要作出解释,当事人和律师可以对事实部分进行补充。

法官向当事人进行询问时,一般应由当事人回答,必要时由律师回答。

律师举证时,应按法官要求,逐项举证或全部举证,并说明证据名称、证据来源、证明对象。

经审判长许可,律师可以向证人、鉴定人及其他当事人发问。发问应围绕案件的事实、争议的焦点进行。发问应当简明扼要。发问受到审判长制止时,律师应尊重法庭的决定,改变问题或者发问方式,或表明发问的重要性和关联性。

对于威逼性、诱导性发问和与本案无关的发问,律师有权提出反对意见。反对意见被法庭驳回后,可提请法庭将律师的反对意见记录在案。

审判长归纳争议焦点后,律师认为有不同意见的,应立即提出。

律师质证时,应从证据真实性、合法性、与本案关联性等方面质证。

律师对物证进行质证,应围绕物证的真伪、物证与本案的联系、物证与其他证据的联系、取得该物证的程序是否合法等方面进行。

律师对书证进行质证,应围绕书证是否为原件、书证的真伪、书证是否合法、书证的内容是否能证明所要证明的事实、书证与其他证据的矛盾、书证的来源等方面进行。

律师对证人证言进行质证,应围绕证人与双方当事人的关系、证人证言的内容及要证明的事实、证人年龄、智力状况、行为能力等自然情况、证人的证言前后是否矛盾、证人证言与其他证据的矛盾等方面进行。

律师对视听资料进行质证,应围绕视听资料取得和形成的时间、地点和周围的环境、有无剪补、内容是否清楚等方面进行。

律师对鉴定结论进行质证,应围绕鉴定人的资格、鉴定的依据和材料、鉴定的设备和方法、鉴定结论是否具有科学性等方面进行。律师认为鉴定结论不能成立或者不完整的,可以申请重新鉴定或者补充鉴定。

在法庭辩论过程中,律师发现案件某些事实未查清的,可以申请恢复法庭调查。

律师进行法庭辩论,应围绕庭审查明的事实和法官归纳的争议焦点,发表辩论意见。辩论意见应简明扼要,抓住案件焦点问题。律师应尊重对方的人格,不得讽刺、挖苦、谩骂、嘲笑对方,不得攻击合议庭成员。

律师发表第二轮辩论意见时,应针对第一轮对方当事人的辩论意见进行辩论,发表新的辩论意见,已发表的辩论意见不必重复。

律师在作最后陈述时,应简单扼要,直截了当。

律师在法院主持的调解中,应听取对方的意见,配合法官做好调解工作,注意调解的策略与技巧。

律师应当在代理权限内参与调解、和解。未经特别授权,不能对委托人实体权利进行处分。

律师收到判决书后,应对当事人是否提出上诉作一个书面笔录。

139.3 律师为买受人提供法律服务时的重点内容

律师应注意讲明自己的观点,反驳对方的观点,要围绕自己的思路进行论述,不要陷入对方的思路。重点首先在于证明己方的诉请主张或反驳对方的诉请主张,以及对关键证据的三性提出意见,避免纠缠于细枝末节。

139.4 律师为买受人提供法律服务时的风险提示

律师应尽量避免在庭审中陈述对自己不利的事实,回答对方的提问要谨慎。

买受人决定提起上诉的,律师应告知买受人在上诉期限内提起上诉,如果买受人不上诉的,应认真做好谈话笔录。

第140条 二审阶段

140.1 一般规定

律师代理第二审案件,尽量依照第一审办案程序进行。

140.2　律师为买受人提供法律服务的内容

律师可以根据二审当事人的请求,代其书写上诉状或上诉答辩状。

律师代理二审案件,应注意有无新证据提交,并注意新证据提交的期限。

律师应与当事人进行沟通,明确当事人对一审判决法院认定事实部分有异议的地方。

对当事人在一审中已提出的诉讼请求或反诉请求,原审法院未作审理判决的,或判决结果超出诉讼请求范围的,律师应代当事人请求二审法院调解或发回重审。

原审原告或有独立请求权的第三人增加诉讼请求,或原审被告提出或增加反诉请求,律师应建议二审法院调解或发回重审。

律师应尽量收集支持本方主张,反驳对方主张的新证据。

二审案件开庭审理的,律师参加庭审的规则与一审相同。二审案件不开庭审理的,律师应及时提交书面代理词。

二审案件可以调解、和解,律师可以根据当事人的特别授权,签署调解及和解协议,法律另有规定的除外。

庭审结束后,律师应及时向法院提交书面代理意见。

二审判决书由律师代签的,律师在签收后应立即转交委托人,并让委托人签收法律文书转交单并保存好快递凭证。

140.3　律师为买受人提供法律服务时的重点内容

没有参加一审诉讼的律师担任二审代理人,应及时到法院查阅案卷,并复制有关案卷资料。律师在查阅一审案卷时,可对以下几方面作重点审查:

(1) 一审判决认定事实的证据是否充分、确凿,有无未经质证的证据作为判决裁定的依据,对证据的采信有无问题,证据相互之间有无矛盾;

(2) 一审判决适用法律是否得当;

(3) 一审程序有无影响案件正确判决的违法情况。

140.4　律师为买受人提供法律服务时的风险提示

律师应充分了解案情,熟悉证据。尤其是没有代理一审案件的律师,应避免由于对案情不熟悉而作出不合适的诉讼思路。

对于一审已作诉讼保全的,二审律师应注意保全期限,并及时提请原审法院续封、续冻。

第141条　再审阶段

141.1　一般规定

律师应审查当事人的再审申请是否符合《民事诉讼法》第179条的规定。

141.2　律师为买受人提供法律服务的内容

律师应告知当事人对已经发生法律效力的调解书,提出证据证明调解违反自愿原则或者调解协议的内容违反法律的,可以申请再审。

律师应告知当事人申请再审,应当在判决、裁定发生法律效力后两年内提出;两年后据以作出原判决、裁定的法律文书被撤销或者变更,以及发现审判人员在审理该案件时有贪污受贿、徇私舞弊、枉法裁判行为的,自知道或者应当知道之日起3个月内提出。

141.3　律师为买受人提供法律服务时的重点内容

律师应注意申请再审的条件,所有的再审申请都将围绕着是否符合这些条件进行。

律师应告知当事人对已经发生法律效力的判决、裁定,认为有错误的,可以向上一级人民法院申请再审,但不停止判决、裁定的执行。

律师代当事人提出再审申请的,应让当事人提供尽可能详细的一、二审诉讼的证据材料和诉讼文书。

人民法院审理再审案件,如果是按一审程序进行的,律师从事诉讼代理的规则与一审规则相同,如果是按二审程序进行的,则与二审规则相同。

141.4　律师为买受人提供法律服务时的风险提示

律师应告知当事人可以提起再审的条件,避免误导当事人。律师应注意再审提出的时限要求。

第142条　执行

142.1　一般规定

法院的生效法律文书由一审法院负责执行。

生效仲裁裁决和调解书由被执行人所在地中级人民法院负责执行。

142.2　律师为买受人提供法律服务的内容

律师作为申请人的代理人,应审查申请执行的案件是否符合下列条件:

(1) 申请执行的法律文书已经生效;

(2) 申请人是生效法律文书的权利人或其继承人、权利承受人;

(3) 义务人在生效法律文书确定的期限内未履行义务;

(4) 申请人的申请未超过法定期限。

律师作为被申请人的代理人,应审查被申请人是否符合下列条件:

(1) 有生效的法律文书确定被申请人有履行义务;

(2) 被申请人在规定的期限内未履行义务。

律师接受执行申请人的委托后,应为其代书强制执行申请书,其内容包括:

(1) 申请人、被申请人的基本情况;

(2) 申请请求;

(3) 申请执行的理由、事项、标的及申请人所了解的被申请人的财产状况。

律师到法院进行执行立案时,应提供下列文件和证件:

(1) 强制执行申请书;

（2）生效的法律文书；

（3）继承人或权利承受人申请的,应提交继承或承受权利的证明文件；

（4）申请执行仲裁机构的仲裁裁决,应当向人民法院提交订有仲裁内容的合同或协议。申请执行国外仲裁机构的仲裁裁决的,应当提交我国驻外使馆认证或我国公证机构公证的仲裁裁决书中文本；

（5）委托人的委托书及所在律师事务所的公函；

（6）申请人的身份证明。公民个人申请执行的,应当出示居民身份证；法人申请执行的,应当提交企业法人营业执照或其他法人证明文件的副本,以及法定代表人身份证明；其他组织申请执行的,应当提交营业执照副本或其他证明文件,以及主要负责人身份证明；

（7）其他应当提交的文件或证件。

142.3　律师为买受人提供法律服务时的重点内容

对于开发商为被执行人时,涉及执行标的为买卖合同项下商品房时,应注意施工单位的工程款优先受偿权和抵押权人的优先受偿权,在买受人已支付购房款的前提下,其优先受偿的顺序均在买受人之后。

律师代为放弃、变更民事权利,代为进行和解,或代为领取标的物的,应当有委托人的特别授权。

强制执行申请书由委托人签名或盖章后,律师应在法定期限内向有管辖权的人民法院提出申请。

在执行程序中,案外人提出异议的,申请人的律师应审查其异议是否成立。申请人律师认为异议不能成立的,应向人民法院提供异议不能成立的意见和理由。

被申请人转移、隐匿、变卖、损毁财产的,申请人律师可以申请查封、扣押或立即强制执行被申请人的财产。

出现可变更和追加执行主体时,律师可向人民法院提出变更和追加被执行主体的申请。

被申请人不能清偿到期债务,但对本案以外的第三人享有到期债权的,律师可向人民法院提出申请,请求人民法院向第三人发出履行到期债务的通知。

被申请人为企业法人,其财产不足以清偿全部债务的,律师应征询委托人是否提出破产申请。

被申请人为公民或其他组织,其全部财产或主要财产已被一个法院因执行确定金钱给付义务的生效法律文书而查封、扣押或冻结,无其他财产可供执行或其他财产不足以清偿全部债务的,在被申请人的财产被执行完毕前,申请人对该被申请人已经取得金钱债权执行依据,律师应提出对该被申请人的财产参与分配的申请。

申请人申请参与分配的,律师应当向原申请执行的人民法院提交参与分配申请书,写明参与分配的理由,并附有执行依据。由原申请执行的人民法院转交主持分配的人民法院。

参与分配的申请人对人民法院查封、扣押或冻结的财产有优先权、担保物权的,律师应代其主张优先受偿权。

被申请人或其担保人以财产向人民法院提供执行担保的,如果其担保不符合《担保法》有关规定的,律师应当向人民法院提出异议,申请人民法院责令被申请人提供合法有效的担保。

在人民法院审理案件期间,保证人为被申请人提供担保,人民法院据此未对被申请人的财产采取保全措施或解除保全措施的,案件审结后,如果被申请人无财产可供执行或其财产不足以清偿债务时,律师应申请人民法院裁定执行被申请人的保证人在保证责任范围内的财产。

在执行中,律师可以根据委托人的授权,与对方当事人达成和解协议,变更生效法律文书确定的履行义务主体、标的物及其数额、履行方式及期限等。

被申请人不履行或者不完全履行在执行中双方达成的和解协议的,律师应当在规定的期限内提出恢复执行原生效法律文书的申请。

执行中需办理产权证照、股权等转移手续的,律师应代委托人审查其合法性。

受托代为收取执行款项的律师,在收取执行款项后,应尽快将款项转交申请人。

律师在执行阶段,应穷尽法律规定的执行措施来实现债权。

142.4　律师为买受人提供法律服务时的风险提示

律师应告知当事人执行手段的有限性,不一定申请执行就能完全实现债权。

律师应告知当事人在法律规定的申请期限内提出。

第二节　仲　　裁

第143条　根据仲裁协议确定仲裁机构

143.1　一般规定

律师应当告知当事人采用仲裁方式解决纠纷,应是双方自愿,必须达成仲裁协议,仲裁协议应当具有下列内容:

(1) 请求仲裁的意思表示;

(2) 仲裁事项;

(3) 选定的仲裁委员会。

143.2　律师为买受人提供法律服务的内容

律师审查仲裁协议,应注意以下几个方面:

(1) 仲裁协议应采用书面形式,包括下列几种:

① 单独的仲裁合同;

② 合同中订立的仲裁条款;

③ 其他书面形式：信件和数据电文（包括电报、电传、传真、电子数据交换和电子邮件）。

（2）仲裁协议达成的时间：可以事先约定，也可以事后达成。

（3）仲裁协议的效力：

① 合同成立后未生效或被撤销的，仲裁协议效力不受影响；

② 订立合同时就合同争议达成仲裁协议的，合同未成立不影响仲裁协议的效力。

（4）双方关于提交仲裁的纠纷范围有无约定，本纠纷是否属于仲裁协议约定的可提交仲裁的事项。并且约定仲裁的纠纷范围应属于选定的仲裁机构制定的仲裁规则受案的范围。

（5）仲裁协议选定的仲裁委员会是否明确，是否存在两个以上的仲裁机构。

（6）仲裁协议中有无与诉讼约定重合的情形。

143.3　律师为买受人提供法律服务时的重点内容

律师应当特别注意仲裁协议的效力、约定的纠纷是否属于仲裁委员会受理的范围以及仲裁委员会是否明确。

143.4　律师为买受人提供法律服务时的风险提示

律师应当告知当事人，有下列情形之一的，仲裁协议无效：

（1）约定的仲裁事项超出法律规定的仲裁范围的；

（2）无民事行为能力人或者限制民事行为能力人订立的仲裁协议；

（3）一方采取胁迫手段，迫使对方订立仲裁协议的。

仲裁协议对仲裁事项或者仲裁委员会没有约定或者约定不明确的，当事人可以补充协议；不能达成补充协议的，仲裁协议无效。

第144条　仲裁协议有缺陷时仲裁机构的确定

144.1　一般规定

当事人在仲裁协议中关于仲裁机构的约定应是明确的，即单一而排他的，如不能确定则分下列情形处理：

（1）仲裁机构名称不准确，但能够确定具体仲裁机构的，应当认定选定了仲裁机构，如当事人约定了"上海市经济仲裁委员会"，可以认定选择了上海仲裁委员会。

（2）仅约定了适用的仲裁规则，则视为未约定仲裁机构。

（3）约定了两个以上仲裁机构的，可以选择其中的一个，若当事人对选择无法达成一致的，仲裁协议无效。

（4）约定了某地仲裁机构仲裁，且该地仅有一个仲裁机构的，则该仲裁机构视为约定的仲裁机构；但若该地有两个以上仲裁机构的，按第三种情形处理。

144.2　律师为买受人提供法律服务的内容

律师应当告知当事人应当明确选择仲裁机构。

144.3　律师为买受人提供法律服务时的重点内容

详见144.2。

144.4 律师为买受人提供法律服务时的风险提示

律师应当避免选择不明确的仲裁机构。

第145条 诉讼与仲裁重合时的处理

145.1 一般规定

如果当事人在合同中就纠纷的解决既约定了仲裁,又约定了诉讼,则该仲裁协议无效。但是一方提请仲裁后,另一方未在仲裁庭首次开庭前提出异议的,则视为仲裁协议成立。

145.2 律师为买受人提供法律服务的内容

律师应当告知当事人在选择解决纠纷的方式时,仲裁与诉讼只能二者择一。

145.3 律师为买受人提供法律服务时的重点内容

详见145.2。

145.4 律师为买受人提供法律服务时的风险提示

律师应当避免在选择解决纠纷的方式时,既约定了仲裁,又约定了诉讼。

第146条 对仲裁协议有异议的处理

146.1 一般规定

当事人对仲裁协议有异议的,可以提请裁定:

(1)提出异议的时限为仲裁庭首次开庭前。

(2)当事人提请裁定既可以向仲裁委员会申请,也可以向人民法院申请,一方向仲裁委员会申请而另一方向法院申请的,由法院确定。仲裁委员会先于法院受理且已作出裁定的,该裁定有效。

(3)对仲裁协议提出异议的案件,分别由下列法院管辖:

① 申请确认仲裁协议效力的案件,由仲裁机构所在地中级人民法院管辖;

② 申请明确仲裁机构的案件,由仲裁协议签订地或被申请人所在地中级人民法院管辖;

③ 申请确认涉外仲裁协议效力的案件,分别由仲裁机构所在地、协议签订地、申请人或被申请人住所地中级人民法院管辖;

④ 关于海事、海商仲裁协议效力的案件,由仲裁协议约定的仲裁机构所在地、协议签订地、申请人或被申请人住所地海事法院管辖。

146.2 律师为买受人提供法律服务的内容

律师应当告知当事人注意提请裁定的时间和管辖机构。

146.3 律师为买受人提供法律服务时的重点内容

详见146.2。

146.4 律师为买受人提供法律服务时的风险提示

详见146.2。

第147条　仲裁申请请求的确定

参照诉讼,但要注意以下两点:

(1) 仲裁申请请求的确定与诉讼基本一致,但关于请求事项的变更和反请求提出的时限,各地仲裁机构的仲裁规则的规定有所区别,应予以充分注意。

(2) 仲裁请求系基于合同关系而提出,如涉及违约责任和侵权责任竞合时,只可以选择违约责任作为请求的依据,但诉讼则可以选择其中之一。

第148条　仲裁申请的提起

148.1　一般规定

仲裁申请的提起与诉讼的提起基本一致,但须注重以下几个方面:

(1) 申请仲裁须提交仲裁协议,且仲裁事项须在约定的仲裁委员会受理范围内。

(2) 申请仲裁除须按被申请人数加上秘书处向仲裁委员会提交仲裁申请书和证据及副本外,一般还须按仲裁庭组成人员数向仲裁委员会提交申请书副本和证据副本。

(3) 申请仲裁须在仲裁机构受理后领取仲裁员名册和仲裁规则,并应在仲裁规则规定时限内选定仲裁员。

(4) 仲裁的当事人仅限于合同当事人,被申请人除了合同当事人之外,不可以追加,第三人也没有,而诉讼则可能追加共同被告和第三人。

148.2　律师为买受人提供法律服务的内容

律师应当告知当事人提起仲裁与诉讼的区别。

148.3　律师为买受人提供法律服务时的重点内容

参照第二编第一章第一节。

148.4　律师为买受人提供法律服务时的风险提示

参照第二编第一章第一节。

第149条　仲裁案件的财产保全

149.1　一般规定

(1) 仲裁案件的财产保全申请应先向仲裁机构提出,仲裁机构将当事人的申请转交有关法院后,再根据管辖法院要求提交有关资料并交纳费用。

(2) 仲裁案件的财产保全一般由财产所在地法院或被申请人住所地法院作出裁定。

149.2　律师为买受人提供法律服务的内容

参照第二编第一章第一节。

149.3　律师为买受人提供法律服务时的重点内容

参照第二编第一章第一节。

149.4　律师为买受人提供法律服务时的风险提示

参照第二编第一章第一节。

第 150 条　仲裁庭的组成

150.1　一般规定

仲裁庭一般由 3 名仲裁员组成,简易程序案件由 1 名仲裁员独任仲裁。

150.2　律师为买受人提供法律服务的内容

律师应当告知当事人各自选定或各自委托仲裁委员会主任指定 1 名仲裁员,第三名仲裁员可以由当事人共同选定,或由仲裁委员会主任指定。

150.3　律师为买受人提供法律服务时的重点内容

律师应告知当事人在选定仲裁员的过程中应注意下列事项:

(1) 应在规定时限内提交指定仲裁员名单而不致丧失权利。

(2) 认真阅读仲裁员名册并充分了解仲裁员的知识、经验等,选择精通商品房交易、熟悉商品房交易实务的仲裁员组成仲裁庭。

(3) 由于仲裁员较多由执业律师兼任,故对仲裁委指定和对方选定的律师仲裁员,应予关注其与对方代理人及当事人之间可能存在的各种利害关系,如有发现应及时告知当事人,并提请仲裁委员会注意是否存在回避情形。

150.4　律师为买受人提供法律服务时的风险提示

律师应当告知当事人在规定时限内提交指定仲裁员名单,并注意提醒当事人申请回避。

第 151 条　举证责任

参照诉讼部分,须注意以下两点:

(1) 仲裁的举证与《最高人民法院关于民事诉讼证据的若干规定》(以下简称《证据规定》)基本一致,但也有所区别,尤其是关于举证时限和逾期提交证据的认定,各仲裁机构的仲裁规则不尽一致,应充分注意。

(2) 仲裁关于造价审计鉴定的运用较诉讼相对宽松,应充分注意。

第 152 条　开庭审理

参照诉讼部分,须注意以下三点:

(1) 仲裁案件不公开进行,一方当事人有旁听人员列席,须征得另一方当事人和仲裁庭同意。

(2) 仲裁案件的代理人,一般不受二人的限制,可以因案件需要而委托两名以上代理人出庭。

(3) 仲裁案件的审限一般自仲裁庭组庭之日起计算,而非受理之日起计算。

第 153 条　仲裁裁决的撤销和不予执行

153.1　一般规定

153.1.1　关于仲裁裁决的撤销

(1) 当事人向法院申请撤销裁决应具备符合《中华人民共和国仲裁法》(以下简称

《仲裁法》)第 58 条的规定；

(2) 撤销裁决的申请在收到裁决书之日起 6 个月内提出；

(3) 对于申请撤销裁决的案件，由仲裁委员会所在地法院管辖；

(4) 法院受理撤销裁决申请后，另一方当事人申请执行同一裁决的，执行法院应在受理后裁定中止执行；

(5) 法院受理后，认为可以重新仲裁的，通知仲裁庭重新仲裁。当事人对重新仲裁仍不服的，可以另行申请撤销。

153.1.2　关于仲裁裁决的不予执行

(1) 当事人向法院申请不予执行，须提交能证明符合《民事诉讼法》第 217 条第 2 款和第 260 条规定的情形；

(2) 撤销裁决申请被驳回后，又在执行程序中以相同理由提请不予执行的不予支持；

(3) 对因调解或和解而形成的仲裁文书，当事人提出不予执行申请的，不予支持；

153.1.3　关于因仲裁协议效力而主张撤销或不予执行的

(1) 未在仲裁程序中对仲裁协议提出异议的，无权以此为由主张撤销或不予执行；

(2) 已提出异议而未采纳，在裁决作出后又以此为由主张撤销和不予执行的，具备符合《民事诉讼法》第 217 条、第 260 条和《仲裁法》第 58 条的规定，予以支持。

153.2　律师为买受人提供法律服务的内容

律师应告知当事人注意申请撤销与不予执行的法定情形。

153.3　律师为买受人提供法律服务时的重点内容

详见 153.2。

153.4　律师为买受人提供法律服务时的风险提示

详见 153.2。

第二章
商品房买卖合同纠纷的类型

第一节　商品房买卖合同订立前的纠纷及其处理

第 154 条　商品房销售广告纠纷及其处理

154.1　律师为买受人提供法律服务的内容

在商品房的销售广告及宣传资料符合《司法解释》第 3 条的规定，即可以视为要约的情形下，如果发生此类纠纷，开发商一般作为被告出现，律师根据不同的阶段可提供如下内容：

一般律师应就销售广告及宣传资料是否属于要约,收集如下证据材料：

(1) 销售广告及宣传资料；

(2) 商品房预售合同或商品房买卖合同。

154.2 律师为买受人提供法律服务时的重点内容

154.2.1 律师应审查销售广告及宣传资料是否符合《司法解释》第 3 条的规定,可被视为要约。

154.2.2 审查开发商与买受人的商品房预售或买卖合同,是否有特别约定否定销售广告及宣传资料的要约效力,若存在特别约定的,应告知买受人。

154.2.3 若确为要约,且开发商未能按销售广告及宣传资料的说明和允诺交付房屋的,应按法律规定和合同约定追究开发商的违约责任,若达到可解除合同条件的,则应就合同解除所遭受的损失在诉讼中提出赔偿要求。

154.2.4 若合同未约定明确的违约责任,则律师应收集证据证明买受人所遭受的损失。

154.2.5 对于开发商出示的抗辩证据,应仔细审查,确定是否属于开发商可免责的事由,如是否确属因政府行为致销售广告及宣传资料所载的说明和允诺无法实现等。

154.3 律师为买受人提供法律服务时的风险提示

154.3.1 律师应提示买受人,开发商未能实现销售广告及宣传资料所载的要约内容的,买受人可以要求开发商承担违约责任。

154.3.2 律师应提示买受人,双方对开发商未按照符合要约的销售广告及宣传资料内容交付房屋的违约责任有约定的,一般按约定处理；没有约定的,根据买受人提供的证据,一般以有资质的评估机构的司法鉴定为准。若约定的违约金低于买受人的实际损失的,买受人可按实际损失要求赔偿。

第 155 条 商品房认购书纠纷及其处理

根据最高人民法院民事审判第一庭编著的《最高人民法院关于审理商品房买卖合同纠纷案件司法解释的理解与适用》一书认为,认购书的内容一般包括：双方当事人的基本情况；房屋基本情况(包括位置、面积、单价等)；签署正式契约的时限约定等。认购书应当在开发商已办妥开发项目的立项、规划、报建审批手续,开发项目已定型,但尚未取得商品房预售许可证的期间内签订。

而《司法解释》第 5 条规定,商品房的认购、订购、预订等协议具备《商品房销售管理办法》第 16 条规定的商品房买卖合同的主要内容,并且开发商已经按照约定收受购房款的,该协议应当认定为商品房买卖合同。

所以,对于此种纠纷,本指引将根据认购书为预约合同、认购书为商品房买卖合同两类分别分析。

155.1 认购书为预约合同时的纠纷及其处理

155.1.1 律师为买受人提供法律服务的内容

律师主要需要收集两方面的证据：

(1) 开发商和买受人(认购人)签订的认购书；

(2) 未能签订商品房买卖合同的原因及责任方。

155.1.2 律师为买受人提供法律服务时的重点内容

(1) 审查认购书的内容及履行情况，确定其是否可以被视为商品房买卖合同。

(2) 对于不能被认定为商品房买卖合同的认购书，审查认购书的签订时间，合同主要条款，重点关注房屋基本情况(包括位置、面积、单价等)；签署正式契约的时限约定。

(3) 审查未按照认购书签订商品房买卖合同的原因及责任方。

(4) 若双方并未在认购书中约定定金条款，且因开发商原因未能签订商品房买卖合同的，则应按照《合同法》及《司法解释》，告知开发商可能需要承担的责任，目前主要是对《合同法》第42条规定的合同缔约过失承担赔偿责任。

(5) 若双方并未在认购书中约定定金条款，且因买受人(认购人)原因未能签订商品房买卖合同的，则应按照《合同法》及《司法解释》，告知开发商可以要求买受人(认购人)承担责任，目前主要是根据《合同法》第42条规定的合同缔约过失承担赔偿责任。

155.1.3 律师为买受人提供法律服务时的风险提示

若是买受人考虑不愿意再签订商品房买卖合同而致诉讼的，应告知买受人其所需承担的责任，供其比较而得出其所希望采取的后续措施。

155.2 认购书为商品房买卖合同时的纠纷及其处理

认购书被认定为商品房买卖合同时需要符合两个条件：

(1) 具备《商品房销售管理办法》第16条规定的商品房买卖合同的主要内容。

(2) 开发商已经按照约定收受购房款。

所以，以下是对于认购书符合上述两个条件，而应被认定为商品房买卖合同情况的分析。

155.2.1 律师为买受人提供法律服务的内容

一般需要收集的证据包括：

(1) 开发商与买受人(认购人)签订的认购书；

(2) 开发商已实际收取买受人(认购人)按约支付的购房款的证据；

(3) 起诉时，开发商是否取得商品房预售许可证明的证据。

155.2.2 律师为买受人提供法律服务时的重点内容

(1) 针对买受人希望实际买房或实际退房的不同要求，根据《司法解释》第2条的规定，提示买受人认购书应在开发商取得商品房预售许可证明后才生效，所以，买受人是希望实际买房的,可以告知买受人在开发商取得商品房预售许可证后起诉,若买受人是希望实际退房的,可以告知买受人在开发商未取得商品房预售许可证时起诉,要求确认合同无效。

(2) 若买受人为被告,律师应根据《司法解释》的规定,审查起诉认购书的效力,有效和无效的情况下按照《合同法》和《司法解释》的规定区别对待。

(3) 若认定为商品房买卖合同的认购书有效,则相应的纠纷处理即同商品房买卖合同纠纷处理,可参照后述章节的分析。

155.2.3 律师为买受人提供法律服务时的风险提示

律师应严格按照《司法解释》第5条的规定对认购书进行审查,并告知买受人认购书的效力及诉讼可采取的方案。

第156条 认购书定金的纠纷及处理

法律中涉及认购书中定金问题的规定见《司法解释》第4条,适用本条款所称的定金必须是为了担保商品房买卖合同订立的立约定金。以下做一比较说明:

若认购书中约定"乙方(买受人)在签署本商品房认购书后的×个工作日内支付甲方(开发商)订金×元,在签署《商品房买卖合同》后,上述款项充抵购房款"。这样类似的规定,该认购书中的订金性质为预付款。其规则可以适用《商品房销售管理办法》第22条的规定:"……房地产开发企业在订立商品房买卖合同之前向买受人收取预订款性质费用的,订立商品房买卖合同时,所收费用应当抵作房价款;当事人未能订立商品房买卖合同的,房地产开发企业应当向买受人返还所收费用;当事人之间另有约定的,从其约定。"

若认购书中约定"乙方(买受人)须于签署本商品房认购书后×日内与甲方(开发商)签署《商品房买卖合同》。如乙方在上述期限内不签订《商品房买卖合同》,甲方有权扣除乙方已交定金,并另行处置该房屋"。这样类似的规定,该认购书中约定的是立约定金,适用的罚则即为《司法解释》第4条的规定。

156.1 律师为买受人提供法律服务的内容

(1) 收集开发商与买受人(认购人)签订的认购书;

(2) 审查定金条款的效力;

(3) 审查未签订商品房买卖合同的原因及责任方。

156.2 律师为买受人提供法律服务时的重点内容

(1) 审查开发商与买受人(定购人)签订的认购书中约定的定金条款,根据《担保法司法解释》第118条的规定:当事人交付留置金、担保金、保证金、订约金、押金或者订金等,但没有约定定金性质的,当事人主张定金权利的,人民法院不予支持。但如果认购书上载明:双方未签订正式的商品房买卖合同,买受人违约,订金、押金不退还,开发商违约双倍返还订金、押金。对于这种订金、押金的法律性质认定就存在争议。在司法实践中,法院或仲裁机构有认定这是一种违约责任的约定,也有认定为定金的。

所以,必须仔细审查双方约定的是定金,还是留置金、担保金、保证金、订约金、押金或者订金等,一旦确定性质上绝非"定金",则不能适用定金罚则;若属于上述的"但书"的,各地法院也有不同的判例,律师应谨慎对待。

(2) 审查定金条款是否已经实际履行。根据《中华人民共和国担保法》(以下简称《担保法》)第90条规定,定金应当以书面形式约定。当事人在定金合同中应当约定交付定金的期限。定金合同从实际交付定金之日起生效。若买受人(定购人)未实际交付定金的,则定金条款未生效。

(3) 审查开发商与买受人(定购人)签订的认购书中对定金数额的约定。根据《担保法》第91条规定,定金的数额由当事人约定,但不得超过主合同标的额的20%。所以,若认购书中约定的定金数额有超过合同标的额的20%部分,则超过部分无效。

(4) 审查买受人(定购人)实际交付的定金数额与认购书约定的定额数额是否存在区别。根据《最高人民法院关于适用〈中华人民共和国担保法〉若干问题的解释》(以下简称《担保法司法解释》)第119条规定:实际交付的定金数额多于或者少于约定数额,视为变更定金合同;收受定金一方提出异议并拒绝接受定金的,定金合同不生效。若存在差异,且未超过合同标的额的20%,并被开发商接受的,则应以实际交付的定金数额适用定金罚则。

(5) 审查未签订商品房买卖合同的原因及责任人,若责任在开发商,则开发商需要返还买受人(认购人)双倍定金的款项,若责任在买受人(认购人),则开发商不予返还买受人(认购人)交付的定金,若双方均无责任,则开发商应将已收取的定金返还买受人(认购人)。

156.3 律师为买受人提供法律服务时的风险提示

律师应及时向买受人出具法律意见书,告知其认购书中定金条款的效力,以及因开发商的原因未签订商品房买卖合同开发商应双倍返还定金,或者非开发商原因未签订商品房买卖合同开发商可没收买受人交付的定金。

第157条 商品房买卖合同定金纠纷及其处理

157.1 律师为买受人提供法律服务的内容

157.1.1 收集的证据应包括:

(1) 开发商与买受人签订的商品房预售合同或买卖合同;

(2) 买受人交付定金的情况;

(3) 开发商与买受人的履约情况。

157.1.2 审查商品房预售合同或买卖合同对于定金条款以及违约条款的约定。

157.1.3 审查违约方的违约情况,以及应当承担的责任。

157.2 律师为买受人提供法律服务时的重点内容

(1) 关于定金条款的效力确定,可参照本节156.2(1)、(2)、(3)、(4)部分内容。

(2) 若发现支付定金为合同成立或生效要件的,审查买受人定金交付情况,如买受人未按约支付定金,但买受人已按约支付购房款,且开发商也已交付房屋的,根据《担保法司法解释》第116条的规定,应告知买受人商品房预售或买卖合同已经生效,不能以定金未交付而主张合同未生效。

(3)审查商品房预售合同或买卖合同,若双方既约定定金又约定违约金的,则根据《合同法》第116条的规定,若开发商违约,律师应告知买受人其可以从违约金条款和定金条款中选择一个对其有利的条款适用。

(4)律师应告知买受人,根据《担保法司法解释》第117条的规定,可适用定金罚则解除主合同,但同时仍需要承担合同约定的违约责任或损失赔偿责任。

(5)律师应审查合同违约的程度,根据《担保法司法解释》第120条的规定,若开发商仅为不完全履行合同而并未致合同目的不能实现的,应告知买受人,应按照未履行部分所占合同约定内容的比例适用定金罚则,而若是买受人不完全履行,应告知买受人可以抗辩要求按比例适用定金罚则。

(6)律师应审查致使主合同不能履行的原因,根据《担保法司法解释》第122条的规定,告知买受人,仅有不可抗力和意外事件是可免责事项;而其他的如第三人的过错所致的,也必须先适用定金罚则,只是赋予受定金罚则一方一项追偿权。

157.3 律师为买受人提供法律服务时的风险提示

(1)律师应仔细审查商品房预售合同或买卖合同的定金条款及定金部分的实际履行情况,并根据《合同法》、《担保法》及其解释,就定金部分的效力问题向买受人出具法律意见书。

(2)律师应仔细审查合同的履行情况,出具法律意见书告知买受人属于部分履行,或者合同目的完全未实现。

(3)律师应分析造成合同履行现状的原因,买受人需要承担的责任,或者买受人享有的权利,并出具法律意见书告知买受人。

第二节 商品房买卖合同签订与成立时的纠纷及其处理

第158条 面积和价格差异的纠纷及其处理

理论部分参照非诉讼部分。

158.1 律师为买受人提供法律服务的内容

律师为买受人提供商品房面积纠纷法律服务时,可提供的内容可参照第24条。

158.2 律师为买受人提供法律服务时的重点内容

参照第25条。

158.3 律师为买受人提供法律服务时的风险提示

158.3.1 律师对委托人的风险提示

(1)律师经审查发现,开发商和买受人对面积误差的约定与《司法解释》第14条规定相同的,应告知买受人按合同约定的面积差异处理方式处理。

（2）律师经审查后发现,开发商和买受人对面积误差如何处理没有约定或约定不明的,应告知买受人按《司法解释》第14条的规定处理。

（3）律师经审查后发现,开发商和买受人对面积误差处理有其他约定的,原则上应按双方约定处理。

（4）若因房产测绘规范或政策发生变更而导致面积差异的,一般按国家或地方主管部门出台的衔接政策处理,而不能单纯依据合同约定处理。

（5）若因市场波动而产生价格差异的,开发商又对商品房价格没有承诺的,律师应告知买受人一般不能要求开发商对商品房降价承担责任。

（6）若开发商超出价格主管部门的定价销售商品房的,律师应告知买受人开发商需承担行政违法责任,但不一定承担违约责任。

158.3.2 律师应注意的问题

参照158.3(2)。

第159条 建筑物区分所有权（包括道路、绿地、公共场所、公共设施、物业服务用房、车位、建筑物及其附属设施维修资金、费用分摊、收益分配等）认定的纠纷及其处理

理论部分参照非诉讼部分。

159.1 律师为买受人提供法律服务的内容

在业主的建筑物区分所有权纠纷中,根据不同的纠纷内容,主要有下列纠纷类型:

（1）绿地纠纷;

（2）车库、车位纠纷;

（3）物业维修基金纠纷;

（4）建筑物及其附属设施收益分配纠纷;

（5）公共场所、公用设施纠纷;

（6）屋顶平台使用权纠纷。

在上述纠纷中,开发商一般均是作为被告出现,律师应根据不同的纠纷类型,提供相应的服务。

159.1.1 绿地纠纷

在绿地纠纷中,主要是绿地的权属纠纷,在大多数情况下,开发商一般作为被告出现,主要纠纷类型是绿地的受让人要求确认双方的出售、出租或赠与合同无效,或者要求对小区的绿地进行确权。律师作为开发商的被告代理人时,应根据诉讼的各阶段提供如下服务:

律师应按原告的起诉状所确定的诉讼请求和事实理由,撰写答辩状,判断案件是否超过诉讼时效、管辖法院是否正确等。对开发商出售、出租或赠与的绿地,律师应收集如下证据:

（1）绿地的规划审批文件;

（2）绿地允许转让的行政许可文件；

（3）绿地土地面积和/或建筑面积是否分摊的测绘文件；

（4）绿地的权属证书；

（5）绿地的权属转让文件，包括《商品房买卖合同》、绿地转让协议、开发商的广告、宣传资料中涉及绿地的相关内容；

（6）绿地的成本是否已经计入商品房成本的证据；

（7）当地政府部门制定的地方性法规、规章和文件。

律师应按收集到的证据材料，编写证据目录，在举证期限内提交法院/仲裁机构。

159.1.2　车库、车位纠纷

在车库、车位纠纷中，主要是车库的权属纠纷，在大多数情况下，开发商一般作为被告出现，主要纠纷类型是车库、车位的受让人要求确认双方的出售、出租或赠与合同无效，或者要求对小区的车库、车位进行确权。律师作为开发商的被告代理人时，应根据诉讼的各阶段提供如下服务：

律师应按原告的起诉状所确定的诉讼请求和事实理由，撰写答辩状，判断案件是否超过诉讼时效、管辖法院是否正确等。对开发商出售、出租或赠与的车库，律师应收集如下证据：

（1）车库、车位的规划审批文件；

（2）车库、车位允许转让的行政许可文件；

（3）车库、车位土地面积和/或建筑面积是否分摊的测绘文件；

（4）车库、车位的权属证书；

（5）车库、车位的权属转让文件，包括《商品房买卖合同》、车库（车位）转让协议、开发商的广告、宣传资料中涉及车库、车位的相关内容；

（6）开发商转让的车库、车位属于人防工程的，需要提供人防部门同意使用的文件；

（7）车库、车位的成本是否已经计入商品房成本的证据；

（8）当地政府部门制定的地方性法规、规章和文件。

律师应按收集到的证据材料，编写证据目录，在举证期限内提交法院/仲裁机构。

159.1.3　物业维修基金纠纷

物业维修基金纠纷中，主要是开发商挪用物业维修基金纠纷，律师一般应收集如下证据材料：

（1）商品房买卖合同；

（2）物业维修基金交纳凭证；

（3）物业维修基金移交凭证等。

159.1.4　建筑物及其附属设施收益分配纠纷

商品房出售后，开发商与业主之间可能存在建筑物及其附属设施的收益纠纷，比

如屋顶广告、外墙广告的收益纠纷,出租附属设施的收益纠纷等。律师在办理此类纠纷时,一般应收集如下证据:

(1) 商品房买卖合同;

(2) 对建筑物及其附属设施收益分配的补充约定;

(3) 出售、出租建筑物及其附属设施的证据;

(4) 出售、出租建筑物及其附属设施获得收益的证据;

(5) 对建筑物及其附属设施收益使用的证据等。

159.1.5 公共场所、公用设施纠纷

对公共场所、公用设施的纠纷主要是权属纠纷和由此产生的收益纠纷,律师在办理此类案件时,一般应收集如下证据:

(1) 商品房买卖合同;

(2) 公共场所、公用设施的规划批准文件;

(3) 公共场所、公用设施的测绘资料;

(4) 公共场所、公用设施的权属证书;

(5) 对公共场所、公用设施权属和收益分配的补充约定等。

律师在收集上述资料时,亦应注意收集当地建设主管部门对公共场所、公用设施的地方政策。

159.1.6 屋顶平台使用权纠纷

律师处理屋顶平台使用权纠纷,一般应收集如下证据:

(1) 商品房买卖合同;

(2) 屋顶平台是否允许单独使用的规划批准文件;

(3) 开发商与其他和屋顶平台有利害关系的业主对屋顶平台使用权的约定。

在建筑物区分所有权认定纠纷案件中,买受人一般作为原告出现。律师作为买受人原告代理人时,应调查收集上述证据材料,根据证据材料判断买受人与开发商所签订的合同效力。根据合同效力确定诉讼请求和请求权基础,组织编制证据目录等。

159.2 律师为买受人提供法律服务时的重点内容

律师在为买受人提供法律服务时,应注意买受人的诉讼主体资格,一般买受人以商品房买卖合同纠纷为案由起诉;若买受人以其他案由起诉的,应审查买受人是否可以单独起诉,还是需要以业主委员会的名义起诉。

159.2.1 绿地纠纷

(1) 律师为买受人提供法律服务时,应审查开发商出售、出租或赠与绿地行为的效力,确定处理方案。

(2) 律师应审查开发商出售、出租或赠与绿地的行为是否符合法律、行政法规的规定。《物权法》第73条规定"明示属于个人"一般应符合两个条件:一是规划文件已经批准建筑区划内的相关绿地可以属于个人所有;二是开发商已经就该绿地与相关业主进行了约定,归业主个人所有。

(3) 律师应审查开发商出售、出租或赠与的绿地是否已经办理了土地使用权证,若已经办理的,一般可推定符合《物权法》第73条的规定;若没有办理的,应审查绿地所占用范围的土地的规划情况及权属登记情况。

(4) 若开发商的行为涉及行政机关的,可建议买受人及时与行政机关取得联系,听取行政机关的意见。

159.2.2　车库、车位纠纷

(1) 律师应审查发生纠纷的车库、车位所处的位置,根据车库、车位的位置判断车库、车位出售、出租或赠与合同的效力。

(2) 开发商将地下人防工程作为车库、车位出售、出租或赠与业主个人的,应审查开发商是否已经办理了相关审批手续。

(3) 若开发商将房屋底层架空层作为车库出售给业主的,应审查车库是否已经取得了权属证书,若未取得权属证书,应审查该底层架空层的面积是否已经进行了分摊,或者能否单独计算建筑面积。

(4) 若开发商将按规定配比范围内的公建配套车库、车位出售、出租或赠与业主的,应审查根据当地政策,按规定配比范围内的公建配套车库、车位的权属规定。

(5) 若开发商将车库、车位出售、出租或赠与小区业主之外的人,律师应审查开发商出售、出租或赠与车库、车位时是否符合小区范围内的车库、车位应当首先满足业主需要的规定。

159.2.3　物业维修基金纠纷

产生物业维修基金纠纷时,律师应审查买受人是否已经交纳了物业维修基金,若已经交纳的,开发商是否已经交由房屋所在地建设(房地产)主管部门代管。

159.2.4　建筑物及其附属设施收益分配纠纷

(1) 律师应审查开发商与买受人之间是否存在建筑物及其附属设施收益分配的约定,若有约定的,审查约定是否符合法律规定。

(2) 若对建筑物及其附属设施的收益分配没有约定,应按《物业管理条例》第55条的规定处理,利用物业共用部位、共用设施设备进行经营的,业主所得收益应当主要用于补充专项维修基金,也可以按照业主大会的决定使用。

159.2.5　公共场所、公用设施纠纷

(1) 律师应审查纠纷所涉公共场所、公用设施是否存在权属证书,若单独存在权属证书的,一般按权属证书载明的权利人确定所有人或使用人。

(2) 对是否属于公共场所、公用设施不明的,律师应审查规划批准文件,根据规划文件确定纠纷所涉场所和设施的性质。

(3) 对法律、行政法规有特别规定的公共场所、公用设施,律师应依据法律、行政法规的规定确定其权属。

159.2.6　屋顶平台使用权纠纷

若开发商将屋顶平台单独赠与或出租、出售给楼顶业主使用的,律师应重点审查屋顶平台的单独使用是否已经规划主管部门批准,同时屋顶所覆盖的顶楼之外的其他业主是否已经同意由楼顶业主单独使用。

159.3　律师为买受人提供法律服务时的风险提示

159.3.1　律师对买受人的风险提示

（1）若律师经审查后发现存在行政机关审批或者许可错误的,应告知买受人是否需要先行提起行政诉讼。

（2）律师在审查后,若发现买受人所受让的绿地系城镇公共绿地或者土地使用权属于业主共有的绿地的,应告知该转让行为系无权处分,所签订的转让合同无效。若买受人受让的绿地未经规划审批且没有明示给个人使用,则所签订的绿地转让合同可能无效。

（3）律师在审查后,若发现买受人所受让的车库系在城镇公共道路、业主共有的道路或者其他业主共有的场地上所建,应告知买受人签订的转让合同无效。

（4）若买受人受让的车库不符合《汽车库设计规范》的,可要求开发商整改并承担违约责任。

（5）若受让车库(位)的买受人非建筑区划内的业主,律师应告知买受人建筑区划内规划用于停放汽车的车库、车库应当首先满足业主的需要。

（6）若开发商挪用了买受人的物业维修基金,可以要求开发商按规定办理移交手续。

（7）若开发商利用买受人的建筑物及其附属设施进行经营,并获得收益的,可要求开发商停止侵权,并返还收益。

（8）若开发商将公共场所、公用设施出售、出租或赠与业主个人或者自己经营的,买受人可要求开发商停止侵害,并返还所得收益或赔偿损失。

（9）律师应提示买受人,若开发商将屋顶平台单独赠与、出租或出售给顶楼业主使用,在未经规划部门批准和该幢楼其他业主同意的情况下,开发商的赠与、出租或出售行为无效,买受人不能单独使用屋顶平台。

159.3.2　律师自身应注意的问题

（1）建筑物区分所有权的认定问题本身较为复杂,律师不仅应依据《物权法》的相关规定进行判断,还应依据《物业管理条例》及配套规定,最高人民法院的司法解释和相关判例,对有争议的问题进行判定。

（2）涉及建筑物区分所有权认定的案件,不仅涉及开发商与相对应的买受人,还涉及其他业主,可能引起群体性事件,律师应做好买受人的工作,防止出现群体性的违法事件。

第 160 条 精装修与样板房交付标准的纠纷及其处理

精装修交付标准纠纷主要包括商品房装修内容(含材料、设施、设备、颜色、布局等)不符合合同约定标准的纠纷,装修内容不符合国家装修施工和验收规范的纠纷,装修内容存在质量问题的纠纷等。律师应了解《建筑地面工程施工质量验收规范》、《建筑装饰装修工程质量验收规范》、《民用建筑工程室内环境污染控制规范》和《金属和石材幕墙工程技术规范》等国家标准和规范中的强制性条文。

160.1 律师为买受人提供法律服务的内容

律师就精装修房屋交付标准代理买受人的,一般是原告代理人。作为买受人的原告代理人,律师应根据诉讼的各阶段提供下列内容:

律师应收集与案件有关的证据:

(1) 若系精装修交付标准与合同约定不符时,应收集:

① 双方签订的《商品房买卖合同》;

② 双方对精装修交付标准的协议;

③ 开发商广告中有关精装修标准的内容;

④ 开发商对材料、设施设备变更给买受人的函;

⑤ 买受人指定材料、设施设备颜色、款式、型号等的书面文件;

⑥ 开发商与买受人之间是否按样板房标准进行交付的约定;

⑦ 现场实际装修的材料。

(2) 若系精装修交付标准违反国家强制性标准或规范的,律师应收集如下证据材料:

① 本条上述(1)中的证据材料;

② 国家有关施工、装饰装修的强制性标准;

③ 装修验收记录。

律师收集证据后,根据证据起草起诉状,编制证据目录和代为起诉等。

160.2 律师为买受人提供法律服务时的重点内容

(1) 律师应先收集和审查160.1中的证据材料,买受人无法提供相应文件的,律师可代为调查取证;经律师调查后仍无法取得的,可申请法院调查取证。

(2) 律师应根据案情确定诉讼请求,是要求履行合同还是赔偿损失或者要求退房。

(3) 若买受人因精装修房交付标准不符合要求而尚未收房的,律师应根据案情判断是否可以要求开发商承担逾期交房的违约责任。

(4) 律师应根据案情判断是否需要进行鉴定,若由买受人申请鉴定的,则应告知由买受人先行垫付费用。

160.3 律师为买受人提供法律服务时的风险提示

(1) 若律师经审查后发现,精装修商品房的装修标准不符合合同约定,但是在客观上不能履行、不适宜履行或者履行费用过高的,则不能要求开发商承担继续履行的责任。

(2)若律师经审查后发现,虽然精装修商品房的装修标准不符合合同约定,但是没有给买受人造成损失的,只能根据合同约定的违约责任要求开发商承担责任。

(3)若律师经审查后发现,因精装修商品房不符合装修标准而买受人有权拒收的,若因此房屋交付迟延已达买受人可以退房的期限,律师应告知买受人可以退房。

(4)若买受人认为交付的精装修商品房与样板房不一致,应要求买受人提供样板房装修标准的证据;若买受人不能提供,则可能承担不利后果。

(5)若因开发商交付的房屋不符合合同约定而买受人拒收,律师应根据具体情况告知买受人是否可以退房以及退房的结果。

第161条 房屋质量纠纷及其处理(房屋质量不合格、房屋质量严重影响使用、房屋质量问题未及时维修导致损失赔偿)

有关房屋质量纠纷的主要法律、法规和司法解释的规定有:

《建筑法》第61条第2款规定:"建筑工程竣工经验收合格后,方可交付使用;未经验收或者验收不合格的,不得交付使用。"《城市房地产开发经营管理条例》第17条和《建设工程质量管理条例》第16条等作了类似规定。《建筑法》第62条和《建设工程质量管理条例》第六章等对保修责任作了规定。

《司法解释》第12条规定:"因房屋主体结构质量不合格不能交付使用,或者房屋交付使用后,房屋主体结构质量经核验确属不合格,买受人请求解除合同和赔偿损失的,应予支持。"第13条规定:"因房屋质量问题严重影响正常居住使用,买受人请求解除合同和赔偿损失的,应予支持。交付使用的房屋存在质量问题,在保修期内,出卖人应当承担修复责任;出卖人拒绝修复或者在合理期限内拖延修复的,买受人可以自行或者委托他人修复。修复费用及修复期间造成的其他损失由出卖人承担。"

161.1 律师为买受人提供法律服务的内容

出现房屋质量纠纷时,律师一般作为买受人的原告代理人为其提供法律服务,律师可根据诉讼的各阶段提供不同的内容。

对出现房屋质量纠纷的,律师应根据买受人的具体诉讼请求和事实理由,收集如下证据:

(1)开发商与买受人签订的《商品房买卖合同》,开发商的商品房销售广告、宣传资料中有关房屋质量的陈述和说明;

(2)房屋已经验收合格的,应收集房屋竣工验收的资料;

(3)质检、设计、监理和施工等单位出具的关于质量问题的意见、说明等文件;

(4)与所涉质量纠纷有关的国家相关质量标准和规范;

(5)双方对有关质量问题的协议、纪要或者验收记录等。根据质量纠纷的具体情况,律师应判断确定诉讼请求。

161.2　律师为买受人提供法律服务时的重点内容

（1）律师应根据纠纷类型的不同，调查收集相应的证据材料。若房屋质量验收不合格的，律师应收集房屋的质量验收记录，监理、设计、施工等单位出具的质量验收结论等。若房屋质量问题严重影响居住的，律师应收集影响居住的原因证据以及严重性的证据，必要时应先委托鉴定机构进行鉴定。若是一般质量问题，律师应收集相关质量问题存在的证据，以及因质量问题给买受人造成的损失。

（2）若买受人因房屋质量问题拒绝收房的，律师应判断买受人所提出的质量问题是否可根据法律规定或合同约定直接拒绝收房或严重影响居住，若不符合前述条件的，开发商一般不承担逾期交房的违约责任。

（3）对因噪声污染、光污染或有害物质污染而严重影响居住的，律师可要求买受人先自行委托鉴定，根据鉴定结果判断是否达到严重影响居住的程度。

（4）若交付的房屋系一般质量问题，律师应重点考虑产生质量问题给买受人所造成的损失，并提供相关证据。

161.3　律师为买受人提供法律服务时的风险提示

161.3.1　律师对委托人的风险提示

（1）若律师经审查后发现，开发商提供的商品房经竣工验收合格，但存在质量瑕疵并在保修期内的，则律师应告知买受人其可以要求开发商承担修复责任，给买受人造成损失的，可以要求赔偿相应的损失。

（2）若律师经审查后发现，开发商提供的商品房未经竣工验收，律师应告知买受人可以拒绝接收房屋，由此造成交付房屋迟延的，可以要求开发商承担迟延交付的违约责任，达到可以退房条件的，可以退房。

（3）若房屋经验收不合格，律师应告知买受人不仅可以拒绝接收房屋，还可以要求解除合同和赔偿损失。

（4）房屋交付使用后，若律师发现经核验，房屋地基基础或主体结构质量不合格，应告知买受人可以解除合同并要求赔偿损失。

（5）房屋虽经验收合格并交付使用，但房屋存在质量问题并严重影响正常居住使用的，律师应告知买受人可以解除合同并要求赔偿损失。

（6）房屋交付使用后，在保修期内房屋出现质量问题的，律师应告知买受人应由开发商承担保修责任，若开发商拒绝修复或者在合理期限内拖延修复的，买受人可以委托他人修复，费用由开发商承担。

161.3.2　律师应注意的问题

（1）律师应根据房屋是否交付，对房屋质量纠纷区分开发商需要承担违约责任还是保修责任。

（2）律师应根据质量纠纷的类型确定诉讼请求，判断开发商应承担的具体责任，不要因诉讼请求的错误而给买受人造成损失。

（3）律师应根据质量纠纷的类型告知买受人可能的结果，不能单纯按买受人的意思进行诉讼。同时律师应告知若存在举证不能的情形，买受人可能承担不利后果。

第 162 条　延迟付款纠纷及其处理（一次性付款、分期付款中的延期付款纠纷）

理论部分参考非诉讼部分。《商品房买卖合同》中约定的付款方式一般为三种，一是一次性付款，二是分期付款，三是担保贷款付款（即所谓的按揭贷款付款）。由于因按揭贷款而产生的纠纷，在本章第七节已经有专节进行论述，故在此不再赘述。本部分只就一次性付款和分期付款中的延迟付款纠纷进行论述。

162.1　律师为买受人提供法律服务的内容

律师为买受人提供商品房买卖合同迟延付款纠纷法律服务时，买受人一般作为原告，作为原告代理人时，一般均是起诉要求开发商继续履行合同或者要求解除合同。根据诉讼的类型及诉讼的各个阶段，律师可提供的业务分别为：

买受人起诉要求继续履行合同或者解除合同的，律师应收集如下证据：《商品房买卖合同》，买受人的付款凭证、开发商的催款证明。律师应根据双方合同约定，对买受人的付款方式、付款时间进行详尽的审查，结合案情实际确定诉讼请求，是继续履行合同还是解除合同。

162.2　律师为买受人提供法律服务时的重点内容

（1）若开发商起诉要求买受人继续履行合同而买受人无法继续履行的，律师应要求买受人提供无法继续履行合同的证据，以妥善解决问题。

（2）若开发商起诉要求解除合同的，律师应审查开发商解除合同的理由是否成立，开发商是否在合同约定的期限内行使合同催告权。

162.3　律师为买受人提供法律服务时的风险提示

（1）买受人没有按合同约定付款的，律师应告知买受人应按合同约定承担违约责任，达到合同约定的解除合同条件的，开发商有权解除合同。

（2）律师应提醒买受人，若双方约定的是分期付款，买受人未支付到期价款的金额达到全部价款的 1/5 时，开发商可能据此要求解除合同。

（3）在第三人代为付款的情形下，律师应提醒买受人，应收集好开发商同意第三人代为付款的证据，否则，可能有被认定买受人未支付购房款的风险。

（4）如在诉讼过程中，律师如发现开发商所要求买受人支付的账户并非开发商的本单位账户时，应提醒买受人此种付款行为可能存在无效风险，会被法院认定买受人未支付购房款；在接受委托后，律师应要求买受人收集并及时向律师提供开发商书面指定买受人支付款项到第三方账户的相关凭证。

第 163 条　设计变更与规划变更的纠纷及其处理

设计变更的规定主要来自于《商品房买卖合同示范文本》（GF—2000—0171）第 10 条的约定。

163.1　律师为买受人提供法律服务的内容

律师为买受人提供商品房规划、设计变更纠纷法律服务时,一般买受人是原告。律师代理买受人诉讼时,根据诉讼的各个阶段,可提供如下内容:

律师为买受人提供设计变更纠纷法律服务时,应针对买受人的诉讼请求和事实理由,收集如下证据:

(1) 开发商与买受人签订的《商品房买卖合同》;

(2) 开发商提供的设计图纸和相关说明;

(3) 开发商广告、宣传资料中与设计纠纷有关的资料;

(4) 图纸设计变更资料;

(5) 开发商就设计变更通知业主的资料;

(6) 开发商与买受人就设计变更签订的补充协议。

律师为开发商提供规划变更纠纷法律服务时,一般应收集下列证据:

(1)《商品房买卖合同》;

(2) 规划变更前的规划图纸和相关说明;

(3) 开发商广告、宣传资料中与规划纠纷有关的资料;

(4) 规划变更的申请文件和批准文件;

(5) 开发商通知买受人规划变更的通知;

(6) 开发商与买受人签订的补充协议等。

163.2　律师为买受人提供法律服务时的重点内容

(1) 律师为买受人提供设计纠纷法律服务时,首先应判断是否存在规划、设计变更的情况。

(2) 律师经审查后发现确实存在规划、设计变更情况的,应根据规划、设计变更的内容判断是否属于合同约定开发商应通知买受人的范围。若属于合同约定开发商应通知买受人范围的,则审查开发商是否已经通知和以何种方式通知。

(3) 律师应审查买受人是否与开发商有前述补充协议,若已有前述补充协议的,一般应按补充协议履行。

163.3　律师为买受人提供法律服务时的风险提示

163.3.1　律师对委托人的风险提示

(1) 律师经审查后发现,开发商对规划、设计变更未按合同约定通知的,应告知买受人可以退房;买受人不退房的,可以追究开发商的违约责任。

(2) 律师经审查后发现,开发商已经按合同约定通知买受人规划、设计变更相关内容,而买受人未提出书面答复的,则视同接受变更。

(3) 律师经审查后发现,开发商超过了合同约定期限通知买受人,但买受人已与开发商签订了补充协议的,应按补充协议履行。

(4) 开发商未按合同约定通知而买受人退房的,律师应告知买受人可按合同约定退还购房款和利息。

163.3.2　律师执业中应注意的问题

规划、设计变更可能涉及很多问题,有些是合同约定需要通知的内容,有些不属于合同约定需要通知的内容,律师应区分不同情况。特别是买受人需要退房时,律师应审查是否符合合同约定的退房条件。对规划变更的,律师还应到规划管理部门调查,明确规划变更是否经过审批以及变更的具体内容。

第 164 条　商品房买卖合同中登记与备案的纠纷及处理(包括预告登记)

在商品房买卖中,《物权法》对登记作了规定,主要有:

第 19 条规定:"权利人、利害关系人认为不动产登记簿记载的事项错误的,可以申请更正登记。不动产登记簿记载的权利人书面同意更正或者有证据证明登记确有错误的,登记机构应当予以更正。

不动产登记簿记载的权利人不同意更正的,利害关系人可以申请异议登记。登记机构予以异议登记的,申请人在异议登记之日起十五日内不起诉,异议登记失效。异议登记不当,造成权利人损害的,权利人可以向申请人请求损害赔偿。"

第 20 条规定:"当事人签订买卖房屋或者其他不动产物权的协议,为保障将来实现物权,按照约定可以向登记机构申请预告登记。预告登记后,未经预告登记的权利人同意,处分该不动产的,不发生物权效力。

预告登记后,债权消灭或者自能够进行不动产登记之日起三个月内未申请登记的,预告登记失效。"

《城市商品房预售管理办法》

第 10 条第 1 款规定:"商品房预售,开发企业应当与承购人签订商品房预售合同。开发企业应当自签约之日起 30 日内,向房地产管理部门和市、县人民政府土地管理部门办理商品房预售合同登记备案手续。"

《房屋登记办法》第 67 条规定:"有下列情形之一的,当事人可以申请预告登记:(一)预购商品房;(二)以预购商品房设定抵押;(三)房屋所有权转让、抵押;(四)法律、法规规定的其他情形。"

第 68 条规定:"预告登记后,未经预告登记的权利人书面同意,处分该房屋申请登记的,房屋登记机构应当不予办理。

预告登记后,债权消灭或者自能够进行相应的房屋登记之日起三个月内,当事人申请房屋登记的,房屋登记机构应当按照预告登记事项办理相应的登记。"

第 69 条规定:"预售人和预购人订立商品房买卖合同后,预售人未按照约定与预购人申请预告登记,预购人可以单方申请预告登记。"

164.1　律师为买受人提供法律服务的内容

在《物权法》实施之前,开发商有时为了不同的目的,并没有按规定在签订商品房预售合同之日起 30 日内到房地产登记机关办理登记备案手续。《物权法》实施后,法

律规定了预告登记制度。在商品房买卖合同中,律师代理买受人登记与备案纠纷的,一般应收集如下证据:

(1) 商品房买卖合同;

(2) 开发商拒绝对商品房买卖合同登记备案的证据;

(3) 所出售的商品房无法办理预告登记的证据;

(4) 第三人提出更正登记或异议登记的证据。

164.2　律师为买受人提供法律服务时的重点内容

律师为买受人提供法律服务时,应审查:

(1) 买受人无法办理预告登记的原因,或者办理预告登记时发现存在其他登记的原因。

(2) 若买受人申请预告登记后,第三人提出更正登记或者异议登记的,应审查更正登记或异议登记的原因。

(3) 买受人发现第三人对所购买的商品房进行了预告登记,律师应审查开发商是否存在一房数卖的情况。

164.3　律师为买受人提供法律服务时的风险提示

(1) 律师应提示买受人,若开发商存在一房数卖时,已经有买受人对商品房进行了预告登记的,则买受人一般只能要求开发商按法律规定承担赔偿责任。

(2) 律师应提示买受人,若开发商存在一房数卖时,第三人对买受人的预告登记提出更正登记或异议登记的,在买受人是善意的情况下,一般可按预告登记的内容进行商品房权属登记。

第三节　商品房买卖合同效力的纠纷及其处理

第 165 条　商品房买卖合同无效纠纷及其处理

在司法实践中,商品房买卖合同无效纠纷的类型有以下几类:

(1) 合同本身无效,如《合同法》第 52 条规定的五种情形。

① 根据《司法解释》第 2 条的规定,开发商未取得商品房预售许可证明,与买受人签订的商品房预售合同无效,但开发商在起诉前取得商品房预售许可证明的除外。

② 当事人约定以办理登记备案为商品房预售合同生效要件,但合同未办理登记备案的,该合同无效。

③ 一房二卖的纠纷及其处理,详见第 166 条。

④ 包括但不限于商铺、商场、办公用房、酒店式公寓进行初始登记后,无法进行单独的产权证分割,无法取得单独的产权证。

⑤ 包括但不限于房型规划变更后,未及时变更预售许可证的,但开发商在起诉前变更预售许可证的除外。

⑥ 开发商在划拨土地上进行商业开发,和买受人签订商品房买卖合同。

以上④、⑤、⑥的纠纷及其处理,详见第173条。

(2) 商品房买卖合同被撤销,合同自始无效。

① 因重大误解订立的合同,当事人请求撤销的;

② 在订立合同时显失公平,当事人请求撤销的;

③ 一方以欺诈、胁迫的手段或者乘人之危,使对方在违背真实意思的情况下订立的合同,受损害方请求撤销的;

④ 开发商故意隐瞒所售房屋已经抵押、所售房屋已经出卖给第三人、或者为拆迁补偿安置房屋的事实的,买受人请求撤销的;

⑤ 限制民事行为能力人订立的商品房买卖合同,在被法定代理人追认之前,善意相对人要求撤销的;

⑥ 代理人没有代理权、超越代理权或者代理权终止后以被代理人名义订立的合同,在被代理人追认前,善意相对人要求撤销的。

(3) 效力待定的商品房买卖合同,未经权利人或法定代理人及时追认的合同无效。

① 限制民事行为能力人订立的商品房买卖合同,未经法定代理人追认的;

② 代理人没有代理权、超越代理权或者代理权终止后以被代理人名义订立的合同,未经被代理人追认的;

③ 无处分权人处分他人财产,签订商品房买卖合同,未经权利人追认的。

165.1 律师为买受人提供法律服务的内容

(1) 律师在接受买受人委托代理商品房买卖合同无效纠纷后,应当及时审查委托人提供的所有证据材料,审查内容包括诉讼主体是否适格、是否具备具体的诉讼请求和事实、理由、诉讼时效是否已过等事项,认为符合法律规定起诉条件的,应及时起草起诉状(应当说明证据来源、证明内容),及其他诉讼材料,及时递交给有管辖权的人民法院。

(2) 律师在接受买受人委托代理商品房买卖合同无效纠纷时,确定的诉讼请求应全面涵盖原告的合法利益,一般情况下,诉讼请求应包括要求确认合同无效、开发商返还已经取得的房屋价款以及损失赔偿金额。

(3) 《民事诉讼法》及《证据规则》的分类、证据的形式、证据的收集及举证责任的承担等均作了明确的规定,主要遵循了"谁主张,谁举证"的举证原则。律师接受买受人委托代理商品房买卖合同无效纠纷时,应在举证期限内提交所有能够证明买受人诉讼请求或反驳诉讼相对方诉讼请求的证据材料,如在举证期限内提交证据确有困难的,应在举证期限内向法院提出延长举证期限的申请。

(4) 律师收到买受人递交的证据材料后,应当认真、仔细地研究该等证据材料,确定是否需要买受人补充提交证据材料或申请证人出庭、申请法院调查取证、申请司法鉴定、申请追加第三人和被告、是否需要提起反诉(在买受人作为被告的情形下),如有需要,律师均应在规定的期限内提出申请。

(5) 律师在开庭之前,应拟好答辩状(在买受人作为被告的情形下)或代理词,并准备好针对诉讼相对方证据材料的书面质证意见。

(6) 律师在收到人民法院的判决书或裁定书并与委托人协商后,对于需要上诉的,应严格把握上诉期限的规定。

(7) 民事判决、裁定、调解书发生法律效力后,在买受人作为执行人的情形下,在对方当事人不能自觉履行义务时,律师应提醒开发商及时提起强制执行申请。律师应帮助开发商起草强制执行申请书,连同其他相关材料,一并递交给执行法院。

(8) 代理买受人与诉讼相对方进行庭外调解。

165.2 律师为买受人提供法律服务时的重点内容

165.2.1 律师应当收集与案件有关的全部证据材料,并在法律规定的期限内提交法院

与代理开发商一样,律师在接受买受人委托,就房屋买卖合同无效纠纷为其提供诉讼服务时,应注意举证阶段的重点内容。

通常情况下,买受人在商品房买卖合同无效纠纷案件中应提交的证据材料有:

(1) 房屋买卖合同、补充协议及附件,合同已办理公证的,应提交公证书,合同已登记备案的,应提交备案文件,证明当事人双方的房屋买卖合同关系;

(2) 买受人身份证明,证明其是否具有相应民事权利能力及民事行为能力;

(3) 买受人支付房屋价款的凭证,证明合同履行情况;

(4) 对方违约事实的证明;

(5) 买受人因此造成损失的事实证明;

(6) 其他与案件有关的证据材料。

165.2.2 律师应当确定合适的诉讼请求,以最大限度地保护买受人的合法利益

律师在代理买受人商品房买卖合同无效纠纷时,除了在充分考虑证据的充分程度、合同履行情况、双方过错情况等的基础上,为买受人确定合适的诉讼请求外(如返还房屋价款、赔偿损失等),应特别注意运用《司法解释》第9条的规定,若出售人有下列行为的:① 故意隐瞒没有取得商品房预售许可证明的事实或者提供虚假商品房预售许可证明;② 故意隐瞒所售房屋已经抵押的事实;③ 故意隐瞒所售房屋已经出卖给第三人或者为拆迁补偿安置房屋的事实。律师可增加请求开发商承担不超过已付购房款一倍赔偿的诉讼请求。

此外,若买受人是采取按揭贷款方式支付购房款的,律师应建议买受人申请追加贷款银行为第三人,请求将商品房贷款合同纠纷与商品房买卖合同纠纷合并审理。

165.3 律师为买受人提供法律服务时的风险提示

165.3.1 律师为买受人提供法律服务时买受人的风险提示

(1) 律师应当提示买受人,在收到法院传票后应认真审查送达法院是否有管辖

权,不可盲目应诉。如对法院管辖权有异议,应在提交答辩状期间提出。

(2)律师应在规定的举证期限内向法院提交证据材料,提交证据确有困难的,律师应在举证期限内向法院提出延长举证期限的申请,否则,买受人将承担举证不利的后果。

(3)律师应当提示买受人,买受人以商品房预售合同未按照法律、行政法规规定办理登记备案手续为由,请求确认合同无效的,法院不予支持。但如果双方约定以办理登记备案手续为商品房预售合同生效条件的,买受人可以要求确认合同无效,但合同当事人一方已经履行主要义务,如支付房屋价款、交付房屋等,对方接受的除外。

165.3.2 律师为买受人提供法律服务时律师自身执业风险提示

(1)律师应当与委托人签订书面的法律委托服务合同,合同中应明确双方的权利义务和责任。

(2)律师的一切工作必须有书面记录、记载,必要时应提交委托人签字确认。律师在提供诉讼法律服务时,应当将各项工作的完成情况提交委托人签字确认。

(3)律师在接受当事人的委托代理后,应就案件的相关法律问题向当事人出具书面的法律分析意见或者法律咨询意见,告知委托人案件中可能存在的法律风险,并要求委托人进行书面确认。

(4)如果委托人对部分诉讼请求要求放弃或者暂缓起诉的,律师必须做好法律风险提示书,并要求当事人书面确认。

(5)律师应当提示当事人在举证期限内提交证据、逾期举证的法律后果以及举证责任的承担。若部分证据当事人不愿向法院提供,律师应向当事人告知法律风险,并要求当事人书面确认。

(6)律师对当事人提供的证据材料应当履行保密义务,非合法合理需要,不应向第三方透露。

(7)当事人若不服一审判决、裁定的,律师应提示当事人在上诉期限内提起上诉,当事人放弃上诉权利的,律师应向当事人告知法律风险,并要求当事人书面确认。

(8)在一审判决事实认定或法律适用确有错误的前提下,当事人放弃上诉权利的,律师应向当事人告知法律风险,并要求当事人书面确认。

(9)律师应提示当事人,若在一审判决之后有新的证据,可以向二审法院提交,对符合该规定的证据材料,应与上诉状同时递交至法院。

(10)律师应提示当事人上诉的风险,上诉的审理程序以及上诉费用的承担等。

(11)律师应当在委托人的授权范围内行使代理权限,不得超越委托权限行使权利,不得损害委托人的利益。

第166条 一房两卖合同效力纠纷及其处理

166.1 一房两卖合同纠纷形式

一房两卖,又称房屋的二重买卖,是指开发商先后或同时以两个买卖合同,将同一特定的房屋出卖给两个不同的买受人。一房两卖合同纠纷中，常见的纠纷类型有以下四种形式：

（1）开发商先后与不同的买受人订立合同后，对后买受人履行了合同义务，办理了产权过户登记手续，导致前买受人无法取得房屋。

（2）开发商将房屋售与前买受人并办理产权过户登记之后，又与后买受人签订就同一房屋为标的物的买卖合同，导致后买受人无法取得房屋。

（3）开发商先后与不同的买受人订立合同，但两次买卖均未办理产权过户登记手续。

（4）后买受人明知开发商已与前买受人就特定房屋订立买卖合同后，仍与开发商恶意串通，另行订立商品房买卖合同，开发商并将该房屋交付后买受人，导致前买受人无法取得房屋。

166.2 律师为买受人提供法律服务的内容

166.2.1 律师在接受买受人的委托后，应当及时审查委托人提供的所有证据材料，审查内容包括诉讼主体是否适格、是否具备具体的诉讼请求和事实、理由、诉讼时效是否已过等，审查后认为符合起诉条件的，应及时拟定起诉状、证据清单（应说明证据来源、证明内容）及其他诉讼材料，并及时递交有管辖权的人民法院。

166.2.2 在一房两卖的纠纷实践中，开发商作为原告提起的诉讼比较少见，主要为合法买受人预期付款诉讼和合同无效之诉（合同无效之诉参照本节165条）。律师在确定买受人的诉讼请求时，应全面涵盖买受人作为被告的合法利益，一般情况下，买受人预期付款的诉讼请求应包括要求买受人支付房屋价款、利息及违约金或者赔偿损失。

166.2.3 律师应当提示买受人诉讼举证责任的分配，即"谁主张，谁举证"的举证原则，并在举证期限内提交所有能够证明开发商诉讼请求或反驳诉讼相对方诉讼请求的证据材料，如在举证期限内提交证据确有困难的，应在举证期限内向法院提出延长举证期限的申请。

166.2.4 律师收到买受人递交的证据材料后，应当认真、仔细地研究该等证据材料，确定是否需要买受人补充提交证据材料或申请证人出庭、申请法院调查取证、申请司法鉴定、申请追加第三人和被告，是否需要提起反诉（在开发商作为被告的情形下），如有需要，律师均应在规定的期限内提出申请。

166.2.5 律师在开庭之前，应拟好答辩状（在买受人作为被告的情形下）或代理词，并准备好针对诉讼相对方证据材料的书面质证意见。

166.2.6 律师在收到人民法院的判决书或裁定书并与委托人协商后，对于需要上诉的，应严格把握上诉期限的规定。

166.2.7 民事判决、裁定、调解书发生法律效力后，在买受人作为执行人的情形下，在对方当事人不能自觉履行义务时，律师应提醒买受人及时提起强制执行申请。

律师应帮助买受人起草强制执行申请书,连同其他相关材料,一并递交给执行法院。

166.2.8 代理买受人与诉讼相对方进行庭外调解。

166.3 律师为买受人提供法律服务时的重点内容

律师应当收集与案件有关的全部证据材料,并在法律规定的期限内完成举证责任。

在一房两卖合同纠纷中,涉及的纠纷当事人通常有三方主体,但提起诉讼的主体往往是无法获得房屋的买受人,买受人在提起诉讼时,无论基于哪种纠纷类型,都应当向法院提交以下证据材料:

(1) 房屋产权凭证,证明产权关系以及无法取得房屋的事实;

(2) 房屋买卖合同、补充协议及附件,合同已办理公证的,应提交公证书,证明当事人之间存在房屋买卖关系;

(3) 买受人按照合同约定向开发商支付房屋价款的凭证,证明合同履行的情况;

(4) 买受人的身份证明;

(5) 开发商与另一买受人恶意串通签订商品房买卖合同,并交付使用的事实证明材料;

(6) 其他与案件有关的证据材料。

律师应当确定合适的诉讼请求,以最大限度地保护买受人的诉讼利益。

买受人之所以选择诉讼途径解决一房两卖纠纷,主要是基于维护自身的合法权益及对法院权威性的认可,律师如何才能全面、完整地维护买受人的合法权益？诉讼请求的确定至关重要。由于房地产纠纷案件经常是一系列事实产生多种权益纠纷的情况,或当事人双方各有权益的损失,当事人在寻求法律保护时需要进行考量,需突出对主要权益的保护请求,或选择有把握获得支持的诉讼请求。

由于一房两卖合同纠纷案件通常情况下原告为买受人,律师应根据买受人与开发商签订的商品房买卖合同是否已生效及商品房是否已过户的实际情况,帮助买受人确定提起的诉讼请求是物权请求权还是债权请求权,一般来说,如果开发商与两个买受人分别签订了商品房买卖合同且均已生效,开发商也已对一个买受人履行了过户登记手续,此时,该买受人已取得房屋的所有权,没有取得房屋的买受人只能向开发商提起债权请求权,而不能再要求开发商办理过户登记手续。但如果开发商对两个买受人均未办理产权过户登记手续,则由于债权的平等性,两个买受人均可以请求开发商履行产权过户登记手续,由于房屋只有一套,因此,决定对谁履约可以由开发商自行决定,开发商在对其中一个买受人履约之后,需赔偿另一个买受人信赖利益的损失。

简而言之,一房两卖合同纠纷的诉讼请求不外乎债权请求权和物权请求权,债权请求权的诉讼请求一般包括要求开发商解除合同,返还已付购房款及利息、赔偿损失,并可要求开发商承担不超过已付购房款一倍的赔偿责任,物权请求权的诉讼请求一般为要求腾出房屋或办理产权过户登记手续。

在实践中,有时还会出现这样的情形,即开发商先后与两个买受人分别签订商品房买卖合同,在两个买卖合同均已生效的情况下,开发商将房屋交付给其中一个买受人(以下简称前买受人),却为另一个买受人(以下简称后买受人)办理了产权过户登记手续。结果导致前买受人无法办理产权过户登记手续,后买受人无法拿到房屋。由于后买受人已经办理了产权过户登记,因此已取得房屋所有权。因此,后买受人如果想要实际占有该房屋,既可以基于物权以买受人为被告,要求前买受人腾出房屋,也可以基于债权以开发商为被告,要求开发商履行交付房屋的义务。

166.4　律师为买受人提供法律服务时的风险提示

166.4.1　律师为买受人提供法律服务时买受人的风险提示。

律师应当提示买受人,在收到法院传票后应认真审查法院是否具有管辖权,不可盲目应诉。如对法院管辖权有异议,应在举证期限届满前提出。

律师应当提示买受人,在与开发商签订商品房买卖合同且向登记机构申请预告登记后,如果买受人在能够进行不动产登记之日起3个月内都未进行申请登记的,则预告登记失效。因此,买受人应及时到相关部门进行不动产登记,以免权利丧失。

律师应当提示买受人,在签订房屋买卖合同之前,应先向房产登记机关调查核实权利证书及其记载内容,审核登记机关记载内容是否与开发商出具的相同,以免自己权利受损。

166.4.2　律师为买受人提供法律服务时律师执业风险提示。

律师在代理一房两卖合同纠纷案件过程中,应当以书面形式告知委托人一房两卖的法律后果以及司法实践中类似案件的处理情况,以利于委托人选择合适的解决纠纷方式(调解或庭外和解)。

第四节　商品房买卖合同履行、变更、转让、解除、终止中的纠纷及处理
(本节仅限于合同签订、登记备案之后商品房交付之前)

第167条　商品房买卖合同履行中的纠纷及其处理

商品房买卖合同履行过程中,因为各种原因可能出现很多纠纷,在商品房交付之前,由于买受人无法全面了解商品房及其配套情况,故产生的纠纷比商品房交付之后产生的纠纷要少,但是交付之前也可能发生纠纷。主要的纠纷类型包括:商品房用途纠纷;商品房使用年限纠纷;一些特定的配套设施纠纷;买受人停止支付按揭贷款纠纷等。

167.1　律师为买受人提供法律服务的内容

律师应根据纠纷类型为买受人提供相应的服务,产生商品房用途纠纷的,律师一般应收集如下证据:

(1)商品房买卖合同;

（2）对商品房用途明确说明的广告、宣传资料；
（3）规划主管部门批准的房屋用途的文件。
产生商品房使用年限纠纷时，律师一般应收集如下证据：
（1）商品房买卖合同；
（2）对商品房使用年限明确说明的广告、宣传资料；
（3）规划主管部门批准的商品房用途的文件；
（4）国土资源管理部门批准的土地使用年限等。
对配套设施产生纠纷的，律师一般应收集如下证据：
（1）商品房买卖合同；
（2）对房屋配套设施明确说明的广告、宣传资料；
（3）规划主管部门批准的规划方案文件。

167.2 律师为买受人提供法律服务时的重点内容

167.2.1 商品房用途纠纷

（1）律师应审查商品房买卖合同中对房屋用途的约定，若对房屋用途没有约定或约定不明的，则应审查开发商广告、宣传资料中对房屋用途的说明。

（2）若商品房买卖合同中对房屋用途约定明确的，则律师仍应审查开发商广告、宣传资料中对房屋用途的说明。

（3）若开发商所作的其他说明或承诺与房屋用途有关的，则律师应审查相关的说明或承诺。

（4）律师应审查规划主管部门对房屋用途的规定，明确规划规定的房屋用途与合同约定或广告、宣传资料的说明或承诺的用途是否一致。

167.2.2 房屋使用年限纠纷

房屋使用年限纠纷主要是合同约定房屋使用年限与土地出让年限不一致，或者广告宣传的使用年限与土地出让年限不一致。律师应审查商品房买卖合同约定的房屋使用年限与土地出让年限是否一致，若不一致的，一般以土地出让年限为准。律师应审查开发商的广告、宣传资料中宣传的房屋使用年限与合同约定的使用年限是否一致，若不一致的，一般应以合同约定的使用年限为准。

167.2.3 特定配套设施纠纷

对开发商在广告、宣传资料中明确说明或承诺的特定配套设施，比如篮球场、游泳池等，一般在房屋交付前买受人就已经知道是否存在。若这些明确说明或承诺的配套设施不存在的，则买受人可能就上述配套设施纠纷提起诉讼。律师应重点审查：

（1）商品房买卖合同中是否对特定配套设施有约定，若有约定，应按合同约定处理。

（2）律师应审查开发商的广告、宣传资料中对特定的配套设施是否有明确的承诺和说明，若有的，一般该说明和承诺可作为邀约，应按广告、宣传资料中的说明和承诺处理。

167.2.4　买受人停止支付按揭贷款纠纷,参照第二编第二章第七节。

167.3　律师为买受人提供法律服务时的风险提示

167.3.1　律师对委托人的风险提示

(1) 律师应提示买受人,对合同约定房屋用途与规划用途不一致时,若不退房要求赔偿损失的,则法律没有规定相应的损失计算方法,在各种损失计算方法中,可选择其中相对合理的一种。

(2) 律师应告知买受人,对合同约定房屋使用年限大于土地出让年限的,损失计算尚无法律规定统一的标准,可以通过评估等方式确定。

(3) 律师应告知买受人,对开发商没有按约定或承诺建造特定配套设施的,若规划部门在批准方案设计时就没有相应的配套设施,则不能要求开发商继续履行,而应选择赔偿损失。

167.3.2　律师应注意的问题

在本条列举的开发商违约纠纷中,目前尚无统一的损失计算方法,律师在代理买受人时,应告知买受人各种计算方式,在征求买受人同意后确定损失赔偿金额。对能通过评估确定损失的,应告知买受人通过评估确定损失。

第168条　商品房买卖合同变更中的纠纷及处理

理论部分参照非诉讼部分。

168.1　律师为买受人提供法律服务的内容

商品房买卖合同签订后,双方对协商一致的变更一般不会出现变更纠纷。出现变更纠纷的一般为商品房买卖合同中存在错误,一方要求变更而另一方不同意的纠纷。律师代理开发商对因错误而要求变更纠纷时,一般应收集如下证据:

(1) 商品房买卖合同;

(2) 发生错误的原因证据;

(3) 真实情况的证据等。

168.2　律师为买受人提供法律服务时的重点内容

律师代理买受人时,应重点审查合同约定的内容是属于重大误解还是因为开发商在履行过程中自行变更而以重大误解的名义要求变更。对开发商以重大误解名义提出的标的错误变更,律师应审查开发商是否存在一房数卖的情况。

168.3　律师为买受人提供法律服务时的风险提示

律师应提示买受人,若确实存在重大误解订立合同情况的,买受人或开发商有权请求变更,但是造成错误的一方应赔偿对方相应的损失。

第169条　商品房买卖合同转让中的纠纷及处理

国务院办公厅在转发建设部等七部委《关于做好稳定住房价格工作的意见》中明确规定,根据《城市房地产管理法》有关规定,国务院决定:禁止商品房预购人将购买的未竣工的预售商品房再行转让。在预售商品房竣工交付、预购人取得房屋所有权证之前,房地产主管部门不得为其办理转让等手续;房屋所有权申请人与登记备案的预售合同载明的预购人不一致的,房屋权属登记机关不得为其办理房屋权属登记手续。

169.1　律师为买受人提供法律服务的内容

在国务院的上述政策出台前,预购商品房转让行为一直存在,上述政策出台后,预购商品房再转让的行为已大为减少。律师代理买受人处理预购商品房转让纠纷时,应根据具体案情收集相关证据。

169.2　律师为买受人提供法律服务时的重点内容

律师应审查,买受人转让预购商品房是否附条件或附期限,以此判断转让合同的效力。同时应审查双方转让合同签订后的履行情况,受让人是否已经履行了合同。

律师应审查,买受人转让预购商品房是否已经取得开发商同意。

169.3　律师为买受人提供法律服务时的风险提示

律师应提示买受人,预售商品房转让行为属于禁止性行为,无法取得物权。且房地产产权登记机关不能将房屋权属直接登记在受让人名下。买受人应赔偿由此给受让人造成的损失。

第 170 条　商品房买卖合同解除中的纠纷及处理

商品房买卖合同的解除包括法定解除和约定解除。除本指引其他已经涉及的外,商品房买卖合同的解除还包括买受人无法取得房屋而解除合同、买受人无法办理担保贷款而解除合同等。主要的法律规定包括《司法解释》第 8 条、第 9 条和第 23 条等。

170.1　律师为买受人提供法律服务的内容

律师为买受人提供法律服务时,应收集是否存在解除合同法定条件的证据。若系一方当事人要求解除合同的,应收集当事人按约定有权解除合同的证据或反驳证据。

170.2　律师为买受人提供法律服务时的重点内容

(1) 若买受人因开发商故意隐瞒所售房屋已经抵押的事实而要求解除合同的,律师应重点审查开发商是否存在房屋抵押的事实,若存在抵押,则审查是否存在故意隐瞒房屋已抵押的事实。

(2) 若买受人因开发商在商品房买卖合同订立后,开发商未告知买受人又将该房屋抵押给第三人,导致买受人无法取得房屋而要求解除合同的,律师应重点审查开发商是否存在未告知买受人抵押的事实,若存在,则应审查买受人能否取得房屋。

170.3　律师为买受人提供法律服务时的风险提示

(1) 律师应告知买受人,若开发商故意隐瞒所售房屋已经抵押的事实,买受人要求解除合同的,开发商应承担返还已付购房款及利息、赔偿损失,并可以要求开发商承担不超过已付购房款一倍的赔偿。

(2) 律师应告知买受人,商品房买卖合同订立后,开发商未告知买受人又将该房屋抵押给第三人,导致买受人无法取得房屋的,买受人要求解除合同的,开发商应承担返还已付购房款及利息、赔偿损失的责任,并可以要求开发商承担不超过已付购房款一倍的赔偿。

第 171 条　商品房买卖合同终止中的纠纷及处理

《合同法》对合同的终止作了列举性规定,商品房买卖合同的终止可能涉及双方协商一致而终止合同,也可能是债权债务归于同一人而终止合同。

171.1　律师为买受人提供法律服务的内容

律师应根据商品房买卖合同终止的原因,收集相应的证据。

171.2　律师为买受人提供法律服务时的重点内容

(1)若双方协商一致终止商品房买卖合同的,律师应审查开发商与买受人之间签订的终止商品房买卖合同的协议,没有签订协议的,应审查双方的其他书面证据。

(2)若买受人与开发商因合并而成为一人时,商品房买卖合同的权利义务终止,但此时一般不发生商品房买卖合同纠纷。

171.3　律师为买受人提供法律服务时的风险提示

律师应提示买受人,开发商与买受人协商一致终止合同的,开发商应根据合同约定履行通知银行,协助办理合同终止手续和担保贷款合同解除手续等,对合同在签订履行过程中了解的买受人的个人隐私或商业秘密负有保密义务。

若开发商与买受人签订了合同终止协议,开发商应按协议履行,不按协议履行的,应承担违约责任。

第五节　商品房交付与买受人房屋所有权证
(小产权证)取得的纠纷及其处理

第 172 条　逾期交付房屋的纠纷及其处理

172.1　律师为买受人提供法律服务的内容

在商品房交付纠纷中,开发商一般作为被告出现,律师根据不同的阶段可提供如下内容:

一般律师应就商品房逾期交付收集如下证据材料:

(1)商品房买卖合同;

(2)开发商通知买受人收房的通知;

(3)买受人实际收房的记录;

(4)根据合同约定开发商可顺延交房的证据材料;

(5)非因开发商原因造成交房迟延的证据材料。

172.2　律师为买受人提供法律服务时的重点内容

(1)律师应按《商品房买卖合同》约定确定房屋是否逾期交付。若确实存在逾期交付的,应按合同约定追究开发商的违约责任。

（2）买受人因房屋质量问题或配套设施不符合合同约定而拒绝收房，认为开发商逾期交房的，律师应根据具体情况判断买受人是否可以拒绝收房，从而确定是否可以追究开发商逾期交房的违约责任。

172.3 律师为买受人提供法律服务时的风险提示

（1）律师应提示买受人，开发商交付的房屋不符合合同约定条件或法律规定的，买受人有权拒绝收房，由此造成逾期交付的，开发商应当承担违约责任。因不可抗力或者因当事人在合同中约定其他原因而延期交付的，应按合同约定扣除相应的时间。

（2）开发商逾期交房，买受人需要解除合同的，律师应当提示买受人在一定的条件下（合同约定的期限内、合理催告后3个月内或者解除权事由发生之日起1年内）行使合同解除权，未按期行使解除权的，解除权消灭。

（3）律师应告知买受人，双方对逾期交房的违约责任有约定的，一般按约定处理；没有约定的，按有资质的评估机构评定的同地段同类房屋租金标准承担违约责任。若约定的违约金低于买受人的实际损失的，买受人可按实际损失要求赔偿。

第 173 条 逾期办理买受人房屋所有权证（小产权证）的纠纷及其处理

173.1 律师为买受人提供法律服务的内容

产生逾期办理权属证书的纠纷时，开发商一般作为被告出现。律师代理买受人进行诉讼时，根据诉讼的各个阶段，可提供如下内容：

律师代理买受人处理逾期办理权属证书纠纷时，一般应收集如下证据：

（1）《商品房买卖合同》；

（2）买受人收房的记录；

（3）开发商已经向房屋产权登记机关提交办理权属证书备案资料的证据；

（4）双方有关办理权属证书的往来函件或补充协议等。

173.2 律师为买受人提供法律服务时的重点内容

（1）律师应根据《商品房买卖合同》约定和买受人提供的其他资料，判断开发商是否存在逾期办证的违约行为。

（2）对开发商存在逾期提供办理权属证书备案资料行为的，律师应向房地产产权登记机关了解开发商逾期办证的原因，及可能解决的时间。

173.3 律师为买受人提供法律服务时的风险提示

（1）律师应提示买受人，开发商逾期办证的，应按合同约定追究开发商的违约责任。对违约金没有约定的，可按照已付房款总额，参照中国人民银行规定的金融机构计收逾期贷款利息的标准计算违约金。

（2）律师应提示买受人，商品房买卖合同约定或者《城市房地产开发经营管理条例》第33条规定的办理房屋所有权登记的期限届满后超过1年，由于开发商的原因，导致买受人无法办理房屋所有权登记，买受人有权要求解除登记合同并要求赔偿损失。

（3）律师应提示买受人，对预售商品房，合同约定在房屋交付之日起一定期限内开发商提供办理权属证书的资料的,逾期办证期限应从房屋实际交付之日起算。

(4) 律师应提示买受人,买受人要求开发商协助办理房屋权属转移登记的,一般不受诉讼时效限制。

(5) 律师应告知买受人,若商品房买卖合同无特别约定,则非因开发商原因造成逾期办理买受人房屋所有权证(小产权证)的,开发商不承担逾期办证的责任。

第 174 条 商品房买卖合同与抵押、建设工程价款优先受偿冲突的纠纷及其解决

174.1 律师为买受人提供法律服务的内容

律师处理买卖合同与抵押、建设工程价款优先受偿权冲突的纠纷时,开发商一般作为被告。律师应根据诉讼的各个阶段,提供相应的服务。

律师处理买卖合同与抵押、建设工程价款优先受偿权冲突的纠纷时,一般应收集如下证据:

(1)《商品房买卖合同》;

(2) 买受人付款凭证;

(3) 建设工程抵押登记他项权证;

(4) 房屋竣工时间;

(5) 对买受人告知存在建设工程抵押的证据;

(6) 施工单位同意在建工程抵押的证据等。

174.2 律师为买受人提供法律服务时的重点内容

律师应重点审查抵押权存在的时间和商品房买卖合同签订的时间,判断买受人是否可以实际取得房屋。根据买受人是否可以实际取得房屋,追究开发商的相应责任。

174.3 律师为买受人提供法律服务时的风险提示

(1) 律师应当提示买受人,建筑工程的承包人的优先受偿权优先于抵押权和其他债权,但消费者交付购买商品房的全部或者大部分款项的,承包人就该商品房享有的工程价款优先受偿权不得对抗买受人。建设工程承包人行使优先权的期限为 6 个月,自建设工程竣工之日或者建设工程合同约定的竣工之日起计算。

(2) 抵押权无论设定在买卖合同之前还是之后,原则上抵押权人应当优先于买受人受偿。若商品房买卖合同订立后,开发商未告知买受人又将该房屋抵押给第三人的,无法取得房屋的买受人可按《司法解释》第 8 条的规定要求开发商承担责任。若开发商故意隐瞒所售房屋已经抵押的事实而与买受人签订商品房买卖合同的,买受人可按《司法解释》第 9 条的规定要求开发商承担责任。

第六节 不同类型商品房的纠纷及处理

第 175 条 商铺"投资回报承诺"的纠纷及其处理

作为一种营销手段,开发商经常会在广告以及买卖合同中对出售商铺承诺一定的

投资回报率,以此快速回笼大量资金。开发商实现投资回报的实现一般通过售后包租等形式。根据《商品房销售管理办法》第45条的规定:"本办法所称返本销售,是指房地产开发企业以定期向买受人返还购房款的方式销售商品房的行为。本办法所称售后包租,是指房地产开发企业以在一定期限内承租或者代为出租买受人所购该企业商品房的方式销售商品房的行为。"第11条规定:"房地产开发企业不得采取返本销售或者变相返本销售的方式销售商品房。房地产开发企业不得采取售后包租或者变相售后包租的方式销售未竣工商品房。"

上述规定对现房和预售房进行了区别对待,即现房并没有禁止售后包租,仅仅规定不得返还本金,而预售房则一律禁止。但各地政府部门对此往往有相应限制,北京市工商局就明文规定商品房广告中不得出现融资或变相融资内容,也不得含有升值或投资回报的内容。

此类案件纠纷往往是合同签订后开发商无法兑现承诺,故一般开发商为被告,而纠纷类型一般有以下两种:① 买受人要求兑现投资回报承诺;② 买受人要求解除合同。

175.1 律师为买受人提供法律服务的内容

根据买受人提出的不同诉讼或仲裁请求,律师为买受人提供法律服务:

(1) 买受人要求兑现投资回报承诺纠纷,律师一般应当提供以下证据:

① 签订的合同;

② 预售许可证;

③ 已支付给买受人的投资回报款付款证明;

④ 国家或当地政府对"投资回报"的禁止性规定。

(2) 买受人要求解除合同,律师应当首先按原告的起诉状所确定的诉讼请求和事实理由,撰写答辩状,判断案件是否超过诉讼时效、管辖法院是否正确等,提供的证据一般包括:

① 双方签订的合同;

② 预售许可证及其他项目合法性手续。

175.2 律师为买受人提供法律服务时的重点内容

买受人起诉开发商,首先应当查明有关"投资回报"签订主体,在实践中经常出现商品房买卖合同中不约定投资回报,而另行签订一份租赁合同,有时甚至是以其他物业公司、管理公司名义签订租赁合同。因此,如果律师调查后发现物业公司或管理公司并无实际履约能力时,律师应当调查公司实际控制人,从而将开发商和物业公司或管理公司作为共同被告。

175.3 律师为买受人提供法律服务时的风险提示

(1) 律师应当提醒买受人,商品房买卖合同中约定的投资回报条款可能被法院或仲裁机构认定无效;

(2) 律师应当提醒买受人,即使投资回报条款被法院或仲裁机构认定无效,并不影响商品房买卖合同效力；

（3）律师应当提醒买受人，如果售后包租的租赁合同买受人是和其他物业公司、管理公司签订的租赁合同，则应当提醒买受人可能无法追究开发商责任。

第176条　开发商变更商品房类型纠纷及其处理

开发商变更商品房类型，所产生的纠纷一般有以下几种：

（1）导致土地使用权年限不同的纠纷；

（2）商品房预售许可未及时随之变更而产生合同无效的纠纷；

（3）划拨土地上进行商业开发，与买受人签订商品房买卖合同而导致商品房买卖合同无效的纠纷。

176.1　律师为买受人提供法律服务的内容

176.1.1　根据案件实际情况，诉讼请求可以有：要求办理符合合同约定年限的产权证、赔偿损失或是退房；

律师应当提供的证据包括：

（1）开发商的销售广告；

（2）双方签订的商品房买卖合同；

（3）开发商是否通知买受人及买受人提出的异议；

（4）实际办理的产权证；

（5）购房款支付证明。

176.1.2　商品房预售许可证未及时随之变更而产生的合同无效纠纷。律师为买受人提供法律服务应当提供以下证据：

（1）开发商的销售广告；

（2）双方签订的商品房买卖合同；

（3）开发商是否通知买受人及买受人提出的异议；

（4）预售许可证；

（5）购房款支付证明。

176.1.3　在工业用地上进行商品房开发而导致的商品房买卖合同无效纠纷；律师为买受人提供法律服务应当提供以下证据：

（1）项目立项文件；

（2）规划许可证；

（3）土地使用权证；

（4）双方商品房买卖合同；

（5）购房款支付证明。

176.2　律师为买受人提供法律服务时的重点内容

买受人主张赔偿损失时，合同有约定的按照约定处理，合同无约定的可以计算产权证原可办理年限与实际年限的比例,按照购房款同比例计算损失;也可以按照租金及年限计算。

176.3　律师为买受人提供法律服务时的风险提示

(1)律师应当告知买受人如果要求办理符合合同约定年限的产权证可能面临实际履行不能的局面。

(2)律师应当告知买受人如赔偿损失,则必须对损失加以举证,否则需要承担举证不能的后果。

(3)律师应当告知买受人预售许可证未及时变更,并不必然导致商品房买卖合同无效。

第 177 条　产权证分割纠纷及其处理

房产登记册上记载为一个权属单元包括但不限于商铺、商场、办公用房等楼盘,即已经进行了初始登记而没有分割的楼盘,开发商进行实体分割的,分割后构成的销售单元销售,而此类纠纷集中于开发商不能及时办理单独产权证,而导致成为被告。

纠纷可分为以下两类:

(1)逾期办理产权证;

(2)无法办理产权证而导致合同无效纠纷。

177.1　律师为买受人提供法律服务内容

177.1.1　逾期办理产权证,律师应当提供以下证据:

(1)双方商品房买卖合同;

(2)房屋所有权证与国有土地使用权证。

177.1.2　无法办理产权证而导致合同无效纠纷,应提供以下证据:

(1)双方商品房买卖合同;

(2)实际分割状态;

(3)购房款支付证明。

177.2　律师为买受人提供法律服务的重点内容

律师应审查商品房买卖合同中对办理产权证的期限约定及违约责任。

其余参照第 173 条。

177.3　律师为买受人提供法律服务的风险提示

律师应提醒买受人,如开发商在起诉前取得产权证的,则买卖合同有效。

其余参照第 173 条。

第七节　商品房买卖合同中按揭纠纷及其处理

第 178 条　因买受人未取得按揭贷款要求解除商品房买卖合同的纠纷

根据《司法解释》第 23 条,在此类纠纷中,一般是由买受人提出解除合同。注意以下不同情形：

（1）如果买受人未能订立按揭贷款合同，其原因与开发商、买受人均无关，买受人可以要求解除商品房买卖合同；

（2）如果买受人未能订立按揭贷款合同，其原因是开发商造成的，买受人也可以要求解除商品房买卖合同；

（3）如果在商品房买卖合同中直接约定，不论何种原因，买受人未能取得按揭贷款，商品房买卖合同可以解除的，则买受人可以在此情况下要求解除商品房买卖合同；

（4）如果买受人未能订立按揭贷款合同，其原因是买受人自己造成的，买受人不可以要求解除商品房买卖合同。

合同解除后，开发商若先前收取了首付款，应当退还。

178.1　律师为买受人提供法律服务的内容

律师代理买受人诉讼时，根据诉讼各个阶段，可提供如下业务：

（1）证据收集

律师应结合本方的诉讼请求和事实理由，在起诉前收集如下证据：

① 买受人的主体身份资料，如身份证、户籍证明、户口本等；

② 开发商的主体身份资料，如营业执照复印件、工商登记材料等；

③ 买受人与开发商签订的《商品房买卖合同》或《商品房预售合同》；

④ 按揭银行不能发放贷款的证明；

⑤ 开发商的销售广告和宣传资料。

（2）准备诉讼材料，向法院提起诉讼：

① 准确提出本方的诉讼请求；

② 准备诉状；

③ 确定管辖的法院；

④ 准备其他诉讼资料。

（3）参加与按揭银行的调解、诉讼或仲裁。

178.2　律师为买受人提供法律服务时的重点内容

（1）收集证据

这是律师最主要的工作，因为证据充分，买受人即可根据最高人民法院的司法解释要求解除合同。

律师应注意收集开发商促销时的各类销售广告和宣传资料，并判断开发商在这类销售广告和宣传资料中的内容是否包含：保证无条件为买受人办理按揭贷款，买受人未取得按揭贷款可以退房等内容的，应判断是否属于《司法解释》第3条的规定，并以此作为诉讼证据。

（2）参加买受人与开发商的调解

律师应告知买受人，尽量与开发商达成调解，这样可以节省双方的时间、费用和精力,买受人也可以尽早收回自己的首付款。

178.3 律师为买受人提供法律服务时的风险提示

在与开发商协调无法解决问题时,律师应注意及时完成证据收集工作,尽早提起诉讼。买受人要求解除商品房买卖合同,除了要免予支付剩余房款的负担外,还可要求开发商退还已收的首付款。根据合同法原理,合同解除后,在开发商无过错时,开发商仅返还其已收的款项及相应的利息,该款项属于不当得利,开发商并不承担赔偿责任,买受人不能要求开发商赔偿其他损失。

第 179 条 因商品房买卖合同无效或被撤销、解除,当事人要求解除按揭贷款合同的纠纷

最高人民法院《司法解释》第 24 条规定,因商品房买卖合同被确认无效或者被撤销、解除,致使商品房担保贷款合同的目的无法实现的,当事人请求解除商品房担保贷款合同的,应予支持。

在此类纠纷中,一般是由买受人向按揭银行提出解除合同。

179.1 律师为买受人提供法律服务的内容

律师代理买受人诉讼时,根据诉讼各个阶段,可提供如下业务:

(1) 证据收集

律师应结合本方的诉讼请求和事实理由,在起诉前收集如下证据:

① 买受人的主体身份资料,如身份证、户籍证明、户口簿等;

② 按揭银行的主体身份资料,如营业执照复印件、工商登记材料等;

③ 买受人与按揭银行签订的《按揭贷款合同》;

④ 商品房买卖合同被确认无效或者被撤销、解除的证明文件,如生效的民事判决书、调解书或仲裁裁决书,当事人解除合同的协议书等;

⑤ 买受人已取得的贷款金额证明。

(2) 准备诉讼材料,向法院提起诉讼

① 准确提出本方的诉讼请求;

② 准备诉状;

③ 注意按揭银行一般是商业银行的分支机构,不具备法人资格,但具备诉讼主体资格,应确定诉讼的被告;

④ 确定管辖的法院;

⑤ 准备其他诉讼资料。

(3) 参加与按揭银行的调解、诉讼或仲裁。

179.2 律师为买受人提供法律服务时的重点内容

(1) 收集证据。这是律师最主要的工作,因为证据充分,买受人即可根据最高人民法院的司法解释要求解除合同。

(2) 参加买受人与开发商的调解。律师应告知买受人,尽量与按揭银行达成调

解，这样可以节省时间、费用和精力。

179.3　律师为买受人提供法律服务时的风险提示

买受人与按揭银行的按揭贷款合同被解除后，按揭银行仍要收回其已向买受人发放的贷款余额，这里应注意两个问题：

（1）由于在按揭银行发放按揭贷款时，贷款其实并未交买受人控制，而是由按揭银行直接支付给开发商。根据最高人民法院《司法解释》第25条第2款的规定，出卖人应将所收受的购房贷款退还给银行。若银行向出卖人收回贷款有困难，可以主张对房屋或期房的抵押权。

（2）买受人根据按揭贷款合同定期归还按揭银行的还款中，包括了借款本金和利息。买受人与按揭银行的按揭贷款合同被解除后，买受人已还款中的本金原就不属于买受人的财产，但买受人已还款中的利息，原为买受人的财产。因此，若商品房买卖合同被确认无效或者被撤销、解除是开发商造成的，买受人可以向开发商要求赔偿其利息损失。若商品房买卖合同被确认无效或者被撤销、解除是买受人造成的，则买受人应自行承担损失。

第180条　因买受人未及时还款，按揭银行要求实现抵押权的纠纷

在此类纠纷中，律师主要为买受人提供法律服务。

180.1　律师为买受人提供法律服务的内容

在此类纠纷中，买受人一般作为被告。律师代理买受人诉讼时，根据诉讼各个阶段，可提供如下业务：

（1）证据收集

律师应针对按揭银行的诉讼请求和事实理由，收集如下证据：

① 买受人与按揭银行签订的《按揭贷款合同》；

② 买受人还款记录；

③ 按揭银行发给买受人的各种书面材料；

④ 买受人的房屋权利证书（房屋所有权证和国有土地使用证）；

⑤ 买受人房屋抵押登记材料等。

（2）对本案诉讼的法律分析

① 分析按揭银行是否有权提前收贷；

② 分析按揭银行的抵押权是否已真正设立；

③ 分析开发商承担责任的方式；

④ 分析买受人是否应与按揭银行达成调解。

（3）参加与按揭银行的调解、诉讼或仲裁。

180.2　律师为买受人提供法律服务时的重点内容

180.2.1　分析按揭银行是否有权提前收贷

通常情况下，在买受人与按揭银行签订的按揭贷款合同中，在预先制订的格式文

本中约定出现以下情形之一的,银行可以提前收贷:
(1) 买受人未按约定偿还借款本息的;
(2) 买受人发生影响其偿还能力的事件或缺乏偿债诚意的;
(3) 买受人与第三人签订有损银行权益的合同、协议的;
(4) 买受人已涉入、即将涉入或可能涉入诉讼、仲裁纠纷的;
(5) 买受人提供的资料不真实的;
(6) 买受人拒绝银行对其收支情况或债务情况的调查;
(7) 危及银行债权的其他情况。

律师应协助买受人分析是否确实出现了上述银行得以提前收贷的情形。如果上述情形并不存在,律师应协助买受人收集相关证据,向银行说明事实真相,或向银行提供进一步担保,消除银行对买受人信用的疑惑。

180.2.2 参加买受人与按揭银行的调解。

180.3 律师为买受人提供法律服务时的风险提示

律师除正常的诉讼风险提示买受人外,应提示注意以下风险:

(1) 诉讼当事人

① 注意自己是否为适格的被告,尤其是在原告起诉买受人本人时,追加了其他人为被告的情形;

② 是否需要追加其他当事人为被告,例如在办理保证保险时,是否追加保险人为被告。

(2) 对原告诉讼证据的审核

提示买受人对原告证据的真实性进行判断,尤其是买受人的签名是否真实。

买受人往往抱怨,在与银行签订合同时,未对合同内容作仔细审查,甚至在空白合同上签字。律师应告知买受人,除非有充分证据证明银行构成欺诈,否则,买受人的上述辩解均无法在庭审中被法官认可。

第三章
律师提供商品房买卖合同诉讼法律服务的执业风险提示及相关内容

第一节 诉讼委托合同的签订

第 181 条 签订委托合同之前的审核与调查

181.1 签订委合同之前对委托方的审核与调查

参照第 115 条。

181.2　对与委托方利害关系的审查

参照第 116 条。

第 182 条　委托协议的签订

参照第 117 条。

一审、二审、再审、执行、调查取证的收费项目与金额必须明确。

第 183 条　委托代理协议的履行、转让、变更、终止

参照第 118 条。

第二节　律师的执业风险提示

第 184 条　在诉讼、仲裁过程中的一般风险提示

参照第二编第一章第一节诉讼、第二编第一章第二节仲裁的相关内容。

第 185 条　在诉讼、仲裁过程中特别提醒的执业风险的防范

185.1　起诉时律师执业风险的防范

（1）写起诉状时应注意的风险事项

① 律师应审查被告主体资格。律师在起诉时应准确确定被告主体，防止因市场主体的多元化、产权关系变化的复杂性和经营方式的不断调整而导致被告主体确定不当。

② 律师应核对被告住所地。被告住所地应以注册登记地为准，注册登记地与实际经营地不一致的，应在诉状中注明，保证法律文书的有效送达。

③ 律师应告知当事人，未提出的诉讼请求，人民法院根据不告不理的原则将不予支持。

④ 对委托人过高的或扩大范围的诉讼请求，应作必要的说明和解释工作。如果委托人不肯放弃过高或扩大范围的诉讼请求，律师应书面告知，这种诉讼请求将可能导致委托人承担得不到人民法院支持的法律后果，由委托人最后定夺。

⑤ 起诉必须是原告的真实意思表示。起诉必须是原告行使诉权的真实意思表示，必须由原告在起诉状上亲笔签名或者捺印，否则，将会被人民法院驳回起诉。

（2）反诉时律师执业风险的防范

① 反诉是针对本诉而产生的相对独立的诉讼行为，同样需要法律规定的证据和理由的支持，没有把握的反诉主张，除诉讼技巧所必需外，应劝说委托人考虑法律风险，慎重提出。否则申请不当，会承担败诉的风险。

② 律师应告知当事人，按反诉请求的标的交纳诉讼费用，如反诉得不到人民法院的支持，反诉人将承担该诉讼费用。

③ 反诉的提出必须在举证期限届满前提出。

185.2 举证时律师执业风险的防范

(1) 审计报告、评估报告或鉴定结论是民事诉讼的证据种类。这种证据除委托人自行委托有关部门取得外,主要是在诉讼程序中申请人民法院按程序取得。律师帮助委托人向人民法院在指定期限内提出审计、评估或鉴定申请,是当事人举证的方式之一。

(2) 律师应当告知委托人,对需要鉴定的事项负有举证责任的当事人,在人民法院指定的期限内无正当理由不提出鉴定申请、不预交鉴定费用或拒不提供相关材料,致使对案件争议的事实无法通过鉴定结论予以认定的,应当承担对事实举证不能的法律后果。这主要包括三种情况:

① 超过举证期限而未申请鉴定的;

② 当事人在举证期限内虽然提出了鉴定申请,但未向人民法院或鉴定机构预交鉴定费用的;

③ 当事人在举证期限内虽然提出了鉴定申请,但拒不向鉴定机构提供鉴定所需的与本案相关的材料,致使人民法院或鉴定机构对案件争议的事实无法通过鉴定结论予以认定。

上述三种情形的出现,将使当事人承担举证不能的法律后果。

(3) 当事人申请鉴定,应当在举证期限内提出。但是下列重新鉴定的除外:

① 鉴定机构或者鉴定人员不具备相关的鉴定资格的;

② 鉴定程序严重违法的;

③ 鉴定结论明显依据不足的;

④ 经过质证认定不能作为证据使用的其他情形。

(4) 律师应告知当事人,当事人应当在人民法院指定的举证期限内向人民法院提交证据材料,当事人在举证期限内不提交的,视为放弃举证权利。

(5) 律师应告知当事人,对于逾期提交的证据材料,人民法院审理时不组织质证,但对方当事人同意质证的除外。

(6) 律师对于从委托人处收取的证据材料(含原件、原物),均应制作笔录,并由委托人签名。

(7) 律师代委托人向人民法院递交的证据材料(含原件、原物),应当请人民法院出具签收凭证。

(8) 律师应当对其提交的证据材料逐一分类编号,对证据材料的来源、证明对象和内容作简要说明,签名盖章,注明提交日期,并依照对方当事人人数提交副本。

(9) 律师应注意新证据的提交。新的证据包括一审程序中的新证据和二审程序中的新证据。当事人在一审程序中提供新证据的,应当在一审开庭前或者开庭审理时提出。当事人在二审程序中提供新证据的应当在开庭前或者开庭审理时提出,二审不需要开庭的,应当在人民法院指定的期限内提出。

（10）律师应注意申请人民法院调查收集证据。对于律师或者当事人因客观原因不能自行收集的证据，律师应当帮助当事人在举证期限届满前 7 日内以书面申请形式向人民法院提出。人民法院对申请不予准许的，可以在收到通知书的次日起 3 日内向受理申请的人民法院书面申请复议一次。

（11）律师应注意申请延期举证。当事人在举证期限内提交证据材料确有困难的，律师应当帮助当事人在举证期限内向人民法院申请延期举证。在延期举证期限内提交证据材料仍有困难的，可以再次提出延期申请，是否准许由人民法院决定。

（12）律师应注意申请证人出庭作证。当事人申请证人出庭作证的，当事人或者律师应当在举证期限届满 10 日前（适用简易程序审理的在举证期限届满前）向人民法院提出申请。

律师应当告知当事人，证人因出庭作证而支出的合理费用，由提供证人的一方当事人先行支付，由败诉一方当事人承担。

185.3 财产保全时律师执业风险的防范

（1）律师应注意申请财产保全的时间。财产保全分为诉前财产保全和人民法院受理后的诉中财产保全。

当事人申请诉前财产保全的，应当在人民法院采取保全措施后 15 天内向人民法院提出起诉。否则，人民法院将依法解除该财产保全。

（2）律师应制作财产保全笔录，书面告知财产保全风险。委托人申请财产保全的，律师应就财产保全申请的作用、条件、风险和责任向委托人说明，并明确告知，人民法院采取财产保全措施，可以责令申请人提供担保，申请人不提供担保的，驳回申请。申请有错误的，申请人应当赔偿被申请人因财产保全所遭受的损失，同时应当征得申请人同意。

（3）律师应注意财产保全的标的。财产保全限于请求的范围，或者与本案有关的财物。保全标的超过请求范围或者与本案无关，且造成被申请人财产因此而受到损失的，申请人将承担损害赔偿责任。

185.4 代理权限律师执业风险的防范

（1）当事人向人民法院提交的授权委托书，应在开庭审理前送交人民法院。授权委托书仅写"全权代理"而无具体授权内容的，律师无权代为承认、放弃、变更诉讼请求，进行和解，提起反诉或者上诉。

（2）律师进行调解、和解或撤诉，应取得委托人就有关调解和解的内容和撤诉理由的授权委托书，或者制作委托人签字确认的笔录，律师应在委托人授权范围内进行调解、和解或撤诉的代理活动。

185.5 诉讼中各种期限的律师执业风险防范

律师应书面告知当事人包括但不限于诉讼时效、举证期限、反诉期限、上诉期限、诉讼费（包括一审诉讼费、反诉费、二审上诉费）交纳期限、各种鉴定费的交纳期限、申请执行期限和再审申请期限并释明相应的法律后果,必要时还应作好笔录或书面告知函。同时,律师应保存好笔录或书面告知函。

附　则

第 186 条　本操作指引分为总则、第一编(非诉讼)、第二编(诉讼)、附则共四个部分。

本操作指引原则上从商品房买卖合同中的相对性来确定各方当事人,仅限于商品房买卖合同中的主体,并从各方主体来阐述,其他原则不属于本操作指引所阐述的范围。

第 187 条　在第二编中,第二章第二节中商品房买卖合同签订与成立时的纠纷及其处理,即面积和价格差异的纠纷及其处理、业主的建筑物区分所有权认定的纠纷及其处理、精装修与样板房交付标准的纠纷及其处理、房屋质量纠纷及其处理、延迟付款纠纷及其处理、设计变更与规划变更的纠纷及其处理、商品房买卖合同中登记与备案的纠纷及处理。由于此类纠纷大多数发生在交房时与交房后,很少发生在合同订立与成立时,有的也会发生在合同的履行、变更、转让、解除与终止时,而出于体例的考虑,即与非诉讼相对称,因此,将该节中的纠纷及其处理放在此节中。

第 188 条　不同商品房类型的非诉与诉讼部分,在修改过程中,部分观点认为应放在每一节的最后,部分观点认为应放在开发商与买受人的后面。最后出于体例的整体性考虑,诉讼与非诉讼各另起一章。按揭也基于同样的理由,诉讼与非诉讼也各另起一章。

第 189 条　诉讼中不同商品房类型的纠纷及其处理,由于该节中也有涉及无效的几种情形,出于与非诉讼相对称的考虑,仍放到该节中。在商品房买卖合同效力纠纷及其处理中,只列出几种情形。

第 190 条　法律引用。本操作指引中引用的法律、法规等,如无特殊说明,是指在本操作指引起草时有效的法律、法规。本操作指引中引用的法律、法规对应全称如下:

《中华人民共和国民法通则》简称《民法通则》

《中华人民共和国合同法》简称《合同法》

《中华人民共和国物权法》简称《物权法》

《中华人民共和国担保法》简称《担保法》

《中华人民共和国土地管理法》简称《土地管理法》

《中华人民共和国建筑法》简称《建筑法》

《中华人民共和国广告法》简称《广告法》

《中华人民共和国城市房地产管理法》简称《城市房地产管理法》

《中华人民共和国消费者权益保护法》简称《消费者权益保护法》
《中华人民共和国律师法》简称《律师法》
《中华人民共和国民事诉讼法》简称《民事诉讼法》
《中华人民共和国仲裁法》简称《仲裁法》
《中华人民共和国城乡规划法》简称《城乡规划法》
《中华人民共和国消防法》简称《消防法》
《最高人民法院关于审理商品房买卖合同纠纷案件适用法律若干问题的解释》简称《司法解释》
《最高人民法院关于建设工程价款优先受偿权问题的批复》简称《批复》
《最高人民法院关于适用〈担保法〉若干问题的解释》简称《担保法司法解释》
《最高人民法院关于民事诉讼证据的若干规定》简称《证据规则》
《最高人民法院关于适用〈中华人民共和国合同法〉若干问题的解释(二)》《简称合同法司法解释二》
《最高人民法院关于审理建筑物区分所有权纠纷案件具体应用法律若干问题的解释》简称《建筑物区分所有权的司法解释》
《最高人民法院关于审理物业服务纠纷案件具体应用法律若干问题的解释》简称《物业服务的司法解释》

（本指引由全国律协民事专业委员会负责起草,主要执笔人：胡祥甫、林镕海、楼韬、史建兵、陈月棋、张晟杰、钱雪慧、鲁宏、姜丛华、沈琼华、张锋平、郦煜超、徐巍、周丽霞、左斌、李明、娄建江）

中华全国律师协会
律师为开发商提供商品房买卖合同法律服务操作指引

目 录

总　则 / 490

第一编　律师为开发商提供商品房买卖合同非诉讼法律服务的操作指引 / 492

第一章　商品房买卖合同订立前的非诉讼法律服务 / 492
　　第一节　商品房买卖合同订立前的审核与调查 / 492
　　第二节　商品房销售广告——要约与要约邀请 / 495
　　第三节　商品房买卖合同的认购书与定金 / 498

第二章　商品房买卖合同的签订、成立、生效、登记与备案 / 501
　　第一节　合同对商品房基本情况的约定 / 501
　　第二节　合同对商品房面积和价格的约定 / 504
　　第三节　合同对业主的建筑物区分所有权的约定 / 507
　　第四节　合同对质量标准与维修的约定 / 509
　　第五节　合同对精装修标准与样板房的约定 / 511
　　第六节　合同对付款方式与付款期限的约定 / 513
　　第七节　合同对设计变更与规划变更的约定 / 514
　　第八节　合同对商品房交付条件、交付程序及权属登记的约定 / 514
　　第九节　合同对违约责任的约定 / 516
　　第十节　合同对争议解决的约定 / 518
　　第十一节　商品房买卖合同的成立、生效、登记与备案 / 520

第三章　商品房买卖合同无效情形 / 523

第四章　商品房买卖合同的履行、变更、转让、解除、终止 / 526
　　第一节　商品房买卖合同的履行 / 526
　　第二节　商品房买卖合同的变更 / 529
　　第三节　商品房买卖合同的转让 / 532
　　第四节　商品房买卖合同的解除 / 533
　　第五节　商品房买卖合同的终止 / 536

第五章　律师提供法律服务时不同类型商品房的区分及要点 / 538

第六章　商品房买卖合同中的按揭 / 539

第七章　商品房交付时间、交接(交付程序)与初始登记(大产权证)、买受人房屋所有权证(小产权证)的办理与取得 / 551
　　第一节　商品房交付时间 / 551
　　第二节　商品房交接(交付程序) / 552
　　第三节　初始登记的办理 / 554
　　第四节　买受人房屋所有权证(小产权证)的办理与取得 / 556
　　第五节　物权取得风险(商铺、住宅与建设工程优先受偿) / 557

第八章　诉讼、仲裁前的调解 / 558

第九章　律师为开发商提供法律服务时自身风险的防范及相关内容 / 560
　　第一节　律师与委托方签订、履行委托协议及相关内容 / 560
　　第二节　律师为委托方提供法律服务时的操作程序 / 565
　　第三节　律师为开发商提供法律服务的基本模式及内容 / 566
　　第四节　律师执业风险提示 / 567

第二编　律师为开发商提供商品房买卖合同诉讼法律服务的操作指引 / 569

第一章　诉讼与仲裁的一般规定 / 569
　　第一节　诉讼 / 569
　　第二节　仲裁 / 581

第二章　商品房买卖合同纠纷的类型 / 586
　　第一节　商品房买卖合同订立阶段纠纷及其处理 / 586
　　第二节　商品房买卖合同签订与成立时的纠纷及其处理 / 592
　　第三节　商品房买卖合同效力的纠纷及其处理 / 605
　　第四节　商品房买卖合同履行、变更、转让、解除、终止中的纠纷及其处理 / 611
　　第五节　商品房交付与买受人房屋所有权证(小产权证)取得的纠纷及其处理 / 616
　　第六节　不同类型商品房的纠纷及其处理 / 619
　　第七节　商品房买卖合同中按揭纠纷及其处理 / 623

第三章　律师提供商品房买卖合同诉讼法律服务的执业风险提示及相关内容 / 627
　　第一节　诉讼委托合同的签订 / 627
　　第二节　律师的执业风险提示 / 627

附　则 / 630

总　　则

第 1 条　制定目的

为更好地维护商品房买卖合同法律服务委托人的合法权益,提高律师办理商品房买卖合同法律服务的质量和水平,指导全国律师办理有关商品房买卖合同的非诉讼和诉讼法律服务,中华全国律师协会民事业务委员会在总结律师为开发商提供商品房买卖合同法律服务经验的基础上制定本操作指引。

第 2 条　适用范围

本操作指引适用于律师在中华人民共和国境内从事商品房买卖合同的非诉讼和诉讼法律服务。

本操作指引所称的商品房买卖合同,是指房地产开发企业将尚未建成或者已竣工的房屋向社会销售并转移房屋所有权于买受人、买受人支付价款的合同。商品房在我国具有独特的含义,专指由房地产开发企业为获取商业利润而进行开发建设、向不特定的社会公众销售的房屋,不包括公房改制出售给个人的房屋(即房改房)和经济适用房(包括安居工程住房和集资合作建设的住房)。

本操作指引不涉及已经取得《房屋所有权证》和《国有土地使用权证》,并可在房屋二级市场交易的各类房屋(包括自建私有房、已购公有房、经济适用房、集资房、单位自有房和已购商品房)的再转让。对此类房屋的交易行为,另行制定专项的操作指引。

本操作指引适用于律师为开发商提供商品房买卖合同法律服务。

第 3 条　法律依据

本操作指引涉及的主要法律依据为:

法律类:《中华人民共和国民法通则》、《中华人民共和国合同法》、《中华人民共和国物权法》、《中华人民共和国城市房地产管理法》、《中华人民共和国土地管理法》、《中华人民共和国城乡规划法》等;

行政法规类:《城市房地产开发经营管理条例》等;

部门规章类:建设部《城市房地产抵押管理办法》、《城市商品房预售管理办法》、《商品房销售管理办法》、《房屋登记办法》等;

司法解释类:《最高人民法院关于审理商品房买卖合同纠纷案件适用法律若干问题的解释》等。

律师提供商品房买卖合同法律服务时应当注意,各级地方政府部门对本地区的商品房交易制定了不同的政策和法规,政府对商品房交易的调整和控制具有明显的地域特征,并且其调整和控制会在不同时期出现变化。律师在提供商品房买卖合同法律服务时,必须详细了解当地与商品房交易相关政府部门(包括土地、规划、城建、房地产、税务、水电气供应等管理机关)的现行政策和法规。

第4条 律师为开发商提供商品房买卖合同法律服务的基本原则

律师为开发商提供商品房买卖合同法律服务应遵循如下原则：

4.1 忠诚守信原则。律师为开发商提供商品房买卖合同法律服务,应当以维护委托人合法权益为目的,在办理委托事务过程中不受任何单位及其他组织和个人的非法干涉。

4.2 专业精湛原则。律师为开发商提供商品房买卖合同法律服务,应当熟悉和精通法律知识,掌握与商品房买卖相关的专业知识,提高操作能力和水平,以扎实的专业知识和技能为委托人提供优质的法律服务。

4.3 勤勉尽责原则,律师为开发商提供商品房买卖合同法律服务,应当恪尽职守,勤勉敬业,对相关法律事实作尽职调查,向委托人提示各种法律风险,在与委托人约定的期限内完成各项具体的法律服务。

第5条 律师为开发商提供商品房买卖合同法律服务的基本要求

5.1 律师为开发商提供商品房买卖合同法律服务,应在核实委托人的主体资格并充分了解受托事项的具体情况后,与委托人制作谈话笔录,提示法律风险,分析法律后果。

5.2 律师接受当事人的委托,应当与委任人签订规范的委托合同,根据委托合同所约定的具体服务内容和要求,在委托权限内履行职责,不得损害委托人的合法权益。

5.3 律师为开发商提供商品房买卖合同法律服务,应严格遵守国家发展和改革委员会、司法部《律师服务收费管理办法》和司法部《律师事务所收费程序规则》的规定,向委托人收取合理的律师服务费、代理费和其他相关费用。

5.4 律师应当严格执行中华全国律师协会颁发的《律师执业行为规范(试行)》、《律师职业道德和执业纪律规范》,注意防止出现利益冲突的情形,保守当事人商业秘密和个人隐私(根据有关规定须向主管司法行政机关通报案情及已失密或已解密的事项除外)。

5.5 律师为开发商提供商品房买卖合同法律服务,应当指导委托人以合法方式维护自身的合法权益,在委托人权益与第三方利益发生严重冲突时,律师应以构建和谐社会为宗旨,尽力防止冲突恶化,促进矛盾化解,引导各方当事人通过合法途径解决冲突。

第6条 特别声明

本操作指引仅供律师在提供商品房买卖合同的非诉讼和诉讼法律服务过程中参考。本操作指引所述的内容不是强制性的,也不保证涵盖商品房买卖合同法律服务的全部内容。在提供商品房买卖合同法律服务的具体操作过程中,律师应当根据我国现行法律、法规,结合律师事务所的实际情况,自行判断运用本操作指引的内容。律师根据本操作指引为委托人提供商品房买卖合同的非诉讼和诉讼法律服务,所产生的一切风险由该律师以及该律师所属的律师事务所自行承担,本操作指引对此类风险不构成任何明示或默示的担保。

  本操作指引主体内容的完成时间是2008年10月份。2009年5月最高人民法院相继出台了《最高人民法院关于适用〈中华人民共和国合同法〉若干问题的解释(二)》(以下简称《合同法司法解释二》)、《最高人民法院关于审理建筑物区分所有权纠纷案件具体应用法律若干问题的解释》(以下简称《建筑物区分所有权的司法解释》)、《最高人民法院关于审理物业服务纠纷案件具体应用法律若干问题的解释》(以下简称《物业服务的司法解释》),对操作指引的内容有一定影响,由于对司法解释的理解尚需进一步深化研究,且在司法实践中又会有很多新的疑难、复杂的问题出现,律师在参考本操作指引提供法律服务时应按上述三个司法解释的最新规定执行,谨慎处理,并且密切关注司法实践的最新动态。

第一编
律师为开发商提供商品房买卖合同非诉讼法律服务的操作指引

第一章
商品房买卖合同订立前的非诉讼法律服务

第一节　商品房买卖合同订立前的审核与调查

第7条　一般规定

  商品房买卖合同订立前的审核与调查是指律师接受一方当事人的委托,对合同相对方的主体资格、履约能力、资信情况等相关事项进行审核和调查。对买受人的审核与调查内容主要包括但不限于买受人的基本情况、买受人的履约能力、买受人资信情况等。审核与调查可以作为律师在提供商品房买卖合同非诉讼法律服务中的一项单独内容进行。

第8条　律师为开发商提供法律服务时对买受人的审核与调查

  8.1　对买受人基本情况的审查

  8.1.1　买受人为中国公民时的审核

  (1) 本市居民:居民身份证(无居民身份证的提交户口簿)。

  (2) 外省市居民:居民身份证(无居民身份证的提交户口簿)和暂住证(需要办理

暂住证的城市)。

(3) 军人:军官证或文职干部证或士兵证或学生证或军官退休证或文职干部退休或离休干部荣誉证。

8.1.2　买受人为中国法人及其他经济组织时的审核

(1) 企业法人:企业法人营业执照、上级单位批准证明、法定代表人或负责人身份证明、董事会购房决议。

(2) 其他经济组织:营业执照、有关的批准文件和具备其他经济组织条件的证明。

(3) 机关、事业单位:单位成立的批准文件、上级主管部门批准购房的文件。

(4) 中央机关、所属企事业单位:国务院机关事务管理局批准购房文件,单位成立的批准文件。

(5) 银行、保险企业等分支机构:营业执照、上级企业法人出具的授权委托书和承担法律责任保证书。

8.1.3　买受人为中国港、澳、台同胞时的审核

(1) 港澳同胞:中华人民共和国香港(澳门)特别行政区护照或居民身份证或往来内地通行证。

(2) 台湾同胞:台胞证或旅行证或经确认的身份证明。

8.1.4　买受人为外国公民、法人时的审核

(1) 外国人:护照和外国人居留证(无外国人居留证的,提交中国公证机构公证的护照中文译本)。

(2) 境外法人(含港、澳、台法人)、其他组织(含港、澳、台组织):经公证的法人或者其他组织的商业登记或注册书或批准该法人、其他组织成立的文件;外国法人或其他组织的公司注册文件在注册地公证后需中国驻该国使、领馆认证。

8.1.5　对买受人委托代理人的审核

(1) 委托代理人购房的,提交授权委托书(原件)(如授权委托书不是当面签署的,应当经过公证)、受托人身份证明。

(2) 无(限制)民事行为能力人购房的,由其监护人代理购买,提交监护人关系身份证明、被监护人居民身份证或户口簿、证明法定监护关系的户口簿(监护人由法院指定的,提交法院出具的证明文件)。

(3) 港、澳、台法人、其他组织、个人的委托书应公证。根据2002年司法部69号令《中国委托公证人(香港)管理办法》第3条、第5条规定,香港出具的公证书应由中国法律服务(香港)有限公司加章转递,方为有效。根据2008年《最高人民法院、澳门特别行政区关于内地与澳门特别行政区相互认可和执行仲裁裁决的安排》第12条规定:"由一方有权限公共机构(包括公证员)做成的文书正本或者经公证的文书副本及译本,在适用本安排时,可以免除认证手续在对方使用"。可见,澳门有权限的公证机构出具的公证书在内地可以直接认可使用。根据1993年司法部发布的《海峡两岸公证

书使用查证协议实施办法》第 2 条规定,台湾出具的公证书应由中国公证员协会或者省、自治区、直辖市公证员协会确认。

(4) 外国法人、其他组织、个人的委托书应公证,公证文件在外国公证的需中国驻该国使、领馆认证。

另外,对于境外机构和人士在中国境内购买商品房,律师还应依据建设部、商务部、国家发展和改革委员会、中国人民银行、国家工商行政管理总局、国家外汇管理局于 2006 年 7 月 11 日颁布的《关于规范房地产市场外资准入和管理的意见》(建住房〔2006〕171 号) 的规定,以及结合当地的具体政策,应对以下两个方面的问题予以关注:

① 境外机构在境内设立的分支、代表机构(经批准从事经营房地产的企业除外)和在境内工作、学习时间超过 1 年的境外个人,可以购买符合实际需要的自用、自住的商品房,不得购买非自用、非自住商品房。在境内没有设立分支、代表机构的境外机构和在境内工作、学习时间 1 年以下的境外个人,不得购买商品房。港澳台地区居民和华侨因生活需要,可在境内限购一定面积的自住商品房。

② 符合规定的境外机构和个人购买自用、自住商品房必须采取实名制。并持有效证明(境外机构应持我国政府有关部门批准设立驻境内机构的证明,境外个人应持其来境内工作、学习,经我国批准的证明,下同)到土地和房地产部门办理相应的土地使用权及房屋产权登记手续。房地产产权登记部门必须严格按照自用、自住原则办理境外机构和个人的产权登记,对不符合条件的不予登记。

8.2 对买受人履约能力、资信的审核

8.2.1 买受人为公民时的审核

买受人的职业背景,个人收入和家庭收入状况的有关证明,如已缴个人所得税或家庭财产税的税单。买受人其他物业及财产证明,如私人汽车所有权证等。

买受人的信用审核,如征信中心的信用记录(买受人须办理按揭贷款时,具体调查和审核详见本操作指引本编第六章内容)。

8.2.2 买受人为法人或其他组织时的审核

注册资金、营业额、银行信用、资产负债表等财务报表、税收情况等。

8.3 中华人民共和国法律、法规、政策及当地政府对外省市居民、法人及其他经济组织,对港、澳、台同胞、法人及其他经济组织,外国人、法人及其他经济组织有特别规定的,从其规定。

本节中对组织或者个人的身份证明如营业执照、身份证、护照等都需要在有效期内。

律师主要是审核为主,如发现证件有虚假伪造嫌疑的,应当进行及时调查。

第 9 条　律师为开发商提供法律服务时的重点内容

9.1　对房地产开发项目、对当事人主体资格开展适格性调查。在签订合同时发现证明文件有虚假伪造嫌疑的,应当及时调查。

9.2　对购房人的资信审查。应审查购房人是否符合法律规定的主体资格,其经济收入来源是否足够和稳定,是否自用购房,是否存在"炒楼"意图或协同房地产商虚假按揭骗取银行贷款等情况(如果可能或者确实存在虚假按揭的情况,律师必须防范自身的执业风险)。

9.3　协助开发商审查购买项目商品房客户的购房资格证明文件及有关购房手续文件的合法性。

第 10 条　律师为开发商提供法律服务时的风险提示

10.1　买受人提供虚假信息、资料、证件骗购商品房的风险。

10.2　买受人资信有瑕疵,开发商未能预测的风险。

10.3　买受人偿还贷款的能力有风险,可能导致履约过程中无力还贷,引发开发商担保的风险。

10.4　买受人的诚信度存在瑕疵,可能存在违反合同的风险。

10.5　因为房地产市场的原因导致买受人不履行合同的风险。

10.6　买受人代理人不具备合法授权,导致买卖合同效力瑕疵的风险。

有以上情况出现时,律师应当及时出具法律意见书,提示法律风险。

第二节　商品房销售广告——要约与要约邀请

第 11 条　一般规定

11.1　要约邀请与要约的区分

要约邀请是当事人希望受邀请人向自己发出订立合同的一种意思表示。

商品房买卖中的要约邀请一般指开发商发布的、面向不特定对象的销售广告和宣传资料等。

要约是一方当事人以缔结合同为目的,向对方当事人所作的意思表示。发出要约的一方为要约人,受领要约的一方为受要约人。

商品房买卖中的要约一般指开发商或潜在买受人直接向对方要求订立商品房买卖合同的意思表示。

要约邀请和要约的主要区别在于:要约邀请面向不特定对象,不以直接缔结合同为目的;而要约面向特定对象,以直接缔结合同为目的。

在商品房买卖中,商品房的销售广告和宣传资料一般应当视为要约邀请。但《最高人民法院关于审理商品房买卖合同纠纷案件适用法律若干问题的解释》(以下简称《司法解释》)第 3 条规定:商品房的销售广告和宣传资料为要约邀请,但是出卖人就商品房开发规划范围内的房屋及相关设施所作的说明和允诺具体确定,并对商品房买卖合同的订立以及房屋价格的确定有重大影响的,应当视为要约。该说明和允诺即使未载入商品房买卖合同,亦应当视为合同内容,当事人违反的,应当承担违约责任。

因此,开发商就商品房开发规划范围内的房屋及相关设施所作的说明和允诺具体确定,并对商品房买卖合同的订立以及房屋价格的确定有重大影响的,应当视为要约。

11.2　法律法规及规范性文件的相关规定

我国《商品房销售管理办法》对商品房销售的广告作了原则性的规定。房地产开发商、房地产中介服务机构发布商品房销售宣传广告,应当执行《中华人民共和国广告法》(以下简称《广告法》)、《房地产广告发布暂行规定》等规定,广告内容必须真实、合法、科学、准确。为了规范房地产广告,国家工商行政管理局于 1996 年颁布了《房地产广告发布暂行规定》,并于 1998 年进行了修订。

《城市房地产开发经营管理条例》第 26 条、第 27 条规定,房地产开发企业不得进行虚假广告宣传,商品房预售广告中应当载明商品房预售许可证明的文号,在预售商品房时,应向预购人出示商品房预售许可证明。《城市商品房预售管理办法》第 9 条也规定售楼广告和说明书应当载明《商品房预售许可证》的批准文号。

第 12 条　律师为开发商提供法律服务的内容

12.1　广告审查

商品房销售广告的发布是开发商销售商品房的重要手段和措施。购房者往往通过商品房销售广告来决定是否有意向购买。发布预购广告和销售广告的条件、内容等要求都是不同的。根据《房地产广告发布暂行规定》第 6 条的规定,律师应提示开发商认真审查销售广告是否具备以下必须载明的事项:

(1)开发商名称;

(2)中介服务机构代理销售的,载明该机构名称;

(3)预售或者销售许可证书号;

(4)广告中仅介绍房地产项目名称的,可以不必载明上述事项。

如果以上事项欠缺,律师则应提示开发商补齐资料。规范的商品房销售广告,一般还会标注忠告性用语,如"本广告仅作参考"、"广告中具体确定的内容,可作为购房合同附件"等,但律师应提示开发商,此类内容不能作为免责理由。

12.2　禁止发布商品房销售广告的情形

根据《房地产广告发布暂行规定》第 4 条的规定,律师应提示开发商下列情形是禁止发布销售广告的:

(1)在未经依法取得国有土地使用权的土地上开发建设的;

(2)在未经国家征用的集体所有的土地上建设的;

(3)司法机关和行政机关依法裁定、决定查封或以其他形式限制房地产权利的;

（4）预售房地产，但未取得该项目预售许可证的；

（5）权属有争议的；

（6）违反国家有关规定建设的；

（7）不符合工程质量标准，经验收不合格的；

（8）法律、行政法规规定禁止的其他情形。

12.3　商品房销售广告内容应注意以下几种情形：

根据《房地产广告发布暂行规定》第 7 条、第 10 条、第 13 条、第 14 条、第 16 条、第 18 条的规定，律师应提醒开发商对销售广告尤其应注意以下事项：

（1）不得含有风水、占卜等封建迷信内容，对项目情况进行的说明、渲染，不得有悖社会良好风尚；

（2）表示项目位置的，应以从该项目到达某一具体参照物的现有交通干道的实际距离表示，不得以所需时间来表示距离，广告中项目的位置示意图应当准确、清楚、比例恰当；

（3）涉及内部结构、装修装饰的，应当真实、准确，预售、预租商品房广告，不得涉及装修装饰内容；

（4）不得利用其他项目的形象、环境作为本项目的效果；

（5）不得出现融资或者变相融资的内容，不得含有升值或者投资回报的承诺；

（6）不得含有广告主能够为入住者办理户口、就业、升学等事项的承诺。

12.4　审查广告要约邀请与要约的界限

审查广告，律师应提示开发商特别注意要约邀请与要约的区别，商品房的销售广告和宣传资料一般均为要约邀请，如果未写入合同，对开发商不具有约束力。但是开发商就商品房开发规划范围内的房屋及相关设施所作的说明和允诺具体确定，并对商品房买卖合同的订立以及房屋价格的确定有重大影响的，应当视为要约。该说明和允诺即使未载入商品房买卖合同，亦应当视为合同内容，当事人违反的，应当承担违约责任。

第 13 条　律师为开发商提供法律服务时的重点内容

13.1　提示开发商发布广告应备齐的资料和证明文件。

13.2　参与广告的文案创意，避免广告文案中出现法律禁止的内容；避免开发商做出在商品房买卖合同中没有涉及的属于要约性质的广告内容；避免开发商做出违反现行法律而不能履行的承诺内容。

13.3　审核制作完成的广告，避免出现不符合相关法律、法规的内容以及遗漏相关法律、法规规定应出现在广告中的内容。

13.4　提示开发商应当谨慎宣传。由于在商品房交付中，客户如果不满意，从广告中找理由是常见做法。所以律师应提示开发商在开发商业地产项目中，应重视广告行为。

13.5 充分调查了解广告发布具体媒体的内部审核标准和需要提供的证明资料。

13.6 提醒开发商在进行广告宣传时应注意的事项：

(1) 在商品房小区规划尚未通过政府批准前,不应在广告中将自己设想中的小区状况详细描述,以免误导广告受众;

(2) 广告宣传的内容应真实,特别是对那些内容确定且可能影响定价或买受人决策的部分,应实事求是,切合实际;

(3) 涉及商品房小区规划、设计等可能发生变更的情况,应向买受人说明,并在签订合同中详细注明;

(4) 对委托销售代理机构对外发布的广告,开发商应从前述几点对广告内容和宣传行为加以严格审查。

第14条 律师为开发商提供法律服务时的风险提示

14.1 因不了解相关媒体内部广告审核规定而导致广告不能播出的风险。由于广告发布媒体的不同,各个媒体的相关广告发布审核标准也不尽相同,而且一些具体的广告内容也需要提供相应的证明资料。如果不能及时了解相关规定,很可能造成商品房销售广告不能及时审核通过并发布,进而影响到商品房销售。

14.2 开发商提供虚假资料和证明文件的风险。由于相关法律法规和各个媒体的相关广告发布审核内部规定,商品房销售广告的内容不同需要提供的资料也不同。开发商为了广告能够及时在媒体发布,可能会提供虚假甚至伪造的证明资料以图通过审核,一旦被媒体和工商局查出,广告就可能被撤销发布。

14.3 如果商品房销售广告中的某些具体内容符合要约的条件,即使商品房买卖合同中并没有相关内容条款,开发商仍然存在承担违约责任的风险。

14.4 商品房销售合同中有些内容是禁止提到的,有些内容是不能实际实现的违法性内容(比如返本销售、售后包租、预租回报、投资零风险、买顶层送花园等承诺)。此类广告不能顺利通过媒体的广告审查,即使通过,最后也不能实现,买受人可以撤销合同,要求开发商承担缔约过失责任。

14.5 委托销售代理机构对外发布的广告发生不符合法律规定、做出商品房买卖合同中没有的承诺、承诺内容开发商不能实际履行等情况,发生的后果将由开发商承担。

第三节 商品房买卖合同的认购书与定金

第15条 一般规定

认购书(预订协议)一般是商品房买卖合同双方由于订立正式商品房买卖合同的条件、条款尚不明确而有待协商情况下,从诚实守信的原则出发,对将来订立商品房买卖合同的预先约定。

定金是指为了担保债权的实现,当事人一方依据合同的约定向对方给付的一定数量的金钱。债务人履行债务后,定金应当抵作价款或收回,给付定金的一方不履行约定的债务时,无权要求返还定金;收受定金的一方不履行约定的债务的,应当双倍返还定金。这就是我国合同法中关于定金罚则的规定。定金罚则是一种惩罚性的规定,目的在于督促当事人正确、积极地行使权利。定金按其作用来分,主要有订约定金、成约定金、解约定金、违约定金、证约定金五种,实际中常见的有解约定金(是指当事人在合同中约定的以承受定金罚则作为保留合同解除权的代价的定金)和违约定金(违约定金实际就是履约定金,即以担保合同的履行而支付的一定数额的金钱)。在认购书中约定的定金,性质较为复杂,在审判实践中也有不同的判例。因此,在最高人民法院发布相关司法解释前,律师应当谨慎处理。

特别说明:《合同法司法解释二》已经实施,对合同成立是一个突破,商品房买卖合同又是一个特殊的合同,是适用《司法解释》还是《合同法司法解释二》,在实践中会有争议,律师应谨慎处理,密切关注司法实践的动向。

第16条　律师为开发商提供法律服务的内容

16.1　参与开发商的销售工作会议,草拟并协助开发商确定认购书,并对开发商签订认购书中出现的法律问题,提供口头或书面的法律意见和建议。

16.2　协助开发商拟定与销售有关的管理制度文件。

起草开发商致未正式签约客户以及已签约客户的通知函、通告函、催款函、终止函等法律文书。

第17条　律师为开发商提供法律服务时的重点内容

17.1　签订认购(预订)书的前提条件

协商签订《商品房买卖合同》一般都有个较长的过程,开发商为了稳住买受人,最好要求买受人在签订正式的合同前先签订认购协议(认购书、预订书等)并要求买受人交付一定的定金。

由于商品房开发的特点,开发商既可能在预售许可证后签订认购协议,也可能在未取得预售许可证的情况下签订认购协议。如开发商与买受人就尚未取得预售许可证的项目签订认购协议的,属于类似意向书的法律文件,律师应提醒开发商在此类认购书中加上类似于"买受人知道开发商尚未取得商品房预售许可证,一旦取得预售许可证,开发商立即通知买受人,双方应当立即签订正式的《商品房买卖合同》"的内容。

17.2　认购书(预订书)的基本内容

签署认购书,要注意认购书应包括以下基本内容:当事人姓名或名称、预订的房地产的坐落地点、面积、价格、预订期限、定金数额及定金处理办法等。如果尚未取得预售许可证,则应在认购书中说明。如果商品房的认购、订购、预订等协议具备符合商品房买卖合同特征的主要内容,并且出卖人已经按照约定收受购房款的,该协议应当认定为商品房买卖合同。

在商品房买卖合同中,律师应谨慎适用《司法解释》和《合同法司法解释二》。

17.3 定金的处理

定金是认购协议中一个很重要的内容,也是买卖双方容易发生争议的重点问题。出卖人通过认购、订购、预订等方式向买受人收受定金作为订立商品房买卖合同担保的,如果因当事人一方原因未能订立商品房买卖合同,定金就按法律规定没收或双倍返还处理。但是,如果因不可归责于当事人双方的事由,导致商品房买卖合同未能订立的,出卖人应当将定金返还买受人。

但是根据《司法解释》第 5 条的规定,"商品房的认购、订购、预订等协议具备《商品房销售管理办法》第 16 条规定的商品房买卖合同的主要内容,并且出卖人已经按照约定收受购房款的,该协议应当认定为商品房买卖合同"。

因《合同法司法解释二》已经实施,对商品房买卖而言,是适用《司法解释》还是《合同法司法解释二》,律师应谨慎处理。

认购协议中常常出现订金、押金等字眼,这些不是法律意义上的定金。但如果认购书上载明:双方未签订正式的商品房买卖合同,买受人违约订金、押金不退还,出卖人违约双倍返还订金、押金,对于这种订金、押金的法律性质认定就存在争议。在司法实践中,法院或仲裁机构有认定这是一种违约责任的约定,也有认定为定金的。因此,在最高人民法院发布相关司法解释前,律师应当谨慎处理。

律师为开发商提供商品房买卖法律服务时的工作:律师应当提示开发商,如在合同约定的预约签订正式合同的期限内,买受人没有前来与开发商协商正式合同的或者双方经协商但无法就《商品房买卖合同》的内容达成一致的,或其他认购书中约定的解约理由出现时,开发商应当将解除认购书的通知发送至对方并留下记录(必要时,可通过合法公证邮寄的方式送达),避免被买受人以重复出售房屋为由追究责任。

17.4 开发商销售商品房与买房人签订认购书,买房人需要提供相应的资料:

(1) 公民认购商品房需要提交的证件:参照8.1.1。

(2) 法人单位认购商品房需要提交的证件:参照8.1.2。

(3) 委托代理人登记时应当提交的证明文件:参照8.1.5。

第 18 条 律师为开发商提供法律服务时的风险提示

18.1 当开发商经协商与具体买受人签订的认购书具备了商品房买卖合同的实质性内容,且开发商已经按照约定接受了房款,买受人支付部分或全部价款时,预约即转化为本约,如果开发商改变决定不卖此房则必须承担违约责任。

18.2 认购书中错把定金写成"押金"或"订金"的风险。押金和订金都不是法律意义上的定金,如果认购书中没有特别说明,且如果由于对方原因导致签约不能,则开发商不能按法律规定要求买受人双倍返还此款。

第二章
商品房买卖合同的签订、成立、生效、登记与备案

第一节 合同对商品房基本情况的约定

第 19 条 一般规定

商品房的基本情况包括但不限于项目建设依据、商品房的销售依据以及商品房的坐落、用途、结构、层高、建筑层数、阳台是否封闭、建筑面积（套内建筑面积、公共部位与公用房屋分摊建筑面积，商品房面积在第二节介绍）、房屋平面图。

19.1 项目建设依据

项目建设依据内容应约定国有建设用地使用权（在《物权法》施行前称国有土地使用权）基本情况、建设工程规划许可证编号、施工许可证编号等内容。

19.1.1 国有建设用地使用权

（1）取得方式。根据《中华人民共和国城市房地产管理法》（以下简称《城市房地产管理法》）的规定，房地产开发用地的取得方式为划拨和出让两种，但普通商品房建设用地必须以出让方式取得。

国有建设用地使用权出让是指国家将国有建设用地使用权在一定年限内出让给土地使用者，由土地使用者向国家支付土地出让金的行为。

（2）规划用途及使用年限。建设用地规划用途及出让的最高年限分别为：居住用地 70 年；工业用地 50 年；教育、科技文化、卫生体育用地 50 年；商业、旅游、娱乐用地 40 年；综合或其他用地 50 年。

19.1.2 建设工程规划许可证

在城市、镇规划区内进行建筑物、构筑物、道路、管线和其他工程建设的，建设单位或者个人应当向城市、县人民政府城乡规划主管部门或者省、自治区、直辖市人民政府确定的镇人民政府申请办理建设工程规划许可证。

建设工程规划许可证一般包括下列内容：许可证编号，发证机关名称和发证日期，建设单位，建设项目名称、位置、宗地号以及子项目名称、建筑性质、栋数、层数、结构类型，计容积率面积及各分类面积，附件包括总平面图、各层建筑平面图、各向立面图和剖面图。

19.1.3 建筑工程施工许可证

从事各类房屋及其附属设施的建造、装修装饰和与之配套的线路、管道、设备的安装以及城镇市政基础配套设施工程的施工，建设单位在开工前应向工程所在地县级以上建设主管部门申请领取施工许可证。

建筑工程施工许可证一般包括以下内容:建设单位、工程名称、建设地址、建设规模、设计单位、施工单位、监理单位、开竣工日期。

19.2　商品房的销售依据

根据《商品房销售管理办法》第3条规定,商品房销售包括商品房现售和商品房预售。

(1) 商品房现售,是指开发商将竣工验收合格的商品房出售给买受人,并由买受人支付商品房价款的行为。

(2) 商品房预售,是指开发商将正在建设中的商品房预先出售给买受人,并由买受人支付定金或者商品房价款的行为。

除了上述规定,部分地方政府为了加强对商品房预售的管理,为商品房预售增设了一些条件。

房地产管理部门在审查了开发商提供的营业执照、建设项目的投资立项、规划、用地和施工等批准文件、证件和工程施工进度计划、投入开发建设的资金证明等材料后,对符合条件的,发给《商品房预售许可证》。

《商品房预售许可证》是商品房可以预售的唯一合法性文件,其主要内容有:预售许可证号、售房单位名称、项目名称、预售总建筑面积、房屋坐落、房屋用途、发证机关及发证日期等。

19.3　房屋的坐落是指该商品房在所开发小区中的确切位置,包括商品房所在幢(座)号、层数、门牌号。

19.4　商品房用途是指行政主管部门根据城市规划、土地用途核准的房屋应用范围,如住宅、写字楼、营业用房等。不同用途的商品房的价格、土地使用年限、物业管理费用、税负等都有区别。

19.5　房屋建筑结构根据房屋的梁、柱、墙等主要承重构件的建筑材料划分类别,根据2000年8月1日实施的《房产测量规范》(GB/T 17986—2000)的规定,房屋的建筑结构分为六大类:

(1) 钢结构:承重的主要构件是用钢材料建造的,包括悬索结构;

(2) 钢、钢筋混泥土结构:承重的主要构件是用钢、钢筋混泥土建造的;

(3) 钢筋混泥土结构:承重的主要构件是用钢筋混泥土建造的,包括薄壳结构、大模板现浇结构及使用滑模、升板等建造的钢筋混泥土结构的建筑物;

(4) 混合结构:承重的主要构件是用钢筋混泥土和砖木建造的,如一幢房屋的梁是用钢筋混泥土制成,以砖墙为承重墙,或者梁是用木材建造,柱是用钢筋混泥土建造;

(5) 砖木结构:承重的主要构件是用砖、木材建造的。

(6) 其他结构:如竹结构、窑洞等。

19.6　层高是指上下两层楼面或楼面与地面之间的垂直距离。根据《房产测量规范》的规定,计入建筑面积的房屋层高应在 2.20 米以上(含 2.20 米)。

层高与楼层的净高是不同的概念,净高是指楼面或地面至上部楼板底面或吊顶底面之间的垂直距离,层高＝净高＋楼板厚度。

19.7 房屋层数是指房屋的自然层数,一般按室内地坪 ±0.0 以上计算;采光窗在室外地坪以上的半地下室,其室内层高在 2.20 米以上的,计算自然层数。房屋总层数为房屋地上层数与地下层数之和。

假层、附层(夹层)、插层、阁楼(暗楼)、装饰性塔楼,以及突出屋面的楼梯间、水箱间不计层数。

所在层次是指本权属单元的房屋在该幢楼房中的第几层,地下层次以负数表示。

19.8 商品房的阳台是否封闭与房屋面积的确定有直接关系,根据《房产测量规范》的规定,封闭式阳台的建筑面积按其外围水平投影面积计算,非封闭式阳台的建筑面积按其外围水平投影面积的一半计算。

第 20 条 律师为开发商提供法律服务时的内容

20.1 参加开发商组织的合同评审会,审查前期审批资料并与工程等相关部门核实商品房的基本情况。

20.2 审查开发商起草的合同草稿并提出审查意见。

20.3 协助开发商根据当地规定向工商行政主管部门及/或房地产开发行政主管部门解释格式合同文本内容,使开发商起草的格式文本通过上述部门的备案。

20.4 参加开发商与买受人的签约谈判,向买受人解释合同内容。

第 21 条 律师为开发商提供法律服务时的重点内容

21.1 核对开发商提供的有关国有建设用地使用权出让的相关合同以及其他相关资料(如招标文件、补充协议等),以确认商品房买卖合同约定的有关国有建设用地使用权基本情况与出让文件规定内容是否一致。

21.2 核对建设工程规划许可证内容,以确认商品房买卖合同约定的有关商品房结构、层数等内容是否与建设工程规划许可证内容一致。

21.3 核对商品房买卖合同约定的房屋幢号为施工编号还是地名编号,如果是施工编号,则应向买受人告知房屋交付使用后的地名编号,以免引起不必要的纠纷。

21.4 核对所附房屋平面图,该平面图应明确标注门、窗、墙体以及柱子,如厨房、卫生间管线集中或者除厨房、卫生间外的其他功能空间有管线通行,则应向买受人告知并在平面图上标注管线位置。

21.5 核对商品房室内层高,如果室内层高不一致的,应分别标注。

21.6 核实商品房层数是否按自然幢号、层数编号,如未按自然幢号、层数编号而是根据当地习俗"跳号"编制(如跳 13、14 层)的,应告知买受人。

第 22 条 律师为开发商提供法律服务时的风险提示

22.1 商品房买卖合同约定的建设用地规划用途、出让年限、商品房结构、用途、层高、房屋平面图等商品房基本情况,与实际交付的商品房情况不符的,买受人有权要求解除商品房买卖合同,也可以要求开发商赔偿其相应损失。

22.2 除合同约定的内容外,如开发商发布的广告楼书对商品房基本情况所作的说明和允诺具体确定,并对商品房买卖合同的订立及房屋价格的确定有重大影响的,应当视为合同的组成部分,对开发商具有约束力。

22.3 在起诉前,开发商未取得商品房预售许可证明,与买受人订立的商品房预售合同,应当认定无效。

22.4 不符合商品房销售条件的,开发商不得销售商品房,不得向买受人收取任何预订款性质费用;违反法律、法规规定,擅自预售商品房的,责令停止违法行为,没收违法所得;收取预付款的,可以并处收取预付款 1% 以下的罚款。

第二节 合同对商品房面积和价格的约定

第 23 条 一般规定

商品房的建筑面积由套内建筑面积与分摊的共有建筑面积组成。

23.1 套内建筑面积

套内建筑面积是指套内使用面积与套内墙体面积以及套内阳台面积之和。

(1) 套内使用面积是指客厅、卧室、厨房、卫生间等商品房各功能使用空间墙体内表面所围合的水平投影面积之和,是能够让买受人直接使用的面积。

(2) 套内墙体面积是套内使用空间周围的维护或其他承重支撑体所占的面积,有共用墙和套内自有墙体两部分。商品房各套(单元)之间的分割墙、套(单元)与公用建筑空间之间的分割墙以及外墙(山墙)均为共用墙,共用墙墙体水平投影面积的一半计入套内墙体面积。套内自有墙体按水平投影面积全部计入套内墙体面积。

(3) 套内阳台建筑面积。阳台建筑面积按《房产测量规范》的规定计算面积。

23.2 共有建筑面积

共有建筑面积是各产权人共同占有或共同使用的在功能上为整幢建筑服务的公共部位和公用房屋。共有建筑面积的产权由整幢建筑的产权人共同拥有,开发商无权随意处置,不得出售、出租、赠送等。

23.2.1 共有建筑面积的组成。根据《房产测量规范》规定,共有建筑面积由以下两部分组成:一是电梯井、管道井、楼梯间、垃圾道、变电室、设备间、公共门厅、过道、地下室、值班警卫室,以及其他功能上为整幢建筑服务的公共用房和管理用房的建筑面积;二是套(单元)与公共建筑空间之间的分隔墙,以及外墙(包括山墙)墙体水平投影面积的一半。

独立使用的地下室、车棚、车库、为多幢建筑服务的警卫室、管理用房,作为人防工程的地下室,都不计入共有建筑面积。

23.2.2 共有建筑面积的分摊方法。共有建筑面积的分摊原则是,整幢房屋产权人共同所有的共有建筑面积,由整幢房屋产权人共同分摊,非整幢房屋产权人共同使用的共有建筑面积应由共同使用的产权人共同分摊。

(1)住宅楼共有建筑面积的分摊方法。住宅楼以幢为单位,须先计算出整幢建筑的共有建筑分摊系数(K值),它的计算方式为:

共有建筑面积分摊系数 = 共有建筑面积 ÷ 套内建筑面积之和

商品房分摊的共有建筑面积 = 套内建筑面积 × 分摊系数

(2)商住混合楼共有建筑面积的分摊方法。应根据住宅和商业的不同使用功能按各自的建筑面积将全幢建筑物的共有建筑面积分摊成住宅和商业两部分,即住宅部分分摊得到的全幢共有建筑面积和商业部分分摊得到的全幢共有建筑面积。然后住宅和商业部分将所得到的分摊面积再各自分摊。

住宅部分:将分摊得到的全幢共有建筑面积,加上住宅部分本身的共有建筑面积,依照(1)中的方法和公式,按各自的套内建筑面积分摊计算各套房屋的分摊面积。

商业部分:将分摊得到的全幢共有建筑面积,加上商业部分本身的共有建筑面积,按各层套内的建筑面积依比例分摊至各层,作为各层共有建筑面积的一部分,加至各层的共有建筑面积中,得到各层总的共有建筑面积,然后再根据层内各套房屋的套内建筑面积按比例分摊至各套,求出各套房屋分摊得到的共有建筑面积。

多功能综合楼共有建筑面积的分摊方法按照各自的功能,参照商住混合楼的分摊计算方法分摊。

23.3 根据《商品房销售管理办法》第18条的规定,商品房销售可以按套(单元)计价,也可以按套内建筑面积或者建筑面积计价。

23.4 面积差异的处理方式

23.4.1 按建筑面积计价或者套内建筑面积计价时,面积差异的处理方式

(1)一般原则:根据《司法解释》第14条的规定,出卖人交付使用的房屋套内建筑面积或者建筑面积与商品房买卖合同约定面积不符,合同有约定的,按照约定处理;合同没有约定或者约定不明确的,按照以下原则处理:① 面积误差比绝对值在3%以内(含3%),按照合同约定的价格据实结算,买受人请求解除合同的,不予支持;② 面积误差比绝对值超出3%,买受人请求解除合同、返还已付购房款及利息的,应予支持。买受人同意继续履行合同,房屋实际面积大于合同约定面积的,面积误差比在3%以内(含3%)部分的商品房价款由买受人按照约定的价格补足,面积误差比超出3%部分的商品房价款由出卖人承担,所有权归买受人;房屋实际面积小于合同约定面积的,面积误差比在3%以内(含3%)部分的商品房价款及利息由出卖人返还买受人,面积误差比超过3%部分的商品房价款由出卖人双倍返还买受人。

（2）由开发商与买受人自行约定：只要双方当事人约定内容不属于《合同法》第52条规定的无效情形之一的，该约定有效。

23.4.2 《商品房销售管理办法》第19条规定，按套（单元）计价的预售房屋，开发商应当在合同中附所售房屋的平面图。平面图应当详细标明尺寸，并约定误差范围。房屋交付时，套型与设计图纸一致，相关尺寸也在约定的误差范围内，维持总价款不变；套型与设计图纸不一致或者相关尺寸超出约定的误差范围，合同中未约定处理方式的，买受人可以退房或者与开发商重新约定总价款。买受人退房的，由开发商承担违约责任。

第24条 律师为开发商提供法律服务时的内容

24.1 审查开发商提供的测绘资料，特别是有关共有建筑面积的分摊是否符合相关规范的规定。

24.2 根据销（预）售商品房的实际情况，与开发商研究确定计价方式。

24.3 详见20.2、20.3、20.4。

第25条 律师为开发商提供法律服务时的重点内容

25.1 有关公共部位与公用房屋分摊建筑面积的构成说明应翔实、全面，其内容包括部位名称及面积，公用房屋的名称、坐落、用途及面积等。

25.2 在商品房买卖合同中告知买受人，买受人除了支付商品房价款外，在房屋交付使用前，还应当支付哪些费用及相应的支付标准、支付时间。

25.3 根据确定的计价方式，起草面积差异时的处理方式。现行商品房买卖合同示范文本没有提供按套计价时面积差异的处理方式，需要开发商委托的律师起草，由于《商品房销售管理办法》第19条并非《中华人民共和国合同法》（以下简称《合同法》）第52条所述的效力性、强制性规定，因此，律师可以根据该条款的原则起草，也可以根据所售商品房的实际起草。

25.4 如果合同约定面积误差比的绝对值超过3%时，开发商将承担惩罚性违约责任的，则合同中可以约定开发商的免责情形，如设计变更、规划变更、测绘规范调整、建筑面积减少时未影响套内建筑面积、建筑面积增加时套内建筑面积同比例增加等。

第26条 律师为开发商提供法律服务时的风险提示

26.1 如合同未约定面积差异时的处理方式或约定"按实结算"的，则将适用《司法解释》第14条规定。

26.2 除合同约定的内容外，如开发商发布的广告楼书对面积、价格组成、面积差异处理方式所作的说明和允诺具体确定，并对商品房买卖合同的订立及房屋价格的确定有重大影响的，应当视为合同的组成部分，对开发商具有约束力。

第三节 合同对业主的建筑物区分所有权的约定

第27条 一般规定

业主对建筑物内的住宅、经营性用房的专有部分享有所有权,对专有部分以外的共有部分享有共有和共同管理权。

《建筑物区分所有权的司法解释》第2条的规定:"建筑区划内符合下列条件的房屋,以及车位、摊位等特定空间,应当认定为物权法第六章所称的专有部分:(一)具有构造上的独立性,能够明确区分;(二)具有利用上的独立性,可以排他使用;(三)能够登记为特定业主所有权的客体。规划上专属于特定房屋,且建设单位销售时已经根据规划列入该特定房屋买卖合同中的露台等,应当认定为物权法第六章所称专有部分的组成部分。"

建筑区划内的道路、绿地、其他公共场所、公用设施及物业服务用房、建筑物及其附属设施的维修资金、占用业主共有的道路或者其他场地用于停放汽车的车位等属于业主共有,但城镇公共道路、城镇公共绿地及明示属于个人的绿地除外。另外,根据《建筑物区分所有权的司法解释》第3条的规定,建筑物的基础、承重结构、外墙、屋顶等基本结构部分,通道、楼梯、大堂等公共通行部分,消防、公共照明等附属设施、设备,避难层、设备层或者设备间等结构部分以及其他不属于业主专有部分,也不属于市政公用部分或者其他权利人所有的场所及设施等由业主共有。建筑区划内的土地,依法由业主共同享有建设用地使用权,但属于业主专有的整栋建筑物的规划占地或者城镇公共道路、绿地占地除外。

在法律上已经明确规定属于业主所有的公共空间,不允许开发商与业主在合同中约定其权利归属。

开发商与业主在商品房买卖合同中可以约定的主要内容是:屋顶、外墙面的使用权,小区、楼宇的命名申请权等;在业主公约中可以约定的内容是建筑物及其附属设施的费用分摊、收益分配等事项。

27.1 建筑区划内,规划用于停放汽车的车位、车库的归属,由当事人通过出售、附赠或者出租等方式约定。上述车位、车库应当首先满足业主的需要。在没有满足业主需要之前,不得向业主以外的第三人销售、出租、赠与。

27.2 建筑区划内的绿地属于个人,应予以明示。没有按法律规定明示的,属于全体业主共有。(对于本条中的何为"明示"目前尚没有具体法律、法规确定)

27.3 商品房外墙面和屋顶属于全体业主共有,但其使用权归属可以在合同中约定。

27.4 根据《〈地名管理条例〉实施细则》第7条的规定,地名的命名、更名权只能由县级以上民政管理部门(或地名委员会)行使。但是,民政管理部门(或地名委员会)

一般不会主动对建筑物、构筑物命名，而是根据申请人的申请进行审核、命名。由于《地名管理条例》及其实施细则没有规定地名命名的具体程序，相关规定多出现在地方法规、规章中。在绝大多数地方性法规、规章中，建设单位或产权所有人是建筑物、构筑物地名的命名申请人。

27.5 建筑物及其附属设施的费用分摊、收益分配等事项，应在《业主公约》中约定。

27.6 其他未涉及的内容详见《物权法》第六章和《建筑物区分所有权的司法解释》的规定。

第 28 条 律师为开发商提供法律服务时的内容

28.1 向开发商出具法律意见书，告知哪些空间法定属于业主共有，哪些空间的所有权或使用权可以通过合同约定。

28.2 根据开发商提供的规划文件及《建筑物区分所有权的司法解释》的规定，确定可以通过合同约定转让权属的车库、车位范围。

28.3 根据《物权法》、《建筑物区分所有权的司法解释》等法律法规规定的方式，确定属于个人绿地的明示方式。

28.4 起草车库、车位权属转让、出租、赠与的相关合同。

28.5 详见 20.2、20.3、20.4。

第 29 条 律师为开发商提供法律服务时的重点内容

29.1 商品房买卖合同约定的内容不得违反《物权法》等法律法规的效力性、强制性规定，不得将法定属于全体业主共有的空间约定属于开发商或个别业主所有。

29.2 为避免争议，就建筑区划内，规划用于停放汽车的车位、车库的归属，应在与建筑区划内每一位买受人签署商品房买卖合同中明确约定。当车位、车库向买受人出售、出租、赠与时，再另行签署相关协议。

29.3 开发商利用人防工程作为车位出租的，在出租前应办理人防工程平时使用审批手续，并向承租人告知人防工程的性质及使用时应遵守相关人防法律法规。

29.4 开发商如将外墙面、屋顶的使用权约定给开发商或个别业主的，应在与建筑区划内每一位买受人所签的商品房买卖合同中约定。

第 30 条 律师为开发商提供法律服务时的风险提示

30.1 商品房买卖合同就公共空间的约定如违反《物权法》等法律法规的效力性强制性规定，该约定无效。

30.2 根据《汽车库建筑设计规范》，汽车库室内最小净高应符合以下规定：微型车、小型车：2.20 米；轻型车：2.80 米；中、大型、铰接客车：3.40 米。如汽车库室内最小净高未达到上述标准的，则不能以车库的名义出售、出租、赠与。

30.3 绿地未按法律法规规定方法明示的，不得以出售、赠与等方式承诺给个别业主使用,也不得就绿地的使用向业主收取费用。

第四节 合同对质量标准与维修的约定

第31条 一般规定

31.1 质量标准

商品房质量验收的主要依据有:

(1) GBJ 7 建筑地基基础设计规范。
(2) GBJ 10 钢筋混凝土结构设计规范。
(3) GBJ 11 建筑抗震设计规范。
(4) GBJ 14 室外排水设计规范。
(5) GBJ 16 建筑设计防火规范。
(6) GBJ 45 高层民用建筑设计防火规范。
(7) GBJ 206 木结构工程施工及验收规范。
(8) GBJ 207 屋面工程施工及验收规范。
(9) GBJ 232 电气装置安装工程施工及验收规范。
(10) GBJ 242 采暖与卫生工程施工及验收规范。
(11) GBJ 13 危险房屋鉴定标准。
(12) GB 50325—2001(2006版)民用建筑工程室内环境污染控制规范。
(13) GBT 18883—2002 室内空气质量标准。
(14) GB 50096—1999 住宅设计规范(2003版)。
(15) GB 50180—93 城市居住区规划设计规范(2002版)。
(16) GB 50210—2001《建筑装饰装修工程质量验收规范》(精装修房适用)。
(17) GB 50327—2001《住宅装饰装修工程施工规范》(精装修房适用)。

31.2 质量问题

房屋质量问题是指房屋的地基基础工程、主体结构工程、屋面防水工程、其他土建工程、电气管线、给排水系统管线的安装工程、供热、供冷系统工程等出现的质量问题,主要表现为:

(1) 地基基础工程和主体结构工程的质量问题。房屋的地基基础工程和主体结构工程出现质量问题一般表现为:地基下沉、房屋倾斜、承重结构变形、墙体开裂、倾斜等严重的质量问题。建筑物在合理使用寿命内,必须确保地基基础工程和主体结构的质量。

(2) 屋面防水工程的质量问题。按照建设部2000年颁布的《房屋建筑工程质量保修办法》规定,在正常使用下房屋防水工程、有防水要求的卫生间、房间和外墙面的防渗漏,最低保修期限为5年。

（3）其他土建工程质量问题，一般包括地面、楼面工程、门窗工程等出现的问题。地面工程质量问题，如室内地坪空鼓、开裂、起沙、地面渗水；楼面工程质量问题，如墙面浆活起碱脱皮、龟裂，顶棚抹灰、墙纸、面砖镶贴、油漆等饰面脱落，卫生间、厨房地面泛水、积水、阳台积水漏水；门窗工程质量问题，如铝合金窗框扇相碰、密封条、毛刷条短缺、密封股封闭不严向内渗水等质量问题。

（4）电气管线、给排水系统管线的安装工程的质量问题，主要指电器的线路、开关、电表的安装，电器照明灯具的安装，给水管道、排水管道的安装等出现的问题。如电器照明的开关、插座安装倾斜、插座缺项或短路，给排水管道漏水、堵塞、给水阀门关闭不严、脱丝、连接件滴水或渗水、截止阀生锈、水表空走等均属安装工程质量问题。

（5）供热、供冷系统工程的质量问题，是指暖气设备、中央空调设备等的安装工程等出现的质量问题。供热与供冷系统的最低保修期限为两个采暖期、供冷期。

31.3 发生质量纠纷后的处理方式

房屋质量问题按性质和程度可分为房屋的主体结构质量不合格、影响正常使用的严重质量问题和其他一般质量问题三种情况。

第 32 条 律师为开发商提供法律服务时的内容

32.1 根据相关法律、法规、规章的规定起草《住宅质量保证书》或其他有关质量保修范围、保修期限和保修责任的补充条款。

32.2 详见20.2、20.3、20.4。

第 33 条 律师为开发商提供法律服务时的重点内容

33.1 设计、施工环节均可能产生商品房质量问题，从整改难度而言，因设计环节而引起的质量问题整改难度更大。因此，律师应提醒开发商在签订合同前详细审查设计图纸是否符合各类设计规范，特别是强制性规范。

33.2 在商品房买卖合同中，买卖双方可以约定当双方对是否存在质量问题或者对质量问题的性质发生争议时的处理方式，如提交某质量监督部门检验。

33.3 在房屋交付使用时，买受人发现房屋存在质量问题，究竟是先收房再保修还是先整改再收房，以及整改（保修）期间，开发商是否要承担逾期交房责任，往往是买卖双方的争议焦点。为避免纠纷，律师可建议开发商在商品房买卖合同中就上述问题作出约定。

33.4 因不可抗力（如地震、百年一遇的特大暴雨、台风等）或者非开发商原因引起的质量问题，开发商不应承担责任；由于买受人没有尽到一定的维护义务，而导致损失扩大的，对于扩大部分损失，开发商不应承担责任。上述内容应尽量约定在相关条款中。

第 34 条 律师为开发商提供法律服务时的风险提示

34.1 房屋主体结构质量经核验确属不合格。因房屋主体结构质量不合格不能交付使用,或者房屋交付使用后,房屋主体结构质量经核验确属不合格,买受人有权要求退房和赔偿损失。

34.2 因质量问题严重影响正常居住使用的,买受人有权要求退房和赔偿损失。

34.3 房屋的其他质量问题。房屋质量问题,在未严重影响正常居住使用的情况下,开发商应承担修复责任。开发商拒绝修复或在合理期限内拖延修复的,买受人可自行或者委托他人修复。修复费用及修复期间造成的其他损失等,应由开发商承担。

34.4 除合同约定的内容外,如开发商发布的广告楼书对商品房质量所作的说明和允诺具体确定,并对商品房买卖合同的订立及房屋价格的确定有重大影响的,应当视为合同的组成部分,对开发商具有约束力。

34.5 商品房买卖合同约定的有关质量标准低于国家强制性标准的无效,开发商交付使用的商品房质量不符合国家强制性标准的,仍应承担违约责任。

第五节 合同对精装修标准与样板房的约定

第35条 一般规定

35.1 精装修房又称全装修住宅,是指房屋交钥匙前,所有功能空间的固定面全部铺装或粉刷完成,厨房和卫生间的基本设备全部安装完成。

35.2 建筑装饰装修工程质量验收规范主要有《建筑装饰装修工程质量验收规范》、《住宅装饰装修工程施工规范》等,另外,各地还制定了一些地方标准,如北京市的《家庭居室装饰工程质量验收标准》、上海市的《住宅装饰装修验收标准》、浙江省《家庭装饰装修工程质量规范》,等等。2002年,建设部住宅产业化促进中心颁发了《商品住宅装修一次到位实施细则》和《商品住宅装修一次到位材料、部品技术要点》,建设部已经将此标准推广到康居示范工程3A级住宅里面,并推荐给全行业的房地产开发、设计和施工单位参照执行。如果买卖双方参照该标准的,则应在买卖合同中约定。

第36条 律师为开发商提供法律服务时的内容

详见20.2、20.3、20.4。

第37条 律师为开发商提供法律服务时的重点内容

37.1 由于没有一个行政主管部门负责对装修工程的整体验收,因此,装修工程是否竣工、装修质量是否符合相应标准,就没有统一的依据。鉴于此,开发商可与买受人约定装修工程竣工作为交付使用条件,如通过建设、设计、施工、监理单位组织的竣工验收;对于业主比较关心的装修质量的检测指标,如空气质量,也可约定通过相关部门检测,达到一定标准,并以此作为精装修商品房的交付使用条件或条件之一。只有当合同约定了明确的交付使用条件,才不会对装修工程是否竣工及是否符合质量标准产生争议。

37.2 约定装修范围及具体装修要求,可包括以下内容(推荐):

(1)装修范围和装修风格,以三居室为例,约定客厅、餐厅、主卧、次卧、书房、主卫、次卫、厨房、阳台的天花板(吊顶)、地面(地毯、大理石、实木地板)、墙面(墙纸、瓷砖、大理石)的装修材料及工艺,每一处的装修材料是否有多项选择,材料的品牌、产地、规格、保修期限。

(2)主材与辅材:内门、木饰、油漆、涂料、防水材料、木材、细木工板、石膏板、石膏线、饰面板、多层板、轻钢龙骨等的品牌、产地、颜色、花纹和装饰的位置。

(3)厨房装配:整体橱柜中的柜体板材、台面、门板的品牌和颜色,厨房配件中的抽屉轨道、水槽、龙头、煤气灶、油烟机、消毒柜、拉手、米箱的品牌、产地和型号,以上各项的保修期限。

(4)卫生间装配:洗脸盆及台面、坐便器、水龙头、花洒、浴缸(或淋浴房)、五金配件的安装位置、产地、品牌、颜色和保修期限。

(5)其他重要配置:家用中央空调系统、地暖系统、净水系统、热水器、内门锁具、开关插座的品牌、产地和保修期限。

37.3 精装修商品住宅交付时,开发商应向买受人提交装修质量保证书,其中包括装修明细表,装修平面图,主要材料的生产厂家等,并执行有关的保修期。

37.4 约定装饰、设备标准时不应使用诸如"高档"、"高级"、"豪华"、"进口"、"名牌"、"一流"等模糊词语,如果在签订合同时,设备、材料的品牌、规格型号、产地已经确定的,应在合同中明确,确实难以确定的可以在合同中约定最低标准。对于某些国际品牌产品,同时应约定产地。

37.5 由于精装修商品房在装修工程竣工后需要定期保养维护,如房屋长期封闭,而且会影响到装修工程质量,因此,精装修商品房应在竣工验收后短时间内交付给买受人使用,并在商品房买卖合同中约定由于买受人原因不能按期交付时,开发商对装修工程的质量享有适度的免责权利。

37.6 如果开发商设置的样板房与实际交付的商品房质量、设备及装修不一致的,应在商品房买卖合同中说明。

37.7 由于商品房买卖合同的履行期限长,特别是预售合同从合同签订到房屋交付往往需要一年以上的时间,而装饰材料、设备的市场价格是在不断变动的,不同日期的装饰、设备差价也不一样。因此,如果买卖双方约定赔偿双倍差价的,应约定确定价格的日期,即双方应约定按哪一天的价格赔偿双倍差价。

第38条 律师为开发商提供法律服务时的风险提示

根据《商品房销售管理办法》第31条规定,房地产开发企业销售商品房时设置样板房的,应当说明实际交付的商品房质量、设备及装修与样板房是否一致,未作说明的,实际交付的商品房应当与样板房一致。

第六节　合同对付款方式与付款期限的约定

第 39 条　一般规定

39.1　付款方式一般分为一次性付款、分期付款、银行按揭三种方式。

39.2　一次性付款

一次性付款是指买受人在签订商品房买卖合同时或在合同约定的时间一次性支付全部商品房价款的付款方式。

39.3　分期付款

分期付款是指根据商品房买卖合同的约定,先由开发商将期房预售或将现房出售给买受人,买受人在一定期限内分次支付商品房价款的付款方式。

39.4　银行按揭

按揭付款的非诉法律服务详见本编第六章。

第 40 条　律师为开发商提供法律服务时的内容

详见 20.2、20.3、20.4。

第 41 条　律师为开发商提供法律服务时的重点内容

41.1　买受人以银行票据或转账形式支付购房款,开发商应注意付款人与买受人是否为同一人,单位(包括法人或其他组织)为其他单位代付商品房价款或者自然人为他人(包括单位和自然人)代付商品房价款的,应由出票人出具代付说明。一般情况下,单位不能为自然人代付商品房价款。

41.2　商品房分期付款买卖中,除买受人支付的首期购房款外,其余商品房价款既可按约定的时间付款,也可以按约定的付款条件付款。选择按约定时间付款的,应在合同中明确约定付款日期以及每期支付的数额;按约定条件付款的,应在合同中明确约定付款条件,以防止对付款条件是否成就发生纠纷。

第 42 条　律师为开发商提供法律服务时的风险提示

42.1　买受人以按揭贷款方式付款且其首付款也分期支付的,在首付款没有付清之前(如零首付、10%首付),开发商不能向银行出具首付款已经付清的证明,以避免被认定为开发商出具虚假证明骗取银行贷款,这种情形下,不但贷款协议无效,而且还有可能涉嫌贷款诈骗。

42.2　如果第三人代买受人支付购房款且第三人没有出具相关说明的,则第三人就有可能以不当得利为由要求开发商返还其已经支付的款项。

第七节 合同对设计变更与规划变更的约定

第 43 条 一般规定

43.1 经依法审定的修建性详细规划、建设工程设计方案的总平面图不得随意修改;确需修改的,城乡规划主管部门应当采取听证会等形式,听取利害关系人的意见;因修改给利害关系人合法权益造成损失的,应当依法给予补偿。

43.2 商品房销售后,开发商不得擅自变更规划、设计。确实需要变更的应取得设计单位同意和规划部门批准。

第 44 条 律师为开发商提供法律服务时的内容

44.1 参加开发商组织的合同评审会,核对在房屋销售时建设工程设计方案的总平面图是否变更,以及是否发生了其他可能影响商品房质量或者使用功能的设计变更、规划变更。

44.2 详见 20.2、20.3、20.4。

第 45 条 律师为开发商提供法律服务时的重点内容

45.1 合同中应约定:经规划部门批准的规划变更、设计单位同意的设计变更导致商品房的结构型式、户型、空间尺寸、朝向变化,以及出现合同约定的其他影响商品房质量或者使用功能情形的,开发商应当在变更确立之日起 10 日内,书面通知买受人。买受人有权在通知达到之日起 15 日内作出是否退房的书面答复。买受人在通知到达之日起 15 日内未作出书面答复的,视同接受变更。

45.2 如果在商品房销售时,规划变更、设计变更已经发生,建议在商品房买卖合同中向买受人告知。

第 46 条 律师为开发商提供法律服务时的风险提示

发生规划变更或设计变更,开发商未在规定时限内通知买受人的,买受人有权退房;买受人退房的,由开发商承担违约责任。

第八节 合同对商品房交付条件、交付程序及权属登记的约定

第 47 条 一般规定

47.1 商品房的交付使用条件

根据《城市房地产管理法》第 26 条规定,房地产开发项目的设计、施工,必须符合国家的有关标准和规范。房地产开发项目竣工,经验收合格后,方可交付使用。验收合格包括以下内容与程序:

47.1.1 取得规划、消防、环保等单项验收合格证明

（1）规划验收合格。根据《中华人民共和国城乡规划法》（以下简称《城乡规划法》）第45条第1款的规定，县级以上地方人民政府城乡规划主管部门按照国务院规定对建设工程是否符合规划条件予以核实。在一些市县，建设项目完成后，由规划部门进行验收，符合规划许可证及附件等规划文件载明的规划条件的，出具相应的合格证书。

（2）消防验收合格。根据《中华人民共和国消防法》（以下简称《消防法》）第10条的规定，按照国家工程建筑消防技术标准进行消防设计的建筑工程竣工时，必须经公安消防机构进行消防验收；未经验收或者经验收不合格的，不得投入使用。房地产开发项目应当按照国家工程建筑消防技术标准进行消防设计，建设项目竣工后应当取得公安消防部门出具的消防验收合格的认可文件或者准许使用文件。

（3）环保验收。房地产建设项目的环保验收是房地产开发过程中的重要一环，但房地产建设项目在居民未入住前，难以对环保设施进行验收。因此，国家环保总局在1999年7月1日环发（1999）154号复函曾经对此作出规定：对房地产建设项目可在主体工程验收时先对环境保护设施进行预验收，待居民入住率达75%以上时，再对环境保护设施进行正式验收。在实际执行中，部分地区取消了房地产建设项目竣工环保预验收。

47.1.2 工程竣工验收合格

根据《中华人民共和国建筑法》（以下简称《建筑法》）第61条的规定，交付竣工验收的建筑工程，必须符合规定的建筑工程质量标准，有完整的工程技术经济资料和经签署的工程保修书，并具备国家规定的其他竣工条件。建筑工程竣工经验收合格后，方可交付使用；未经验收或者验收不合格的，不得交付使用。

47.1.3 竣工验收备案

我国现有法律法规规定，国家对建设工程质量采用备案制度。《建设工程质量管理条例》第49条规定，建设单位应当自建设工程竣工验收合格之日起15日内，将建设工程竣工验收报告和规划、公安消防、环保等部门出具的认可文件或者准许使用文件报建设行政主管部门或者其他有关部门备案。

47.2 商品房交付使用程序

我国现行法律、法规、规章及规范性文件对商品房交付的具体程序并无明确规定，商品房交付的一般程序如下：

47.2.1 入住通知。商品房具备交付使用条件后，开发商应向买受人发出入住通知书。

47.2.2 检查验收。买受人在接收房屋前应按照合同约定对房屋进行验收，开发商应当给买受人预留检查验收的时间

47.2.3 结算房款、交纳物业维修基金及合同约定的其他费用。

47.2.4 签署房屋交接单。买受人确认开发商所交付的房屋符合法律规定和合同约定,开发商也已确认买受人按合同约定履行了付款义务,合同双方就应签署房屋交接单。

47.2.5 交纳先期物业服务费以及代办产权证所需要缴纳的税、费。

47.3 房地产权属登记

虽然《物权法》规定实行不动产统一登记制度,但在不少地区,房屋所有权与土地使用权分别登记。房屋所有权登记还包括房屋所有权初始登记和房屋所有权转移登记,经房屋所有权转移登记后,买受人才取得房屋的所有权。

第48条 律师为开发商提供法律服务时的内容

详见20.2、20.3、20.4。

第49条 律师为开发商提供法律服务时的重点内容

49.1 2004年5月19日国发(2004)16号文件《国务院关于第三批取消和调整行政审批项目的决定》将包括"住宅小区等群体房地产开发项目竣工综合验收"在内的385项行政审批项目取消。因此,除了极少数地区外,建设行政主管部门已经不再对房地产项目进行综合验收及分期综合验收。

49.2 一些地方为保护购房者的权益,规定商品房达到交付使用条件的标志,是经验收合格后取得当地建设行政主管部门颁发的商品房可以交付使用的批准文件。

49.3 发生了不可抗力事件及其他开发商可以免责的事由导致交房延期的,开发商可以免责。但开发商可以免责的其他事由应在合同中约定,如规划部门根据法律规定调整市政规划的,在施工现场有重大考古发现的,因政府部门的原因导致市政配套设施不到位的等。

49.4 由于办理房屋所有权转移登记的期限并非开发商所能控制,因此,合同一般约定办理房屋所有权转移登记时,开发商应提供资料的期限。

第50条 律师为开发商提供法律服务时的风险提示

由于《城乡规划法》、《消防法》、《建筑法》等法律法规规定商品房必须经验收合格后方能交付使用,因此合同约定的房屋交付使用条件不符合法律法规规定的,该条款无效。

第九节 合同对违约责任的约定

第51条 一般规定

违约责任的承担方式:

(1)解除合同,是指在合同有效成立之后,当具备解除合同的条件时,因当事人一方的意思表示或双方的意思表示而使基于合同发生的债权债务归于消灭的行为。合同的解除,可分为约定解除和法定解除两种主要类型。

《合同法》第93条规定了合同的约定解除:当事人协商一致,可以解除合同。当事人也可以约定一方解除合同的条件。解除合同的条件成就时,解除权人可以解除合同。

《合同法》第94条规定了合同法定解除的五种情形:因不可抗力致使合同目的不能实现;在履行期限届满之前,当事人一方明确表示或者以自己的行为表明不履行主要债务;当事人一方迟延履行主要债务,经催告后在合理期限内仍未履行;当事人一方迟延履行债务或者有其他违约行为致使不能实现合同目的;法律规定的其他情形。

(2)支付违约金,是指合同当事人不履行或不按约定履行合同时,应付给对方当事人的由法律规定或合同约定的一定数额的货币。违约金分为法定违约金和约定违约金,凡法律规定的违约金是法定违约金,由合同双方当事人在合同中约定的违约金是约定违约金。

(3)赔偿损失。对于因当事人违约行为给对方当事人造成财产损失的,应当赔偿对方当事人因违约所受到的损失,这就是承担赔偿损失的违约责任形式。

第52条 律师为开发商提供法律服务时的内容

详见20.2、20.3、20.4。

第53条 律师为开发商提供法律服务时的重点内容

53.1 约定买受人违约的主要情形:

(1)买受人没有按合同约定的时间付款;

(2)没有按合同约定的时间收房;

(3)没有按合同约定办理或配合办理商品房的过户手续。

53.2 针对买受人不能按合同约定的时间付款的情况,商品房买卖合同示范文本提供了按逾期时间分别处理的原则:逾期时间在约定期限内,合同继续履行,开发商可以要求买受人支付价款及违约金;逾期付款时间超过一定期限,开发商有权选择解除合同,如果买受人愿意继续履行合同并经开发商同意,也可以继续履行合同。除此之外,开发商还应当注意在商品房买卖合同中约定导致买受人资金实力受影响的其他因素等出现而使得买受人不能或可能不能按合同约定的时间付款的情况出现时的处理原则。

53.3 由于买受人的原因,不能办理商品房按揭贷款或者银行调低按揭贷款金额,应当约定,在此种情况下,将付款方式改为一次性付款或要求买受人在一定期限补足差额。

53.4 国家有关住房按揭贷款政策发生变化,要求买受人增加首付比例的,应当约定买受人应在接到开发商或按揭银行通知后一定时间内增加支付首付款以满足按揭贷款申请要求。

53.5 如发生买受人未按照按揭贷款合同的约定偿还贷款本息及其他应付款项,

致使贷款银行向开发商要求承担担保责任的情况,应当约定买受人在一定期限内将开发商因履行其担保责任所遭受的损失偿付开发商。

53.6 出现买受人没有按合同约定的时间收房的情况的主要原因在于商品房的质量存在诸多问题,买受人因此拒绝收房。针对此种情况,除应当在商品房买卖合同中进一步明确具体的商品房交付条件外,还应进一步约定:商品房存在质量问题的,不影响买受人按照合同规定期限履行对该商品房验收交接的义务,买受人不得以此为由拒收商品房。

53.7 买受人没有按合同约定办理或配合办理商品房的过户手续,使得商品房的权属证书无法申领,无法办理抵押登记,会导致开发商对按揭银行的担保责任无法解除,如发生买受人所购的商品房被司法机关查封或买受人不按时归还银行按揭等事宜,开发商的损失很大。因此,应注意约定买受人不履行办理或配合办理过户手续的违约责任。

第 54 条 律师为开发商提供法律服务时的风险提示

54.1 除了合同约定情形外,具有《司法解释》第 8 条规定的情形,导致商品房买卖合同目的不能实现的,无法取得房屋的买受人可以要求解除合同、返还已付购房款及利息、赔偿损失,并可以要求开发商承担不超过已付购房款一倍的赔偿责任。

54.2 订立商品房买卖合同时,具有《司法解释》第 9 条规定情形的,导致合同无效或者被撤销、解除的,买受人可以请求返还已付购房款及利息、赔偿损失,并可以要求开发商承担不超过已付购房款一倍的赔偿责任。

第十节 合同对争议解决的约定

第 55 条 合同对调解的约定

55.1 一般规定

调解是指合同当事人自愿将合同争议提交给合同之外的第三方,在第三方的主持下协商解决的方式。

55.2 律师为开发商提供法律服务时的内容

律师应当提醒开发商在商品房买卖合同补充条款中(示范文本附件四)对调解进行明确的约定,约定内容一般包括以下几方面:

(1) 调解人的确定。双方可以直接约定调解人,也可以约定调解人选择范围、人数以及最终确定方式。

调解人选择范围:调解人可以在省级律师协会建筑与房地产专业委员会专家库、省级或所在地市律师协会常务理事、民事业务委员会推荐的专家,或者消费者协会有关专家中选择。

调解人人数:双方可选择由一名调解人进行调解或者 3 名调解人组成调解小组进

行调解。由 1 名调解人进行调解的,该调解人由双方共同在专家库中选择确定。双方选择由调解小组进行调解的,则各自选择 1 名专家,再由双方共同选择 1 名专家作为调解小组的组长,由公证处在双方在场的情况下抽签确定。

若双方在合同约定或在双方商定的时间内未能就调解人的选择达成一致意见,或者双方共同选择的调解人拒绝履行职责或不能履行职责后 14 天内,双方未能重新达成一致意见,则合同可约定双方调解程序终结。

调解人的报酬,包括涉及调解的其他费用,应在双方选择调解人时商定,由每方承担上述报酬和费用的一半。

(2)调解程序。合同应对确定调解人后的调解程序进行明确约定,包括调解时间、调解效力、调解程序本身地位等。

调解时间:调解人进行调解的时间一般以不超过 56 天为宜,无论双方是否达成一致意见,调解人或调解小组应在约定调解时间之内作出调解决定。

调解效力:调解决定如何生效,生效后对双方的约束力,一方对调解决定有异议的处理。

调解程序本身地位:合同之中应当明确调解程序是否为进行仲裁或诉讼的前置程序。

55.3 律师为开发商提供法律服务时的重点内容

调解过程中,可选择一揽子解决双方全部争议事项,也可对部分争议事项先协商一致,其余争议事项留待后续解决。

双方可以在合同中直接选定主持调解的调解人,如省级律师协会建筑与房地产专业委员会专家库、省级或所在地市律师协会常务理事、民事业务委员会推荐的专家,或者消费者协会的有关专家。

如合同约定调解程序的,调解程序启动。但调解达到一定期限未果,则建议终止调解程序。

具体内容参照本操作第八章"诉讼、仲裁前的调解"。

55.4 律师为开发商提供法律服务时的风险提示

商品房买卖合同纠纷往往是群体性的,诉诸诉讼或仲裁可能给楼盘的声誉带来影响,从而造成今后的销售困难或楼盘商品房价格的下降,这对于分期开发或销售的楼盘影响更大,因此解决争议的最佳手段是和解或调解。

如合同约定调解是仲裁或诉讼前置程序的,律师应当提醒开发商,如果未经调解而直接进入仲裁或诉讼,则可能会在仲裁或诉讼中被驳回请求。

第 56 条 合同对诉讼与仲裁的约定

56.1 一般规定

诉讼是解决合同争议最常用的方式,是指司法机关和案件的当事人,在其他诉讼参与人的配合下,为解决争议所进行的活动。在合同纠纷发生后,当事人可以直接向人民法院起诉(除当事人之间存在有效的仲裁协议外)。

仲裁是指各方当事人自愿将他们之间的争议交给各方所同意的仲裁机构进行审理和裁决,以仲裁机构的裁决作为最终解决争议的依据的法律制度。

56.2 律师为开发商提供法律服务时的内容

详见 20.2、20.3、20.4。

56.3 律师为开发商提供法律服务时的重点内容

诉讼与仲裁的选择,鉴于商品房买卖合同纠纷很可能引发集团诉讼,如果采用公开的诉讼可能给开发商带来意想不到的舆论压力,可以考虑选择不公开的仲裁。当然,也应当注意仲裁费用比诉讼费用高、仲裁自由性较大的问题。

如果选择诉讼,不能违反不动产专属管辖原则;如果选择仲裁,则由双方共同选定仲裁机构。

仲裁与诉讼只能选其一,不能同时选择。

56.4 律师为开发商提供法律服务时的风险提示

仲裁机构选定后,未经双方协商同意,不得变更。

仲裁机构的裁决是终局性的,除了发生法定情形时可以向人民法院申请撤销仲裁裁决或申请不予执行外,不得再向人民法院起诉。

第十一节　商品房买卖合同的成立、生效、登记与备案

第 57 条　一般规定

57.1 商品房买卖合同的成立与生效

合同成立,是指订约当事人就合同的主要条款达成合意,包括要约和承诺两个阶段。根据《合同法》的相关规定,承诺生效时合同即成立;但合同当事人如果采用合同书形式订立合同,自双方当事人签字或者盖章时合同即可成立。

商品房买卖合同的成立,是指开发商与买受人之间就尚未建成或者已竣工房屋的出售达成一致的意见。一般商品房买卖合同均采用书面形式订立合同,根据《合同法》第 32 条的规定,开发商与买受人在商品房买卖合同上签字或者盖章时合同即可成立。

特别说明:《合同法司法解释二》已经实施,对合同成立是一个突破,商品房买卖合同又是一个特殊的合同,是适用《司法解释》还是《合同法司法解释二》,在实践中会有争议,律师应谨慎处理,密切关注司法实践的动向。

合同生效,是指已经成立的合同在当事人之间产生一定的法律约束力,即对合同双方当事人发生强制性约束力,也就是通常所说的法律效力。《合同法》第 44 条、第 45 条、第 46 条对合同生效作出了规定。

商品房买卖合同的生效,是指房地产开发企业即出卖人与买受人之间就尚未建成或者已竣工房屋的出售达成符合法律规定及双方约定的合意,并履行法定及约定的相

关手续后,该合意对出卖人与买受人即发生法律效力。

在合同生效时间上,通常是合同成立即生效,但如果法律法规有特殊规定需要办理批准、登记手续的,应当依照规定办理相关手续,否则合同不能生效;此外,合同生效可以由合同主体在合同中约定附期限或附条件,在双方约定的期限届至或者条件成就时合同生效。之所以合同成立并不等于合同生效,是因为存在以下四个方面的区别:

(1) 两者反映的主体意志不同。合同成立反映的是合同双方当事人的意志,即当事人双方就合同主要内容达成的合意;而合同生效反映的是国家的意志,即国家法律对已成立合同的一种法律认可或价值判断。

(2) 两者体现的原则不同。由于合同成立是双方当事人的意志,体现的是合同自由原则;而合同生效则是国家的意志,其生效与否取决于国家对合同关系的干预,体现的是强制性原则。

(3) 两者属于不同的问题领域。合同成立是事实问题,其属于事实领域的判断;合同生效则是法律问题,能产生相应的法律效力。

(4) 两者的地位作用不同。合同成立是合同生效的前提,合同成立并不意味着合同生效;而合同生效与否还取决于当事人双方的约定,在特殊情形下,需要办理相应的法律手续或期限届至或条件成就时才能使合同生效。

57.2 商品房买卖合同备案与登记

商品房买卖合同的备案,根据《城市房地产开发经营管理条例》的规定,开发商应当自商品房预售合同签订之日起30日内到商品房所在地的县级以上人民政府房地产开发主管部门和负责土地管理工作的部门备案。在《物权法》实施以前,合同备案作为一种政府的行政行为,并非商品房买卖合同的生效要件,仅具有对抗第三人的效力,除非出卖人与买受人约定商品房买卖合同履行备案登记后才生效。在《物权法》实施以后,商品房买卖合同的备案实际上即是向登记机构申请预告登记。预告登记后,未经预告登记的权利人同意,处分该不动产的,不发生物权效力。

商品房买卖合同的登记,根据《物权法》第9条规定:不动产物权的设立、变更、转让和消灭,经依法登记,发生效力;未经登记,不发生效力,但法律另有规定的除外。因此,生效的商品房买卖合同并不能导致买受人当即取得物权,合同当事人只有依法向房产管理部门办理了商品房登记以后,买受人才能取得物权。

第58条 律师为开发商提供法律服务时的内容

律师应仔细审查商品房买卖合同的合法性与完整性,包括审查对方当事人的主体资格、合同条款内容、生效时间及程序等。

在合同主体审查上,律师应提示开发商注意,合同生效的主体是否适格,买受人是否具备合同生效主体的一般要件,买受人是否具有相应资信及经济能力,买受人是否提供能够证明其主体身份的相关证明等。

在合同内容审查上,律师应提示开发商注意,双方签订的合同是否有违反法律、行政法规的规定,是否存在法律上无法履行的障碍,如该合同的标的物存在不能履行、该合同存在无效等情形;另外,商品房买卖合同中免除或限制开发商责任的内容,在订立合同时采用足够引起对方注意的文字、符号、字体等特别标志,并按照对方的要求对格式条款予以说明,且上述合理提示和说明应当能够举证。

在合同生效要件上,如果合同为附条件、附期限的,律师应提示开发商注意生效的条件或期限是否已经成就或届至;如果法律、行政法规规定应当办理批准、登记等手续生效的,律师应提示或代开发商办理相应的批准、登记等手续。

其余参照20.2、20.3、20.4。

第59条 律师为开发商提供法律服务时的重点内容

59.1 开发商可以对合同生效附条件,如买受人支付首付款后生效。附条件生效的合同自条件成就时合同生效。

59.2 合同需要备案或/及办理预告登记的,应在合同中约定买受人的配合责任。

59.3 因各种原因终止商品房买卖合同,买受人应配合办理撤销备案和预告登记手续。

第60条 律师为开发商提供法律服务时的风险提示

律师应提请开发商,商品房买卖合同一旦生效即发生法律效力,开发商应当按照合同约定适时、全面履行合同,以避免承担违约责任的法律风险。

律师应提示开发商,预告登记后,未经预告登记的权利人同意,处分该不动产的,不发生物权效力。

根据《物权法》的相关规定,开发商与买受人订立的商品房买卖合同,除法律另有规定或者合同另有约定外,自合同成立时生效;未办理合同备案或物权登记的,不影响合同效力。

律师应提示开发商注意双方合同约定的生效要件,商品房买卖合同中如果约定以办理登记备案手续为商品房买卖合同生效要件的,应当从其约定,未办理登记的,合同不发生法律效力,但根据最高人民法院《司法解释》第6条的规定,如果当事人一方已履行主要义务且对方接受时,合同仍然有效。

特别说明:《合同法司法解释二》已经实施,对合同成立是一个突破,商品房买卖合同又是一个特殊的合同,是适用《司法解释》还是《合同法司法解释二》,在实践中会有争议,律师应谨慎处理,密切关注司法实践的动向。

在合同签订时或签订后,不能有《司法解释》第9条及第8条规定情形,否则开发商要承担已付购付款一倍以下的赔偿责任。

第三章
商品房买卖合同无效情形

第 61 条 一般规定

61.1 概念界定

合同无效,是指合同虽然成立,但因其违反法律、行政法规、社会公共利益而无效。可见,无效合同是已经成立的合同,是欠缺生效要件的合同,是不具有法律约束力的合同,是不受国家法律保护的合同。无效合同自始无效,但部分条款无效,不影响其余部分的效力。

61.2 关于商品房买卖合同无效的相关法律规定

《合同法》第44条、第47条、第48条、第51条、第52条、第54条,《司法解释》第2条、第6条、第9条、第10条等,均对商品房买卖合同无效的认定作出了规定。

61.3 导致商品房买卖合同无效的情形

综合上述法律规定,可以将商品房买卖合同无效的情形归结为以下几类:

61.3.1 商品房买卖合同本身的无效

(1) 一方以欺诈、胁迫的手段订立合同,损害国家利益的;

(2) 恶意串通,损害国家、集体或者第三人利益的,比如,出卖人与第三人恶意串通,另行订立商品房买卖合同并将房屋交付使用,买受人可请求法院确认出卖人与第三人订立的商品房买卖合同无效;

(3) 以合法形式掩盖非法目的的;

(4) 损害社会公共利益的;

(5) 违反法律、行政法规的强制性规定的;

(6) 开发商未取得商品房预售许可证明的;

(7) 当事人约定以办理登记备案为商品房预售合同生效要件,但合同未办理登记备案的。

(8) 开发商在划拨土地上进行商品房开发,未经政府部门批准的,签订的商品房买卖合同无效。

61.3.2 商品房买卖合同被撤销的,自始无效

(1) 因重大误解订立的合同,当事人请求撤销的;

(2) 在订立合同时显失公平的,当事人请求撤销的;

(3) 一方以欺诈、胁迫的手段或者乘人之危,使对方在违背真实意思的情况下订立的合同,受损害方请求撤销的;

（4）出卖人故意隐瞒所售房屋已经抵押、所售房屋已经出卖给第三人，或者有拆迁补偿安置房屋事实，买受人请求撤销的；

（5）限制民事行为能力人订立的商品房买卖合同，在被法定代理人追认之前，善意相对人要求撤销的；

（6）代理人没有代理权、超越代理权或者代理权终止后以被代理人名义订立的合同，在被代理人追认前，善意相对人要求撤销的。

61.3.3 效力待定的商品房买卖合同，未经权利人、被代理人或法定代理人及时追认的为无效合同

（1）限制民事行为能力人订立的商品房买卖合同，未经法定代理人追认的；

（2）代理人没有代理权、超越代理权或者代理权终止后以被代理人名义订立的合同，未经被代理人追认的；

（3）无处分权的人处分他人财产，签订商品房买卖合同，未经权利人追认的。

第62条 律师为开发商提供法律服务的内容

一旦商品房买卖合同被确认为无效，律师可以根据实际情况向开发商提供相应的法律服务，内容如下：

（1）律师首先应帮助开发商分析导致合同无效的原因及责任方，并判断是否可以采取补救措施，以使合同满足生效要件。

（2）若是因开发商原因导致合同无效的，律师应提示开发商注意与买受人进行友好协商，确定具体的赔偿金额，尽量在不涉诉的情况下解决争议，维护开发商的声誉，从而使开发商的利益得到最大范围的维护。

（3）若是因买受人原因导致合同无效的，律师应提示开发商注意证据的收集，并提示开发商注意及时履行催告、告知等义务，协助开发商与买受人友好协商，确定具体的赔偿金额。若协商不能达成一致的，应注意诉讼时效的把握。

（4）商品房买卖合同约定以按揭贷款方式支付房屋价款、且买受人已与银行签订了按揭贷款合同的，律师还应协助开发商妥善处理按揭贷款合同解除后的事宜。

第63条 律师为开发商提供法律服务时的重点内容

63.1 及时采取补救措施，促成合同生效

律师在为开发商提供服务时应注意了解开发商对商品房买卖合同的效力预期，若其希望该合同有效的，则律师应尽力帮助开发商采取相应的补救措施，争取在起诉前使合同满足生效要件。

例如，商品房买卖合同因开发商未取得预售许可证明而无效的，《司法解释》第2条规定："出卖人未取得商品房预售许可证明，与买受人订立的商品房预售合同，应当认定无效。但是在起诉前取得商品房预售许可证明的，可以认定有效。"律师应提示开发商争取在起诉前取得预售许可证明，调查开发商未领取预售许可证明的原因，审查开发商是否符合申领预售许可证明的条件（是否交付全部土地出让金，取得土地使用

权证书；是否持有建设工程规划许可证和施工许可证；投入开发建设的资金是否达到工程建设总投资的 25% 以上，是否确定了施工进度和竣工交付日期等），了解开发商领取预售许可证明是否存在其他法律障碍等。

例如，商品房买卖合同约定合同自向主管部门登记备案之日起生效的，但开发商未及时向有关部门登记备案而导致合同无效的。根据《司法解释》第 6 条规定："当事人约定以办理登记备案手续为商品房预售合同生效条件的，从其约定，但当事人一方已经履行主要义务，对方接受的除外。"律师应仔细了解合同的履行情况，若能使买受人接受开发商交付的房屋，或者使买受人向开发商交付房款的，则合同仍可被认定为有效。

例如，若是因代理人没有代理权、超越代理权或者代理权终止后以被代理人名义订立合同、或者买受人为限制民事行为能力人而导致商品房买卖合同效力待定的，律师应提示开发商及时行使催告权，请求被代理人或者限制民事行为能力人的法定代理人在 1 个月内追认，若该被代理人或法定代理人在规定期限内追认的，该合同有效。

63.2 妥善处理按揭贷款合同的解除事宜

一般来讲，在采取按揭贷款方式支付购房款时，银行除要求以房屋作为抵押外，一般还要求开发商提供保证责任担保。而严格来讲，商品房买卖合同与担保贷款合同是两个不同的法律关系。《司法解释》第 24 条规定："因商品房买卖合同被确认无效或者被撤销、解除，致使商品房担保贷款合同的目的无法实现，当事人请求解除商品房担保贷款合同的，应予支持。"因此，一旦商品房买卖合同被认定为无效，律师应提示开发商及时解除相应的按揭贷款合同，免除其向银行承担的保证责任。同时，还应将收受的购房贷款和购房款的本金及利息分别返还给银行和买受人。

第 64 条 律师为开发商提供法律服务时的风险提示

64.1 律师为开发商提供法律服务时开发商的风险提示

律师应当提示开发商，出卖人即开发商未取得商品房预售许可证明或提供虚假的商品房预售许可证明而与买受人签订的商品房预售合同，应当认定为无效，但在起诉前取得商品房预售许可证明的，可以认定为有效。

律师应当提示开发商，开发商在与买受人签订商品房买卖合同时，故意隐瞒所售房屋已经抵押、所售房屋已经出卖给第三人或者为拆迁补偿安置房屋的事实的，买受人有权要求撤销或解除合同，并可以请求返还已付购房款及利息、赔偿损失以及出卖人承担不超过已付购房款一倍的赔偿责任。

64.2 律师为开发商提供法律服务时自身执业风险提示

律师在为开发商提供法律服务时，首先应全面了解情况，要求当事人提供与纠纷相关的所有材料，在此基础上判断导致合同无效的原因及责任方，并根据开发商对合同效力的预期提供相关的法律服务。

律师在提供服务的过程中，对于应当告知当事人的相关法律风险、注意事项等，应采取书面法律提示意见等方式告知当事人；对需征求当事人意见的事项，应由当事人出具书面的确认意见。

第四章
商品房买卖合同的履行、变更、转让、解除、终止
（本章仅限于合同签订、登记备案之后，商品房交付之前）

第一节 商品房买卖合同的履行

第 65 条　一般规定

65.1　概念

合同的履行，就其实质来说，是合同当事人在合同生效后，全面、适当地完成合同义务的行为。商品房买卖合同的履行，主要是指开发商和小业主按照合同约定行使权利、承担义务的行为，即开发商按照约定时间提供符合质量、面积等要求的商品房，小业主按照约定交付购房款等行为。

65.2　商品房买卖合同履行的基本原则

根据《合同法》第 60 条的规定，在商品房买卖合同履行过程中，当事人一般应遵循以下原则：

（1）全面、适当履行的原则。在商品房买卖合同中，对开发商来说，主要义务是按期交付商品房，包括但不限于按约定的时间、质量、面积、设计要求等交付符合合同要求的商品房；对买受人来说，主要的义务就是按期支付购房款。

（2）诚实信用原则。

（3）公平合理、促进合同履行的原则。

（4）当事人一方不得擅自变更合同的原则。商品房买卖合同中的变更将在合同变更部分详细说明。

65.3　合同履行中条款空缺的法律适用

65.3.1　合同条款空缺的概念

合同条款空缺，是指合同生效后，当事人对合同条款约定有缺陷，依法采取完善或妥善处理的法律行为。根据《合同法》第 61 条的规定，当事人可以协议补充，如不能达成补充协议的，按照合同有关条款或者交易习惯确定。

65.3.2　协议补充、按照有关规定或者交易习惯

协议补充，是指合同当事人对没有约定或者约定不明确的合同内容通过协商的办法订立补充协议，该协议是对原合同内容的补充，因而成为原合同的组成部分。《商品房买卖合同示范文本》（GF—2000—0171）中在正文后有四个附件作为合同的组成部分，涵盖房屋平面图、公共部位与分摊的面积构成说明、装饰、设备标准等，律师在提供

法律服务时,应提示开发商或买受人应对附件加以重视,以避免不必要的麻烦。

合同当事人不能达成补充协议,按照合同有关条款或者交易习惯确定。

65.3.3 合同内容约定不明确,依照《合同法》第61条的规定仍不能确定的,按照《合同法》第62条的规定处理。

65.4 商品房买卖合同履行中的抗辩权

抗辩权是合同法中维护当事人合法权益的重要保障,商品房买卖合同作为众多合同中的一种,也享有《合同法》中的抗辩权。主要表现在以下几个方面:

(1)同时履行抗辩权。法律依据为《合同法》第66条的规定。在商品房买卖合同中,如果是一手交钱,一手交房的,未约定先后顺序的,双方在履行自己的义务前就可以行使相应的同时履行抗辩权。

(2)先履行抗辩权。法律依据为《合同法》第67条的规定。在商品房买卖合同履行过程中,主要存在以下几种先后履行合同的行为:即开发商应取得预售(销售)许可证——买受人支付购房款——开发商交付商品房。这几种行为中,形成了一个有先后顺序的锁链行为,如前一步骤未完成,合同相对方在先履行方要求履行时,可提出相应的抗辩权,以维护自己的合法权益。

(3)不安抗辩权。法律依据为《合同法》第68条的规定。

在商品房买卖合同中,如有一方要行使不安抗辩权,也应遵循不安抗辩权的基本原理。实践中,开发商要行使不安抗辩权,主要是基于买受人因为各种原因可能无法支付购房款;买受人要行使不安抗辩权,主要是基于开发商经营不善,在施工过程中无法支付工程款,导致工程存在烂尾楼的风险,面临可能无法交房的情形。

同时,律师应提示当事人不安抗辩的构成要符合严格的条件,应防止滥用。根据《合同法》第69条的规定,先履行义务一方当事人应负担两项附随义务,即通知义务和举证义务。如果没有充分的证据证明对方不能履行合同而中止自己的履行的,应当承担违约责任,因此,行使不安抗辩权的一方有主张不成立而承担违约责任的危险。

第66条 律师为开发商提供法律服务的内容

在商品房买卖合同的履行阶段,律师可以为开发商提供以下法律服务:

(1)律师应提示开发商:在合同成立、生效后,就应遵循全面、适当履行的基本原则,应严格按照合同约定去履行合同,而不能违反。律师应对双方的商品房买卖合同进行详尽的审查,尤其对合同的实质性内容进行审查,并以法律意见书的形式向开发商说明其在合同中所享有的权利、应承担的法律义务,并提醒其在合同履行中应注意的事项,如确保按期交房、确保面积、质量符合要求,遇到设计变更时该如何履行等。

(2)律师应在尊重事实和法律的基础上,善意解答开发商提出的与商品房买卖合同履行中相关的法律问题并给予合理化建议。

(3)在合同履行中,如发现买受人存在不适当履行合同的情形,律师应及时提示开发商行使必要的权利以维护自己的合法权利,必要时,可为开发商做律师见证等证据保全行为,或接受开发商的委托出具律师函,并收集和保全买受人违约的相关证据,从而对法律事实的真实性、合法性进行确认。

(4)律师可接受开发商的委托,为开发商的合同履行提供全过程的法律服务,审查合同、出具来往函件等,以防范风险于未然。

第67条 律师为开发商提供法律服务时的重点内容

67.1 审查双方签订的合同,主要就商品房买卖合同中开发商所享有的权利、应承担的义务做详细的审查,并以法律意见书的形式向开发商做详尽的讲解。

如就开发商所应承担的义务方面,律师可就交房时间、设计变更等进行详细的说明:

(1)提示开发商应规划好交房时间。由于商品房开发周期长,其中的法律关系复杂,有可能多方面原因影响最终如期交房,故合同中对交房日期的约定尤为重要,而在合同生效后,在履行过程中,律师如发现开发商不能按时交房的,应及时向开发商提出不能按期交房的风险,及时和开发商协商解决方案;如确实是开发商的原因的,应提示开发商及时采取补救措施,力争实现按期交房;如确实无法按期交房的,应提示开发商及时与买受人沟通,以寻求买受人的谅解,并签订补充协议等对交房日期重新做出约定。

(2)提示开发商应严格遵守国家有关商品房的质量规范要求,确保商品房符合质量要求。由于商品房涉及众多购房者的安危,故我国对商品房有严格的质量要求,律师在提供法律服务过程中,应时刻提示开发商严把质量关,如发现开发商所建造的商品房确实存在质量问题,律师应以法律意见书的形式提出该问题的风险,并提示开发商进行整改,以确保最终提供的商品房质量符合要求。

(3)如规划部门批准的规划变更、设计单位同意的设计变更导致影响买受人所购商品房质量或使用功能的,律师应提示开发商在10日内(《商品房销售管理办法》第24条规定),书面通知买受人该项变更,并做好相应的证据保全工作。如买受人回函不同意此项变更,并要求退房的,应及时与买受人结清双方房款,并按合同约定退款;如买受人同意变更而不退房的,应及时与其签订补充协议说明该项变更。

另外,律师应提示开发商在合同履行过程中应控制好商品房的面积、层高,确保商品房符合国家的强制性标准,以避免不必要的风险。

67.2 律师应当做好开发商履约的监督工作,及时向开发商出具相关履约的法律咨询或分析意见,并针对买受人在履行合同过程中的违约情形,代表开发商发出律师函、做律师见证等,以保全和收集买受人的相关违约证据材料。如,针对买受人在履约过程中的主要义务(付款行为),开发商如发现买受人未及时办好按揭款、未及时交付购房款等行为,可委托律师出具相应的催款函等书面文件,并及时邮寄给买受人,确保买受人签收,如有必要,应协助开发商做好公证邮寄,以有效地保全证据。

第 68 条　律师为开发商提供法律服务时的风险提示

68.1　律师为开发商提供法律服务时,应主要针对开发商的主要合同义务进行履约监督,包括但不限于对交房时间、质量、面积等主要义务的监督,如开发商未按合同约定履行时,应及时以法律意见书的形式向开发商指出风险所在,如可能因开发商逾期交房、交付的商品房质量不符合规定、面积差异过大等而导致被买受人要求解除合同,并要求开发商赔偿损失的风险。

68.2　在买受人违约的情形下,律师应代表开发商严格按照合同约定的时间及时出具相应的法律文书,以行使必要的权利,并保存好相应的证据材料。如果发现买受人确实有断供的风险,而无法行使付款义务的,开发商拟动用不安抗辩权解除合同的,律师应以法律意见书的形式提示开发商行使该权利应有相应的证据支持,且有一定的风险。

68.3　如发生设计变更、规划变更等影响商品房使用功能的情形,律师应及时以法律意见书的形式提示开发商应严格在 10 日内,向买受人做出通知等告知义务;如开发商未及时告知,律师应提示开发商,该项设计变更可能因未取得买受人同意而无法实现。

第二节　商品房买卖合同的变更

第 69 条　一般规定

69.1　概念

商品房买卖合同的变更主要指买卖双方因为各种原因,就原合同中包括但不限于房屋的价款、面积、质量、付款方式、交房时间进行的实质性内容的修改、补充和完善。

69.2　商品房买卖合同变更的基本原则

根据《合同法》第 77 条的规定,商品房买卖合同当事人要变更合同,应遵循以下原则:

(1) 自愿、协商一致原则。

(2) 变更的内容应具体明确。如果就变更合同的意思表示没有达成一致,则原合同继续有效,当事人仍应按原协议执行。

(3) 采取书面形式,并进行登记。由于商品房买卖合同是采取书面形式,故合同的变更也应采取书面的形式,并应及时进行登记。

69.3　商品房买卖合同变更的主要原因

根据有关规定,并结合实践,当事人因下列原因可以变更合同:

(1) 因不可抗力使合同部分义务不能履行而变更;

(2) 因当事人违约而变更合同;

(3) 因订立时意思表示不真实而变更。法律依据主要为《合同法》第 54 条;

（4）因当事人自愿而变更合同。这里所说的当事人自愿，是指除上述三种原因之外，当事人在不违反法律规定、不损害国家利益或者社会公共利益的情况下，双方由于其他原因按照意思自治原则变更合同。

69.4 合同变更的主要方式

引起合同变更的法律事实不同则合同变更所适用的方式亦不同。具体说来，合同变更的方式主要有两种：

69.4.1 双方协商一致。法律依据为《合同法》第77条和第78条。

69.4.2 法院或仲裁机关的裁决。通过这种方式变更合同具体包括以下几种情形：

（1）因情势变更的出现，当事人一方可提出延期履行或部分履行的变更要求，但他并不享有单方变更合同的权利。

（2）因可归责于债务人的事由而致原合同没有履行，可以适用裁决的方式予以变更。例如，《民法通则》第108条规定，暂时无力偿还的债务，可以由法院裁决分期偿还。

（3）因重大误解或显失公平或以欺诈、胁迫的手段或者乘人之危，使对方在违背真实意思表示下订立的合同，可裁决变更。法律依据为《合同法》第54条。

69.5 商品房买卖合同有效变更的条件

商品房买卖合同双方形成有效的合同变更，一般应具备以下条件：

（1）当事人之间存在有效的商品房买卖合同，合同的变更是在原合同基础上通过当事人双方协商改变合同的一些内容；

（2）当事人协商一致，即当事人双方对变更合同及合同新内容的确定都同意；

（3）必须有合同内容的变化，即合同内容方面必须有变更，否则不存在合同变更；

（4）合同的变更必须遵守法定的形式，否则合同变更并不生效，在法律没有明确规定的情况下，当事人变更合同的形式可以协商确定，一般要与原合同形式一致。而商品房买卖合同中约定采取登记备案作为合同生效的条件，双方变更合同实质性内容后，应当到相关部门进行登记备案才能最终生效。

69.6 房价涨跌时，合同的变更

开发商与买受人在签订商品房买卖合同后，如果遇到市场形势发生重大变化，导致商品房的价格发生大幅上涨或回落，一方可否要求顺应形势变更或解除合同？律师在提供法律服务时，应认真审查双方签订的合同，看房价涨跌是不是属于合同变更或解除的理由。

如合同对此没有做出明确约定的，导致房价涨跌的事由既不属于不可抗力等情形，又不存在其他可变更或解除合同的情形时，律师应向当事人说明合同是双方的真实意思表示行为，如不存在可变更或解除事由时，一经签订就确实有效，应严格按照合同约定履行，不能随意变更；如确实是属于合同变更或解除事由的，则应协助当事人一方与对方友好协商,维护本方当事人的合法权益。

如当事人提出可借助情势变更原则要求变更合同时,律师在提供法律服务时,应指出情势变更原则在《合同法》中没有规定,但《合同法司法解释(二)》第 26 条规定:"合同成立以后客观情况发生了当事人在订立合同时无法预见的、非不可抗力造成的不属于商业风险的重大变化,继续履行合同对于一方当事人明显不公平或者不能实现合同目的,当事人请求人民法院变更或者解除合同的,人民法院应当根据公平原则,并结合案件的实际情况确定是否变更或者解除。"房价涨跌属于商业风险而不属于情势变更范畴,提示当事人可能存在的风险。

第 70 条 律师为开发商提供法律服务的内容

在商品房买卖合同的变更中,律师可以为开发商提供以下法律服务:

(1) 律师应提示开发商:在合同成立、生效后,就应严格按照合同约定去履行合同,而不能擅自变更。而在发生可能导致开发商无法履行合同,需要变更的情形时,律师应及时向开发商提出,并协助开发商与买受人进行沟通、谈判,按照实际可履行的情形进行必要的变更,并协助开发商进行备案登记。

(2) 律师应在尊重事实和法律的基础上,善意解答开发商提出的与商品房买卖合同变更中相关的法律问题并给予合理化的建议,提示开发商变更合同的风险所在。

(3) 如果实际存在可以通过法院或仲裁机构裁决而要求变更合同的情形时,律师首先应协助开发商收集证据,做好起诉准备;并及时提出变更的请求以维护开发商的合法权益。

(4) 在发生房价涨跌,买受人要求变更房价或要求解除合同时,律师应认真审查商品房买卖合同,如果合同中对此有约定,应严格依据合同约定来解决;如合同没有约定,则律师应代表开发商与买受人进行友好沟通,说明该项事实不属于可变更或解除合同的条件,既然双方已签订合同,就应严格按照合同约定来履行。必要的时候,应予以合理的应诉。

(5) 如律师发现开发商进行了规划变更、设计变更时,应及时以法律意见书的形式提示开发商应严格按法定的时间向买受人通告。

(6) 如律师发现开发商建造的商品房面积、房型与合同约定不符,应以法律意见书的形式提示开发商该行为的风险所在,并提示开发商及时通告买受人,并协助开发商与买受人进行沟通,签订补充协议。

第 71 条 律师为开发商提供法律服务时的重点内容

71.1 律师在接受开发商变更合同的委托后,应要求开发商提供相应的证据以证明确实可以变更合同。在法律和事实依据的基础上,律师根据规定,以法律意见书的形式给开发商提供一个切实可行的变更方案,以妥善解决因实际情况变化而导致原合同不能履行的风险;并说明该项变更可能存在的风险,以供开发商在做最终决策时参考。

71.2 开发商如最终决定变更的,律师应在征询开发商的意见后,起草初步的补充协议,以反映开发商的变更请求,并协助开发商与买受人沟通、谈判,参与签署最终的变更协议。

71.3 在签署变更协议后,律师应及时提醒开发商进行备案登记,以确保变更后的合同的效力。

71.4 在合同履行过程中,律师如发现有合同变更情形(如不可抗力致使合同部分不能履行的;买受人存在违约、欺诈行为的),而如果变更原先的合同,也的确更有利于开发商,律师应及时向开发商提出自己的合理化建议。

第72条 律师为开发商提供法律服务时的风险提示

72.1 在发生设计变更、规划变更、面积、房型调整时,律师应以法律意见书的形式提示开发商应将该项变更及时告知买受人,并提示开发商擅自变更的风险,以及应对该变更的措施。

72.2 在发生房价上涨,开发商要变更(或解除)合同时,律师应提醒开发商该行为可能存在无法实现的风险,以及可能遭受的其他风险;而在房价下跌,买受人要求变更或解除合同时,律师应提醒开发商可采取的措施以及风险所在。

72.3 律师应提示开发商如因买受人存在违约事由,开发商如变更合同,应及时提出,并经买受人同意,并以法律意见书形式提出变更中可能存在的风险。

第三节　商品房买卖合同的转让

商品房买卖合同的转让,在现实中主要有现房转让和预售商品房转让两种。而对预售商品房能否进行再转让,由于实践中对此存有较大的争议,该转让可能存在无法取得物权的法律风险,本操作指引只对现实中切实合法有效的行为进行论述,故在此只就基本概念和相关规定做简单的介绍,对此争议问题暂不详细展开论述。

第73条 相关概念

根据《商品房预售管理办法》第2条规定,商品房预售是指房地产开发企业将正在建设中的房屋预先出售给买受人,由买受人支付定金或房价款的行为。

第74条 预售商品房再转让的法律依据

《城市房地产管理法》第46条规定:"商品房预售的,商品房预购人将购买的未竣工的预售商品房再行转让的问题,由国务院规定。"但国务院至今尚未对此作出规定。

而2005年4月30日,建设部、发改委、财政部、国土资源部、人民银行、税务总局、银监会七部委联合发布了《关于做好稳定住房价格工作的意见》,其中第7条规定:"禁止商品房预购人将购买的未竣工的预售商品房再行转让。在预售商品房竣工交付、预购人取得房屋所有权证之前,房地产主管部门不得为其办理转让手续;房屋所有权申请人与登记备案的预售合同载明的预购人不一致的,房屋权属登记机关不得为其办理房屋权属登记手续。"该规定出台后,各地纷纷制定相应政策严禁预售商品房的再转让。

预售商品房的再转让存在无法取得物权的法律风险。律师在提供法律服务时应调查清楚当地房地产权属登记部门的相关规定,并向当事人提出该转让的风险所在。

第四节 商品房买卖合同的解除

第75条 一般规定

75.1 合同解除的概念及基本方式

合同解除,是指合同有效成立后,当具备合同解除条件时,因当事人双方或者一方的意思表示而使合同关系自始消灭或者将来消灭的一种行为,包括协议解除、约定解除、法定解除三种方式。

实践中,应注意合同解除的法定事由,详见《合同法》第94条。从这法定的5种情形看,我国对解除合同的法定条件是严格限制的,主要是"违约方不履行主要债务"或者"使合同目的不能实现"的根本违约行为。

75.2 商品房买卖合同解除的主要情形

除我国《合同法》规定的法定事由外,《司法解释》第8条、第9条、第12条、第13条、第14条、第15条、第19条、第23条等,《商品房买卖合同示范文本》、《商品房销售管理办法》等规范性文件也对合同双方的解除权进行了明确规定。具体为:

75.2.1 开发商可以解除合同的主要情形

(1)买受人迟延支付购房款,经催告后在3个月的合理期限内仍未履行;

(2)非因开发商原因致使买受人未能办理按揭款,导致合同无法实际履行的;

(3)其他情形。

75.2.2 买受人可以解除合同的主要情形

(1)开发商擅自变更规划设计。《商品房买卖合同示范文本》(GF—2000—0171)第10条规定:"开发商未在规定时限内通知买受人的,买受人有权退房;买受人退房的,由开发商承担违约责任。"

(2)商品房面积误差过大。指商品房预售合同中的约定面积与进行产权登记的实际面积产生误差。如果商品房买卖合同中有约定的则按照约定处理,未约定处理方式的,依据《商品房销售管理办法》第20条的规定,面积误差比绝对值超出3%时,买受人有权选择退房。买受人选择退房,开发商应当在买受人提出退房之日起30日内将买受人已付清的房价款退还给买受人,同时支付已付房价款利息。

(3)开发商迟延交房。指开发商没有按照合同约定的交房时间交付。买受人与开发商应在商品房预售合同中明确约定交房时间,若开发商未能在约定期限交付,买受人有权要求开发商退房,并依照合同约定的金额支付延期违约金。如果开发商迟延交付房屋,经催告后在3个月的合理期限内仍未履行,买受人有权要求解除合同;法律没有规定或者当事人没有约定,经对方当事人催告后,解除权行使的合理期限为3个月;如买受人没有进行催告的,应当在解除权发生之日起1年内要求解除购房合同,否则,解除权消灭。(详见《司法解释》第15条)

(4) 商品房质量问题。指开发商交付的房屋应当是验收合格的商品房。如因房屋主体结构质量不合格不能交付使用,或者房屋交付使用后,房屋主体结构质量经核验确属不合格,买受人有权要求解除合同和赔偿损失。买受人应先向工程质量监督单位申请重新核验,如果确属主体结构质量不合格,开发商应当办理退房手续,返还购房款,并应就房屋主体结构质量不合格给买受人造成的损失予以赔偿。另外,如因房屋质量问题严重影响正常居住使用,买受人也有权要求解除合同和赔偿损失。(详见《司法解释》第12条、第13条)

(5) 购房者无法取得房屋。指商品房买卖合同订立后,出卖人未告知买受人又将该房屋抵押或出卖给第三人,导致商品房买卖合同目的不能实现的,无法取得房屋的买受人可以请求解除合同、返还已付购房款及利息、赔偿损失,并可以请求出卖人承担不超过已付购房款一倍的赔偿责任;另外,出卖人与第三人恶意串通,另行订立商品房买卖合同并将房屋交付使用,导致买受人无法取得房屋,买受人也有权解除合同。

(6) 开发商故意隐瞒真相。指开发商故意隐瞒没有取得商品房预售许可证明的事实或者提供虚假商品房预售许可证明;故意隐瞒所售房屋已经抵押、出卖给第三人或为拆迁补偿安置房屋的事实,导致合同无效或被撤销、解除的,买受人可请求返还已付购房款及利息、赔偿损失,并可以要求开发商承担不超过已付购房款一倍的赔偿责任。(详见《司法解释》第9条)

(7) 因非属于买受人的原因导致按揭贷款申请未获批准。指"商品房买卖合同约定,买受人以担保贷款方式付款,因当事人一方原因未能订立商品房担保贷款合同并导致商品房买卖合同不能继续履行的,对方当事人可以请求解除合同和赔偿损失。因不可归责于当事人双方的事由未能订立商品房担保贷款合同并导致商品房买卖合同不能继续履行的,当事人可以请求解除合同,出卖人应当将收受的购房款本金及其利息或者定金返还买受人。"(详见《司法解释》第23条)

(8) 因开发商原因延迟办理房产证的。指商品房买卖合同约定或者《城市房地产开发经营管理条例》第33条规定(即"预售商品房的购买人应当自商品房交付使用之日起90日内,办理土地使用权变更和房屋所有权登记手续;现售商品房的购买人应当自销售合同签订之日起90日内,办理土地使用权变更和房屋所有权登记手续")的办理房屋所有权登记的期限届满后超过1年,由于出卖人的原因,导致买受人无法办理房屋所有权登记,买受人有权请求解除合同和赔偿损失。(详见《司法解释》第19条)

(9) 其他情况。主要指所购买的商品房因违反了法律禁止性规定而无效,如因司法机关依法查封或者以其他形式限制商品房权利的;属于共有房产,签订购买协议未经过其他共有人书面同意的;合同约定的其他情形(如双方可约定商品房套型误差超过约定范围的,买受人可解除合同)。

75.3 商品房买卖合同解除权的行使和期限

根据《合同法》第96条的规定,如果一方当事人行使解除权,应通知对方,该"通知"包括声明、要求、请求或其他任何意图的表达,通知在送达对方当事人时即生效,如对方当事人有异议的,提出请求解除合同的一方可请求法院或仲裁机构确认。

根据《合同法》第95条规定,解除权的行使是有期间限制的。《司法解释》第15条第2款是对商品房买卖合同解除权行使期限的规定,该款规定:"法律没有规定或者当事人没有约定,经对方当事人催告后,解除权行使的合理期限为3个月。对方当事人没有催告的,解除权应当在解除权发生之日起1年内行使;逾期不行使的,解除权消灭。"即,如果对方当事人在解除权发生之日起的1年内进行催告,仍应再延长3个月,解除权人未行使解除权的,解除权消灭。律师在提供法律服务时,应准确把握这一点。

75.4 商品房买卖合同解除的法律后果

商品房买卖合同解除后的处理见《合同法》第97条规定。

同时《司法解释》就商品房买卖合同的解除也规定了相应的法律责任,并且对于开发商恶意侵犯买受人合法权益的行为,采取了更为严厉的损害赔偿,即买受人不仅可请求解除合同、返还已付购房款及利息、赔偿损失,并可以请求开发商承担不超过已付购房款的一倍的赔偿责任。这五种惩罚性损害赔偿的情形见《司法解释》第8条,第9条等相关规定。

对于其他的解除事由,《司法解释》并未授予买受人请求惩罚性损害赔偿的权利,这也是为了更好地发挥惩罚性损害赔偿制度的应有功能,有利于准确地制裁和遏制欺诈、恶意毁约等摒弃诚实信用原则、严重损害市场交易安全的行为,维护守约方的合法权益,促进社会诚信制度的确立。

第76条 律师为开发商提供法律服务的内容

(1)参照第60条的内容。

(2)如发现买受人未能按约定时间办理按揭款,或者存在迟延支付购房款的行为,律师应提醒开发商及时进行书面催告,并要求买受人签收或保存邮寄送达的凭证,必要时,应进行公证邮寄;经催告后,如果买受人在约定的时间内,仍未能及时支付购房款,应提示开发商可以行使合同解除权以维护自己的合法权益。在提示开发商行使解除权的同时,律师应根据事实和法律,对整起事件进行详细的分析,并列明行使解除权的利弊、风险所在,以供开发商决策时参考。

(3)律师如发现开发商在合同履行过程中存在违法、违约行为,有导致被解除合同的风险时,应及时提示开发商该行为的利害所在,并及时按法律规定进行修正,确保开发商的行为符合法律规定,符合合同约定。

（4）在买受人提出解除合同的请求时，律师接受开发商的委托后，应及时对买受人请求的依据进行实质性的审查，并及时进行回复，协助开发商与买受人进行友好协商，将开发商的损失减少到最低限度。

（5）参与双方解除合同的谈判，将开发商的损失降低到最小限度。

第 77 条 律师为开发商提供法律服务时的重点内容

77.1 律师接受开发商的委托后，应及时对商品房买卖合同进行全面细致的审查，对可能导致买受人解除合同的情形进行详细的分析，并以法律意见书的形式进行说明，以使开发商对合同解除方面有个全面的了解，防范风险于未然。就合同解除方面的法律意见主要应涵盖以下内容：应依据《合同法》、《司法解释》、《商品房销售管理办法》和双方之间的合同进行分析，明确说明买受人可以解除合同的情形、开发商可以解除合同的情形，以及该如何行使合同解除权，解除权行使的期限，合同解除的法律后果，合同解除可能存在的风险等。

77.2 在发生开发商可以借助解除合同来获取更大利益的时候，律师应及时向开发商提出建议，供其参考。而在买受人提出解除合同的请求时，律师对买受人请求的依据进行审查时，应不仅仅局限于形式上的审查，更应注重实质性条件的审查。具体说来，就是对解除所依据的事实应进行综合衡量，是不是符合合同约定，是不是符合法律规定的解除条件。审查后，应及时回复，并向开发商提出合理化的建议，以应对可能因解除合同而带来的风险。

第 78 条 律师为开发商提供法律服务时的风险提示

78.1 律师应提示开发商严格按照合同约定履行，尤其应按合同约定的时间交房，建造符合约定的面积、质量、设计、规划等要求的商品房，并在办理预售时取得预售许可证，不得隐瞒商品房存在抵押等情形，如有上述情形，提示开发商可能面临解除合同的法律风险。

78.2 如发生买受人未能按期支付购房款等违约行为时，开发商拟行使合同解除权时，律师应提示开发商该行为的风险，并提供一个切实可行的有效方案。

第五节 商品房买卖合同的终止

第 79 条 一般规定

79.1 概念

商品房买卖合同的终止是指已经合法成立的商品房买卖合同，因法定原因、一方或双方的行为，终止其法律效力，合同规定的当事人的权利义务关系归于消灭的行为。

79.2 商品房买卖合同终止的原因

根据《合同法》第 91 条的规定，在商品房买卖合同中，合同终止的情形主要有以下几种：

（1）买卖双方已按约定履行完相应义务，即买受人按约付款，开发商按约交房、并办理产权证；

（2）解除合同；

（3）双方协商一致；

（4）其他情形，如不可抗力等。

79.3　合同终止后的义务

详见《合同法》第92条的规定。

79.4　合同解除与合同终止的区别

根据《合同法》第91条的规定，合同解除是合同终止情形中的一种。根据定义来看，二者极为相似，即都发生债权债务关系归于消灭的效力。但是合同解除与其他类型的合同终止还是有区别的，其区别主要在：

（1）二者的效力不同。合同的解除既能向过去发生效力，使合同关系溯及既往地消灭，发生恢复原状的效力，也能向将来发生效力，即不发生溯及既往的效力。而合同的终止只是使合同关系消灭，向将来发生效力，不产生恢复原状的效力。

（2）二者适用的范围不同。合同解除通常被视为对违约的一种补救措施，是对违约方的制裁，因此，合同的解除一般仅适用于违约场合。合同解除之外的合同的终止主要是适用于非违约的情形，如合同因履行、双方协商一致、抵消、混同等终止，由此可见，合同终止的适用范围要比合同解除的适用范围广。

第80条　律师为开发商提供法律服务的内容

80.1　律师应根据事实和法律，对开发商在合同履行过程中提出的疑问予以善意的解答，并就是否可终止合同提出自己的合理化建议，供开发商决策时参考。

80.2　协助开发商与买受人进行友好协商，参与合同的起草、谈判，确保合同顺利终止，维护开发商的合法权利。

第81条　律师为开发商提供法律服务时的重点内容

81.1　针对合同终止这一合同履行过程中的重要一环，律师应对双方终止事由进行详尽的审查，在分析、审查双方依据的基础上，出具一份法律意见书，向开发商说明合同终止的可行性及终止合同可能带来的风险，提出自己的合理化建议。

81.2　律师应认真审查合同终止的事由，告知开发商合同终止的事由有合同约定的事由、不可抗力或双方合意。如果是正常合同履行完毕的终止，应明确双方已经按约履行合同，对双方合同终止后的义务进行进一步的约定，以确保后续工作的顺利进行；如果是一方违约而导致合同终止的，应认真审查违约行为是否可以终止，并就违约责任的承担进行约定。如是双方合意或因不可抗力终止的，应协助开发商与买受人进行友好协商，签订终止协议对双方的后续事项进行明确约定。

第 82 条　律师为开发商提供法律服务时的风险提示

82.1　律师如发现开发商要终止合同,应结合法律规定及双方之间的合同约定,对其终止事由进行详尽的审查,以法律意见书的形式提示开发商终止合同的风险、后续应该做的事项及如何应对的方案。

82.2　律师应提示开发商在合同已经履行完毕的时候,如进行交房时,双方应签订必要的移交手续,以预防可能存在的风险。

第五章
律师提供法律服务时不同类型商品房的区分及要点

第 83 条　一般规定

商品房一般可分为以下类型:

(1) 住宅,是指专供居住的房屋。

(2) 商住,主要是指建筑体本身同时具有住宅和商业用途的商品房。

(3) 纯商铺,是指经营者为顾客提供商品交易、服务及/或感受体验的场所。

(4) 酒店式公寓,是一种提供酒店式管理服务的公寓,集住宅、酒店、会所多功能于一体,具有"自用"和"投资"两大功效,但其本质仍然是公寓。酒店式公寓是既吸收了星级酒店较好的服务功能和管理模式,又吸收了住宅、写字楼的某些特点,既可居住,又可办公的综合性物业。

(5) 办公用房,是指供各种政府机构的行政管理人员、企事业的职员和个人等办理行政事务和从事商务活动的楼宇,通常又称写字楼。

(6) 工业用房,是指独立设置的各类工厂、车间、手工作坊、发电厂等从事生产活动的房屋。

不同类型的商品房在买卖时有一定的特殊性质,律师在提供法律服务时应当注意。

第 84 条　律师为开发商提供法律服务的内容

84.1　土地使用年限不同。根据法律规定,房屋使用性质不同,其附属的土地的使用年限也不同,因此,根据不同的商品房类型,其商品房用地使用年限一般为:住宅用地年限为 70 年,纯商铺即商业用地年限为 40 年,商住、酒店式公寓、办公用房及工业用房用地年限为 50 年。

84.2　律师应提示开发商不同的商品房类型有不同的质量标准、结构标准,应严格按照国家、行业标准,建造符合标准的商品房。在涉及不同类型商品房之间的变更时,律师应提示开发商取得相应的规划变更手续。

84.3 律师应提示开发商在商品房销售广告中应正确表明商品房类型,具体为住宅、商住两用、纯商铺或酒店式公寓、办公用房、工业用房或其他类型。

84.4 律师应提示开发商如果改变商品房类型的,必须办理预售许可证变更手续及相关变更手续。

84.5 产权证分割。产权证登记册上记载为一个权属的包括但不限于酒店式公寓、商铺、办公用房,不能进行实体分割,买受人也不能取得单独的产权证。而这种不能办理"小产权证"的楼盘,由于违背物权法一物一权的原理,买卖合同无效,买受人也无法取得物权。

84.6 律师应提示开发商注意不同类型的商品房对于包括但不限于预售许可证取得的条件、交房的条件,并结合审查当地的有关行政规定,及时出具法律意见书予以阐明。

84.7 律师应提示开发商不同类型的商品房契税标准有所区别。

第 85 条 律师为开发商提供法律服务时的重点内容

85.1 律师提示开发商商品房类型发生变更时开发商应当重新办理规划及预售许可证变更手续。

85.2 商品房买卖合同签订后,律师如发现土地实际的使用性质与合同约定不符,导致使用年限不符合约定的,律师应及时提示开发商对此加以重视,协助开发商与买受人进行沟通、谈判,以签订补充协议,使之符合法律规定。

第 86 条 律师为开发商提供法律服务时的风险提示

86.1 应提示开发商不同类型的商品房买卖合同中,应分别加以区分并明确。

86.2 开发商对商品房类型进行变更时,律师必须就变更涉及的行政手续及民事法律后果出具详尽的法律意见书,以供开发商决策时参考。

86.3 产权证登记册上记载为一个权属的包括但不限于酒店式公寓、商铺、办公用房,不能进行实体分割,买受人也不能取得单独的产权证,不能够进行预售与出售。

第六章
商品房买卖合同中的按揭

第 87 条 一般规定

在目前我国房地产开发经营中,开发商通过购房者申请按揭贷款来支付购房款从而及时回笼资金的情况极为普通。银行按揭涉及开发商、购房者和按揭银行三方(有时还有保险公司作为第四方),程序较为复杂,开发商和购房者都有必要请熟悉银行按揭内容的律师予以帮助。

87.1 按揭的概念

"按揭"一词并非法律用语,且从未被任何法律、行政法规等规范性文件采纳,《司法解释》也未使用这一用语。

本操作指引所称的按揭,指不能或不愿一次性支付房款的购房者(即商品房买受人)向提供贷款的银行(即按揭银行)提出申请,由购房者将其与开发商(即商品房出卖人)所签订的商品房买卖合同项下的合同权益质押(经常被叫做抵押)于按揭银行,或将其因与开发商所签订的商品房买卖合同而取得的商品房抵押于按揭银行,按揭银行将一定数额的借款贷给购房者并以购房者名义将借款交由开发商用于支付房款的行为。

一般认为,"按揭"一词是从香港传至内地的,它是英语中"mortgage"的意译与音译的混合体。在中国古代,"按"有押的意义,从字面上来看,按与押都有压住不动的含义,即将一定的物从其他物中分离出来,专门为特定的债权担保;"揭"实际上是mortgage一词的后半部分(gage)的音译。因此,将 mortgage 译为按揭。

在现房交易时,购房者在签订商品房买卖合同后即可取得现实的房屋,同时可以办理房屋所有权转让手续,此时购房者将现实的房屋抵押给按揭银行,完全符合我国《物权法》第 180 条第 1 款第 1 项的规定,按揭银行可以办理抵押权登记后取得房屋他项权证,按揭银行取得完整的抵押权。

然而,目前我国绝大多数开发商是在商品房预售过程中展开按揭服务的,在购房者与开发商签订商品房预售合同并支付全部购房款后,开发商并不能现实地向购房者交付所购的商品房,购房者此时仅享有合同约定的请求开发商交付房屋的请求权,换言之,购房者仅享有债权,而并未取得物权。在此情形下,即使购房者与按揭银行签订抵押合同,购房者只是将合同项下的请求权抵押给银行(严格来讲,权利只能是质押的客体,而不是抵押的客体),对于这类抵押的法律属性,学界有不同的解释,但没有一种解释是完整并符合我国现行法律制度的。但是,根据我国《物权法》第 20 条的不动产预告登记制度和建设部《房屋登记办法》第 67 条、第 71 条的规定,购房者和按揭银行可以申请预购商品房抵押权预告登记,为按揭银行对购房者在商品房预售合同项下的合同权利具有优先受偿权提供了法律依据。

87.2 银行按揭的基本步骤

(1)按揭银行与开发商签订按揭贷款合作协议书,按揭银行承诺针对开发商某一特定的房地产开发项目的购房者,向符合特定条件的购房者提供贷款,由购房者将所购房产抵押给银行,开发商向银行提供担保,保证在购房者未能按期偿还银行贷款时,由开发商代购房者向银行偿还借款。

(2)申请按揭贷款的购房者向按揭银行提出申请,递交各类证明文件。

(3)按揭银行对申请者进行资信审查,对合格的购房者予以批准,发给同意贷款书或按揭贷款承诺书。

（4）开发商与购房者签订商品房买卖合同，购房者付清首付款，并取得交纳购房款的凭证。

（5）按揭银行与购房者签订按揭贷款合同，按揭贷款合同包括购房借款和抵押两部分内容，部分银行并未将这两部分内容写入同一份合同，而是分别订立购房贷款合同和抵押合同。

（6）开发商、购房者和按揭银行一起持相关证明文件以及商品房买卖合同和按揭贷款合同到房屋登记机构办理登记手续，开发商与购房者办理房屋所有权转移登记，购房者取得房屋所有权证（购房者还另行取得国有土地使用权证），购房者与按揭银行办理房屋抵押登记，按揭银行取得房屋他项权证，银行的抵押权成立。

（7）按揭银行抵押权成立后，按揭银行向购房者放款，并将此款拨入开发商在按揭银行开立的账户，开发商收到此笔款后，视为购房者已交纳房款，给购房者开具房款发票。

（8）购房者在按揭银行同时开立还款账户，根据按揭贷款合同约定的方式，按期向该账户还本付息，直至全部还清贷款，再与银行办理解除抵押手续。

以上是开发商销售现房的情况。但大多数的开发商是在预售房屋，所以上述步骤在预售房屋时便有所不同：

在第（4）步中，开发商与购房者签订的是商品房预售合同，购房者付清首付款后，先办理商品房预售合同备案登记，然后再办理预购商品房预告登记，并取得预购商品房预告登记证明；

在第（6）步中，按揭银行与购房者持按揭贷款合同、抵押合同和预售商品房预告登记证明前往房屋登记机构接受预购商品房抵押权预告登记，银行取得预购商品房抵押权预告登记证明。

开发商的商品房竣工后，开发商与购房者一起办理房屋所有权转移登记手续，购房者取得房屋所有权证和国有土地使用权证，此时可以将预购商品房抵押权预告登记转为房屋抵押权登记。

87.3 按揭贷款合作协议书的主要内容

按揭贷款合作协议书是开发商与按揭银行就按揭银行向开发商的潜在购房者提供按揭贷款服务的约定。由于该协议书内容大多为意向性的，对当事人双方的拘束力并不十分严格，对其中有关开发商担保的内容，按揭银行在与特定的购房者订立按揭贷款合同时，会要求开发商另行出具相关的法律文书，由开发商对各特定购房者的债务提供担保。

按揭贷款合作协议书签订时，并不要求开发商具备商品房预售条件，即在开发商取得商品房预售许可证之前，双方就可以签订合作协议书。但是，按揭银行发放按揭贷款，必须是开发商取得商品房预售许可证之后才可以进行。注意：有些银行为防范风险，对非住房按揭贷款发放的时间较为苛刻，例如，要求开发商取得商用房的产权证后才发放按揭贷款,这实质上已限制了开发商对期房的预售。

按揭贷款合作协议书的主要内容包括：

(1) 商品房抵押贷款额度

指按揭银行对开发商的某一特定房地产开发项目可以提供按揭贷款的授信额度,即按揭银行向该项目全部符合条件的购房者发放贷款的总额。

注意:该条款对银行并无绝对的拘束力,因为银行不是向开发商发放贷款,而是向各个单一的购房者发放贷款,购房者必须经银行审查,银行如要减少授信规模,可以通过加严审查标准等方法即可达到其目的。

(2) 购房者首付比例和借款期限

在按揭贷款购房模式下,购房者向开发商支付购房款包括两个部分,第一部分是购房者自有资金,该资金由购房者在与取得按揭贷款前先行支付给开发商,第二部分是购房者从按揭银行取得的贷款。首付比例指购房者先行支付给开发商的自有资金。影响首付比例的因素包括银行授信额度和中央银行信贷政策,即使在银行与开发商的合同中约定了首付比例下限,在合作协议的履行过程中出现中央银行金融政策调整,按揭银行仍必须严格遵守中央银行的金融政策而调整首付比例,这不属于银行违约行为,但对开发商的销售会产生重大影响。

由于开发商不是借款人,在合同协议中一般只约定首付比例的下限和借款期限的上限,由按揭银行与购房者在按揭贷款合同中约定最终的首付比例和借款期限。

(3) 开发商的保证

银行要求开发商对购房者的按揭贷款合同提供连带责任保证。保证分为全程性保证和阶段性保证。

全程性保证是指开发商对自按揭贷款合同生效之日起到购房者全部还清借款本息止的购房者全部债务提供保证。这种保证形式多在按揭内容兴起的初期,现已不再普遍。

阶段性保证指开发商仅对自按揭贷款合同生效之日起到购房者取得房屋所有权证、办妥抵押权登记并将房屋他项权证及其他相关资料凭证交银行保管之日止的购房者应还借款本息提供保证。这是目前普遍的做法。

(4) 开发商回购责任和竞拍责任

这两种责任是在按揭银行处分抵押物时开发商应承担的责任,其实质仍为开发商的担保责任。

回购指的是,按揭银行在购房者不能按约归还借款本息时,由开发商以不低于借款人(即购房者)未清偿债务总额的价格回购抵押物,并将回购款打入银行指定账户或由银行直接在开发商银行账户中扣划。

竞拍指的是,在银行以公开拍卖方式处分抵押物时,开发商必须无条件参加竞拍,竞拍时应提供不低于借款人(即购房者)未清偿债务总额的报价,否则当拍卖因低于保留价而致流拍时,由开发商承担回购责任。

(5) 银行监管

按揭银行要求开发商在该银行开立专用存款账户,开发商应将其向购房者收取的定金、购房款、费用等款项通过该账户结算,银行有权对该账户的资金使用进行监督。这种做法可以有效防止开发商挪用资金,保证未完成工程顺利竣工交付,保护购房者的利益,最终保障按揭银行自身的利益,即可以现实地取得对竣工商品房的抵押权。

(6) 在建工程保险

在合作的房地产未竣工验收前,银行要求开发商办理在建工程建筑保险,保险金额不低于开发商的售楼总价,若上述房产未竣工验收就遭损毁,开发商可以向保险公司理赔,从而保证银行可以收回预售房屋借款。

87.4 按揭贷款对象和条件

根据中国人民银行《个人住房贷款管理办法》第 5 条的规定,借款人须同时具备以下条件:

(1) 具有城镇常住户口或有效居留身份;

(2) 有稳定的职业和收入,信用良好,有偿还贷款本息的能力;

(3) 具有购买住房的合同或协议;

(4) 不享受购房补贴的以不低于所购住房全部价款的 30% 作为购房的首期付款;享受购房补贴的以个人承担部分的 30% 作为购房的首期付款。

(5) 有贷款人认可的资产作为抵押或质押,或有足够代偿能力的单位或个人作为保证人;

(6) 贷款人规定的其他条件。

不同的银行会对贷款申请者另外再制定一些限制性条件,例如,银行要求借款人为年满 18 周岁的完全民事行为能力人,未满 18 周岁仍需要办理贷款的由银行进行特别审核。

值得注意的是,上述规定在特定情况下有所突破。例如,申请者的首付比例也可以下降为 20%(例如根据银发[2007]359 号通知,对购买首套自住房且套型建筑面积在 90 平方米以下的,贷款首付款比例可以为 20%),申请者若无城镇常住户口但有稳定职业和收入也可以申请按揭贷款。

按揭贷款申请者在向银行提出申请时应提交相关的身份证明文件,包括:

(1) 申请人及配偶的身份证件(居民身份证、户口簿或其他有效居留证件);

(2) 婚姻状况证明(已婚的出具结婚证、离婚的出具离婚证、未婚的出具当地户籍管理机关的证明);

(3) 家庭收入证明(有稳定职业出具加盖单位公章的收入证明及银行发放工资的流水账单、个体工商户可以出具银行结算账户的资金往来流水账单);

(4) 个人重大财产权属证书或证明。

87.5 按揭贷款合同与商品房买卖合同的关系

个人申请按揭贷款,需要与按揭银行签订一份按揭贷款合同,该合同约定购房者从按揭银行取得用于支付购房款的借款并按照约定方式归还借款本息的合同。

对按揭贷款合同与商品房买卖合同(或商品房预售合同)之间的关系,目前存在不同的认识。第一种意见认为,两者之间存在主从关系,即商品房买卖合同为主合同,按揭贷款合同为从合同。第二种意见认为,两个合同之间并非主合同与从合同的关系。根据《司法解释》第 24 条的规定,认为两个合同紧密联系但又相互独立,显然是采用了上述第二种意见。该司法解释规定,因商品房买卖合同被确认无效或者被撤销、解除,致使按揭贷款合同的目的无法实现,当事人请求解除按揭贷款合同的,应予支持。换言之,商品房买卖合同被确认无效或者被撤销、解除,并不能直接认定按揭贷款合同对合同当事人双方失去拘束力,还应由当事人完成解除按揭贷款合同这一程序。

此外,购房者与开发商签订商品房买卖合同或商品房预售合同后,如果购房者未能与按揭银行签订按揭贷款合同,无法取得按揭贷款用于支付购房款,购房者并不当然地可以解除商品房买卖(预售)合同。《司法解释》第 23 条规定,因开发商或购房者一方原因未能订立按揭贷款合同的,对方当事人可以解除商品房买卖合同;因不可归责于当事人双方的事由未能订立按揭贷款合同的,当事人可以解除商品房买卖合同。

87.6 按揭贷款合同的主要内容

按揭贷款合同除了具备一般贷款合同的主要内容外,还有一些按揭贷款特定的内容:

(1)借款金额。借款金额是按揭贷款合同最主要的内容,由购房款总额和首付款额两个因素决定,即:

$$借款金额 = 购房款总额 - 首付款额$$

首付款额通常以其所占购房款总额的比例加以确定,即所谓的首付比例,一般为 30% 以上。在开发商与银行的按揭贷款合作协议中会约定一个最低的首付比例,具体比例由购房者根据其自身的现款状况和偿还能力进行选择,银行对购房者进行审核予以批准。

由于商品房按揭贷款涉及银行金融信贷规模,国家可以通过限制购房者的首付比例对银行信贷加以控制,例如,2007 年 9 月 27 日中国人民银行、中国银行业监督管理委员会《关于加强商业性房地产信贷管理的通知》(银发[2007]359 号)中就规定,对购买首套自住房且套型建筑面积在 90 平方米以下的,贷款首付款比例不得低于 20%;对购买首套自住房且套型建筑面积在 90 平方米以上的,贷款首付款比例不得低于 30%;对已利用贷款购买住房、又申请购买第二套(含)以上住房的,贷款首付款比例不得低于 40%,贷款利率不得低于中国人民银行公布的同期同档次基准利率的 1.1 倍。因此,购房者在决定首付比例时,还应密切关注购房时相关的信贷政策。

(2)借款期限。借款期限最长不超过 30 年。由于借款期限通常受到每期还款额的影响,银行会对购房者提出的借款期限进行审核。另外,银行还会考虑购房者的年龄因素,因为借款期限过长超过购房者的退休年龄,银行会担心购房者将失去还款能力,因此,有些银行会有限制性规定,例如:年龄与按揭年限之和男性不超过 60 岁,女性不超过 55 岁。

(3)借款利率。借款利率可以由按揭银行在中央银行准许的范围内自行确定,更常见的方式是在中央银行的同期同档次基准利率基础上确定上浮或下浮的比例,以此确定借款利率。

由于按揭贷款合同中借款期限一般都比较长,合同双方还应约定在这漫长的还款过程中,借款利率是否可以调整。当事人双方可以约定:

① 变动利率,即借款利率按照约定的定价方式和变动周期随中央银行的基准利率变化而相应调整,分段计息。

② 固定利率,即一旦在订立按揭贷款合同时确定了借款利率,今后不论中央银行是否调整贷款基准利率,当事人双方约定的借款利率均不作变动。这种情况较为少见,一般出现在借款期限短的场合。

③ 组合方式,将变动利率与固定利率组合,或分阶段固定利率组合等。

(4)借款归还方式。在通常情况下,按揭银行会提供多种还款方式让购房者选择,这些方式包括:

① 等额本息偿还法:还款期内,每月以相等的数额归还借款本金和利息。这是最常用的方式,但若采用浮动利率的,每期的还款额度会因利率的变动而发生变化。

② 等额本金偿还法:还款期内,每期等额归还借款本金,并同时付清当期未归还本金所产生的利息,可以按月还款或按季还款。

③ 到期还本法:借款本金一次性归还,借款利息可以一次性在借款到期日同本金一并归还,也可以按约定的周期归还,此方式仅适用于期限小于或等于 1 年的短期借款。

④ 等额本金递增还款法:还款期内,同一还款年度(即放款当月至次年的对应月)内各月本金还款额相等,后一还款年度内每月的本金还款额大于前一年度的月本金还款额的约定金额,在此基础上计算出每期的还款本息额。

⑤ 等额本金递减还款法:还款期内,同一还款年度(即放款当月至次年的对应月)内各月本金还款额相等,后一还款年度内每月的本金还款额小于前一年度的月本金还款额的约定金额,在此基础上计算出每期的还款本息额。

⑥ 等比本金递增还款法:还款期内,同一还款年度(即放款当月至次年的对应月)内各月本金还款额相等,后一还款年度内每月的本金还款额在前一年度的月本金还款额的基础上按约定比例增加,在此基础上计算出每期的还款本息额。

⑦ 等比本金递减还款法:还款期内,同一还款年度(即放款当月至次年的对应月)内各月本金还款额相等,后一还款年度内每月的本金还款额在前一年度的月本金还款

额的基础上按约定比例减少,在此基础上计算出每期的还款本息额。

上述还款方式中,第①种最为常见。注意:并非所有的银行均会提供上述全部方式供购房者选择,各家银行提供的可选方式各有不同。

除上述还款方式外,银行还会提供以下增值服务:

① 递延还款服务:借款发放后约定的期限内,债务只归还每期借款利息,暂不归还本金,待约定期限届满后,根据本金和剩余期限选择以上各种方式中的某一方式归还借款本息。上述约定期限常常以购房者实际入住为准。

② 自主还款服务:根据已生成的还款计划,在扣款日先扣收当期本息,在约定还款账户余额超过预先设定的账户保留余额的情况下,将超出部分的金额进行自动提前还款,在借款期限保持不变的情况下,根据剩余借款本金和约定的还款方式重新计算每期应还的本息金额。

按揭银行还会根据购房者的月收入情况限制购房者每期还款额度,例如,根据前述《关于加强商业性房地产信贷管理的通知》(银发[2007]359号)的规定,借款人每期还款本息额不得超过其月收入的50%。

(5)担保方式。按揭贷款合同中,按揭银行一般要求对银行的债权提供以下担保:

① 购房者的抵押担保;

② 开发商的全程性保证或阶段性保证;

③ 其他担保,如第三人的保证、购房者的存单质押等。

上述担保可以直接在按揭贷款合同中约定,也可以由担保人另行与按揭银行签订担保合同或出具担保承诺函。

第88条 律师在签订合同前为开发商提供银行按揭法律服务的内容

88.1 对按揭银行的尽职调查

该工作发生在开发商与按揭银行签订按揭贷款合作协议书之前,主要包括:

(1)银行的整体实力(存贷款规模、营业网点数量、审批权限等);

(2)银行信誉和服务质量;

(3)银行在按揭内容方面的历史和经验;

(4)银行对按揭贷款申请者审批的宽严尺度;

(5)银行在提供按揭服务时的利率上浮或下浮幅度、按揭额度、按揭期限、审批放款期限、按揭条件等。

88.2 对购房者的尽职调查

该工作发生在开发商与购房者签订商品房预售合同或商品房买卖合同之前,主要包括:

(1)购房者的身份证明审核;

(2)购房者家庭收入证明材料审核;

（3）购房者的个人信用证明材料审核,必要时对此进行调查；
（4）购房者的其他房地产产权状况的调查。

第 89 条　律师在签订合同时为开发商提供银行按揭法律服务的内容

89.1　法律文书审核

本阶段涉及的法律文书包括：

（1）与按揭银行签订的按揭贷款合作协议书；

（2）与购房者签订的商品房买卖合同；

（3）开发商向按揭银行出具的保证函或与按揭银行签订的保证合同；

（4）与保险公司的在建工程保险投保单、保险单；

（5）其他法律文件。

89.2　合同见证

律师参与合同见证,应当要求对方当事人出具营业执照、法定代表人身份证明、个人身份证、户口簿、结婚证、授权委托书等,审核合同签署者的合法性(包括身份的真实性、授权的有效性等)并要求合同签署者在律师前签字、捺印和盖章,检查不同合同文本的内容是否完全一致,合同文本有多页内容时应要求合同签署者在各页文本上保留印鉴或对各页文本作好骑缝处理。

89.3　提供咨询服务或出具法律意见书

律师应及时为开发商提供咨询,解释相关的法律规定,解释合同条款的含义及法律后果,对重大事项应出具书面法律意见书。

89.4　其他法律服务

律师的其他法律服务包括：

（1）协助办理各类登记手续。如：预售合同备案登记、预购商品房预告登记、在建工程抵押权登记等。

（2）保管法律文件。律师应提醒开发商妥善保管各类法律文件,凡律师参与制定、见证的法律文件,律师应至少保留一份复印件,有条件的可以要求当事人多提供正本一份交律师保管。

第 90 条　律师在签订合同时为开发商提供银行按揭法律服务的重点内容

90.1　审核开发商与按揭银行签订的按揭贷款合作协议书

按揭贷款合作协议书一般采用银行的格式文本,但双方协商的内容另行填写。律师应注意审核以下内容：

（1）项目名称是否一致；

（2）首付比例和借款期限是否与开发商的预期相一致；

（3）开发商符合何种条件银行才开始发放按揭贷款(注意有些银行在非住宅商品房按揭贷款发放时对开发商有特殊要求)；

（4）要求开发商提供全程性保证还是阶段性保证,阶段性保证截止日以"两证(房屋所有权证和国有土地使用证)"为准还是以"三证(两证加上房屋他项权证)"为准,以"三证"为准时是否对银行迟延办理抵押手续有限制措施;

(5) 银行对开发商资金使用的监管程度;

(6) 是否强制要求开发商办理在建工程建筑保险;

(7) 银行办理按揭内容时向购房者收费的标准如何等。

律师应清楚地向开发商解释全程性保证的风险、开发商回购和竞拍责任的法律含义。

90.2 审核开发商的保证合同或保证函

开发商保证合同或保证函一般采用银行的格式文本。律师对开发商保证合同或保证函审核的内容应包括:

(1) 注意合同内容是否与按揭贷款合作协议书的内容相一致,是否加重了开发商的担保责任;

(2) 开发商保证责任的范围及其合理性。

第91条 律师在签订合同时为开发商提供银行按揭法律服务时的风险提示

91.1 银行不能按合作协议书发放按揭贷款的风险

即使开发商与银行签订按揭贷款合作协议书,但该合作协议书对银行并无严格的法律拘束力。一方面,银行的授信规模受到国家金融政策的严格控制,在合作协议书签订后如果中国人民银行或中国银行业监督管理委员会作出控制信贷的规定,银行可以据此减少对开发商的授信额度;另一方面,银行在对单一购房者进行资格审查时,可以提高审批条件,致使开发商的客户数量受到限制,从而最终减少银行实际放贷额度。

律师应向开发商提示此类风险的存在,建议开发商在选择合作银行时,应从银行的信誉、存贷规模、服务质量以及按揭内容经验等因素进行考量。

91.2 购房者不能按时归还按揭贷款本息时开发商的担保风险

按揭银行在办理按揭贷款内容时,除了要求购房者以其所购的房屋作为抵押物提供抵押担保外,还需要开发商同时提供担保。开发商的常见担保方式为:

(1) 全程性保证

开发商提供全程性保证,意味着开发商在购房者还清全部按揭贷款本息之前需要一直承担保证责任,而购房者还款期间跨度往往相当长,这对开发商是极其不利的。律师应提示开发商尽量不接受按揭银行的这种要求。

(2) 阶段性保证

开发商提供阶段性保证,说明一旦购房者取得房屋所有权证、办妥房屋抵押手续并取得房屋他项权证后,开发商就不再向按揭银行提供担保。由于办理房屋抵押手续需要按揭银行的配合,在房屋具备办理抵押手续时如果银行迟延配合办理,开发商担保的债务就会增加,这对开发商是不利的,也是不公平的。律师应提醒开发商注意此类风险,并采取一定的防范措施,例如,在与按揭银行的合作协议书中约定,银行应在购房者办妥房屋所有权证和国有土地使用证后的一定期限内配合办理房屋抵押手续;

在购房者具备办理上述两证条件时,积极配合购房者取得两证,并及时通知按揭银行办理抵押手续。

(3)回购责任和竞拍责任

律师应提示开发商,如果开发商需要承担回购责任和竞拍责任的,应约定开发商这两类责任产生于开发商阶段性保证期间。在银行取得房屋抵押权后继续要求开发商承担回购责任和竞拍责任的,无异于要求开发商承担全程性保证责任,这对开发商来说风险极大,应尽量避免。

律师应在实务操作过程中向开发商清楚解释上述各类担保方式可能会给开发商带来的法律后果。

91.3 "假按揭"的风险

假按揭是开发商的一种资金套现行为,开发商将暂时未销售的房子以无购房意向人员(通常为开发商的内部职工或开发商股东的近亲属)的名字购下,然后向银行申请办理按揭贷款,利用这种虚构的按揭方式开发商从按揭银行处取得大量资金。办理假按揭的程序一般如下:开发商通过给身份证持有人一定数额的报酬,有偿使用对方身份证,并由身份证持有人在按揭贷款合同上签字,签字完成,银行即根据合同向开发商放款。开发商和身份证持有人之间还会有一个协议,包含开发商承诺不需要身份证持有人承担任何债务以及保密条款等内容。

律师应向开发商明确告知,"假按揭"是一种违法行为,情节严重的甚至会构成刑事犯罪,应当严格禁止。律师绝不可参与协助开发商进行假按揭套现活动。

第92条 律师在合同履行过程中为开发商提供银行按揭法律服务的内容

律师在此阶段为开发商提供银行按揭法律服务时,主要内容包括:

(1)购房者未取得按揭贷款时的处理;

(2)对银行监管的按揭贷款用途进行监督;

(3)购房者未按约还贷时为开发商化解担保风险。

第93条 律师在合同履行过程中为开发商提供银行按揭法律服务时的重点内容

93.1 购房者未取得按揭贷款时的处理

《司法解释》第23条规定,若购房者对未能取得按揭贷款不存在过错的,购房者在此情形下可以要求解除与开发商订立的商品房买卖合同。

此时,律师可以采取以下措施:

(1)同意购房者解除商品房买卖合同的要求,与购房者解除合同;

(2)与购房者协商,不解除合同,而对原合同约定的付款方式进行变更,如为分期付款、在提供担保的前提下延期付款、由开发商给予折扣优惠后一次性付款等。

93.2 购房者未按约还贷时为开发商化解担保风险

购房者若未及时还贷,按揭银行可以根据按揭贷款合同的约定,要求购房者提前还贷,此时,如果开发商尚未超出担保期的,按揭银行可以起诉作为担保人的开发商,要求开发商承担相应的责任(《司法解释》第25条和第26条规定)。

律师此时可以帮助开发商进行以下工作：

应先协调购房者与按揭银行的关系，为购房者争取银行的宽限时间，允许购房者待还款能力恢复后继续履行按揭贷款合同，或延长还款期限同时减少月供金额，尽力维持按揭借贷关系。

如果购房者确已丧失履行能力，应与按揭银行沟通，尽量避免按揭银行将开发商列为被告，致使开发商受到损失，可以采取以下措施：

(1) 了解购房者是否已投保住保险，符合保险范围的事由出现的，由保险公司承担还款责任。

(2) 在商品房预售情况下，如果房屋未取得房屋所有权证且未受人民法院查封的，开发商可以采用回购方式先收回购房者请求交房的权利，再由开发商向银行承担清偿贷款的责任。

(3) 如果房屋已办理正式抵押手续，开发商同时作全程担保的，则在此情况下开发商可以通过清偿购房者未还借款本金及利息，从银行受让对购房者的主债权和抵押权，再向购房者进行追偿。

第94条 律师在合同履行过程中为开发商提供银行按揭法律服务时的风险提示

94.1 购房者未取得按揭贷款时解除商品房买卖(或预售)合同的风险

《司法解释》第23条规定，商品房买卖合同约定，买受人以担保贷款方式付款，因当事人一方原因未能订立商品房担保贷款合同并导致商品房买卖合同不能继续履行的，对方当事人可以请求解除合同和赔偿损失。因不可归责于当事人双方的事由未能订立商品房担保贷款合同，并导致商品房买卖合同不能继续履行的，当事人可以请求解除合同，出卖人应当将收受的购房款本金及其利息或者定金返还买受人。

如果购房者未能订立按揭贷款合同，其原因与开发商、购房者均无关，则购房者可以要求解除商品房买卖合同；其原因是开发商造成的，购房者也可以要求解除商品房买卖合同。合同解除后，开发商若先前收取了首付款，则应退还购房者。

另外，如果在商品房买卖合同中直接约定，购房者未能取得按揭贷款则商品房买卖合同可以解除的，开发商也应承担此类风险。

94.2 按揭贷款合同被确认无效或者被撤销、解除后开发商还款风险

《司法解释》第25条第2款规定，商品房买卖合同被确认无效或者被撤销、解除后，商品房担保贷款合同也被解除的，出卖人应当将收受的购房贷款和购房款的本金及利息分别返还担保权人和买受人。一旦商品房买卖合同被确认无效或被撤销、解除，按揭贷款合同也被解除后，银行按揭贷款担保之标的物的归属和内容均会发生变化，按揭银行可以不主张实现抵押权，而直接要求开发商归还已收按揭款的本金和利息，此时开发商是否有保证责任则在所不问。

律师应提醒开发商上述风险的存在，建议开发商应谨慎操作，严格守约，防止商品房买卖合同出现无效或可撤销、解除事由，从而给开发商带来还款风险。

94.3 开发商受让抵押权的风险

我国《担保法》第28条规定,同一债权既有保证又有物的担保的,保证人对物的担保以外的债权承担保证责任。最高人民法院《关于适用〈担保法〉若干问题的解释》(以下简称《担保法司法解释》)第38条规定,同一债权既有保证又有第三人提供物的担保的,债权人可以请求保证人或者物的担保人承担担保责任。

《物权法》改变了《担保法》及其司法解释的上述做法,该法第176条规定,被担保的债权既有物的担保又有人的担保的,债务人不履行到期债务或者发生当事人约定的实现担保物权的情形,债权人应当按照约定实现债权;没有约定或者约定不明确,债务人自己提供物的担保的,债权人应当先就该物的担保实现债权;第三人提供物的担保的,债权人可以就物的担保实现债权,也可以要求保证人承担保证责任。

在按揭贷款操作模式下,按揭银行在开发商提供保证时,必然同时约定开发商放弃要求银行先行使抵押权。换言之,一旦购房者违约未及时还贷致使银行提前收贷的,银行为避免烦琐的司法程序可以不主张对购房者抵押物处分,而直接要求开发商履行代为还款义务。此时,开发商为能够主张对抵押物的优先权(尤其是抵押物已被查封时),会要求以代购房者清偿债务的方式从银行处受让主债权及抵押权。

如果房屋已办理抵押权登记,开发商从银行处受让房屋抵押权应无法律上的障碍。但是,实务中开发商一般提供阶段性保证,此时房屋并未办理抵押权登记,在房屋登记机构仅为预购商品房抵押权预告登记。在此时的预告登记中,抵押的不是完整的物权,而仅仅是购房者在商品房买卖(预售)合同下的合同权益,此类权益是否可以转让,目前尚无定论。律师应提示开发商此类受让可能不被法院认可的风险。

较为稳妥的做法是,开发商可以与银行协商,由开发商将与购房者未还债务相当的现金交给按揭银行作为保证金,按揭银行向法院提起对购房者的诉讼,将购房者在预购商品房抵押权预告登记下的合同权益变卖、拍卖,以所得款项优先受偿银行债权,若有不足再由开发商支付。

第七章
商品房交付时间、交接(交付程序)与初始登记(大产权证)、买受人房屋所有权证(小产权证)的办理与取得

第一节 商品房交付时间

第95条 一般规定

95.1 词语定义

商品房交付时间:指开发商与买受人在商品房买卖合同中约定的开发商将符合交

付使用条件的房屋向买受人交付,买受人查验并接受房屋的期限。

95.2 法律规定

《商品房销售管理办法》第30条规定:房地产开发企业应当按照合同约定,将符合交付使用条件的商品房按期交付给买受人。未能按期交付的,房地产开发企业应当承担违约责任。因不可抗力或者当事人在合同中约定的其他原因,需延期交付的,房地产开发企业应当及时告知买受人。

《司法解释》第15条、第17条对此也作了类似规定。

第96条 律师为开发商提供法律服务的内容

审查合同对商品房交付时间的约定,在应交付之前,指导开发商正确履行交付义务,特别是对于存在法定或约定可延期交房情形的,及时指导开发商做好对买受人的通知工作。

第97条 律师为开发商提供法律服务时的重点内容

97.1 正确理解合同对交付期限的约定,包括交付期限实现的前提,如按照上海市的商品房预售合同范本,住宅类型的交付期限实现前提可以是取得大产权证,也可以只是取得《住宅交付使用许可证》;交付期限的确定方式,如是否约定开发商必须书面通知买受人交接房屋,一旦约定,作为开发商的律师,必须及时告知开发商书面通知的必要性,并告知其行之有效的各种送达方式。

97.2 至项目所在地主管部门了解进行交房所需的前期资料,如在上海,住宅需要《住宅交付使用许可证》,并知道开发商全部资料。

97.3 在开发商未能按约交付商品房时,及时出具法律意见书告知其按照法律规定和合同约定所应承担的违约责任等法律后果。

97.4 在开发商未能按约定期限交付商品房时,应告知开发商及时与买受人协商,并向开发商提供可能采取的补救措施。

第98条 律师为开发商提供法律服务时的风险提示

认真审查合同约定,对于交付时间的确定,以及延期交房所应承担的责任出具法律意见书。

第二节 商品房交接(交付程序)

第99条 一般规定

99.1 词语定义

商品房交接(交付程序):指开发商与买受人在商品房买卖合同中约定的开发商将符合交付使用条件的房屋向买受人交付,买受人查验并接受房屋的过程。

99.2 法律规定

《商品房销售管理办法》第31条规定:房地产开发企业销售商品房时设置样板房的,应当说明实际交付的商品房质量、设备及装修与样板房是否一致,未作说明的,实际交付的商品房应当与样板房一致。

《商品房销售管理办法》第32条规定:销售商品住宅时,房地产开发企业应当根据《商品住宅实行质量保证书和住宅使用说明书制度的规定》(以下简称《规定》),向买受人提供《住宅质量保证书》、《住宅使用说明书》。

《商品房销售管理办法》第34条规定:房地产开发企业应当在商品房交付使用前按项目委托具有房产测绘资格的单位实施测绘,测绘成果报房地产行政主管部门审核后用于房屋权属登记。

《商品房销售管理办法》第35条规定:商品房交付使用后,买受人认为主体结构质量不合格的,可以依照有关规定委托工程质量检测机构重新核验。经核验,确属主体结构质量不合格的,买受人有权退房;给买受人造成损失的,房地产开发企业应当依法承担赔偿责任。

《司法解释》第11条规定:对房屋的转移占有,视为房屋的交付使用,但当事人另有约定的除外。房屋毁损、灭失的风险,在交付使用前由出卖人承担,交付使用后由买受人承担;买受人接到出卖人的书面交房通知,无正当理由拒绝接收的,房屋损毁、灭失的风险自书面交房通知确定的交付使用之日起由买受人承担,但法律另有规定或者当事人另有约定的除外。

《司法解释》第13条规定:因房屋质量问题严重影响正常居住使用,买受人请求解除合同和赔偿损失的,应予支持。

第100条 律师为开发商提供法律服务的内容

100.1 指导开发商向买受人发出书面交付通知书,应载明交付程序,以及买受人需要携带的证件等资料。

100.2 对买受人提出的质量问题,与买受人按照法律规定和合同约定进行谈判,起草谈判协议。

100.3 对买受人提出的面积问题,与买受人按照法律规定和合同约定进行谈判,起草谈判协议。

100.4 协助开发商办理房屋的交接手续,主要是交接书的签署和钥匙的移交。

100.5 协助开发商要求买受人签署有关协议,如业主公约,承诺书等。若在签订商品房预售合同时,已经签订临时的业主公约等,应审查协议内容是否与原来的有变更,以及变更后对开发商的法律意义。

第101条 律师为开发商提供法律服务时的重点内容

101.1 审查商品房买卖合同,是否存在可撤销或无效的情形,若存在可撤销或无效的情形,应出具书面法律意见书告知开发商,并为开发商提供解决方案。

101.2 在审查合同不存在可撤销或无效情形下,继续审查合同对于交付标准、交付程序的约定,并出具书面法律意见书予以指导。

101.3 审查房地产项目曾经发布的各类广告等宣传资料,对于可构成要约的内容,应告知开发商具备上述条件。

101.4 审查合同是否约定交付房屋与样板房相同,或者是哪些方面相同,告知开发商应具备上述条件。

101.5 在开发商具备了交房条件的前提下,实地验房无论是对于开发商还是对于买受人都是非常重要的一个环节;开发商应在交房前进行一房一验,及时补正不符合约定处。

101.6 在完成房屋实地验收后,协助开发商完成房屋交接手续,包括按照实际面积,与买受人最终结算房款,与买受人一同核对水、电、煤气的底数,办理房屋钥匙交接。

第102条 律师为开发商提供法律服务时的风险提示

102.1 应按照《商品房销售管理办法》第31至35条及《司法解释》第11至13条,对商品房交付的原则性法律规定,结合项目实际,出具指导性的法律意见书,其中应特别注意所应完成的内容,如交付的标准,及相应的法律后果。

102.2 开发商未能按照约定标准交付房屋的,应及时出具法律意见书,告知其相应的法律后果,及可以采用的补救方式。

第三节 初始登记的办理

第103条 一般规定

初始登记即开发商对于合法建造房屋申请所有权的初次登记。

《房屋登记办法》第30条规定:因合法建造房屋申请房屋所有权初始登记的,应当提交下列材料:

(1) 登记申请书;

(2) 申请人身份证明;

(3) 建设用地使用权证明;

(4) 建设工程符合规划的证明;

(5) 房屋已竣工的证明;

(6) 房屋测绘报告;

(7) 其他必要材料。

《房屋登记办法》第31条规定,房地产开发企业申请房屋所有权初始登记时,应当对建筑区划内依法属于全体业主共有的公共场所、公用设施和物业服务用房等房屋一并申请登记,由房屋登记机构在房屋登记簿上予以记载,不颁发房屋权属证书。

从2008年7月1日起实施的《房屋登记办法》第30条规定,因合法建造的房屋应申请房屋所有权初始登记,目前各地的具体操作有所不同,律师应至当地有关部门了解。

第104条　律师为开发商提供法律服务的内容

104.1　指导、协助开发商完成前期准备工作。

104.2　协助开发商办理新建商品房初始登记。

第105条　律师为开发商提供法律服务时的重点内容

105.1　至项目所在地的新建房屋初始登记管理机构或其官方网站,了解办理新建商品房初始登记所需提交的资料。例如,在上海,办理住宅初始登记需要的资料为:上海市房地产登记申请书(原件)、企业营业执照(原件及复印件)、委托书(原件)及代理人身份证明(原件及复印件)、房屋勘测报告(原件)、地籍图(原件两份)、契税凭证(原件)、记载土地使用权状况的房地产权证(原件)、建设工程规划许可证(附建设工程项目表)(原件)、视具体情况提交建筑工程总平面图等审照图(原件)、竣工验收证明(原件)、建筑面积核定通知单(原件)、住宅交付使用许可证(原件)、公安部门出具的门牌号批复(复印件)、房地产开发企业维修基金交款凭证(原件)、属于全体业主共同共有的部分,应提交有关证明材料(原件)、建筑安装工程预算或决算书(复印件,住宅、商业、办公房除外)。再如,在浙江省杭州市办理新建房屋初始登记所需要的资料为:杭州市房产交易产权登记申请表、建设工程规划许可证(附图、附件)或杂项建设工程规划许可证(附图)原件、建设工程规划竣工验收合格证(指1992年7月25日后领取建设工程规划许可证的建设项目)、建设工程竣工验收合格证明、国有土地使用证复印件(校验原件)和土地复核验收通知书、建设用地规划许可证复印件(校验原件)(指1998年1月1日后经规划批准建造的房屋)、施工许可证复印件(校验原件)、杭州市物业管理专项基金和用房缴交确认单原件及物管用房测绘分户图复印件、房产测绘成果及分户平面图原件、杭州市人防办人防确认红线图原件(指有地下室工程的建筑)、市建委关于住宅区配套公建项目合同履行确认书(含清单)(指住宅项目工程)、白蚁防治证明文件、消防验收意见书复印件(校验原件)、单位提供营业执照副本(或组织机构代码证)复印件(校验原件),无法提交原件校验的,提交工商部门出具的彩印副本或营业执照副本复印件加盖公章并附具结书、拆迁安置用房核查登记表、社区配套用房移交协议书(指住宅项目)、标准地名使用证、房号清单或房号对照表、土地使用权出让合同、规划竣工图或规划报批图加盖备案章、建委出具的关于楼盘初步设计的批复,以及办理人员委托书等。

105.2　按照所需要的资料协助开发商完成前期准备工作,例如住宅项目中,仅竣工验收一项就将牵涉许多部门及单位,所以,为避免耽搁办理时间,应至建设局咨询办理竣工验收需盖章确认通过的部门、单位。如在上海,可能会牵涉诸如施工单位、建设单位、监理单位、质检站、勘察单位、检测单位、消防支队、规划局、环保局、城建档案、市场中心、招投标办、墙改办、造价办、节水办、稽查大队、邮政局、工程监理站等众多部门/单位的盖章确认。

105.3　在完成竣工验收后,需要协助开发商按照规定办理商品房竣工备案,取得商品房备案登记表。

105.4　在协助开发商具备全部要求的资料后,可陪同开发商至当地相应主管部门办理新建房地产初始登记。

第 106 条　律师为开发商提供法律服务时的风险提示

在该阶段,律师的任务就是至当地相应主管部门或其官方网站,查询办理初始登记所需要的全部资料,并出具法律意见书告知开发商,并告知其未能办理所有资料可能产生的法律后果。

第四节　买受人房屋所有权证(小产权证)的办理与取得

第 107 条　一般规定

买受人房屋所有权证(小产权证)即商品房房屋权属证书,一般由买受人在开发商的协助下自行办理。

《商品房销售管理办法》第 34 条规定,……房地产开发企业应当在商品房交付使用之日起 60 日内,将需要由其提供的办理房屋权属登记的资料报送房屋所在地房地产行政主管部门。房地产开发企业应当协助商品房买受人办理土地使用权变更和房屋所有权登记手续。

《司法解释》第 18 条规定,由于出卖人的原因,买受人在下列期限届满未能取得房屋权属证书的,除当事人有特殊约定外,出卖人应当承担违约责任:① 商品房买卖合同约定的办理房屋所有权登记的期限;② 商品房买卖合同的标的物为尚未建成房屋的,自房屋交付使用之日起 90 日;③ 商品房买卖合同的标的物为已竣工房屋的,自合同订立之日起 90 日。合同没有约定违约金或者损失数额难以确定的,可以按照已付购房款总额,参照中国人民银行规定的金融机构计收逾期贷款利息的标准计算。

《司法解释》第 19 条规定:商品房买卖合同约定或者《城市房地产开发经营管理条例》第 33 条规定的办理房屋所有权登记的期限届满后超过 1 年的,由于出卖人的原因,导致买受人无法办理房屋所有权登记,买受人请求解除合同和赔偿损失的,应予支持。

第 108 条　律师为开发商提供法律服务的内容

108.1　指导开发商协助买受人办理商品房房屋权属证书。

108.2　若开发商在房屋销售合同中作为服务内容之一,代买受人办理买受人房屋所有权证(小产权证)的,指导、协助开发商代买受人办理商品房房屋权属证书。

第109条　律师为开发商提供法律服务时的重点内容

109.1　至项目所在地主管部门，如房地产局或建设局等，了解买受人办理商品房房屋权属证书时，作为开发商需要协助提供的资料。如在上海，预售且办按揭类型的，需要开发商提供相应的证明。

109.2　至项目所在地当地主管部门了解代办商品房房屋权属证书所需的资料，如在上海需要买受人身份证、未成年人提供户口簿及独生子女证或出生证、预告登记证、预售合同、授权委托书、维修基金、已签署的房屋交接书、全额购房发票。

109.3　在指导开发商协助买受人办理房屋权属证书时，对于已经按买受人要求提供的资料必须经买受人签收，以免届时非因开发商原因而致房屋权属证书办理不顺时发生不必要的争议。

第110条　律师为开发商提供法律服务时的风险提示

在该阶段，律师的任务就是至当地主管部门或其官方网站，查询办理买受人房屋所有权证（小产权证）开发商所应协助提供的全部资料，并出具法律意见书告知开发商，并告知其未能提供所有资料可能产生的法律后果。

第五节　物权取得风险
（商铺、住宅与建设工程优先受偿）

第111条　一般规定

《合同法》第286条规定，发包人未按照约定支付价款的，承包人可以催告发包人在合理期限内支付价款。发包人逾期不支付的，除按照建设工程的性质不宜折价、拍卖的以外，承包人可以与发包人协议将该工程折价，也可以申请人民法院将该工程依法拍卖。建设工程的价款就该工程折价或者拍卖的价款优先受偿。

《最高人民法院关于建设工程价款优先受偿权问题的批复》（以下简称《批复》）第2条规定，消费者交付购买商品房的全部或者大部分款项后，承包人就该商品房享有的工程价款优先受偿权不得对抗买受人。

《批复》第3条规定，建筑工程价款包括承包人为建设工程应当支付的工作人员报酬、材料款等实际支出的费用，不包括承包人因发包人违约所造成的损失。

《批复》第4条规定，建设工程承包人行使优先权的期限为6个月，自建设工程竣工之日或者建设工程合同约定的竣工之日起计算。

第112条　律师为开发商提供法律服务的内容

112.1　指导、协助开发商按照当地规定办理商品房买卖的预告（预售）登记。

112.2　在发生建设工程被折价或依法拍卖，致使买受人的合同无法实现时，指导开发商妥善处理与买受人的合同纠纷。

112.3 指导开发商及时通知买受人按照《批复》的规定,对于优先受偿权的行使时间、受偿范围行使抗辩权。

第 113 条 律师为开发商提供法律服务时的重点内容

在发生建设工程被折价或依法拍卖,致使买受人的合同无法实现时,与买受人进行合同谈判,妥善处理纠纷,以免更多诉讼的进行给开发商带来不利影响。

第 114 条 律师为开发商提供法律服务时的风险提示

在发生建设工程被折价或依法拍卖时,律师应及时告知开发商,根据《批复》的规定,如买受人已经支付了全部或者大部分购房款的,可以对抗建设工程施工合同中承包人的优先受偿权。

第八章
诉讼、仲裁前的调解

第 115 条 一般规定

商品房买卖合同纠纷在进入诉讼或仲裁程序之前,双方可参照本指引的规定在合同中约定或合同签订后共同选择调解人进行调解,以达到快捷、高效、低成本解决纠纷。

115.1 调解人的确定

115.1.1 调解人可以在省级律师协会建筑与房地产专业委员会专家库、省级或所在地市律师协会常务理事、民事业务委员会或者消费者协会推荐的专家中选择,双方可选择由一名调解人进行调解或者 3 名调解人组成调解小组进行调解。

115.1.2 由 1 名调解人进行调解的,该调解人由双方共同在专家库中选择确定。双方选择由调解小组进行调解的,则各自选择 1 名专家,再由双方共同选择 1 名专家作为调解小组的组长,由公证处在双方在场的情况下抽签确定。

115.1.3 如果合同中已经包括备选调解人名单,除有人不能或不愿接受作为调解人外,双方应从备选名单上选择调解人。

115.1.4 若双方在合同约定或者双方商定的时间内未能就调解人的选择达成一致意见,或者双方共同选择的调解人拒绝履行职责或不能履行职责后 14 天内,双方未能重新达成一致意见,则按合同约定,双方调解程序终结。

115.1.5 调解人的报酬,包括涉及调解的其他费用,应在双方选择调解人时商定,由每方承担上述报酬和费用的一半。

115.2 调解准备

调解人或调解小组组长事先应根据案件具体情况,筹划调解的时间、范围、参与人员及议题的先后顺序。调解双方事先应准备好相关资料,以备展示或查阅。

115.3 调解程序

115.3.1 调解由调解人或调解小组组长主持,可参照仲裁庭审理程序进行调解。双方应对争议事项进行充分阐述后,参照法律规定、合同约定、交易习惯,以平等、互谅的原则寻求调解方案。

115.3.2 调解过程中,可选择一揽子解决双方全部争议事项,也可对部分争议事项先协商一致,其余争议事项留待后续解决。

115.4 调解时间

调解人进行调解的时间一般以不超过56天为宜,防止久调不决而影响委托双方权益。

115.5 调解效力

115.5.1 在调解过程中,应及时将已达成一致意见的事项制作成会议纪要、补充协议等书面文件,交双方授权人员签字或加盖法人公章或合同章。

115.5.2 双方如无法对争议事项的权利义务分配达成一致意见,亦可对商品房买卖合同履行过程中的事实情况进行确认,以固定事实,有利于继续协商或进行诉讼。

115.5.3 无论双方是否达成一致意见,调解人或调解小组应在约定的调解期限内作出调解决定,调解应对双方具有约束力,除非一方或双方在收到调解决定之日起14天内向对方发出不认可调解决定的通知。

任何一方在收到调解决定之日起14天内向对方发出不认可调解决定通知的,调解人或调解小组作出的调解决定对双方均无约束力。调解不成的,双方均有权按照合同约定向法院起诉或者申请仲裁。

如合同约定调解是仲裁或诉讼前置程序的,任何一方如果未经调解而直接进入仲裁或诉讼,则可能会在仲裁或诉讼中被驳回请求。

第116条 律师为开发商提供法律服务时的内容

(1)律师应当协助开发商选定调解人。

(2)律师应当做好调解准备,收集好调解有关的资料并进行系统的整理和归纳,提交给调解人。

(3)律师在调解过程中,应当归纳争议焦点并形成书面意见提交给调解人。

(4)律师应该提醒开发商在调解过程中严格遵照合同约定的调解程序及有关期限要求。

第117条 律师为开发商提供法律服务时的重点内容

在调解期限届满如仍未达成调解协议的,律师应当及时通知调解人及买受人终止调解,防止久拖不决。

如开发商收到调解决定后不予认可的,律师应当及时向调解人和买受人表明不予认可,并开始进行诉讼或仲裁准备。

第 118 条　律师为开发商提供法律服务时的风险提示

如合同约定调解是仲裁或诉讼前置程序的,律师应提醒开发商如果未经调解而直接进入仲裁或诉讼,则可能在仲裁或诉讼中被驳回请求。

开发商应当注意合同约定的有关期限,如合同约定的在收到调解决定之日起 14 天内向对方发出不认可调解决定的通知,以及在 56 天调解期限届满后及时发出终止调解的通知。

第九章
律师为开发商提供法律服务时自身风险的防范及相关内容

第一节　律师与委托方签订、履行委托协议及相关内容

第 119 条　签订之前对委托方的审核和调查

委托人为开发商的审核和调查(参照第 8 条)。

第 120 条　利害关系的审查

律师应当根据《律师职业道德和执业纪律规范》、《律师执业行为规范》、《律师事务所管理办法》,审查律师事务所及代理律师和委托方的利害关系。

120.1　利益冲突是指同一律师事务所代理的委托事项与该所其他委托事项的委托人之间有利益上的冲突,继续代理会直接影响相关委托人的利益的情形。

120.2　在接受委托之前,律师及其所属律师事务所应当进行利益冲突查证。只有在委托人之间没有利益冲突的情况下才可以建立委托代理关系。

120.3　拟接受委托人委托的律师已经明知诉讼相对方或利益冲突方已委聘的律师是自己的近亲属或其他利害关系人的,应当予以回避,但双方委托人签发豁免函的除外。

120.4　律师在接受委托后知道诉讼相对方或利益冲突方委聘的律师是自己的近亲属或其他利害关系人,应及时将这种关系明确告诉委托人。委托人提出异议的,律师应当回避。

120.5　律师在接受委托后知道诉讼相对方或利益冲突方已委聘同一律师事务所其他律师的,应由双方律师协商解除一方的委托关系,协商不成的,应与后签订委托合同的一方或尚未支付律师费的一方解除委托关系。

120.6　曾经在前一法律事务中代理一方法律事务的律师,即使在解除或终止代理关系后,亦不能再接受与前任委托人具有利益冲突的相对方委托,办理相同法律事务,除非前任委托人做出书面同意。

120.7　曾经在前一法律事务中代理一方法律事务的律师,不得在以后相同或相

似法律事务中运用来自该前一法律事务中不利前任委托人的相关信息,除非经该前任委托人许可,或有足够证据证明这些信息已为人所共知。

120.8　委托人拟聘请律师处理的法律事务,是该律师从事律师职业之前曾以政府官员或司法人员、仲裁人员身份经办过的事务,律师和其律师事务所应当回避。

120.9　律师不得在同一非诉法律事务中为双方当事人担任代理。

120.10　律师在未征得委托人同意的情况下,不得接受对方当事人办理其他法律事务的委托,但办结委托事项后除外。

120.11　律师不得提供法律服务的便利谋取当事人的利益,包括但不限于炒卖楼花、以明显低于市场价购入商品房等行为。

第121条　委托协议的签订

121.1　原则

律师事务所应当确定"统一收案、统一收费、统一标准"的原则。

121.2　收案条件

委托人的要求和主张应符合《中华人民共和国律师法》(以下简称《律师法》)、《律师职业行为规范》的有关要求,对委托人的要求和主张违法,经指出不肯采纳律师的意见和具有违反《律师执业避免利益冲突规则》规定的,以及不能接受委托的其他情形不予收案。

121.3　委托程序

(1) 接待律师审查委托人委托资格;

(2) 填写《收案审批表》送律师事务所主任或主管律师审批,指定承办律师或按委托人的要求指定承办律师;

(3) 签订《委托代理合同》一式两份,委托人收存一份,承办律师附卷存档一份;

(4) 委托人按照《委托代理合同》的约定,交纳律师费;

(5) 办理收案登记,编号建立案卷。

121.4　委托代理合同重点条款

律师应当与委托人就委托事项的代理范围、代理内容、代理权限、代理费用、代理期限等进行讨论,经协商达成一致后,由律师事务所与委托人签署委托代理协议或者取得委托人的确认。

121.4.1　明确界定非诉讼法律服务的范围和内容

律师与开发商签订的项目非诉讼委托代理合同应包括以下内容:

(1) 律师非诉讼服务项目的概况、已取得的相关证件的名称、项目的进展情况;

(2) 律师服务的主要内容:

① 营销代理商的谈判;

② 起草购房须知、定金合同、订购书、认购书起草并修改商品房买卖合同及补充协议、物业服务合同和业主公约等法律文件;

③ 出具法律意见书；

④ 解答客户就本项目的法律咨询；

⑤ 与按揭银行进行项目合作谈判；

⑥ 监督商品房买卖合同签订后的履行；

⑦ 处理商品房交付的相关法律问题等。律师应根据与开发商协商的服务范围和内容进行具体的约定。

律师在签订非诉讼法律服务合同时，应尽量明确细化服务的内容和范围，具有可量度性，以避免产生纠纷。

121.4.2 由于商品房买卖受到市场等多方面因素的影响，若开发商委托的范围为整个规划区域内的商品房，则可能销售的时间跨度很长，因此律师应与委托人约定具体的服务期限以及超出服务期限的收费方式。如是按时间段约定收费办法的，超出服务期限后，超过部分律师收费金额应按增加的时间同比例增加；如是按完成任务约定的，应约定如因开发商原因该项目迟迟不能对外销售或无法交付的，律师应有合同解除权和损失赔偿权。

121.4.3 委托协议中应明确约定在本项目法律服务中律师的代理权限，如多项服务内容的代理权限不同，应分别约定。

121.4.4 如确有部分内容在代理合同签订时无法明确代理权限的，双方应约定以委托人出具的委托书的授权为准。

121.4.5 律师服务费。具体参照司法部、国家发改委2006年12月1日颁布实施的《律师服务收费管理办法》。律师费用的收取应当遵循平等协商、合理公平的原则。律师事务所应当严格执行价格主管部门会同同级司法行政部门制定的律师服务收费管理办法和收费标准。

律师收费应当考虑以下合理因素：

（1）从事法律服务所需工作时间、难度、包含的新意和需要的技巧等；

（2）接受这一聘请将产生明显妨碍律师开展其他工作的风险；

（3）同一区域相似法律服务通常的收费数额；

（4）委托事项涉及的金额和预期的合理结果；

（5）由委托人提出的或由客观环境所施加的法律服务时间限制；

（6）律师的经验、声誉、专业水平和能力；

（7）费用标准及支付方式是否固定，是否附有条件；

（8）合理的成本。

律师收费方式依照国家规定或由律师事务所与委托人协商确定，可以采用计时收费、固定收费、按标的比例收费。在一个委托事项中可以约定一种或几种方式，但一定要明确无歧义。

如采用计时收费的，应在委托合同中约定律师计费时间的计算方式（如通常约定每小时为一个计费单位),还应约定律师工作时间单的确认程序。

以非诉讼结果作为律师收费依据的,该项收费的支付数额及支付方式应当以协议形式确定,应当明确计付收费的法律服务内容、计付费用的标准、方式,包括调解不同结果对计付费用的影响,以及调解中的必要开支是否已经包含于风险代理酬金中等。

实行风险代理收费,最高收费金额不得高于收费合同约定标的额的30%。关于此节风险代理的限额,律师应当密切注意最新的法律规定和当地司法管理部门或律协的特别规定。

委托代理合同中应明确约定律师费的计费办法、付款方式、付款时间、差旅费的承担问题等。

双方应在委托代理合同中约定相应的违约责任和提前解除合同的处理办法等。

121.5 律师委托合同签订后应注意的事项

(1) 律师不得私自收案、收费。委托人所支付的费用应当直接交付律师所在的律师事务所,律师不得直接向委托人收取费用。委托人委托律师代交费用的,律师应将代收的费用及时交付律师事务所。

(2) 律师不得索要或获取除依照规定收取的法律服务费用之外的额外报酬或利益。

(3) 律师事务所收取的法律服务费用,应当在计入会计账簿后才可以按规定项目和开支范围使用。

(4) 律师事务所不得向委托人开具非正式的律师收费凭证。

(5) 律师事务所因合理原因终止委托代理协议的,有权收取已完成部分的费用。

(6) 委托人因合理原因终止委托代理协议的,律师事务所有权收取已完成部分的费用。

委托人单方终止委托代理协议的,应按约定支付律师费,并承担代理协议约定的有关违约责任。

121.6 不可撤销委托的风险提示

律师在商品房买卖非诉法律服务的委托合同中往往约定了"委托人的授权委托为不可撤销的授权委托"的内容,律师应当注意该约定的法律风险。根据《合同法》第410条之规定,委托人或者受托人可以随时解除合同,因解除委托合同给对方造成损失的,除不可归责于该当事人的事由之外,应当赔偿损失。因此,律师在委托合同中应当侧重约定,当委托人除了可归责律师事由的原因解除委托合同时,委托人应当向律师承担违约赔偿责任的内容。代理协议中违约赔偿条款的约定,可根据律师已经完成的工作量、委托事务的进展程度、解除委托给律师事务所造成的损失等因素考量。

121.7 律师过错赔偿限额的风险提示

律师在商品房买卖非诉法律服务的委托合同中往往限定"律师执业过错的赔偿限额条款",但律师应当注意该约定的法律风险。根据法律规定,律师和律师事务所不得免除或限制因为违法执业和执业过错给委托人造成损失所应承担的民事责任。因此，律师在执业过错中应当提高执业水平和加强执业规范，避免执业风险的出现。

121.8 违约责任的约定。委托合同中应明确约定，双方违约的行为范围、违约损失的计算、违约责任的承担以及违约行为发生时，守约方的权利和救济措施。

121.9 为进一步明确委托代理事宜，建议律师在签订《委托代理合同》的同时做好收接案笔录，就委托代理范围、工作要求、工作方式、人员安排、委托方应提交的资料和应予以配合的事宜，以及律师服务的深度、项目非诉讼法律服务中可能涉及的法律风险等进行明确，以避免产生委托人与律师约定不明或风险提示不清的纠纷。

第 122 条 委托协议的履行、转让、变更、终止

122.1 律师应当谨慎、诚实、客观地告知委托人委托事项可能出现的法律风险并在必要时出具法律意见书交委托人签收。

122.2 在委托合同履行的过程中应定期书面报告委托事务的处理情况，包括已经处理完毕的法律事务及下一步的工作计划；如出现签订委托合同时无法预料的问题，应及时提出意见建议并与委托人签订补充协议。

律师应将工作记录和工作汇报按时间顺序装订成册备查。

122.3 律师应当严格按照法律规定的期间、时效以及与委托人约定的时间，办理委托事项。

122.4 律师接受委托后，只能在委托权限内开展执业活动，不得擅自超越委托权限。

122.5 律师在进行受托的法律事务时，如发现委托人所授权限不能适应需要时，应及时告知委托人，在未经委托人同意或办理有关的授权委托手续之前，律师只能在授权范围内办理法律事务。

122.6 律师接受委托时必须与委托人明确规定包括程序法和实体法两方面的委托权限。委托权限不明确的，律师应要求委托人重新出具明确授权的委托书。

122.7 律师事务所签订委托合同后若出现确需转让、变更或者解除委托协议情况的，律师应做好如下工作：

（1）应当及时与委托人协商和沟通，征得委托人同意。

（2）如系委托合同转让的，应由委托人、原承办该非诉讼法律事务的律师事务所及受让的律师事务所签订转让协议，明确各方的权利义务，特别是涉及律师服务的风险界定和费用划分支付等问题。

（3）如系委托合同变更的，应明确所涉变更内容及变更的时间节点。

（4）如系委托合同解除的，双方应在补充协议中确认律师已完成的工作成果、应支付的律师费用金额和支付时间、律师非诉讼服务的风险界定等。如出现委托合同的转让或解除的，原承办律师应同时将已完成的工作成果和相关资料移交委托人，双方办妥交接手续；原承办律师还应出具一份工作小结，陈述已完成的工作和尚需完成的

工作内容,并提出需提请委托人注意的事项。

122.8 未经委托人同意,律师不得将委托人委托的法律事务转委托他人办理。

122.9 律师在接受委托后出现突患疾病、工作调动等情况,需要更换律师的,律师事务所应当及时告知委托人。委托人同意更换律师的,应取得委托人的书面确认意见,承办律师之间要及时移交材料,并通过律师事务所办理相关手续。

122.10 非经委托人的同意,律师不能因为转委托而增加委托人的经济负担。

122.11 律师在委托权限内完成了受托的法律事务,应及时告知委托人。律师与委托人明确解除委托关系后,律师不得再以被委托人的名义进行活动。

122.12 律师接受委托后,无正当理由不得拒绝履行协议约定的职责,不得无故终止代理。

122.13 若委托协议约定的服务期限届满,或者终止条件出现,律师应当及时书面告知委托人委托协议终止,并总结委托事项的履行情况,作好有关文件资料的交接工作,办理书面交接手续。

122.14 律师在办理委托事项过程中出现下列情况,律师事务所应终止其代理工作:

(1) 与委托人协商终止;

(2) 承办律师被取消或者中止执业资格,委托人不同意更换其他律师的;

(3) 发现不可克服的利益冲突;

(4) 承办律师的健康状况不适合继续代理,委托人不同意更换其他律师的;

(5) 委托人的要求不符合法律规定或律师职业道德和执业纪律要求的,律师继续代理将违反法律或者律师执业规范。

122.15 出现上述终止代理情形的,律师事务所应当尽可能提前向委托人发出通知,律师事务所应当尽量不使委托人的合法利益受到影响。

第二节 律师为委托方提供法律服务时的操作程序

第 123 条 律师为委托方提供法律服务时的操作程序

123.1 商品房买卖合同签订前的审查与调查(参照本指引第一编第一章),并在结束时向委托人出具法律意见书。

123.2 律师代表委托方在和对方谈判之前,应制作预售和销售合同的草稿,并出具法律意见书。

123.3 双方律师代表委托方谈判后,律师应与对方签订最后确认文件及合同主要内容的确认文件。

123.4 商品房买卖合同的签订与登记备案(参照本指引第一编第二章、第三章),并出具法律意见书。

123.5　买卖合同履行,主要为义务的履行,应及时提醒委托当事人履行买卖合同义务;若当事人不履行或不及时履行,出具法律意见书,告之不履行的法律后果。

123.6　合同变更、终止之前出具法律意见书(参照本指引第一编第四章)。

123.7　商品房交付与大产权证、买受人房屋所有权证(小产权证)的取得(参照本指引第一编第七章)。

第三节　律师为开发商提供法律服务的基本模式及内容

第 124 条　开发商委托的法律服务调查范围

(1)调查了解买受人工商登记档案或者主体身份情况;

(2)调查了解买受人重大债权债务情况;

(3)调查了解涉及买受人的诉讼、仲裁或行政处罚;

(4)调查了解买受人相关的信用信息。

第 125 条　调查服务的方法和途径

125.1　深入目标公司办公现场

律师首先应直接与被调查公司代表或个人面谈,商谈有关调查事宜,争取获取对方的配合。事先应制作一份尽职调查清单,列明调查所需要的各种文件资料。

125.2　向有关行政机关和金融机构调查核实情况

买受人的财务状况和信用情况将直接影响商品房买卖合同履行的风险大小。因此,律师可以向有关工商、税务、金融机构调查了解买受人的经营状况信息和信用信息,以帮助委托人筛选优质客户,预防风险。

125.3　询问目标公司员工和客户代表

律师通过询问、问卷调查获取重要的或有异议的信息,应在调查过程中作出书面记录,并要求被调查人签字留存。

125.4　与合同的债权人、债务人当面沟通

对于重大合同、侵权责任的债务,律师有必要向合同相对方或被侵害人面洽,以调查核实合同的签订过程与实际履行情况。调查可以通过谈话记录或书面说明的方式进行。

125.5　与专业人士适当交流

对尽职调查过程中涉及的专业建筑方面、财务方面、税务方面的情况,应向其他专业人士征询,吸取各方面的专业知识,这将更有利于律师对法律风险的分析和预测。

第 126 条　调查的注意事项

信息来源真假辨别的风险。由于律师需要通过多种渠道审核和调查买受人的相关资信、证照等情况,尤其要注意信息来源的真实性和可信度。比如通过网络了解开

发商相关情况,其中可能有不少虚假信息,律师要通过自己的经验辨别信息的真伪;要全面了解、全面调查,并在告知委托人的同时提示风险。

第 127 条　法律意见书的制作

127.1　前言部分

表述委托人委托的法律事务内容和范围,报告律师所作的调查范围和调查内容和委托提供的资料内容。对有关律师不可预测的风险进行免责声明。

127.2　列举法律、法规条款依据

结合法律、法规对相关事实进行分析是制作调查报告的基本方式。因此,法律、法规查询对尽职调查来说也是一个重要的环节。律师应该将所涉及的法律、法规及条文索引作为一个单独的部分在调查报告中列明,使阅读者首先有一个直观的认识,大致了解此份调查报告会涉及哪些法律规定,从而能够更好地理解律师所作的律师意见的内容。

127.3　准确地描述基本信息

律师在法律调查过程中获取的信息很多,掌握的信息量十分庞大,因此,律师在进行信息整理的同时必须联系本次调查的目的,对大量的信息进行细致的甄别和筛选。如买受人委托的法律尽职调查内容应侧重商品房的基本情况,准确地描述商品房的项目开发背景情况、各种审批手续、土地、房屋权属的登记情况、具体建设规划指标、工程施工、销售及物业管理情况等。

127.4　总结焦点问题,提出律师观点

通过分析法律风险总结双方争议的焦点问题,或者委托方关注的焦点问题,围绕这焦点问题进行深入分析,陈述事实引用法律,提出律师的观点。

127.5　提示、陈述法律风险的分析意见

法律风险的分析意见是整个调查报告的核心,也是真正考验律师执业水平和执业经验的部分,需要律师将掌握的信息和相关的法律规定有机结合起来。结合商品房买卖交易的特点,重点就商品房买卖合同的效力、商品房买卖履约的风险进行分析和提示。

127.6　明确提出法律问题的解决方案

针对前面发现的问题,律师应该逐一进行解答,以保证商品房交易的安全,这是律师职责所在。律师不需要干涉买卖双方的商业决策,仅就有关事实和法律提供最详尽的信息和最全面的法律意见。

第四节　律师执业风险提示

第 128 条　结合商品房买卖合同非诉讼法律服务的特点,律师在执业过程中应当遵守以下操作模式,避免工作疏漏而产生执业风险:

（1）律师应签订《法律服务协议》。对提供法律服务过程中律师事务所的权利与义务作出明确的界定，以明确双方的权责。授权范围应当明确。

（2）律师在受委托人委托参加项目谈判过程中，既要积极向委托人提供法律建议，同时也要避免出现干扰谈判进行的情况发生。要从有利于委托人的全局利益和长远利益着眼，努力克服谈判中的法律障碍，促使符合委托人根本利益的谈判成功。

（3）参与委托人谈判和商洽时，律师应书面记录每次谈判和商洽的内容，以便备查。

（4）起草或修改商品房买卖合同文本时，应保存每次双方合同内容和条款修改的往来记录，包括修改的具体内容、时间和修改原因和要求。

（5）最后签订版本应与委托人进行确认，并对终稿中可能存在的风险再次书面提示并保存已作告知的记录。

（6）律师在出具正式的法律意见时，一方面要借鉴以往成功的经验与业绩，同时也要结合本项目的实际情况。特别需要注意的是，针对一个非常专业的项目，提出法律意见时要留有余地，以保护律师及律师事务所的利益。

（7）对委托人提出的要求，要区分不同的情况与要求的性质，既要把握原则，又要表现充分的灵活性。原则问题，坚决不能妥协；操作方法，可以灵活运用。同时，要与委托人就此问题留下书面的证明，以表明律师及事务所的责任界限。

（8）商品房买卖合同履行时，应当根据商品房买卖合同的内容，制定书面的双方合同义务履行内容和时间的表格；根据履约表格，在委托方合同义务履行期限届满前十天书面《法律意见书》提示委托方履行义务内容和时间，以及违约责任。

（9）对方履约时，陪同委托方核查对方履约行为是否全面并符合合同要求，记录履约不符的内容；对方未按时履约或履约不符时，及时代理委托人与对方交涉，并制作《法律意见书》告知相应的违约责任，敦促其按约履行。

（10）收集、保存对方违约的证据，必要的时候律师应作见证，提倡对证据进行公证。对对方的违约行为，及时制作《法律意见书》，告知委托人对方相应的违约责任和进一步法律行动的建议。

（11）律师在一个非诉法律项目结束后，仍然要注意跟踪项目进展，以进一步提供后续的法律服务，以及提前了解项目可能遇到什么法律问题，并自检本身是否有过失。同时，要注意及时整理相关档案。整个项目及法律服务工作完成后，要组织相关参加人员互查有关文件及关键问题，以便及时发现漏洞或失误，并采取补救措施。

（12）在处理委托人日常法律事务过程中，要保留来往文件与文字。对委托人要求提供法律服务的事项建立登记制度，以确定服务范围。针对一些特定的事项，必要时应与委托人签署谅解备忘录，以保障律师及事务所的权益。此外，在重大协议签署前，相关法律文件文本的编辑、打印、装订、小签要遵循行之有效的程序。加强对法律文件的保管。与每一个项目相关的所有法律文件及来往信函（包括电子邮件）要按时间顺序或性质单独建立档案,并在明确的保管地点保管。同时,电子文档也应在服务器上设置专门的保存区域、审阅与修改权限。相关文件的原件、印章最好不要由律师事务所保管。

(13) 基于为委托人保守商业秘密的需要,律师在工作中要注意建立屏蔽制度。每个项目要确定固定的律师与助手参与,无关人员不得接触项目文件及案卷。参与人员未经主管合伙人批准不得向其他人(包括其他合伙人)披露与项目内容相关的情况。这也是律师执业纪律的要求。

此篇的内容侧重律师自身执业风险的防范,律师自身执业风险还与律师在执业过程中是否尽到律师应有的职责和执业能力密切相关,律师应在执业过程中适时、适当地提示委托人的相关风险,具体内容参照本指引各个章节中律师分别为开发商和买受人提供法律服务的风险提示。

第二编
律师为开发商提供商品房买卖合同诉讼法律服务的操作指引

第一章
诉讼与仲裁的一般规定

第一节 诉　　讼

第 129 条　诉讼主体的确定

129.1　一般规定

根据《中华人民共和国民事诉讼法》(以下简称《民事诉讼法》)第49、第56、第108条等规定,原告、被告和第三人都是与本案有关的自然人、法人和其他组织。

129.2　律师为开发商提供法律服务的内容

律师应根据案件的具体情况分析确定适格的诉讼主体。在商品房买卖合同纠纷中,一般情况下开发商为被告,特定情况下开发商为原告。

129.3　律师为开发商提供法律服务时的重点内容

以担保贷款为付款方式的商品房买卖合同的当事人一方请求确认商品房买卖合同无效或者撤销、解除合同的,如果担保权人作为有独立请求权第三人提出诉讼请求,应当与商品房担保贷款合同纠纷合并审理；未提出诉讼请求的，仅处理商品房买卖合同纠纷。担保权人就商品房担保贷款合同纠纷另行起诉的，可以与商品房买卖合同纠纷合并审理。

买受人未按照商品房担保贷款合同的约定偿还贷款，但是已经取得房屋权属证书并与担保权人办理了商品房抵押登记手续，抵押权人请求买受人偿还贷款或者就抵押的房屋优先受偿的，律师应申请法院不追加开发商为当事人，但开发商提供保证的除外。

对于自然人为被告时，原告律师须审查被告的婚姻状况及该债务是否夫妻共同债务，并决定是否须追加其配偶为共同被告。

129.4 律师为开发商提供法律服务时的风险提示

律师应审查相关文件以确定适格的诉讼主体，不要遗漏或者选错诉讼主体。对于其他当事人主张或法院追加的不适当的主体，应提出异议。

第130条 诉讼请求的确定

130.1 一般规定

律师在起诉前，须分析本案的法律关系，选择合适的诉讼请求，提出恰当的标的金额。

130.2 律师为开发商提供法律服务的内容

开发商为原告时，可主张的诉讼请求，主要涉及合同的效力、购买款的支付及逾期支付的违约责任、合同的解除、定金的扣罚等。

130.3 律师为开发商提供法律服务时的重点内容

商品房买卖合同没有约定违约金数额或者损失赔偿额计算方法，开发商可以请求违约金数额或者损失赔偿额参照以下标准确定：逾期付款的，按照未付购房款总额，参照中国人民银行规定的金融机构计收逾期贷款利息的标准计算。

商品房买卖合同约定，买受人以担保贷款方式付款，因当事人一方原因未能订立商品房担保贷款合同并导致商品房买卖合同不能继续履行的，对方当事人可以请求解除合同和赔偿损失。

开发商向买受人收受定金作为订立商品房买卖合同担保的，如果因当事人一方原因未能订立商品房买卖合同，买受人与开发商都可以请求按照法律关于定金的规定处理。

开发商不能以商品房预售合同未按照法律、行政法规规定办理登记备案手续为由，请求确认合同无效。

开发商对于未取得商品房预售许可证明时订立的商品房买卖合同纠纷，应争取在起诉前取得预售许可证明，否则会导致合同被确认无效。

130.4 律师为开发商提供法律服务时的风险提示

律师应避免提出不合理的诉讼请求。尤其是对于合同效力的判断，同时须考虑诉讼金额的合理性。

第 131 条 诉讼管辖的确定

131.1 一般规定

《民事诉讼法》第 34 条规定,因不动产纠纷提起的诉讼,由不动产所在地法院专属管辖。

131.2 律师为开发商提供法律服务的内容

律师应告知当事人因不动产提起的诉讼,属专属管辖,合同约定的协议管辖因其违反专属管辖的法定要求而无效。

131.3 律师为开发商提供法律服务时的重点内容

若合同约定了选择特定仲裁机构仲裁的仲裁条款是有效的。若当事人双方均不愿由不动产所在地法院管辖,律师可以建议当事人双方考虑选择交由双方均认可的仲裁机构仲裁,补签仲裁协议。

131.4 律师为开发商提供法律服务时的风险提示

律师应提醒当事人注意在仲裁与诉讼中选择一种解决争议的方式。对于违反专属管辖的案件应及时提出异议,注意避免因未及时提出异议而导致继续审理或程序无效而重新审理。

第 132 条 诉讼时效的审查

132.1 一般规定

律师审查诉讼时效时,应注意审查是否超过诉讼时效期间、有无诉讼时效中断的事由。

132.2 律师为开发商提供法律服务的内容

对于在诉讼时效内的案件,应告知当事人及时起诉。对已超过诉讼时效的案件,应告知当事人采取补救措施。

132.3 律师为开发商提供法律服务时的重点内容

开发商的相对人主要是买受人,而买受人的主要义务是支付购房款,因此,开发商应注意合同约定的买受人的付款时间,尤其是分期支付的,应注意首期付款时间而产生的时效问题。

开发商作为被告时,对已超过诉讼时效的案件,应告知当事人进行时效抗辩。

132.4 律师为开发商提供法律服务时的风险提示

律师应告知当事人在时效期间内提起诉讼。对于超过诉讼时效的起诉应告知当事人诉讼风险,并做告知笔录。

第 133 条 诉讼提起

133.1 一般规定

律师代理原告提起诉讼,应依据《民事诉讼法》第 108 条之规定,提出具体明确的诉讼请求,并阐明起诉的事实和理由。

133.2 律师为开发商提供法律服务的内容

律师向法院申请立案时,应提交起诉状、证据目录和证据材料,并按对方人数提供副本,同时,还应提交委托书、律师事务所公函以及原、被告身份情况证明。公民须提交户籍证明,法人须提交营业执照复印件和法定代表人身份证明,其他组织须提交登记证明复印件和主要负责人身份证明。

法院经审查如认为立案尚需补交有关证据材料的,律师应及时补交。

律师在接到法院的受理通知书后,应通知当事人及时交纳诉讼费。律师在接到法院不予受理的裁定书后,应及时告知当事人,并可依据当事人的委托,提起上诉。

133.3 律师为开发商提供法律服务时的重点内容

律师应根据案件具体情况的要求,准备齐全的文件。对于提交的证据清单及其证明对象须征得当事人同意。

133.4 律师为开发商提供法律服务时的风险提示

律师在起诉前,应对被告的财产状况有所了解,并告知当事人可能出现的风险。

第134条 财产保全

134.1 一般规定

律师作为原告或有独立请求权的第三人或反诉原告的代理人,可以依照当事人的要求,根据《民事诉讼法》第92条及相关司法解释之规定提出财产保全申请。

134.2 律师为开发商提供法律服务的内容

开发商作为原告,提起诉讼保全,应提供被申请人的房地产、车辆等财产线索,同时应提供担保。

如采取诉前保全的,律师应当告知当事人在法院采取保全措施后的15日内提起诉讼。若被申请人愿意提供担保,律师应向法院申请解除财产保全。

作为被告时,律师应告知当事人对原告申请保全的金额与法院采取保全措施的财产价值进行审查,若保全财产价值高于申请金额的,应告知当事人向法院提出异议。

律师须与委托人制作保全谈话笔录,将包括但不限于保全对象、保全金额所产生的法律后果等记录在案。

134.3 律师为开发商提供法律服务时的重点内容

开发商作为原告时,若被告为自然人,则须对被告的夫妻共同财产进行查封。

134.4 律师为开发商提供法律服务时的风险提示

律师应提示开发商在提起诉讼的同时提起诉讼保全,并提供财产线索。财产保全的金额仅限于诉讼请求的标的。应注意审查可能出现的因保全不当而引起的法律责任。同时还应注意法院对不同性质的财产的冻结查封期限,提示当事人在到期前及时请求续封、续冻。

第 135 条　举证责任

135.1　一般规定

135.1.1　律师对相对方提出的诉讼请求所依据的事实或者反驳对方诉讼请求所依据的事实,有责任根据《民事诉讼法》第六章和证据规则之规定请求委托人提供证据加以证明。没有证据或者证据不足以证明当事人的事实主张的,由负有举证责任的当事人承担不利后果。

135.1.2　律师应告知当事人提供下列证据:

(1) 书证;

(2) 物证;

(3) 视听资料;

(4) 证人证言;

(5) 当事人陈述;

(6) 鉴定结论;

(7) 其他可以证明案件事实的材料。

135.1.3　律师应遵循法院指定的举证期限,除符合《民事诉讼法》第 125 条第 1 款规定的"新的证据"之外。

135.1.4　律师提供新的证据的,应当在一审开庭前或者开庭审理时提出。律师在二审程序中提供新的证据的,应当在二审开庭前或者开庭审理时提出;二审不需要开庭审理的,应当在人民法院指定的期限内提出。

135.1.5　律师调查收集证据时,应当注意证据的真实性、合法性和关联性。

135.1.6　律师调查、收集证据材料时,应出示介绍信和律师执业证。律师向证人调查取证时,应制作调查笔录,以二人以上共同进行为宜。调查笔录应载明:调查时间、调查地点、调查人、被调查人、调查内容。被调查人应核对调查笔录,并签署"以上看过,无误"字样,并签名、注明年月日。若调查笔录多页,被调查人应在每页签字确认。

135.1.7　律师收集书证、物证应收集原件、原物。收集原件、原物有困难的,可以复制、拍照,或者收集副本、节录本,但对复制件、照片、节录本应附说明。

135.1.8　律师不能及时调查、收集证据的,应向人民法院说明情况,并申请延期提交该证据。

135.1.9　律师向法院提交证据时,应提交证据复印件。证据应至少准备四份,法院提交一份、对方当事人一份、律师一份、委托人一份。证据原件在开庭时提交。证据原件一般由当事人保管,律师不宜保管证据原件。

135.1.10　律师应当对证据材料逐一分类编号,制作证据目录,对证据名称、证据来源、证明对象等做出说明。提交法院时签名盖章,注明提交日期。

135.1.11　律师向法院提交录音资料,应提交录音源文件,并整理成书面文字材料。

135.1.12　律师向法院提交照片,应提交照片的电子源文件或原胶片,并冲洗或彩打出来。

135.1.13　律师对涉及商业秘密和个人隐私的证据应当保密,需要在法庭上出示的,应事先告知法庭,以不公开方式举证,不宜在公开开庭时出示。

135.1.14　律师申请法院调查取证的,应由开发商在申请书上盖章。

135.2　律师为开发商提供法律服务的内容

开发商除提供商品房买卖合同外,律师还应区别开发商分别为原告和被告时,就其自己的诉请或对方的诉请准备并提供相应的支持或反驳证据。尤其是开发商为被告时,应分别针对原告所提出的就交房、质量、面积、办证等方面的诉请及其理由进行反驳证据的收集和提交。

135.3　律师为开发商提供法律服务时的重点内容

135.3.1　开发商为原告时,应就其诉请的合同效力、合同相对人的违约行为提交相应证据。

135.3.2　开发商为被告时,如涉及交房纠纷,应充分提交己方已做好交房准备,交房不能在于对方或客观原因方面的证据,如涉及质量纠纷应充分提交质量验收合格依据,如涉及办证纠纷,应充分提交办证不能责任在对方的证据。

135.3.3　开发商作为提供格式条款一方,对已尽合理提示及说明义务承担举证责任。并须证明对格式条款中免除或者限制其责任的内容,在合同订立时已采用足以引起对方注意的文字、符号、字体等特别标志,并按照对方的要求对该格式条款予以说明。

135.4　律师为开发商提供法律服务时的风险提示

135.4.1　律师应审查证据的关联性与证明力问题,避免出现前后矛盾的地方。

135.4.2　律师提交证据时,应由当事人签字确认。

135.4.3　注意发现对方提供的证据中出现矛盾的地方。

135.4.4　在法律规定的举证期限内举证。

第 136 条　庭审准备

136.1　一般规定

律师收到开庭通知后,应立即将开庭时间、地点、审判人员组成等信息通知当事人。并询问当事人对合议庭组成人员有无需要提出回避请求及其理由。

庭审前一两天,提醒当事人开庭时携带证据原件。

136.2　律师为开发商提供法律服务的内容

开庭之前,可与当事人就开庭的程序、开庭时应注意的问题、对方可能的发问、我方的诉讼思路、发问等进行沟通,明确当事人与律师在庭审中的分工,当事人侧重事实部分,律师侧重法律部分。

开庭之前，应将案卷材料重新熟悉一遍，了解案件的各种细节，检查案卷材料是否完整，有否遗漏，证据是否在举证期限内提交，证据是否按证据目录的顺序整理好，证人是否安排妥当，委托书、公函是否已提交法院。涉及赔偿损失的，计算方法是否明了。

开庭前做好向对方当事人、证人、鉴定人发问的准备，拟好发问提纲。

律师应在庭前准备好代理词，并根据庭审情况作必要的修改。

136.3 律师为开发商提供法律服务时的重点内容

律师应熟悉案件情况和证据材料，明确案件的争议焦点。

136.4 律师为开发商提供法律服务时的风险提示

律师应避免不了解案情、不熟悉证据，避免遗漏案件材料。

第137条 开庭审理

137.1 一般规定

137.1.1 律师出庭应携带执业证。

137.1.2 律师参加开庭，应提前到达法庭，避免开庭迟到。

137.1.3 律师应着正装出庭，到达法庭后，若没有提交委托书、公函的，应及时提交委托书、公函等法律文书。

137.1.4 律师在庭审中要用语规范，态度谦虚，举止得当。注意避免与对方当事人和代理人发生人身和语言冲突，不挑词架讼，不恶语相逼。

137.1.5 律师在法庭调查和法庭辩认阶段都要做好庭审记录。如果当事人一同出庭，可由当事人陈述事实部分，律师着重从法律方面陈述。

137.1.6 律师在庭审中的发言，应声音洪亮，言之有物，言之有据。

137.1.7 律师出庭应遵守法庭规则和法庭秩序，庭审顺序按照法官指导进行。在庭审过程中，律师发现审判程序违法，应当指出，并要求立即纠正。

137.1.8 律师必须仔细阅读庭审笔录，发现庭审笔录中的错误，应及时与书记员联系纠正。

137.1.9 庭审结束后，律师应及时向法院提交书面代理意见。

137.1.10 一审法院判决书若是律师代收的，应在收到后立即告之委托人，并在24小时内交付给委托人，并留好寄件凭据，或让当事人签收，相关文件均应入卷。律师代为签收调解书，应有委托人的书面授权，否则，不能签收。

137.2 律师为开发商提供法律服务的内容

137.2.1 审判长在核对当事人身份时，律师有权对对方当事人及其代理人的身份提出异议。

137.2.2 审判长询问委托人是否申请回避时，律师可对审判人员、书记员提出回避申请，并说明理由。

137.2.3 法庭调查开始后，律师应当完成下列工作：

（1）代理原告的，可代为宣读起诉状，讲明具体诉讼请求和事实与理由；

（2）代理被告的，可代为宣读答辩状，提起反诉的，宣读反诉状，讲明具体反诉请求和事实与理由；

（3）代理第三人的，可代为宣读答辩状，提出承认或者否认的答辩意见，或提出独立的诉讼请求。

（4）与起诉状、答辩状、反诉状不一致的地方，律师要作出解释，当事人和律师可以对事实部分进行补充。

137.2.4 法官向当事人进行询问时，一般应由当事人回答，必要时由律师回答。

137.2.5 律师举证时，应按法官要求，逐项举证或全部举证，并说明证据名称、证据来源、证明对象。

137.2.6 经审判长许可，律师可以向证人、鉴定人及其他当事人发问。发问应围绕案件的事实、争议的焦点进行。发问应当简明扼要。发问受到审判长制止时，律师应尊重法庭的决定，改变问题或者发问方式，或表明发问的重要性和关联性。

137.2.7 对于威逼性、诱导性发问和与本案无关的发问，律师有权提出反对意见。反对意见被法庭驳回后，可提请法庭将律师的反对意见记录在案。

137.2.8 审判长归纳争议焦点后，律师认为有不同意见的，应立即提出。

137.2.9 律师质证时，应从证据真实性、合法性、与本案关联性等方面质证。

137.2.10 律师对物证进行质证，应围绕物证的真伪、物证与本案的联系、物证与其他证据的联系、取得该物证的程序是否合法等方面进行。

137.2.11 律师对书证进行质证，应围绕书证是否为原件、书证的真伪、书证是否合法、书证的内容是否能证明所要证明的事实、书证与其他证据的矛盾、书证的来源等方面进行。

137.2.12 律师对证人证言进行质证，应围绕证人与双方当事人的关系、证人证言的内容及要证明的事实、证人年龄、智力状况、行为能力等自然情况、证人的证言前后是否矛盾、证人证言与其他证据的矛盾等方面进行。

137.2.13 律师对视听资料进行质证，应围绕视听资料取得和形成的时间、地点和周围的环境、有无剪补、内容是否清楚等方面进行。

137.2.14 律师对鉴定结论进行质证，应围绕鉴定人的资格、鉴定的依据和材料、鉴定的设备和方法、鉴定结论是否具有科学性等方面进行。律师认为鉴定结论不能成立或者不完整的，可以申请重新鉴定或者补充鉴定。

137.2.15 在法庭辩论过程中，律师发现案件某些事实未查清的，可以申请恢复法庭调查。

137.2.16 律师进行法庭辩论，应围绕庭审查明的事实和法官归纳的争议焦点，发表辩论意见。辩论意见应简明扼要，抓住案件焦点问题。律师应尊重对方的人格，不得讽刺、挖苦、谩骂、嘲笑对方，不得攻击合议庭成员。

137.2.17　律师发表第二轮辩论意见时,应针对第一轮对方当事人的辩论意见进行辩论,发表新的辩论意见,已发表的辩论意见不必重复。

137.2.18　律师在作最后陈述时,应简单扼要,直截了当。

137.2.19　律师在法院主持的调解中,应听取对方的意见,配合法官做好调解工作,注意调解的策略与技巧。

137.2.20　律师应当在代理权限内参与调解、和解。未经特别授权,不能对委托人实体权利进行处分。

137.2.21　律师收到判决书后,应对当事人是否提出上诉作一个书面笔录。

137.3　律师为开发商提供法律服务时的重点内容

律师应注意讲明自己的观点,反驳对方的观点,要围绕自己的思路进行论述,不要陷入对方的思路。重点首先在于证明己方的诉请主张或反驳对方的诉请主张以及对关键证据的三性提出意见,避免纠缠于细枝末节。

137.4　律师为开发商提供法律服务时的风险提示

律师应尽量避免在庭审中陈述对自己不利的事实,回答对方的提问要谨慎。

开发商决定提起上诉的,律师应告知开发商在上诉期限内提起上诉,如果开发商不上诉的,应认真做好谈话笔录。

第138条　二审阶段

138.1　一般规定

律师代理第二审案件,尽量依照第一审办案程序进行。

138.2　律师为开发商提供法律服务的内容

138.2.1　律师可以根据二审当事人的请求,代其书写上诉状或上诉答辩状。

138.2.2　律师代理二审案件,应注意有无新证据提交,并注意新证据提交的期限。

138.2.3　律师应与当事人进行沟通,明确当事人对一审判决法院认定事实部分有异议的地方。

对当事人在一审中已提出的诉讼请求或反诉请求,原审法院未作审理判决的,或判决结果超出诉讼请求范围的,律师应代当事人请求二审法院调解或发回重审。

138.2.4　原审原告或有独立请求权的第三人增加诉讼请求,或原审被告提出或增加反诉请求,律师应建议二审法院调解或发回重审。

138.2.5　律师应尽量收集支持本方主张、反驳对方主张的新证据。

138.2.6　二审案件开庭审理的,律师参加庭审的规则与一审相同。二审案件不开庭审理的,律师应及时提交书面代理词。

138.2.7　二审案件可以调解、和解,律师可以根据当事人的特别授权,签署调解及和解协议,法律另有规定的除外。

138.2.8　庭审结束后,律师应及时向法院提交书面代理意见。

138.2.9 二审判决书由律师代签的,律师在签收后应立即转交委托人,并让委托人签收法律文书转交单并保存好快递凭证。

138.3 律师为开发商提供法律服务时的重点内容

没有参加一审诉讼的律师担任二审代理人,应及时到法院查阅案卷,并复制有关案卷资料。律师在查阅一审案卷时,可对以下几方面作重点审查:

(1)一审判决认定事实的证据是否充分、确凿,有无未经质证的证据作为判决裁定的依据,对证据的采信有无问题,证据相互之间有无矛盾;

(2)一审判决适用法律是否得当;

(3)一审程序有无影响案件正确判决的违法情况。

138.4 律师为开发商提供法律服务时的风险提示

律师应充分了解案情,熟悉证据。尤其是没有代理一审案件的律师,应避免由于对案情不熟悉而作出不适当的诉讼思路。

对于一审已作诉讼保全的,二审律师应注意保全期限,并及时提请原审法院续封、续冻。

第 139 条 再审阶段

139.1 一般规定

律师应审查当事人的再审申请是否符合《民事诉讼法》第 179 条之规定。

139.2 律师为开发商提供法律服务的内容

139.2.1 律师应告知当事人对已经发生法律效力的调解书,提出证据证明调解违反自愿原则或者调解协议的内容违反法律的,可以申请再审。

139.2.2 律师应告知当事人申请再审,应当在判决、裁定发生法律效力后两年内提出;两年后据以作出原判决、裁定的法律文书被撤销或者变更,以及发现审判人员在审理该案件时有贪污受贿,徇私舞弊,枉法裁判行为的,自知道或者应当知道之日起 3 个月内提出。

139.3 律师为开发商提供法律服务时的重点内容

139.3.1 律师应注意申请再审的条件,所有的再审申请都将围绕着是否符合这些条件进行。

139.3.2 律师应告知当事人对已经发生法律效力的判决、裁定,认为有错误的,可以向上一级人民法院申请再审,但不停止判决、裁定的执行。

139.3.3 律师代当事人提出再审申请的,应让当事人提供尽可能详细的一、二审诉讼的证据材料和诉讼文书。

139.3.4 人民法院审理再审案件,如果是按一审程序进行的,律师从事诉讼代理的规则与一审规则相同,如果是按二审程序进行的,则与二审规则相同。

139.4 律师为开发商提供法律服务时的风险提示

律师应告知当事人可以提起再审的条件,避免误导当事人。律师应注意再审提出的时限要求。

第 140 条　执行

140.1　一般规定

法院的生效法律文书由一审法院负责执行。

生效仲裁裁决和调解书由被执行人所在地中级人民法院负责执行。

140.2　律师为开发商提供法律服务的内容

140.2.1　律师作为申请人的代理人,应审查申请执行的案件是否符合下列条件:

(1) 申请执行的法律文书已经生效;

(2) 申请人是生效法律文书的权利人或其继承人、权利承受人;

(3) 义务人在生效法律文书确定的期限内未履行义务;

(4) 申请人的申请未超过法定期限。

140.2.2　律师作为被申请人的代理人,应审查被申请人是否符合下列条件:

(1) 生效的法律文书确定被申请人有履行义务;

(2) 被申请人在规定的期限内未履行义务。

140.2.3　律师接受执行申请人的委托后,应为其代写强制执行申请书,其内容包括:

(1) 申请人、被申请人的基本情况;

(2) 申请请求;

(3) 申请执行的理由、事项、标的及申请人所了解的被申请人的财产状况。

140.2.4　律师到法院进行执行立案时,应提供下列文件和证件:

(1) 强制执行申请书。

(2) 生效的法律文书。

(3) 继承人或权利承受人申请的,应提交继承或承受权利的证明文件。

(4) 申请执行仲裁机构的仲裁裁决,应当向人民法院提交订有仲裁内容的合同或协议。申请执行国外仲裁机构的仲裁裁决的,应当提交我国驻外使馆认证或我国公证机构公证的仲裁裁决书中文版本。

(5) 委托人的委托书及所在律师事务所的公函。

(6) 申请人的身份证明。公民个人申请执行的,应当出示居民身份证;法人申请执行的,应当提交企业法人营业执照或其他法人证明文件的副本,以及法定代表人身份证明;其他组织申请执行的,应当提交营业执照副本或其他证明文件,以及主要负责人身份证明。

(7) 其他应当提交的文件或证件。

140.3　律师为开发商提供法律服务时的重点内容

140.3.1　律师代为放弃、变更民事权利,代为进行和解,或代为领取标的物的,应当有委托人的特别授权。

140.3.2 强制执行申请书由委托人签名或盖章后,律师应在法定期限内向有管辖权的人民法院提出申请。

140.3.3 执行程序中,案外人提出异议的,申请人的律师应审查其异议是否成立。申请人律师认为异议不能成立的,应向人民法院提供异议不能成立的意见和理由。

140.3.4 被申请人转移、隐匿、变卖、损毁财产的,申请人律师可以申请查封、扣押或立即强制执行被申请人的财产。

140.3.5 出现可变更和追加执行主体时,律师可向人民法院提出变更和追加被执行主体的申请。

140.3.6 被申请人不能清偿到期债务,但对本案以外的第三人享有到期债权的,律师可向人民法院提出申请,请求人民法院向第三人发出履行到期债务的通知。

140.3.7 被申请人为企业法人,其财产不足以清偿全部债务的,律师应征询委托人是否提出破产申请。

140.3.8 被申请人为公民或其他组织,其全部财产或主要财产已被一个法院因执行确定金钱给付义务的生效法律文书查封、扣押或冻结,无其他财产可供执行或其他财产不足以清偿全部债务的,在被申请人的财产被执行完毕前,申请人对该被申请人已经取得金钱债权执行依据,律师应提出对该被申请人的财产参与分配的申请。

140.3.9 申请人申请参与分配的,律师应当向原申请执行的人民法院提交参与分配申请书,写明参与分配的理由,并附有执行依据。由原申请执行的人民法院转交主持分配的人民法院。

140.3.10 参与分配的申请人对人民法院查封、扣押或冻结的财产有优先权、担保物权的,律师应代其主张优先受偿权。

140.3.11 被申请人或其担保人以财产向人民法院提供执行担保的,如果其担保不符合担保法有关规定的,律师应当向人民法院提出异议,申请人民法院责令被申请人提供合法有效的担保。

140.3.12 在人民法院审理案件期间,保证人为被申请人提供担保,人民法院据此未对被申请人的财产采取保全措施或解除保全措施的,案件审结后,如果被申请人无财产可供执行或其财产不足清偿债务时,律师应申请人民法院裁定执行被申请人的保证人在保证责任范围内的财产。

140.3.13 在执行中,律师可以根据委托人的授权,与对方当事人达成和解协议,变更生效法律文书确定的履行义务主体、标的物及其数额、履行方式及期限等。

140.3.14 被申请人不履行或者不完全履行在执行中双方达成的和解协议的,律师应当在规定的期限内提出恢复执行原生效法律文书的申请。

140.3.15 执行中需办理产权证照、股权等转移手续的,律师应代委托人审查其合法性。

140.3.16 受托代为收取执行款项的律师,在收取执行款项后,应尽快将款项转交申请人。

140.3.17 律师在执行阶段,应穷尽法律规定的执行措施来实现债权。

140.4 律师为开发商提供法律服务时的风险提示

140.4.1 律师应告知当事人执行手段的有限性,不一定申请执行就能完全实现债权。

140.4.2 律师应告知当事人在法律规定的申请期限内提出。

第二节 仲　裁

第141条 根据仲裁协议确定仲裁机构

141.1 一般规定

律师应当告知当事人采用仲裁方式解决纠纷,应是双方自愿,必须达成仲裁协议,仲裁协议应当具有下列内容:

(1) 请求仲裁的意思表示;

(2) 仲裁事项;

(3) 选定的仲裁委员会。

141.2 律师为开发商提供法律服务的内容

律师审查仲裁协议,应注意以下几个方面:

(1) 仲裁协议的形式应采用书面形式,包括下列几种:

① 单独的仲裁合同;

② 合同中订立的仲裁条款;

③ 其他书面形式:信件和数据电文(包括电报、电传、传真、电子数据交换和电子邮件)。

(2) 仲裁协议达成的时间:可以事先约定,也可以事后达成。

(3) 仲裁协议的效力:

① 合同成立后未生效或被撤销的,仲裁协议效力不受影响;

② 订立合同时就合同争议达成仲裁协议的,合同未成立不影响仲裁协议的效力。

(4) 双方关于提交仲裁的纠纷范围有无约定,本纠纷是否属于仲裁协议约定的可提交仲裁的事项。并且约定仲裁的纠纷范围应属于选定的仲裁机构制定的仲裁规则受案的范围。

(5) 仲裁协议选定的仲裁委员会是否明确,是否存在两个以上的仲裁机构。

(6) 仲裁协议中有无与诉讼约定重合的情形。

141.3 律师为开发商提供法律服务时的重点内容

律师应当特别注意仲裁协议的效力、约定的纠纷是否属于仲裁委员会受理的范围以及仲裁委员会是否明确。

141.4　律师为开发商提供法律服务时的风险提示

律师应当告知当事人,有下列情形之一的,仲裁协议无效:

(1) 约定的仲裁事项超出法律规定的仲裁范围的;

(2) 无民事行为能力人或者限制民事行为能力人订立的仲裁协议;

(3) 一方采取胁迫手段,迫使对方订立仲裁协议的。

仲裁协议对仲裁事项或者仲裁委员会没有约定或者约定不明确的,当事人可以补充协议;达不成补充协议的,仲裁协议无效。

第142条　仲裁协议有缺陷时仲裁机构的确定

142.1　一般规定

当事人在仲裁协议中关于仲裁机构的约定应是明确的,即单一而排他的,如不能确定则分下列情形处理:

(1) 仲裁机构名称不准确,但能够确定具体仲裁机构的,应当认定选定了仲裁机构,如当事人约定了"上海市经济仲裁委员会",可以认定选择了上海仲裁委员会。

(2) 仅约定了适用的仲裁规则,则视为未约定仲裁机构。

(3) 约定了两个以上仲裁机构的,可以选择其中的一个,若当事人对选择无法达成一致的,仲裁协议无效。

(4) 约定了某地仲裁机构仲裁,且该地仅有一个仲裁机构的,则该仲裁机构视为约定的仲裁机构;但若该地有两个以上的仲裁机构的,按第三种情形处理。

142.2　律师为开发商提供法律服务的内容

律师应当告知当事人选择仲裁机构时应当明确。

142.3　律师为开发商提供法律服务时的重点内容

详见142.2。

142.4　律师为开发商提供法律服务时的风险提示

律师应当避免选择不明确的仲裁机构。

第143条　诉讼与仲裁重合时的处理

143.1　一般规定

如果当事人在合同中就纠纷的解决既约定了仲裁,又约定了诉讼,则该仲裁协议无效。但是一方提请仲裁后,另一方未在仲裁庭首次开庭前提出异议的,则视为仲裁协议成立。

143.2　律师为开发商提供法律服务的内容

律师应当告知当事人在选择解决纠纷的方式时,仲裁与诉讼只能二者择一。

143.3　律师为开发商提供法律服务时的重点内容

详见143.2。

143.4　律师为开发商提供法律服务时的风险提示

律师应当避免在选择解决纠纷的方式时,既约定了仲裁,又约定了诉讼。

第 144 条 对仲裁协议有异议的处理

144.1 一般规定

当事人对仲裁协议有异议的,可以提请裁定:

(1)提出异议的时限为仲裁庭首次开庭前。

(2)当事人提请裁定既可以向仲裁委员会申请,也可以向人民法院申请,一方向仲裁委员会申请而另一方向法院申请的,由法院裁定。仲裁委员会先于法院受理且已作出裁定的,该裁定有效。

(3)对仲裁协议提出异议的案件,分别由下列法院管辖:

① 申请确认仲裁协议效力的案件,由仲裁机构所在地中级人民法院管辖;

② 申请明确仲裁机构的案件,由仲裁协议签订地或被申请人所在地中级人民法院管辖;

③ 申请确认涉外仲裁协议效力的案件,分别由仲裁机构所在地、协议签订地、申请人或被申请人住所地中级人民法院管辖;

④ 关于海事海商仲裁协议效力的案件,由仲裁协议约定的仲裁机构所在地、协议签订地、申请人或被申请人住所地海事法院管辖。

144.2 律师为开发商提供法律服务的内容

律师应当告知当事人注意提请裁定的时间和管辖机构。

144.3 律师为开发商提供法律服务时的重点内容

详见 144.2。

144.4 律师为开发商提供法律服务时的风险提示

详见 144.2。

第 145 条 仲裁申请请求的确定

参照诉讼,但要注意以下两点:

(1)仲裁申请请求的确定与诉讼基本一致,但关于请求事项的变更和反请求的提出的时限,各地仲裁机构的仲裁规则的规定有所区别,应予以充分注意。

(2)仲裁请求系基于合同关系而提出,如涉及违约责任和侵权责任竞合时,只可以选择违约责任作为请求的依据,但诉讼则可以选择其中之一。

第 146 条 仲裁申请的提起

146.1 一般规定

仲裁申请的提起与诉讼的提起基本一致,但须注重以下几个方面:

(1)申请仲裁须提交仲裁协议,且仲裁事项须在约定的仲裁委员会受理范围内。

(2)申请仲裁除须按被申请人数加上秘书处向仲裁委员会提交仲裁申请书和证据及副本外,一般还须按仲裁庭组成人员数向仲裁委员会提交申请书副本和证据副本。

（3）申请仲裁须在仲裁机构受理后领取仲裁员名册和仲裁规则，并应在仲裁规则规定时限内选定仲裁员。

（4）仲裁的当事人仅限于合同当事人，被申请人除了合同当事人之外，不可以追加，第三人也没有，而诉讼则可能追加共同被告和第三人。

146.2　律师为开发商提供法律服务的内容

律师应当告知当事人提起仲裁与诉讼的区别。

146.3　律师为开发商提供法律服务时的重点内容

参照第二编第一章第一节。

146.4　律师为开发商提供法律服务时的风险提示

参照第二编第一章第一节。

第 147 条　仲裁案件的财产保全

147.1　一般规定

147.1.1　仲裁案件的财产保全申请应先向仲裁机构提出，仲裁机构将当事人的申请转交有关法院后，再根据管辖法院要求提交有关资料并交纳费用。

147.1.2　仲裁案件的财产保全一般由财产所在地法院或被申请人住所地法院作出裁定。

147.2　律师为开发商提供法律服务的内容

参照第二编第一章第一节。

147.3　律师为开发商提供法律服务时的重点内容

参照第二编第一章第一节。

147.4　律师为开发商提供法律服务时的风险提示

参照第二编第一章第一节。

第 148 条　仲裁庭的组成

148.1　一般规定

仲裁庭一般由 3 名仲裁员组成，简易程序案件由 1 名仲裁员独任仲裁。

148.2　律师为开发商提供法律服务的内容

律师应当告知当事人应当各自选定或各自委托仲裁委员会主任指定 1 名仲裁员，第三名仲裁员可以由当事人共同选定，或由仲裁委员会主任指定。

148.3　律师为开发商提供法律服务时的重点内容

律师应告知当事人在选定仲裁员的过程中应注意下列事项：

（1）应在规定时限内提交指定仲裁员名单而不致丧失权利。

（2）认真阅读仲裁员名册并充分了解仲裁员的知识、经验等，选择精通商品房交易、熟悉商品房交易实务的仲裁员组成仲裁庭。

（3）由于仲裁员中较多执业律师兼任，故对仲裁委员会指定和对方选定的律师仲裁员,应予关注其与对方代理人及当事人之间可能存在的各种利害关系,如有发现应及时告知当事人并提请仲裁委员会注意是否存在回避情形。

148.4　律师为开发商提供法律服务时的风险提示

律师应当告知当事人在规定时限内提交指定仲裁员名单,并注意提示当事人申请回避。

第 149 条　举证责任

参照诉讼部分,须注意以下两点:

(1)仲裁的举证与《最高人民法院关于民事诉讼证据的若干规定》(以下简称《证据规则》)基本一致,但也有所区别,尤其是关于举证时限和逾期提交证据的认定,各仲裁机构的仲裁规则不尽一致,应充分注意。

(2)仲裁关于造价审计鉴定的运用较诉讼相对宽松,应充分注意。

第 150 条　开庭审理

参照诉讼部分,须注意以下三点:

(1)仲裁案件不公开进行,一方当事人有旁听人员列席,须征得另一方和仲裁庭同意。

(2)仲裁案件的代理人,一般不受二人的限制,可以因案件需要而委托两名以上代理人出庭。

(3)仲裁案件的审限一般自仲裁庭组庭之日起计算,而非受理之日起计。

第 151 条　仲裁裁决的撤销和不予执行

151.1　一般规定

151.1.1　关于仲裁裁决的撤销

(1)当事人向法院申请撤销裁决应具备符合《中华人民共和国仲裁法》(以下简称《仲裁法》)第 58 条的规定;

(2)撤销裁决的申请在收到裁决书之日起 6 个月内提出;

(3)对于申请撤销裁决的案件,由仲裁委员会所在地法院管辖;

(4)法院受理撤销裁决申请后,另一方当事人申请执行同一裁决的,执行法院应在受理后裁定中止执行;

(5)法院受理后,认为可以重新仲裁的,通知仲裁庭重新仲裁。当事人对重新仲裁仍不服的,可以另行申请撤销。

151.1.2　关于仲裁裁决的不予执行

(1)当事人向法院申请不予执行,须提交能证明符合《民事诉讼法》第 217 条第 2 款和第 260 条规定的情形;

(2)撤销裁决申请被驳回后,又在执行程序中以相同理由提请不予执行的不予支持;

（3）对因调解或和解而形成的仲裁文书，当事人提出不予执行申请的，不予支持；

151.1.3　关于因仲裁协议效力而主张撤销或不予执行的

（1）未在仲裁程序中对仲裁协议提出异议的，无权以此为由主张撤销或不予执行；

（2）已提出异议而未采纳，在裁决作出后又以此为由主张撤销和不予执行的，具备符合《民事诉讼法》第217条、第260条和《仲裁法》第58条规定，予以支持。

151.2　律师为开发商提供法律服务的内容

律师应告知当事人注意申请撤销与不予执行的法定情形。

151.3　律师为开发商提供法律服务时的重点内容

详见151.2。

151.4　律师为开发商提供法律服务时的风险提示

详见151.2。

第二章
商品房买卖合同纠纷的类型

第一节　商品房买卖合同订立阶段纠纷及其处理

第152条　商品房销售广告纠纷及其处理

152.1　律师为开发商提供法律服务的内容

在商品房的销售广告及宣传资料符合《司法解释》第3条的规定，即可以视为要约的情形下，如果发生此类纠纷，开发商一般作为被告出现，律师根据不同的阶段可提供如下内容：

一般律师应就销售广告及宣传资料是否属于要约收集如下证据材料：

（1）销售广告及宣传资料；

（2）商品房预售合同或商品房买卖合同。

152.2　律师为开发商提供法律服务时的重点内容

152.2.1　律师应审查销售广告及宣传资料是否符合《司法解释》第3条的规定，即广告及宣传资料中是否就商品房开发规划范围内的房屋及相关设施所作的说明和允诺具体确定，并对商品房买卖合同的订立以及房屋价格的确定有重大影响的，如果符合规定，则应视为要约。审查可以依据《司法解释》第3条的规定，从三个方面考虑：

（1）审查是否存在对开发规划范围（俗称"红线"）以外的说明和允诺，存在此类情况则不能视为要约。

（2）审查是否"具体确定"。具体确定的定义是指开发商对其开发项目规划设计范围内的商品房及相关设施所作的一些详尽具体的说明和允诺。因为具体确定是一个抽象概念,并没有统一标准。如有认为,如果开发商在广告中注明"一切以最后完工为准"、"最后均以政府批准的方案为准"、"本广告尚未最终确定"、"本广告仅作参考"等,可以以此抗辩。也有认为此不能作为抗辩理由,故律师应仔细审查,谨慎对待该类情况。而诸如广告中注明的是"如有更改恕不另行通知",一般会被认定是开发商制定的格式条款并单方面免除责任,从而无效。

(3) 审查买受人诉讼所称的广告及宣传资料是否"对商品房买卖合同的订立以及房屋价格的确定有重大影响的",若未对价格确定造成重大影响的,不能视为要约。

152.2.2 律师应审查开发商和买受人签订的商品房预售合同或商品房买卖合同,对于销售广告及宣传资料所载的具体确定的说明和允诺是否有特殊约定。

虽然,根据《司法解释》第 3 条的规定,对于符合要约构成要件的销售广告及宣传资料,即使未载入商品房买卖合同,亦应当视为合同内容,当事人违反的,应当承担违约责任。但是,也有人认为,并不排除开发商与买受人在预售或买卖合同中约定销售广告及宣传资料不作为要约;当开发商和买受人在预售或买卖合同中有特别约定销售广告及宣传资料不作为要约的,应从其约定。所以,律师遇到此类情况的,应审慎对待。

152.2.3 审查是否存在开发商可免责的事由,如是否存在因政府行为等或不可抗力导致销售广告及宣传资料的内容无法实现。

152.2.4 如果对于开发商违约事实没有异议的,律师还可以从承担不同的民事责任来进行选择适用而降低损失。《合同法》第 107 条规定:"当事人一方不履行合同义务或者履行合同义务不符合约定的,应当承担继续履行、采取补救措施或者赔偿损失等违约责任。"若存在可继续履行性的,且较之赔偿损失等更利于开发商的,可提示开发商采用要求继续履行的方式。

152.3 律师为开发商提供法律服务时的风险提示

152.3.1 若销售广告及宣传资料按照《司法解释》的规定,应被视为要约的,则律师应提示开发商,在开发商未能按照销售广告及宣传资料交付房屋的,应承担违约责任。

152.3.2 应按照《合同法》、司法解释等法律、法规的规定,向开发商出具法律意见书,告知开发商可能需要承担的违约责任,及各种违约责任之间的区别。

第 153 条 商品房认购书纠纷及其处理

根据最高人民法院民事审判第一庭编著的《最高人民法院关于审理商品房买卖合同纠纷案件司法解释的理解与适用》一书认为,认购书的内容一般包括:双方当事人的基本情况;房屋基本情况(包括位置、面积、单价等);签署正式契约的时限约定等。认购书应当在开发商已办妥开发项目的立项、规划、报建审批手续,开发项目已定型,但尚未取得商品房预售许可证的期间内签订。

而《司法解释》第 5 条规定,商品房的认购、订购、预订等协议具备《商品房销售管理办法》第 16 条规定的商品房买卖合同的主要内容,并且开发商已经按照约定收受购房款的,该协议应当认定为商品房买卖合同。

所以,对于此种纠纷将根据认购书为预约合同、认购书为商品房买卖合同两类来分别分析。

153.1　认购书为预约合同时的纠纷及其处理

153.1.1　律师为开发商提供法律服务的内容

律师主要需要收集两方面证据:

(1) 开发商和买受人(认购人)签订的认购书。

(2) 未能签订商品房买卖合同的原因及责任方。

153.1.2　律师为开发商提供法律服务时的重点内容

(1) 审查认购书的内容及履行情况,确定其是否可以被视为商品房买卖合同。

(2) 对于不能被认定为商品房买卖合同的认购书,审查认购书的签订时间,合同主要条款,重点关注房屋基本情况(包括位置、面积、单价等);签署正式契约的时限约定。

(3) 审查未按照认购书签订商品房买卖合同的原因及责任方。

(4) 若双方并未在认购书中约定定金条款,且因开发商原因未能签订商品房买卖合同的,则应按照《合同法》及《司法解释》,告知开发商可能需要承担的责任,目前主要是以《合同法》第 42 条规定的合同缔约过失承担赔偿责任。

(5) 若双方并未在认购书中约定定金条款,且因买受人(认购人)原因未能签订商品房买卖合同的,则应按照《合同法》及《司法解释》,告知开发商可以要求买受人(认购人)承担的责任,目前主要是以《合同法》第 42 条规定的合同缔约过失承担赔偿责任。

153.1.3　律师为开发商提供法律服务时的风险提示

若是开发商考虑不愿意再签订商品房买卖合同而致诉讼的,应告知开发商其所需承担的责任,供其比较而得出其所希望采取的后续措施。

153.2　认购书为商品房买卖合同时的纠纷及其处理

认购书被认定为商品房买卖合同时需要符合两个条件:

(1) 具备《商品房销售管理办法》第 16 条规定的商品房买卖合同的主要内容。

(2) 开发商已经按照约定收受购房款。

所以,以下是对于认购书符合上述两个条件,而应被认定为商品房买卖合同情况下的分析。

153.2.1　律师为开发商提供法律服务的内容

一般需要收集的证据包括:

(1) 开发商与买受人(认购人)签订的认购书。

（2）开发商已实际收取买受人（认购人）按约支付的购房款的证据。

（3）起诉时，开发商是否取得商品房预售许可证明的证据。

153.2.2　律师为开发商提供法律服务时的重点内容

（1）根据《司法解释》第2条的规定，审查起诉时认购书的效力。若开发商在起诉时尚未取得商品房预售许可证明的，则该认购书无效。

（2）若认定为商品房买卖合同的认购书有效，则相应的纠纷处理即同商品房买卖合同纠纷处理，可参照后述章节的分析。

153.2.3　律师为开发商提供法律服务时的风险提示

律师应严格按照《司法解释》第5条的规定对认购书进行审查，并告知开发商认购书的效力及诉讼可采取的方案。

第154条　认购书定金的纠纷及处理

法律中涉及认购书中定金问题的规定见《司法解释》第4条，适用本条款所称的定金必须是为了担保商品房买卖合同订立的立约定金。以下作一比较说明：

如认购书中约定"乙方（买受人）在签署本商品房认购书后的x个工作日内支付甲方（开发商）订金x元，在签署《商品房买卖合同》后，上述款项充抵购房款"这样类似的规定，该认购书中的订金性质为预付款。其规则可以适用《商品房销售管理办法》第22条的规定，"……房地产开发企业在订立商品房买卖合同之前向买受人收取预订款性质费用的，订立商品房买卖合同时，所收费用应当抵作房价款；当事人未能订立商品房买卖合同的，房地产开发企业应当向买受人返还所收费用；当事人之间另有约定的，从其约定"。

如认购书中约定"乙方（买受人）须于签署本商品房认购书后x日内与甲方（开发商）签署《商品房买卖合同》。如乙方在上述期限内不签订《商品房买卖合同》，甲方有权扣除乙方已交定金，并另行处置该房屋"这样类似的规定，该认购书中约定的是立约定金，适用的罚则即为《司法解释》第4条的规定。

154.1　律师为开发商提供法律服务的内容

（1）收集开发商与买受人（认购人）签订的认购书。

（2）审查定金条款的效力。

（3）审查未签订商品房买卖合同的原因及责任方。

154.2　律师为开发商提供法律服务时的重点内容

（1）审查开发商与买受人（定购人）签订的认购书中约定的定金条款，根据《担保法司法解释》第118条规定："当事人交付留置金、担保金、保证金、订约金、押金或者订金等，但没有约定定金性质的，当事人主张定金权利的，人民法院不予支持。"但如果认购书上表明：双方未签订正式的商品房买卖合同，买受人违约订金、押金不退还，开发商违约双倍返还订金、押金，对于这种订金、押金的法律性质认定就存在争议。在司法实践中，法院或仲裁机构有认定这是一种违约责任的约定，也有认定为定金的。所以，必须仔细审查双方约定的是定金,或仅仅是留置金、担保金、保证金、订约金、押金或者订金等,一旦确定性质上绝非"定金",则不能适用定金罚则;若属于上述的"但书"的,各地法院也有不同的判例,律师应谨慎对待。

(2) 审查定金条款是否已经实际履行。《中华人民共和国担保法》(以下简称《担保法》)第 90 条规定:"定金应当以书面形式约定。当事人在定金合同中应当约定交付定金的期限。定金合同从实际交付定金之日起生效。"若买受人(定购人)未实际交付定金的,则定金条款未生效。

(3) 审查开发商与买受人(定购人)签订的认购书中对定金数额的约定。《担保法》第 91 条规定:"定金的数额由当事人约定,但不得超过主合同标的额的 20%。"所以,若认购书中约定的定金数额有超过合同标的额的 20% 部分,则超过部分无效。

(4) 审查买受人(定购人)实际交付的定金数额与认购书约定的定额数额是否存在区别。根据《担保法司法解释》第 119 条规定:"实际交付的定金数额多于或者少于约定数额,视为变更定金合同;收受定金一方提出异议并拒绝接受定金的,定金合同不生效。"若存在差异,且未超过合同标的额的 20%,并被开发商接受的,则应以实际交付的定金数额适用定金罚则。

(5) 审查未签订商品房买卖合同的原因及责任人,若责任在开发商,则开发商需要返还买受人(认购人)双倍定金的款额,若责任在买受人(认购人),则开发商不予返还买受人(认购人)交付的定金,若双方均无责任,则开发商应将已收取的定金返还买受人(认购人)。

154.3　律师为开发商提供法律服务时的风险提示

律师应及时向开发商出具法律意见书,告知其认购书中定金条款的效力,以及因其原因未签订商品房买卖合同应双倍返还定金,或者非其原因未签订商品房买卖合同可没收买受人交付的定金。

第 155 条　商品房买卖合同定金纠纷及其处理

155.1　律师为开发商提供法律服务的内容

155.1.1　收集证据,包括:

(1) 开发商与买受人签订的商品房预售合同或买卖合同。

(2) 买受人交付定金的情况。

(3) 开发商与买受人的履约情况。

155.1.2　审查商品房预售合同或买卖合同对于定金条款以及违约条款的约定。

155.1.3　审查违约方的违约情况,以及应当承担的责任。

155.2　律师为开发商提供法律服务时的重点内容

155.2.1　关于定金条款的效力确定可参照本节 154.2(1)、(2)、(3)、(4) 部分内容。

155.2.2　若发现支付定金为合同成立或生效要件的,审查买受人定金交付情况,如买受人未按约支付定金,但买受人已按约支付购房款,且开发商也已交付房屋的,《担保法司法解释》第116条规定,"当事人约定以交付定金作为主合同成立或者生效要件的,给付定金的一方未支付定金,但主合同已经履行或者已经履行主要部分的,不影响主合同的成立或者生效"。应告知开发商商品房预售或买卖合同已经生效。

155.2.3 审查商品房预售合同或买卖合同,若双方既约定定金又约定违约金的,则根据《担保法》第116条的规定,当事人既约定违约金,又约定定金的,一方违约时,对方可以选择适用违约金或者定金条款。若买受人违约,律师应告知开发商其可以从违约金条款和定金条款中选择一个对其有利的条款适用。

155.2.4 律师应告知开发商,《担保法司法解释》第117条规定:"定金交付后,交付定金的一方可以按照合同的约定以丧失定金为代价而解除主合同,收受定金的一方可以双倍返还定金为代价而解除主合同。对解除主合同后责任的处理,适用《中华人民共和国合同法》的规定。"可适用定金罚则解除主合同,但同时仍需要承担合同约定的违约责任或损失赔偿责任。

155.2.5 律师应审查合同违约的程度,根据《担保法司法解释》第120条规定:"因当事人一方迟延履行或者其他违约行为,致使合同目的不能实现,可以适用定金罚则。但法律另有规定或者当事人另有约定的除外。当事人一方不完全履行合同的,应当按照未履行部分所占合同约定内容的比例,适用定金罚则。"若买受人仅为不完全履行合同而并未致合同目的不能实现的,则应告知开发商,应按照未履行部分所占合同约定内容的比例适用定金罚则,而若是开发商不完全履行,应告知开发商可以抗辩要求按比例适用定金罚则。

155.2.6 律师应审查致使主合同不能履行的原因,根据《担保法司法解释》第122条的规定:"因不可抗力、意外事件致使主合同不能履行的,不适用定金罚则。因合同关系以外第三人的过错,致使主合同不能履行的,适用定金罚则。受定金处罚的一方当事人,可以依法向第三人追偿。"告知开发商,仅有不可抗力和意外事件是可免责事项;而其他的如第三人的过错所致的,也必须先适用定金罚则,只是赋予接受定金罚则一方一项追偿权。

155.3 律师为开发商提供法律服务时的风险提示

155.3.1 律师应仔细审查商品房预售合同或买卖合同的定金条款及定金部分的实际履行情况,并根据《合同法》、《担保法》及其解释,就定金部分的效力问题向开发商出具法律意见书。

155.3.2 律师应仔细审查合同的履行情况,出具法律意见书告知开发商属于部分履行,或者合同目的完全未实现。

155.3.3 律师应分析造成合同履行现状的原因,开发商需要承担的责任以及可以采取的措施,或者开发商享有的权利,并出具法律意见书告知开发商。

第二节 商品房买卖合同签订与成立时的纠纷及其处理

第 156 条 面积和价格差异的纠纷及其处理

理论部分参照非诉讼部分。

156.1 律师为开发商提供法律服务的内容

律师为开发商提供商品房面积和价格差异纠纷法律服务时,一般开发商作为被告。律师代理开发商时,根据不同阶段,可提供如下内容:

律师代理开发商提供商品房面积纠纷服务时,一般应收集如下证据:

(1) 开发商与买受人签订的《商品房买卖合同》。

(2) 开发商委托测绘机构所做的测绘成果。

(3) 已办理权属证书的,应审查权属证书。

(4) 国家、地方有关房产测量的规范和政策。

律师代理开发商提供商品房价格纠纷服务时,一般应收集如下证据:

(1) 开发商与买受人签订的《商品房买卖合同》。

(2) 双方关于价格差异的其他约定,或者开发商在广告、宣传资料中对商品房价格所做的明确承诺。

(3) 价格发生变更的证据。

(4) 产生价格差异的原因的证据。

156.2 律师为开发商提供法律服务时的重点内容

156.2.1 律师为开发商提供面积差异纠纷法律服务时的重点内容:

(1) 应审查合同是否对面积差异进行约定。如有约定的,一般按约定处理;没有约定或约定不明确的,按《司法解释》第 14 条的规定处理。

(2) 律师应审查发生面积纠纷的原因,若系房产测量规范和发生变化导致面积差异的,而合同对此又无约定的,应咨询房地产管理部门对此问题的规定。

(3) 律师经审查发现面积纠纷是房产测绘机构测绘错误引起的,应要求测绘机构重新测绘,并依据重新测绘的结果确定面积。

156.2.2 律师为开发商提供价格差异纠纷法律服务时的重点内容:

(1) 律师应审查合同或者补充协议中是否对价格差异有约定,若有约定的,一般按约定处理。

(2) 律师应审查开发商的广告或宣传资料中对价格是否有承诺,或者对商品房的保值增值是否有明确承诺,若有承诺的,一般可作为合同的组成部分,按承诺处理。

(3) 律师应审查产生价格差异的原因,判断开发商是否要承担责任。

(4) 律师应审查当地价格主管部门对商品房的价格是否进行监管,若当地价格主管部门对商品房价格进行监管并对商品房价格进行批准的,应根据具体情况判断开发商是否需要承担责任。

156.3 律师为开发商提供法律服务时的风险提示

156.3.1 律师对委托人的风险提示

（1）若律师经审查发现，开发商和买受人对面积误差的约定与《司法解释》第14条规定相同的，则应告知开发商面积误差比在3%以内（含3%）的，双方据实结算房价款；若实际面积大于合同约定面积且面积误差比大于3%的，则3%以内部分由买受人按约定价格补足，超过3%部分的房价款由开发商承担，房屋所有权归买受人；若实际面积小于合同约定面积且面积误差比大于3%的，则3%以内部分房价款和利息由开发商返还买受人，超过3%部分的房价款由开发商双倍返还买受人。

（2）若律师经审查后发现，开发商和买受人对面积误差如何处理没有约定或约定不明的，则应告知开发商按《司法解释》第14条的规定处理。

（3）若律师经审查后发现，开发商和买受人对面积误差处理有约定的，原则上应按双方约定处理。

（4）律师应告知开发商，即使因房产测绘机构测量错误导致面积差异，由此产生的责任仍可能由开发商承担。

（5）律师应告知开发商，若开发商在合同、补充协议或广告宣传资料中对价格差异有约定或承诺的，开发商违反约定或承诺的，应按约定或法律规定承担违约责任。

（6）律师应告知开发商，若产生商品房价格差异完全由市场波动引起的，则开发商一般不承担价格差异的责任。

（7）律师应告知开发商，若当地政府依据法律规定对商品房价格进行监管并明确商品房价格范围的，开发商不仅应承担行政违法责任，可能还要承担违约责任。

156.3.2 律师应注意的问题

对面积纠纷，律师应分清产生面积纠纷的原因，是否系房产测量规范或政策发生变更还是测绘错误，或者单纯的约定面积差异与产权登记面积差异，律师应区分产生面积差异的不同原因，提出不同的应对策略。出现房产测量规范或政策发生变更时，应咨询房地产主管部门的意见，了解主管部门对此是否有相应的衔接政策。

对价格差异纠纷，律师应明确产生价格差异纠纷的原因，明确开发商应承担行政违法责任还是违约责任，或者两种责任需同时承担。

第157条 建筑物区分所有权（包括道路、绿地、公共场所、公共设施、物业服务用房、车位、建筑物及其附属设施维修资金、费用分摊、收益分配等）认定的纠纷及其处理

理论部分参照非诉讼部分。

157.1 律师为开发商提供法律服务的内容

在业主的建筑物区分所有权纠纷中，根据不同的纠纷内容，主要有下列纠纷类型：

（1）绿地纠纷；

（2）车库、车位纠纷；

（3）物业维修资金纠纷；

（4）建筑物及其附属设施收益分配纠纷；

（5）公共场所、公用设施纠纷；

（6）屋顶平台使用权纠纷。

在上述纠纷中，开发商一般均是作为被告出现，律师应根据不同的纠纷类型，提供相应的服务。

157.1.1 绿地纠纷

在绿地纠纷中，主要是绿地的权属纠纷，大多数情况下，开发商一般作为被告出现，主要纠纷类型是绿地的受让人要求确认双方的出售、出租或赠与合同无效，或者要求对小区的绿地进行确权。律师作为开发商的被告代理人时，应根据诉讼的各阶段提供如下服务：

律师应按原告的起诉状所确定的诉讼请求和事实理由，撰写答辩状，判断案件是否超过诉讼时效、管辖法院是否正确等。对开发商出售、出租或赠与的绿地，律师应收集如下证据：

（1）绿地的规划审批文件；

（2）绿地允许转让的行政许可文件；

（3）绿地土地面积和/或建筑面积是否分摊的测绘文件；

（4）绿地的权属证书；

（5）绿地的权属转让文件（包括《商品房买卖合同》、绿地转让协议、开发商的广告、宣传资料中涉及绿地的相关内容）；

（6）绿地的成本是否已经计入商品房成本的证据；

（7）当地政府部门制定的地方性法规、规章和文件。

律师应按收集到的证据材料，编写证据目录，在举证期限内提交法院/仲裁机构。

157.1.2 车库、车位纠纷

在车库、车位纠纷中，主要是车库的权属纠纷，大多数情况下，开发商一般作为被告出现，主要纠纷类型是车库、车位的受让人要求确认双方的出售、出租或赠与合同无效，或者要求对小区的车库、车位进行确权。律师作为开发商的被告代理人时，应根据诉讼的各阶段提供如下服务：

律师应按原告的起诉状所确定的诉讼请求和事实理由，撰写答辩状，判断案件是否超过诉讼时效、管辖法院是否正确等。对开发商出售、出租或赠与的车库，律师应收集如下证据：

（1）车库、车位的规划审批文件；

（2）车库、车位允许转让的行政许可文件；

（3）车库、车位土地面积和/或建筑面积是否分摊的测绘文件；

（4）车库、车位的权属证书；

(5) 车库、车位的权属转让文件[包括《商品房买卖合同》、车库(车位)转让协议、开发商的广告、宣传资料中涉及车库、车位的相关内容];

(6) 开发商转让的车库、车位属于人防工程的,需要提供人防部门同意使用的文件;

(7) 车库、车位的成本是否已经计入商品房成本的证据;

(8) 当地政府部门制定的地方性法规、规章和文件。

律师应按收集到的证据材料,编写证据目录,在举证期限内提交法院/仲裁机构。

157.1.3 物业维修资金纠纷

物业维修资金纠纷中,主要是开发商挪用物业维修资金纠纷,律师一般应收集如下证据材料:

(1) 商品房买卖合同;

(2) 物业维修资金缴纳凭证;

(3) 物业维修资金移交凭证等。

157.1.4 建筑物及其附属设施收益分配纠纷

商品房出售后,开发商与业主之间可能存在建筑物及其附属设施的收益纠纷,比如屋顶广告、外墙广告的收益纠纷,出租附属设施的收益纠纷等。律师在办理此类纠纷时,一般应收集如下证据:

(1) 商品房买卖合同;

(2) 对建筑物及其附属设施收益分配的补充约定;

(3) 出售、出租建筑物及其附属设施的证据;

(4) 出售、出租建筑物及其附属设施获得收益的证据;

(5) 对建筑物及其附属设施收益使用的证据等。

157.1.5 公共场所、公用设施纠纷

对公共场所、公用设施的纠纷主要是权属纠纷和由此产生的收益纠纷,律师在办理此类案件时,一般应收集如下证据:

(1) 商品房买卖合同;

(2) 公共场所、公用设施的规划批准文件;

(3) 公共场所、公用设施的测绘资料;

(4) 公共场所、公用设施的权属证书;

(5) 对公共场所、公用设施权属和收益分配的补充约定等。

律师在收集上述资料时,亦应注意收集当地建设主管部门对公共场所、公用设施的地方政策。

157.1.6 屋顶平台使用权纠纷

律师处理屋顶平台使用权纠纷,一般应收集如下证据:

(1) 商品房买卖合同;

(2) 屋顶平台是否允许单独使用的规划批准文件；

(3) 开发商与其他和屋顶平台有利害关系的业主对屋顶平台使用权的约定。

157.2 律师为开发商提供法律服务时的重点内容

157.2.1 绿地纠纷

(1) 律师为开发商提供法律服务时，应审查开发商出售、出租或赠与绿地行为的效力，确定处理方案。

(2) 律师应审查开发商出售、出租或赠与绿地的行为是否已经符合了法律、行政法规的相关规定。《物权法》第73条规定的"明示属于个人"一般应符合两个条件：一是规划文件已经批准建筑区划内的相关绿地可以属于个人所有；二是开发商已经就该绿地与相关业主进行了约定，归业主个人所有。

(3) 律师应审查开发商出售、出租或赠与的绿地是否已经办理了土地使用权证，若已经办理的，一般可推定符合《物权法》第73条的规定；若没有办理的，应审查绿地所占用范围的土地的规划情况及权属登记情况。

(4) 若开发商的行为涉及行政机关的，可建议开发商及时与行政机关取得联系，听取行政机关的意见。

157.2.2 车库、车位纠纷

(1) 律师应审查发生纠纷的车库、车位所处的位置，根据车库、车位的位置判断车库、车位出售、出租或赠与合同的效力。

(2) 开发商将地下人防工程作为车库、车位出售、出租或赠与给业主个人的，应审查开发商是否已经办理了相关审批手续。

(3) 若开发商将房屋底层架空层作为车库出售给业主的，应审查车库是否已经取得了权属证书，未取得权属证书的，应审查该底层架空层的面积是否已经进行了分摊，或者能否单独计算建筑面积。

(4) 若开发商将按规定配比范围内的公建配套车库、车位出售、出租或赠与给业主的，应审查根据当地政策，按规定配比范围内的公建配套车库、车位的权属规定。

(5) 若开发商将车库、车位出售、出租或赠与小区业主之外的人，律师应审查开发商出售、出租或赠与车库、车位时是否符合小区范围内的车库、车位应当首先满足业主的需要的规定。

157.2.3 物业维修资金纠纷

产生物业维修资金纠纷时，律师应审查买受人是否已经交纳了物业维修资金，若已经交纳的，开发商是否已经交由房屋所在地建设（房地产）主管部门代管。

157.2.4 建筑物及其附属设施收益分配纠纷

(1) 律师应审查开发商与买受人之间是否存在建筑物及其附属设施收益分配的约定，若有约定的，审查约定是否符合法律规定。

(2) 若对建筑物及其附属设施的收益分配没有约定的，应按《物业管理条例》第55

条之规定处理,利用物业共用部位、共用设施设备进行经营的,业主所得收益应当主要用于补充专项维修资金,也可以按照业主大会的决定使用。

157.2.5　公共场所、公用设施纠纷

(1)律师应审查纠纷所涉公共场所、公用设施是否存在权属证书,若单独存在权属证书的,一般按权属证书载明的权利人确定所有人或使用人。

(2)对是否属于公共场所、公用设施不明的,律师应审查规划批准文件,根据规划文件确定纠纷所涉场所和设施的性质。

(3)对法律、行政法规有特别规定的公共场所、公用设施,律师应依据法律、行政法规的规定确定其权属。

157.2.6　屋顶平台使用权纠纷

若开发商将屋顶平台单独赠与或出租、出售给楼顶业主使用的,律师应重点审查屋顶平台的单独使用是否已经规划主管部门批准,同时屋顶所覆盖的顶楼之外的其他业主是否已经同意由楼顶业主单独使用。

157.3　律师为开发商提供法律服务时的风险提示

157.3.1　对委托人的风险提示

(1)律师在审查后,若发现开发商将城镇公共绿地或者土地使用权属于业主共有的绿地转让业主个人的,所签订的转让合同无效。绿地未经规划审批同意并按法律规定明示给个人的,开发商不得出售、出租或者赠与个别业主使用。

(2)律师在审查后,若发现开发商将城镇公共道路、业主共有的道路或者其他业主共有的场地上所建的车库、车位转让业主个人的,应告知开发商所签订的转让合同无效。

(3)律师经审查后发现,开发商将未经人防部门同意的人防地下空间作为车库出售、赠与或出租给业主的,应告知开发商及时办理相关审批手续。

(4)律师经审查后发现,开发商出售、出租或赠与的车库不符合《汽车库建筑设计规范》的,应根据具体情况判断能否整改,若能整改的,应及时整改,不能整改的,应告知开发商不能按车库来处理。

(5)律师经审查后发现,开发商所出售、出租或赠与的车库属于公建配套车库的,应根据地方性法规、规章和政策来判断车库的权属。

(6)律师经审查后发现,开发商将业主交纳的物业维修资金挪作他用的,应告知开发商及时将物业维修资金移交当地建设(房地产)主管部门。

(7)律师应提示开发商,除非与业主有特别约定,一般情况下利用建筑物及其附属设施进行经营所获得的收益应归业主所有。

(8)律师应提示开发商,除非已经取得权属证书或与业主有特别约定,一般情况下公共场所、公用设施均属于业主所有。

(9)律师应提示开发商,一般情况下,屋顶平台属于该幢楼的全体业主共有,若屋顶平台经规划部门批准并且经该幢楼的其他业主同意,屋顶平台可以由顶楼业主单独使用。否则开发商擅自将屋顶平台赠与、出租或出售给顶楼业主的行为无效。

157.3.2 律师执业时应注意的问题

(1) 律师在代理开发商诉讼/仲裁时,应告知开发商应提供的证据及举证时限,防止因提供证据超过举证时限而承担不利后果。

(2) 律师在代理开发商诉讼/仲裁时,在收到判决书/裁定书之后,应及时告知开发商案件结果,并根据结果告知开发商应在规定时限内上诉。

(3) 律师代理开发商诉讼/仲裁时,若案件属群体性案件的,应妥善处理,不要激化矛盾,防止引起群体性事件。

(4) 律师代理开发商诉讼/仲裁时,应根据案件具体情况告知开发商可能的后果,防止因案件结果预期错误而给开发商造成损失。

(5) 律师处理建筑物区分所有权纠纷时,不仅应依据《物权法》的规定,而且要参考国务院建设主管部门和当地建设主管部门颁布的规章和政策,根据具体的规定确定权属。

第158条 精装修与样板房交付标准的纠纷及其处理

精装修交付标准纠纷主要包括商品房装修内容(含材料、设施、设备、颜色、布局等)不符合合同约定标准的纠纷,装修内容不符合国家装修施工和验收规范的纠纷,装修内容存在质量问题的纠纷等。律师应了解《建筑地面工程施工质量验收规范》、《建筑装饰装修工程质量验收规范》、《民用建筑工程室内环境污染控制规范》和《金属和石材幕墙工程技术规范》等国家标准和规范中的强制性条文。

158.1 律师为开发商提供法律服务的内容

律师为开发商提供精装修交付标准纠纷时,开发商一般为被告,开发商作为被告时,律师一般应按诉讼的各个阶段,为开发商提供如下服务:

律师应按原告的起诉状所确定的诉讼请求和事实理由,撰写答辩状,判断案件是否超过诉讼时效、管辖法院是否正确等。律师应根据纠纷类型收集如下证据:

(1) 若系精装修交付标准与合同约定不符,应收集:① 双方签订的《商品房买卖合同》;② 双方对精装修交付标准的协议;③ 开发商广告中有关精装修标准的内容;④ 开发商对材料、设施设备变更给买受人的函;⑤ 买受人指定材料、设施设备颜色、款式、型号等的书面文件;⑥ 开发商与买受人之间是否有按样板房标准进行交付的约定;⑦ 现场实际装修的材料。

(2) 若系精装修交付标准违反国家强制性标准或规范的,律师应收集如下证据材料:① 本条上述(1)中的证据材料;② 国家有关施工、装饰装修的强制性标准;③ 装修验收记录。

158.2 律师为开发商提供法律服务时的重点内容

158.2.1 律师为开发商提供法律服务时,首先应审查158.1中的文件,根据证据

材料判断案件可能的结果。

158.2.2 对买受人起诉精装修房交付标准与合同约定或样板房不符的,律师应审查交付标准的约定或样板房与实际装修标准之间的差别,必要时应到现场查看。

158.2.3 对买受人起诉精装修房交付标准违反国家强制性规范或标准的,应根据国家强制性规范和标准进行实地查看,对已经验收合格的,应要求验收单位出具相关证明文件。

158.2.4 对买受人起诉精装修房交付标准违反合同约定、样板房装修标准或国家强制性规范或标准需要鉴定的,应及时做好鉴定准备,有必要的,可要求开发商先行委托鉴定。

158.2.5 对买受人起诉精装修房交付标准违反合同约定要求赔偿损失的,应根据具体情况判断是否申请鉴定。

158.3 律师为开发商提供法律服务时的风险提示

158.3.1 律师对委托人的风险提示

(1) 若律师经审查发现,开发商交付的精装修商品房的装修标准不符合合同约定或样板房标准的,应告知开发商按合同约定或者法律规定承担赔偿差价、更换和赔偿损失等责任。

(2) 若律师经审查发现,开发商交付的精装修商品房的装修标准违反国家强制性规定的,应告知开发商对违反强制性规定部分的装修予以修理、更换,造成买受人损失的,应赔偿相应损失。

(3) 若律师经审查发现,因开发商的精装修商品房装修标准不符合合同约定或者国家强制性规定而影响居住的,买受人拒绝收房或者收房之后提起诉讼/仲裁的,开发商可能还应承担买受人不能使用房屋期间的损失。

(4) 若开发商对精装修商品房设置了样板房的,在没有特别说明的情况下,交付的精装修商品房应与样板房一致。若交付的商品房与样板房不一致而又未对不一致作出说明的,应承担赔偿差价、更换等责任,造成其他损失的,还应赔偿损失。

158.3.2 律师应注意的问题

精装修与样板房交付标准差异纠纷较多,主要是合同约定的材料或样板房使用的材料的厂家、规格、型号、颜色等与实际交付的房屋存在差异,还有就是精装修房的装修违反国家强制性规范的。律师在处理精装修房交付标准纠纷时,应注意可能引起的群体性负面效果。律师应建议开发商采取积极主动的态度,尽量与买受人协商解决。

第 159 条 房屋质量纠纷及其处理(房屋质量不合格、房屋质量严重影响使用、房屋质量问题未及时维修导致损失赔偿)

有关房屋质量纠纷的主要法律法规和司法解释的规定有:

《建筑法》第 61 条第 2 款规定:"建筑工程竣工经验收合格后,方可交付使用;未经验收或者验收不合格的,不得交付使用。"《城市房地产开发经营管理条例》第 17 条和

《建设工程质量管理条例》第 16 条等作了类似规定。《建筑法》第 62 条和《建设工程质量管理条例》第六章等对保修责任作了规定。

《司法解释》第 12 条规定："因房屋主体结构质量不合格不能交付使用，或者房屋交付使用后，房屋主体结构质量经核验确属不合格，买受人请求解除合同和赔偿损失的，应予支持。"第 13 条规定："因房屋质量问题严重影响正常居住使用，买受人请求解除合同和赔偿损失的，应予支持。交付使用的房屋存在质量问题，在保修期内，开发商应当承担修复责任；开发商拒绝修复或者在合理期限内拖延修复的，买受人可以自行或者委托他人修复。修复费用及修复期间造成的其他损失由开发商承担。"

159.1 律师为开发商提供法律服务的内容

律师代理开发商处理房屋质量纠纷时，一般以被告代理人的身份出现。律师应根据诉讼的各个阶段，提供不同的内容：

对出现房屋质量纠纷的，律师应根据买受人的具体诉讼请求和事实理由，收集如下证据：

（1）开发商与买受人签订的《商品房买卖合同》，开发商的商品房销售广告、宣传资料中有关房屋质量的陈述和说明；

（2）房屋已经验收合格的，应收集房屋竣工验收的资料；

（3）质检、设计、监理和施工等单位出具的关于质量问题的意见、说明等文件；

（4）与所涉质量纠纷有关的国家相关质量标准和规范；

（5）双方对有关质量问题的协议、纪要或者验收记录等。

159.2 律师为开发商提供法律服务时的重点内容

159.2.1 律师为开发商提供房屋质量纠纷法律服务时，首先应收集 159.1 中的证据材料。

159.2.2 律师应根据房屋质量问题的严重程度和纠纷产生的时间，分别确定服务的重点内容：

（1）若开发商交付的房屋质量经验收为不合格而买受人要求退房的，律师应协助开发商做好退房的准备，并尽量减小影响，做好买受人的工作；

（2）若开发商交付的房屋经验收为合格，但是开发商交付的房屋存在质量问题严重影响买受人居住的，买受人根据规定要求退房的，律师应根据具体情况判断是否严重影响居住，需要通过鉴定判断的，应向法院申请鉴定；

（3）若开发商交付的房屋质量经验收合格，但是存在质量问题或者质量瑕疵的，买受人尚未收房并要求进行修理并赔偿损失的，律师应根据实际情况判断能否修复，以及是否给买受人造成损失；

（4）若开发商将房屋交付给买受人后房屋出现质量问题的，若房屋验收合格的，应按保修合同和相关法律规定承担保修责任，判断是否给买受人造成损失，给买受人造成损失的，开发商应承担赔偿责任；

（5）若买受人因开发商交付的房屋存在质量问题而拒绝收房,导致开发商逾期交房而要求承担违约责任的,律师应根据房屋质量是否足以导致买受人可以拒绝收房予以判断是否需要承担逾期交房的违约责任。

159.3 律师为开发商提供法律服务时的风险提示

159.3.1 律师对委托人的风险提示

（1）若律师经审查后发现,开发商提供的商品房存在质量瑕疵,但经竣工验收合格的,则律师应告知开发商其应承担修复责任,给买受人造成损失的,应赔偿相应的损失;

（2）若律师经审查后发现,开发商提供的商品房未经竣工验收合格的,律师应告知开发商,买受人可以拒绝接收房屋;

（3）若房屋经竣工验收不合格,律师应告知开发商,买受人不仅可以拒绝接收房屋,还可以要求解除合同和赔偿损失;

（4）房屋交付使用后,若律师发现经核验,房屋地基基础或主体结构质量不合格的,应告知开发商,买受人可以解除合同并要求赔偿损失;

（5）房屋虽经验收合格并交付使用,但房屋存在质量问题并严重影响正常居住使用的,律师应告知开发商,买受人可以解除合同并要求赔偿损失;

（6）房屋交付使用后,在保修期内房屋出现质量问题的,律师应告知开发商承担保修责任,若拒绝修复或者合理期限内拖延修复的,则买受人可以委托他人修复,费用由开发商承担。

159.3.2 律师应注意的问题

律师在处理房屋质量纠纷时,应根据房屋质量问题的严重程度,分别适用不同的法律规定。律师特别应注意区分一般质量纠纷与买受人拒绝收房之间的关系,应根据实际情况判断买受人是否可以拒绝收房。

第 160 条 延迟付款纠纷及其处理(一次性付款、分期付款中的延期付款纠纷)

理论部分参考非诉讼部分。《商品房买卖合同》中约定的付款方式一般为三种,一是一次性付款;二是分期付款;三是担保贷款付款(即所谓的按揭贷款付款)。由于因按揭贷款而产生的纠纷,在本章第七节已经有专节进行论述,故在此不再赘述。本部分只就一次性付款和分期付款中的延迟付款纠纷进行论述。

160.1 律师为开发商提供法律服务的内容

律师为开发商提供商品房买卖合同迟延付款纠纷法律服务时,开发商一般作为原告,作为原告代理人时,一般均是起诉要求买受人继续履行合同或者要求解除合同。根据诉讼的类型及诉讼的各个阶段,律师可提供的业务分别为:

开发商起诉要求继续履行合同或者解除合同的,律师应收集如下证据:《商品房买卖合同》,买受人的付款凭证、开发商的催款证明。律师应根据双方合同约定,对买受人的付款方式、付款时间进行详尽的审查,结合案情实际,确定诉讼请求是继续履行合同还是解除合同。

160.2 律师为开发商提供法律服务时的重点内容

160.2.1 律师为开发商提供迟延付款纠纷法律服务时,首先应审查《商品房买卖合同》中有关付款的约定,双方有其他约定的,应审查其他约定。

160.2.2 律师代理开发商诉讼,在审查证据材料的基础上,根据双方确定的付款方式,确定纠纷类型,如果要解除合同的,应协助开发商进行催告。

160.2.3 若开发商起诉要求解除合同的,律师应审查是否符合合同约定及法律规定的解除条件。若双方约定的是分期付款的方式,律师应提醒开发商,根据《合同法》第167条的规定,如买受人未支付到期价款的金额达到全部价款的1/5的,开发商可以要求解除合同。若合同对履行期限没有约定的,律师应要求开发商发函催促买受人履行,待合理期限届满后,再起诉要求解除合同。

160.3 律师为开发商提供法律服务时的风险提示

160.3.1 若《商品房买卖合同》对解除合同权利的行使有时间限制的,则律师应告知开发商超过约定时间行使合同解除权的,可能不被支持。

160.3.2 若开发商起诉要求买受人继续履行合同的,律师应告知开发商继续履行可能存在的风险(如买受人无能力履行、无可供执行的财产等)。

160.3.3 若约定的是分期付款行为的,律师应告知开发商在符合法律规定的解除条件时,应及时发函催告。

160.3.4 若约定的是一次性付款,律师应告知开发商在交房前,应要求买受人支付完毕所有购房款。

第161条 设计变更与规划变更的纠纷及其处理

设计变更的规定主要来自于《商品房买卖合同示范文本》(GF—2000—0171)第10条的约定。

161.1 律师为开发商提供法律服务的内容

律师为开发商提供商品房设计变更纠纷法律服务时,开发商一般作为被告。律师代理开发商诉讼时,根据诉讼各个阶段,可提供如下帮助:

律师为开发商提供设计变更纠纷法律服务时,应针对买受人的诉讼请求和事实理由,收集如下证据:

(1)开发商与买受人签订的《商品房买卖合同》;

(2)开发商提供的设计图纸和相关说明;

(3)开发商广告、宣传资料中与设计纠纷有关的资料;

(4)图纸设计变更资料;

(5)开发商就设计变更通知业主的资料;

(6)开发商与买受人就设计变更签订的补充协议。

律师为开发商提供规划变更纠纷法律服务时,一般应收集下列证据:

(1)《商品房买卖合同》;
(2)规划变更前的规划图纸和相关说明;
(3)开发商广告、宣传资料中与规划纠纷有关的资料;
(4)规划变更的申请文件和批准文件;
(5)开发商通知买受人规划变更的通知;
(6)开发商与买受人签订的补充协议等。

161.2 律师为开发商提供法律服务时的重点内容

161.2.1 律师为开发商提供规划、设计变更纠纷法律服务时,首先应审查证据材料,判断是否存在规划、设计变更。

161.2.2 若开发商确实存在规划、设计变更的,律师应审查开发商是否将规划、设计变更的情况在合同约定的期限内通知了买受人。如已经通知的,则应审查通知的方式和相应的证据材料能否证实通知的事实。

161.2.3 若开发商进行了规划、设计变更而没有按合同约定通知买受人的,律师应根据合同约定确定开发商应承担的违约责任,或根据实际情况是否给买受人造成了损失。

161.2.4 若开发商与买受人已经就规划、设计变更达成了补充协议的,律师应审查补充协议内容,确定双方是否按补充协议实际履行。

161.2.5 若开发商进行了规划、设计变更,但规划、设计变更不属于合同约定应通知的内容,则律师应根据具体情况判断开发商应承担的责任。

161.3 律师为开发商提供法律服务时的风险提示

161.3.1 律师对委托人的风险提示

(1)经规划部门同意的规划变更、设计单位同意的设计变更导致商品房的结构形式、户型、空间尺寸、朝向等合同约定的内容影响到买受人所购商品房质量或使用功能的,开发商应当在有关部门批准同意之日起10日内,书面通知买受人。出卖人未在合同约定期限内通知买受人的,买受人有权退房;若买受人退房的,开发商应按合同约定退还购房款本金和利息。

(2)开发商按合同约定通知了买受人,买受人在接到变更通知后,明确表示不退房的,但又未与开发商签订补充协议的,律师应告知开发商由开发商承担违约责任。

(3)开发商超过了合同约定期限通知买受人,买受人不退房,并与开发商签订了补充协议的,律师应告知开发商按补充协议履行。

161.3.2 律师应注意的问题

(1)在商品房建造过程中,一般均存在规划或设计变更,特别是设计变更会更多,律师应判断规划、设计变更是否对房屋的结构形式、户型、空间尺寸、朝向等合同约定内容产生影响。

(2)律师应注意买受人所起诉的内容是否属于规划、设计变更时开发商按合同约定应通知的范围,若不属于通知范围的,则不能根据合同约定承担违约责任。

(3)律师应注意虽然买受人所起诉的规划、设计变更内容不属于合同约定应通知的范围,但是开发商存在规划、设计变更事实的,开发商仍有可能根据法律规定承担相应的责任。

第162条 商品房买卖合同中登记与备案的纠纷及处理(包括预告登记)

商品房买卖中,《物权法》对登记作了规定,该法第19条规定:"权利人、利害关系人认为不动产登记簿记载的事项错误的,可以申请更正登记。不动产登记簿记载的权利人书面同意更正或者有证据证明登记确有错误的,登记机构应当予以更正。不动产登记簿记载的权利人不同意更正的,利害关系人可以申请异议登记。登记机构予以异议登记的,申请人在异议登记之日起十五日内不起诉,异议登记失效。异议登记不当,造成权利人损害的,权利人可以向申请人请求损害赔偿。"

该法第20条规定:"当事人签订买卖房屋或者其他不动产物权的协议,为保障将来实现物权,按照约定可以向登记机构申请预告登记。预告登记后,未经预告登记的权利人同意,处分该不动产的,不发生物权效力。预告登记后,债权消灭或者自能够进行不动产登记之日起三个月内未申请登记的,预告登记失效。"

《城市商品房预售管理办法》第10条第1款规定:"商品房预售,开发企业应当与承购人签订商品房预售合同。开发企业应当自签约之日起30日内,向房地产管理部门和市、县人民政府土地管理部门办理商品房预售合同登记备案手续。"

《房屋登记办法》第67条规定:"有下列情形之一的,当事人可以申请预告登记:(一)预购商品房;(二)以预购商品房设定抵押;(三)房屋所有权转让、抵押;(四)法律、法规规定的其他情形。"该法第68条规定:"预告登记后,未经预告登记的权利人书面同意,处分该房屋申请登记的,房屋登记机构应当不予办理。预告登记后,债权消灭或者自能够进行相应的房屋登记之日起三个月内,当事人申请房屋登记的,房屋登记机构应当按照预告登记事项办理相应的登记。"该法第69条规定:"预售人和预购人订立商品房买卖合同后,预售人未按照约定与预购人申请预告登记,预购人可以单方申请预告登记。"

162.1 律师为开发商提供法律服务的内容

在《物权法》实施之前,开发商有时为了不同的目的,并没有按规定在签订商品房预售合同之日起30日内到房地产登记机关办理登记备案手续。《物权法》实施后,法律规定了预告登记制度。在商品房买卖合同中,律师代理开发商登记与备案纠纷的,一般应收集如下证据:

(1)商品房买卖合同;
(2)开发商拒绝对商品房买卖合同登记备案的证据;
(3)所出售的商品房无法办理预告登记的证据;
(4)第三人提出更正登记或异议登记的证据。

162.2 律师为开发商提供法律服务时的重点内容

商品房买卖合同登记备案制度与商品房预告登记制度,主要是为了防止开发商一房多卖现象的发生,律师应重点审查:

(1) 开发商是否按《商品房预售管理办法》的规定对商品房预售合同进行了登记备案。

(2) 买受人是否要求对预购商品房进行预告登记,开发商是否予以配合。

(3) 买受人要求预告登记时,登记机关是否予以准许,若不准许的,应审查不予预告登记的原因。

(4) 登记机关受理了预告登记,但是权利人或利害关系人提出更正登记或异议登记的,因审查更正登记或异议登记是否成立。

162.3 律师为开发商提供法律服务时的风险提示

162.3.1 律师经审查后发现,开发商未按照《商品房预售管理办法》办理商品房预售合同登记备案的,应告知开发商及时办理登记备案。

162.3.2 律师经审查后发现,买受人申请预告登记时无法办理登记手续的,应审查无法办理的原因。若开发商已经对在建工程申请抵押登记的,可能需要在预告登记时注明,但买受人拒绝的。若开发商与前一商品房预购人解除商品房买卖合同后,未及时通知登记机关债权消灭的,买受人申请预告登记的,可能无法办理预告登记。

162.3.3 若有人提出更正登记或异议登记的,律师应审查提出更正登记或异议登记的原因,开发商是否存在一房数卖的情况,若存在,则应告知开发商及时解除其余的商品房买卖合同,并按法律规定承担法律责任。

第三节 商品房买卖合同效力的纠纷及其处理

第 163 条 商品房买卖合同无效纠纷及其处理

司法实践中,商品房买卖合同无效纠纷的类型有以下几类:

(1) 合同本身的无效,见《合同法》第 52 条的五种情形

商品房买卖合同的无效主要有以下几种情形:

① 根据《司法解释》第 2 条规定,开发商未取得商品房预售许可证明,与买受人签订的商品房预售合同无效,但开发商在起诉前取得商品房预售许可证明的除外。

② 当事人约定以办理登记备案为商品房预售合同生效要件,但合同未办理登记备案的,该合同无效。

③ 一房二卖的纠纷及其处理,详见 164.1.2。

④ 包括但不限于商铺、商场、办公用房、酒店式公寓进行初始登记后,无法进行单独的产权证分割,无法取得单独的产权证。

⑤ 包括但不限于房型规划变更后,未及时变更预售许可证的,但开发商在起诉前

变更预售许可证的除外。

⑥ 开发商在划拨土地上进行商业开发,和买受人签订商品房买卖合同。

以上④⑤⑥的纠纷及其处理,见第174条。

(2) 商品房买卖合同被撤销,合同自始无效

① 因重大误解订立的合同,当事人请求撤销的;

② 在订立合同时显失公平,当事人请求撤销的;

③ 一方以欺诈、胁迫的手段或者乘人之危,使对方在违背真实意思的情况下订立的合同,受损害方请求撤销的;

④ 开发商故意隐瞒所售房屋已经抵押、所售房屋已经出卖给第三人或者为拆迁补偿安置房屋的事实的,买受人请求撤销的;

⑤ 限制民事行为能力人订立的商品房买卖合同,在被法定代理人追认之前,善意相对人要求撤销的;

⑥ 代理人没有代理权、超越代理权或者代理权终止后以被代理人名义订立的合同,在被代理人追认前,善意相对人要求撤销的。

(3) 效力待定的商品房买卖合同,未经权利人或法定代理人及时追认的合同无效

① 限制民事行为能力人订立的商品房买卖合同,未经法定代理人追认的;

② 代理人没有代理权、超越代理权或者代理权终止后以被代理人名义订立的合同,未经被代理人追认的;

③ 无处分权人处分他人财产,签订商品房买卖合同,未经权利人追认。

163.1 律师为开发商提供法律服务的内容

163.1.1 律师在接受开发商委托代理商品房买卖合同无效纠纷后,应当及时审查委托人提供的所有证据材料,审查内容包括诉讼主体是否适格、是否具备具体的诉讼请求和事实、理由、诉讼时效是否已过等事项,认为符合法律规定的起诉条件的,应及时起草起诉状、(应当说明证据来源、证明内容)及其他诉讼材料,及时递交给有管辖权的人民法院。

163.1.2 律师在接受开发商作为原告委托代理商品房买卖合同无效纠纷时,确定的诉讼请求应全面涵盖开发商的合法利益,一般情况下,诉讼请求应包括要求确认合同无效、买受人返还已经取得的商品房以及损失赔偿金额,律师应根据案件的不同情况而酌情确定。

163.1.3 《民事诉讼法》及《证据规则》对证据的分类、证据的形式、证据的收集及举证责任的承担等均作了明确的规定,主要遵循了"谁主张,谁举证"的举证原则。律师接受开发商委托代理商品房买卖合同无效纠纷时,应在举证期限内提交所有能够证明开发商诉讼请求或反驳诉讼相对方诉讼请求的证据材料,如在举证期限内提交证据确有困难的,应在举证期限内向法院提出延长举证期限的申请。

163.1.4 律师收到开发商递交的证据材料后,应当认真、仔细地研究该等证据材

料,确定是否需要开发商补充提交证据材料或申请证人出庭、申请法院调查取证、申请司法鉴定、申请追加第三人和被告、是否需要提起反诉(在开发商作为被告的情形下),如有需要,律师均应在规定的期限内提出申请。

163.1.5　律师在开庭之前,应拟好答辩状(在开发商作为被告的情形下)或代理词,并准备好针对诉讼相对方证据材料的书面质证意见。

163.1.6　律师在收到人民法院的判决书或裁定书并与委托人协商后,对于需要上诉的,应严格把握上诉期限的规定。

163.1.7　民事判决、裁定、调解书发生法律效力后,在开发商作为执行人的情形下,在对方当事人不能自觉履行义务时,律师应提示开发商及时提起强制执行申请。律师应帮助开发商起草强制执行申请书,连同其他相关材料,一并递交执行法院。

163.1.8　代理开发商与诉讼相对方进行庭外和解和调解。

163.2　律师为开发商提供法律服务时的重点内容

163.2.1　律师应当收集与案件有关的全部证据材料,并在法律规定的期限内提交法院

律师在处理商品房买卖合同无效纠纷案件时,首先应当把工作重点放在证据材料的收集上,且在举证阶段应重点把握以下内容:

(1)律师应按照《民事诉讼法》及《证据规则》组织证据材料,编写证据清单,列明证据的名称、内容、证据来源、页码、份数、证明对象等。

(2)律师应在规定的举证期限内,尽可能全面的提交所有证据材料,且提交的证据材料必须能够证明自己的诉讼请求或者能反驳对方的诉讼请求。

(3)如在举证期限内提交证据确有困难的,律师应在举证期限内向法院提出延长举证期限的申请。

(4)若开发商对部分证据不愿向法院提供的,律师应向开发商告知风险,并要求其书面确认。

一般情况下,开发商在商品房买卖合同无效纠纷案件中应提交的证据材料包括:

(1)房屋买卖合同、补充协议及附件,合同已办理公证的,应提交公证书,合同已登记备案的,应提交备案文件,证明当事人双方的房屋买卖合同关系;

(2)房屋产权变更登记、交付情况的证明,证明合同的履行情况;

(3)房地产开发企业资质证明文件、商品房预售许可证明(若有),证明开发商出售房屋的主体资质以及销售房屋的合法性;

(4)买受人的基本情况,证明其是否具有相应民事权利能力及民事行为能力;

(5)对方违约事实的证明;

(6)其他与案件有关的证据材料。

163.2.2　律师应当确定合适的诉讼请求,以最大限度地保护开发商的诉讼利益

律师在代理开发商为原告的纠纷案件时,应综合考虑证据的充分程度、合同履行

情况、双方过错情况等,帮助开发商确定合适的诉讼请求。这样既有利于最大限度地保护开发商的合法权益,也有利于提高案件的审判效率和节省审判时间,同时避免大量浪费开发商的诉讼费用。根据合同法规定,合同无效将导致的法律后果为:因该合同所取得的财产,予以返还;过错方应赔偿对方因此所造成的损失。实践中,针对不同的案件情况,对财产如何返还、财产不能返还的如何折价、损失如何界定等问题,均应慎重考虑并最终拟定诉讼请求。

此外,若买受人是采取按揭贷款方式支付购房款的,律师应建议开发商申请追加贷款银行为第三人,请求将商品房贷款合同纠纷与商品房买卖合同纠纷合并审理。

163.3 律师为开发商提供法律服务时的风险提示

163.3.1 律师为开发商提供法律服务时开发商的风险提示

(1)律师应当提示开发商,在收到法院传票后应认真审查送达法院是否有管辖权,不可盲目应诉。如对法院管辖权有异议,应在提交答辩状期间提出。

(2)律师应在规定的举证期限内向法院提交证据材料,提交证据确有困难的,律师应在举证期限内向法院提出延长举证期限的申请。否则,开发商将承担举证不利的后果。

(3)若房屋买卖合同因开发商不具有预售许可证明而无效的,律师应督促开发商立即申请办理预售证明,争取在起诉前取得预售证。

(4)若房屋买卖合同因未办理备案登记而无效的,律师应收集合同履行情况的相关材料,特别是能证明买受人接受开发商交付的房屋或者买受人向开发商交付房款的证明材料。

(5)律师应当提示开发商,若开发商有下列情形之一的,将可能承担不超过已付购房款一倍的赔偿责任:

① 故意隐瞒没有取得商品房预售许可证明的事实或者提供虚假商品房预售许可证明;

② 故意隐瞒所售房屋已经抵押的事实;

③ 故意隐瞒所售房屋已经出卖给第三人或者为拆迁补偿安置房屋的事实。

163.3.2 律师为开发商提供法律服务时律师自身执业风险提示

(1)律师应当与委托人签订书面的法律委托服务合同,合同中应明确双方的权利义务和责任。

(2)律师的一切工作必须有书面记录、记载,必要时应提交委托人签字确认。律师在提供诉讼法律服务时,应当将各项工作的完成情况提交委托人签字确认。

(3)律师在接受当事人的委托代理后,应就案件的相关法律问题向当事人出具书面的法律分析意见或法律咨询意见,告知委托人案件中可能存在的风险,并要求委托人书面确认。

(4)如果委托人对部分诉讼请求要求放弃或者暂缓起诉的,律师必须做好法律风险提示书,并要求当事人书面确认。

(5)律师应当提示当事人在举证期限内提交证据、逾期举证的法律后果以及举证责任的承担。若因部分证据当事人不愿向法院提供,律师应向当事人告知法律风险,并要求当事人书面确认。

(6)律师对当事人提供的证据材料应当履行保密义务,非合法合理需要,不应向第三方透露或泄露。

(7)当事人若不服一审判决、裁定的,律师应提示当事人在上诉期限内提起上诉,当事人放弃上诉权利的,律师应向当事人告知法律风险,并要求当事人书面确认。

(8)在一审判决事实认定或法律适用确有错误的前提下,当事人放弃上诉权利的,律师应向当事人告知法律风险,并要求当事人书面确认。

(9)律师应提示当事人,若在一审判决之后有新的证据,可以向二审法院提交,对符合该规定的证据材料,应与上诉状同时递交至法院。

(10)律师应提示当事人上诉的风险,上诉的审理程序以及上诉费用的承担等。

(11)律师应当在委托人的授权范围内行使代理权限,不得超越委托权限行使权利,不得损害委托人的利益。

第164条　一房两卖合同效力纠纷及其处理

一房两卖,又称房屋的二重买卖,是指开发商先后或同时以两个买卖合同,将同一特定的房屋出卖给两个不同的买受人。一房两卖合同纠纷中,常见的纠纷类型有以下四种形式:

(1)开发商先后与不同的买受人订立合同后,对后买受人履行了合同义务,办理了产权过户登记手续,导致前买受人无法取得房屋。

(2)开发商将房屋售予前买受人并办理产权过户登记之后,又与后买受人签订就同一房屋为标的物的买卖合同,导致后买受人无法取得房屋。

(3)开发商先后与不同的买受人订立合同,但两次买卖均未办理产权过户登记手续。

(4)后买受人明知开发商已与前买受人就特定房屋订立买卖合同后,仍与开发商恶意串通,另行订立商品房买卖合同,开发商并将该房屋交付后买受人,导致前买受人无法取得房屋。

164.1　律师为开发商提供法律服务的内容

164.1.1　律师在接受开发商的委托后,应当及时审查委托人提供的所有证据材料,审查内容包括诉讼主体是否适格,是否具备具体的诉讼请求和事实、理由,诉讼时效是否已过等,审查后认为符合起诉条件的,应及时拟定起诉状、证据清单(应说明证据来源、证明内容)及其他诉讼材料,并及时递交有管辖权的人民法院。

164.1.2　在一房两卖的纠纷实践中,开发商作为原告提起的诉讼比较少见,主要为合法买受人预期付款诉讼和合同无效之诉[合同无效之诉参照本节第163条(1)]。

律师在确定开发商的诉讼请求时,应全面涵盖开发商作为原告的合法利益,一般情况下,买受人预期付款的诉讼请求应包括要求买受人支付房屋价款、利息及违约金或者赔偿损失。

164.1.3 律师应当提示开发商诉讼举证责任的分配,即"谁主张,谁举证"的举证原则,并在举证期限内提交所有能够证明开发商诉讼请求或反驳诉讼相对方诉讼请求的证据材料,如在举证期限内提交证据确有困难的,应在举证期限内向法院提出延长举证期限的申请。

164.1.4 律师收到开发商递交的证据材料后,应当认真、仔细地研究该等证据材料,确定是否需要开发商补充提交证据材料或申请证人出庭、申请法院调查取证、申请司法鉴定、申请追加第三人和被告,是否需要提起反诉(在开发商作为被告的情形下),如有需要,律师均应在规定的期限内提出申请。

164.1.5 律师在开庭之前,应拟好答辩状(在开发商作为被告的情形下)或代理词,并准备好针对诉讼相对方证据材料的书面质证意见。

164.1.6 律师在收到人民法院的判决书或裁定书并与委托人协商后,对于需要上诉的,应严格把握上诉期限的规定。

164.1.7 民事判决、裁定、调解书发生法律效力后,在开发商作为执行人的情形下,在对方当事人不能自觉履行义务时,律师应提醒开发商及时提起强制执行申请。律师应帮助开发商起草强制执行申请书,连同其他相关材料,一并递交执行法院。

164.1.8 代理开发商与诉讼相对方进行庭外和解和调解。

164.2 律师为开发商提供法律服务时的重点内容

164.2.1 律师应当收集与案件有关的全部证据材料,并在法律规定的期限内完成举证责任

作为开发商,在一房二卖合同纠纷中一般应提交的证据材料有:

(1)房屋产权凭证,证明产权关系;

(2)房屋买卖合同、补充协议及附件,合同已办理公证的,应提交公证书,证明当事人之间存在房屋买卖关系;

(3)有关机关批准销售房屋的文件,证明该商品房销售是合法有效的;

(4)关于房屋交付情况的证明,证明房屋交付时的状况;

(5)其他与案件有关的证据材料。

164.2.2 律师应当确定合适的诉讼请求,以最大限度地保护开发商的诉讼利益

处理诉讼案件,律师的工作重心除收集证据材料外,确定合适的诉讼请求,也非常关键,这样既有利于开发商的合法权益得到最大限度的保护,也有利于提高案件的审判效率和节省审判时间,前已述及,开发商作为原告的商品房买卖合同纠纷类型比较少见,主要为买受人预期付款纠纷,律师在确定该类纠纷的诉讼请求时,除要求买受人支付拖欠的房屋价款时,还应当审查商品房买卖合同中是否约定买受人预期付款的违

约责任,如有,按照合同约定计算出具体的违约金作为诉讼请求之一;如没有约定,建议开发商按照最高人民法院确定的万分之二点一作为计算违约金的标准。

164.3 律师为开发商提供法律服务时的风险提示

164.3.1 律师为开发商提供法律服务时开发商的风险提示

律师应当提示开发商,在收到法院传票后应认真审查送达法院是否有管辖权,不可盲目应诉。如对法院管辖权有异议,应在举证期限届满前提出。

律师应当提示开发商,在下列情况下的一房二卖开发商将可能承担惩罚性赔偿:

(1) 商品房买卖合同订立后,开发商又将该房屋出卖给第三人;

(2) 商品房买卖合同订立时,开发商故意隐瞒所售房屋已经出卖给第三人或者为拆迁补偿安置房屋的事实。

律师应当提示开发商,与买受人订立商品房买卖合同后,如果开发商又与第三人恶意串通,导致买受人无法取得房屋的,则开发商与第三人签订的商品房买卖合同无效。

律师应当提示开发商,不得在未解除商品房买卖合同前,将作为合同标的物的商品房再行销售给他人。如果再行销售给他人的,房地产主管部门将处以警告、责令限期改正,并处2万元以上3万元以下罚款;构成犯罪的,将被依法追究刑事责任。

律师应当提示开发商,与买受人签订商品房买卖合同后,买受人向登记机构申请预告登记后,开发商未经买受人同意,擅自处分该不动产的,不发生物权效力。

律师应当提示开发商,如果被拆迁人为买受人,则其应当享有对补偿安置房屋的优先权,即拆迁人与被拆迁人按照所有权调换形式订立拆迁补偿安置协议,明确约定拆迁人以位置、用途特定的房屋对被拆迁人予以补偿安置,如果拆迁人将该补偿安置房屋另行出卖给第三人,被拆迁人请求优先取得补偿安置房屋的,应予支持,或者被拆迁人也可以请求解除拆迁补偿安置协议。

164.3.2 律师为开发商提供法律服务时律师自身执业风险提示

律师在代理一房二卖合同纠纷案件过程中,应当以书面形式告知委托人一房二卖的法律后果以及司法实践中类似案件的处理情况,以利于委托人选择合适的解决纠纷方式(调解或庭外和解)。

其他内容可详见本节163.3.2的相关规定。

第四节 商品房买卖合同履行、变更、转让、解除、终止中的纠纷及其处理
(本节仅限于合同签订、登记备案之后商品房交付之前)

第165条 商品房买卖合同履行中的纠纷及其处理

商品房买卖合同履行过程中,因为各种原因可能出现很多纠纷,在商品房交付之前,由于买受人无法全面了解商品房及其配套情况,故产生的纠纷比商品房交付之后

产生的纠纷要少,但是交付之前也可能发生纠纷。主要的纠纷类型包括:商品房用途纠纷;商品房使用年限纠纷;一些特定的配套设施纠纷;买受人停止支付按揭贷款纠纷等。

165.1 律师为开发商提供法律服务的内容

165.1.1 律师应根据纠纷类型为开发商提供相应的服务,产生商品房用途纠纷的,律师一般应收集如下证据:

(1)商品房买卖合同;

(2)对商品房用途明确说明的广告、宣传资料;

(3)规划主管部门批准的房屋用途的文件。

165.1.2 产生商品房使用年限纠纷时,律师一般应收集如下证据:

(1)商品房买卖合同;

(2)对商品房使用年限明确说明的广告、宣传资料;

(3)规划主管部门批准的商品房用途的文件;

(4)国土资源管理部门批准的土地使用年限等。

165.1.3 对配套设施产生纠纷的,律师一般应收集如下证据:

(1)商品房买卖合同;

(2)对房屋配套设施明确说明的广告、宣传资料;

(3)规划主管部门批准的规划方案文件。

对买受人停止支付按揭贷款纠纷的,参照本章第七节。

165.2 律师为开发商提供法律服务时的重点内容

165.2.1 商品房用途纠纷

(1)律师应审查商品房买卖合同中对房屋用途的约定,若对房屋用途没有约定或约定不明的,则应审查开发商广告、宣传资料中对房屋用途的说明。

(2)若商品房买卖合同中对房屋用途约定明确的,则律师仍应审查开发商广告、宣传资料中对房屋用途的说明。

(3)若开发商所作的其他说明或承诺与房屋用途有关的,则律师应审查相关的说明或承诺。

(4)律师应审查规划主管部门对房屋用途的规定,明确规划规定的房屋用途与合同约定或广告、宣传资料所说明或承诺的用途是否一致。

165.2.2 房屋使用年限纠纷

房屋使用年限纠纷主要是合同约定房屋使用年限与土地出让年限不一致,或者广告宣传的使用年限与土地出让年限不一致。律师应审查商品房买卖合同约定的房屋使用年限与土地出让年限是否一致,若不一致的,一般以土地出让年限为准。律师应审查开发商的广告、宣传资料中宣传的房屋使用年限与合同约定的使用年限是否一致,若不一致的,则一般应以合同约定的使用年限为准。

165.2.3 特定配套设施纠纷

对开发商在广告、宣传资料中明确说明或承诺的特定配套设施,比如篮球场、游泳池等,一般在房屋交付前买受人就已经知道是否存在。若这些明确说明或承诺的配套设施不存在的,买受人可能就上述配套设施纠纷提起诉讼,律师应重点审查:

(1)商品房买卖合同中是否对特定配套设施有约定,若有约定,则应按合同约定处理。

(2)律师应审查开发商的广告、宣传资料中对特定的配套设施是否有明确的承诺和说明,若有,一般该说明和承诺作为要约,应按广告、宣传资料中的说明和承诺处理。

165.2.4 买受人停止支付按揭贷款纠纷,参照第二编第二章第七节。

165.3 律师为开发商提供法律服务时的风险提示

165.3.1 律师对委托人的风险提示

(1)律师应告知开发商,若合同约定的房屋用途与规划用途不一致的,则买受人可以选择退房或者要求赔偿损失。若合同约定的房屋用途与规划用途一致,但是广告、宣传资料作虚假宣传的,开发商应赔偿由此给买受人造成的损失。

(2)律师应告知开发商,若合同约定的房屋使用年限或广告、宣传资料宣传的房屋使用年限大于房屋占用范围的土地出让年限的,开发商应赔偿买受人相应的损失。

(3)律师应告知开发商,若合同约定的特定配套设施或广告、宣传资料明确说明和承诺的特定配套设施未建造的,开发商应赔偿由此给买受人造成的损失。

165.3.2 律师应注意的问题

商品房买卖合同履行过程中存在较多的纠纷,上述列举的只是其中一部分,律师应根据具体情况判断开发商是否应承担责任,若要承担,应承担何种责任和多大的责任。

第 166 条 商品房买卖合同变更中的纠纷及处理

理论部分参照非诉讼部分。

166.1 律师为开发商提供法律服务的内容

商品房买卖合同签订后,双方对协商一致的变更一般不会出现变更纠纷。出现变更纠纷的一般为商品房买卖合同中存在错误,一方要求变更而另一方不同意的纠纷。律师代理开发商对因错误而要求变更的纠纷时,一般应收集如下证据:

(1)商品房买卖合同;

(2)发生错误的原因证据;

(3)真实情况的证据等。

166.2 律师为开发商提供法律服务时的重点内容

律师代理开发商处理变更纠纷时,应根据纠纷的具体内容,确定服务的重点内容:

(1)若合同约定的价款错误,律师应重点审查同一幢楼相邻房屋的价格,比较是否与真实价格存在重大差异。若无法比较的,则应通过评估确定价格是否存在重大差异。

（2）若合同约定的房屋交付时间错误时，则应比较同一幢楼中其他房屋的交付时间，若其余房屋的交付时间一致而某一套房屋的交付时间不一致时，则应提供其余房屋的合同作为证据。

（3）若合同约定的标的错误，即房屋错误时，应审查确定实际销售的房屋，并通过比较其他合同予以明确。若存在一房数卖情形的，应及时通知开发商。

律师一般应根据合同错误的内容判断是否可以根据《中华人民共和国合同法》第54条规定的重大误解请求法院或仲裁机构进行变更。

166.3　律师为开发商提供法律服务时的风险提示

律师应提示开发商，一旦发生错误（重大误解）的情况，应及时请求变更。若对买受人造成损失的，开发商应予以赔偿。

第167条　商品房买卖合同转让中的纠纷及处理

国务院办公厅在转发建设部等七部委《关于做好稳定住房价格工作的意见》中明确规定，根据《城市房地产管理法》有关规定，国务院决定，禁止商品房预购人将购买的未竣工的预售商品房再行转让。在预售商品房竣工交付、预购人取得房屋所有权证之前，房地产主管部门不得为其办理转让等手续；房屋所有权申请人与登记备案的预售合同载明的预购人不一致的，房屋权属登记机关不得为其办理房屋权属登记手续。

167.1　律师为开发商提供法律服务的内容

在国务院的上述政策出台前，预购商品房转让行为一直存在，上述政策出台后，预购商品房再转让的行为就会大为减少。律师代理开发商处理预购商品房转让纠纷时，律师应根据具体的案情收集相关证据。

167.2　律师为开发商提供法律服务时的重点内容

律师应审查开发商是否同意买受人转让预购商品房，若开发商同意的，应检查对商品房买卖合同的履行是否进行了约定。

167.3　律师为开发商提供法律服务时的风险提示

律师应提示开发商，若开发商同意买受人转让预售商品房的，则受让人将无法直接办理权属证书，而必须在买受人取得权属证书后，再办理变更登记。若没有约定变更登记的税费承担方式的，开发商可能需要赔偿相应的损失。

第168条　商品房买卖合同解除中的纠纷及处理

商品房买卖合同的解除包括法定解除和约定解除。除本指引其他已经涉及的之外，商品房买卖合同的解除还包括买受人无法取得房屋而解除合同、买受人无法办理担保贷款而解除合同等。主要的法律规定包括《司法解释》第8条、第9条和第23条等。

168.1　律师为开发商提供法律服务的内容

律师为开发商提供法律服务时，应收集是否存在解除合同法定条件的证据。若系一方当事人要求解除合同的,应收集当事人按约定有权解除合同的证据或反驳证据。

168.2 律师为开发商提供法律服务时的重点内容

168.2.1 若买受人因开发商故意隐瞒所售房屋已经抵押的事实而要求解除合同的,律师应重点审查开发商是否存在房屋抵押的事实,若存在抵押,则是否存在故意隐瞒房屋已抵押的事实。

168.2.2 若买受人与开发商在商品房买卖合同订立后,开发商未告知买受人又将该房屋抵押给第三人,导致买受人无法取得房屋而要求解除合同的,律师应重点审查开发商是否存在未告知买受人而抵押的事实,若存在,应审查买受人能否取得房屋。

168.3 律师为开发商提供法律服务时的风险提示

168.3.1 律师应告知开发商,若开发商故意隐瞒所售房屋已经抵押的事实,买受人要求解除合同的,开发商应承担返还已付购房款及利息、赔偿损失,并可以要求开发商承担不超过已付购房款一倍的赔偿。

168.3.2 律师应告知开发商,商品房买卖合同订立后,开发商未告知买受人又将该房屋抵押给第三人,导致买受人无法取得房屋的,买受人要求解除合同的,开发商应承担返还已付购房款及利息、赔偿损失,并可以要求开发商承担不超过已付购房款一倍的赔偿。

第 169 条 商品房买卖合同终止中的纠纷及处理

《合同法》对合同的终止作了列举性规定,商品房买卖合同的终止可能涉及双方协商一致终止合同,也可能是债权债务归于同一人而终止合同。

169.1 律师为开发商提供法律服务的内容

律师应根据商品房买卖合同终止的原因,收集相应的证据。

169.2 律师为开发商提供法律服务时的重点内容

169.2.1 若双方协商一致终止商品房买卖合同的,律师应审查开发商与买受人之间签订的终止商品房买卖合同的协议,没有签订协议的,应审查双方的其他书面证据。

169.2.2 若因买受人与开发商因合并而成为一人时,商品房买卖合同的权利义务终止,但此时一般不发生商品房买卖合同纠纷。

169.3 律师为开发商提供法律服务时的风险提示

律师应提示开发商,若开发商与买受人协商一致终止合同的,开发商应根据合同约定履行通知银行,协助办理合同终止手续和担保贷款合同解除手续等,对合同签订合同履行过程中了解的买受人的个人隐私或商业秘密负保密义务。

若开发商与买受人签订了合同终止协议的,开发商应按协议履行,不按协议履行的,应承担违约责任。

第五节　商品房交付与买受人房屋所有权证
（小产权证）取得的纠纷及其处理

第 170 条　逾期交付房屋的纠纷及其处理

170.1　律师为开发商提供法律服务的内容

在商品房交付纠纷中，开发商一般作为被告出现，律师应根据不同的阶段可提供如下服务内容：

一般律师应就商品房逾期交付收集如下证据材料：

（1）商品房买卖合同；

（2）开发商通知买受人收房的通知；

（3）买受人实际收房的记录；

（4）根据合同约定开发商可顺延交房的证据材料；

（5）非因开发商原因造成交房迟延的证据材料。

170.2　律师为开发商提供法律服务时的重点内容

170.2.1　律师应审查《商品房买卖合同》对商品房交付时间的约定，若开发商超过期限交付商品房的，除有合同约定的例外情况和不可抗力原因外，一般应认定为迟延交付商品房。

170.2.2　若因房屋质量纠纷导致买受人拒绝收房的，律师应审查房屋出现的质量问题是否达到买受人可拒绝收房的程度。若因房屋交付时配套设施不符合合同约定而买受人拒绝收房的，律师应审查是否符合拒绝收房的条件。

170.2.3　律师应审查开发商所交付的房屋是否已经通过竣工验收，若未通过竣工验收，房屋不得交付使用。

170.3　律师为开发商提供法律服务时的风险提示

170.3.1　律师对委托人的风险提示

（1）律师应提示开发商，商品房的交付即对房屋的转移占有，开发商应当按照合同约定，将竣工验收合格的商品房按期交付给买受人；未能按期交付的，开发商应当承担违约责任。

（2）因不可抗力或者当事人在合同中约定的其他原因，需延期交付的，律师应告知开发商提供相关证据。

（3）律师应告知开发商，若买受人因房屋未经竣工验收合格、房屋经竣工验收不合格或者房屋存在质量问题严重影响居住的，买受人有权拒绝收房，由此造成逾期交房的，开发商应承担违约责任。

（4）律师应告知开发商，双方对逾期交房的违约责任有约定的，一般按约定处理；没有约定的，按有资质的评估机构评定的同地段同类房屋租金标准承担违约责任。

（5）律师应提示开发商,若房屋质量严重影响居住或者合同约定的配套设施不全严重影响居住的,买受人因此拒绝收房而导致迟延交房的,一般应由开发商承担逾期交房的违约责任。

170.3.2　律师应注意的执业风险

律师应特别注意,出现逾期交房纠纷,一般均是群体性的,律师在维护开发商利益的同时要注意社会稳定,应建议开发商尽量通过协商解决,并尽快支付违约金,防止事态扩大和对开发商产生更大的负面影响。

律师同时应注意,开发商逾期交付商品房是否存在可以免责的情况,若存在,则律师应及时收集证据并提交审理机构。

第 171 条　逾期办理买受人房屋所有权证(小产权证)的纠纷及其处理

171.1　律师为开发商提供法律服务的内容

产生逾期办理权属证书的纠纷时,开发商一般作为被告出现。律师代理开发商进行诉讼时,根据诉讼的各个阶段,一般应收集如下证据:

（1）《商品房买卖合同》;

（2）买受人收房的记录;

（3）开发商已经向房屋产权登记机关提交办理权属证书备案资料的证据;

（4）双方有关办理权属的往来函件或补充协议等。

171.2　律师为开发商提供法律服务时的重点内容

171.2.1　律师应审查《商品房买卖合同》等文件确定开发商提供办理权属证书所需资料的时间。开发商应在合同约定的期限内,向房地产产权登记部门提交买受人办理权属证书时应由开发商提供的资料。

171.2.2　律师应根据开发商提供的证据材料判断是否存在逾期办理权属证书的违约行为。若合同约定在房屋交付后一定期限内提供办理权属证书的资料的,逾期期间应自房屋交付之日起满一定期限时开始计算。若合同约定在某年某月某日前办理权属证书的,应按合同约定计算逾期期间。

171.2.3　律师应根据《司法解释》第 18 条规定,审查办理权属证书的期限,除合同有特殊约定外,由于开发商的原因导致买受人在下列期限届满未能取得房屋权属证书的,开发商应当承担违约责任:

（1）商品房买卖合同约定的办理房屋所有权登记的期限;

（2）商品房买卖合同的标的物为尚未建成房屋的,自房屋交付使用之日起 90 天;

（3）商品房买卖合同的标的物为已竣工房屋的,自合同订立之日起 90 天。

171.3　律师为开发商提供法律服务时的风险提示

171.3.1　律师对委托人的风险提示

（1）律师应提示开发商,若合同没有约定违约金或者损失数额难以确定的,应按照已付房款总额,参照中国人民银行规定的金融机构计收逾期贷款利息的标准计算违约金。

（2）律师应提示开发商，商品房买卖合同约定或者《城市房地产开发经营管理条例》第 33 条规定的办理房屋所有权登记的期限届满后超过 1 年，由于开发商的原因，导致买受人无法办理房屋所有权登记，买受人有权要求解除登记合同并要求赔偿损失。

（3）律师应提示开发商，若开发商提前交付房屋的，合同约定开发商在房屋交付之后的一定期限内提供办理权属证书所需资料的，若开发商未能按约定提供的，仍应承担违约责任。

171.3.2　律师应注意的执业风险

律师应特别注意，造成逾期办理权属证书是否开发商的原因，《司法解释》第 18 条规定，在无其他约定的情况下，只有因开发商的原因造成办理买受人房屋所有权证（小产权证）逾期的，开发商才承担责任。若因非开发商原因造成办理买受人房屋所有权证（小产权证）逾期的，开发商一般不承担责任。律师应特别注意本条司法解释与《合同法》第 121 条之间的关系，以及《合同法》第 121 条是否适用于具体的案件。

第 172 条　商品房买卖合同与抵押、建设工程价款优先受偿冲突的纠纷及其解决

172.1　律师为开发商提供法律服务的内容

律师处理买卖合同与抵押、建设工程价款优先受偿权冲突的纠纷时，开发商一般作为被告。律师应根据诉讼的各个阶段，提供相应的服务。

律师处理买卖合同与抵押、建设工程价款优先受偿权冲突的纠纷时，一般应收集如下证据：

（1）《商品房买卖合同》；

（2）买受人付款凭证；

（3）建设工程抵押登记他项权证；

（4）房屋竣工时间；

（5）对买受人告知存在建设工程抵押的证据；

（6）施工单位同意在建工程抵押的证据等。

172.2　律师为开发商提供法律服务时的重点内容

（1）律师应审查买卖合同、抵押合同签订和抵押登记办理的时间，审查建设工程价款优先受偿权的期限。根据时间顺序，律师应确定买卖合同、抵押合同的效力。

（2）律师应审查是否存在开发商在商品房买卖合同订立后，未告知买受人又将房屋抵押的情形，或者开发商未告知买受人房屋已抵押而签订商品房买卖合同的情况。

（3）律师应审查开发商在签订抵押合同和办理抵押登记时，施工单位是否存在放弃建设工程价款优先受偿权的证据。

（4）律师应审查施工单位所主张的建设工程价款优先受偿权是否已经超过法定期限。

(5) 律师应审查买受人支付款项的情况,是否存在可以对抗建设工程价款优先受偿权的情形。

172.3　律师为开发商提供法律服务时的风险提示

172.3.1　律师应当提示开发商,建筑工程的承包人的优先受偿权优先于抵押权和其他债权,但消费者交付购买商品房的全部或者大部分款项的,承包人就该商品房享有的工程价款优先受偿权不得对抗买受人。建设工程承包人行使优先权的期限为6个月,自建设工程竣工之日或者建设工程合同约定的竣工之日起计算。

172.3.2　抵押权无论设定在买卖合同之前还是之后,原则上抵押权人应当优先于买受人受偿。若商品房买卖合同订立后,开发商未告知买受人又将该房屋抵押给第三人的,无法取得房屋的买受人可按《司法解释》第8条的规定要求开发商承担责任。若开发商故意隐瞒所售房屋已经抵押的事实而与买受人签订商品房买卖合同的,买受人可按《司法解释》第9条的规定要求开发商承担责任。

第六节　不同类型商品房的纠纷及其处理

第173条　商铺"投资回报承诺"的纠纷及其处理

作为一种营销手段,开发商经常会在广告以及买卖合同中对出售商铺承诺一定的投资回报率,以此快速回笼大量资金。开发商实现投资回报一般通过售后包租等形式。根据《商品房销售管理办法》第45条的规定:"本办法所称返本销售,是指房地产开发企业以定期向买受人返还购房款的方式销售商品房的行为。本办法所称售后包租,是指房地产开发企业以在一定期限内承租或者代为出租买受人所购该企业商品房的方式销售商品房的行为。"

该法第11条规定:"房地产开发企业不得采取返本销售或者变相返本销售的方式销售商品房。房地产开发企业不得采取售后包租或者变相售后包租的方式销售未竣工商品房。"

上述规定对现房和预售房进行了区别对待,即现房并没有禁止售后包租,仅仅规定不得返还本金,而预售房则一律禁止。但各地政府部门对此往往有相应限制,北京市工商局就明文规定商品房广告中不得出现融资或变相融资内容,也不得含有升值或投资回报的内容。

此类案件纠纷往往是合同签订后开发商无法兑现承诺,故一般开发商为被告,而纠纷类型一般有以下两种:

(1) 买受人要求兑现投资回报承诺;

(2) 买受人要求解除合同。

173.1　律师为开发商提供法律服务的内容

173.1.1　买受人要求兑现投资回报承诺纠纷,律师应当首先按原告的起诉状所确定的诉讼请求和事实理由,撰写答辩状,判断案件是否超过诉讼时效、管辖法院是否正确等。其后主张合同中关于"投资回报"约定无效并要求买受人返还已经支付的投资回报款,一般应当提供以下证据:

(1) 签订的合同;

(2) 预售许可证;

(3) 已支付给买受人的投资回报款付款证明;

(4) 国家或当地政府对"投资回报"的禁止性规定。

173.1.2 买受人要求解除合同,律师应当首先按原告的起诉状所确定的诉讼请求和事实理由,撰写答辩状,判断案件是否超过诉讼时效、管辖法院是否正确等,提供的证据一般包括:

(1) 双方签订的合同;

(2) 预售许可证及其他项目合法性手续。

173.2 律师为开发商提供法律服务时的重点内容

律师应当主张房屋买卖合同中关于高额投资回报部分无效,其他约定有效;而高额投资回报部分是否无效应当根据《商品房销售管理办法》的上述规定,以及最高人民法院关于"联营合同保底条款"的司法解释进行判断;律师应当提示开发商,即使高额投资回报约定被法院或仲裁机构认定无效,但开发商仍应承担银行利息。

173.3 律师为开发商提供法律服务时的风险提示

律师应当提醒开发商此类纠纷涉及面广,一旦主张合同无效,则可能引发群体诉讼。

律师应当提醒开发商对于此类"投资回报"内容作出禁止性规定的是建设部部门规章,并没有法律或行政法规对此进行明确禁止,而且在《商品房销售管理办法》实施以前,最高人民法院公布的相关案例承认此类约定有效,而最高人民法院关于"联营合同保底条款"的司法解释并不直接针对"投资回报"约定,所以法院或仲裁机构并不一定据此认定无效。律师应谨慎处理。

第 174 条 开发商变更商品房类型纠纷及其处理

开发商变更商品房类型,所产生的纠纷一般有以下几种:

(1) 变更后导致土地使用权年限不同的纠纷;

(2) 变更后商品房预售许可未及时变更而产生的合同无效纠纷;

(3) 划拨土地上进行商业开发,与买受人签订商品房买卖合同而导致商品房买卖合同无效纠纷;

174.1 律师为开发商提供法律服务的内容

174.1.1 变更后导致产权证年限不同的纠纷;律师应按原告的起诉状所确定的诉讼请求和事实理由,撰写答辩状,判断案件是否超过诉讼时效、管辖法院是否正确等。

律师为开发商提供法律服务应当提供以下证据:

(1) 项目立项文件;

(2) 规划许可及规划变更许可;

(3) 双方商品房买卖合同;

(4) 变更后对买受人的通知。

174.1.2 变更后商品房预售许可未及时变更而产生的合同无效纠纷。律师应按原告的起诉状所确定的诉讼请求和事实理由,撰写答辩状,判断案件是否超过诉讼时效、管辖法院是否正确等。

律师为开发商提供法律服务应当提供以下证据:

(1) 项目立项文件;

(2) 规划许可及规划变更许可;

(3) 双方商品房买卖合同;

(4) 变更后对买受人的通知;

(5) 商品房预售许可在办理中的证明或其他行政机关办理文件。

174.1.3 在工业用地上进行商品房(包括但不限于住宅、商住、商铺、酒店式公寓)开发而导致的商品房买卖合同无效纠纷;

有些开发商在取得工业用地后,一边办理改变用地性质的手续,一边进行商品房开发。而这种方式一旦最终无法成功获得政府部门批准,或在起诉前还未将工业用地变更为商业用地,而导致买受人主张合同无效。

律师为开发商提供法律服务应当提供以下证据:

(1) 项目立项文件;

(2) 规划许可文件;

(3) 土地使用权证;

(4) 双方商品房买卖合同;

(5) 用地性质变更的申请文件及政府相关部门许可文件。

174.2 律师为开发商提供法律服务时的重点内容

律师应审查商品房买卖合同中对产权证年限及违约责任是否有明确约定。

律师应审查开发商变更商品房类型的实际原因,看是否构成情势变更或不可抗力。

律师应重点审查变更前与变更后的产权证年限差别,必要时可以请相关行政机关证明。

律师应当重点审查商品房类型变更行政手续是否齐全。

174.3 律师为开发商提供法律服务时的风险提示

律师应当提醒开发商由于变更商品房类型而导致产权证年限缩短,则法院或仲裁机构可能认定合同目的不能实现而判令解除合同。

律师应当提醒开发商由于变更商品房类型而导致产权证年限缩短,则法院或仲裁机构可能认定开发商需要根据缩短年限而赔偿损失。

律师应当提醒开发商如商品房类型变更或用地性质擅自变更又没有相应的行政许可手续的,则商品房买卖合同无效。

第 175 条 *产权证分割纠纷及其处理*

房产登记簿上记载为一个权属单元包括但不限于商铺、商场、办公用房等楼盘,即已经进行了初始登记而没有分割的楼盘,开发商进行实体分割的,分割后构成的销售单元销售,而此类纠纷集中于开发商不能及时办理单独产权证,而导致成为被告。

纠纷可分为以下两类:

(1) 逾期办理产权证;

(2) 无法办理产权证而导致合同无效纠纷。

175.1 律师为开发商提供法律服务的内容

175.1.1 逾期办理产权证

律师应按原告的起诉状所确定的诉讼请求和事实理由,撰写答辩状,判断案件是否超过诉讼时效、管辖法院是否正确等。

律师为开发商提供法律服务应当提供以下证据:

(1) 项目立项文件;

(2) 规划许可文件;

(3) 整体商品房初始登记资料;

(4) 双方商品房买卖合同;

(5) 行政机关许可分割文件;

(6) 实际可分割且已经分割的证明;

(7) 房屋所有权证与国有土地使用权证。

175.1.2 无法办理产权证而导致合同无效纠纷

(1) 项目立项文件;

(2) 规划许可文件;

(3) 整体商品房初始登记资料;

(4) 双方商品房买卖合同;

(5) 行政机关许可分割文件;

(6) 实际可分割且已经分割的证明。

175.2 律师为开发商提供法律服务的重点内容

律师应审查商品房买卖合同中对办理产权证的期限约定及违约责任。

律师应审查开发商是否取得整体商品房初始登记资料,否则将导致所有分割的商品房买卖合同无效。

175.3 律师为开发商提供法律服务风险提示

参照第 171 条。

第七节 商品房买卖合同中按揭纠纷及其处理

第176条 因买受人未取得按揭贷款要求解除商品房买卖合同的纠纷

根据《司法解释》第23条的规定,此类纠纷中,一般是由买受人提出解除合同。注意以下不同情形:

(1)如果买受人未能订立按揭贷款合同,其原因与开发商、买受人均无关,买受人可以要求解除商品房买卖合同。

(2)如果买受人未能订立按揭贷款合同,其原因是开发商造成的,买受人也可以要求解除商品房买卖合同。

(3)如果在商品房买卖合同中直接约定,不论何种原因,买受人未能取得按揭贷款则商品房买卖合同可以解除的,买受人当然可以在此情况下要求解除商品房买卖合同。

(4)如果买受人未能订立按揭贷款合同,其原因是买受人自己造成的,买受人不可以要求解除商品房买卖合同。

合同解除后,开发商若先前收取了首付款,应当退还。

176.1 律师为开发商提供法律服务的内容

在此类纠纷中,开发商一般作为被告。律师代理开发商诉讼时,根据诉讼各个阶段,可提供如下业务:

176.1.1 证据收集

律师应针对对方的诉讼请求和事实理由,收集如下证据:

(1)开发商与买受人签订的《商品房买卖合同》或《商品房预售合同》;

(2)向按揭银行取证,了解不能与买受人签订按揭贷款合同的原因,或了解是否存在按揭贷款合同签订的银行不能发放贷款的原因;

(3)买受人个人信息资料及信用资料。

176.1.2 对本案诉讼的法律分析

(1)分析买受人是否已符合解除合同的条件;

(2)分析买受人是否因其自身原因造成了无法取得按揭贷款;

(3)分析是否存在与买受人进行调解的可能性。

176.1.3 参与调解、诉讼或仲裁。

176.2 律师为开发商提供法律服务时的重点内容

176.2.1 分析买受人是否已符合解除合同的条件

律师应积极收集各类证据,判断买受人是否确实符合解除合同的条件,尤其应查清买受人无法取得按揭贷款的真正原因。

176.2.2 参与开发商与买受人进行调解

律师应积极建议开发商与买受人尽量达成调解,可以采用以下方案:

(1)与买受人变更商品房买卖(预售)合同中的付款条款,开发商给予买受人不同的优惠待遇,如同意买受人分期付款、一次性迟延付款、优惠折扣后一次性付款等。

(2)同意买受人暂停付款,双方共同寻找其他第三人来承受本案买受人的权利义务。

176.3 律师为开发商提供法律服务时的风险提示

如果律师发现买受人确实符合解除合同条件的,应建议开发商及时处理。由于合同解除后,双方仅有返还所得利益的义务,在无过错时并不赔偿对方的损失,在房地产市场不景气、房价下跌时,更应提醒开发商此类风险,避免与买受人一味纠缠,最终承担不利的诉讼后果。

第 177 条 因买受人未及时还款,按揭银行要求开发商承担担保责任的纠纷

在此类纠纷中,律师主要是为开发商提供法律服务。

177.1 律师为开发商提供法律服务的内容

在此类纠纷中,开发商一般作为被告。律师代理开发商诉讼时,根据诉讼各个阶段,可提供如下业务:

177.1.1 证据收集

律师应针对按揭银行的诉讼请求和事实理由,收集如下证据:

(1)开发商与按揭银行签订的《按揭贷款合作协议书》;

(2)买受人与按揭银行签订的《按揭贷款合同》;

(3)买受人还款记录。

177.1.2 对本案诉讼的法律分析

(1)分析按揭银行是否有权提前收贷;

(2)分析开发商是否还对按揭银行承担担保责任;

(3)分析开发商承担责任的方式;

(4)分析开发商是否应与按揭银行达成调解。

177.1.3 参与调解、诉讼或仲裁

177.1.4 承担担保责任后对买受人行使追偿权

(1)分析开发商是否有权向买受人追偿;

(2)分析开发商是否还对按揭银行承担担保责任;

(3)收集相关证据(如法院的生效法律文书、开发商承担责任的凭证等);

(4)准备诉讼材料(如起诉书、证据清单、申请诉讼财产保全书等)。

177.2 律师为开发商提供法律服务时的重点内容

177.2.1 分析开发商是否还对按揭银行承担担保责任

《司法解释》第 27 条规定,买受人未按照商品房担保贷款合同的约定偿还贷款,但是已经取得房屋权属证书并与担保权人办理了商品房抵押登记手续,抵押权人请求买

受人偿还贷款或者就抵押的房屋优先受偿的,不应当追加出卖人为当事人,但出卖人提供保证的除外。

律师应帮助开发商分析,在买受人未按期偿还贷款的违约行为发生时,开发商是否不处于担保期内。

如果开发商提供全程性保证,意味着开发商在购房者还清全部按揭贷款本息之前需要一直承担保证责任。在此情况下,按揭银行要求开发商承担担保责任的,开发商一般应积极承担责任。

如果开发商提供阶段性保证,说明一旦买受人取得房屋所有权证、办妥房屋抵押手续并取得房屋他项权证后,开发商就不再向按揭银行提供担保。在此情况下,律师应查明开发商是否办妥房屋他项权证。另外,若在按揭银行起诉前,买受人已具备办理房屋他项权证的全部条件,但由于按揭银行怠于办理的,开发商应提出免责。

177.2.2 分析开发商承担责任的方式

一般情况下,由于开发商向按揭银行提供的是保证担保,开发商根据《担保法》及开发商与按揭银行签订的《保证合同》约定,承担保证责任。

如果开发商还与按揭银行约定了回购责任的,则开发商应先行回购买受人的房屋。但是应注意,如果房屋已被查封,则开发商的回购会发生困难,此时律师应与按揭银行协商,采取以下措施:

(1) 由开发商向银行提供担保(必要时以保证金方式担保),由按揭银行向买受人主张抵押权;

(2) 由开发商向按揭银行受让银行信用资产,由按揭银行将对买受人的债权转让给开发商,再由开发商向买受人主张债权。

177.2.3 促成开发商与按揭银行达成调解

在按揭银行要求开发商承担责任之前,银行基于与开发商的合作关系以及银行本身希望及时以现金方式收回贷款,会与开发商先行协商。律师应利用这一时机促成开发商与银行达成调解。否则,一旦银行提起诉讼或仲裁,开发商的信用会受到影响。

律师可先为购房者争取银行的宽限时间,允许购房者待还款能力恢复后继续履行按揭贷款合同,或延长还款期限同时减少月供金额,尽力维持按揭借贷关系。

律师如果发现购房者确已丧失履行能力,则可以采取以下措施:

(1) 了解购房者是否已投保,符合保险范围的事由出现的,由保险公司承担还款责任。

(2) 在商品房预售情况下,如果房屋未取得房屋所有权证且未受人民法院查封的,开发商可以采用回购方式先收回购房者要求交房的权利,再由开发商向银行承担清偿贷款的责任。

(3) 如果房屋已办理正式抵押手续,开发商同时作全程担保的,则在此情况下开发商可以通过清偿购房者未还借款本金及利息,从银行受让对购房者的主债权和抵押权,再向购房者追偿。

177.2.4 代为开发商向买受人行使追偿权

在开发商为买受人承担担保责任后,根据《担保法》的规定,开发商可以向被担保人即买受人行使追偿权,追偿范围包括开发商向按揭银行清偿的借款本息、诉讼费用以及开发商因此遭受的损失。

律师在为开发商提供此项服务时,应先收集全部相关证据,包括:

(1)人民法院的生效法律文书,此为开发商承担责任的依据。

(2)开发商向银行支付款项的凭证、银行出具的买受人债务已获清偿的证明。

(3)银行提供的按揭贷款合同、买受人的个人信息资料、银行向买受人追款的通知、函件。

(4)开发商遭受损失的证据等。

由于此时商品房买受人的信用显然已处于恶劣状况,律师行使追偿权应当及时,并对买受人的个人财产应采取诉前财产保全或诉讼财产保全措施,保全的对象当然是买受人的房屋。

177.3 律师为开发商提供法律服务时的风险提示

177.3.1 避免追偿权落空的风险

律师应提示开发商,一旦被按揭银行要求承担担保责任,开发商最重要的工作是保障本方承担责任后得以向买受人行使追偿权,从而避免开发商遭受损失的风险。

因此,一旦开发商得知买受人存在信用危机,就应积极主动采取措施化解上述风险。

177.3.2 谨慎受让按揭银行的债权

由于开发商与按揭银行存在特定的合作关系,开发商在此情形下往往采用受让债权的方式处理此类纠纷。

律师在协助开发商受让按揭银行的债权时,应注意以下风险:

(1)债权本身不具备可转让性;

(2)债权转让手续不完备;

(3)按揭银行提供的资料虚假或欠缺,如买受人签名不真实、买受人身份不详细等;

(4)按揭银行未将债权转让的事实通知买受人(往往在买受人下落不明时)。

第三章
律师提供商品房买卖合同诉讼法律服务的执业风险提示及相关内容

第一节 诉讼委托合同的签订

第178条 签订委托合同之前的审核与调查

178.1 签订委托合同之前对委托方的审核与调查

参照第119条。

178.2 与委托方利害关系的审查

参照第120条。

第179条 委托协议的签订

参照第121条。

一审、二审、再审、执行、调查取证的收费项目与金额必须明确。

第180条 委托代理协议的履行、转让、变更、终止

参照第122条。

第二节 律师的执业风险提示

第181条 在诉讼、仲裁过程中的一般风险提示

参照第二编第一章第一节诉讼、第二编第一章第二节仲裁的相关内容。

第182条 在诉讼、仲裁过程中特别提示的执业风险的防范

182.1 起诉时律师执业风险的防范

182.1.1 写起诉状时应注意的风险事项

(1) 律师应审查被告主体资格。

律师在起诉时应准确确定被告主体,防止因市场主体的多元化、产权关系变化的复杂性和经营方式的不断调整,造成被告主体确定不当。

(2) 律师应核对被告住所地。

被告住所地应以注册登记地为准,注册登记地与实际经营地不一致的,应在诉状中注明,保证法律文书的有效送达。

(3) 律师应告知当事人对未提出的诉讼请求,人民法院将根据不告不理的原则将不予以支持。

(4) 对委托人过高的或扩大范围的诉讼请求,应作必要的说明和解释工作。如果

委托人不肯放弃过高的或扩大范围的诉讼请求，律师应说明这种诉讼请求将由委托人承担而得不到人民法院支持的法律后果，并应以书面告知，由委托人最后定夺。

（5）起诉必须是原告的真实意思表示。

起诉必须是原告行使诉权的真实意思表示，必须由原告在起诉状上亲笔签名或者捺印，否则，将会被人民法院驳回起诉。

182.1.2 反诉时律师执业风险的防范

（1）反诉是针对本诉而产生的相对独立的诉讼行为，同样需要法律规定的证据和理由的支持，没有把握的反诉主张，除诉讼技巧所必要外，应劝说委托人考虑法律风险，慎重提出。否则因申请不当，仍需承担败诉的风险。

（2）律师应告知当事人，人民法院按反诉请求的标的收取诉讼费用，如反诉得不到人民法院的支持，反诉人将承担该诉讼费用。

（3）反诉的提出必须在举证期限届满前提出。

182.2 举证时律师执业风险的防范

182.2.1 审计报告、评估报告或鉴定结论是民事诉讼证据的种类之一。这种证据除委托人自行委托有关部门取得外，主要是在诉讼程序中申请人民法院按程序取得。律师帮助委托人向人民法院在指定期限内提出审计、评估或鉴定申请，是当事人举证的方式之一。

182.2.2 律师应当告知委托人，对需要鉴定的事项负有举证责任的当事人，在人民法院指定的期限内无正当理由不提出鉴定申请或者不预交鉴定费用或拒不提供相关材料，致使对案件争议的事实无法通过鉴定结论予以认定的，应当承担对事实举证不能的法律后果。

这主要包括三种情况：

（1）超过举证期限而未申请鉴定。

（2）当事人在举证期限内虽然提出了鉴定申请，但不向人民法院或鉴定机构预交鉴定费用。

（3）当事人在举证期限内虽然提出了鉴定申请，但拒不向鉴定机构提供鉴定所需的与本案相关的材料，致使人民法院或鉴定机构对案件争议的事实无法通过鉴定结论予以认定。上述三种情形的出现，将使当事人承担举证不能的法律后果。

182.2.3 当事人申请鉴定，应当在举证期限内提出。但是对下列重新鉴定的除外：

（1）鉴定机构或者鉴定人员不具备相关的鉴定资格的；

（2）鉴定程序严重违法的；

（3）鉴定结论明显依据不足的；

（4）经过质证认定不能作为证据使用的其他情形。

182.2.4 律师应告知当事人，当事人应当在双方，并经人民法院认可或者由人民法院指定的举证期限内向人民法院提交证据材料,当事人在举证期限内不提交的,视为放弃举证权利。

182.2.5　律师应告知当事人,"对于逾期提交的证据材料,人民法院审理时不组织质证,但对方当事人同意质证的除外"。

182.2.6　律师对于从委托人处收取的证据材料(含原件、原物),均应制作笔录,并由委托人签名。

182.2.7　律师代委托人向人民法院递交的证据材料(含原件、原物),应当请人民法院出具签收凭证。

182.2.8　律师应当对其提交的证据材料逐一分类编号,对证据材料的来源、证明对象和内容作简要说明,签名盖章,注明提交日期,并依照对方当事人人数提交副本。

182.2.9　律师应注意新证据的提交

新的证据包括一审程序中的新证据和二审程序中的新证据。当事人在一审程序中提供新证据的,应当在一审开庭前或者开庭审理时提出。当事人在二审程序中提供新证据的应当在二审开庭前或者开庭审理时;二审不需要开庭的,应当在人民法院指定的期限内提出。

182.2.10　律师应注意申请人民法院调查收集证据

对于律师或者当事人因客观原因不能自行收集的证据,律师应当帮助当事人在举证期限届满前7日内向人民法院提出书面申请。人民法院对申请不予准许的,可以在收到通知书的次日起3日内向受理申请的人民法院书面申请复议一次。

182.2.11　律师应注意申请延期举证

当事人在举证期限内提交证据材料确有困难的,律师应当帮助当事人在举证期限内向人民法院申请延期举证。在延期举证期限内提交证据材料仍有困难的,可以再次提出延期申请,是否准许由人民法院决定。

182.2.12　律师应注意申请证人出庭作证

当事人申请证人出庭作证的,当事人或者律师应当在举证期限届满10日前(适用简易程序审理的在举证期限届满前)向人民法院提出申请。

律师应当告知当事人,"证人因出庭作证而支出的合理费用,由提供证人的一方当事人先行支付,由败诉一方当事人承担"。

182.3　财产保全时律师执业风险的防范

182.3.1　律师应注意申请财产保全的时间

财产保全分为诉前财产保全和人民法院受理后的财产保全。

当事人申请诉前财产保全的,应当在人民法院采取保全措施后15天内向人民法院提出起诉。否则,人民法院将依法解除该财产保全。

182.3.2　律师应制作财产保全笔录,书面告知财产保全风险

委托人申请财产保全的,律师应就财产保全申请的作用、条件、风险和责任向委托

人说明,并明确告知:"人民法院采取财产保全措施,可以责令申请人提供担保,申请人不提供担保的,驳回申请","申请有错误的,申请人应当赔偿被申请人因财产保全所遭受的损失",且应当征得其同意。

182.3.3 律师应注意财产保全的标的。

财产保全限于请求的范围,或者与本案有关的财物。保全标的超过请求范围或者与本案无关,且造成被申请人财产因此而受到损失的,则申请人将承担损害赔偿责任。

182.4 代理权限律师执业风险的防范

182.4.1 当事人向人民法院提交的授权委托书,应在开庭审理前送交人民法院。授权委托书仅写"全权代理"而无具体授权内容的,律师无权代为承认、放弃、变更诉讼请求,进行和解,提起反诉或者上诉。

182.4.2 律师进行调解、和解或撤诉,应取得委托人就有关调解和解的内容和撤诉理由的授权委托书,或者制作委托人签字确认的笔录,律师应在委托人授权范围内进行调解、和解或撤诉的代理活动。

182.5 诉讼中各种期限的律师执业风险的防范

律师应书面告知当事人包括但不限于诉讼时效、举证期限、反诉期限、上诉期限、诉讼费(包括一审诉讼费、反诉费、二审上诉费)交纳期限、各种鉴定费的交纳期限、申请执行期限和再审申请期限并释明相应的法律后果,必要时还应做好笔录或书面告知函。同时,律师应保存好笔录或书面告知函。

此篇的内容侧重律师在提供法律服务过程中一般风险的防范,律师自身执业风险还与律师在执业过程中是否尽到律师应有的职责和执业能力密切相关,律师应在执业过程中适时、适当地提示委托人相关风险。具体内容参见本指引各个章节中律师分别为开发商和买受人提供诉讼法律服务的风险提示。

附 则

第183条 本操作指引分为总则、第一编(非诉讼)、第二编(诉讼)、附则共四个部分。

本操作指引原则上从商品房买卖合同的相对性确定各方当事人,仅限于商品房买卖合同中的主体,并从各方主体来阐述,其他内容原则上不属于本操作指引所阐述的范围。

第184条 在第二编第二章第二节商品房买卖合同签订与成立时的纠纷及其处理中,即面积和价格差异的纠纷及其处理、业主的建筑物区分所有权认定的纠纷及其处理、精装修与样板房交付标准的纠纷及其处理、房屋质量纠纷及其处理、延迟付款纠纷及其处理、设计变更与规划变更的纠纷及其处理、商品房买卖合同中登记与备案的纠纷及处理,由于此类纠纷大多数发生在交房时与交房后,很少发生在订立与成立时,有的也会发生在合同的履行、变更、转让、解除与终止中，而出于体例的考虑，即与非诉讼相对称，故，将该节中的纠纷及其处理放在此节中。

第 185 条　不同商品房类型的非诉与诉讼部分，在修改过程中，有一部分观点认为，应放在每一节的最后，有一部分人认为，应放在开发商与买受人的后面，最后出于体例的整体性考虑，将诉讼与非诉讼各另起一章。按揭也基于同样的理由，诉讼与非诉讼也各另起一章。

第 186 条　诉讼中不同商品房类型的纠纷及其处理，由于该节中也有涉及无效的几种情形，出于与非诉讼相对称的考虑，仍放到该节中。在商品房买卖合同效力纠纷及其处理中，只列出几种情形。

第 187 条　法律引用

本操作指引中引用的法律、法规等，如无特殊说明，是指在本操作指引起草时有效的法律、法规。本操作指引中引用的法律、法规对应全称如下：

《中华人民共和国民法通则》简称《民法通则》

《中华人民共和国合同法》简称《合同法》

《中华人民共和国物权法》简称《物权法》

《中华人民共和国担保法》简称《担保法》

《中华人民共和国土地管理法》简称《土地管理法》

《中华人民共和国建筑法》简称《建筑法》

《中华人民共和国广告法》简称《广告法》

《中华人民共和国城市房地产管理法》简称《城市房地产管理法》

《中华人民共和国消费者权益保护法》简称《消费者权益保护法》

《中华人民共和国律师法》简称《律师法》

《中华人民共和国民事诉讼法》简称《民事诉讼法》

《中华人民共和国仲裁法》简称《仲裁法》

《中华人民共和国城乡规划法》简称《城乡规划法》

《中华人民共和国消防法》简称《消防法》

《最高人民法院关于审理商品房买卖合同纠纷案件适用法律若干问题的解释》简称《司法解释》

《最高人民法院关于建设工程价款优先受偿权问题的批复》简称《批复》

《最高人民法院关于适用〈担保法〉若干问题的解释》简称《担保法司法解释》

《最高人民法院关于民事诉讼证据的若干规定》简称《证据规则》

《最高人民法院关于适用〈中华人民共和国合同法〉若干问题的解释（二）》简称《合同法司法解释二》

《最高人民法院关于审理建筑物区分所有权纠纷案件具体应用法律若干问题的解

释》简称《建筑物区分所有权的司法解释》

《最高人民法院关于审理物业服务纠纷案件具体应用法律若干问题的解释》简称《物业服务的司法解释》

（本指引由全国律协民事专业委员会负责起草，主要执笔人：胡祥甫、林镕海、楼韬、史建兵、陈月棋、张晟杰、钱雪慧、鲁宏、姜丛华、沈琼华、张锋平、郦煜超、徐巍、周丽霞、左斌、李明、娄建江）

中华全国律师协会
律师办理二手房买卖合同业务操作指引

为依法维护二手房买卖双方当事人、第三人的合法权益,提高律师承办二手房买卖合同业务服务质量,为律师提供业务操作方面的借鉴和经验。依据《中华人民共和国城市房地产管理法》及其他有关规定,制定本指引。

第1条 本指引的定义及提示

1.1 本指引所称"二手房",是相对开发商开发销售的商品房而言,是指房地产产权交易市场中产权明晰、经过一手买卖之后再行上市的房屋,包括商品房和已购的各类政策性住房。

已购的政策性住房主要包括职工个人按照房改政策购买的公有住房、经济适用住房、集资所建房屋和合作建设房屋等。

1.2 本指引所称二手房买卖,是指出卖人将自己享有的商品房和已购政策性住房的所有权通过合法程序转让给买受人,买受人接受该房屋所有权并支付价款的民事法律行为;二手房买卖合同就是在该买卖过程中,出卖人与买受人签订的明确双方权利义务关系的协议。

1.3 本指引所称买受人,是指二手房买卖行为中通过支付价款取得房屋所有权的交易方;本指引所称出卖人,是指二手房买卖行为中通过转移房屋所有权换取价款的交易方。

1.4 本指引所称房地产登记机关,是指房地产所在地的县级以上人民政府设立的房地产行政管理机关。

1.5 本指引所称房地产中介服务,是指为房地产交易提供服务的房地产咨询、房地产价格评估、房地产经纪等活动的总称。

房地产咨询,是指为房地产活动当事人提供法律法规、政策、信息、技术等方面服务的经营活动。

房地产代理,是指专业服务机构接受当事人的委托,以委托人的名义办理房屋买卖、房屋产权登记过户等方面的服务的经营活动。

1.6 本指引所称房地产咨询人员,是指具有房地产及相关专业中等以上学历,有与房地产咨询业务相关的初级以上专业技术职称,并取得考试合格证书的专业技术人员。

1.7 本指引所称房地产经纪人,是指具备经纪人条件(经过考试、注册并取得《房地产经纪人资格证》)、经工商行政管理部门核准登记并领取营业执照从事房地产经纪活动的组织和个人。

1.8 本指引的有关内容适用于中华人民共和国境内的自然人、法人和其他组织之间的二手房交易。中华人民共和国境外的房屋(含港澳台)及中华人民共和国境内初次出售的房屋,不适用本指引。

1.9 本指引所描述的工作内容,仅作为律师从事二手房买卖合同业务操作时的参考,不作为评判律师执业能力及过错的依据。

第2条 对买卖合同主体状况的审查

2.1 二手房的买受人可以是中华人民共和国境内、外的自然人、法人和其他组织。出卖人应当是依法登记在房屋产权登记簿上的房屋所有权人。

2.2 基于各种财产目的和利益,买受人可以自己的名义购买,也可以他人的名义购买,还可以设定房屋信托持有和管理房屋。

律师可以根据委托人的购买目的,提供优选方案供委托人参考,但是不能代替委托人决策。

2.3 律师应当注意:除了国家法律、国务院行政法规、国务院所属部门规章外,还存在大量的地方性法规、自治条例、单行条例及地方政府规章、具体的行政措施、办事流程及规则等。这些地方性法规及各类规章对买卖主体作了一些资格限制,虽然未必导致合同无效,但可能导致当事人所签订买卖合同无法履行或受到行政处罚,或承担不利的诉讼结果,因此必须充分注意相关法律法规、规章及具体行政措施的涉及面。

2.4 对于有资格限制的交易主体,律师应当提示审查相关主体的资质、许可等方面,是否符合法律规定。其中:

(1)交易主体是有限责任公司、股份有限公司的,律师应当提示审查公司董事会、股东会审议同意交易的书面文件。

(2)交易主体是国有的,应当提示审查政府主管部门的批准文件。

(3)交易主体是集体企业的,应当提示审查职工代表大会的批准文件。

(4)境外机构和个人在境内投资购买非自用房屋的,律师应提示审查其是否已取得《外商投资企业批准证书》和《营业执照》。

(5)境外机构在境内设立的分支、代表机构和在境内工作、学习时间超过一年的境外个人,在境内投资购买自用房屋的,应当提示审查其是否持有我国政府有关部门批准的设立境内机构的证明和来境内工作、学习的证明。

(6)对于在境内没有设立分支、代表机构的境外机构和在境内工作、学习时间一年以下的境外个人,律师应提示其购买房屋存在的法律障碍与风险。

2.5 律师应提示:集体所有土地上的居住房屋未经依法征用,只能出售给本集体具备居住房屋建设申请条件的个人。非居住房屋只能出售给本集体经济组织或者个体经营者。

第 3 条 对于权利状况的调查与审核

3.1 权属审查

3.1.1 律师应当提醒买受人审查二手房的权属证明及相关文件。对于没有依法进行产权登记并取得房地产权证书的房屋或权属有争议的房屋,应提示其法律上的风险及可能的后果。

在有些情况下,尽管没有房产证,但是在评估风险后,可以通过信托设计进行交易或在有担保的前提下交易,对此应当有当事人的另行委托。

3.1.2 为慎重起见,律师应建议买受人向房地产登记机关调查核实权利证书及其记载内容的真实性、同一性,以了解拟交易的房屋是否有产权争议。

不同的城市设定的房地产管理机关的名称不一致,如北京是北京市建设委员会,天津是天津市房屋管理局。律师提供咨询意见前,应当了解本地的房屋登记管理机构。

土地使用权登记机关是二手房所在地的县级以上土地管理部门,但是应当加盖人民政府的印章,以人民政府的名义发证。

律师在审查土地使用权证时应知晓房屋所在地的规定,了解土地登记机关是否已向辖区的所有房屋发放土地使用权证还是向部分房屋发放了土地使用权证。如果有土地使用权证,应提示买受人在二手房买卖合同中约定办理土地使用权证的相关事宜。

3.1.3 律师应对房屋所有权证的真伪进行审查,及时发现证书的真伪。律师还应对出卖人的身份进行核查,确定是否存在冒名顶替的出卖人。

3.2 共有财产审查

3.2.1 律师在审查房屋所有权证书时,应当关注拟交易的房地产是否存在共有权人。

3.2.2 二手房属于两个以上(含两个)主体共有的,应当审查(提交)共有权人同意转让的书面证明。必要时律师应出具范本文件。

未经其他共有人书面同意的,律师应提示不得买卖。

3.2.3 律师应当注意:我国婚姻法规定,实行夫妻共同财产制为主,约定个别财产制为补充的婚姻财产制度。尽管房地产登记簿记载或者房屋所有权证记载的所有权人为一人,也应征求其配偶的书面意见或者由出卖人提交个别财产协议。如卖方称单身,应要求其提供单身证明,如卖方称离婚则要求其出示离婚协议、离婚调解书或判决书,审查离婚法律文件对所售房屋的处理情况,必要时到出具离婚法律文件的机关进行核查。

3.2.4 律师应当注意:交易的房屋若是发生继承的房屋,应提醒委托人先按照

《中华人民共和国继承法》的相关规定,确定继承人,办理继承公证后,由所有继承人达成一致意见后,方可签订买卖合同。

3.3 权利限制审查

3.3.1 交易前,律师应当审查二手房有无司法机关或行政机关依法裁定或者决定查封或者以其他形式限制房屋所有权的情况,必要时律师应向登记机关和有关部门查询。

一般说来,有权查封的司法机关包括人民法院、人民检察院、公安机关、国家安全机关;有权对房地产采取查封或限制措施的行政机关包括税务机关、海关、建设行政管理机关等。

3.3.2 无法取得独立证据的,律师应提示当事人作出没有权利限制的说明。

3.3.3 司法机关和行政机关依法裁定、决定或者以其他方式限制二手房权利的,律师应提示不得买卖或告知买卖的风险。

3.3.4 律师要提示委托人,出于国家安全和军事安全的考虑,国家安全部门规定:有些地域的房屋是不能出售给境外人士的,如出售,需相关项目办公室出具准予购房的证明。律师可向房屋所在地有关政府部门、街道办事处或居民委员会进行调查。

3.3.5 律师应提示委托人,外国驻华使馆、领事馆购房,需取得外交部的批准。

3.3.6 律师应就交易房屋的类别及性质进行审查,确定房屋的类别。如是央产房,律师应提示委托人,央产房出售需符合房改政策,上市出售的前提是原售房单位已到央产房交易办公室办理了登记备案,否则买卖双方无法进行交易。

3.3.7 律师应提示委托人,经济适用房、集资建房或回迁房等按照经济适用房政策管理的房屋交易在政策方面的限制,具体的限制包括是否能自己流转、流转的时间限制、主体资格的限制等。

3.3.8 律师应提示委托人,出售人或买受人行为能力,以是否能独立承担民事责任为准,如不能独立承担民事责任,相关的代理或监护手续是否完备、合法。

3.4 他项权利设置审查

3.4.1 律师应当提示买受人,审查二手房有无抵押等他项权利设置情况。

若有抵押,应当取得出卖人已经通知抵押权人的书面证据,或者取得抵押权人等他项权利人书面同意转让的证明。

律师应当提示:买房人有承担所购房屋被追及偿还债务的风险。

3.4.2 律师应当提示出卖人,在出卖二手房前,应当在合理的期限内将要出售的情况书面通知抵押权人。如果没有履行通知义务,买卖合同无效。

3.5 优先购买权审查

3.5.1 律师应当提示买受人,在同等条件下,二手房的共有人和承租人享有优先购买权。买受人应当审查优先购买权人有无放弃优先购买权或同意出售的证明。

3.5.2 律师应当提示出卖人,如果房屋出租的,应将要出售的情况在合理的期限内提前书面通知承租人。提前通知的合理的期限一般为3个月。

3.5.3 如果没有取得优先购买权人放弃优先购买权的书面文件,律师应当提示买卖合同存在可能被宣告为无效的风险。

3.5.4 如承租人放弃优先购买权,律师应提示买受人购房后继续履行租赁合同,并与承租人签订租赁主体变更合同。

3.5.5 通过拍卖购买二手房的,律师也应当关注共有权人、承租人是否放弃了优先购买权。如果没有放弃优先购买权的有效证明,应当关注拍卖程序是否规定了优先购买权人的权利行使条件。

3.6 其他权利限制情形的审查

3.6.1 律师应当关注和提示买受人注意,二手房若存在被依法收回土地使用权或法律、行政法规规定禁止转让的其他情形的,不得买卖。

3.6.2 若是已购公有住房和经济适用住房买卖,还要审查已购公有住房和经济适用住房有无下列禁止买卖的情形之一:

(1) 以低于房改政策规定的价格购买且没有按照规定补足房价款的;

(2) 住房面积超过省、自治区、直辖市人民政府规定的控制标准,或者违反规定利用公款超标准装修,且超标部分未按照规定退回或者补足房价款及装修费用的;

(3) 处于户籍冻结地区并已列入拆迁公告范围内的;

(4) 上市出售后形成新的住房困难的;

(5) 擅自改变房屋使用性质的;

(6) 有法律、法规以及县级以上人民政府规定其他不宜出售情形的。

3.6.3 律师应提示:已购买经济适用住房的家庭未住满5年的不得按市场价格出售住房,确需出售的,可出售给符合经济适用住房购买条件的家庭或由政府相关部门收购,出售单价不得高于购买时的单价。

已购买经济适用住房的家庭住满5年的,按照当地政府的规定,以签订合同时间为限;有些即使住满5年,也不能上市出售。有些经济适用房可以按市场价格出售,但需由出售人到房屋所在地区、县国土房屋管理局按成交额的10%缴纳综合地价款。

第 4 条 房屋质量的审查

4.1 律师应当提示买受人查看或调查所购二手房的质量状况。

4.2 二手房超过合理使用年限后继续使用的,律师应提示买受人委托具有相应资质等级的鉴定机构鉴定。

4.3 律师应当提示委托人,律师不对房屋质量承担任何责任。

第 5 条 买卖合同文本的拟订和审查

5.1 律师应提示:二手房买卖应当订立书面形式的房地产买卖合同。当事人既可使用示范文本,也可参照示范文本自行拟订合同条款。

自拟合同不得含有免除提供方法定责任、加重对方责任及排除对方权利的内容。

5.2 自拟合同应具备以下主要内容:

（1）买卖当事人的姓名或者名称、住所；
（2）二手房的坐落地点、面积、四至范围；
（3）土地所有权性质、土地使用权获得方式和使用期限；
（4）二手房的规划使用性质；
（5）房屋的平面布局、结构、建筑质量、装饰标准以及附属设施、配套设施等状况；
（6）二手房买卖的价格、支付方式和期限；
（7）二手房的交付和验收的日期、交付方式；
（8）出卖人户口的迁移；
（9）维修基金的处理；
（10）物业管理费的结清责任；
（11）违约责任；
（12）争议的解决方式；
（13）当事人约定的其他事项。

5.3 律师应当提示：房屋的地点和四至、面积、土地使用权、房屋性质、户型、结构、配套设施、附属设施、装饰等，应在合同中叙述清楚，并与房屋所有权证、土地使用权证或批准文件上的记载一致。

出卖方应当出示土地使用证或者提供土地使用批准文件及其他文件的原件。

5.4 有关街道、楼号等应当使用地名管理机构核准的名称。

5.5 价格、支付方式、支付时间、房屋的交付和验收时间、公共维修基金的处理及违约责任等应当明确。律师应提示先行支付房款对买受人的风险，后支付房款对出卖人的风险。

如果出卖人户口所在地是所出售房屋地址的，还应当明确约定出卖人迁出户口的时间。

5.6 律师应提示：如委托人购买小产权房或城市居民购买农民的宅基地所签订的买卖合同无效，并应告知合同无效的后果及处理方式。

5.7 律师应提示买受人了解所购房屋是否出现过非正常影响买受人的极端事件，如火灾、严重的刑事案件等。

5.8 律师应提示在买卖合同中约定装修、附属物及家具、电器等是否包括在房价款中。

5.9 律师应提示委托人在合同中约定详细的合同解除条款。

5.10 律师应提示委托人在买卖合同中约定办理过户的时间及违约责任，并告知在房地产行政管理机关受理后、房产证取得之前出卖的房屋仍有被查封的可能，如在此期间被查封，出卖人应承担相应的违约责任。

5.11 律师应提示房屋一房两售或多售的法律后果，并建议委托人在买卖合同中约定发生此类违约行为的违约责任。

5.12 因国家实行用地性质管制和建筑工程使用管制制度,住宅用房未经小区内区分所有权人(业主)的一致同意,不能改做餐厅、歌厅等商业用途,因此律师应提示买受人注意审查房屋的使用性质。

5.13 由于税收上的考虑,律师应提示委托人,有关装饰特别是可移动的装饰物的转让可以另行签订合同。

5.14 律师应提示买受人注意:购买的房屋未经房地产登记机构登记,不得对抗第三人;为防止出让人一房多售等非法行为的出现,应在合同中约定及时办理备案登记和产权转移登记。

买卖双方还应约定,房地产买卖合同生效之日起的一定时间内,应当由出卖人结清房屋交付前所欠的物业管理费,并应将房地产转让情况书面告知业主委员会和物业管理单位。房屋产权变更登记完成后办理房屋公共维修基金户名的变更手续。

5.15 律师应当提示:当事人可以选择争议的处理方式和机构。

若当事人选择向法院提起诉讼的,律师应提醒当事人选择的管辖法院不得违反法律规定的专属管辖。

若当事人选择仲裁的,律师应提醒当事人准确书写仲裁机构的名称,如选择"北京仲裁委员会"的,不能写成"北京市仲裁委员会"。

律师还应当提示:仲裁是按照选定的仲裁机构的仲裁规则进行,而且是一裁终局。

5.16 律师应当及时关注二手房买卖过程中应缴纳的各种税费的变化,并应提示委托人,在办证中发生的各种税费应据实支付。

5.17 律师应提示委托人,二手房买卖中发生或应缴纳的税费及缴纳税费的主体。税费缴纳的标准各地有一定差异,且因国家对房地产的调控政策时常变化,一般买方在交易时应缴纳契税、印花税,如办理贷款应缴纳与贷款有关的保险费、评估费等费用。卖方一般缴纳营业税、城市建设维护税、教育附加费、个人所得税、土地增值税、印花税等费用。律师应提示委托人购买未取得产权证的房屋还会发生出卖人与开发商之间办证的费用,应在合同中约定费用的承担责任人,并同时告知委托人税费标准随时可能会变更,实际费用应以登记时政府和相关部门的规定为准。

5.18 合同签署应以书写签名为准,但房屋登记机关有特殊要求的应加盖印章。

5.19 如果是卖方代理人代为签订合同,应当附有经过公证的委托人的授权委托书。如果是买方代理人代为签订合同,也应附有委托人的授权委托书。

第6条 中介服务合同审查

6.1 律师提示:在接受二手房中介服务中,委托人注意核验中介服务人员的资格证书,以确保相关人员具有房地产中介服务资格,具有与职业相适应的专业知识和技能。

6.1.1 要核验房地产经纪组织和执业经纪人在房地产管理部门的备案手续和注册手续证明。

6.1.2 应当提示委托人注意房地产经纪人和经纪人员按照下列程序执业:

(1)向委托人出示《房地产经纪人员资格证》,校验委托方提供的有关文件资料;

(2)从事需要签订房地产经纪合同的业务项目,应参照当地房屋登记主管部门或工商部门制定的示范合同文本与委托人签订房地产经纪合同;

(3)履行合同期间,向当事人各方如实、及时报告订约机会和交易情况;

(4)记录经纪业务交易情况,妥善保存有关资料;

(5)按合同规定收取服务费,开具统一发票。

6.1.3 应当提示委托人注意,房地产经纪人和经纪人员有无下列禁止行为:

(1)无照经营,超越其核准的经纪业务范围和非法异地经营。

(2)隐瞒非商业秘密的有关经纪活动的重要事项。

(3)弄虚作假,提供不实的信息,或签订虚假合同。

(4)采取引诱、胁迫、欺诈、贿赂和恶意串通等手段,招揽业务或促成交易。

(5)伪造、涂改、转让《房地产经纪人员资格证》或允许他人利用自己名义从事房地产经纪业务。

(6)利用已经签订的房地产经纪合同,或他人掌握的经营信息,采取不正当手段,转移业务,背弃合作,侵吞劳动成果,或损害委托人利益。

(7)房地产开发经营企业的房地产经纪机构和人员,从事本公司开发建设的房地产经纪业务。

(8)房地产经纪人员同时在两个以上房地产经纪组织内兼职。

(9)索取或收受委托合同规定以外的酬金或其他财物,包括房地产经纪组织以包销的名义,隐瞒委托人的实际出卖价格和第三方进行交易,获取佣金以外的报酬;房地产经纪组织及其从业人员利用执业便利,在委托的客户之间,通过压低卖出价格,自行收购,再抬高价格出卖给购房者,牟取不当利益。

(10)从事成套独用居住房屋使用权买卖经纪活动。

(11)法律、法规禁止的其他行为。

6.2 政府制定了房地产经纪服务收费的指导价。房地产经纪活动的服务费由房地产经纪人与当事人在下列收费标准内自行议定,并在房地产经纪合同的履行期限内交付:

(1)居间介绍或者代理房屋买卖的,按成交价的3%以下收取;

(2)居间介绍或者代理房屋租赁的,按月租金的70%以下一次性收取;

(3)居间介绍或者代理房屋交换的,按房地产评估价值的1%以下收取。

提供咨询服务的,服务费标准由双方协商议定。

6.3 律师应提醒委托人注意:凡委托具有房地产经纪资格的专业公司提供代理、居间介绍等服务的,受托居间、代理的房地产经纪公司应在合同中标明名称、地址、电话和房地产执业经纪人的姓名、执业证书号码,并签字盖章。

6.4 二手房买卖应当订立书面形式的房地产中介服务合同。当事人既可使用示范文本,也可参照示范文本自行拟订合同条款。

6.5 律师应提示委托人注意,房地产中介服务合同包括下列主要内容:

(1) 当事人姓名或者名称、住所;

(2) 中介服务项目的名称、内容、要求和标准;

(3) 合同履行期限;

(4) 佣金金额或者计算方式和支付方式、时间;

(5) 违约责任和纠纷解决方式;

(6) 当事人约定的其他内容。

6.6 实践中各房地产经纪组织通常使用自行制定的含有格式条款的房地产经纪合同,律师应提示不应含有以下条款:

(1) 中介合同不应捆绑全权代理条款;

(2) 中介合同不应含有强制缔约条款;

(3) 中介合同不应含有分享违约金条款;

(4) 中介机构无权收取定金。

6.7 律师应提示委托人:

(1) 中介机构如果受托代理销售,无权向买受人收取佣金;

(2) 中介机构现金收购或者变相收购中存在的陷阱;

(3) 中介机构无权禁止和限制委托人与对方当事人见面和谈判,如果拒绝,律师应提示注意交易中的不实成分。

第 7 条 抵押贷款合同审查

7.1 本项审查一般仅对委托人作为买受人、需要申请购房贷款的合同。

律师应协助买受人审核有关贷款条件和文件、签署有关住房公积金贷款、商业贷款或组合贷款协议、抵押协议。

7.2 贷款银行一般均要求买受人提供公积金贷款的住房贷款置业担保公司担保和商业贷款的保险公司保险。律师应协助买受人审核有关文件,指导买受人签署担保协议、保险协议,根据有关规定核对担保费、保险费。

7.3 如果委托人申请公积金贷款,律师应审核:

(1) 买受人购买的房屋是否为国有土地上具有所有权的住房,并用于本人家庭自住;

(2) 买受人是否符合公积金贷款条件并具备相关证明文件。

律师应当及时关注有关公积金贷款的限定性条件的变化,并及时提示委托人。

7.4 关于住房公积金贷款额和期限,律师可提供参考方案,但不能替委托人决策。

7.5 若委托人购买非居住房屋,律师应提示只能申请银行商业贷款,具体贷款条件、金额、期限、利率可与具体贷款银行谈判确定。

7.6 若二手房转让存在贷款,律师应提示:

(1)出让人已全部还清贷款并已注销抵押登记,或没有贷款抵押,购房人可直接申请贷款。

(2)如出让人未全部还清贷款且尚有抵押登记的,购房人可采用转按揭或先全额还清贷款注销抵押登记后重新申请贷款。转按揭贷款的一般流程为:

① 出卖人取得贷款银行转让抵押房屋的同意;

② 买卖双方签订《二手房买卖合同》;

③ 提交买卖合同及买受人贷款资料交申请银行审核;

④ 申请银行同意贷款后与受让方签订借款合同;

⑤ 办理房屋过户、抵押登记手续。

(3)律师应提示借款人(房屋的买受人)办理贷款的流程及对买受人主体资格及贷款额度的限制,告知不能取得贷款或不能全额取得贷款的后果,并告知应在房屋买卖合同中约定不能全额或不能取得贷款的处理方式。

(4)律师应提示出卖人,如买受人通过贷款支付房价款应协助买方办理贷款手续,包括配偶共同出面对银行面签相关的贷款资料。律师同时也应提示买受人,出卖人的共有人不配合办贷款对买受人所具有的风险。

第8条 房价款的提存、托管或监管

8.1 为保障交易的安全性,律师应提示:协议中可以约定将房价款委托公证机关提存、交银行监管或托管。

8.2 若委托人选择委托律师事务所监管房价款,律师应提示买卖双方在签署房地产买卖合同后,将购房款和产权证交由律师事务所统一管理,待产权转移登记完成即买方产权证出证后,再由律师事务所通知买卖双方同时领证、领款。其流程一般为:

(1)律师事务所与买卖双方签订《见证协议》;

(2)律师收取资料:单位营业执照、法定代表人身份证明或当事人身份证明(均需原件及复印件);申请产权登记的收件收据或产权证(均需原件);买卖合同(原件)。

(3)买受人房款划到律师事务所提存账户;

(4)办理产权过户或/和抵押手续;

(5)通知买卖双方领证、领款;

(6)三方办理交接、领证、领款。

(本指引由全国律协经济专业委员会负责起草,主要执笔人:刘桂林)

中华全国律师协会
律师办理物业管理法律业务操作指引

目 录

总 则 / 644
　　第一节　目的、概念、指导范围 / 644
　　第二节　现有立法及相关规定 / 645

第一章　律师办理建设单位委托前期物业管理提供法律服务的业务 / 647
　　第一节　前期物业服务公司的选聘 / 647
　　第二节　前期物业管理服务期间的业务 / 649

第二章　律师办理为物业服务企业提供法律服务的业务 / 651
　　第一节　律师为物业服务企业提供前期物业管理法律服务 / 651
　　第二节　律师为物业服务企业提供约期物业管理法律服务 / 654

第三章　律师办理为业主、业主大会及业主委员会提供法律服务的业务 / 659
　　第一节　律师为业主大会的成立和业主委员会的选举产生提供法律服务 / 659
　　第二节　律师办理为业主、业主大会及业主委员会运作提供法律服务的业务 / 663

第四章　物业专项维修资金（基金）/ 664
　　第一节　物业专项维修资金的交纳与续筹 / 664
　　第二节　物业专项维修资金的使用 / 665

第五章　物业管理纠纷 / 666
　　第一节　物业管理纠纷范围、分类及特点 / 666
　　第二节　物业管理纠纷的处理 / 668

附 则 / 671

总　则

第一节　目的、概念、指导范围

第 1 条　制定目的

本指引由中华全国律师协会制定，旨在为律师办理物业管理法律业务操作提供指导，并非强制性或规范性规定，仅供参考。

第 2 条　概念界定

物业服务：又称物业管理，一般是指根据业主、业主委员会或者其他组织的委托，物业服务企业对物业进行维护、修缮、管理，对物业区域内的公共秩序、交通、消防、环境、卫生、绿化等事项提供协助管理或者服务的活动。物业管理包括业主自治管理和业主聘请其他管理人的管理，比如聘请保安公司提供安全保障服务，聘请保洁公司提供公共区域清洁服务等。

物业管理纠纷：指在物业服务活动中发生的各相关主体之间的权利义务争执。

建设单位：又称业主单位、项目业主或开发商，指建设工程项目的投资主体或投资者，原始取得物业的所有权。

物业服务企业：是依法设立的从事物业管理服务的企业法人。其根据物业服务合同接受业主（业主大会）或者建设单位委托，对特定物业进行专业化管理并对业主提供服务。国家对物业服务企业实行资质管理。

其他管理人：指除物业服务企业外的其他依法从事物业管理服务的组织或个人。如保洁公司、保安公司、物业管理师。

业主：依法登记取得或者根据《中华人民共和国物权法》（以下简称《物权法》）规定取得建筑物专有部分所有权的人，认定为《物权法》第六章所称的业主。基于与建设单位之间的商品房买卖民事法律行为，已经合法占有建筑物专有部分，但尚未依法办理所有权登记的人，认定为《物权法》第六章所称的业主。

使用人：是指物业的承租人或其他非业主使用人。

业主大会：是由物业管理区域内全体业主组成的，维护物业区域内全体业主的公共利益，行使业主对物业管理的自治权的业主自治机构。

业主委员会：是经业主大会选举产生并报相关行政主管部门备案，在物业管理活动中代表和维护全体业主合法权益的组织，是业主大会的执行机构。

前期物业管理：是指物业出售后至业主委员会成立并选聘物业服务企业或其他管理人之前这一期间的物业管理。

前期物业服务合同：是指物业区域内的业主委员会成立之前，物业的建设单位委托物业服务企业或其他管理人管理物业,并与物业服务人签订的物业服务合同。

物业服务合同:是指业主委托物业服务人管理建筑物及其附属设施所订立的关于双方在物业管理服务活动中的权利义务的协议。广义上的物业服务合同包括前期物业服务合同。

临时管理规约:是在销售物业之前,由建设单位制订的,对有关物业的使用、维护、管理,业主的共同利益,业主应当履行的义务,以及违反规约应当承担的责任等事项的约定。

管理规约:是指业主共同订立或者承诺的,对全体业主具有约束力的有关使用、维护物业及其管理等方面权利义务的行为守则,是全体业主应当遵守的物业管理服务的规章制度。

业主大会议事规则:是小区业主大会与业主委员会活动的基本要求,是业主大会活动的程序规范,其规定了业主大会和业主委员会的议事方式、表决程序、职责及任期等。

专项维修资金:又称专项维修基金,指由法律、法规规定的专项用于住宅共用部位、共用设施设备保修期满后的大修、更新、改造的资金。

物业管理师:按照人事部、建设部《物业管理师制度暂行规定》,物业管理师,是指经全国统一考试,取得《中华人民共和国物业管理师资格证书》(以下简称《资格证书》),并依法注册取得《中华人民共和国物业管理师注册证》(以下简称《注册证》),从事物业管理工作的专业管理人员。物业管理师英文译为:Certified Property Manager。

第 3 条 指导范围

本操作指引可指导律师从事物业管理法律业务,主要包括:为建设单位、物业服务企业、其他管理人、业主、业主委员会和物业使用人等提供法律服务,拟定前期物业管理标书、前期物业服务合同、物业服务合同、管理规约,通过协商、仲裁或诉讼方式处理物业管理纠纷。

第二节 现有立法及相关规定

第 4 条 物业管理是新兴的行业,在这个行业中出现的法律问题立法尚不完善,专门的立法除了《物业管理条例》以外,多为建设部及相关部委的规章和规范性法律文件。《物权法》也对涉及物业管理方面做了纲领性、原则性的规定。另外,全国各地也有较多的地方法规和规范性法律文件,律师办理物业管理法律业务必须结合当地的地方法规和规范性法律文件才能更好地解决问题、处理纠纷。

第 5 条 物业管理法律业务所涉及的全国性法律、法规、规章主要有:

《中华人民共和国物权法》于 2007 年 3 月 16 日第十届全国人大第五次会议通过,

2007年10月1日起施行。

《中华人民共和国民法通则》于1986年4月12日第六届全国人大第四次会议通过,1987年1月1日起施行。

《中华人民共和国消费者权益保护法》于1993年10月31日第八届全国人大常委会第四次会议通过,1994年1月1日起施行。

《中华人民共和国合同法》于1999年3月15日第九届全国人大第二次会议通过,自1999年10月1日起施行。

《中华人民共和国价格法》于1997年12月26日第七届全国人大常委会第二十九次会议通过,自1990年1月1日起施行。

《物业管理条例》于2003年5月28日国务院第九次常务会议通过,自2003年9月1日起施行。

《前期物业管理招标投标管理暂行办法》(建住房[2003]130号),自2004年1月1日起施行。

《物业服务收费管理办法》(国家发展改革委员会、建设部发改价格[2003]1864号),自2004年1月1日起施行。

《业主大会规程》(建设部建住房[2003]131号),自2003年9月1日起施行。

《住宅室内装饰装修管理办法》(2002年3月5日建设部令第110号),自2002年5月1日起施行。

《物业服务公司财务管理规定》(财政部财基字[1998]7号发布),1998年1月1日起施行。

《物业服务公司资质管理办法》(建设部令[125]号),自2004年5月1日起施行。

《最高人民法院关于审理物业服务纠纷案件具体应用法律若干问题的解释》(法释[2009]8号),于2009年4月20日最高人民法院审判委员会第1466次会议通过,自2009年10月1日实施。

《最高人民法院关于审理建筑物区分所有权纠纷案件具体应用法律若干问题的解释》(法释[2009]7号)于2009年3月23日最高人民法院审判委员会第1464次会议通过,自2009年10月1日实施。

第6条 从目前立法的趋势看,有关物业管理的立法变化较快、较多。从事物业管理业务的律师应多关注这方面的立法进展,以便更好地做好相关业务。

第一章
律师办理建设单位委托前期物业管理提供法律服务的业务

第一节 前期物业服务公司的选聘

第7条 物业销售(预售或现售)前,律师为建设单位选聘前期物业服务企业提供法律服务。

第8条 向建设单位建议通过招投标的方式选聘具有相应资质的物业服务企业。属住宅及同一物业管理区域非住宅的物业,应通过招投标选聘;其他类型的物业,建议尽量采用招标方式选聘。投标人少于3个或者住宅规模较小的,经报物业所在地的区、县人民政府房地产行政主管部门批准,可以采用协议方式选聘具有相应资质的物业服务企业。

第9条 通过招投标选聘物业服务企业的,律师应提醒建设单位须在以下时限内完成招投标工作:
(1)新建现售商品房项目应在现售前30日完成;
(2)预售商品房项目应当在取得预售许可证之前完成;
(3)非出售的新建物业项目应在交付使用前90日完成。

第10条 参与草拟或审查上述选聘前期物业服务企业的相关法律文件包括但不限于招标书、前期物业服务合同、临时管理规约。
10.1 招标书应包括的内容:
(1)招标人及招标项目简介;
(2)物业管理服务的内容及要求;
(3)对投标人及投标书的要求;
(4)评标标准及评标方法;
(5)招标活动方案;
(6)物业服务合同的签订说明;
(7)其他事项的说明及法律法规规定的其他内容。
10.2 前期物业服务合同的主要内容(可参考建设部《前期物业管理服务合同示范文本》):
(1)物业的基本情况;
(2)服务内容与质量;
(3)服务费用;

（4）物业的经营与管理；
（5）物业的承接与验收；
（6）物业的使用与维护；
（7）专项维修资金；
（8）违约责任；
（9）其他约定事项。
10.3 业主临时规约的主要内容：
（1）物业基本情况；
（2）物业使用和维修；
（3）物业服务费用的交纳；
（4）其他相关事项；
（5）违约责任和违约纠纷的解决。

第 11 条 按照各地对前期物业管理招投标的相关规定，帮助建设单位规范前期物业管理招投标程序。

11.1 前期物业管理招标的备案。

按照各地办理前期物业管理招投标的规定，一般要求房地产开发企业在发布招投公告前或者发出投票邀请书前，提交规定的文件、资料，向物业项目所在地的房地产行政主管部门进行备案。

11.2 发出招标公告与预审。

建设部《前期物业管理招标投标管理暂行办法》第 8 条规定："前期物业管理招标分为公开招标和邀请招标。招标人采取公开招标方式的，应当在公共媒介上发布招标公告，并同时在中国住宅与房地产信息网和中国物业管理协会网上发布免费招标公告。招标公告应当载明招标人的名称和地址，招标项目的基本情况以及获取招标文件的办法等事项。"

11.3 招标文件的编制与发出。

招标人应当根据物业管理项目的特点和需要，在招标前完成招标文件的编制，并向所有经过预审合格的投标人发放。

11.4 现场的踏勘与资料提供。

招标人根据物业管理项目的具体情况，可以组织潜在的投标申请人踏勘物业项目现场，并提供隐蔽工程图纸等详细资料。

11.5 开标与评标，确定中标人。

11.6 与中标物业公司签订前期物业管理服务合同，并向政府行政主管部门备案。

第 12 条 帮助建设单位制定或审核临时管理规约(可参考建设部《业主临时公约示范文本》)，对有关物业的使用、维护、管理、业主的共同利益、业主应当履行的义务、违反规约应当承担的责任等事项依法作出约定。制定的临时管理规约不得侵害买受人的合法权益,与物业服务企业签订的前期物业服务合同中涉及业主共同利益的约定,应与临时管理规约一致。

第 13 条 根据《物权法》的规定,建设单位不仅可以聘请物业服务企业进行物业管理,也可以聘请其他管理人进行管理。在建设单位选择聘请其他管理人进行管理的时候,律师应协助建设单位草拟相关物业服务合同,如制定审核保安服务合同、保洁服务合同、设备维修服务合同等。

第二节 前期物业管理服务期间的业务

第 14 条 《前期物业服务合同》签订后,律师应当向建设单位提示,让选聘的物业服务企业提前介入房地产项目的建设过程,让其从物业管理的专业角度对规划设计、施工、装修提出相关整改和完善意见,既要使开发建设的物业更合理、更人性化,又要使物业服务企业今后能顺利地管理该物业,减少与业主的矛盾和冲突,并使物业更好的保值增值,有利于开发商品牌实力的塑造与延续。

应提示建设单位:如选择聘请专业的公司,对共用设备进行维护;应让专业公司提前介入,以便及早地了解小区的管线图及设备情况。

第 15 条 《商品房买卖合同》签订时,应建议开发商在"房屋买卖合同"中包含前期物业服务合同的内容,包括约定物业管理服务项目、服务标准、收费标准、计费方式及计费起始时间等内容,并且涉及物业买受人共同利益的约定应当一致。

第 16 条 《商品房买卖合同》签订时,应提示开发商将临时管理规约作为合同的附件,要求买受人对遵守临时管理规约予以书面承诺。

第 17 条 提示建设单位在物业管理区域内按照规定配置必要的物业管理用房。各地对物业管理用房的配置有面积要求的,应遵照执行。

第 18 条 提示建设单位,前期物业服务合同生效之日至出售的房屋交付使用之日的物业管理费由建设单位承担。一般物业管理费是按月计算的,交付当月的物业管理费,一般由建设单位承担。

第 19 条 当建筑区划内的入住率等条件达到规定的召开首次业主大会会议的条件时,提示建设单位应按规定办理相关手续,为成立业主大会、选举产生业委会提供资料。

第 20 条 律师为开发商制订前期物业管理有关合同文件应注意的问题

在业主大会成立前,由开发商负责前期物业管理。此间应当制作的法律文书主要有《商品房买卖合同(前期物业服务条款)》《业主临时规约》《前期物业服务合同》及物业管理规章制度。开发商应在售房前拟制和签署一系列物业管理的法律文书,此时应注意以下问题:

20.1 在《商品房买卖合同》中增加前期物业服务的主要内容,做到购房人购买房屋的同时即购买了前期物业服务。《物业管理条例》规定,《商品房买卖合同》中应当包括《前期物业服务合同》的主要内容,购房人通过与开发商订立《商品房买卖合同》对该物业的前期物业管理(包括选聘的物业公司、物业服务事项与服务质量、物业维护与管理、物业收费等)有基本了解,并以合同的方式对由开发商提供的前期物业服务予以确认。

20.2 在房屋销售前拟定好《业主临时规约》并在售房时向购房人公示,以便于购房人在订立《商品房买卖合同》时对遵守《业主临时规约》作出书面承诺。如果说《业主规约》是全体业主对物业行使管理权的"宪法",那么《业主临时规约》在前期物业管理中则起"临时宪法"的作用。由于在前期物业管理中业主大会尚未成立,根据《物业管理条例》的规定,开发商应当负责拟定并向购房人说明和公示《业主临时规约》,并可要求购房人对遵守《业主临时规约》作出书面承诺。承诺作出后,即具有法律约束力。

20.3 与选聘的物业公司订立《前期物业服务合同》。根据《物业管理条例》规定,开发商应当于房屋销售前选聘好物业公司并与其订立《前期物业服务合同》。通常《前期物业服务合同》文本由拟聘请的物业公司提出,但由于前期物业服务主要由开发商负责,前期物业服务的主要内容应当与《商品房买卖合同》中物业服务的相关条款保持一致,物业管理的服务与质量水平,既要能够满足开发商的要求,也要同时保障业主的权益不受侵害,因而需要由开发商参与拟定或审定。

20.4 负责拟定或审定前期物业管理规章制度。通常物业管理规章制度由拟聘请的物业公司提出,且作为《前期物业服务合同》的附件,是合同的重要组成部分。因此其不仅属于法律文书,且按规定开发商应当将物业管理规章制度连同《前期物业服务合同》一并提交政府房地产行政主管部门备案。同时由于大量的物业管理事务通过对物业管理规章制度的落实得以实施,因而物业管理规章制度的内容广泛地涉及业主的利益,此外,物业管理规章制度是《前期物业服务合同》得以实际履行的重要保障,因而同样需要由开发商参与拟定或审定。

20.5 拟订前期物业管理法律文书应当注意的问题:

20.5.1 关联性。前期物业管理关系中各方当事人的权利与义务在各法律文书中表现为相互交织、渗透,部分内容互相叠加或涵盖;文书相互独立又互相依存、互为条件,关联性强。因此在拟制法律文书时:一是要做到主要法律文书齐全,形成一个完整的合约体系;二是文书相互之间应当依次衔接,避免因遗漏或错位影响其他文书的法律效力;三是内容上相互叠加或重复的部分内容,应力求表述准确、完整并注重其同一性,避免出现遗漏、矛盾、含糊不清或产生歧义。

20.5.2 规范性。 广义地说,规范性包括程序规范和实体规范两个方面。程序规范要求开发商拟制和签署法律文书的过程符合规定要求,该公示的公示,该说明的说明,该备案的备案。实体上规范是指法律文书的内容应当合法、合规或符合行业惯例;对于法无明文规定的情形,当事人可自愿约定,但不得损害他人利益。

20.5.3 前瞻性。 前期物业管理中涉及的热点、焦点问题较多,如会所、外立面墙使用权、建筑物冠名权、车库、停车场、商铺及其他配套设施设备的归属权等。对于尚在探讨和研究的、法律或政策并未作出明确规定的问题,应当有预见性地尽可能作出约定,避免在日后的物业管理过程中发生较多的争议。

20.5.4 可操作性。 目前物业管理难度较大,合约的履行尤其是物业管理规章制度的落实主要取决于管理措施是否到位。在管理措施方面如何既约束、督促物业使用人履行义务、遵守制度,又不至于以违法或侵权的手段"强制管理",如以停水、停电方式胁迫收取物业费、未经法定程序强制拆除搭建物等,既是难点也是重点;另外根据物业管理纠纷的不同类型,依法、合理、明确地设置各类物业争议的解决程序,综合运用行政主管部门查处、提交仲裁或诉讼的手段保障物业管理的各项措施落到实处也是值得注重的一方面。

第二章
律师办理为物业服务企业提供法律服务的业务

第一节　律师为物业服务企业提供前期物业管理法律服务

第21条．帮助物业服务企业制定投标方案,并参与草拟或审查包括但不限于投标文件、前期物业服务合同、物业管理制度等相关法律文件。

第22条　应提示物业服务企业,有投标意向时注意企业资质等级可以承接的物业管理业务项目范围。

根据建设部《物业企业资质管理办法》的规定,各资质等级的企业可承接的项目范围如下:

(1)一级资质的企业可以承接各种物业管理项目;

(2)二级资质的企业可以承接30万平方米以下的住宅项目和8万平方米以下的非住宅项目的物业管理业务;

(3)三级资质的企业可以承接20万平方米以下住宅项目和5万平方米以下的非住宅项目的物业管理业务。

第23条　投标文件是参与投标的物业服务企业对招标文件的内容、实质性要求和条件作出响应的文件。

投标文件应包括以下内容：

（1）投标函；

（2）投标报价；

（3）物业管理方案；

（4）招标文件要求提供的其他材料。

第 24 条 帮助审查招标书中由建设单位制定的前期物业服务合同，对有损于物业服务企业的条款，建议修改或删除。

第 25 条 中标后签订前期物业服务合同之前，提示物业服务企业要求建设单位将以下文件作为合同的附件提交：

（1）物业构成明细；

（2）物业共用部位明细；

（3）物业共用设施设备明细；

（4）其他。

第 26 条 物业服务企业进行前期物业管理招投标应注意以下问题：

26.1 投标书的格式和内容应满足招标文件的要求。

评标过程中经常发现一些投标文件不能按照招标文件规定的格式编写，没有目录，没有页码，该盖章的不盖章，应提供的资料不提供，所供非所要，计算依据前后不一致，提供的财务数据不符合财务原则，错别字多，装订粗糙等问题，导致评委对资料的齐全性、准确性在打分时打折扣。建议在投标书装订之前一定对照投标文件的要求认真进行校对，装订尽量精美，投标书的质量是企业的形象，很难想象一个投标书错误百出的物业服务企业能够把物业服务做好。

26.2 提供的物业服务内容应完全响应招标文件要求。

应注意投标书中对招标物业项目提供的物业服务内容是否完全响应了招标文件的服务内容要求，注意是否漏项。实践中，出现过招标文件明确要求有社区文化活动服务内容，恰恰在投标文件中不做应答，没有职责分工，也不做该项服务费用测算的情况。在公开招投标中，如果提供的服务内容有漏项，将被视为不响应投标文件，或是该项服务企业不具备服务能力，甚至被废除投标资格处理。

26.3 物业服务方案中应具有对服务内容的必要分析。

评标过程中一些投标书的物业服务方案普遍缺少对服务对象及其需求的分析，缺少服务重点和难点分析，对特殊需求和特殊技术要求不能识别，导致物业服务方案没有针对性，甚至千篇一律。物业服务企业应在物业项目可行性分析的基础上，做好这些必要的分析，综合出最终的服务需求和目标，因为这些分析是决定物业服务方案是否合适的前提。物业服务方案的针对性和适宜性在评标中占有很大的比重。

26.4 注意物业服务目标的定量和定性问题。

根据招标文件的服务内容要求和最终确定的服务定位和服务需求,必然会制定服务目标。服务目标的制定一般分为定量的和定性的,一般情况下,能定量的尽量进行定量。服务目标的定量制定应与服务定位档次相符合,可以参照有些地方有关物业服务等级划分及价格的文件,深圳市、上海市等都有这些文件。按照《物权法》的要求,物业服务企业只有依约服务的权利,因此,指标的制定不能超越法律法规规定的范围,不能超越物业服务的范畴,不能超越正常的服务能力。定性指标的制定应注意频次和时间间隔的概念,应说明服务工作后所取得的效果。定性和定量的指标应是可测量的。

26.5 应注意物业服务方案的内在逻辑性。

评标过程中发现有的物业服务方案缺乏内在的逻辑性。物业服务方案的内在逻辑性应是:根据服务的需求,制定相应的服务指标,配置合理的人力资源和设备资源,以一定的服务管理模式运作,职责分工明确,不漏项不重叠,明确服务流程和检查标准,以相应的内部和公共制度以及必要的措施来保障物业服务指标的完成,在风险分析的基础上,制定规避风险的措施和应急预案,保障人身和财产的安全。

第27条 签订前期物业服务合同时,提示物业服务企业要求建设单位限期提供:竣工总平面图;单体建筑、结构、设备竣工图;配套设施、地下管网工程竣工图;设备设施的安装、使用和维护保养等技术资料,以及物业质量保修文件和物业使用说明文件等物业管理所必需的其他资料。

第28条 签订前期物业服务合同之前,提示物业服务企业要求建设单位配合对物业的共用部位、共用设施设备进行查验,确认存在问题,要求建设单位对存在问题提出解决办法。

第29条 前期物业服务合同签订后,提示物业服务企业要求建设单位对上述查验结果、存在问题等签订确认书,作为界定各自在开发建设和物业管理方面承担责任的依据。

第30条 帮助物业服务企业草拟或审查拟与购房者收房时签订的前期物业服务合同,前期物业服务合同的主要内容可参见本指引10.2。

第31条 提示物业服务企业,根据有关规定,业主选聘新的物业服务人后,其与建设单位签订的前期物业服务合同终止。

第32条 提示物业服务企业,前期物业服务合同终止后,应将本指引第22条所述资料及物业管理用房等移交业主委员会,并在业主委员会的主持下,做好与新的物业服务人的交接工作。

第二节　律师为物业服务企业提供约期物业管理法律服务

第33条　律师应当为物业服务人获得选聘进行程序的合法性审查,获选聘的物业服务人应经过专有部分占建筑物总面积过半数的业主且占总人数过半数的业主同意才能与业主委员会签订物业服务合同。

第34条　物业服务合同的主要内容(可参考建设部示范文本)

34.1　物业服务合同的主要条款:

(1) 双方当事人的姓名或名称、住所。

(2) 服务项目。即管理的房地产名称、坐落位置、面积、四至界限。

(3) 服务内容。即具体管理事项,例如:房屋的使用、维修、养护、消防、电梯、机电设备、路灯等公用设施的使用、维修、养护和管理。

(4) 服务费用。即物业服务人向业主或使用人收取的管理费。物业管理的收费情况比较复杂,不同的管理事项,收费标准也不同,有的收费项目是规章明确规定的,如季节性的供暖收费;有的收费项目是同业主委员会协商决定的,如停车场的停车费。

(5) 双方的权利与义务。

(6) 违约责任。

(7) 其他事项。双方可以约定其他未尽事项,如风险责任、调解与仲裁、合同的更改、补充、终止等。

34.2　业主委员会或业主大会的权利与义务

(1) 代表和维护业主的合法权益;经常听取业主的意见和建议,并及时将上述意见和建议反馈给物业服务人。

(2) 代表业主大会与物业服务人签订并执行物业服务合同。

(3) 监督业主遵守管理规约及物业共用部位和共用设施设备的使用、公共秩序和环境卫生的维护等方面的管理制度;采取措施督促业主按时交纳物业管理公共服务费用。

(4) 审定物业服务人拟定的物业管理方案。

(5) 检查监督物业服务人管理工作的实施及制度的执行情况。

(6) 审定物业服务人提出的物业服务年度计划、财务预算及决算报告。

(7) 审批物业专项维修资金的使用预算,并监督物业共用部位、共用设施设备大中修、更新、改造的竣工验收;审查物业服务人提供的物业共用部位、共用设施设备大中修、更新、改造的书面报告。

(8) 应在本合同约定的期限内,向物业服务人移交有关资料。

(9) 协调、处理本合同生效前发生的管理遗留问题。

(10) 负责本物业专项维修资金的筹集,督促业主缴纳物业专项维修资金。

（11）业主委员会有权指定专业审计机构,对本合同约定的物业管理公共服务费收支状况进行审计。

（12）经专有部分占建筑总面积过半数的业主且占总人数过半数的业主同意,有权代表业主大会提前终止本合同。

34.3 物业服务公司的权利和义务

（1）根据有关法律、法规及本合同的约定,制定物业服务方案。自主开展物业经营管理服务活动。

（2）对业主违反法规、规章的行为,提请有关部门处理。

（3）按本合同的约定,对业主违反临时管理规约或物业规章制度及相关管理规定的行为进行制止和处理。

（4）可以将物业管理区域内的专项服务业务委托给专业性服务企业,但不得将本区域内的全部物业管理一并委托给第三方。

（5）负责编制房屋及其附属建筑物、构筑物、设施、设备、绿化等的年度维修养护计划和保修期满后的大修、中修、更新、改造方案,经业主委员会、物业服务人双方议定后由物业服务人组织实施。

（6）向业主告知物业使用的有关规定,当业主装修物业时,告知有关注意事项和禁止行为,与业主订立书面约定,并负责监督。

（7）按养护计划和操作规程,对房屋共用部位、共用设施设备状况进行检查,发现安全隐患或险情及时排除。

（8）负责每半年向全体业主公布一次物业服务费用收支账目和物业专项维修资金使用情况;并将物业服务收费项目和收费标准以及向业主提供专项服务的收费项目和收费标准在本物业管理区域内以书面方式公示。

（9）不得擅自在物业管理区域内从事物业服务以外的经营活动;不得在物业管理活动中侵犯业主的合法权益;应合法、正确使用业主名册,不得泄露业主隐私。

（10）建立、妥善保管和正确使用本物业的管理档案,并负责及时记载有关变更情况。

（11）物业服务人必须在本合同终止时,向业主委员会移交管理用房及物业管理的全部档案资料。

第35条 在新的物业服务公司取代原物业服务公司的情况下,如何顺利交接往往是物业服务合同是否成功操作的关键,前期物业服务人往往会以各种理由不退出物业服务区域。律师应协助业主委员会、新的物业服务公司与原物业服务公司进行沟通,并可以请求政府有关部门指导、监督。

第36条 因业主拖欠物业服务费而向物业服务人提供催收法律服务。一般情况下,律师应告知物业服务人先通过书面形式(如发律师函)的方式向业主催收,对个别业主可以进行诉讼,但诉讼不宜广泛采用,否则会将物业服务人推向业主的对立面。应提醒物业服务人注意留存相关催收的证据。

第37条 律师应当为物业服务人如何纠正建设单位、业主的其他违法行为提供法律帮助。对开发商许诺没有到位的，物业服务人应协助业主与开发商交涉；对于业主的违法行为，物业服务人应予劝阻，并向业主委员会和政府主管部门进行报告。

第38条 物业服务公司签订和履行合同应注意的其他问题

38.1 关于物业服务公司不履行合同、不完全履行合同的处理

38.1.1 《最高人民法院关于审理物业服务纠纷案件具体应用法律若干问题的解释》第3条规定："物业服务企业不履行或者不完全履行物业服务合同约定的或者法律、法规规定以及相关行业规范确定的维修、养护、管理和维护义务，业主请求物业服务企业承担继续履行、采取补救措施或者赔偿损失等违约责任的，人民法院应予支持。物业服务企业公开作出的服务承诺及制定的服务细则，应当认定为物业服务合同的组成部分。"这一司法解释主要是为了解决目前物业管理中存在的物业服务公司服务不到位、不规范问题。

38.1.2 作为律师应提醒物业公司两点：

（1）对物业管理公司管理不到位的，业主有权提起诉讼。

（2）物业管理公司内部的管理制度，包括服务细则、服务承诺等，构成物业管理服务合同的组成部分，所以物业管理应根据自己公司的实际情况来确定自己的管理制度，不能兑现的不宜形成书面的管理制度。但实际上，要求物业服务公司承担任何形式的违约责任，都有一定的难度，因为物业管理不同于一般合同的履行，像买卖合同，标的明确具体，任何一方违约都是比较明显的，但物业管理合同所指向的物业管理服务，是复杂而琐碎的，让业主委员会证实物业服务公司服务不到位，有一定的操作难度。

38.2 合同到期后不移交资料和不承认事实管理的问题

38.2.1 《最高人民法院关于审理物业服务纠纷案件具体应用法律若干问题的解释》第10条规定："物业服务合同的权利义务终止后，业主委员会请求物业服务企业退出物业服务区域、移交物业服务用房和相关设施，以及物业服务所必需的相关资料和由其代管的专项维修资金的，人民法院应予支持。物业服务企业拒绝退出、移交，并以存在事实上的物业服务关系为由，请求业主支付物业服务合同权利义务终止后的物业费的，人民法院不予支持。"

38.2.2 对于业主委员会来说，如果有资料显示开发商并未向业主提供《物业管理条例》第29条列明的资料，可以将物业公司作为被告，诉讼请求其移交资料。律师应当提供物业服务公司：在业主委员会终止与物业服务公司的合同后，物业服务企业拒绝退出、移交，并以存在事实上的物业服务关系为由，请求业主支付物业服务合同权利义务终止后的物业费的，人民法院不予支持。物业管理服务实践中，存在两种事实管理的情况：一是物业管理服务合同终止后，业主委员会未更换物业服务公司，物业管

理公司也继续提供服务,这种情况下的事实管理物业管理公司可以要求业主支付物业管理费。二是物业管理服务合同终止后,业主委员会重新聘请了物业服务公司,但原物业管理公司拒不退出,并以事实管理为由,要求业主支付物业管理费。对于第二种情况司法解释明确规定管理,物业公司诉请支付物业管理费,法院可以不予支持。这一条规定可以很大程度上减少老"管家"落聘后拒不退出情况的出现。

38.3 物业管理服务合同无效的规定

38.3.1 按照《最高人民法院关于审理物业纠纷案件具体应用法律若干问题解释》第2条规定:"符合下列情形之一,业主委员会或者业主请求确认合同或者合同相关条款无效的,人民法院应予支持:(一)物业服务企业将物业服务区域内的全部物业服务一并委托他人而签订的委托合同;(二)物业服务合同中免除物业服务企业责任、加重业主委员会或者业主责任、排除业主委员会或者业主主要权利的条款。"

38.3.2 律师应提示物业服务公司:物业管理服务合同中经常出现的免除物业服务企业责任、加重业主委员会或者业主责任、排除业主委员会或者业主主要权利的条款有:

(1)明确公益性收入归物业管理公司所有的条款,按照《物权法》的规定,小区的停车、广告费等公益性收入为全体业主所有,但有的开发商或物业管理公司往往利用自己的优势地位,或业主委员会法律知识的欠缺,将这块收入约定直接归物业管理公司或开发商所有,实际上这是无效约定。

(2)物业服务企业在履行合同过程中的免责条款,主要有物业管理公司在任何情况下对小区车辆的丢失、业主人向损害赔偿不承担法定的补充责任。

(3)加大业主委员会的责任。有的物业公司在合同中约定业主委员会解释本合同的,应向物业公司支付30万的违约金,业主支付物业管理费不足的,由公益性收入直接补贴物业公司等。

(4)排除业主委员会权利的条款,主要包括物业服务公司对大额维修基金的使用有决定权,物业公司可以决定涉及全体业主利益的重大事项等。所以,物业管理公司签订物业管理服务合同时应注意这些条款。

38.4 关于业主拒交物业管理费及抗辩理由的解析

38.4.1 《最高人民法院关于审理物业服务纠纷案件具体应用法律若干问题的解释》第6条规定:"经书面催交,业主无正当理由拒绝交纳或者在催告的合理期限内仍未交纳物业费,物业服务企业请求业主支付物业费的,人民法院应予支持。物业服务企业已经按照合同约定以及相关规定提供服务,业主仅以未享受或者无需接受相关物业服务为抗辩理由的,人民法院不予支持。"

38.4.2 物业服务公司为小区提供物业管理服务,根据权利与义务对等原则,业主应支付物业管理服务费用。但在物业管理操作中,有时业主会以各种借口不交纳物业管理费用。业主不交纳物业管理费的理由有:

（1）业主对拆迁安置不满而拒不交纳物业管理费的，由于原拆迁单位与物业服务公司不是同一单位，这种情况应由业主找原拆迁单位解决。

（2）业主搬入新房，认为房屋有质量问题，如漏水、墙皮脱落、裂缝及其他属于房地产开发商负责的问题，应由业主向法院诉请开发商承担责任。

（3）他人在业主的房外堆放杂物，造成妨碍，业主应向法院诉请妨碍人排除妨碍，物业公司只负有提示告知并维护小区环境整洁的义务，如物业服务公司在妨碍过程中无过错或已经尽了自己应尽的义务，是不承担责任的。

（4）业主家中被盗、被抢以及其他刑事犯罪案件，在物业服务公司无过错或已尽了自己应尽的义务情况下是不承担责任的。

（5）就放弃共有权利作为抗辩理由的，主要是业主以自己未入住、未享用过小区公建配套为由而不交纳物业管理费。律师应明确告知物业服务企业，业主的这些抗辩一般是不成立的。

38.5 物业服务公司的补充责任

38.5.1 业主财产在物业管理区域内遭受他人的非法损害

业主在小区或其管理的其他物业管理区域内财产遭受非法损害主要有以下两种情况：

（1）财产被盗窃或抢劫，包括车辆、室内外的大、小物件、晾晒的衣物等。目前的情况看，小区车辆被盗是最为敏感的问题，物业在这一方面要加强防范。

（2）财产被损坏，包括停放的车辆受第三人损坏、公共设施遭第三人破坏，业主的财产被毁坏等。有的小区由于建造的比较早，道路窄小，常发生车辆漆面受到刮划甚至车辆碰撞的情况；有的物业管理的是露天商场，来往人员很多，常会发生公共设施被损害的情形。

以上两种情况，只要直接的责任人无法找到或无力赔偿，物业公司未按照物业服务合同提供服务，管理上有明显的疏漏，比如说保安脱岗，一般应承担相应的补充责任。

38.5.2 业主或物业使用人在物业管理区域内受人身伤害

物业管理区域内发生人身伤害的案件也常见于报端，起因多是由于鸡毛蒜皮的小事而斗嘴打架或业主之间积怨发生质变而大动干戈。当然也不能排除有一些极端的情况，比如说抢劫杀人、聚众斗殴的恶性刑事犯罪的发生。以上情况都可能会造成业主或租户的人身伤害甚至致死，当然这种伤害有可能发生在业主之间、业主与非业主之间甚至业主与非进行服务工作时的物业服务人员之间。如果物业防范不力，未适当履行物业合同约定的安全保障义务，行为人又逃逸的，物业要承担相应的民事赔偿责任。

38.6 物业服务公司专业分包风险的规避

在物业管理当中，服务分包管理是一种常见的管理模式，物业服务公司往往会将部分服务管理项目分包给专业公司进行相对独立的运作,例如:配电室设备维护、消防检测以及专业的外墙清洗等。物业管理行业重组中的专业技术重组的产生,起初是在技术、资金、人才含量高的专业上发生的,如物业管理企业通常将机电、智能化、消杀等工作交给专业公司打理,而现在的专业化重组几乎涵盖了物业管理的全部专业,如清洁和绿化等。

由于这些专业技术维护的行业准入的资格获取比较困难,承接技术维护的分包公司多为设备系统建设方承担,在行业资质以及专业技术方面存在着技术垄断。物业服务公司在技术监管方面比较吃力,往往会出现双方角色不明确的局面,物业服务公司不能很好的发挥其总体协调、监督管理的权利。作为物业服务公司,要减少专业分包的风险:一是通过详细的合同条款与专业的分包公司明确双方的权利与义务,要求专业公司按照法定的操作规程提供专业的服务,为了保护物业公司和业主的权益,要求专业公司提供的服务无瑕疵,如果服务不到位、不专业,物业公司有权按照合同约定要求专业公司承担责任,直至解除双方的分包合同;二是通过统一着装、统一要求等方式淡化专业分包公司在小区的影响,防止物业服务公司本身被边缘化;三是加强物业服务公司的专业技能培训。目前,物业管理的技能培训主要集中于物业管理实务以及相关技术工种的实际操作培训,而涉及其他行业如消防检测、配电管理、电梯保养等专业的技术管理培训往往不被物业管理人员重视,认为这些工作可由分包单位进行管理,忽略了自身管理权利的实施,使得物业公司本身根本不具备对专业公司进行管理和监督的能力。

第三章
律师办理为业主、业主大会及业主委员会提供法律服务的业务

第一节 律师为业主大会的成立和业主委员会的选举产生提供法律服务

第39条 当建筑区划内入住率等达到规定的召开首次业主大会会议的条件时,应提示业主督促建设单位按照规定办理相关手续,提示业主按照相关规定成立首次业主大会会议筹备组。

第40条 首次业主大会会议筹备组组成后,律师为筹备组提供法律服务。
40.1 筹备工作的主要内容为:
(1) 确定召开首次业主大会会议的形式;
(2) 确认业主身份;
(3) 确定首次业主大会会议召开的时间、地点和内容;
(4) 确定业主委员会委员候选人人数和产生办法,组织业主自荐或推荐产生业主

委员会候选人；

(5) 拟订《业主大会议事规则》(草案)、《管理规约》(草案)、《业主委员会章程》(草案)等文件。

(6) 其他召开业主大会会议应准备的事项。

40.2 帮助草拟或审查《业主大会议事规则》、《管理规约》、《业主委员会章程》等需要在大会上通过的文件。

第41条 业主大会与业主大会会议

41.1 业主大会是由建筑区划内全体业主参加，依法成立的自治组织，是建筑区划内建筑物及其附属设施的管理机构。

41.2 业主大会会议分为定期会议和临时会议。召开的条件由法律法规或业主议事规则规定。召开业主大会会议，应当于会议召开15日以前通知全体业主。住宅小区的业主大会会议，应当同时告知相关的居民委员会。

41.3 业主大会会议可以采用集体讨论的形式，也可以采用书面征求意见的形式，但应当有建筑区划内专有部分占建筑物总面积过半数的业主且占总人数过半数的业主参加。

41.4 业主大会决议分为普通决议和特别决议。业主大会作出普通决议，应当经建筑区划内专有部分占建筑物总面积过半数的业主且占总人数过半数的业主通过。业主大会作出特别决议，应当经建筑区划内专有部分占建筑物总面积2/3以上的业主且占总人数2/3以上的业主通过。

41.5 业主人数及面积的具体计算如下：

业主人数，按照专有部分的数量计算，一个专有部分按一人计算。但建设单位尚未出售和虽已出售但尚未交付的部分，以及同一买受人拥有一个以上专有部分的，按一人计算；总人数，按照前项的统计总和计算。

《物权法》第76条第2款和第80条规定的专有部分面积和建筑物总面积，可以按照下列方法认定：

专有部分面积，按照不动产登记簿记载的面积计算；尚未进行物权登记的，暂按测绘机构的实测面积计算；尚未进行实测的，暂按房屋买卖合同记载的面积计算；建筑物总面积，按照前项的统计总和计算。

41.6 下列事项由业主大会以普通决议通过：

(1) 制定和修改业主大会议事规则；

(2) 制定和修改建筑物及其附属设施的管理规约；

(3) 选举业主委员会或者更换业主委员会成员；

(4) 选聘和解聘物业服务企业或者其他管理人；

(5) 有关共有和共同管理权利的其他重大事项。

41.7 下列事项由业主大会以特别决议通过：
(1) 筹集和使用建筑物及其附属设施的维修资金；
(2) 改建、重建建筑物及其附属设施。

第 42 条　业主委员会

42.1　业主委员会由业主大会从全体业主中选举产生，是业主大会的执行机构，对业主大会负责，受全体业主监督。业主委员会应当自选举产生之日起 30 日内，向物业所在地的区、县人民政府房地产行政主管部门和街道办事处、乡镇人民政府备案。

42.2　业主委员会的职责：
(1) 召集业主大会会议，报告物业管理的实施情况；
(2) 代表业主与选聘的物业服务人签订物业服务合同；
(3) 及时了解业主、物业使用人的意见和建议，监督和协助物业服务人履行物业服务合同；
(4) 监督管理规约的实施；
(5) 业主大会赋予的其他职责。

第 43 条　为"破解"小区业主大会召开难问题，律师可以提出以下建议：

43.1　应在法律规定业主大会的相关制度内，选择可操作性的方式、方法召开业主大会，比如说就业主大会的召开形式而言，尽量采用书面征求意见的方式召开业主大会，在大型社区，尽量采用业主代表或业主小组代表人的方式收集业主的意见。业主大会同时采用以下形式进行表决：
(1) 设投票箱。在物业管理区域内设投票箱，由业主自行将个人意见投入投票箱内，经业主委员会（换届工作小组）统计汇总，公布表决结果。
(2) 专人送达、回收意见。由业主委员会（换届工作小组）组织有关人员逐户派发、回收业主意见，经业主委员会（换届工作小组）统计汇总，公布表决结果。
(3) 通过业主提供的电子邮箱地址向表决专用电子邮箱发送电子邮件。
(4) 传真。
(5) 公告。
(6) 其他形式。

43.2　在业主大会议事规则中尽量规定一些实用性的有关业主大会召开的制度，业主大会议事规则是小区业主大会、业主委员会活动的"根本大法"，规定了业主大会的基本制度，将业主大会召开的一些制度写进议事规则，作为首次业主大会以后再召开业主大会的准则，可以有效减少业主大会召开过程中一些障碍性因素，比如说将在规定时间内"不表态视为同意"写进规则，就可以大大减少业主大会的召开时间，将电子邮件、传真等方式送达业主征求意见表写进规则，也可以及时回收业主的意见等。

43.3　通过第三方介入召开业主大会。业主大会一般是由业主委员会召集召开的，在目前情况下，业主委员会难以做到职业化，业主委员会成员都有固定的工作，不太可能有较多的时间和精力投入到小区的公共事务中去,所以通过第三方介入的方式召开业主大会可以大大节省业主委员会成员的时间成本,保障业主大会的顺利召开。通过第三方介入的方式主要有:业主委员会通过其专职秘书来组织业主大会召开的文件的准备、征询表的发放与回收等;通过中介机构,包括律师事务所来全程负责业主大会的召开,在上海、深圳等一些大城市,已经出现专门为业主委员会服务的中介公司和专业律师。

第 44 条 律师协助起草或审查《业主大会议事规则》

44.1 《业主大会议事规则》的性质是建筑区划内业主大会活动的程序规则。

44.2 《业主大会议事规则》的主要内容:
(1) 业主大会的议事方式;
(2) 业主大会的表决程序;
(3) 业主委员会的组成及任期;
(4) 印章的使用与管理;
(5) 业主委员会活动经费的筹集和使用。

44.3 《业主大会议事规则》通过、生效的原则:应经建筑区划内专有部分占建筑物总面积过半数的业主且占总人数过半数的业主同意才能生效。

44.4 《业主大会议事规则》制定中应注意的事项:
(1) 充分考虑建筑区划内业主构成的实际情况,使制定的议事规则具有可操作性。
(2) 内容不得违反法律、法规的规定,不得侵犯业主的合法权益。

第 45 条 律师协助起草或审查《管理规约》

45.1 《管理规约》的性质。其性质是对全体业主具有约束力的、业主参与物业管理的权利义务及活动的行为守则。

45.2 《管理规约》的主要内容:
(1) 物业的基本情况;
(2) 业主使用物业的方式及具体要求;
(3) 业主参与本建筑区划物业管理的权利及应承担的义务;
(4) 物业管理活动中各种费用的交纳及分摊方式;
(5) 建筑物及其附属设施的费用分摊、收益分配方式;
(6) 管理规约的修改程序、通过、生效的原则;
(7) 违反规约的责任;
(8) 业主认为需要约定的其他事项。

45.3 《管理规约》通过、生效的原则:应经建筑区划内专有部分占建筑物总面积过半数的业主且占总人数过半数的业主同意才能生效。

45.4 制定《管理规约》应注意的事项:

（1）制定的内容不得违反法律、法规的规定，不得超越业主自治权的范围，不得侵害业主的合法权益。

（2）条款内容应尽量具体明确，具有可操作性。

第二节 律师办理为业主、业主大会及业主委员会运作提供法律服务的业务

第46条 告知业主可以自行管理建筑物及其附属设施，也可以委托物业服务企业或者其他管理人管理。

第47条 业主决定选聘物业服务企业或者其他管理人管理的，律师应帮助草拟或审查招标方案等文件。招标文件的主要内容基本与本指引10.1所述相同。应提醒业主将《管理规约》作为招标文件的附件提交。

第48条 在选聘新物业公司时，律师应提醒注意以下问题：

更换物管公司要半数以上业主通过，且通过业主物业面积也过半数，即"双多数"，才可执行。业主委员会是代表小区产权人、使用人利益，负责监督检查小区物业管理工作的全体业主的执行机构，是解决小区物业管理问题的关键，更换物管公司必须由业主委员会组织业主召开业主大会，在保证广大产权人、使用人支持的前提下形成决议，并且要半数以上的产权人通过该决议方可执行。只有这样才使更换物业公司的行动具备充分的群众基础和法律依据。交接时各方关系一定要理顺。物业服务公司更换是一项极为困难并具有一定风险的工作。在有些小区就出现过原物管公司拒不撤出小区，新的物管公司无法进入的现象。所以在更换前一定要先处理好和相关单位的关系，包括发展商、业主委员会、原物管企业、新物管企业间的关系，使其尽可能取得一致性意见，对于顺利更换，尤为重要。律师可以提供法律支持，请物管顾问、财务顾问提供专业支持，请政府主管部门提供政策支持，取得指导、支持，不可忽视。另外，业主委员会选聘新的物业服务公司，并不要求通过招投标方式选聘，法规只要求在前期物业管理期间住宅物业开发商要进行招标选择物业公司。

第49条 业主选聘物业服务公司后，律师应帮助起草或审查物业服务合同。

合同主要内容可参考建设部《物业服务合同示范文本》。为尽量避免纠纷产生后责任承担问题，律师可建议将管理服务的具体承诺、投标书、委托管理的构成明细等作为合同的附件，建议签订补充协议约定服务质量阶段考评、约定后合同义务。

第50条 律师应提醒业主大会、业主委员会，业主大会会议的召开、涉及共有和共同管理权利事项的决议，应按照法律、法规、管理规约规定的程序及通过、生效的原则进行，决议的内容不得违反法律、法规的规定，不得侵害业主的合法权益。

第 51 条 律师应帮助业主委员会起草或审查有关物业管理方面的材料、文件。

第 52 条 律师关于业主"自治"存在问题的提醒

52.1 业主的"散户"状态,是自治管理中的普遍问题

业主普遍对业主自治管理缺乏认识,特别是工作忙、生活节奏紧张的年轻人更无暇顾及,难以通过定期、书面的系统方式进行沟通,给业主自治管理带来操作上的不便。

52.2 业主委员会作为执行机关,自身的问题往往会成为自治管理的障碍

在推行业主自治过程中,也肯定会有害群之马,怎样规范和监督业主委员会行使业主赋予的执行机关权利,是业主必须面对和思考的。

52.3 目前的劳动用工制度、税收制度、财务制度也是业主推行自治管理的障碍

就劳动用工制度而言,业主大会、业委会作为社会团体法人的资格没有明确,也没有组织机构代码证。因为,不能直接以自己的名义聘用人员,也无法为员工交纳社会保险。所以,业主要想有效自治,必须明确业委会的法律地位。由于业主委员会的法律地位不明确,有关的税收制度、财务制度也几近空白。

第四章
物业专项维修资金(基金)

第一节 物业专项维修资金的交纳与续筹

第 53 条 新建商品住宅首期维修资金的交纳

房地产开发企业应当在办理房地产初始登记前,交纳其应交部分的维修基金;购房人在办理房地产变更登记之前(办理"小产权证")之前,交纳其应交部分的维修资金;业主大会成立时尚未出售的商品住宅,房地产开发企业应当在业主大会成立之日起 15 日内,将未出售商品住宅购房人应交部分存入业主委员会开户银行。鉴于目前各地基本已制定专项维修资金的使用管理办法,故在实践中应依当地的具体规定执行。

第 54 条 专项维修资金的其他来源

根据有关规定,小区的经营性收益应纳入业主大会账户管理,物业服务企业可依有关规定和业主大会决议提取一定比例的管理费用,该类收益主要用于补充专项维修资金。

第 55 条 专项维修资金的交割与再次筹集

商品住宅转让时,原业主交纳的维修资金剩余款额,由住宅受让人向原业主支付;住宅转让合同或者转让当事人另有约定的,从其约定。

专项维修资金余额不足首次筹集资金总额的30%时,经专有部分占建筑物总面积2/3以上的业主且占总人数2/3以上的业主同意可以续筹。再次筹集后的维修资金余额,不得少于首期维修资金中购房人交纳的数额。

第二节 物业专项维修资金的使用

第56条 物业专项维修资金的管理

56.1 根据建设部有关规定,资金由物业所在地的区、县房地产管理部门代为监管;业主大会成立后,由区、县房地产管理部门将资金本息划转至业主大会按规定设立的维修资金账户,由业主大会按规定管理和使用。

56.2 维修资金实行属地开户原则,业主大会应在物业所在行政区内具有业务办理资格的银行分支机构办理专用存款账户。

56.3 住宅共用部位、共用设备、物业管理区域公共设施的维修、更新费用支出,符合规定的,可以按规定的流程支用维修资金。由政府行政主管部门进行指导与监管。

第57条 物业专项维修资金的使用程序

根据法律规定,专项维修资金的使用和续筹方案,必须经专有部分占建筑物总面积2/3以上的业主且占总人数2/3以上的业主同意。涉及单幢房屋大修或者专项维修、更新、改造的,应当经该幢房屋全体业主所持投票权2/3以上同意,但不得与业主大会对全体共有部分作出的决定相抵触。

实际操作中,为提高管理效率,降低管理成本,业主大会可将一定金额范围内维修资金使用的决策权力,经法定程序后授予业主委员会。

第58条 物业专项维修资金的使用范围

58.1 维修资金专项用于保修期满后共用部位、共用设备和物业管理区域公共设施的维修、更新和改造,不得挪作他用。

共用部位:是指整幢房屋业主共同使用的楼梯间、水泵间、电表间、电梯间、电话分线间、电梯机房、走廊通道、门厅、传达室、内天井以及房屋主体承重结构部位(包括基础、内外承重墙体、梁、柱、楼板、屋顶等)、外墙面、走廊墙和墙外粉饰等。

共用设备:是指整幢房屋业主共同使用的上下水管道、落水管、垃圾通道、水箱、蓄水池、加压水泵、电梯、天线、供电线路、楼道内照明线路设备、邮政信箱、避雷装置、楼道内消防设备及安全监控设备。

公共设施:是指物业管理区域内业主共同使用的公共绿地、道路、小区内上下水管道、沟渠、池、路灯、窨井、化粪池、垃圾箱(房)、消防设备及安全监控设备、公共设施(设备)使用的房屋及非经营性车库、车场、公益性文体设施等。

58.2 住宅共用部位、共用设备和物业管理区域公共设施属于人为损坏的，其维修、更新改造费用应当由责任人承担。业主不能将分户内的维修资金随意取出。

58.3 日常绿化养护费、水箱清洗费、公用照明和共用设备能耗和养护费等应纳入日常物业管理服务收费范围，不能在商品住宅专项维修资金中列支。

第59条 物业专项维修资金的分摊规则

物业维修、更新、改造的费用，按照下列规定承担：

（1）专有部分的所需费用，由拥有专有部分的业主承担；

（2）部分共用部分的所需费用，由拥有部分共用部分的业主按照各自拥有的房屋建筑面积比例共同承担；

（3）全体共用部分的所需费用，由物业管理区域内的全体业主按照各自拥有的房屋建筑面积比例共同承担。

部分共用部分、全体共用部分的维修、更新、改造费用在专项维修资金中列支。

第60条 维修基金使用"僵局"的处理

按照《物权法》的规定，使用维修资金应该通过绝对多数业主的同意，即专有部分占建筑面积2/3以上的业主且占总人数2/3以上的业主同意。这个规定却让维修资金在使用上陷入了僵局。打破这样的僵局，按照《物权法》撤销权的规定，业主可以以"该决定侵害自己合法权益"为由，向法院提出诉讼要求对不使用维修基金的决议予以撤销，但由于目前业主的撤销权诉讼尚不成熟，实际操作存在一定难度。最为有效的方式就是在《业主大会议事规则》的制订中，应该有对此类问题的预防机制，对出现类似问题如何解决，进行提前约定，特别是关于业主委员会小额使用维修基金的授权规定。另外，律师应提醒在物业管理表决中，并不是所有的表决都是要全体业主的2/3，比如说某栋楼电梯的维修，只要该栋楼业主的2/3，且同意业主的面积也占2/3同意即可。

第五章
物业管理纠纷

第一节　物业管理纠纷范围、分类及特点

第61条 物业管理纠纷的表现形式：

对人防、地下车库、绿地、停车场权属不明而引发的业主、业主委员会与开发商的纠纷；因业主拖欠物业管理费而引发的纠纷；因违法动用维修资金而产生的纠纷；业主之间因相邻权而引发的纠纷；小区发生被盗、抢劫等行政治安或刑事案件而产生的纠纷。

第 62 条　物业管理纠纷分类

按照纠纷中的基本权利性质和特点的不同,可以将物业管理纠纷划分为以下几类:

62.1　物业管理产权类纠纷。主要是物业所有权方面的业主专有权与业主共有权辖属范围的确认纠纷,业主共有权与托付物业服务企业的物业经营管理权行使之间的权限划分和确认纠纷,业主团体共有权与开发经营者的权属纠纷。常见的有个别业主侵占公共区域、业主委员会与开发商的车库之争等。

62.2　物业管理债权类纠纷。主要是与物业管理服务有关的合同之债、侵权之争等债权、债务关系纠纷。例如小区的业主拖欠物业管理费、车辆的保管纠纷等。

62.3　物业管理行政权类纠纷。主要是物业管理行政主管机关和其他有关行政部门在行使职权的具体行政行为中与行政相对人之间发生的行政权限和行政权行使是否违法、是否得当的争执。目前常见的这类纠纷有行政执法部门对违章建筑的处理,业主对街道、房地产主管部门对业主委员会与物业服务企业指导与监督的不满。

62.4　物业管理自治权类纠纷。主要是业主、物业使用权人、业主大会、业主委员会业主团体在民主自治权益方面发生的纠纷。例如业主不执行管理规约的有关规定或不执行业主会议对维修资金的分摊决定而引起的纠纷。

另外,按纠纷所属的法律性质不同,可以将物业管理纠纷划分为民事纠纷、行政纠纷和刑事纠纷。

第 63 条　物业管理纠纷的特点

63.1　物业管理纠纷具有连续性

从物业管理纠纷的产生的原因及表现形式上看,物业管理纠纷与开发商密不可分,比如说房子质量问题、车位之争、配套不到位等,特别是在目前的情况下,物业管理公司与开发商之间关系的特殊,一旦发生物业管理纠纷,开发商也有一定的责任。

63.2　物业管理纠纷具有多样性,物业管理费纠纷居首位

物业管理纠纷法律关系非常复杂。既有涉及民事、经济、刑事法律关系的纠纷,又有涉及业主团体经济事务和社会事务民主自治法律关系的纠纷。这种纠纷既有物业管理公司与业主之间、业主与业主之间、物业管理公司与开发商之间、业主与业主委员会之间的平等的民事纠纷,也有因行政主管部门的行政管理行为所引发的纠纷。就民事诉讼来讲,可划分为合同纠纷和侵权纠纷。

(1)物业管理合同纠纷。主要有:物业服务公司向业主、使用者追索物业管理费纠纷,这类纠纷最常见、数量也最多,大致占物业管理纠纷案件总量的 70%～80%;业主要求物业服务公司提高服务质量、履行管理职责的纠纷;业主或业主委员会选聘、解聘物业管理公司产生的纠纷。

(2)物业管理侵权纠纷。主要有:业主财产损失赔偿纠纷;小区公用设施伤人的赔偿纠纷;建筑物共用部分的权属、管理使用、收益归属的纠纷;业主擅自改变房屋、配

套设施的结构、外观,乱搭乱建,随意占用、破坏绿化、污染环境、噪声扰民引起的纠纷等。

63.3 物业管理纠纷具有易发性和涉众性

在物业管理服务的提供和交易过程中,容易发生对服务质量好坏、满意与否的争执,比如说最常见的业主拖欠物业管理费案件。由于物业管理所执行的事务大多是涉及业主团体公共利益甚至社会公共利益,所以一旦发生纠纷,往往是集体争执、甚至集体诉讼,通常是物业管理费的交纳、物业管理质量等涉及小区全体业主利益的共性问题,而业主多处于同一背景,会形成共同的利益圈。在发生纠纷时,业主对纠纷达成一定共识,会通过群体性行为的方式进行诉讼。

第二节 物业管理纠纷的处理

第 64 条 处理物业管理纠纷的原则

64.1 及时原则

无论是民事争议还是行政争议,由于物业管理纠纷涉及面广,行政机关和司法机关在处理这一类纠纷时应当及时,不宜让矛盾长期存在,日益激化。

64.2 合法原则

在处理物业管理纠纷时,要注意法律的正确适用,特别是物业管理有关的法律、法规变化较快,处理物业管理纠纷不能与新的法律、法规相悖。

64.3 公平合理原则

在处理物业管理纠纷时,要分清是非和责任,要使责任的承担适当,使责任人心服口服。

第 65 条 处理物业管理纠纷的方式

有协商、调解、仲裁、诉讼四种。

第 66 条 物业管理纠纷中的违法行为及法律责任

66.1 业主的违法行为及其法律责任

66.1.1 业主的违法行为主要体现在:

(1)擅自改变小区内土地用途的;

(2)擅自改变房屋、配套设施的用途、结构、外观、毁损设备、设施、危及房屋安全的;

(3)私搭乱建、乱停放车辆,在房屋共用部位乱堆乱放,随意占用、破坏绿化、污染环境、影响住宅小区景观、噪声扰民的;

(4)不照章交纳各种费用的,包括物业管理费。

66.1.2 业主的法律责任主要有:业主的违法、违约行为,一般由业主委员会和物业服务企业予以制止、批评教育、责令限期改正,依照法律和管理规约,提请有关部门处理,如果造成损失的,违法业主应当赔偿损失。对拖欠物业管理费的,物业服务人有权通过诉讼方式收回拖欠费用并收取滞纳金。

66.2 业主自治机构违法行为及其法律责任

业主大会、业主代表大会只是议事机构,并不能直接承担法律责任,其法律责任一般应由业主分摊。对于个别业主委员会成员未经业主大会或业主的授权,实施有损于业主利益行为的,该业主委员会成员应当负相应的法律责任。

66.3 物业服务人的违法行为及其法律责任

66.3.1 物业服务人的违法行为:

(1) 非法经营行为。指不具备从事物业服务资质和能力的企业,以物业服务企业的名义从事物业服务活动。

(2) 擅自作为行为。指物业服务企业在实施物业服务过程中,违反物业管理法规的禁为规范或者违反物业委托服务合同中的禁为约定,而擅自作出的犯禁行为,如擅自将绿地改为停车场。

(3) 不履行或不忠实履行受托管理义务的行为。指物业服务人不履行物业服务合同规定义务或者违反忠实义务,不尽心尽力履行管理义务,管理混乱,损害了业主的合法权益。

66.3.2 物业服务人的法律责任:无物业管理资质进行物业管理活动的,房地产行政主管部门可对其予以警告、责令限期改正、赔偿损失,并可处以罚款;对于擅自作为的,业主可要求其停止侵害、排除危险、返还财产、恢复原状;对不履行或不积极履行物业服务合同的,应根据合同的约定承担违约责任。

66.4 建设单位的违法行为及其法律责任

66.4.1 建设单位的违法行为:

(1) 未能履行房屋销售合同中约定的义务,主要表现为公共设施不到位,擅自改变规划等。

(2) 不履行物业移交法定义务的行为。指未向业主委员会、物业服务企业移交有关资料及物业管理用房。

(3) 其他违法行为。如不依法申报成立业主大会和业主委员会,委托无资质的物业服务企业进行管理。

66.4.2 建设单位的法律责任:未履行房屋销售合同义务的,应履行到位并承担相应的违约责任;不履行移交义务的,及时进行移交,并承担由于不依法移交而产生的法律后果。

第67条 律师代理物业管理纠纷案件时应注意的事项

67.1 律师应掌握业委会的诉权问题

67.1.1 《物权法》第83条规定:"业主大会和业主委员会,对任意弃置垃圾、排放污染物或者噪声、违反规定饲养动物、违章搭建、侵占通道、拒付物业费等损害他人合法权益的行为,有权依照法律、法规以及管理规约,要求行为人停止侵害、消除危险、排除妨害、赔偿损失。业主对侵害自己合法权益的行为,可以依法向人民法院提起诉讼。"这是法律明确了业委会作为民事法律主体进行民事行为的权利,在实体法中规定业委会在管理小区方面的一些权利,无疑是对物权保护的延续。这是为减少个别小区违章搭建、侵占通道,排放污染的行为,从程序上赋予利害关系业主的权利,鼓励业主利用法律手段保护自己的合法权益。

67.1.2 司法实践操作中,业主委员会可就下列事项代表全体业主进行诉讼:

(1) 房地产开发企业未向业主委员会移交住宅区规划图等资料,未提供配套公用设施、公用设施专项费、公共部分维护费及物业管理用房、商业用房引起的纠纷;

(2) 全体业主与物业管理企业之间因住宅小区物业服务合同履行、终止或者解除而引起的纠纷;

(3) 因维护、修缮共用部分或设置管线,必须进入或使用业主的专有部分,业主无正当理由拒绝而引起的纠纷;

(4) 业主对专有部分的利用,妨碍建筑物的正常使用及侵害个别业主或部分业主的共同权益而引起的纠纷;

(5) 业主或物业管理企业擅自变更共用部分的构造、颜色、使用目的、设置广告物、安装大型空调机组等设备或者其他类似行为而引起的纠纷;

(6) 业主或物业管理企业因在楼梯间、共同走廊、消防设备及防空设施等地堆放杂物、设置栓栏,或私设路障、停车位,侵占通道、妨碍出入而引起的纠纷;

(7) 其他涉及全体业主共同权益的事项而引起的纠纷。

67.1.3 办理物业管理纠纷案件,从目前的司法实践看,业主大会作为诉讼主体进行诉讼的情况较少,主要原因有二:一是很多地方高院已经明确业委会可以在超过1/2以上业主授权后,代表业主大会进行诉讼,所以各地大部分是以业委会代表业主进行诉讼为主;二是业主大会不是常设性机构,本身没有固定的机构人员,其主要的工作形式是开业主大会,决定小区的重要事项,难以顺利行使诉讼中涉及的复杂的权利与义务。

67.2 应明确区分业主的诉权与业委会的诉权

在一些开发商违反售房合同案件中,比如说更改小区的规划、延期交房等,根据合同的相对性原则,一般诉讼的主体是个体业主,主要的证据是开发商的售楼广告和合同,开发商未兑现承诺是对业主的违约。开发商与购房人——业主签订的房屋买卖合同,对双方有约束力,是开发商和购房人执守的合同,故业委会作为原告进行诉讼,不符合合同的相对性原则。

67.3 业主的撤销权诉讼

《物权法》第 78 条规定:"业主大会或者业主委员会的决定,对业主具有约束力。业主大会或者业主委员会作出的决定侵害业主合法权益的,受侵害的业主可以请求人民法院予以撤销。"这一条规定是明确了业主大会可以作为民事诉讼法意义上的被告,业主可以对业主大会的决定行使撤销权。《物权法》的这一规定,类似于《公司法》规定的股东的撤销权:"股东会或者股东大会、董事会的会议召集程序、表决方式违反法律、行政法规或者公司章程,或者决议内容违反公司章程,股东可以自决议作出之日起六十日内,请求人民法院撤销。"业主的撤销权诉讼属于《民法通则》规定的除斥期间,为一年。

附 则

本指引是根据 2009 年 6 月 1 日以前的法律、法规,结合相关司法实践操作并参考主流学术意见所编写,若上述前提发生变化,以新的法律、法规及新的情况进行调整,律师应关注新的法律、法规的变化。

(本指引由全国律协民事专业委员会负责起草,主要执笔人:宋安成)

中华全国律师协会
律师办理基础设施特许经营法律业务操作指引

目 录

总 则 / 673

第一章 项目立项阶段法律服务 / 675
    第一节 项目立项 / 675
    第二节 项目发起人的主体资格 / 677

第二章 项目投资人招投标阶段法律服务 / 678
    第一节 为项目发起人提供的法律服务 / 678
    第二节 为投标人提供的法律服务 / 684
    第一节 特许经营权 / 686
    第二节 履约担保 / 687
    第三节 融资 / 688
    第四节 土地使用权 / 689
    第五节 项目建设 / 690
    第六节 项目设施运营与维护 / 690
    第七节 项目发起人购买服务 / 692
    第八节 项目设施移交 / 693
    第九节 特许经营协议终止、变更和转让 / 695

第四章 特许经营项目投资建设阶段法律服务 / 698
    第一节 为项目公司提供的法律服务 / 698
    第二节 为项目发起人提供的法律服务 / 699

第五章 特许经营项目运营阶段法律服务 / 700
    第一节 为项目公司提供的法律服务 / 700
    第二节 为项目发起人提供的法律服务 / 701

第六章 项目移交阶段法律服务 / 702
    第一节 项目移交委员会 / 702
    第二节 项目移交条件审查 / 702
    第三节 项目移交内容 / 704

总 则

第 1 条 制定目的

本指引作为律师提供基础设施特许经营业务法律服务的操作参考,并非强制性规定。

第 2 条 词语定义

2.1 基础设施特许经营(下称特许经营):是指政府按照有关法律、法规的规定,通过市场竞争机制选择投资者和/或经营者,明确其在一定期限和范围内投资和/或经营某项基础设施项目的制度。

2.2 特许经营权:是指依据特许经营协议,在特许经营期限内授予项目投资人和/或经营者,在特许经营范围内投资、运营、维护基础设施项目并依约定取得收益的权利。

2.3 项目:是指具有提供某项公共产品或公共服务功能的特定基础设施。

2.4 政府:是指依法设立项目特许经营权及行使与项目相关行政管理职能的行政机构或行政部门。

2.5 项目发起人:是指政府授权的直接组织实施特许经营权转让,并与项目投资人和/或运营维护人订立特许经营协议的行政主管部门。

2.6 特许经营权协议:是指项目发起人与项目投资人和/或经营者之间订立的,在约定的特许经营期限和特许经营范围内,后者取得某一基础设施项目的特许经营权,双方按约定承担有关义务和责任的协议。

2.7 项目接受人:是指特许经营权协议终止时接受项目的公司、企业或行政机构、行政部门,也可以是项目发起人。

2.8 项目投资人:是指被政府直接授予特许经营权的现实或者潜在的项目投资主体。项目投资人取得特许经营权之后,通常是项目公司的主要股东。

2.9 项目公司:是指根据特许经营协议,以项目投资人为主要股东的专门负责建设、经营项目的公司,也可能是项目投资人自身。

2.10 运营维护商:是指对项目进行运营和维护的主体,它可以是项目投资人、项目公司或被其聘请的专业运营公司。

2.11 专业运营公司:是指受项目投资人、项目公司聘任对项目进行运营和维护的公司、企业等,通常是独立于项目发起人、项目投资人、项目公司的其他公司、企业等。

第 3 条 本指引的业务适用范围

本指引主要适用于律师为下列基础设施特许经营活动提供的非诉讼法律服务：

3.1 煤炭、石油、天然气、电力、新能源等能源项目；

3.2 铁路、公路、管道、水运、航空以及其他交通运输业等交通运输项目；

3.3 邮政、电信枢纽、通信、信息网络等邮电通讯项目；

3.4 道路、桥梁、地铁和轻轨交通、污水排放及处理、垃圾处理、地下管道、公共停车场等城市设施项目；

3.5 供水、供电、供气、供热等市政公用项目；

3.6 其他基础设施项目。

各地可以实施特许经营的基础设施项目的具体范围应执行当地地方性法规或政府规章的规定。

律师代理政府或投资者参与基础设施特许经营项目立项及主体资格审查、招标程序、订立特许经营协议、特许经营项目建设、运营、移交或全过程法律服务可参考本操作指引。

第 4 条 特许经营方式

常见的特许经营方式如下：

4.1 在一定期限内，将项目授予项目投资人进行投资、建设并运营，期限届满无偿或以一定价格移交给项目接受人（即 Build-Operate-Transfer）；

4.2 在一定期限内，将项目移交（有偿转让）给项目投资人，运营期限届满无偿移交给项目接受人（即 Transfer-Operate-Transfer）；

4.3 在一定期限内，将项目授予项目投资人进行投资建设并运营，并要求项目投资人于期限届满时将项目的全部设施拆除（即 Build-Operate-Dismantle）；

4.4 在一定期限内，委托项目投资人提供公共服务；

4.5 不违反法律、法规规定并获得项目所在地有权审批的政府批准的其他方式。

本操作指引以实践中常见的特许经营方式——BOT 方式编写，律师从事其他类型的特许经营项目法律服务时，可参考本操作指引。

第 5 条 本指引制定依据

5.1 本指引主要依据《中华人民共和国行政许可法》（以下简称《行政许可法》）、《中华人民共和国招标投标法》（以下简称《招标投标法》）、《中华人民共和国环境保护法》（以下简称《环境保护法》）、《中华人民共和国合同法》（以下简称《合同法》）、《中华人民共和国公司法》（以下简称《公司法》）、《中华人民共和国建筑法》（以下简称《建筑法》）、《中华人民共和国担保法》（以下简称《担保法》）、《国务院关于投资体制改革的决定》、《市政公用事业特许经营管理办法》等相关法律、行政法规和部门规章的规定制定。其中,作为制定本指引依据而采用的相关法律、行政法规和部门规章为截至 2009 年 6 月 15 日公开颁布的相关法律、行政法规和部门规章。鉴于上述法律、法规和部门规章的部分或者全部在将来可能发生废止、修订,以及有关新法律、法规和部门规章可能被适用,律师在参考本指引办理有关律师业务时,应特别关注法律、法规和部门规章的变化。

5.2 鉴于尚无专门规范基础设施特许经营的法律和行政法规,特许经营在各地实践中的具体操作方式和程序也不尽相同,各地已相继出台了规范特许经营的地方性法规和规章等。随着基础设施特许经营实践的开展,各地还会出台相关规定,律师在承办具体业务时还应特别注意各地有关地方性法规和规章的规定。

5.3 针对不同行业以及不同主体之间开展的特许经营,国家和地方也陆续出台了相关的规范文件。律师在承办业务时应结合具体项目所属行业和不同主体调研相关法律适用情况。

第一章
项目立项阶段法律服务

第一节 项 目 立 项

对于政府办理立项的项目,律师应提示或协助委托人对项目立项程序参照本节进行合法性审查。

第 6 条 项目前期可行性研究

6.1 依据社会经济发展要求,由发展改革部门会同有关行业行政主管部门对拟实施特许经营的项目组织前期可行性研究。

6.2 项目前期可行性研究主要对拟实施项目有关的社会、经济、环境、规划等各方面进行详细论证,为项目投资决策及采用何种方式融资提供依据。

6.3 对项目前期可行性研究报告进行审查时,律师应提示委托人注意可行性研究报告除考虑市场、技术、建设生产、环境和收益等因素以外,是否考虑了法律和融资方面的可行性。

第 7 条 编撰项目实施方案

7.1 特许经营项目确定后,有关行业主管部门应会同发展改革部门拟订实施方案,并组织规划、土地、建设、环保、财政、物价等有关部门按照各自职责对特许经营项目实施方案进行审查和论证,并将实施方案报有关政府批准。

7.2 项目实施方案一般包括下列内容:

7.2.1 项目名称;
7.2.2 项目基本经济技术指标;
7.2.3 选址和其他规划条件;
7.2.4 特许期限;
7.2.5 投资回报、提供公共产品或者服务的价格范围及调价的条件要求和测算方式;
7.2.6 经营者应具备的条件及选择方式;
7.2.7 其他政府承诺;
7.2.8 保障措施;
7.2.9 特许权使用费及其减免;
7.2.10 负责实施的单位。

7.3 在编撰项目实施方案阶段,律师应特别提示委托人:

7.3.1 法律制度

(1)目前涉及特许经营的规定只有行政规章和地方性规定,有些方面的规定还存在空白,部分内容还有相互矛盾之处;

(2)根据《国务院关于投资体制改革的决定》,项目的市场前景、经济效益、资金来源和产品技术方案等均由企业自主决策、自担风险。政府承诺可以涉及与特许项目有关的土地使用、项目相关配套基础设施提供、防止不必要的重复性竞争项目建设、必要的补贴,但不承诺商业风险分担、固定投资回报率及法律、法规禁止的其他事项。政府承诺事项必须在特许经营协议中予以明确。

7.3.2 政府相关职权

(1)税收:通过对于部分税费项目的减免,使该项目的投资收益率达到投资者可接受的程度;

(2)市场准入:确定投资者的资格,设置或消除投资壁垒;

(3)价格确定与调整:对垄断行业价格的控制,以及发生重大市场变化时对价格的调整或财政补贴方法,以及监督措施;

(4)产品的质量以及安全建设的监管:特别规定基础设施项目产品的质量要求及安全标准(上述要求与投资及运营成本密切相关);

(5)环境质量及监管:基础设施项目对环境影响与该项目能否成功密切相关,同时也涉及项目投资及营运成本;

(6)政府在特许经营协议履行期间保留的权利,如政府单方变更、终止合同的权利等。

7.3.3 项目投资人合理盈利预期

律师应提示委托人,项目投资人在项目实施中是否可以获得合理盈利;如果项目投资人不能获得合理盈利,项目实施可能失败。

第 8 条　项目的立项审批

律师应提示委托人：

8.1　特许经营项目决定实施前应经过立项审查，并应注意项目依法定程序产生项目投资人后，由项目投资人设立的项目公司在申请项目核准时不得因项目发起人的原因而存在实质障碍。

8.2　项目的立项审查应由相关的政府部门参与：如规划、环保、建设、国土资源、物价、商务部门等相关政府部门。

8.3　涉及跨行政区域的项目，应会同其他区域的项目主管部门一并上报上级政府审批。

8.4　建设项目的规模以及投资方式的审批超过地方政府审批权限的，应上报有审批权限的政府部门批准立项。

第 9 条　项目组织筹备

律师应提示项目发起人：

9.1　应及时成立一个资格预审、技术和决策委员会，具体负责涉及本项目的资格预审、招投标、特许经营协议谈判和签署，以及对该项目今后的管理、监督、指导、配合等工作。

9.2　鉴于项目涉及多个政策及行政管理单位，项目发起人宜尽可能联合发改部门（项目审批）、物价部门（垄断行业的定价）、国土资源部门（项目用地及建设）、规划部门（项目选址和规划设计）、建设部门（项目建设管理）、财政部门（价格补贴）、税务部门（税收优惠）、商务部门（如涉及外商投资）、人民银行（融资管理）等相关部门的人员共同组成一个资格预审、技术和决策委员会，确保项目能顺利进行。某些项目也可能不成立资格预审、技术和决策委员会，而直接由政府相关部门以召开联席会议方式讨论决策项目有关问题。

9.3　鉴于特许经营基础设施项目实施过程的复杂性和专业性，项目发起人宜聘请相关专业服务机构为其提供相关专业服务，专业服务内容主要包括技术服务、财务服务、法律服务等。

第二节　项目发起人的主体资格

第 10 条　项目发起人、签约人的主体资格

10.1　律师应提示委托人，合格的项目发起人应：

10.1.1　为该项目所涉及的基础设施的行业主管部门；

10.1.2　已获得政府的授权，有权代表政府实施基础设施特许经营的招标、签约以及监督管理工作。

10.2　律师应特别提示委托人，通常只有政府授权的该项目行业主管部门可作为项目发起人,但实践中也出现由政府主导,大型国有企业作为项目发起人的基础设施特许经营模式,比如政府为提高火电厂脱硫工程质量和设施投运率,鼓励火电厂在政府有关部门的组织协调下,将国家出台的脱硫电价、与脱硫相关的优惠政策等形成的收益权以合同形式特许给专业脱硫公司,由专业脱硫公司承担脱硫设施的投资、建设、运行、维护及日常管理,并完成合同规定的脱硫任务。

10.3 律师应提示委托人,部分地方政府通过颁布地方行政规章的方式,明确了涉及某类行业特许经营项目的主管部门,若行业主管部门以事业单位名义出现,应审核其是否具备项目发起人资格。同时应提示委托人,明确行业的监管部门与该类行业特许经营建设的主管部门的关系及职权。

第11条 项目的合法性

核对项目立项通过的审批文件是否合法,是确认该项目招标是否合法的标志,并非地方政府的审批文件均属于其授权范围内有权实施的行政行为,律师应特别核对相关批准文件的效力。

律师应提示委托人:

11.1 纯内资的项目应根据投资规模以及用地规模查明各级政府审批权限,项目在核准前一般应获得土地、规划、环保、水土保持、文物、矿藏和军事等相应级别主管部门的批准文件。

11.2 利用外资的项目,还应就资本项目和行业准入获得外汇管理部门和外经贸主管部门的批复。

第二章
项目投资人招投标阶段法律服务

第一节 为项目发起人提供的法律服务

第12条 招标准备

12.1 在招标准备阶段,律师应审查是否具备进行项目投资人(在本章中称"投标人")招标的条件,主要审查项目本身的合法性,即项目是否已经按有关程序立项,是否已履行其他必须的审批程序(如项目的实施方案等)。如项目未经核准,应审查项目是否存在获得核准的实质性障碍。

12.2 律师应提示委托人,负责招标项目的主管部门在招标前应取得符合法定审批权限的政府的授权。

12.3 资格预审、技术和决策委员会(或政府部门联席会议)应根据经批准的项目实施方案决定以下招标主要事项:

12.3.1 招标工作计划；

12.3.2 招标方式、招标范围；

12.3.3 投标人的资格条件；

12.3.4 评标原则；

12.3.5 确定资格审查专家和评标专家；

12.3.6 其他重要事项。

第13条 招标信息发布

13.1 招标方式可分为公开招标和邀请招标。采取邀请招标方式的，律师应注意审查是否符合法定邀请招标的条件；

13.1.1 项目发起人(在本章中称"招标人")采用公开招标方式的，应发布招标公告，并应通过政府指定的报刊、信息网络或者其他媒介发布；

13.1.2 招标人采用邀请招标方式的，应向3个以上具备实施招标项目(实施方式可以是投资、建设和/或运营)能力、资信良好的特定法人或者其他组织(包括联合体)发出投标邀请书；

13.2 招标公告或投标邀请书应载明招标人名称和地址、招标项目性质、数量、实施地点和时间以及获取招标文件的办法等事项。公告期限应满足《招标投标法》规定的公告期限规定。

第14条 资格预审(如需)

14.1 一般规定

14.1.1 在潜在投标人众多的情况下通常采用资格预审的方式确定潜在合格投标人，律师应提示招标人设立资格预审委员会，专门负责和实施对投标人的资格预审；

14.1.2 律师应提示招标人制订预审程序和评审规则，并准备应提供给潜在投标人所需有关项目基本情况的文件资料。

14.2 资格预审文件

14.2.1 资格预审文件内容应包括项目名称、项目概况、投标人的资格条件、资格预审申请文件的内容和装订要求、资格评审办法、确定潜在投标人的数量等。

14.2.2 资格预审文件内容应与资格预审公告中的要求相一致。

14.3 资格预审公告

14.3.1 资格预审公告应通过政府指定的报刊、信息网络或者其他媒介发布；

14.3.2 资格预审公告中应包括项目名称、项目概况、资格预审条件和方法、确定潜在投标人的数量、获取资格预审文件的时间、地点和费用以及递交资格预审申请书的时间和地点等。

14.4 资格预审申请文件的内容要求

律师应提示委托人，资格预审文件要求潜在投标人提供的资格预审申请文件主要包括：

14.4.1 公司管理或组织机构;

14.4.2 近几年经独立会计师审计的年度会计报告及其他财务状况资料;

14.4.3 近几年的纳税资料;

14.4.4 最近几年作为特许经营项目投资人的经历、目前承担的或将要履约的特许经营项目,并对项目的性质、特点、投资规模、特许期等作简要说明;

14.4.5 融资能力及银行对投标人出具的资信证明;

14.4.6 为本项目提供的管理人员能力和未来项目公司的组织结构说明;

14.4.7 区别于其他潜在投标人的具有竞争力的资料;

14.4.8 如果以联合体为投标人,除联合体各成员独立提供各自的资料外,还需提交一份联合体协议。

14.5 资格预审申请书的评审

14.5.1 收到投标人递交的资格预审申请书后,资格预审委员会应按照资格预审文件的要求对申请书进行评审,律师可为该委员会提供法律咨询,也可应邀作为评委对申请书进行评审;

14.5.2 在资格预审过程中,招标人有权要求潜在投标人对资格预审申请书中不明确的内容进行澄清,并可对重要的内容进行核实;

14.5.3 律师应提示委托人,资格预审评审的条件主要包括:

(1) 潜在投标人的企业法人身份。是否包括外资、私营企业;是否允许多个潜在投标人组成何种类型的联合体投标;在未来项目公司中的股权比例安排等;

(2) 资质和注册资本。是否具备符合项目投资、建设和运营所需资质;是否满足相应注册资本要求;

(3) 类似项目的成功经历。潜在投标人与合作伙伴是否在近几年中成功承担或组织、运营过类似项目,且在类似项目全过程中履约情况良好,如具有较好工程质量和项目管理能力等;

(4) 财务状况与经济实力。潜在投标人是否具有良好的财务状况,是否具备承担项目所需的财务与资源的能力;

(5) 专业人才和技术力量。投标人能否派出信誉良好、经验丰富的合格管理和技术人员;项目公司能否建立符合全面履约所要求的公司管理机构和完善的质量保证体系等。

14.6 评审报告

14.6.1 资格预审结束后,资格预审委员会应撰写资格预审评审报告,资格预审评审报告应由全体评委签名;

14.6.2 律师应提示委托人,资格预审评审报告应包括:项目概况、资格预审工作情况、提交资格预审申请书的潜在投标人名单、评审的各项原始记录、潜在投标人未被资格预审合格的原因或理由以及其他相关内容、评审结果。

14.7 评审结束,律师应提示委托人:

14.7.1 如果资格预审合格的潜在投标人名单须报政府有关部门批准,应在规定时限内报批;

14.7.2 对未通过资格预审评审的潜在投标人,应将结果以书面形式告知;

14.7.3 对通过资格预审的潜在投标人,除应以书面形式通知其预审结果外,还应告知其应在规定的时限内回复招标人是否参加投标、招标文件的领取要求及投标人须知等涉及投标的要求。

第 15 条 编制招标文件

15.1 律师应提示委托人,一般特许经营项目的招标文件内容应包括:

15.1.1 投标人须知:包括项目概况、特许条件、投标文件的内容与制作要求、评标标准与办法、招标时间安排、投标保证金、开标时间与地点、履约保证金等;该部分内容应能反映招标活动的公正性,内容规范、详细、具体,以最大限度地减少招标活动中发生的争议。

15.1.2 特许经营协议及其附件,该部分是招标文件的核心内容。

15.1.3 项目技术规范要求。

15.2 律师应参与审查招标文件,审查时应关注以下方面:

15.2.1 招标范围和条件是否明确;

15.2.2 招标、投标、评标程序是否符合国家有关规定;

15.2.3 评标办法、评分标准是否合理,是否含有对部分投标人的歧视性条件;

15.2.4 废标条件是否合理、明确,是否含有排斥部分投标人的条款;

15.2.5 合同主要条款是否完整、合理;

15.2.6 发出中标通知后的缔约过失责任安排。

15.3 招标文件中应明确投标文件的内容要求,包括应附的能力证明材料。

15.3.1 投标文件包括:

(1) 投标人的资信,包括技术水平、生产能力和财务状况等;

(2) 投标人相应的经历与业绩情况;

(3) 项目总投资;

(4) 项目公司股权结构;

(5) 资金来源;

(6) 投资回收计划;

(7) 项目盈利水平;

(8) 收费和特许期;

(9) 建设进度和运营计划;

(10) 维修和养护计划等。

15.3.2 证明投标人投资能力的文件一般包括:

（1）投标人（项目公司股东间）的投资意向书；

（2）与金融机构间的融资意向书；

（3）与设计、建筑承包商间的项目设计、建设意向书；

（4）与设备供应商间的设备供应意向书；

（5）与运营商间的项目运营、维修意向书；

（6）与保险公司间的保险意向书等。

第 16 条 开标

16.1 开标会议应按招标文件规定的时间、地点进行。投标人的法定代表人或其授权代表应按时参加开标会议并签名报到。投标人未派代表参加开标会议的，视为自动放弃出席开标会议的权利，不影响开标会议的进行。

16.2 在开标前，应检查投标文件的密封性。检验完成后，对于密封完好并按规定签署的投标文件，工作人员应予以拆封，取出正本进行宣读。按招标文件规定提交有效撤回通知和未按招标文件规定密封签署的投标文件应不予拆封。

16.3 招标人或招标代理机构在开标时应宣读有效投标的投标人名称、投标报价、投标保证金以及招标人认为必要的其他内容（即"唱标"）。对于开标主要内容应作完整记载，形成开标记录，开标记录由各投标人出席开标会议的代表签字确认。

第 17 条 投标文件的评审

17.1 评标委员会由招标人的代表和有关技术、经济等方面的专家组成，成员为不少于 5 人的单数，其中技术专家（不包括招标人参与评标的专家）人数应占评标委员会总人数的 2/3 以上。

评标专家有下列情形之一的，应主动提出回避：

17.1.1 为投标人主要负责人的近亲属；

17.1.2 与投标人有利益关系，可能影响评标活动公平、公正进行；

17.1.3 曾因在招标、评标以及其他与招投标有关的活动中从事违法行为而受过行政处罚或刑事处罚；

17.1.4 法律、法规和规章规定不得担任评标委员的其他情形。

17.2 评标工作一般分为初评和详评两个阶段，经初评，实质上响应招标文件要求的投标文件将进入详评阶段。

初步评审主要检查投标文件与招标文件有无重大偏差，是否在实质上响应了招标文件的要求，以确定其是否为有效的投标文件。详细评审可采用最低投标价法或综合评估法进行，无论采用哪种评标方法，均应事先在招标文件中明确。

17.3 律师在审查投标人递交的投标文件时，应重点审查：

17.3.1 投标人是否具有对外投资的能力；

17.3.2 投标人是否处于被责令停业、财产被接管、冻结、破产状态；

17.3.3 投标人拟委派的项目公司主要负责人的资历是否满足招标公告、资格预审公告或者投标邀请书的要求；

  17.3.4 投标人是否针对项目的融资与金融机构签订融资意向书；

  17.3.5 投标文件的签署是否合法、完整；

  17.3.6 投标人的投标代表是否已取得合法授权；

  17.3.7 投标有效期和投标保证金是否满足招标文件要求；

  17.3.8 投标人对招标文件的特许经营协议是否响应及满足；

  17.3.9 其他事项。

  17.4 评标委员会可以书面方式要求投标人对投标文件中含义不明确、对同类问题表述不一致或者有明显文字和计算错误的内容作必要的澄清、说明或补正。律师应提示委托人，澄清不能改变投标文件的实质性内容，招标人不能要求投标人重新测算价格，或者提出与招标条件不一致的要求；投标人也不得要求改变投标文件的承诺，如改变注册资本金数额、改变出资股东或调整出资比例等。

  17.5 评标委员会完成评标后，应向招标人提出书面评标报告，评标报告一般包括以下内容：

  17.5.1 基本情况和数据表；

  17.5.2 评标委员会成员名单；

  17.5.3 开标记录；

  17.5.4 符合要求的投标一览表；

  17.5.5 废标情况说明（如有）；

  17.5.6 评标标准、评标方法或者评标因素一览表；

  17.5.7 经评审的价格或者评分比较一览表；

  17.5.8 经评审的投标人排序；

  17.5.9 推荐的中标候选人名单与签订合同前要处理的事宜；

  17.5.10 澄清、说明、补正事项纪要。

  17.6 评标报告由评标委员会全体成员签字。对评标结论持有异议的评标委员会成员可以书面方式阐述其不同意见和理由。评标委员会成员拒绝在评标报告上签字且不陈述其不同意见和理由的，视为同意评标结论。评标委员会应对此作出书面说明并记录在案。

第 18 条　定标和公示

  18.1 一般情况下，招标人应确定排名第一的中标候选人为中标人。律师应注意，部分基础设施项目操作中招标人应向社会公示中标结果，公示时间一般不少于 20 天。公示期满，对中标人没有异议的，经相关政府主管部门批准后，招标人应向中标人发出中标通知书，同时通知未中标人，并与中标人在中标通知书发出之日起 30 日之内签订合同。

  18.2 排名第一的中标候选人放弃中标、因不可抗力提出不能履行合同，或者招标文件规定应提交履约保证金而在规定的期限内未能提交的,招标人可以确定排名第二的中标候选人为中标人,并应履行相应的公示和批准手续。

第 19 条 合同签订

19.1 招标人应与中标人按照招标文件和中标人的投标文件订立书面合同。招标人可与中标人进行谈判,双方对拟签订的特许经营协议条款取得一致后签订特许经营协议。招标人与中标人签订合同后5个工作日内,应向中标人和未中标的投标人退还投标保证金。

19.2 律师应对双方拟签订的特许经营协议和有关文件进行审查。律师应注意,在相关协议文件中约定投资人在取得中标通知书后的一定期限内应完成项目公司的设立、提交履约保函以及前期工作的权利交接转移(若招标人或其他第三方已实施部分前期工作),对上述工作未完成导致的法律后果作出规定,以杜绝中标人出现在取得投资人资格后无能力设立项目公司,或者向招标人提出条件,拖延设立项目公司等情形。

第 20 条 批准生效

律师应注意,部分基础设施项目操作中特许经营协议须经相关政府主管部门批准后才生效。一般情况下,项目发起人应在特许经营协议签订后的一定期限(具体期限应遵照项目行政主管机关的要求)内,将协议报有审批权的上级行政主管机关批准、备案。

第 21 条 签约主体

律师应注意,在项目公司成立后,应建议项目发起人和项目公司按照项目发起人与项目投资人之间事先约定的条款重新签署特许经营协议。

第二节 为投标人提供的法律服务

第 22 条 准备资格预审申请文件

22.1 资格预审申请文件应证明潜在投标人有投资、管理项目的能力,一般情况下其内容包括公司介绍、财务状况、投融资能力、专业人才和技术力量、类似项目的投资经历以及其他证明潜在投标人竞争力的资料。

22.2 律师应提示潜在投标人,必须按照资格预审文件的要求编写资格预审申请文件,按要求进行包装并在规定的时间内送达至指定地点。

22.3 对通过资格预审的潜在投标人,律师应向其提示:如果决定参加投标,则应按照招标人的要求进行书面回复。

第 23 条 制作投标文件

23.1 投标人领取招标文件后应仔细研读,发现招标文件有错误、模糊、矛盾或资料不全时,应在投标截止时间(或招标文件约定的时间)前以书面形式要求招标人进行解答或澄清。

23.2 投标人应按照招标文件的要求编制投标文件,投标文件应该实质上响应招标文件的要求,并提供真实、充分、完整的资料证明投标人的资信与能力。

投标文件一般包括投标人的资信情况证明、财务状况、生产技术水平、投资管理能力、项目的投资融资方案、建设进度和运营计划、项目投资回收和盈利水平测算等。

23.3 律师应提示投标人,对于招标文件的实质性要求必须响应,否则投标文件会因不符合要求而被拒绝。此类实质性要求一般包括:

23.3.1 注册资本金的数额及出资时间;

23.3.2 投资的建设规模及标准要求;

23.3.3 建设期及运营期的期限及要求;

23.3.4 项目相关的建设保函、运营与维护保函、移交保函的期限及要求;

23.3.5 项目保险的期限及要求。

第24条 投标文件的签署与递交

24.1 投标文件分为正本和副本,具体份数以招标文件规定为准。投标文件正本应有法定代表人或其授权代表(应附授权委托书)签字并加盖单位公章,且需每页小签。

24.2 投标文件应采用纸面形式。如果招标人要求投标人同时提供电子版投标文件,投标人应同时提供。

24.3 投标文件必须密封并在投标截止时间前送达招标人指定的投标地点。

第25条 投标文件的修改与撤回

在提交投标文件后投标截止时间之前,投标人可对其投标文件进行修改或撤销,投标人须在投标截止时间之前将修改或撤销投标文件的书面通知密封送达招标人。该通知须有投标人法定代表人或其授权代表签字。

投标人不得在投标截止之日起至规定的投标文件有效期满前修改或撤销投标文件,否则招标人可按规定没收其投标保证金。

第26条 评标期间的澄清及补正

在评标期间,投标人应注意随时答复评标委员会的澄清,投标人应按照评标委员会通知的时间、方式、要求等回复澄清。回复澄清时投标人可对要求澄清的有关问题进一步说明或补正,但不得对投标文件作实质性变更。

第27条 中标后的合同谈判

合同谈判的目的在于根据招标文件所附特许经营协议主要合同条款,双方进一步完善修改合同条款。合同谈判的内容不能更改招标文件和投标文件的实质性内容,但可以对某些事项进行补充或者细化约定。律师应特别注意以下问题:

27.1 法律变更的定义中应包括导致项目投资人投融资、运营、移交成本增加的法律、法规、部门规章及相关行业强制性规定的补偿,如贷款利率提高、运营标准提高等;

27.2 将政策变更导致的项目终止排除适用于项目发起人的不可抗力情形;

27.3 明确项目发起人向项目投资人移交的项目土地状态的移交界面;

27.4 项目发起人已建或在建配套工程设施的现状及其查验,或者拟建配套工程设施的投资及建设进度安排;

27.5 建设期或运营期内项目提前终止涉及的移交补偿;

27.6 项目发起人延迟支付合同约定的费用涉及的滞纳金约定;

27.7 其他表述不准确、不全面的合同条款的修改。

第三章
特许经营协议内容审查法律服务

第一节 特许经营权

第 28 条 签订特许经营权协议的目的

律师应提示委托人,在协议中明确签约所要实现的具体目的。

第 29 条 政府授予特许经营权依据

律师应提示委托人,在协议中明确政府授予特许经营权的依据,即对应的法律、行政法规、规章的授权或者地方性法规的单独立法。

第 30 条 主体审查

30.1 政府有关主管部门派出机构、内设机构作为特许经营协议政府方签约主体的情况。在此情况下,律师应注意审查该内设机构、派出机构授予特许经营权的行为是否有法律、行政法规、规章的授权,只有在有明确法律授权或其持有政府主管部门的授权委托书面文件的情况下才可被接受。

30.2 政府下属企业、公用企事业单位授予特许经营权的情况与上同,律师在协议审查中应注意其是否有法律、行政法规、规章的授权依据,或其是否持有政府主管部门的授权委托书面文件。

第二节 履约担保

第 31 条 保证期限

特许经营协议的履行阶段包括建设、运营、移交等,其中不确定因素最多、风险最大的阶段是建设期,律师应注意,项目发起人往往要求项目投资人针对特许经营协议的建设期提供履约保函,保证期限涵盖项目的建设期或延至试运营期。

第 32 条 保证人

32.1 项目投资人向项目发起人提供的履约保函的保证人一般是项目投资人委托的银行机构或项目发起人认可的公司或者组织。

32.2 如有数个保证人针对特许经营协议建设期内项目公司的义务同时提供担保的,应审查保证人是否约定了保证份额。如未约定保证份额的,则视为保证人承担连带责任。

第 33 条 保证担保方式

保证担保方式可分为:见索即付保函担保(独立担保)和传统的保证担保。按照保证人承担保证责任的方式,传统的保证担保又分为"一般保证"和"连带保证"。

律师应注意,我国司法实践对于在"对外担保"中承认独立担保的效力,但在"对内担保"中对独立担保尚无明确规定。但见索即付保函因具有方便、高效、降低保函索赔成本等特点,而更易于被项目发起人接受。

第 34 条 保函内容

律师在审查履约保函时,应注意根据保证担保方式的不同,保函可以分为两类。

34.1 传统的保函和见索即付保函。传统的保函应包括以下条款:

34.1.1 保证的范围及保证金额;

34.1.2 保证的方式及保证期间;

34.1.3 承担保证责任的形式;

34.1.4 代偿的安排;

34.1.5 保证责任的解除;

34.1.6 免责条款;

34.1.7 争议的解决;

34.1.8 保函的生效。

律师应注意,若采用连带保证责任方式的保函,应在代偿的安排中明确约定,保证人要求项目发起人提供的有关文件,该文件应能足以证明被保证人违约,以免保证人因缺乏足够依据而无法判断被保证人是否违约,从而无法确定其是否应承担保证责任。律师应注意,保证人承担连带保证责任的,在法律上其拥有被保证人所有的抗辩权,但保证人在保函中明确放弃某种抗辩权的除外。

34.2 见索即付保函应包括以下条款:

34.2.1 保证金额;

34.2.2 担保基础合同项下主债务义务和责任;

34.2.3 见索即付条款;

34.2.4 保证期限。

第三节 融 资

第35条 融资

律师应重点审查项目融资完成的条件是否得到满足,具体包括:融资文件的正式生效、公司获得融资资金的所有先决条件是否得到满足、贷款人是否据此发放贷款等。律师应参照本节以下列出的项目融资文件,核查融资完成的条件是否满足。

第36条 融资文件

在特许经营权协议签订时或签订后,律师应检查项目融资文件,并检查贷款人发放贷款的条件是否已满足。融资文件应包括以下部分:

36.1 基本贷款协议;

36.2 担保文件;

36.3 采用银团贷款的贷款人间协议(如有);

36.4 贷款人与借款人签署的其他融资文件。

第37条 基本贷款协议

律师应审核基本贷款协议的完备性,一般包括以下条款:

37.1 融资金额和目的;

37.2 利率和还本付息计划;

37.3 付给安排行、代理行和贷款人的佣金和费用(如有);

37.4 贷款前提条件——政府对项目的批准(核准)文件(包括地方政府支持函)、董事会决议、项目合同、可行性研究报告、项目投资人财务报表和法律意见书;

37.5 对借款人的账户监管措施;

37.6 陈述和保证——关于借款人的合法存续情况和还款能力,有关文件的授权签署,所有项目文件的真实性、准确性;

37.7 借款人实施项目的责任——遵守法律、法规和国家标准的规定,按照项目核准(批准)文件要求进行建设和运营;

37.8 限制性条款——借款用途限制,对项目投资人变更的限制,对分红和资产处理的限制;

37.9 违约事件:监督、检查违约行为的权力;对项目的接管;加速还款;实现担保权;

37.10 贷款人的项目核查权力:项目里程碑进度,试运行,竣工验收或拒收;

37.11 借款人的信息披露义务:按阶段提交项目投资及实施情况报告;

37.12 贷款人对保险合同履行情况的监管。

第38条 担保文件

项目融资中的贷款人有时需要项目公司针对其贷款提供担保,并将其作为发放贷款的先决条件,律师应针对以下担保文件进行审核:

38.1 对土地、建筑物和其他固定资产设定抵押;

38.2 对动产、应收账款(包括项目收费权)及账户权益设定质押;

38.3 项目文件规定的权益的转让,如建设合同、承包商和供货商的履约保函、项目保险、被许可的权益;

38.4 销售合同、照付不议合同、使用和收费合同;

38.5 采购合同的转让,包括能源、设备和原材料的采购合同;

38.6 项目投资人拥有的项目公司股权的质押;

38.7 有关担保的通知、同意、承认、背书、存档和登记。

第四节 土地使用权

第39条 项目土地使用权取得

39.1 项目发起人应以合法方式向项目投资人提供项目用地的土地使用权,确保项目公司在特许经营期内为项目用地的权利人并独占性地使用土地。

39.2 项目土地使用权的来源分为出让和划拨两种方式。律师应提示委托人,城市基础设施用地、公益事业用地、国家重点扶持的能源、交通、水利等基础设施用地,目前多以划拨方式取得,但根据《国务院关于深化改革严格土地管理的决定》(国发[2004]28号)的规定,经营性基础设施用地正逐步实行有偿使用。

39.3 如果项目发起人以出让方式向项目投资人提供土地使用权的,律师应提示委托人应采用招标、拍卖或挂牌的方式取得项目土地使用权。

第40条 项目土地用途

律师应提示委托人,对于以划拨方式取得的土地使用权只能用于项目建设和运营,而不能从事其他与项目无关的任何经营性活动,否则将面临被收回该部分土地的划拨使用权的法律风险;对于以出让方式取得的土地使用权,应明确如无政府事先书面同意,亦不得变更该土地用途,该土地使用权的转让、出租和抵押亦应依法进行。

第41条 项目土地使用权抵押

41.1 如项目用地系以划拨方式取得,以项目用地进行抵押融资牵涉划拨用地抵押问题,律师应提示项目投资人,划拨用地使用权一般不得用于抵押。

41.2 如政府允许以划拨土地使用权进行抵押时,律师应提示项目投资人,在进行划拨土地使用权抵押登记前,应评估土地价值,抵押权人行使抵押权时应补缴土地出让金。

第五节 项目建设

第42条 招标方式

协议中应规定项目公司按照法律、法规规定以招标方式采购设计、施工、监理、设备和服务等。

第43条 技术标准

协议中应明确项目工程建设所需满足的技术标准和规范,并约定技术变更程序和未满足标准时的补救和惩罚措施。

第44条 工期

协议中应明确重大里程碑计划和项目完工日期,并约定何种情形下可以延长工期以及工期延误时的补救和惩罚措施。

第45条 质量

协议中应明确项目所应满足的质量标准,并要求项目公司建立完善的质量管控体系,落实项目质量责任人。

第46条 安全和文明施工

协议中应明确工程建设过程的安全和文明施工管理制度,并落实项目安全责任人。

第47条 项目建设具体法律服务的操作指引参见中华全国律师协会制定的《律师办理建设工程法律业务操作指引》。

第六节 项目设施运营与维护

第48条 运营维护主体

对项目的具体运营与维护主体可以是:

48.1 项目公司本身;

48.2 项目公司的股东(即项目投资人);

48.3 在项目公司及其股东没有运营与维护经验或没有能力的情况下,运营与维护工作也可通过签订运营维护合同分包给独立的运营维护商。此时,律师应注意明确运营维护商的资质要求。

第 49 条 运营维护商提供服务的范围和责任

49.1 运营维护商提供项目服务的范围

律师应注意审查如下内容:

49.1.1 项目发起人为运营维护商指定的提供运营服务的区域范围;

49.1.2 在特许经营期内,项目设施的运营维护商是否应只对项目发起人或其指定范围的用户提供服务;

49.1.3 在紧急情况下,为满足公众利益之需求,是否要求运营维护商提供应急服务或履行其他社会公益性义务等。

49.2 运营维护义务

律师应注意审查如下内容:

49.2.1 运营期内费用(包括税费)和风险的分担;

49.2.2 运营项目设施应达到的技术标准、环境标准、安全标准和产品(如有)标准等是否明确;

49.2.3 运营期内,项目发起人的监督检查措施是否落实。

49.3 项目公司与用户间关系的处理

律师应注意在项目特许经营协议中,明确用户就项目设施服务提出投诉的受理方和处理程序。

第 50 条 项目发起人监督

50.1 律师应注意在项目特许经营协议中,明确项目发起人对于项目设施运营和维护工作进行管理、检查和监督的权限、程序、措施和惩处手段。

50.2 项目特许经营协议中应明确是否允许项目发起人及其代表在不影响正常作业情况下进入项目设施以监察设施的运营和维护的权利和条件。

50.3 律师可以提示,特许经营协议可设定主动提交定期报告(包括但不限于运营报告、财务报告、环境监测报告等)的制度,以对应于接受项目发起人监督的被动方式。

第 51 条 项目公司的权利

51.1 项目公司有权按照法律、法规的规定要求项目发起人协助向政府申请税收优惠。

51.2 项目公司有权要求项目发起人按照规定对其提供公共服务进行补贴。

51.3 项目公司承担政府公益性指令任务造成经济损失的,政府应承担相应的补偿责任。

51.4 在重要的法律变更的情况下,项目公司可向项目发起人要求获得合理补偿。

51.5 项目公司有权要求项目发起人根据协议约定的界面建设和维护运营特许经营项目所需的配套基础设施。

51.6 在特许经营期内,项目公司有权要求项目发起人在项目所在的同一地区内不再批准新建同类项目与其竞争。

51.7 项目发起人对项目公司的经营计划实施情况、产品和服务的质量以及安全生产情况进行监督时,其监督检查工作不得妨碍项目公司的正常生产经营活动。

第七节 项目发起人购买服务

本节适用于由项目发起人购买服务的情形。

第 52 条 项目发起人购买服务的费用

52.1 特许经营协议中应对项目发起人购买服务的费用详细约定,包括不同情形下购买的费用标准。

52.2 项目投资人可以根据能源、原材料、人员工资的变动以及政策、法规的变更影响等因素,要求调整项目发起人购买服务的费用标准。

52.3 费用标准的调整方式应明确约定在特许经营协议中,可以在费用标准调整前要求项目投资人提供调整的计算依据,如劳动力的工资、原料费、电价、物价指数等的变化及相应的增加,作为项目发起人应履行必要的审核、审批程序并及时给予答复。

52.4 在特许经营协议中应明确费用标准调整的实施程序,如在某个影响价格的指标变动后多少日内提出调价申请。

52.5 在特许经营协议中应明确费用的支付方式、支付条件(含满足支付条件的证明文件)。

52.6 如项目投资人为外商,律师应提示项目投资人,注意因汇率变化可能引起的兑换损失和收益,并在特许经营协议中明确由哪一方承担汇率风险。

第 53 条 项目发起人购买服务的保证

53.1 如果项目投资人将其服务出售给项目发起人或政府所属的公用事业单位,项目发起人应促使该公用事业单位与项目投资人签订长期的购买服务协议。该协议及特许经营协议中应约定公用事业单位购买服务的数量、质量和价格等,如果公用事业单位未能按原定数量、质量或价格购买服务,项目发起人应给予项目投资人相应的补偿。

53.2 如果项目投资人直接将其服务出售给社会公众或企业时,应以项目设计的消费量或需求量为标准,如果公众或企业对所提供服务的需要低于项目设计的最低限度时,项目发起人应给予相应的补偿,如高速公路项目和污水处理项目。

第 54 条 违约责任

54.1 律师应提示项目投资人,如果项目发起人或承诺购买服务的公共事业单位未能按约定购买服务,或者项目发起人在公众或企业对所提供服务的需要量低于项目设计的最低限度时并且未能按约提供补偿,项目发起人应承担违约责任。

54.2 律师应提示项目发起人,如果项目投资人提供的服务不符合特许经营协议约定的标准,可以要求项目投资人向项目发起人支付违约金。

第八节 项目设施移交

第 55 条 项目设施移交的情形

项目设施的移交通常在以下几种情形下发生:

55.1 不可抗力导致提前终止合同;

55.2 项目发起人依据特许经营协议提前终止合同;

55.3 项目投资人依据特许经营协议提前终止合同;

55.4 特许经营协议期满。

本节仅述及特许经营协议期满时的移交,特许经营协议提前终止时的移交可参照本节内容。

第 56 条 移交委员会

律师应注意在协议中约定,项目设施移交时"移交委员会"的设置安排。"移交委员会"应该有项目投资人代表和项目接受人(发起人)代表共同组成(建议附有详细的移交代表名单)。

第 57 条 移交范围

57.1 律师应提示委托人在协议中约定,项目设施的移交范围既应该包括土地使用权、厂房、设备设施、备品备件和原材料等"硬件",还应该包括知识产权、技术诀窍、合同、资料、图纸、档案等"软件";并应明确移交范围内各硬件和软件的具体数目和移交时间、进度安排等。

57.2 律师应特别提示项目发起人在协议中约定,在项目设施移交时,项目投资人有义务解除和清偿任何种类和性质的债务、留置权、动产抵押或质押、不动产抵押等担保物权。

57.3 律师应提示委托人在协议中约定,在移交上述资料、档案时,应特别注意移交设计图纸、运营手册、运营记录以及与项目运营紧密相关的其他技术资料,以使项目接受人尽快接手项目设施的运营。

第 58 条 项目公司员工的转聘和项目接受人的员工培训

律师应注意在协议中明确,在项目移交时如何留任项目接受人所需的项目公司原有员工,以及如何安排项目公司或者其指定的运营维护商为其培养合格的运营维护人员。

第 59 条 移交验收(标准、程序、证书)

59.1 律师应提示委托人(尤其是项目接受人),应约定:在移交日之前的一定期限内,项目投资人有义务根据运行规程和设备维护规程,对项目设施进行一次恢复性大修和性能测试。

59.2 律师应提示委托人在协议中约定,对于项目设施的移交,应办理移交验收。

59.3 律师应提示委托人在协议中约定,对于移交过程中发现的瑕疵等问题,项目投资人应进行限时整改或补救。

59.4 律师应提示委托人(尤其是项目投资人)在协议中约定,移交验收办理完毕,项目接受人有义务为项目投资人出具《移交验收证书》,以证明项目接受人对接收的项目设施已经验收并交接完毕。

第 60 条 备品备件

律师应提示委托人(尤其是项目接受人)在协议中约定,项目投资人应向项目接受人提供自移交日后一定期间项目正常运营所需要的备品备件,并提供该等备品备件的供应商清单。

第 61 条 保证期(移交后的质量保证义务)

61.1 律师应提示委托人(尤其是项目接受人)在协议中约定,在项目移交后的合理期间内,项目投资人对项目设施应承担质量保修责任,一旦出现缺陷或损坏(不可抗力、项目发起人责任和第三人责任除外),项目投资人应免费进行维修。

61.2 对于上述质量保修责任,律师应提示委托人(尤其是项目接受人)在协议中约定,项目投资人应开具维护保函。

第 62 条 承包商保证的转让

律师应提示委托人在协议中约定,在项目设施移交时,项目投资人(项目公司)应将所有承包商和供应商尚未期满的担保(包括保证)和所有保险单转让给项目接受人。

第 63 条 移交效力

律师应提示委托人在协议中约定,自移交日起,除质量保修义务外,项目投资人在特许经营协议项下的权利和义务即告终止,项目接受人应接管项目设施的运营,以及因特许经营协议而产生的于特许经营协议终止后仍有效的任何其他权利和义务。

第 64 条 维护保函的解除

律师应提示委托人在协议中约定,在质量保修期到期后的合理期限内,项目接受人应解除所有届时尚未兑取的维护保函余额。

第 65 条　风险转移

律师应提示委托人注意在协议中约定,项目投资人应承担移交日前项目的全部或部分损失或损坏的风险,而从移交日起,项目的风险应由项目接受人承担。

第 66 条　部分合同权利义务转让

律师应提示委托人在协议中约定,项目设施移交后,部分尚未履行完毕的合同(如设备、备品备件的采购合同、维护合同等)之权利义务,应由项目接受人继续履行;除非项目接受人要求项目投资人取消其签订的、于移交日后仍有效地运营维护合同、设备采购合同、供货合同和所有其他合同,并要求项目投资人承担为此所发生的费用。

律师应提示作为委托人的项目投资人,项目投资人(项目公司)应保障其为项目建设和运营所获得的各项技术、授权、许可或其他知识产权等在项目移交时不存在转让障碍。

第九节　特许经营协议终止、变更和转让

第 67 条　终止

特许经营协议的终止主要包括以下情形:特许经营协议因期限届满而终止,因不可抗力事实的发生而提前终止,项目投资人依据特许经营协议约定而提前终止,以及项目发起人依据特许经营协议约定、政策法律变化以及公共利益的需要等原因而提前终止。本条仅讨论特许经营协议提前终止情形,特许经营协议因期限届满而正常终止的情形可参照本条适用。

67.1　项目发起人的终止

基于项目发起人原因的终止包括下列情形:

67.1.1　基于公共秩序维护和公共利益保障的需要;

67.1.2　发生不可抗力事实;

67.1.3　特许经营协议约定的项目投资人违约情形;

67.1.4　政策变化提前终止特许经营协议。

项目发起人有权根据上述情况对项目实施临时接管,以保证项目进行或运营的稳定性、连续性。

律师应提示项目发起人:上述事实的发生,应构成对特许经营协议的继续正常履行不能、重大或实质性违反协议,或者公共利益保护的必要,终止特许经营协议应遵循法律规定或协议约定,避免因违法终止特许经营协议而给项目投资人造成不必要的损失。

律师应提示项目投资人,其应在后续的重大建筑施工合同(特别是 EPC 总承包合

同,如有)中设置"业主方便终止"条款,以应对项目发起人基于上述原因可能提出的特许经营协议提前终止的情形。

67.2 项目投资人的终止

一般情况下,项目投资人只有当发生以下情形时,才能提前终止特许经营协议:

67.2.1 不可抗力事实致使特许经营协议无法正常继续履行;

67.2.2 项目发起人不履行特许经营协议约定的主要义务且该不履行不可纠正或虽可纠正但在合理期间内未予纠正时,方可提前通知项目发起人终止特许经营协议。

67.3 终止意向通知和终止通知

67.3.1 律师应提示委托人,当出现协议约定的提前终止情形、不可抗力事实以及其他可能导致特许经营协议提前终止的情形时,应:

(1)及时向对方当事人发出终止意向书,并在终止意向书中详细阐明拟终止特许经营权协议的具体事由以及合理的协商期;

(2)同时书面通知相关当事人(如贷款人、保险商和运营维护商等)。

67.3.2 律师应提示委托人:

(1)当终止意向书约定的协商期满,双方未另行协商达成一致或终止意向书所述事实未得到补救时,方可向对方发出终止通知;

(2)终止通知一经发出,特许经营协议即行终止。

此外,律师还应提示委托人明确项目移交日期,并将终止通知送达特许经营关系中的相关当事人,以避免造成相关当事人的不必要损失。

67.4 终止的一般后果

特许经营协议提前终止后,特许经营协议项下的权利义务即告终止,项目投资人在项目下的相关权益应转归项目发起人所有。律师应提示作为委托人的项目投资人,在依据项目发起人规定或协议及其他协议的约定移交项目前,应继续履行其职责,维持项目的正常运营;同时,律师应提示委托人,特许经营协议的终止,不影响特许经营协议中争议解决条款以及其他在协议终止后仍然有效的条款的效力。

67.5 终止后的补偿

特许经营协议终止后,项目发起人收回项目设施并给予项目投资人一定的补偿,具体补偿数额依特许经营协议约定,并视不同的终止原因加以确定。

67.5.1 当特许经营协议因不可抗力事实发生而终止时,律师应提示项目发起人,应从给予项目投资人的相应补偿金额中,扣除项目投资人因不可抗力事实而获得的保险赔款,以及因项目投资人投保不足而导致的获赔差额部分(如有)。

67.5.2 当特许经营协议因政策、法律变化或公共利益维护需要而提前终止时,律师应提示项目投资人,项目发起人给予项目投资人的补偿中应包括项目投资人资金投入的未回收部分(即合理预期收益),以及项目投资人随同项目设施向项目发起人移交的项目设施运营维护所需动产的合理评估值。

67.5.3 当特许经营协议因项目发起人原因而提前终止时,律师应提示项目发起人,给予项目投资人以充分的补偿,同时应考虑因项目发起人违约给项目投资人带来的再投资风险。

67.5.4 当特许经营协议因项目投资人原因而提前终止时,律师应提示项目发起人,可依据特许经营协议要求项目投资人承担相应的违约责任。

67.6 终止后的移交

特许经营协议提前终止情形下,双方应区分项目发起人或项目投资人违约、项目发起人行为,以及不可抗力等不同情况协商解决项目的移交问题。

项目的移交包括项目设施所有权及相关权益的移交,还包括无形权益和技术(包括资料)、相关债权债务(如终止日前有效签署并于移交日前正常履行的设备采购、维护协议等)等的移交。

律师应提示项目发起人,特许经营协议终止后、移交之前应对项目投资人进行检查监督,确保项目上不存在任何应由项目投资人承担的债务、抵押、质押、留置和其他担保物权,以及项目建设、运营和维护的所产生的、由项目投资人引起的任何性质的请求权。

第68条 项目发起人变更

68.1 律师应明确提示项目投资人,除特许经营协议已明确规定外,项目发起人在转让其在本协议项下的全部或任何部分权利或义务时,应经项目投资人的事先书面同意。

68.2 在一定情况下,如项目发起人因政府组织机构调整等原因需要变更时,律师应明确提示委托人(尤其是项目投资人),应对调整后的项目发起人或其他单位在财务能力、承担责任的能力等方面作资格要求,或者要求项目发起人提供其他担保,以更好地保护项目投资人利益。

第69条 项目投资人权利义务转让

69.1 律师应明确提示委托人(尤其是项目发起人),项目投资人要转让其在本协议项下的权利或义务的,须经项目发起人的事先书面同意。

69.2 律师应提示委托人(尤其是项目发起人),未经项目发起人书面同意,项目投资人不得转让其用于项目的土地使用权、项目设施或任何其他重要财产。

69.3 出于项目建设融资的需要,律师应提示委托人,项目投资人在经项目发起人事先书面同意后,方可在土地使用权、项目设施上为贷款人的利益设定抵押。

为保证项目的顺利运营,律师应特别提示,抵押时不能分割抵押或部分抵押,并且抵押权人在行使抵押权时,不能移动、拆除、关闭项目设施或其任何部分,也不能影响项目的正常运营。

69.4 律师还应特别提示项目发起人,在项目公司偿还建设期贷款后,项目投资人不得将土地使用权、项目设施或其他重要资产用于抵押或担保,以保证项目的运营安全。

69.5 律师应明确提示委托人(尤其是项目发起人),在一定期限内,未经项目发起人的事先书面同意,项目投资人不能转让项目公司的股权,以保证项目的正常运营。

69.6 项目公司的股权发生转让时,为保护委托人(尤其是项目发起人)的利益,律师应提示委托人,受让股东财务状况应相当或优于项目公司股东在生效日期时的状况,并要求受让股东出具书面声明,表明其已完全理解特许经营协议全部条款规定的内容,且转让后的控股股东应具备运营类似项目的经验。

第四章
特许经营项目投资建设阶段法律服务

第一节 为项目公司提供的法律服务

第70条 项目公司的设立

采用新设项目公司模式进行项目建设运营时,项目投资人在签署特许经营协议后,首先应成立项目公司,以作为特许经营协议的实际履行主体。国家对不同类型项目的注册资本占总投资的比例有所规定,项目公司的注册资本应满足此类要求。

第71条 建设工程招标

71.1 此处的建设工程招标主要是指项目公司为完成特许经营项目的设计、土建、安装等建设工程而进行的招投标活动。

71.2 律师应提示项目公司,必须按照国家及地方有关招标投标的管理规定,采用公开或邀请招标的方式选择设计、土建、安装等单位。

71.3 律师应提示项目公司,如在特许权项目投标阶段,在相关的投标文件中已经明确有关设计、施工单位的,在建设阶段可不再进行招标,但需事先取得项目发起人的同意。

第72条 设备及服务采购招标

72.1 采购方式包括直接采购、询价采购和招标采购等;

72.2 直接采购、询价采购比较简单,一般适用于采购数量较少、采购金额较低以及比较次要的采购项目;

72.3 招标采购一般适用于采购量大、采购金额较高或法律、法规规定必须招标采购的采购项目,具体可参见《招标投标法》及《工程建设项目招标范围和规模标准规定》(国家计委第3号令);

72.4 如果在特许经营项目中使用了世行、亚行等国际金融组织的贷款,项目公司在采购时还应遵循相关国际金融组织的采购规则。

第 73 条　项目公司的建设责任

73.1 项目公司必须严格按照特许经营协议中确定的工程建设规模、技术标准组织施工,确保工程建设质量符合国家和地方的技术标准和规范;

73.2 项目公司应采取必要的措施,保证按照特许经营协议规定的施工进度计划和完工日期完成特许经营项目的建设;

73.3 项目公司应按照经项目发起人批准的项目初步设计完成施工设计并进行施工。项目投资人更改初步设计的,应经项目发起人同意;

73.4 项目公司应全面负责工程建设过程的安全和文明施工管理,避免发生安全生产事故。

第 74 条　工程竣工验收

74.1 项目公司在收到建设工程竣工报告后,应组织施工单位、设计单位、工程监理单位、政府质量监督部门、项目发起人等进行竣工验收;

74.2 建设工程经验收合格后,方可交付使用。

第二节　为项目发起人提供的法律服务

第 75 条　项目发起人对项目公司的监督

项目发起人可根据特许经营协议的规定对项目公司进行监督,这些监督措施一般包括:

75.1 要求项目公司必须设立在特许经营项目所在地;

75.2 项目投资人应在项目公司占全部股份或至少处于控股地位;

75.3 未经项目发起人同意,项目公司不得进行股东变更;

75.4 未经项目发起人同意,项目公司不得擅自处分自身资产,包括但不限于抵押、质押、转让、出租、出借等;

75.5 未经项目发起人同意,项目公司不得提前终止经营期限等。

第 76 条　招标监督

项目发起人的招标监督主要表现为参与招标工作,审核相关招标文件,检查项目投资人所招标的投标人及其提供的设备、服务等是否满足特许经营协议的要求,包括资质等级、资信能力和品牌等。

第 77 条　工程建设监督

项目发起人对工程建设的监督一般包括:

77.1 参与工程各阶段设计文件的审查;

77.2 参与工程重大施工技术方案的会审；

77.3 参与单位工程及项目的交、竣工验收；

77.4 参与工程安全、质量事故的调查、处理和监督整改；

77.5 审定重大设计变更；

77.6 监督工程建设的安全与质量，检查施工现场及相关技术资料的规范性；

77.7 监督工程建设进度，审定重大进度计划的调整；

77.8 要求项目投资人和项目公司提供项目安全和环境保护管理体系，并明确所有项目参与方的安全和环境保护责任人；

77.9 监督对本工程建设有重大影响的其他事项。

第 78 条 完工验收

78.1 完工验收是指项目发起人按照特许经营协议的要求，对已完成竣工验收的特许经营项目进行的验收。验收合格的，项目发起人向项目公司颁发完工证书。律师应提示项目发起人在颁发完工证书前，就存在的瑕疵、必要的补救以及性能指标考核、罚款等形成书面文件。

78.2 一般情况下，完工证书的颁发，标志着项目建设期结束，项目正式进入商业运营期。

第五章
特许经营项目运营阶段法律服务

第一节 为项目公司提供的法律服务

第 79 条 项目公司的一般职责

79.1 按照特许经营协议的约定提供相应服务；

79.2 对特许经营项目设施、设备负有维护、维修义务；

79.3 遵守法律、法规、行业标准。

第 80 条 运营管理方式

80.1 项目公司自行负责运营管理；

80.2 项目公司的股东负责运营管理；

80.3 项目公司委托专业运营公司代为运营管理。如果运营公司没有履行运营义务，导致项目公司在特许经营协议项下违约的，由项目公司承担违约责任。运营公司仅依据委托运营合同向项目公司承担违约责任。

应委托人要求，律师可根据特许经营协议和项目公司的实际情况，就运营管理方式提出合法、合理的建议。

第二节　为项目发起人提供的法律服务

第 81 条　日常运营监督

81.1　项目发起人的监督体现在两方面：一是项目发起人作为行业主管部门依据职权对项目公司的监督；二是项目发起人作为特许经营协议的一方依据协议对项目公司的监督。

81.2　作为特许经营协议的一方依据协议对项目公司的监督主要表现在以下几方面：

81.2.1　项目发起人对于产品计量的监督；

81.2.2　项目发起人对于维护、大修计划的监督，包括但不限于要求项目公司提供一定金额的维护保函；

81.2.3　项目发起人对于项目公司暂停、紧急停止提供服务的监督；

81.2.4　项目发起人对于项目公司的经营计划实施情况、产品和服务的质量以及安全生产情况进行监督；

81.2.5　项目发起人对于项目公司违反运营职责行为的违约规定。

81.3　项目发起人还应履行以下职责：

81.3.1　协助相关部门核算和监控企业成本，提出价格调整意见；

81.3.2　受理公众对获得特许经营权的企业的投诉；

81.3.3　向政府提交年度特许经营监督检查报告；

81.3.4　在危及或者可能危及公共利益、公共安全等紧急情况下，临时接管特许经营项目；

81.3.5　协议约定的其他责任。

第 82 条　运营管理方式

82.1　律师应提示项目发起人，运营管理方式应事先在特许经营协议中明确约定。

82.2　如果项目公司委托专业营运公司营运管理，则应经项目发起人事先书面同意，并将委托运营管理合同报项目发起人批准或备案；同时，项目发起人应对专业运营公司的资质、规模、技术能力等各方面进行审查。

第 83 条　中期评估

在部分特许经营项目操作中，律师应提示项目发起人，在项目运营的过程中，应组织专家对项目运营情况进行中期评估。评估周期一般不得低于 2 年，特殊情况下可以实施年度评估。

第 84 条　临时接管应急预案

律师应提示项目发起人,依法建立特许经营项目在紧急情况下的临时接管应急预案。

第 85 条　公众参与

项目发起人应建立公众参与接待机制,接受公众对特许经营项目运营的建议和意见。

第六章
项目移交阶段法律服务

第一节　项目移交委员会

第 86 条　项目移交委员会的组建

律师应依照特许经营协议的约定,或者根据执业经验向委托人建议在项目移交开始前的适当时间,由各方组建项目移交委员会或者类似联合工作机构。

第 87 条　项目移交委员会的职责

87.1　项目移交委员会的职责一般包括:

87.1.1　确定最后恢复性大修的程序、方法和具体要求;

87.1.2　确定性能测试的程序、方法和具体要求;

87.1.3　确定设施移交的程序、方法和具体要求;

87.1.4　确定设施、设备、物品、文件、技术、知识产权、人员移交的详细清单;

87.1.5　参加项目移交的全部过程;

87.1.6　有关当事人约定的赋予项目移交委员会的其他职责。

87.2　律师可以对项目移交委员会履行职责的程序、方法提供意见和建议。

第二节　项目移交条件审查

第 88 条　项目移交的一般前提条件

律师应整理并核对特许经营协议规定的项目移交各项前提条件,提示委托人根据特许经营协议核对项目移交的前提条件是否具备。项目移交的前提条件一般包括:

88.1　项目设施的最后恢复性大修已经完成;

88.2　项目设施的性能测试已经完成并符合规定的测试标准;

88.3 项目主要设施的已使用年限不高于事先约定的年限；

88.4 备品备件和其他易损易耗物品的储备数量、质量满足届时的相关技术规范要求和事先约定；

88.5 所有建筑物、构筑物无结构损坏和可能影响项目后续正常运行的其他缺陷；

88.6 所有项目设施、设备满足安全生产要求，所有设备工况良好，满足性能和工艺要求；

88.7 项目投资人或者项目公司(移交人)已经向项目接受人提交了缺陷责任期维护保函；

88.8 项目接受人的相关人员已经移交人培训合格，能够胜任项目移交后的项目设施运营和维护工作；

88.9 当事人各方约定的其他前置性条件已经满足。

第89条 项目移交条件未全部满足时的变通方案审查

89.1 律师应查明项目移交条件不能全部满足的原因，是否属于违约或者由于不可抗力等因素造成，并根据原因确定能否追究责任方的责任。

89.2 在项目移交条件不能全部满足的情形下，对于当事人提出的变通方案，律师应至少从以下方面协助委托人审查其可行性：

89.2.1 变通方案的实施应能确保项目设施在移交日后至保证期届满的期间不间断地、安全地满足性能和工艺要求正常运营；

89.2.2 在满足前述第89.2.1款的前提下，变通方案的实施是否将导致移交日后项目设施运营成本或者其他财务风险的增加；

89.2.3 在满足前述第89.2.1款的前提下，变通方案的实施是否将导致移交日后项目设施运营技术风险的增加；

89.2.4 在满足前述第89.2.1款的前提下，变通方案的实施是否将导致项目运营的民事法律风险(如对于某些合同的违约或者不能适当履行的风险、对他人可能的侵权风险、被他人侵权的风险、法律变更的风险)增大；

89.2.5 在满足前述第89.2.1款的前提下，变通方案的实施是否将导致项目运营的行政法律责任风险(如对于某些行政法律、规章不能完全遵守的风险)增大；

89.2.6 在满足前述第89.2.1款的前提下，变通方案的实施是否将导致项目运营的其他法律责任风险增大。

89.3 变通方案属于对特许经营协议的补充或者变更约定，律师应审查审批变通方案是否属于项目接受人的权限范畴，是否已经取得政府的合法授权。

第三节 项目移交内容

第90条 移交范围

90.1 律师应协助委托人审查下列项目移交范围的确定依据：

90.1.1 项目特许经营权协议；

90.1.2 服务协议（如有）；

90.1.3 移交委员会确定的移交清单；

90.1.4 涉及项目移交范围的其他协议。

90.2 律师应协助委托人审查上述项目移交范围的确定依据之间是否存在矛盾。如果存在矛盾，应协助委托人判断合理、合法的文件解释顺序。

90.3 律师如参与协助委托人确定移交清单或者具体移交内容，则至少应对如下方面予以考虑：

90.3.1 拟确定的移交清单或者具体移交内容是否超出了既有的约定；

90.3.2 拟确定的移交清单或者具体移交内容中超出既有约定的新增移交项目是否为移交后的项目正常运营所必需；

90.3.3 拟确定的移交清单或者具体移交内容中超出既有约定的新增移交项目是否可能明显增加委托人的费用开支和风险责任；准备这些移交事项的时间；技术责任；法律责任；其他风险。

第91条 最后恢复性大修

91.1 律师应提示委托人查验最后恢复性大修是否已经按照合同约定完成。

91.2 律师应提示委托人在完成最后恢复性大修后，项目接受人与移交人应共同在场进行项目设施性能测试，查验所得性能数据是否符合技术规范的要求。

91.3 在最后恢复性大修未能按照合同约定完成或在性能测试不能完全符合约定的情形下，在移交程序正式开始之前，双方应按照合同约定确定对于最后恢复性大修未完成的变通处理办法。在合同未约定或者约定不明的情况下，双方应按照确保项目移交后能够在合理的项目设施的剩余工作寿命时间内正常运营的原则协商变通处理办法并达成一致，否则项目移交将无法顺利进行。

第92条 备品备件

92.1 律师应提示委托人查验备品备件是否按合同约定备齐且符合技术标准。

92.2 在备品备件储备不符合要求时，律师应提示委托人按照合同约定处理。在合同未约定或者约定不明的情况下，双方应按照确保项目移交后能够在约定的后续工作时间内正常运营的原则协商变通处理办法并达成一致。对于备品备件储备不能完全符合约定的变通处理办法参照最后恢复性大修未完成的变通处理办法。

92.3　律师应提示委托人查验并核对项目设施所需全部备品备件的厂商名单。

第 93 条　保证期(质量缺陷责任期)

93.1　移交人移交项目时,应根据合同约定向项目接受人提供一定期限的项目质量保证。项目质量保证内容除合同另有约定外,一般包括:

93.1.1　项目建筑物、构筑物的质量保证;

93.1.2　项目设施、设备的质量保证;

93.1.3　合同约定的项目运营一定期限内所需备品备件质量保证;

93.1.4　项目接受人正常运营项目时,因项目运营所提供的产品或者服务的质量保证;

93.1.5　为了确保移交后在保证期内项目运营能够安全、连续、符合约定技术标准的其他质量保证内容。

93.2　项目在移交后的保证期和保证范围内发生不属于项目接受人或其指定的后续运营商过错情形的,项目不能安全、连续或符合约定技术标准运营的情形的,移交前的移交人应在接到项目接受人相应通知后的规定时限内履行修复、更换等质量保证义务,并对造成的损失承担赔偿责任。

93.3　移交人未及时履行质量保证义务的,项目接受人有权依照合同约定或者为尽可能减少项目运营损失,而另行委托他人完成质量保修工作,相关费用从移交人提供的维护保函中扣除,或者向移交人另行追索。

93.4　律师可建议委托人就项目质量保证事项投保责任险,责任保险合同中应明确投保人为移交人,项目接受人为第一被保险人,移交人为第二被保险人;保险责任应包括合同约定的全部保证内容。

第 94 条　技术许可、转让、移交及培训

94.1　律师应提示委托人注意,移交人移交项目时,应根据合同约定或者根据合同目的向项目接受人转让或者许可那些为确保移交后项目能够安全、连续、符合约定技术标准运营所必须的运营技术。

94.2　如果移交人对其中的某些技术没有所有权而只有被合法许可的使用权,则移交人有义务确保项目接受人能够从该等技术的合法许可人处获得同样的许可,以确保在移交后的项目运营中能够合法使用该等技术,并且这样的许可应不需要项目接受人另行支付许可费,除非项目接受人已经同意另行支付许可费。

94.3　如果移交人对其中的某些技术具有合法所有权,则移交人应将该等技术转让给项目接受人,或者至少有义务确保项目接受人能够免费获得对该等技术在本项目运营中的合法使用权。

94.4　除合同另有约定外,律师应提示和协助委托人核查技术移交的内容一般包括:

94.4.1　所有有关该技术的说明文件、操作文件、技术原理参数资料、计算机程序

（源程序或者至少是执行程序）；

94.4.2　所有有效实现该技术所必须的辅助材料、工具、指令、密码；

94.4.3　所有保持该技术持续有效所必须的调试、检测、修复、替换方法及其辅助材料、工具、指令、密码；

94.4.4　载明所有被移交资料知识产权归属的权利证明文件、技术许可合同、技术转让合同；

94.4.5　确保项目接受人或者其指定的项目接收方的足够数量的技术操作人员能够熟练使用该技术的培训资料；

94.4.6　对项目接受人或其指定的项目接收方的足够数量的技术操作人员的技术培训已经完成，并经移交人确认已经培训合格。本项培训可以结合移交日前一定期限内项目接受人指派人员与移交人人员共同参加项目运营工作一并完成。

第 95 条　资料移交

95.1　移交人应对基础设施建设、运营、维修、保养过程中的有关资料进行收集、归类、整理和归纳，律师应提示委托人查验上述资料是否齐全。

95.2　律师应提示委托人确定移交资料是否属于保密范畴。

第 96 条　合同转让或解除

96.1　项目移交时针对项目设定他项权利的合同，律师应根据合同性质及状况提示委托人办理合同转让或者解除。针对其他合同，由移交人自行处理。

96.2　合同转让

96.2.1　根据"项目移交范围的确定依据"中的合同约定，或者如果项目接受人提出要求，移交人可将其与承包商、制造商、供应商等签订的、尚未期满的、与项目及其设施运营、维护、管理有关的合同，在可转让的范围内转让给项目接受人或其指定的项目接收方。

96.2.2　在进行上述合同转让时，律师应提示和协助委托人审查合同转让各方主体的适格性、合同的可转让范围、合同价款的支付主体是否变化、合同转让是否增加一方或者多方的费用支出、合同风险，以及合同转让对项目所获得各类行政审批、许可的影响等，并根据具体情况，提出法律建议。

96.3　合同解除

96.3.1　律师应提示和协助委托人审查在移交日前解除可能在移交日后影响项目后续正常运营、维护、管理的，由移交人签订的，且在移交日前仍有效的，有关项目或其设备设施权利限制的合同，或者有关项目运营的采购供货合同和其他合同。合同解除涉及违约、赔偿等责任的承担，由项目特许经营协议规定具体的处理办法。

96.3.2　某些合同因故不能解除时，律师应提示和协助委托人采取适当的保障措施，以免因此类合同的有效而导致对项目后续正常运营、维护、管理造成不利影响。

第 97 条　风险责任转移

97.1　律师应提示和协助委托人审查在移交日移交的任何财产(包括动产、不动产及其他权利)的权利是否完整。除非此前的有关合同或协议另有约定,律师应提示和协助委托人在移交文件上说明。

97.2　若被移交财产的权利是完整的,自移交之日起,被移交财产损毁灭失的风险责任由移交人转移至项目接受人;若被移交财产的权利是不完整的,自移交之日起,被移交财产损毁灭失的风险责任归于对该等财产的物质载体具有实际控制力的一方(可能是移交人或者项目接受人)。

97.3　在岗位交接完成前(包括接岗人与交岗人在共同工作班次的岗位上)产生的岗位工作风险责任应由移交人承担。

第 98 条　人员岗位移交

98.1　律师应提示项目接受人在特许经营协议期满前的合理期限内,要求项目投资人应向项目接受人提交一份项目公司的全部雇员名单,并说明在移交日后可供项目接受人雇用的人员详细清单。

98.2　律师应提示作为委托人的项目接受人在协议中约定,项目接受人拥有独立的自主权来选择在移交日后其愿意雇用的人员,但无义务雇用全部或任何项目公司所雇用的人员。对于项目接受人未选择的雇员,律师应提示委托人,尽快安排签订雇用终止协议,并进行妥善安置。

98.3　律师应提示作为委托人的项目接受人,其应在项目移交之前的合理时间内派遣足够数量的运营维护人员,由项目公司或其指定的运营维护商对其进行培训,以保障移交后项目能够正常运营。

98.4　除非此前的有关合同或协议另有约定,律师应提示委托人在人员岗位移交时应具备下列条件或者完成下列事项:

98.4.1　接岗人已经具备了移交人确认的上岗人员所应具备的全部适岗工作技能;

98.4.2　交岗人已将该岗位上一个合理的时段内已经完成的岗位工作及其工作记录向接岗人全面、完整、无误地交接完毕;

98.4.3　交岗人已将该岗位下一个合理的时段内将要完成的岗位工作向接岗人全面、完整、无误地交接完毕;

98.4.4　依据合同约定,或者在尽可能的情况下,接岗人与交岗人应共同工作至少一个岗位班次,由交岗人指引接岗人完成全部岗位工作;

98.4.5　在接岗人不能顺利完成岗位工作的情况下,应视为岗位交接未完成,交岗人不应离开岗位。

98.5　律师应提示作为委托人的项目投资方(项目公司),因项目接受人原因导致的岗位移交延迟时,其可以要求项目接受人赔偿损失。

第99条 不动产移交

99.1 不动产移交的一般内容

99.1.1 土地使用权的移交(包括移交占有权、办理土地使用权变更登记);

99.1.2 房屋、建筑物、构筑物和地上地下其他定着物的移交(包括移交占有权、办理所有权变更登记);

99.1.3 不动产权利登记簿上其他权利限制的解除;

99.1.4 基于对房屋、建筑物、构筑物和地上地下其他定着物工程施工、修缮、添附或其他加工承揽活动而可能存在的加工承揽人工程款优先受偿权的解除或消灭;

99.1.5 对不动产移交前有关不动产的占有、使用、收益和处分的税费的结清,并移交相关缴纳凭证;

99.1.6 已设立所有权、使用权的不动产的质量、保修和其他保障服务权利的保证凭证(如合同、保修单)的移交。

99.2 不动产移交阶段的律师工作通常包括:

99.2.1 为委托人作好不动产权属状况调查;

99.2.2 协助委托人办理不动产权属变更登记;

99.2.3 协助委托人办理不动产移交手续,签署移交文件;

99.2.4 就不动产权利登记簿上其他权利限制的解除为委托人提供法律方案;

99.2.5 就可能存在的加工承揽人工程款优先受偿权状况进行调查,并提出法律解决方案;

99.2.6 对不动产移交前有关不动产的占有、使用、收益和处分的税费缴纳情况和缴纳凭证进行审查,并提出法律解决方案;

99.2.7 对已设立所有权、使用权的不动产的质量、保修和其他保障服务权利的保证凭证(如合同、保修单)进行审查。

第100条 动产移交

100.1 动产移交的一般内容

100.1.1 依法应登记的特殊动产的移交(包括移交占有权、办理动产权属变更登记);

100.1.2 动产权利限制(如设定抵押、质押、留置)的解除;

100.1.3 已取得动产的对价的结清,并移交相关支付凭证;

100.1.4 对特殊动产移交前有关动产的占有、使用、收益和处分的税费的结清,并移交相关缴纳凭证;

100.1.5 已取得动产的质量、保修和其他售后服务权利的保证凭证(如合同、保修单)的移交。

100.2 动产移交阶段的律师工作通常包括:

100.2.1 为委托人作好依法应登记的特殊动产权属状况调查;

100.2.2 协助委托人办理特殊动产权属变更登记；

100.2.3 协助委托人办理动产移交手续，签署移交文件；

100.2.4 就动产权利限制的解除为委托人提供法律方案；

100.2.5 对特殊动产移交前有关动产的占有、使用、收益和处分的税费缴纳情况和缴纳凭证进行审查，并提出法律解决方案；

100.2.6 对已取得动产的对价是否结清以及相关支付凭证的审查；

100.2.7 对已取得动产的质量、保修和其他售后服务权利的保证凭证（如合同、保修单）的审查。

第101条 维护保函处理

律师为项目接受人提供服务时，应提示并协助其最迟在移交日获得移交人在"保证期"项下和保证期内履行全部保证义务的可靠的足额保险、保函或者其他担保。此后，项目接受人可将移交人在项目运营过程中提交的维护保函在扣除移交人按约应付而未付的款项后予以退还。

注：

1.《关于印发城市供水、管道燃气、城市生活垃圾处理特许经营协议示范文本的通知》（建城［2004］162号），文本可在住房和城乡建设部网站下载：

http://www.mohurd.gov.cn/zcfg/jswj/csjs/200611/t20061101_157110.htm

2.《关于印发城镇供热、城市污水处理特许经营协议示范文本的通知》（建城［2006］126号），文本可在住房和城乡建设部网站下载：

http://www.mohurd.gov.cn/zcfg/jswj/csjs/200611/t20061101_157193.htm

（本指引由全国律协民事专业委员会负责起草，主要执笔人：朱树英、曹文衔、陈臻、朱黎庭、陈国强）

中华全国律师协会
律师办理婚姻家庭法律业务操作指引

目 录

总 则 / 711

第一章 案件的受理 / 712
  第一节 律师接待咨询 / 712
  第二节 律师接受委托 / 715
  第三节 涉外及涉港澳台案件的委托 / 716
  第四节 收费 / 719

第二章 立案前的准备 / 719
  第一节 立案前准备工作的内容 / 719
  第二节 证据的收集整理 / 720
  第三节 调解 / 726

第三章 立案及开庭前阶段 / 727

第四章 一审诉讼程序 / 729

第五章 二审诉讼程序 / 732

第六章 其他特别程序 / 732

第七章 结案后的工作 / 733

第八章 非诉讼业务 / 733
  第一节 律师代写法律文书 / 733
  第二节 律师提供其他非诉法律服务 / 735

附 则 / 736

总　则

第 1 条　制定目的

为了保障律师依法履行职责,规范律师代理婚姻家庭案件的执业行为,为律师从事婚姻家庭法律服务提供指导意见,制定本指引。本指引并非强制性或规范性规定,仅供律师在执业中参考与借鉴。

第 2 条　指导思想

律师办理婚姻家庭法律业务过程中,应当以构建和谐家庭及和谐社会为指导思想,充分发挥律师的积极作用。

第 3 条　行为规范

律师办理婚姻家庭法律业务首先要遵守《中华人民共和国律师法》(以下简称《律师法》)、《律师职业道德和执业纪律规范》、《律师办理民事诉讼案件规范》等规范性法律文件,在此前提下结合婚姻家庭法律业务的专业特点参考以下操作指引。

第 4 条　业务特点

4.1 诉讼业务的委托人为自然人。婚姻家庭案件是与人身关系密切联系的案件,案件性质决定了委托人为自然人而不能为法人或其他组织的特性。

4.2 某些业务中律师的代理授权受到限制。婚姻家庭纠纷具有人身关系的属性,且受委托人感情因素影响较大,建议代理律师通常情形下只接受一般授权代理。

4.3 当事人情感因素影响业务处理。婚姻家庭案件涉及当事人甚至其他家庭成员的情感因素较多,因此要求律师在办理案件中,特别注意当事人心理状态和情绪表现的变化,冷静处理家庭纠纷,将法学的技能与其他的社会学知识综合运用来办理法律业务。

第 5 条　工作原则

5.1 律师代理婚姻家庭案件,应当坚持以事实为根据,以法律为准绳的原则,勤勉尽责,恪守律师职业道德和执业纪律,维护司法公正和权威。

5.2 律师办理婚姻家庭法律业务,应当保守当事人的个人隐私及其他秘密。

5.3 律师代理婚姻家庭案件,应结合婚姻家庭案件的特点,在处理过程中注意当事人双方心理、情绪的变化,将心理疏导方式适当地与法律服务相结合,协助当事人冷静处理纠纷,防止矛盾激化。

5.4 律师代理婚姻家庭案件的过程中,应始终坚持注重调解的原则,尽可能地促成双方当事人理性平和地解决纠纷。

第 6 条 适用范围

6.1 本操作指引主要适用于律师从事婚姻家庭法律服务,包括代理婚约财产纠纷、离婚纠纷、婚姻效力及撤销婚姻纠纷、离婚损害赔偿纠纷、夫妻财产约定纠纷、离婚后财产纠纷、同居关系析产纠纷、夫妻扶养纠纷、子女抚养纠纷、监护权纠纷、探望权纠纷、赡养纠纷、收养纠纷、分家析产纠纷、申请承认外国法院裁决书、申请认可港澳台地区法院裁决的法律业务等,也包括涉及上述领域的非诉讼法律业务。

6.2 律师办理继承民事业务及重婚罪、遗弃罪、虐待罪等刑事法律业务的操作指引条款未列入本指引内。

第一章
案件的受理

第一节 律师接待咨询

第 7 条 在案件受理前,律师以面谈方式为当事人提供法律咨询时,可先了解案情概要,并提前告知当事人备齐书面材料,告知咨询是否收费及收费标准。

第 8 条 由于婚姻家庭事务可能涉及个人隐私,咨询时若律师安排其他律师或人员在场,应注意在提供咨询前主动征求当事人的意见。

第 9 条 律师咨询时应当首先了解双方当事人的基本身份信息、婚姻家庭基本信息、双方纠纷的基本情况,尤其是双方争议焦点及咨询者寻求律师帮助的主要目的。

但当事人出于个人隐私原因不愿透露给律师的信息,律师应予尊重。

第 10 条 当事人咨询内容涉及财产纠纷时,律师对当事人财产情况可从以下方面选择了解:

10.1 房产情况;

10.2 存款情况;

10.3 股票、国债等有价证券情况;

10.4 家具电器情况;

10.5 贵重物品情况;

10.6 车辆拥有情况;

10.7 公司股权等企业投资权益拥有情况;

10.8 著作权等知识产权拥有情况;

10.9 接受赠与或继承财产的情况;

10.10 以第三人名义持有但由夫妻出资的财产情况;

10.11　当事人双方婚前财产拥有情况;

10.12　其他共同财产及个人财产拥有情况;

10.13　双方有无婚前或婚内财产约定;

10.14　双方有无共同债权债务或个人债权债务。

第11条　律师了解房产情况,可以从以下方面了解:

11.1　购房的时间、地点、所购房产的状态,即现房还是期房;

11.2　房产性质,比如是商品房、售后公房、经济适用房等;

11.3　房产购置时的合同价格及现值;

11.4　购置房屋时支付房款的来源及方式;

11.5　若购房时有贷款,可以了解首付情况、贷款数额、主贷人、还贷本息、截至目前尚欠的贷款余额;

11.6　房屋权属状况、房产证记载的产权人信息;

11.7　房产有无其他抵押,目前房产是否涉及其他债权债务纠纷;

11.8　该房是否已建成交付业主,目前实际使用、居住情况;

11.9　登记在该房产地址的户口情况;

11.10　房产装修及出资情况;

11.11　其他房产相关情况。

第12条　律师了解存款情况,可以从以下几个方面了解:

12.1　双方名下有无存款、存款数额及来源,相互是否知晓;

12.2　是否保存对方的存、取款交易凭证或知悉对方当事人的开户行、账号等信息;

12.3　近期内存款账户的交易记录;

12.4　发生婚姻家庭纠纷期间,有无转移存款的迹象;

12.5　目前各账户的存款余额;

12.6　目前各存款账户归谁掌管;

12.7　是否存在以第三人名义开户存有夫妻存款的情况。

第13条　律师了解股票情况,可以从以下方面了解:

13.1　双方名下的股票账户、股东代码及开户证券公司;

13.2　股票资金账号及开户银行;

13.3　目前股票账户内的股票名称及数量,当前股市大约市值;

13.4　购买股票的资金来源,目前资金账户的余额;

13.5　是否存在由当事人出资,以第三人名义持股的情况。

第14条　在接待咨询阶段,律师可以视具体需要询问家具电器情况,包括购买金额、品牌、数量、出资来源,以及了解家具电器的大约现值。

第 15 条　律师可以了解当事人双方持有贵重金属、贵重古董及其他有较大价值的动产财物的情况,了解是否有继承或接受赠与具有特殊意义物品的情况。

第 16 条　律师可以了解双方名下汽车拥有情况,包括以下信息:
16.1　汽车品牌、款式、牌照号;
16.2　购买时间、购买金额、付款方式、有无贷款以及还贷情况;
16.3　目前车辆车籍所有人及实际使用人;
16.4　目前车辆市值;
16.5　有无车辆抵押情况及与车辆有关的债权债务纠纷。

第 17 条　律师了解公司股权等企业投资权益情况,可以从以下方面了解:
17.1　企业的名称及营业地;
17.2　企业注册的时间、注册地、注册资本;
17.3　企业出资人的人数、姓名及各自出资方式、出资比例;
17.4　企业注册后有无工商登记的变更事项;
17.5　企业财务情况,比如会计报表所有者权益、企业净资产状况;
17.6　企业目前的经营状况及未来市场前景;
17.7　持有股权的一方当事人是否存在转让股权的情况;
17.8　当事人对企业投资权益分割的态度;
17.9　其他企业相关信息。

第 18 条　对于当事人名下的保险利益、住房补贴、住房公积金及其他未来确定应获得的收益,由律师根据纠纷的具体情况考虑是否要详细了解。

第 19 条　律师在了解上述财产信息时,还应当了解财产所在的国家或地区,以便为当事人纠纷解决涉及的管辖问题提供法律建议。

第 20 条　律师在咨询中对有可能受理的婚姻家庭案件,应详细了解纠纷案情,确认案件管辖地,是否符合法院立案条件,能否受理。不符合立案条件的,应尽可能告知当事人其他解决矛盾的途径。

第 21 条　除回复当事人直接咨询的问题外,律师还可以从以下三个方面主动为当事人提供咨询:
21.1　以当事人告知的信息为基础,为其分析该案例可能的法律后果及处理方式;
21.2　结合实际操作来看,法律理论分析与实际操作结果可能会有哪些差异,实际操作中可能会遇到哪些问题、如何解决这些问题,当事人应抱有怎样的态度和心理准备;
21.3　告知当事人解决问题的可能途径,当事人需要作好哪些准备、解决问题过程中可能会经历哪些阶段、可能会付出的时间成本、经济成本及社会成本；

第 22 条 律师接待咨询，可以填写《律师接待咨询记录表》，以便为委托人提供后续法律服务时保持对基本案情的了解，并方便当事人查询。

第 23 条 对于某些正处于激烈矛盾冲突中的当事人，律师应当从自己的职业道德出发，对当事人的目前婚姻家庭纠纷作出理性分析和建议，对于过于冲动的当事人，应当善意提醒当事人冷静处理问题。经告知诉讼风险，当事人仍坚持提起诉讼的，律师可考虑接受案件的委托。

第二节 律师接受委托

第 24 条 当事人要求与律师事务所建立委托代理关系时，代理律师应当首先了解有关情况，并分析当事人所委托案件的管辖法院所在的国家或地区，是否符合我国人民法院的立案受理条件，如不符合有关要求的，应告知当事人有关规定，并提供其他解决纠纷的途径。

第 25 条 律师需要注意对于已经发生法律效力的解除婚姻关系判决，不得接受委托人申请再审的委托。但若委托人仅就离婚判决中的财产分割或子女抚养内容要求再审的，律师可视具体情况接受委托。

第 26 条 委托人委托律师代为申请承认外国法院离婚判决事项的，律师应当告知中国法院只能承认离婚判决中的离婚效力，不承认离婚判决中的夫妻财产分割、生活费的承担及子女抚养方面的内容。

第 27 条 律师在咨询中发现离婚纠纷的委托人曾提起过离婚诉讼且自上一次诉讼终结未满六个月的，应告知委托人待六个月期间满后再起诉。但若律师在咨询中发现上次离婚诉讼终结后又发生新情况、新理由的，可接受离婚诉讼委托，同时应向委托人说明有关法律规定及未满六个月启动诉讼的法律风险。

第 28 条 律师在接受婚姻家庭法律事务委托时，尤其要注意委托人是否为完全民事行为能力人，否则应与其法定监护人办理委托代理手续。

第 29 条 有下列情形之一的，律师事务所不得接受委托：
29.1 已经接受同一案件对方当事人的委托；
29.2 具有违反《律师执业避免利益冲突规则》的规定或不能接受委托的其他情形。

第 30 条 律师在办理委托代理手续前，应详细了解委托人是否已聘请其他代理人，如已有其他代理人的，律师可考虑是否还接受委托。

第 31 条　律师代理婚姻家庭案件,委托手续应包括以下内容:

31.1　律师事务所与委托人签订委托代理合同,一式三份,一份交委托人,一份交承办律师附卷,一份交律师事务所保存;

31.2　由当事人签署授权委托书,一式三份,一份交受理的法院,一份交承办律师存档,一份交委托人;

31.3　律师事务所同时出具公函,呈送受理案件的法院;

31.4　律师办理委托手续时,应与委托人确定司法文书和办案材料的送达地址。

第 32 条　律师受理婚姻家庭类案件,可以请委托人填写《基本信息登记表》,用于律师了解双方当事人的基本信息、财产情况、子女情况等,并确定法律文件的送达地址,明确通讯方式。

律师办理委托手续时,应当留存委托人的身份证复印件或其他身份信息。

第 33 条　律师与委托人签订委托代理协议时,协议中不得对所承接的法律事务结果作出承诺或保证。

第 34 条　律师事务所接受委托后,因发生特殊情况,承办律师不可能履行代理义务的,律师应当及时通知律师事务所,在征得委托人同意后,由律师事务所及时调整承办律师,或就终止合同一事进行协商。

第 35 条　接受委托后,委托人提供虚假证据或利用律师提供的服务从事违法活动的,经律师事务所收集证据、查明事实后,律师可以拒绝继续代理,告知委托人,解除委托代理关系,记录在案,并整理案卷归档。

第三节　涉外及涉港澳台案件的委托

第 36 条　本节所述的涉外、涉港澳台案件包括但不限于以下情形:

36.1　双方当事人或一方当事人系外籍人士或无国籍人士;

36.2　双方当事人或一方当事人系我国香港、澳门、台湾居民;

36.3　当事人之间民事法律关系的设立、变更、终止的法律事实发生在外国,或者诉讼标的物在外国的民事案件;

36.4　当事人之间民事法律关系的设立、变更、终止的法律事实发生在港澳台地区,或者诉讼标的物在港澳台地区的民事案件;

36.5　委托人办理委托代理手续时或诉讼期间在境外居住或停留;

第 37 条　对婚姻家庭领域的涉外、涉港澳台案件,律师可视具体情况需要接受委托人的特别授权还是一般代理授权。如委托人办理委托代理手续时或诉讼期间可能不在境内的,建议接受特别授权。

第38条　律师接受涉外及涉港澳台离婚案件委托时，要特别注意对离婚当事人是否符合诉讼主体资格进行审查，并确定诉讼离婚方式还是行政登记离婚方式，确定离婚管辖法院，并告知委托人选择中国内地法院立案管辖与选择其他国家和地区法院管辖的不同诉讼风险及可能结果，律师还有义务告知离婚裁判在不同国家及地区的效力。

第39条　律师接受特别授权代理的，应在授权委托书中载明授权的代理权限及代理期限。特别要注明律师是否有权代为签收法律文件。

第40条　律师接受境外委托人的委托，代理婚姻家庭法律业务，如委托人不能回到境内参加诉讼程序的，与代理事项相关的授权委托书、起诉书、答辩状、离婚意见书、委托人的身份材料、证据等相关法律文件，律师可提前指导当事人办理公证、认证等程序性手续。

第41条　律师接受境外中国公民的委托，担任婚姻家庭案件的代理人，需要向法院提交的法律文件通常有：
  41.1　委托人的身份证复印件；
  41.2　委托人的护照及签证复印件；
  41.3　委托人签名的授权委托书；
  41.4　委托人签名的起诉状或答辩状（或离婚意见书）；
  41.5　在境内或境外登记的结婚证件；
  41.6　子女出生证明或有关的身份证明文件；
  41.7　境内及境外来源的证据材料。
  上述法律文件若为外文的，应当经案件管辖法院认可的翻译机构进行翻译，一并向法庭提交翻译件。
  上述法律文件应当根据其来源及案件管辖法院的具体要求，代理律师决定是否需经过委托人所在国公证机关或公证员进行公证，并经我国驻该国使领馆认证，或直接由我国使领馆公证。律师收到相关公证或认证的材料后再提交给管辖法院。

第42条　律师接受境外外籍委托人委托，担任婚姻家庭案件代理人，需要向法院提交的法律文件通常有：
  42.1　委托人的国籍身份证明或护照复印件；
  42.2　委托人签名的特别授权委托书；
  42.3　委托人签名的起诉状或答辩状（包括离婚意见书）；
  42.4　在境内或境外登记的结婚证件；
  42.5　子女出生证明或相关的身份证明文件；
  42.6　境内及境外来源的证据材料。
  上述法律文件若为外文的，应当经受理案件法院认可的翻译机构进行翻译，一并向法庭提交翻译件。

上述法律文件应当根据其来源及案件管辖法院的具体要求，代理律师决定是否需经过委托人所在国公证机关或公证员进行公证，并经我国驻该国使领馆认证，律师需要注意各国对公证认证的具体要求有所不同。律师收到相关公证或认证的材料后再提交给管辖法院。

第 43 条 律师接受居住在香港的委托人委托，担任婚姻家庭案件代理人，需要向法院提交的法律文件通常有：

43.1 委托人的身份证明；

43.2 委托人的特别授权委托书；

43.3 委托人的中文起诉状或答辩状（包括离婚意见书）；

43.4 在境内或境外登记的结婚证件；

43.5 子女出生证明或相关的身份证明文件；

43.6 来自境内及境外的证据材料。

上述法律文件应当根据其来源及案件管辖法院的具体要求，代理律师决定是否需经过司法部指定的具有公证人资格的香港律师公证，并加盖中国法律服务（香港）公司转递章后提交给法院。

第 44 条 律师接受居住在澳门委托人的委托，担任婚姻家庭案件代理人，需要向法院提交的法律文件通常有：

44.1 委托人的身份证明；

44.2 委托人的特别授权委托书；

44.3 委托人的中文起诉状或答辩状（包括离婚意见书）；

44.4 在境内或境外登记的结婚证件；

44.5 子女出生证明或相关的身份证明文件；

44.6 来自境内及境外的证据材料。

上述法律文件应当根据其来源及案件管辖法院的具体要求，代理律师决定是否需经过中国法律服务（澳门）公司证明，之后再提交给法院。

第 45 条 律师接受居住在台湾地区的委托人委托，担任婚姻家庭案件代理人，需要向法院提交的法律文件通常有：

45.1 委托人的身份证明；

45.2 委托人的特别授权委托书；

45.3 委托人的起诉状或答辩状（包括离婚意见书）；

45.4 在境内或境外登记的结婚证件；

45.5 子女出生证明或相关的身份证明文件；

45.6 来自境内境外的证据材料。

上述法律文件应当根据其来源及案件管辖法院的具体要求，代理律师决定是否需由委托人在台湾地区进行公证,并在境内受案法院所在地公证员协会核证后再提交给管辖法院。

第 46 条　若在境外的委托人委托其国内亲友代为办理律师委托代理手续的,律师要核实国内亲友方相关的委托手续及授权范围,在此基础上再签订委托代理协议。

第四节　收　　费

第 47 条　律师办理婚姻家庭法律业务,应按国家发改委与司法部联合颁布的《律师服务收费管理办法》收取代理费用,委托代理协议中应明确收费方式、收费数额、费用类别及费用的结算方式。

第 48 条　律师要特别注意婚姻类案件不允许实行风险代理收费。

第 49 条　委托协议中应明确,对于办案中出现的特定诉讼事项,如管辖异议、财产保全、反诉等工作事项产生的费用是否包括在原律师代理费中。如可以另行协商增加代理费的,应在协议中说明。

第 50 条　委托代理协议中应当明确约定:在律师已与委托人办理完毕委托代理手续,律师开始法律服务工作后,委托人单方终止委托代理或自行撤诉的,或者对方当事人撤诉的,律师费用如何结算。

第二章
立案前的准备

第一节　立案前准备工作的内容

第 51 条　案件准备阶段,一般情况下包括以下工作内容:
　　51.1　了解和熟悉案情;
　　51.2　收集原、被告主体身份材料;
　　51.3　收集相关证据;
　　51.4　分析案情,制定代理策略;
　　51.5　草拟各类诉讼文书及财产清单、证据清单;
　　51.6　诉讼前的调解思路;
　　51.7　决定是否需要申请管辖异议、财产保全、证据保全、先予执行。

第 52 条 为保护委托人合法财产权益,保障给付判决的执行,防止对方私自转移财产,律师可建议委托人向管辖法院提起诉前财产保全,若申请诉前财产保全的,律师要注意必须于 15 日内立案提起民事诉讼。

第 53 条 由于婚姻家庭类的案件常涉及子女抚养费、赡养费、夫妻扶养费用的纠纷,律师可根据案情是否紧迫的需要,为委托人申请先予执行。

第二节 证据的收集整理

第 54 条 律师调查收集证据,应当合法、客观、全面、及时,注意证据的真实性、合法性和关联性。

第 55 条 律师不得仿造、变造证据,不得威胁、利诱他人提供虚假证据,不得妨碍对方当事人合法取得证据,不得协助或诱导当事人仿造、变造证据。

第 56 条 律师调查、收集与本案有关的证据材料,应由律师事务所出具介绍信,并出示律师执业证。律师向证人调查取证时,以两名律师共同进行为宜。遇有多名证人时应分别询问调查。

第 57 条 律师收集书证、物证应收集原件、原物。收集原件、原物有困难的,可以复制、拍照,或者收集副本、节录本,但对复制件、照片、节录本应附证词或说明。视听材料的收集,应明确其来源。

第 58 条 律师对涉及个人隐私的证据应当保密,需要法庭上出示的,应事先告知法庭,以不公开方式举证,不宜在公开开庭时出示。

第 59 条 立案前律师认为需要进行鉴定的证据,或者需要进行评估的财产,在委托人同意的前提下,以律师事务所名义委托司法部门认可的司法鉴定机构、评估机构进行鉴定或评估。在诉讼庭审中有此必要时,律师应提示委托人向人民法院提出申请,请求人民法院委托有关机构进行鉴定或评估。

第 60 条 律师准备向法院提交录音资料时,需注意提交录音源文件,或者磁带原件。对于数码、电子证据,可刻录成光盘,并整理出录音资料的书面文字材料。

在向法院提交录音材料前,律师本人应仔细听录音文件,并与文字资料进行核对。

第 61 条 律师准备向法院提交的照片应冲洗或彩打出来,应按法院要求粘贴在规范大小的纸张上,并注明证据名称、证据来源、拍摄时间、证明内容等。

第 62 条 证据复印件份数应按当事人人数、是普通审理程序还是简易程序、法院要求及律师事务所存档的需要来做准备。

律师应当对其提交的证据材料逐一分类编号,对证据材料的来源、证明对象和内容作简要说明,制作出完整的证据清单并由委托人签名,注明提交日期。

第 63 条 立案后,针对案情具体情况,律师认为有必要申请人民法院调查收集证据的,应当及时提示委托人,若委托人同意的,律师应当提交书面申请,若人民法院对委托人的调查申请不予准许的,律师可建议委托人向受理申请的人民法院书面申请复议一次。

第 64 条 律师可以通过制作调查笔录的形式收集证据。调查笔录应载明:
调查时间、调查地点、调查人、被调查人、调查原因、被调查人陈述。
被调查人陈述完毕,应由其核对调查笔录,并签署"以上看过,无误"字样,并签名,注明年、月、日。
若调查笔录有多页,被调查人应在每页签字确认。

第 65 条 证据原件律师不宜保管。对确需律师保管的,承办律师应妥善保管,在与委托人进行证据原件交接时注意办好相关书面手续。

第 66 条 律师代理离婚纠纷时,了解案情并收集办案证据可围绕以下几个方面开展:
66.1 婚姻基础方面:包括婚前相识方式、恋爱情况及结婚登记情况,双方婚史情况;
66.2 夫妻感情方面:包括婚后夫妻感情发展状况,夫妻矛盾产生过程,感情破裂原因,是否已经过调解,离婚协商情况,有无和好可能;
66.3 子女抚养方面:包括子女过去主要由哪一方照顾抚养,子女现居住状况,子女本人的倾向,夫妻双方抚养意见及抚养能力,一方或双方还有无其他继子女、养子女或非婚生子女,双方当事人有利于和不利于抚养子女的各种因素;
66.4 财产方面:夫妻一方个人财产及债权债务情况、夫妻共同财产及债权债务情况,是否有其他书面约定;财产权属及占有、使用、掌管现状,当事人有无隐匿、转移共同财产情况;
66.5 双方当事人目前对于离婚的态度;
66.6 涉及离婚案件的程序方面情况:如一方或双方是否起诉过离婚,法院判决结果,在本次离婚诉讼中是否有一方当事人处于离婚限制期间,案件的管辖法院等。
66.6.1 律师代理离婚案件,可以收集以下证据材料证实夫妻感情状况:
(1) 共住人如家政服务人员、邻居、朋友、同事及亲属等的证人证言、调查笔录;
(2) 报警记录、出警记录、公安人员调查笔录、医院的诊断证明、法医鉴定报告等涉及家庭暴力的证据;
(3) 离婚协议、保证书、电子邮件、信件、短信、日记等;
(4) 反映夫妻感情的照片、录音录像资料、电子文件;
(5) 有关单位如妇联、居民委员会、派出所、当事人所在工作单位介入婚姻纠纷中的调解记录;

(6) 其他相关的证据材料。

66.6.2 若当事人对婚姻关系存续期间所得的财产以及婚前财产的归属有书面约定,律师可帮助当事人审查该协议的效力,并决定是否作为证据提交。

66.6.3 涉及婚姻家庭案件的不动产分割的,律师可从以下方面着手准备证据:

(1) 对于一方婚前个人房产或夫妻共同所有房产,律师可取得房产权利证书;若取得房产权利证书有困难的,或者产权登记尚在办理过程中的,律师可以根据不动产所在地的相关规定到房屋登记主管政府部门调取房产预售、销售的备案或登记信息,同时准备好购房合同、购房发票等书证;

(2) 若房产权利证书上载明有未成年子女之外的第三人共有人的名称,律师可告知委托人,因房产涉及案外人权益,法院一般不会在离婚案件中一并处理;

(3) 若当事人以向银行按揭贷款方式购买涉案房产,则律师需要向客户了解该套房产首付情况、婚后还贷情况及尚欠还贷余额,律师可以准备委托人的购房合同、抵押借款合同、还贷账户还款明细等书面证据;

(4) 若购房款出资来源涉及一方婚前个人财产或婚后的个人财产,律师可收集出资来源的证明,涉及第三人出资的,律师也可一并收集证明债务存在或赠与成立的相关证据;

(5) 若双方当事人可能对待分割房产的市值分歧较大的,律师应尽量了解涉案房产的市场价值的信息,并收集相关证据;

(6) 如有必要,律师可对分割房产目前的居住人情况调取证据,对双方当事人是否另有房产或居住场所进行取证,必要时可到房产所在地物业管理公司、居民委员会等机构取证。

(7) 对于待分割房产有案外人主张所有权的,可告知委托人与案外人可另案诉讼解决,并可将相关物权诉讼判决作为婚姻家庭案件的证据提交。

66.6.4 律师为维护委托人利益可调查了解双方当事人的共同存款情况,即一方或双方名下的银行存款的基本信息,包括存款的开户银行、开户名、账号、大约的存款金额等,如有必要可提前准备好申请法院调查存款信息的书面申请。

66.6.5 律师为维护委托人利益可调查了解双方当事人的股票情况,即一方或双方名下的开户证券公司及股东代码、资金账户开户行及账号、股票交易记录、资金账户交易记录等。

66.6.6 若委托人提供了对方当事人的股票交易、资金账户的具体信息,律师可以准备申请受案法院在中央证券结算(上海、深圳)公司调查,或律师持调查令调查对方当事人的股票交易及相关资金账户的详细信息。

66.6.7 当事人双方或一方以夫妻共同财产出资,但以第三人名义登记或购置的财产,律师可以协助委托人收集相关证据,并征求委托人对该项财产是主张物权还是债权的意见,同时应当向委托人分析是否有必要另外提起物权或债权诉讼。

66.6.8 对于家具、家电情况,律师可建议当事人罗列财产清单,并注明家具电器的品牌、规格、数量、材质,并按照婚前个人财产及婚后共同财产、婚后个人财产分类列明,以便在法院开庭时提供。

66.6.9 若当事人双方或一方持有贵重金属、贵重古玩字画或其他有较大价值的财物,律师可以制订相关表格详细列明,并收集能够证明前述财产权属或价值的证据,并注意做好证据保全工作。

66.6.10 若相关动产容易灭失,或者对方当事人有可能私自转移、隐匿夫妻共同财产,律师可以建议委托人采取公证、摄像、证人证言等证据保全措施。

66.6.11 若当事人拥有车辆,律师可向委托人或车管部门收集行车证、购车合同、购车发票或出资证明相关证据,并调查了解购车时有无贷款、贷款本金、还贷情况、贷款余额、车辆牌照信息、车辆现值等,并询问目前车辆的实际使用人。

66.6.12 律师可向委托人了解当事人双方名下企业投资权益情况,并根据委托人提供的信息到工商行政管理局查询相关企业档案,并调查以下信息:

(1) 企业申请设立的申请人、法定代表人或负责人;

(2) 企业设立时的出资人名册、出资比例、出资方式、注册资金;

(3) 企业年检的会计报告及会计报表,包括资产负债表、现金流量表和损益表;

(4) 企业在工商行政管理局的登记有无变更情况;

(5) 发生婚姻家庭纠纷期间一方有无私自转让企业投资权益情况,有无转移企业资产情况,有无恶意伪造企业债务情况;

(6) 目前该企业的经营状况、市场占有份额及市场前景,以了解作为夫妻共同财产的企业投资权益所对应的市场价值;

(7) 律师在收集以上工商材料时,注意收集企业开立的基本账户和非基本账户信息,以便在需要时进行资金查询;

(8) 律师了解上述信息还可通过其他渠道,比如企业的网站、宣传资料、税务登记部门等。

66.6.13 除上述单列条款外,若双方当事人还存在其他财产或共同债权债务情况,律师应尽力查询,并收集相关证据。

66.6.14 若当事人的财产在国外或港澳台地区,律师应在尽力收集相关证据的基础之上,注意涉案财产所在国、所在地区的国际冲突规范、区际冲突规范,尤其要注意到我国法院的裁判文书在其他国家或地区能否得到承认和执行的风险。

第67条 律师代理同居析产纠纷或同居子女抚养纠纷证据的收集

律师代理同居纠纷,应调查收集证明下列事实的证据:

67.1 同居基本情况:双方当事人同居时间,是否属非法同居,同居期间的相处状况;

67.2 同居期间财产现状:同居期间财产来源及出资情况,财产权属登记情况,使

用现状,双方是否有其他书面约定,是否有债权债务,双方对财产的分割意见;

  67.3 同居期间子女基本情况:子女出生情况,子女过去主要由哪一方照顾抚养,子女现居住状况,子女本人的倾向,同居双方抚养意见及抚养能力,双方有无任何不利于抚养子女的习性或疾病。一方或双方还有无其他继子女、养子女或婚生子女;

  67.4 发生同居纠纷的原因及双方或一方有无过错;

  67.5 双方同居纠纷的主要争议焦点,比如是主要在解除同居关系方面还是财产分割方面,或者是子女抚养权争议方面;

  67.6 了解同居纠纷是否涉及第三人(尤其是合法配偶及子女)的相关权益,以便于律师确定是否要收集相关证据。

第 68 条 律师代理扶养纠纷证据的收集

  律师代理夫妻扶养纠纷,应调查收集证明下列事实的证据:

  68.1 夫妻生活现状,一方当事人是否有遗弃、分居等情节;

  68.2 双方经济收入状况,收集证据证明一方的生活困难状况,以及另一方的扶养能力状况;

  68.3 发生扶养纠纷的原因;

  68.4 确定扶养标准的依据。

第 69 条 律师代理抚养纠纷证据的收集

  律师代理子女抚养纠纷,应调查收集证明下列事实的证据:

  69.1 子女自然人基本情况:包括子女是婚生子女还是非婚生子女,是否属于继子女或养子女;

  69.2 子女成长过程中的基本抚养情况:子女成长过程中由谁抚养照顾,居住现状,子女本人对抚养人的选择倾向;

  69.3 抚养纠纷双方当事人有利于和不利于抚养子女的各种因素;

  69.4 子女抚养费的实际需求及当地一般生活水平;

  69.5 对于离婚后子女抚养权变更纠纷和离婚后子女抚养费变更纠纷,还要了解原离婚方式及要求变更子女抚养权的事实依据;

  69.6 双方当事人的抚养能力及抚养意见。

第 70 条 律师代理赡养纠纷证据的收集

  律师代理赡养纠纷,应调查收集证明下列事实的证据:

  70.1 赡养义务人的基本情况,包括赡养能力;

  70.2 被赡养人的现状及有无其他经济收入来源,有无其他赡养义务人;

  70.3 发生赡养纠纷的原因;

  70.4 被赡养人的赡养需求及其所在地的一般生活水平。

第 71 条　律师代理收养纠纷证据的收集

律师代理收养纠纷,应调查收集证明下列事实的证据:

71.1　收养关系的建立情况,是否签订有收养协议,是否办理收养登记,收养是否有效力等问题;

71.2　收养人对被收养人的实际抚养情况;

71.3　要求解除收养关系的原因;

71.4　被收养人的态度,比如是否同意解除收养关系;

71.5　收养人为抚养养子女所花费的费用和其他付出;

71.6　收养关系建立后,被收养人与生父母的关系及相处方式。

第 72 条　律师代理探望权纠纷证据的收集

律师代理探望权纠纷,应调查收集证明下列事实的证据:

72.1　法院出具的或当事人之间签订的有关抚养权和探望权的生效文书;

72.2　不直接抚养孩子的一方多次要求探望子女的事实;

72.3　直接抚养孩子的一方多次禁止或阻挠对方正常探望子女的事实;

72.4　不直接抚养子女的一方明显不适于继续探望子女的事实。

第 73 条　律师代理婚姻效力或撤销婚姻纠纷证据收集

律师代理婚姻效力或撤销婚姻纠纷,应调查收集证明下列事实的证据:

73.1　当事人一方重婚的事实;

73.2　当事人之间有禁止结婚的亲属关系的情况;

73.3　当事人一方婚前患有医学上认为不应当结婚的疾病,婚后尚未治愈的情况;

73.4　当事人一方或双方目前未到法定婚龄的情况;

73.5　当事人的婚姻登记程序有重大瑕疵;

73.6　一方当事人因胁迫缔结婚姻的证据。

第 74 条　律师代理离婚后的损害赔偿纠纷证据收集

74.1　根据《最高人民法院关于适用〈中华人民共和国婚姻法〉若干问题的解释(一)》第 30 条第 1 款第 2 项的规定在离婚后提起损害赔偿纠纷的,律师应调查收集证明下列事实的证据:

74.1.1　系离婚诉讼案件的被告,在离婚诉讼时答辩不同意离婚;

74.1.2　系在离婚诉讼之后 1 年内提起该损害赔偿诉讼;

74.1.3　当事人系《中华人民共和国婚姻法》(以下简称《婚姻法》)第 46 条规定的无过错方,原配偶存在过错。

74.2　根据《最高人民法院关于适用〈中华人民共和国婚姻法〉若干问题的解释(二)》第 27 条,在婚姻登记机关办理离婚登记手续后,以《婚姻法》第 46 条规定为由向

人民法院提出损害赔偿请求的,律师应调查收集证明下列事实的证据:
  74.2.1 系在离婚登记后 1 年内提出该诉讼;
  74.2.2 当事人系《婚姻法》第 46 条规定的无过错方,原配偶存在过错;
  74.2.3 当事人在协议离婚时没有明确表示放弃离婚损害赔偿请求。

第 75 条 律师代理承认外国法院民事裁决书方面的证据收集
  律师代理承认外国法院裁判文书,可调查收集证明下列事实的证据:
  75.1 申请人的基本情况;
  75.2 出具裁决国法院具有管辖权;
  75.3 该裁决已在国外生效;
  75.4 当事人是否经合法传唤,是否参加庭审,其他程序权利是否公正;
  75.5 外国法院裁决书是否经过公证及认证手续,是否有中文译本;
  75.6 我国与裁决出具国是否有"相互承认民事裁决的司法协助规定"或"互惠原则"。

第 76 条 律师代理申请认可港澳台地区法院的裁决,应按照有关规定准备相应证据,如最高人民法院于 2006 年 3 月 21 号作出的《内地与澳门特别行政区法院关于相互认可和执行民事判决的安排》等。

第 77 条 对于需收集来自境外的证据的案件,若委托人不能自行取得,代理律师可建议委托人委托境外的律师事务所或境外的亲友调查收集。

第三节 调 解

第 78 条 律师代理婚姻家庭纠纷案件,可建议委托人在诉前进行调解,以缩短争议解决时间,减少双方诉累,但诉前与对方调解显然不利于保护委托人合法权益的除外。

第 79 条 律师代理婚姻家庭类案件进行诉前调解,可与委托人制订调解方案和调解进度计划。调解方案可随着案件的进展随时进行适当的调整。

第 80 条 律师在与对方当事人正式联系之前,可与委托人再次确认其意愿,并提醒委托人防止家庭暴力,做好私人证件、财物、工作资料的保存,注意安排好子女生活和学习的正常秩序。

第 81 条 律师代理婚姻家庭纠纷与对方当事人进行初次联系时,一般可告知以下内容:
  81.1 告知委托人已书面委托律师代理某项纠纷的调解;
  81.2 告知律师的姓名、执业机构、地址、联系方式;
  81.3 告知对方当事人律师调解的建议和诚意,表达与对方当事人面谈调解解决纠纷的意愿。

第 82 条 如果对方当事人拒绝与律师就婚姻家庭纠纷进行协商，律师可以建议对方慎重考虑，之后再与对方联系。若再联系时，对方当事人仍然拒绝协商，律师可以考虑根据案件进度，征求委托人意见后，改用书面协商方式或直接提起诉讼。

第 83 条 律师与对方当事人面谈协议有关婚姻家庭纠纷事宜时，可视具体情况建议委托人是否参与。同时应尽量避免双方近亲属有过多人员参与，以防当事人情绪激化及意外事件发生。

第 84 条 律师与对方当事人协商调解时应该在公共场所进行，若非特殊情况，一般不宜到对方当事人住所进行面谈。

第 85 条 与对方当事人协商调解时，律师应注意控制现场气氛，应主动缓和双方紧张情绪。与对方当事人要平等相待，口气温和，态度坦诚，立场适度中立，并说明协议解决争议较诉讼方式的优势，不宜一味强调委托人单方利益，避免引起对方当事人反感。

第 86 条 律师与对方当事人或其代理人协商后，应将调解情况及时告知委托人，并就是否有必要与对方再次沟通或是调整协议的具体内容征求委托人意见。

第 87 条 若经过协商，双方当事人就协议调解事项达成一致意见，律师根据委托代理协议约定的法律服务内容，可协助双方到有关部门办理登记、过户等手续，或应委托人要求代理法院以简易程序审理、以调解方式结案的争议。若原委托代理协议未约定相关事项的，可与委托人协商变更委托代理事项后再确定。

第 88 条 律师与对方当事人进行有关纠纷的调解，应注意时间控制和进度把握，对于双方分歧较大、暂无协议可能的，在征得委托人同意后，可起诉立案。

第三章
立案及开庭前阶段

第 89 条 立案前，对于委托人未主动提出的诉讼请求，而法律明确给予保护的权利内容，如离婚损害赔偿请求、多分财产请求、家务补偿请求、生活困难帮助请求等，律师可主动告知委托人，帮助其明确立案诉求。

第 90 条 律师在立案时，向对方提出离婚损害赔偿时，应当告知委托人以下法律规定：

90.1 符合《婚姻法》第 46 条规定的无过错方作为原告，基于该条规定向人民法

院提起损害赔偿请求的,必须在离婚诉讼的同时提出;

90.2 符合《婚姻法》第46条规定的无过错方作为被告的离婚诉讼案件,如果被告不同意离婚也不基于该条规定提起损害赔偿请求的,可以在离婚后1年内就此单独提起诉讼;

90.3 无过错方作为被告的离婚诉讼案件,一审时被告未基于《婚姻法》第46条规定提出损害赔偿请求,二审期间提出的,人民法院进行调解,调解不成的,告知当事人在离婚后1年内另行起诉。

律师作为离婚案件中被告的代理人,同样也应当告知委托人提出离婚损害赔偿请求的上述法律规定。

第91条 律师在立案前,可以从以下方面检查立案准备工作是否充分:

91.1 确定管辖法院立案时间、法院立案流程是否已了解;

91.2 立案所需材料是否准备齐全,起诉状及委托授权手续是否已由委托人亲自签署,是否已开具律师事务所函;

91.3 确认立案时是否有必要提起财产保全或证据保全,以及相关资料准备工作是否完成;

91.4 本案相关证据材料是否已调查收集完毕,证据清单及证据复印件是否已按法院要求准备;

91.5 双方当事人个人财产及夫妻共同财产清单是否已准备;

91.6 案件诉讼策略方案是否制定;

91.7 立案所需的诉讼费用或其他财产保全费用、担保费用是否已准备;

91.8 其他应该准备的工作是否完成。

第92条 立案时的案由,律师可比照最高人民法院在2008年2月4日发布的《民事案件案由规定》确定。

第93条 委托人为外籍人士、港澳台人士且在国内的,若授权委托书未进行公证、认证,立案时委托人须与律师一同到法院办理立案手续。

第94条 立案时若存在被告即将出境,可能对案件审理造成不利影响的情况,律师可向法院申请限制被告出境。

律师申请限制被告出境,应提交书面申请,并在限制出境申请书上写明申请人、被申请人基本情况、申请限制出境的事实理由、提交必要的相关证据,以及缴纳保证金。

在法院准许的情况下,律师可了解限制被告出入境的时间,以便及时提交延长申请。

第95条 律师单独办理立案手续的,立案后,应尽快告知委托人,并注意将案件受理通知书、应诉通知书、交费票据原件、举证通知书等相关法律文书向委托人转交。

第 96 条 作为被告代理律师,在接到委托人转交的法院送达的起诉书副本及举证通知书后,可首先分析案件的受理法院是否具有管辖权,并征求委托人意见后决定是否提起管辖异议。

第 97 条 作为被告代理律师,还应当审查原告是否具备起诉的主体资格,是否处于离婚诉讼限制期间,若发现有关情况,应告知当事人,并作出请求人民法院驳回原告起诉的答辩意见。

第 98 条 作为被告代理律师,应及时向委托人详细了解案情,明确被告的答辩意见,并整理出书面的答辩状,经与委托人沟通后由其签字确认。

第 99 条 作为被告代理律师,应根据案情需要积极调查收集相关证据,准备证据清单及证据原件、复印件,涉及申请法院调查收集证据的,应当在举证期限届满前 7 日向法院提出书面申请。

第 100 条 若在立案后开庭前,发现被告下落不明的,如委托人坚持继续离婚诉讼,代理律师应及时与法院承办法官联系,并尽快进行公告送达。

第 101 条 若离婚诉讼的委托人为无民事行为能力人,代理律师应及时与其法定代理人联系,并告知法定代理人应当出庭参加诉讼。

第四章
一审诉讼程序

第 102 条 律师在开庭之前,可检查以下几项工作:

102.1 核实开庭时间、地点、审判人员组成等信息,并再次确认是否已告知委托人;

102.2 开庭之前,应对委托人说明庭审程序、每个环节的目的,确定委托人与律师如何分工、配合,说明法官可能询问委托人的问题;

102.3 在开庭前,律师可再次与委托人联系,并确认委托人本人是否亲自出庭。委托人亲自出庭的,提醒委托人携带身份证明、按证据清单顺序排列的证据原件;

102.4 再次检查卷宗材料是否完整、有否遗漏,各种文件是否复印齐备;

102.5 是否已准备好证据目录清单、原件及复印件,是否已按清单顺序装订整理;证据是否已在举证期限内提交、证人是否已妥善安排;

102.6 若有委托人的亲友旁听,应提示携带身份证明,提前告知其旁听规则。对于婚姻案件,律师还要告知委托人的亲友,该案原则上不公开审理的规定;

102.7 与委托人最后确认法庭上的调解方案。

第 103 条 对于没有书面开庭通知的案件,律师可在开庭前主动与法院联系,确认开庭时间,以防止开庭情况有变。

第 104 条 律师开庭前及庭审中,应注意防止委托人和对方当事人之间发生情绪冲突,防止相互指责、打骂事件的发生。若在案件代理过程中双方当事人发生激烈冲突,律师不应参与,并做好保护自身安全的工作。同时律师可提示委托人控制情绪,避免委托人情绪过于激动。若委托人情绪失控,应注意采用适当方式调整,必要时,可申请法官休庭。

第 105 条 离婚案件庭审中,若律师发现对方当事人有下列情形之一,从而导致离婚的,可以建议委托人向法院提出离婚损害赔偿请求:

105.1 重婚的;
105.2 有配偶者与他人同居的;
105.3 实施家庭暴力的;
105.4 虐待、遗弃家庭成员的。

"损害赔偿",包括物质损害赔偿和精神损害赔偿。涉及精神损害赔偿的,适用《最高人民法院关于确定民事侵权精神损害赔偿责任若干问题的解释》的有关规定。

第 106 条 离婚案件庭审中,律师若发现对方当事人隐藏、转移、变卖、毁损夫妻共同财产,或者伪造债务企图侵占委托人财产的,律师可以建议委托人向法院提出对对方当事人少分或不分夫妻共同财产的请求。

第 107 条 若当事人双方书面约定婚姻关系存续期间所得的财产归各自所有,律师发现委托人因抚育子女、照料老人、协助另一方工作等付出较多义务的,离婚案件审理中律师可以建议委托人向另一方当事人请求家务补偿。

第 108 条 在离婚诉讼或变更子女抚养权案件中,若委托人有需要法院确定探望子女具体时间及方式的,律师应在庭审中及时提出。

第 109 条 在代理离婚诉讼时,法官根据庭审程序询问委托人关于案件事实方面的问题时,除非征得法官同意或应委托人强烈要求,律师不宜代为答复。

第 110 条 律师举证时,应按法庭程序安排,向法院逐项举证,并说明证据名称、证据来源及证明内容。

第 111 条 律师在开庭质证时,应当围绕证据的真实性、关联性、合法性,针对证据证明力有无以及证明力大小,进行陈述、说明或辩驳。

律师根据本案庭审情况,如有必要庭后再次调查,向法庭提交新证据的,应当庭申请举证期限。

第112条　律师发表首轮辩论意见之前,应尽量整理辩论提纲。

律师发表辩论意见,应围绕本案争议焦点进行简明扼要的阐述,辩论意见应具备逻辑性和层次性。

律师发表辩论意见后,要注意提示委托人是否陈述补充辩论意见。

第113条　律师在代理离婚诉讼过程中,一方当事人又发生其他诉讼,比如不动产转让诉讼、股权转让诉讼、重婚罪诉讼、债权债务诉讼等,离婚判决要依赖于该诉讼判决结果作依据的,可建议委托人向人民法院申请离婚案的中止审理,待有关诉讼终结后再申请恢复审理。

第114条　律师在庭审中作最后陈述时,应简单扼要、直截了当。

第115条　律师在法院组织的调解中,应尽量听取对方的意见,配合法官调解工作,并注意掌握调解的策略技巧。若双方均有调解意愿,但在法庭上难以当场达成一致意见的,律师可建议双方在休庭期间继续进行庭下调解。

第116条　在诉讼中律师应该掌握,当事人为达成调解协议对案件争议事实的默认,不得在其后的诉讼中作为对其不利的证据。

第117条　律师必须仔细阅读完毕庭审笔录后再签字,同时提示委托人认真阅读笔录内容。律师发现庭审笔录中的错误,应及时与书记员联系,按法院要求进行补充或更正。

第118条　再次开庭前,律师应安排与委托人的会面,向委托人总结上次开庭的情况,说明下一阶段的工作安排,并介绍下次开庭的庭审程序及内容。会谈时建议制作谈话笔录。

第119条　针对上次庭审的情况,律师根据案情需要申请法院调查收集证据的,或者需要申请法院委托有关司法机构进行鉴定、评估的,应及时准备书面调查取证申请、鉴定申请、评估申请,在法律规定的期间向法庭正式递交。

第120条　代理律师确因客观原因不能收集取得的证据,可征得委托人同意后向人民法院申请调查收集有关证据,律师向法院提交有关调查事项的书面申请时,还应告知委托人尽可能提供相关线索,法院将根据本案具体情况及有关规定决定是否同意委托人的申请。

第121条　休庭期间,有庭外调解可能的,律师可应委托人要求与对方及其代理人进行调解或谈判。双方达成调解的,律师应告知委托人可选择法院出具民事调解书的方式或双方签订调解协议书一方撤诉的方式,特别要告知不同结案方式的法律风险,由委托人自行选择。

第122条　庭审结束后,律师应及时向法院提交书面代理意见,并附卷一份。

第123条　一审法院判决书若是律师代收的,应在收到后立即告知委托人,并尽快交付给委托人,律师保留好寄件凭据,或当面请委托人签收,相关书面材料均应入卷。

律师代为领取一审判决的,应征求委托人对判决的意见,明确是否上诉等。并告知委托人上诉方式及期限。

第124条　人民法院作出的生效的离婚判决中未涉及探望权,律师可以建议当事人就探望权问题单独提起诉讼。

第125条　案件审结后,与本案有关的书面往来材料,律师应按照《律师业务档案立卷归档办法》的要求,复印并整理入档保留,电子往来数据、录音录像资料需备份保存,案件结束后,统一装订归档交律师事务所保管。

第五章
二审诉讼程序

第126条　律师在接受二审程序的委托代理时,应明确委托人的上诉请求及对一审判决的具体意见。

第127条　律师未代理一审程序而直接代理二审程序案件,除仔细查阅委托人交付的资料外,应与二审法院在开庭前联系,及时阅卷,复印相关证据材料及庭审笔录,以了解案情。

第128条　律师代理二审案件,应注意有无新证据提交,并注意新证据提交的期限。

第129条　律师在二审开庭前,应仔细阅读一审判决书"经本院审理查明"部分,并与委托人沟通,若有异议应作相应标记以备二审法官查问。

第130条　开庭结束后,律师应该及时提交代理词。

第131条　律师代为签收二审法律文书的,应及时转交委托人,并请委托人签收,或保存好其他交付凭证。

第六章
其他特别程序

第132条　律师承办申请承认外国法院裁决的法律服务事项,应当按照《中华人民共和国民事诉讼法》(以下简称《民事诉讼法》)、《最高人民法院关于适用〈中华人民共和国民事诉讼法〉若干问题的意见》、我国与其他国家签订的关于相互承认民事裁决的司法协助协议、《最高人民法院关于中国公民申请承认外国法院离婚判决程序问题的规定》等司法解释办理。

第133条　若委托人需在我国领域外使用人民法院的判决书、裁定书,要求我国人民法院证明其法律效力的,以及外国法院要求我国人民法院证明判决书、裁定书的法律效力的,代理律师应当在我国法院作出裁决书生效后,要求法院出具书面生效证明。

第134条　对于委托人可能要在境外使用我国法院的裁决书的情况,代理律师可告知委托人,律师可为其提供在国内的代办翻译及公证、邮寄、快递等服务。

第七章
结案后的工作

第135条　律师办理案件过程中,应注意材料的收集、整理和妥善保管。在审判程序结束时,可写出结案报告或办案小结,依照司法部《律师业务档案立卷归档办法》整理案卷归档。

第136条　案件结束后,律师应及时与当事人进行费用清算,移交相关证据材料原件。与案件有关的其他材料若当事人有要求备份的,律师应当复印交付当事人。

第137条　结案后,承办律师可以就裁判文书或调解书的内容征求当事人的评价或意见,若发现当事人有质疑的应予以说明。

第八章
非诉讼业务

第一节　律师代写法律文书

第138条　律师代为起草的《婚前财产约定》可以包含以下几个方面的内容:
  138.1　双方当事人的基本信息;
  138.2　婚前个人财产范围及权属的约定;
  138.3　婚前债权债务范围及性质的约定;
  138.4　婚后可能取得财产的归属的约定;

138.5 婚后可能产生的债权债务的性质约定；

138.6 婚前个人财产与婚后夫妻共同财产转化的条件及方式的约定；

138.7 婚后日常开支承担情况的约定；

138.8 双方父母或其他亲属赠与财产的权属约定；

138.9 因该协议引起的纠纷的解决方案；

138.10 该协议是否附公证等为生效条件。

其他可以列入婚前财产协议的约定内容。

第139条 律师代为起草的《婚内财产约定》可以包含以下几个方面的内容：

139.1 双方当事人的基本信息；

139.2 各自婚前个人财产范围及权属的约定；

139.3 各自婚前产生的债权债务的约定；

139.4 婚后取得的现有财产权属的约定；

139.5 婚后产生的现存债权债务性质的约定；

139.6 签订财产约定后可能取得财产的权属问题的约定；

139.7 签订财产约定后将产生的债权债务的性质的约定；

139.8 签订财产约定后生活费用支出承担方式及比例的约定；

139.9 因该协议引起的纠纷的解决方案；

139.10 该协议是否附公证等生效条件。

其他可以列入婚内财产协议的双方约定。

第140条 律师代为起草的《分居协议》可以包含以下几个方面的内容：

140.1 双方当事人的基本信息；

140.2 引起双方分居的事由；

140.3 双方分居的目的,分居期限的约定；

140.4 双方分居期间,在夫妻关系方面各自的权利义务；

140.5 分居期间,现有财产的使用及处分权利的约定；

140.6 分居期间,各自取得财产的归属问题的约定；

140.7 分居期间,产生的债务的偿还问题的约定；

140.8 分居期间,子女抚养权及抚养费用的约定；

140.9 分居期间,家庭日常开销费用支付的约定；

140.10 分居的终止情形的约定；

140.11 其他可以写入分居协议的事项。

第141条 律师代为起草的《离婚协议》可以包含以下几个方面的内容：

141.1 双方当事人的基本信息；

141.2 双方当事人自愿离婚的合意；

141.3 现有夫妻共同财产范围、如何分割及如何交付履行的约定；

141.4 现有债权归属及债务如何承担的约定；

141.5 子女抚养权归属、抚养费内容、数额及支付方式的约定；

141.6 子女探望时间及方式、子女节假日生活居住安排的约定；

141.7 关于离婚手续办理时间及方式选择的约定；

141.8 关于离婚协议书效力的约定；

141.9 其他可以在离婚协议中列明的事项。

第二节　律师提供其他非诉法律服务

第 142 条　委托人委托律师代为调解婚姻家庭纠纷的，律师与委托人签订法律服务协议时，应当写明调解方式、时间、次数、期限，尤其要告知委托人有可能调解不成的风险。

第 143 条　委托律师代为与对方当事人进行离婚的谈判调解的，律师应当以事实为依据，以法律为准绳，保持适当的客观中立，与双方当事人进行理性的沟通与交流。

第 144 条　律师参与婚姻家庭纠纷居间调解或谈判，建议注意以下问题：

144.1 调解前，律师可充分了解和分析纠纷成因，归纳双方可能存在的争议焦点；

144.2 尽可能组织双方当面沟通，了解双方的真实意愿；

144.3 提前告知委托人所委托事务的风险及可能结果，以促成委托人心态平和，缩小双方当事人差距及心理期望；

144.4 调解时，律师不宜急于求成，适度保持耐心，作好多次调解的各项准备，切忌在调解中加入律师个人的道德评价或出现不文明的用语；

144.5 调解过程中应注意法学、心理学及实践经验的综合运用。

第 145 条　委托人委托律师代为办理协助离婚事项的，律师应在委托代理协议中尽可能详细列明服务事项，可从以下方面着手：

145.1 是否包括起草离婚协议书或其他书面材料；

145.2 是否包括离婚协议书的内容谈判及修改；

145.3 是否包括协议离婚期间对突发事件的处理，比如家庭暴力纠纷的处理；

145.4 是否包括组织双方当事人一起签订离婚协议书；

145.5 是否包括安排双方当事人到婚姻登记机关办理离婚手续；

145.6 是否协助双方当事人进行财物的交接或变更登记手续；

145.7 是否需要律师见证相关协议的签订过程，或者担保财物交接过程。

第 146 条　除前述非诉讼业务外，律师还可从事与婚姻家庭有关的以下业务：

146.1 代办有关协议、文书、证书、裁决书的公证事项;

146.2 担任某位公民、某个家庭、某机构或组织的婚姻家事法律顾问,提供日常法律咨询;

146.3 为公民或机构提供婚姻家庭方面的法律培训或讲座;

146.4 应委托人要求,为其提供婚姻家庭方面的专业调查取证事项;

146.5 应委托人要求,为其提供婚姻家庭财富的法律风险防控的规划配置;

146.6 受律师事务所指派,为当事人的婚姻家庭事项进行见证;

146.7 应委托人要求,就某一纠纷向其他当事人或有关机构出具书面律师函;

146.8 其他非诉讼法律业务。

附 则

第147条 本指引根据2008年12月31日以前的法律、法规等规定,结合相关司法操作实践编写,若本指引公布后,法律、法规、司法解释有新规定的,应以新的规范为依据。

(本指引由全国律协民事专业委员会负责起草,主要执笔人:王 芳 贾明军)

中华全国律师协会
律师承办海商海事案件业务操作指引

目 录

总 则 / 738

第一章 接受委托 / 738

第二章 律师代理海商海事诉讼案件的一般事项 / 740
  第一节 诉前准备 / 740
  第二节 调查取证 / 741
  第三节 起诉和应诉 / 742
  第四节 一审庭审 / 743
  第五节 二审庭审 / 745
  第六节 再审庭审 / 745
  第七节 和解、调解 / 746

第三章 律师代理具体类型的海商海事诉讼案件 / 746
  第一节 海上货物运输案件 / 746
  第二节 沿海、内河水路货物运输案件 / 750
  第三节 海上保险合同案件 / 751
  第四节 船舶碰撞案件 / 752
  第五节 海上人身伤亡案件 / 753
  第六节 船舶油污案件 / 754
  第七节 海事赔偿责任限制基金案件 / 755
  第八节 其他海商海事诉讼特别程序案件 / 756

第四章 律师代理海商海事仲裁案件 / 760

第五章 律师代理海商海事执行案件 / 761

附 则 / 763

总 则

第 1 条 为了指导全国律师从事海商海事法律服务业务,规范律师办理海商海事案件的执业行为,根据中华人民共和国有关法律、法规,遵循国家司法行政机关和中华全国律师协会制定的律师执业规则,制定本指引。

第 2 条 律师承办海商海事案件,应当坚持以事实为根据、以法律为准绳的原则,勤勉尽责,恪守律师职业道德和执业纪律,维护法律的正确实施。

第 3 条 律师承办海商海事案件,应当依据当事人的委托,在委托权限内依法履行代理职责,诚实守信、审慎及时、积极维护委托人的合法权益。

第 4 条 律师承办海商海事案件,应当保守国家秘密和委托人的商业秘密、个人隐私。

第 5 条 律师承办海商海事案件,应当尊重同行、公平竞争,不得在公开场合、传媒或法庭上谩骂,或者发表贬低、诋毁、损害同行声誉的言论。

第一章
接 受 委 托

第 6 条 律师承办海商海事案件,由律师事务所统一接受委托,律师事务所应当与委托人签订书面委托合同,明确委托代理事项。

律师不得私自接受委托。

第 7 条 律师事务所接受委托时,应当审查证明委托人主体资格的有关材料。发现委托人不具备相应的诉讼主体资格时,应向其说明情况进行变更。

第 8 条 律师事务所有权依正当理由决定是否接受委托。律师事务所接受委托后,无正当理由不得拒绝代理,但承办律师发现委托事项违法、委托人隐瞒事实或者委托人提出不合理要求致使律师无法正常履行代理职责的除外。

第 9 条 有下列情形之一的,律师事务所不得接受委托:

9.1 已经接受同一案件中对方当事人或者第三人委托的;

9.2 已经在一审程序担任一方当事人的代理人,二审程序或者再审程序对方当事人委托的;

9.3 具有违反《律师执业避免利益冲突规则》的规定,不能接受委托的其他情形。

第 10 条 符合收案条件的,经过律师事务所主任或者主任授权的负责人员同意后,办理委托手续。委托手续包括以下内容:

10.1 律师事务所与委托人签署委托代理合同一式两份,一份交委托人,一份交承办律师附卷存档;

10.2 委托人签署授权委托书和风险告知书。

第 11 条 律师事务所与委托人签订委托代理合同及委托人签署授权委托书时,应当记明具体的委托事项和权限,委托权限应注明是一般授权还是特别授权。变更、放弃、承认诉讼请求和进行和解,提起反诉、上诉和再审,转委托,签收法律文书,领取标的物、接收款项和费用等,应当有委托人的特别授权。

第 12 条 律师事务所接受委托后,应当办理收案登记,编号建立卷宗。

第 13 条 律师事务所应当指派执业律师承办案件。律师事务所应向委托人介绍指派的律师,并取得委托人的同意。律师事务所应当尽可能满足委托人的指名委托要求。

第 14 条 承办律师发生变更时,应当及时告知委托人,委托人同意变更的,应当办理变更委托手续。

第 15 条 未经委托人同意,律师事务所不得将案件转委托给其他律师事务所。

第 16 条 接受外国当事人委托代理海商海事诉讼案件的,律师应当根据《民事诉讼法》第 242 条的规定审查授权委托书是否经所在国公证机关证明,并经中华人民共和国驻该国使领馆认证,或者履行中华人民共和国与该所在国订立的有关条约中规定的证明手续。接受香港、澳门、台湾地区当事人委托的,律师应审查授权委托书是否已履行相关的证明手续。

第 17 条 律师事务所接受委托后,承办律师应当要求委托人提供案件证据材料的复印件、复制件,同时核对原件,并将原件及时交还委托人妥善保管;收取原件的,要制作证据清单,由委托人、律师签字附卷。

第 18 条 律师在承办海商海事案件过程中,应当注意材料的收集、整理和妥善保管。在委托事项结束时,应写出结案报告或者其他结案文书,依照司法部《律师业务档案立卷归档办法》整理案卷归档。

第二章
律师代理海商海事诉讼案件的一般事项

第一节 诉前准备

第19条 接受委托后,律师应当仔细审阅委托人提供的案件证据材料,并分析以下问题:

19.1 案件的基本事实和争议事项;

19.2 与案件有关的法律、法规、司法解释和相关案例;

19.3 案件的管辖权;

19.4 案件的法律适用;

19.5 案件的诉讼时效;

19.6 当事人的各项权利和义务;

19.7 可行的诉讼请求或者答辩要点;

19.8 是否起诉或者反诉;

19.9 是否需要采取海事请求保全和海事证据保全措施;

19.10 需要收集的证据材料等。

第20条 律师审查案件的管辖权主要从以下方面进行分析:

20.1 是否属于海事法院受理范围;

20.2 有无协议管辖条款及其效力;

20.3 有无书面仲裁条款或者仲裁协议及其效力;

20.4 提单有无并入条款及其效力等。

第21条 律师审查案件的法律适用主要从以下方面进行分析:

21.1 案件是合同纠纷还是侵权纠纷;

21.2 有无法律适用条款以及是否违反海商法的强制性规定;

21.3 是否应适用与案件事实有密切联系的国家或者地区的法律等。

第22条 律师审查案件的诉讼时效应注意《海商法》规定的不同案由的时效期间和时效中止、中断的情形。

第23条 律师应当围绕本指引第19条所列问题向委托人提供初步的法律意见。在论述法律意见时应紧密结合法律、法规分析利弊,做到有理有据、全面客观,并对需要采取的措施提出建议。

第 24 条 被告律师经审查认为法院管辖不当时,应当告知国内委托人可以在接到法院应诉通知书之日起 15 日内,国外委托人在接到法院应诉通知书之日起 30 日内,以书面形式向法院提出管辖权异议。

第 25 条 律师应当向委托人说明其法律意见仅供委托人参考,律师不应就案件处理的前景或者结果作出任何承诺或者保证。

第 26 条 原告律师应当建议委托人调查对方当事人的资信和财产状况,并和委托人讨论是否有必要向法院申请海事请求保全、其他财产保全、海事证据保全以及海事强制令等。

第二节 调 查 取 证

第 27 条 律师应当根据案件需要协助委托人依法调查、收集证据材料。

第 28 条 律师应当注意,以违反法律禁止性规定或者侵犯他人合法权益的方法取得的证据,不能作为认定案件事实的依据。

第 29 条 律师调查取证应当取得证据的原物、原件,或者经过公证与原物、原件核对无误的复制品,并明确其来源。

第 30 条 律师向证人调查取证应取得证人的书面证言。证人证言应当载明证人的身份、与本案当事人的关系、所要证明的事实。证人应在证言的结尾特别载明其已知晓伪证的法律责任并保证证言中的陈述属实。

证人证言附上证人的身份证明材料,由证人签名、盖章或者按指纹确认。如证人为外籍人士,还应当为其办理证明身份及签名真实性的相关公证手续。

有关单位出具的证明材料,应由该单位加盖单位印章。

第 31 条 律师调查、收集与本案有关的材料,可以制作调查笔录。调查笔录应当载明调查人、被调查人、被调查人与本案当事人的关系、调查时间、调查地点、调查内容、记录人等基本情况。调查笔录制作完毕后,应交由被调查人阅读或者向其宣读,并由调查人、被调查人、记录人签名、盖章或者按指纹确认。

被调查人应在签署调查笔录的同时,特别载明笔录内容与本人的陈述一致。

第 32 条 委托人和律师因客观原因无法自行收集的证据,律师应建议委托人在举证期限届满前 7 日,书面向法院申请调查取证。

第 33 条 在证据可能灭失或者以后难以取得的情况下,律师应当及时建议委托人向法院或者公证机关申请海事证据保全。

第 34 条 需要勘验、鉴定物证或者现场的,律师应当及时建议委托人聘请有资质的专业检验人员、专家辅助人、鉴定机构，或者在举证期限内向法院申请进行勘验、鉴定。

第 35 条　因客观原因无法在法院指定的举证期限内取得有关证据的，律师应代委托人在举证期限届满前向法院提出延期举证的书面申请。

第 36 条　律师对调查、收集的证据应重点从以下几个方面进行审查：
　　36.1　证据的来源；
　　36.2　证据的内容和形式；
　　36.3　证据所要证明的事实和本案的关联性；
　　36.4　证据是否能相互印证；
　　36.5　证据的合法性和真实性等。

第三节　起诉和应诉

第 37 条　原告律师应当以事实为依据、以法律为准绳，代为起草起诉状并在诉讼时效期间内向法院提起诉讼。对于已过诉讼时效的案件，如果委托人要求向法院提起诉讼，律师应当向委托人进行特别说明，告知可能的法律后果，并将该事项写入委托合同。

律师代为起草的起诉状内容应当经委托人确认。一套完整的起诉材料应包括起诉状正本一份、与被告数量相同的副本若干份，表明身份的材料（包括身份证、营业执照、法定代表人身份证明书、授权委托书等）。

律师或者委托人向法院提交起诉状时应同时提交支持基本事实和诉讼请求的基本证据材料。

第 38 条　在接到法院的受理案件通知书后，律师应当通知委托人及时交纳诉讼费，并告知相应的法律后果。

第 39 条　律师办理涉外海商海事诉讼案件的，应当注意《民事诉讼法》、《中华人民共和国海事诉讼特别程序法》（以下简称《海事诉讼特别程序法》）以及《最高人民法院关于涉外民事或商事案件司法文书送达问题若干规定》中规定的送达程序。

第 40 条　接受被告委托后，律师应根据委托人提供的材料以及案件需要到法院查阅并复制案卷材料，并重点审查以下事项：
　　40.1　原告的起诉是否符合法律规定的受理条件；
　　40.2　受案法院是否具有管辖权；
　　40.3　起诉时是否已经超过诉讼时效期间等。

第 41 条　被告律师经初步审查，认为案件不属于受诉法院管辖的，应及时告知被告可以在法院指定的答辩期间内提出书面管辖权异议。一旦提出管辖权异议，就不应再就任何实体问题进行答辩。

第 42 条 被告律师应认真分析案情、调取证据,作好答辩准备,并代为起草答辩状,针对原告诉讼请求、事实和理由,陈述答辩的事实,提出明确的答辩主张并阐明相应的理由和法律依据。如有必要,还应随答辩状提交支持答辩理由的相关证据。

答辩状应当在被告收到起诉状副本后规定的时间内向法院提交。如需延期,应在规定期间内向法院提交书面延期答辩申请。

第 43 条 律师应当提醒委托人及时申请证人出庭,并在征得委托人同意后,在举证期限届满 10 日前对己方拟出庭的证人、鉴定人以及专家向法院申请出庭。对于己方确有困难不能出庭的证人、鉴定人以及专家等,应在举证期限届满 10 日前向法院申请免予出庭。

第四节 一审庭审

第 44 条 律师调查、收集的证据应在法院指定的举证期限内提交法院。律师在质证前向法院提交证据的,一般可提交复印件,但当庭质证时应当出示证据原件供对方当事人及法庭核对。

法院收取证据原件时,律师应要求承办法官或者书记员进行签收并出具收据。

第 45 条 律师应当对委托人拟提交法院的证据进行审查,并对该证据进行整理归类和编制证据目录。证据目录应写明证据形式、证据来源、证据页数、证据内容以及所要证明的事实。

第 46 条 对于法院许可出庭的己方证人、鉴定人以及专家,律师应提前通知他们携带身份证明和其他必要的文件、材料准时到庭,并告知出庭应注意的事项。

第 47 条 律师应全面认真地研究对方当事人提交的证据,并围绕以下几个方面提出质证意见:

47.1 是否已过举证期限;
47.2 是否有原件、原物核对;
47.3 在境外形成的证据是否依法办理相应的公证认证手续;
47.4 证据是否真实可信;
47.5 证据是否和本案有关联;
47.6 证据的来源是否有合法性;
47.7 是否和本案其他证据相互矛盾或者不一致;
47.8 证据的证明力;
47.9 证据的充分性等。

第 48 条 需要调查、收集反驳证据的，律师应向法院提出提交反驳证据的书面申请。

第 49 条 开庭前，律师应征求委托人是否对合议庭组成人员提出回避申请以及有无提出回避申请的理由。

第 50 条 律师接到开庭通知书后应当按时出庭，如有正当理由因故不能出庭的，应当及时与法院联系，申请延期开庭。

第 51 条 律师应当根据有关案件材料作好开庭准备，准备法庭陈述和向证人发问的提纲等。

第 52 条 律师出庭参加诉讼或者仲裁，必须按规定出示律师执业证，提交与授权委托书和执业证一致的律师事务所指派函或者出庭函。

第 53 条 法庭在核对当事人身份时，律师有权对对方当事人及其代理人的身份提出异议。

第 54 条 法庭调查开始后，原告律师应陈述起诉事实，讲明具体诉讼请求和理由；被告律师应陈述反驳事实和理由，提起反诉的，讲明具体请求和理由。

第 55 条 律师认为法庭归纳的争议焦点有遗漏或者错误时，应及时提出修改和补充意见。

第 56 条 在法庭调查过程中，律师应当认真记录，作好向其他当事人、证人、鉴定人发问的准备，完善庭前准备的各项调查提纲。

第 57 条 律师应当充分重视对鉴定人和鉴定结论的质证。律师应从以下方面进行审查：

57.1 鉴定人的资格；
57.2 鉴定人与双方当事人的关系；
57.3 鉴定的依据和材料；
57.4 鉴定人所在单位的资质；
57.5 鉴定的设备和方法；
57.6 鉴定结论是否具有科学性和明确性；
57.7 鉴定的程序等。

律师应对该鉴定结论发表看法，认为鉴定结论不能成立或者不完整的，可以申请重新鉴定或者补充鉴定。

第 58 条 在法庭辩论过程中，律师发现案件某些事实未查清的，可以申请恢复法庭调查。

第 59 条 在庭审过程中，发现审判程序违法，律师应当指出，并要求立即纠正，以维护委托人和代理人的诉讼权利。

第 60 条 休庭后,律师应当认真阅读庭审笔录,如有遗漏或者差错,应当申请补正。

第 61 条 休庭后,律师应按法庭要求及时提交代理词。

第五节 二 审 庭 审

第 62 条 律师接受二审当事人的委托后,应当及时研究一审案卷材料,并重点审查以下内容:

62.1 一审认定事实是否清楚、完整,有无前后矛盾;

62.2 一审证据是否充分、确凿,有无未经质证的证据作为判决、裁定的依据;有无不该采信的证据被采信、该采信的却没有采信的情形;证据相互之间有无矛盾;

62.3 一审认定的事实与判决、裁定的结果是否具备必然的逻辑联系;

62.4 一审适用法律是否得当,适用的法律条文与案件性质、主要事实是否一致,有无适用已经废止的行政法规、地方性法规及司法解释;

62.5 一审程序有无影响案件正确判决的违法情况等。

律师应围绕上述审查内容向委托人提供法律意见。一审败诉或者诉讼请求未得到支持的,还应及时给予是否提出上诉的建议。

第 63 条 律师接受委托后,应当代为起草上诉状或者上诉答辩状,并在法院规定的期间内提交法院。

上诉方律师应告知委托人按照法院的要求及时缴纳上诉费用。

第 64 条 律师代理简易程序案件的二审程序时需注意,根据《最高人民法院关于适用简易程序审理民事案件的若干规定》,当庭审判的案件,当事人在指定期间内领取裁判文书之日即为送达之日;定期宣判的案件,定期宣判之日即为送达之日。

第 65 条 律师应当根据一审情况,及时做好证据补救工作,尽量收集并提交支持本方主张的新证据。

第六节 再 审 庭 审

第 66 条 律师接受再审当事人的委托后,应当及时研究案卷材料,对于已经生效的判决、裁定书,律师应着重审查以下内容:

66.1 是否有新的证据,足以推翻原判决、裁定;

66.2 原判决、裁定认定事实的主要证据是否充分;

66.3 原判决、裁定适用法律是否正确;

66.4 法院是否违反法定程序,可能影响案件正确判决、裁定;

66.5 审判人员在审理案件时是否贪污受贿、徇私舞弊、枉法裁判。

第 67 条 对于已经发生法律效力的调解书,律师应着重审查是否有证据证明调解违反自愿原则或者调解协议的内容违反法律规定。

第 68 条 律师接受委托后,可以代为起草再审申请书或者再审答辩状。

再审申请方律师应当注意,再审申请应在判决、裁定、调解发生法律效力后二年内向原审法院或者上一级法院提出。

第 69 条 再审申请方律师在向法院提出再审申请的同时应向法院提出请求中止原判决或者调解执行的书面请求。

第七节 和解、调解

第 70 条 律师可以在诉前、一审、二审以及再审过程中向委托人提出和解的建议和方案,并说明理由。

第 71 条 律师在向委托人提出和解的建议和方案时,应考虑以下几个方面的事项:

71.1 双方当事人证据、主张的强弱;

71.2 案件胜败的前景判断;

71.3 诉讼成本;

71.4 案件对委托人利益的其他影响等。

第 72 条 律师应当在代理权限内参与调解、和解。未经特别和明确授权的,不能对委托人的实体权利进行处分。

第三章
律师代理具体类型的海商海事诉讼案件

第一节 海上货物运输案件

第 73 条 律师接受海上货物运输纠纷当事人的委托后,应审查案件的类型,并确定不同的具体案由:

73.1 货损货差纠纷;

73.2 无单放货纠纷;

73.3 倒签或者预借提单纠纷;

73.4 迟延交付纠纷；

73.5 运输费用纠纷；

73.6 航次租船合同纠纷；

73.7 多式联运合同纠纷；

73.8 其他货运纠纷。

第 74 条　律师在审查确定海上货物运输纠纷案件的案由时还应明确：

74.1 本案是合同纠纷还是侵权纠纷，或者合同与侵权竞合；

74.2 本案是国内水路货物运输纠纷还是国际海上货物运输纠纷。

第 75 条　律师在处理海上货物运输货损货差纠纷案件时应注意收集、整理以下证据：

75.1 提单、运单或者其他运输单证；

75.2 货损货差的证明、估损鉴定书、理货报告、现场检验报告；

75.3 发票、海关报关单、买卖合同等有关货物价值的证明；

75.4 涉案运费金额证明、交纳货物保险费的证明；

75.5 相关航海日志记录、气象资料、船舶适航证书以及适货证书；

75.6 事故记录、海事声明以及船员证词；

75.7 货物内容及特性；

75.8 装货港货物状况、数量、重量的证明等。

经委托人同意，律师应争取和鉴定人员、公证员、检验师一起在第一时间赴事故现场调查取证。

第 76 条　律师处理海上货物运输货损货差纠纷案件时，应对下列问题进行审查：

76.1 是否已过诉讼时效；

76.2 查明主要法律关系，确定托运人、承运人、收货人、提单持有人；

76.3 查明货损货差的原因，并判断是否属于承运人法定的免责事项；

76.4 货损货差是否发生在承运人的责任期间内；

76.5 提单、运单或者其他类似运输单证是否有关于货损货差的批注及其效力；

76.6 开航前和开航当时承运人是否谨慎处理使船舶适航、货舱适货；

76.7 承运人有无管货过失；

76.8 是否存在不合理绕航；

76.9 承运人过失和货损货差之间是否有因果关系；

76.10 承运人是否可以享受责任限制等。

律师处理海上货物运输散货货差纠纷时还应特别考虑货物的自然特性、计重方法的不同以及计量行业规范所允许的合理误差。

第 77 条　律师处理海上货物运输无单放货纠纷案件应注意收集、整理以下证据：

77.1 提单；
77.2 货物交付的证明；
77.3 载货集装箱的动态；
77.4 发票、海关报关单、买卖合同等有关货物价值的证明；
77.5 托运人、承运人关于货物交付方面的往来文件；
77.6 托运人、收货人关于提取货物和支付货款方面的往来文件；
77.7 货款损失的证明等。
律师应确认原告是否持有全套正本提单。

第 78 条 律师处理海上货物运输无单放货纠纷案件时,应对下列问题进行审查：
78.1 是否已过诉讼时效；
78.2 原告是否享有诉讼权；
78.3 被告是否为承运人,或者虽非承运人,但其对原告的损失应承担过错责任；
78.4 被告如果是无船承运人,应注意其是否已经在交通运输部进行提单登记并缴纳保证金；
78.5 涉案提单是否为记名提单,提单是否约定管辖以及法律适用；
78.6 原告是否同意或者认可被告的无单放货行为；
78.7 无单放货所在地有无到港货物必须交付当地海关或者港口当局的强制性法律规定；
78.8 涉案货款是否已经外汇核销；如果已经核销,是否属于滚动核销或者批次核销等。

第 79 条 律师处理倒签或者预借提单纠纷案件应注意收集、整理以下证据：
79.1 涉案提单、信用证、买卖合同；
79.2 大副收据、装货时间记录、理货单、装货计划、积载图等装货文件；
79.3 有关货物价值的证明；
79.4 处理货物的证明等。
律师应建议委托人向有资质的价格认证机构取得处理货物时市场价格的鉴定报告。

第 80 条 律师处理倒签或者预借提单纠纷案件,应对下列问题进行审查：
80.1 是否已过诉讼时效；
80.2 本案是合同之诉还是侵权之诉；
80.3 涉案提单是否存在倒签或者预借的事实；
80.4 原告是否采取了措施尽量避免或者减少货物损失；
80.5 货物的处理价格是否合理；
80.6 诉争的货物损失是否和倒签、预借提单之间存在因果关系等。

第 81 条　律师处理海上货物运输合同迟延交付纠纷案件应注意收集以下证据：
　　81.1　提单、托运单、运输合同、运输业务往来函电等文件；
　　81.2　实际交付货物的证据；
　　81.3　收货人就迟延交付造成的经济损失向承运人提交的任何书面通知；
　　81.4　经济损失的证据：市场损失应有应当交付时和实际交付时同类产品的市场价格证明，违约金损失应有转售合同，工厂停工待料损失应有工厂停工前后一至三个月的利润及审计报告；
　　81.5　迟延交付原因的证明等。

第 82 条　律师处理海上货物运输合同迟延交付纠纷案件时，应对下列问题进行审查：
　　82.1　是否已过诉讼时效；
　　82.2　是否有原告与承运人就货物运输时间达成的明确约定；
　　82.3　迟延交付是否因承运人可免责的事由引起；
　　82.4　经济损失是否合理、是否与迟延交付间存在因果关系；
　　82.5　承运人是否可以享受责任限制等。

第 83 条　律师处理海上货物运输费用纠纷案件应注意收集以下证据：
　　83.1　和运输有关的合同、托运单、提单、运单等运输单证；
　　83.2　本案已付运输费用的发票、支付凭证；
　　83.3　运价表、运价协议、费用确认函等有关运输费用金额的证明；
　　83.4　欠付运输费用时间的证明等。

第 84 条　律师处理海上货物运输费用纠纷案件，应对下列问题进行审查：
　　84.1　是否已过诉讼时效；
　　84.2　本案争议标的是海运费、滞箱费还是代理代垫费用或者其他费用；
　　84.3　案件的主体是否适格；
　　84.4　运输费用的计算标准和方法；
　　84.5　运费是预付还是到付；
　　84.6　承运人是否有对货物的留置权等。

第 85 条　律师处理航次租船合同纠纷案件应注意收集以下证据：
　　85.1　航次租船合同、租船确认书等合同文件；
　　85.2　提单、大副收据等运输单证；
　　85.3　积载图、装卸事实记录等装卸货文件等。

第 86 条　律师处理航次租船合同纠纷案件，应对下列问题进行审查：
　　86.1　是否已过诉讼时效；
　　86.2　航次租船合同的成立、生效及其主体；

86.3 航次租船合同的管辖和法律适用;

86.4 合同内容是否违反法律的强制性规定;

86.5 滞期费、亏舱费的产生原因和计算等。

第二节 沿海、内河水路货物运输案件

第 87 条 律师接受沿海、内河水路货物运输纠纷案件当事人的委托后,应注意收集以下证据:

87.1 水路货物运输合同以及证明合同成立或者与合同内容有关的委托书(含转委托书)、信件、数据电文(包括电报、电传、传真、电子数据交换和电子邮件);

87.2 运单或者托运人随附在运单上的单证;

87.3 收货人签发的收据;涉及集装箱运输的,应收集集装箱箱单以及交接单证;

87.4 如发生货物损坏、灭失,应收集货运记录或者理货报告、买卖合同、商检报告以及证明损失情况的其他证据;

87.5 如发生货物迟延交付,应收集有关迟延交付的合同依据和迟延交付事实的证据材料;

87.6 涉及运费和滞箱费纠纷的,应提供有关运价表、运价协议、确认运费的函电、传真、已付运费发票、提箱单、交箱单、滞箱费计算和付费的有关约定等证据;

87.7 船舶适航和适货的有关证据;

87.8 承运人准予营运的证明文件(如水路运输许可证、水路运输服务许可证等);托运人依据法律、法规应当交付的准予运输的证明文件等。

第 88 条 律师代理沿海、内河水路货物运输纠纷案件,应对以下问题进行审查:

88.1 是否已过诉讼时效,应注意《最高人民法院关于如何确定沿海、内河货物运输赔偿请求权时效期间问题的批复》中1年诉讼时效的特别规定;

88.2 当事人之间的法律关系,并正确认定托运人、承运人、实际承运人、收货人及各方可能承担的法律责任;

88.3 事故发生地、船籍港所在地、合同签订地等是在内河干流水域还是支流水域,并正确认定管辖法院;

88.4 船舶是否适航、适货,以及是否存在承运人免责的事项;

88.5 当事人之间有无权利义务的特别约定;

88.6 货物的种类(包括活动物和托运人自备集装箱、货盘或者类似的装运器具)、运输方式以及交接情况,应注意《国内水路货物运输规则》对不同货物种类和运输方式下货物的交接责任等作出的特别规定;

88.7 对于货损货差案件,应查明货损货差发生的责任期间、承运人是否可以免责、托运人有无过错,以及货物的自然属性;

88.8 对于迟延交付案件,应查明双方有无迟延交付和赔偿损失的约定、迟延交付的原因与损害结果是否存在因果关系,以及承运人是否可免责;

88.9 对于涉及航次租船运输、集装箱运输或者单元滚装运输的案件,应注意《国内水路货物运输规则》第六、七、八章的特别规定等。

第89条 律师处理沿海、内河水路货物运输纠纷案件时,应充分考虑总吨不满300吨的船舶、从事中华人民共和国港口之间的运输的船舶,以及从事沿海作业船舶依据《关于不满300总吨船舶及沿海运输、沿海作业船舶海事赔偿限额的规定》可能享有的海事赔偿限额的特别规定。

第三节 海上保险合同案件

第90条 律师接受海上保险合同纠纷案件当事人的委托后,应注意收集以下证据:

90.1 保险合同及保险单;

90.2 权益转让证书和保险赔款支付证明;

90.3 保险事故发生原因的证据材料;

90.4 保险标的损失的证据材料等。

第91条 律师处理海上保险合同纠纷案件时,应对下列问题进行审查:

91.1 涉案事故是否属于约定的海上事故,即是属于约定的海上或者与海上航行有关的发生于内河或者陆上的事故;

91.2 被保险人是否有可保利益;

91.3 保险事故是否发生在保险期间;

91.4 保险责任及除外责任;

91.5 保险责任事项是否为保险事故发生的近因;

91.6 是否为足额保险;

91.7 被保险人是否违反告知义务、保证义务或者施救义务;

91.8 被保险人是否已经从第三人处得到赔偿等。

第92条 律师处理海上保险代位求偿纠纷案件时,被保险人已向造成保险事故的第三人提起诉讼的,应当注意保险人是否已向法院申请变更当事人或者请求作为共同原告参加诉讼,并向法院提交已支付保险赔偿的凭证和参加诉讼应当提交的其他文件。

第93条 律师处理海上保险合同以及相关纠纷案件时,应当正确适用《中华人民共和国海商法》(以下简称《海商法》)、《中华人民共和国保险法》(以下简称《保险法》)以及《中华人民共和国合同法》(以下简称《合同法》)等其他法律规定,通常应首先适用《海商法》的规定.海商法没有规定的 适用《保险法》的有关规定.《海商法》《保险法》

均没有规定的,适用《合同法》等其他相关法律的规定。

第94条　对不属于海上事故的港口设施及码头等作为保险标的的保险合同纠纷等,律师应当正确适用《保险法》等法律的规定。

第四节　船舶碰撞案件

第95条　律师接受船舶碰撞案件当事人的委托后,应当迅速了解有关碰撞情况,要求对方及时提供担保。如果对方不能及时或者不提供担保,律师可以在征询委托人后,向海事法院申请扣押船舶,并请求法院责令对方提供充分可靠的担保。

第96条　律师应当收集、整理有关证据,并根据情况在诉讼或者仲裁前向海事法院申请保全船上的证据文件,主要包括:

96.1　船舶所有权证书、船舶国籍证书、船级证书、船体及轮机适航证书、船舶安全设备证书、吨位证书、船舶抵押登记证书、船员适任证书、最低配员证书等碰撞船舶的主要证书;

96.2　航海日志、轮机日志、车钟记录、航向记录、海图等碰撞船舶的主要文件;

96.3　舱单、货物运单或者提单等运输单据及船上往来文件;

96.4　船舶交通管理系统对碰撞经过的雷达监测记录;

96.5　海事行政主管机关对碰撞船舶船员的询问笔录以及调查报告等。

如有必要,律师可要求委托人组织公司总船长召开案情咨询会议,以了解事故的真实情况和评估事故双方的责任。

第97条　律师在提起诉讼前,应当协助委托人依法确定适格的被告,并分析利弊,确定案件的管辖法院。

第98条　律师在处理船舶碰撞纠纷案件时应正确处理本案的法律适用,并注意《中华人民共和国海商法》第八章的规定不适用于内河船舶之间发生的碰撞。对于发生在内河的船舶碰撞纠纷案件,律师还应对下列问题进行审查:

98.1　当事船舶中是否有海船;

98.2　当事船舶的营运许可证明文件,如水路运输许可证、水路运输服务许可证等;

98.3　事故发生的地点是在内河的干流水域还是支流水域(可能涉及不同的管辖法院和法律适用);

98.4　当事船舶是否遵守有关内河航道分道通航(含三峡库区)、分边通航、控制河段航行、干支流交汇水域航行的特别规定;

98.5　当事人船舶是否遵守有关超长、超重、超大货物以及危险品准运的特别规定等。

第 99 条 接受委托后,律师代为提起诉讼或者答辩时,应当要求委托人如实填写"海事事故调查表",并告知委托人向法院提交"海事事故调查表"后,不能推翻其在"海事事故调查表"中的陈述。

第 100 条 律师在处理船舶碰撞纠纷案件时应当充分考虑委托人可能依法享有的海事赔偿责任限制的抗辩权利,并向委托人建议是否设立海事赔偿责任限制基金。

第 101 条 律师应当在海事法院规定的交换证据期限前完成举证,包括委托人填写的"海事事故调查表"和有关船舶碰撞的事实材料。完成举证后,律师可以向海事法院申请查阅有关船舶碰撞的事实证据材料。

第 102 条 对于船舶碰撞案件中的专门性问题,律师可以向海事法院申请委托鉴定人进行鉴定。在征得委托人的同意后,律师也可以自行委托有资质的相关部门进行鉴定。

律师可以向海事法院申请由一至二名具有专门知识的人员出庭就船舶碰撞案件中的专门性问题进行说明。

第 103 条 对于海事法院委托的鉴定部门作出的鉴定结论,律师应充分重视并认真审查,需要重新鉴定的应及时向法院提出申请。

第 104 条 律师应当委托由国家授权或者其他具有专业资格的机构或者个人进行船舶检验、估价,以确定船舶的碰撞损失。

第五节 海上人身伤亡案件

第 105 条 律师接受海上人身伤亡案件当事人的委托后,应对下列事项进行审查:
　　105.1 索赔主体是否适格,在受害人死亡的情况下,索赔主体是否为合法继承人;
　　105.2 被告是否适格;
　　105.3 是否超过诉讼时效等。

第 106 条 律师应当正确理解和适用法律、法规和司法解释,正确确定海上人身伤亡的索赔诉由、赔偿范围、标准和计算方法,并充分考虑各当事方依据《最高人民法院关于审理涉外海上人身伤亡案件损害赔偿的具体规定(试行)》或者《中华人民共和国港口间海上旅客运输赔偿责任限额规定》可能享有的赔偿责任限额的权利。

第 107 条 律师应当考虑合同、侵权以及工伤保险等各种法律关系,并同委托人协商、分析利弊,以确定本案中责任人应当承担合同责任、侵权责任还是工伤保险责任。

第 108 条 律师可以向海事法院申请委托鉴定人对受害人伤残等级和护理依赖程度进行鉴定。在征询委托人后,律师也可以自行委托有关部门进行鉴定。

第 109 条 受害方律师可以根据委托人的要求以及《民事诉讼法》等法律、法规规定的有关条件,代其向法院提出先予执行的申请。

第六节 船舶油污案件

第 110 条 律师接受船舶油污案件当事人的委托后,应当迅速了解情况,船方律师应要求委托人及时通知船舶保险人或者船东互保协会,建议委托人及时采取有效措施减少海洋环境污染。

第 111 条 律师在接受船舶油污案件当事人的委托后,应争取在第一时间内提醒委托人做好证据保全工作。船方律师应当同海事行政主管机关密切联系,了解海事行政主管机关采取的清污活动以及成效,并注意保存相关证据材料。油污受害方律师也应与海事行政主管机关密切配合,及时确定船舶的漏油量,提取漏油船上的油样和泄漏的油样等证据。

确定船舶漏油量的证据材料包括大副收据、提单、商检报告、油类记录簿、航海日志、轮机日志、装卸记录、空距报告以及卫星图片等。

第 112 条 参与船舶油污清污行动的单位和个人,在清污时应注意收集下列清污证据材料,并作成索赔报告书:

  112.1 清污的时间、地点、日程记录或者航海日志摘录;
  112.2 投入的人力、机具、船只、清污材料的数量、单价和计算方法;
  112.3 组织清污的管理费、交通费以及其他费用;
  112.4 清污效果及情况报告等。

第 113 条 对于《国际油污损害民事责任公约》船舶造成油污损害的赔偿请求,律师可以代委托人向造成油污损害的船舶所有人提出,也可以直接向承担船舶所有人油污损害责任的保险人或者提供财务保证的其他人提出。

第 114 条 油污损害责任的保险人或者提供财务保证的其他人被起诉的,律师可以根据保险人或者财务保证人的委托,代其向海事法院申请要求造成油污损害的船舶所有人作为无独立请求权的第三人参加诉讼。

第 115 条 律师在处理船舶油污案件时,应当注意对下列事项进行审查:

  115.1 索赔主体是否适格;

115.2 法律适用上应注意分析本案适用1992年《国际油污损害民事责任公约》，还是适用《海商法》、《中华人民共和国海洋环境保护法》（以下简称《海洋环境保护法》）以及相关行政法规的规定；

115.3 索赔的油污损害范围及金额是否合理，以及有无证据支持等。

第116条 律师办理船舶油污案件，应当注意程序法、国内法以及国际公约的正确适用，并充分考虑委托人可能依法享有的设立海事赔偿责任限制基金或者设立油污损害的海事赔偿责任限制基金的权利。

第117条 对于船舶油污案件中的专门性问题，律师可以向海事法院申请委托鉴定人进行鉴定。在征询委托人后，律师也可以自行委托有资质的部门或者机构进行鉴定。

第七节 海事赔偿责任限制基金案件

第118条 律师接受当事人关于海事赔偿责任限制基金案件的委托后，应当正确分析委托人是否有权申请设立海事赔偿限制基金，向委托人提供法律意见，并告知相应的法律后果。

对于涉及总吨不满300吨的船舶、从事中华人民共和国港口之间的运输的船舶，以及从事沿海作业船舶的海事赔偿限额，律师应当充分注意《关于不满300总吨船舶及沿海运输、沿海作业船舶海事赔偿限额的规定》中的特别规定。

对于涉及中华人民共和国港口之间海上旅客运输的旅客人身伤亡的海事赔偿限额，律师应当充分注意《中华人民共和国港口间海上旅客运输赔偿责任限额规定》中的特别规定。

第119条 委托人同意设立海事赔偿责任限制基金的，律师应当代为起草设立海事赔偿责任限制基金申请书，申请书应当包括下列主要内容：

119.1 申请设立海事赔偿责任限制基金的数额；

119.2 申请理由；

119.3 已知利害关系人的名称、地址和通讯方式。

第120条 律师或者委托人可以在起诉前或者诉讼中向海事法院申请设立海事赔偿责任限制基金，但最迟应在一审判决作出前提出，同时提交设立海事赔偿责任限制基金的有关证据。

第121条 律师在接受利害关系人的委托后，应对申请人的海事赔偿责任限制基金申请进行审查，主要包括以下事项：

121.1 设立基金申请人的主体资格；

121.2 事故所涉及的债权性质；

121.3 申请设立的基金数额。

经审查如果发现申请设立的海事赔偿责任限制基金不符合法律规定的，律师应当在规定期间内对申请人设立海事赔偿责任限制基金提出异议。

第122条 在海事法院准予申请人设立海事赔偿责任限制基金的裁定生效后，申请方律师应当通知委托人在3日内用现金或者海事法院认可的担保在海事法院设立海事赔偿责任限制基金，并提醒委托人注意银行汇款、转账以及担保人出具担保过程所需要的时间，要求委托人提前准备设立海事赔偿责任限制基金的现金或者担保。

第123条 委托人要求以担保的形式设立海事赔偿责任限制基金的，律师应当要求委托人提供中华人民共和国境内的银行或者其他金融机构出具担保，并应与海事法院提前联系认可该担保。

第124条 设立海事赔偿责任限制基金后，就有关海事纠纷，律师应当提醒委托人向设立海事赔偿责任限制基金的海事法院提起诉讼，但当事人之间订有诉讼管辖协议或者仲裁协议的除外。

第125条 船舶造成中华人民共和国参加的《国际油污损害民事责任公约》规定的油污损害的，为取得法律规定的限制油污损害损害赔偿责任的权利，船方律师应当提醒委托人向海事法院申请设立油污损害的海事赔偿责任限制基金。该申请可以在起诉前或者诉讼中提出，但最迟应当在一审判决作出前提出。

第126条 律师代理设立油污损害的海事赔偿责任限制基金案件，应当比照适用《海事诉讼特别程序法》第九章"设立海事赔偿责任限制基金程序"的有关规定。

第八节 其他海商海事诉讼特别程序案件

第127条 律师接受海事请求人关于海事请求保全的委托后，应当代为起草海事请求保全申请书。海事请求保全申请书应当包括以下内容：

127.1 海事请求事项；

127.2 申请理由；

127.3 保全的标的物以及要求提供担保的数额。

律师或者委托人向海事法院提交海事请求保全申请时应附有关证据。

第128条 律师代为提出海事请求保全申请，可以要求委托人提供被申请人的银行账号、有价证券、房地产、机器设备、船舶以及车辆等财产线索，并告知委托人需向法院提供担保以及申请不当的法律后果。

在申请扣船时，律师可以要求委托人提供准确的船东注册信息、船期和船舶所在位置。

第 129 条　如果诉前海事请求保全,律师应当告知委托人:

129.1　扣押船舶的期限为 30 日;

129.2　扣押船载货物、船用燃油、船用物料以及其他财产的期限为 15 日;

129.3　在申请诉前海事请求保全后,应当在上述期限内提起诉讼或者申请仲裁。

第 130 条　海事被请求人的律师应审查以下事项:

130.1　海事请求人的申请是否错误;

130.2　海事请求人的请求是否在法律规定的海事请求范围内;

130.3　申请人是否提供了可靠、充分的担保;

130.4　委托人是否愿意提供担保并申请法院解除保全。

在具有第 130.1、130.2、130.3 项的情况下,律师应代被请求人起草异议书,并及时向海事法院申请复议。

第 131 条　律师应当注意并告知委托人普通财产保全以及不同海事请求保全的保全期限,并在保全期限届满之前提醒委托人。

第 132 条　财产保全期间届满,被请求人不提供担保,而且财产不宜继续保全的,律师可以在提起诉讼或者申请仲裁后,代委托人向保全财产的海事法院提出拍卖申请。

对无法保管、不易保管或者保管费用可能超过保全财产的价值的,律师可以代为申请提前拍卖。

第 133 条　对海事法院作出的准予或者不准予拍卖保全财产的裁定,律师可以在委托人收到裁定书之日起 5 日内代为申请复议。

第 134 条　海事请求保全错误的,海事被请求人或者利害关系人的律师在征得委托人的同意后,可以向海事请求人索赔委托人因此遭受的损失,并向采取海事请求保全措施的海事法院提起诉讼。

第 135 条　律师接受海事请求人关于申请海事强制令的委托后,应当对以下内容进行审查:

135.1　委托人是否有具体的海事请求;

135.2　是否需要纠正被请求人违反法律或者合同的行为;

135.3　是否情况紧急、不立即作出海事强制令将造成损害或者使损害扩大。

第 136 条　律师可以代为起草海事强制令申请书并提交海事法院。海事强制令申请书应当包括下列主要内容:

136.1　海事请求事项;

136.2　申请强制令的理由。

律师或者委托人向海事法院提交海事强制令申请书时应附有关证据。

第 137 条　律师代为提出海事强制令申请，应当告知委托人可能需要提供担保，并告知申请错误的法律后果。

第 138 条　对海事法院作出的准予或者裁定驳回海事强制令申请的裁定，律师可以在委托人收到裁定书之日起 5 日内代为申请复议。

第 139 条　律师接受利害关系人的委托后，应根据实际案情建议委托人是否对海事强制令提出异议，并告知相应的法律后果。

第 140 条　海事请求人申请海事强制令错误的，被请求人或者利害关系人的律师征得委托人同意后，可以向海事请求人索赔委托人因此遭受的损失，并向发布海事强制令的海事法院提起诉讼。

第 141 条　律师接受海事请求人关于申请海事证据保全的委托后，应当审查以下内容：
　　141.1　委托人是否为海事请求的当事人；
　　141.2　请求保全的证据是否对该海事请求具有证明作用；
　　141.3　被请求人是否为与请求保全的证据有关的人；
　　141.4　是否情况紧急、不立即采取证据保全就会使该海事请求的证据灭失或者难以取得。

第 142 条　接受委托后，律师可以代为起草海事证据保全申请书并提交海事法院。海事证据保全申请书应当包括下列主要内容：
　　142.1　请求保全的证据；
　　142.2　该证据与海事请求的联系；
　　142.3　申请保全的理由。

第 143 条　律师代为提出海事证据保全申请书，应当告知委托人提供担保，并告知申请错误的法律后果。

第 144 条　对海事法院作出的准予或者驳回海事证据保全申请的裁定，律师可以在委托人收到裁定书之日起 5 日内代为申请复议。

第 145 条　律师接受利害关系人的委托后，应根据实际情况建议其是否对海事证据保全申请提出异议，并告知相应的法律后果。

第 146 条　海事请求人申请海事证据保全错误的，被请求人或者利害关系人的律师征得委托人同意后，可以向海事请求人索赔委托人因此遭受的损失，并向采取海事证据保全的海事法院提起诉讼。

第 147 条　律师接受提单等提货凭证持有人关于公示催告的委托后，应当向委托人了解其所取得提货凭证,以及提货凭证被盗、遗失或者灭失等情况,并代为起草公示催告申请书。公示催告申请书应当包括下列主要内容:

147.1 申请人的基本情况;

147.2 提货凭证的种类、编号、货物品名、数量、承运人、托运人、收货人、承运船舶名称、航次以及背书情况等;

147.3 申请公示催告的事实和理由。

第 148 条 公示催告期间,对于国家重点建设项目待安装、施工、生产的货物,救灾物资,或者因自身属性不宜长期保管的货物以及季节性货物,律师可以在申请人提供充分、可靠的担保的情况下,向海事法院申请提取货物。

第 149 条 在公示催告期间,律师接受利害关系人委托后,应当在公示催告期间代委托人向海事法院申报权利。

第 150 条 公示催告期间没有利害关系人向法院申报权利的,律师应当代委托人在公示催告期满后的次日起 1 个月内向法院申请判决宣告票据无效。

公示催告期间有利害关系人向法院申请权利或者法院裁定驳回公示催告申请的,律师在获得委托人的同意后,可以就有关纠纷向海事法院提起诉讼。

第 151 条 海事请求人请求担保的数额过高并造成被请求人损失的,被请求人的律师征得委托人同意后,可以向海事请求人索赔被请求人因此遭受的损失,并向作出裁决的海事法院提起诉讼。

第 152 条 律师接受债权人的委托参加债权登记与受偿程序,应当代为起草债权登记申请书,向海事法院申请债权登记。

第 153 条 债权登记申请书由委托人签名或者盖章后,由律师或者委托人在法定期限内向有管辖权的海事法院提出申请,并应提交有关债权证据。

第 154 条 委托人提供的债权证据为海事请求证据的,律师应当在办理债权登记后的 7 日内,在受理债权登记的海事法院提起确权诉讼。债权人和债务人之间有仲裁协议的,应当及时申请仲裁。如果在提出债权登记申请之前已经起诉的,应当提交起诉书、法院受理通知书及有关证据等材料。

第 155 条 律师接受船舶受让人关于申请船舶优先权催告的委托后,应当代为起草船舶优先权催告申请书,并向转让船舶交付地或者受让人住所地海事法院提出。申请书主要包括以下主要内容:

155.1 船舶名称;

155.2 申请船舶优先权催告的事实和理由。

律师或者委托人向海事法院提交船舶优先权催告申请书时,还应同时提交船舶转让合同、船舶技术资料等文件。

第 156 条　在海事法院作出不准予船舶优先权催告申请的裁定后，律师应及时根据案情建议委托人是否向海事法院申请复议。

第四章
律师代理海商海事仲裁案件

第 157 条　律师接受海商海事仲裁案件当事人的委托后，应对下列问题进行审查：
　　157.1　是否存在有效的仲裁条款或者协议；
　　157.2　争议事项是否具有可仲裁性或者是否属于仲裁庭的受理范围；
　　157.3　约定的是机构仲裁还是临时仲裁，以及有无仲裁规则。

第 158 条　申请人的律师应当代为起草仲裁申请书，申请书应写明：
　　158.1　申请人和被申请人的名称和住所（邮政编码、电话、电传、传真和电报号码也应写明）；
　　158.2　申请人所依据的仲裁协议或者当事人在合同中订立的仲裁条款；
　　158.3　案情和争议焦点；
　　158.4　申请人的请求及所依据的事实和证据。

第 159 条　律师提交仲裁申请书时，应附具仲裁请求所依据的事实的证明文件，并告知委托人需按照仲裁委员会或者仲裁庭的仲裁费用表的规定预缴仲裁费。

第 160 条　律师应通知委托人在收到仲裁通知后规定的时间内在仲裁员名册中选定一名仲裁员，或者委托仲裁委员会主任指定。第三名仲裁员由双方当事人共同选定或者共同委托仲裁委员会主任指定。
　　在简易程序中，仲裁双方应在被申请人收到仲裁通知后规定的时间共同指定或者共同委托仲裁委员会主任指定一名独任仲裁员。

第 161 条　被申请人的律师在接收委托后应对仲裁协议或者条款进行审查。如果存在管辖权异议，应建议委托人是否提起管辖权异议。
　　对仲裁案件管辖权的异议，应当在仲裁庭首次开庭前提出。对书面审理案件提出管辖权异议的，应当在第一次实体答辩前提出。

第 162 条　被申请人不提出管辖权异议的，被申请人的律师应当在仲裁规则规定的时间内向仲裁庭提交答辩书和有关证明文件。

第 163 条　被申请人如有反请求的，被申请人的律师应当代为起草反请求申请书。反请求申请书中应写明具体的反请求事项、反请求理由以及所依据的事实和证据。

反请求申请书应在仲裁庭规定的时间内提交仲裁庭，并附具有关证据材料，同时告知委托人按照仲裁规则中仲裁费用表的规定预缴仲裁费。

第 164 条 委托人需要申请财产保全的，律师应当向仲裁庭提交申请，并由仲裁委员会将申请提交被申请人住所地或者财产所在地的海事法院作出裁定。

第 165 条 委托人需要申请证据保全的，律师应当向仲裁庭提交申请，并由仲裁委员会将申请提交证据所在地的海事法院作出裁定。

第 166 条 律师应当参加开庭，但双方当事人申请或者征求双方当事人同意，仲裁庭也认为不必开庭审理的，仲裁庭只依据书面文件进行审理并作出裁决的案件除外。仲裁庭开庭审理时，律师应当对委托人的申请、答辩和反请求所依据的事实作进一步陈述，回答仲裁庭的提问，并可对有关法律问题进行辩论。

第 167 条 开庭审理后，律师应告知委托人在仲裁庭规定的期限内补交证据文件。

第 168 条 律师可以根据委托与对方当事人在仲裁庭或者仲裁庭之外进行和解。仲裁庭外达成和解协议的，律师应告知委托人可以请求仲裁庭根据其和解协议的内容作出裁决书结案，也可以申请撤销案件，并告知相应的法律后果。

第五章
律师代理海商海事执行案件

第 169 条 律师可以代理当事人就已经生效的民事判决书、民事裁定书、民事调解书、支付令、仲裁裁决书和调解书以及《民事诉讼法》规定的其他涉及海商海事方面的生效的法律文件等，向法院申请强制执行。

律师可以接受委托，担任上述海商海事执行案件中的被执行人、提出执行异议的案外人，以及被强制执行财产的第三人的代理人。

第 170 条 接受委托的律师应当对委托人的委托事项进行审查，具体审查内容如下：
170.1 律师应当审查申请执行的案件是否符合下列条件：
170.1.1 申请执行的法律文书已经生效；
170.1.2 申请执行人的申请未超过法定期限；
170.1.3 申请执行人为生效法律文书的权利人或者其继承人或者权利承受人；
170.1.4 被执行人在生效法律文书确定的期限内未履行义务；
170.1.5 执行事项具有可执行性。

170.2 律师应当审查被执行人是否符合下列条件：
170.2.1 生效法律文书确定被执行人有履行义务；
170.2.2 被执行人在规定的期限内未履行义务。
170.3 律师应当审查提出执行异议的案外人是否符合下列条件：
170.3.1 为案件当事人以外的、与执行标的有利害关系的人；
170.3.2 对执行标的有主张的权利。
170.4 律师应当审查被执行财产的第三人是否符合下列条件：
170.4.1 第三人对被执行人负有到期债务；
170.4.2 被执行人不能清偿到期债务；
170.4.3 该第三人在规定期限内提出异议。

第 171 条 律师接受执行申请人的委托后，应当代为起草申请执行书，并由律师或者委托人在法定期限内向有管辖权的海事法院或者人民法院提出，同时提交以下材料：
171.1 据以执行的生效法律文书；
171.2 委托人的授权委托书和所在律师事务所的函；
171.3 申请执行人的身份证明等。

第 172 条 出现可变更或者追加被执行主体的情况时，律师在征得委托人同意后，应当向法院提出变更或者追加被执行主体的申请。

第 173 条 被执行人为企业法人、其财产不足以清偿全部债务的，律师应征询委托人是否向法院提出破产申请。

第 174 条 在执行过程中，律师可以根据委托人的特别授权，与被执行人达成和解协议，变更生效法律文书所确定的履行义务主体、标的物及其数额、履行方式以及履行期限等。

第 175 条 律师应当对法院裁定执行中止的事实与理由进行审查，确定是否对执行中止向法院提出异议。在执行中止的事由消灭后，律师应当协助委托人做好执行程序的恢复工作。

第 176 条 律师可根据案件的性质及被执行人的执行能力等情况，提请委托人注意是否向法院申请延期执行。

第 177 条 可执行回转的案件，律师应当向法院提出执行回转申请，协助委托人提出有利于回转执行的措施。

第 178 条 律师应当审查法院终结执行是否符合法律规定。对于不符合条件的终结执行，律师应当向法院及时提出异议。

第 179 条 在执行案件中，出现下列情况时，律师的义务终止：

179.1　生效法律文书确定的内容全部履行完毕；
179.2　法院裁定执行终结；
179.3　法院裁定仲裁裁决不予以执行；
179.4　当事人之间达成和解协议并已履行完毕。

第 180 条　律师办理涉外海商海事承认与执行案件，应当依法确定案件的管辖法院，并注意程序法、国内法以及国际公约的正确适用。

第 181 条　律师办理涉外海商海事承认与执行案件，应注意《海事诉讼特别程序法》、《最高人民法院关于涉外民事或商事案件司法文书送达问题若干规定》以及其他相关司法解释关于送达方式的特别规定。

第 182 条　律师接受委托，办理台湾地区、香港特别行政区、澳门特别行政区有关法院海商海事判决、裁定以及台湾地区仲裁机构裁决的执行案件，除了遵守《民事诉讼法》的有关规定外，应当根据《最高人民法院关于人民法院认可台湾地区有关法院民事判决的规定》、《关于内地与香港特别行政区法院相互认可和执行当事人协议管辖的民商事案件判决的安排》、《内地与澳门特别行政区关于相互认可和执行民商事判决的安排》以及其他法律、法规首先向法院申请认可。

被认可的台湾地区、香港特别行政区、澳门特别行政区有关海商海事判决、裁定以及台湾地区仲裁机构裁决需要执行的，应当依据《民事诉讼法》以及其他法律、法规规定办理。

第 183 条　律师接受委托，办理香港特别行政区有关海商海事仲裁裁决的执行案件，除了遵守《民事诉讼法》的有关规定外，还应当注意《最高人民法院关于内地与香港特别行政区相互执行仲裁裁决的安排》以及其他法律、法规的有关规定。

<h2 style="text-align:center">附　　则</h2>

第 184 条　本指引仅作为律师办理海商海事案件指导之用。律师在处理具体案件时应以法律、法规的规定为准，并充分注意最高人民法院公布的司法解释、批复、纪要等以及当地法院的具体司法实践。

第 185 条　本指引经第六届中华全国律师协会第九次常务理事会审议通过。

（本指引由全国律协海商海事专业委员会负责起草，主要执笔人：陈歆、安寿志、周明达、肖东升、周之棣）

附录 1

中华全国律师协会
关于律师办理群体性案件指导意见

(2006 年 3 月 20 日六届四次常务理事会通过并试行)

当前及今后一段时间我国处于建设社会主义和谐社会的重要时期,正确处理群体性案件对建设和谐社会至关重要。群体性案件较多发生在土地征用征收、房屋拆迁、库区移民、企业改制、环境污染以及农民工权益保障等方面。群体性案件通常有着较为复杂的社会、经济、政治等原因,对国家、社会有着不容忽视和不同程度的影响。为发挥律师在群体性案件中维护社会稳定,促进社会主义法制建设的积极作用,保障律师的执业权利,更好地维护当事人合法权益,提出以下工作指导意见(以下简称《指导意见》)。

一

(一) 本《指导意见》所说的群体性案件,是指一方当事人众多(十人以上)、基于同一或类似的事实问题或法律问题而引发的共同诉讼或非诉讼(包括调解、裁决、仲裁、复议等)案件。律师应依法接受委托,在其受托范围内为群体性案件的委托人提供法律服务。

在群体性案件中,律师可以接受群体当事人的委托,为其提供法律咨询,参与诉讼或非诉讼;也可以作为有关机关、企事业的法律顾问提供咨询服务,协助处理和解决群体性纠纷,代理诉讼或非诉讼法律事务。

律师办理群体性案件,应当通过法律途径,就法律问题履行职责。

律师从个案入手,进行分析探讨,提出法律意见和建议,有助于推动司法、立法活动和依法行政。律师办理群体性案件,应当依照法律,恪守职业道德和执业纪律,在其专业职责范围内为当事人服务。

(二) 律师应该以高度的社会责任感,积极参与和促成群体性案件的妥善解决。律师在办理群体性案件时,应当忠于宪法,忠于法律,忠于职守,坚持原则,尽职尽责地维护委托人的合法权益,维护法律与社会公平正义,维护国家稳定,保障经济发展,促进社会和谐。

律师办理群体性案件,应着力于化解矛盾纠纷,帮助争议各方选择合法、适当、平和与稳妥的争议解决路径和方式。倡导调解解决纠纷。

律师可从个案入手,进行分析研究,向有关单位和部门提出法律意见和建议,进而推动国家的法制建设。

(三) 律师办理群体性案件,必须遵守宪法与法律,恪守职业道德和执业纪律,还应遵循本《指导意见》和其他行业规则。

律师办理群体性案件应接受国家、社会和当事人监督。

律师依法办理群体性案件受法律保护。律师协会有保护律师依法办理群体性案件之责。

二

律师办理群体性案件,应处理好与当事人、司法机关、政府、媒体和公众等方面的关系。

(一) 律师与当事人的关系

1. 律师应当协助、督促委托人真实地陈述案情,不得支持或协助委托人故意隐瞒、遗漏重要证据或作虚假陈述。

2. 律师发现因部分委托人或代表人作虚假陈述或歪曲案情,致使群体情绪不稳定可能发生影响社会稳定的情况时,应当对当事人指出,必要时可向本所负责人或司法行政机关报告。

3. 律师对当事人或其代表人、代理人提出的违法或明显不合理的要求应予以拒绝。

4. 律师不鼓动、不参与群体性案件当事人或其代表人、代理人的违法上访活动。不得参与或建议当事人以违反社会治安、干扰国家机关正常工作等手段促使案件的解决。

5. 有下列情形,律师事务所可以解除委托代理协议,终止代理关系:

① 委托人坚持违法要求的;

② 委托人隐瞒、歪曲重要事实的;

③ 委托人利用律师服务从事违法活动的;

④ 其他客观原因导致律师难以正常履行职责的。

(二) 律师与司法机关的关系

律师受理群体性案件后,要及时与有关司法部门充分沟通,实事求是反映情况,以引起应有的重视。要积极协助司法机关查明事实。如果需要,可通过律师协会向司法机关反映问题。

(三) 律师与政府的关系

律师受理群体性案件后,应通过正当渠道及时向政府相关部门反映情况。担任政府法律顾问的律师,应当从依法行政的角度给政府提出意见和建议;发现有可能激化矛盾扩大事态的问题和苗头时,有权立即报告司法行政主管机关。

(四)律师与媒体的关系

律师和律师事务所要恰当把握与媒体的关系,实事求是,谨慎评论。不炒作新闻,不搞有偿新闻。应慎重对待与境外组织和境外媒体的接触。

三

律师办理群体性案件,应遵守以下要求:

1. 备案制度。律师事务所接受群体性案件委托后,应当及时向所属律师协会备案。多个律师事务所承办就同一诉求不同当事人案件,可协商确定一家律师事务所负责向律师协会报告。不同地区的律师事务所受理同一案件,应分别报告各自所属律师协会。

2. 集体讨论,加强督导。承接群体性案件,应由律师事务所统一接受委托,指定专人承办,共同研究工作方案。律师事务所对律师办理群体性案件应尽督导把关之责,发现律师在办案中有违规行为,应及时制止并采取补救措施。

3. 做好咨询接待工作。律师事务所应安排政治和业务素质好、经验丰富的律师接待群体性案件的来访咨询,做好接待笔录。对来访人员要耐心细致,解答详尽,不宜轻率发表意见。律师事务所决定收案的,应全面做好收案笔录。

4. 律师应政府有关部门要求参与上访接待工作,应处理好维护社会稳定与维护群体当事人的合法权益的关系。律师应在自己职责范围内,努力配合有关部门开展工作,引导当事人依法行事。尽可能劝解当事人不越级或群体上访。

5. 根据群体性案件的具体情况,律师事务所可以依法与当事人签订委托代理协议,也可以与其授权的代表人、代理人签订委托代理协议。

6. 群体性案件结案后,承办律师应及时向律师事务所负责人报告结案情况,具有重大社会影响的还应向所属律师协会报告。

7. 律师事务所应当保证办理群体性案件档案的完整、详尽、有序和整齐。

四

律师依法办理群体性案件,律师协会应当予以支持、指导和监督:

1. 律师协会有权了解律师办理案件的情况,提出建议;

2. 根据律师事务所的请求,律师协会可以组织对个案论证研讨,也可以自己决定召集论证研讨会,提出意见;

3. 对影响大的群体性案件,律师协会应及时与有关部门沟通、协调。律师协会可

以根据需要就案件相关问题向公众表达意见,以支持律师依法办案;

4. 律师的人身和执业权益受到损害时,律师协会应当及时向有关部门反映情况,督促相关部门采取措施,维护律师合法权利;

5. 律师异地执业权利受到损害,其所属律师协会请求予以支持的,接受请求的律师协会应当予以配合,全国律协根据需要可以对律师维权活动进行组织协调;

6. 律师协会可以根据律师事务所的请求或基于妥善处理问题的判断,提议或提醒当事人各方律师进行调解谈判,化解纠纷;

7. 对于影响大的群体性案件,律师协会在收到律师事务所的备案后应及时向同级司法行政机关通报;

8. 律师和律师事务所办理群体性案件成绩突出或经验可鉴的,律师协会应当予以表彰、宣传和推广,或提请司法行政机关予以奖励;

9. 律师和律师事务所未按本《指导意见》要求办理群体性案件,造成恶劣影响的,律师协会可以根据相关行业规则予以惩戒,或提请司法行政机关予以处罚;

10. 律师协会应加强对律师办理群体性案件业务的培训,在形势政策、办案策略和工作要求等方面进行普遍指导。

五

律师在接办人数虽然未达本《指导意见》第一条所指群体性标准,但为国内外关注、具有重大社会影响或重大敏感性案件时应遵循本《指导意见》。

各地律师协会制定的相关规范、细则有与本《指导意见》相冲突的,应以本《指导意见》的精神进行修订。

本《指导意见》由全国律师协会负责解释、修订。

本《指导意见》依据《律师协会章程》制定。报司法行政机关备案。

本《指导意见》自发布之日起试行。

附录2

中华全国律师协会
关于为应对国际金融危机、保持经济平稳较快发展提供优质法律服务的指导意见

(2009)律发字第01号

各省、自治区、直辖市律师协会：

在国际金融危机愈演愈烈，对我国经济负面影响日益加重的情况下，我国政府出台了一系列保增长促发展的政策。最近召开的中央经济工作会议提出，必须把保持经济平稳较快发展作为2009年经济工作的首要任务，要着力在保增长上下功夫，把扩大内需作为保增长的根本途径，把加快发展方式转变和结构调整作为保增长的主攻方向，把深化重点领域和关键环节改革、提高对外开放水平作为保增长的强大动力，以改善民生作为保增长的出发点和落脚点。广大律师应当深入贯彻党的十七大精神，认真学习实践科学发展观，深刻领会中央经济工作会议要求，进一步增强社会责任感，充分认识律师工作对应对当前经济困难、保持经济社会稳定的重要意义，为维护国家经济安全和社会稳定，实现经济全面协调可持续发展提供优质高效法律服务。

为此，全国律协提出以下意见：

一、进一步转变理念，密切关注国家经济政策变化，树立服务国家经济社会科学发展大局的观念

广大律师一定要牢固树立服务于经济社会发展，服务于经济建设大局的服务观，充分认识法律服务的适应性，注重研究国际经济发展的规律、中国改革开放和经济建设提出的法律服务需求，以及为此提供优质服务的方式。目前，世界经济金融形势复杂多变，不稳定、不确定因素明显增多，受国际金融危机快速蔓延和世界经济增长明显减速的影响，加上我国经济生活中尚未解决的深层次矛盾和问题，经济运行中的困难增加，经济下行压力加大。在此严峻形势下，广大律师应当把思想和行动统一到中央的决策部署上来，按照司法部的部署，准确理解当前国内国际经济形势，牢牢把握中央保增长、扩内需、保稳定的新政策以及由此创造的法律服务的新机遇，增强敏感度，增强责任感。

二、进一步创新业务,在服务我国经济发展方式转变过程中拓展律师服务领域,提升服务功能,为经济社会又好又快发展提供全面服务

广大律师应当深刻领会我国经济发展方式转变和结构调整在保持经济平稳较快发展、应对国际金融危机中的重要性,注意把握提高企业自主知识产权能力、深化国资国企改革、加大环境保护力度、提升产业升级和出台产业振兴规划、加速实施"走出去"战略、启动新的重大工程项目建设、加快金融创新改革步伐、大力促进非公经济发展、切实解决城乡二元结构并加快农村经济发展等带来的律师服务机遇,有针对性地钻研并办好知识产权、环境保护、科技创新、国际贸易、涉外投资、基础设施、金融创新、农村产权制度改革及农民权益保护等方面的法律事务,为我国经济发展方式转变和结构调整提供全面和优质的法律服务。

三、进一步强化职能,妥善化解矛盾、解决纠纷,维护经济社会稳定,为企业和政府应对危机、科学决策提供法律支持

广大律师应当充分发挥疏导和解决社会矛盾的"调节器"、"减压阀"作用,在承办因经济形势变化引起的劳动纠纷、征地拆迁、企业破产、承包经营、融资借贷等可能涉及群体性纠纷、激化社会矛盾的法律案件中,认真执行全国律协《关于律师办理群体性案件的指导意见》,切实承担起应有的社会责任,引导相关主体依法行使诉求,防止个体矛盾演变成群体冲突,尽最大努力化解社会矛盾。

广大律师应当发挥自身专业优势,积极参与到企业的经营决策之中,指导企业完善公司治理结构、健全内部管理制度和风险防范体系,有针对性地为企业办实事、解难事、渡难关。同时,广大律师,特别是律师中的人大代表、政协委员,应当充分发挥自身精通法律、了解社会实际的职业特点,加强对经济社会领域不稳定、不确定因素的分析、研究工作,及时发现影响经济发展、社会稳定的问题和隐患,有针对性地提出对策与建议,主动参政议政,建言献策,积极参与政府应对金融危机政策和规则制定工作,为政府决策的合法性和科学性提供保障和支持。

四、进一步加强管理,练好内功,提高律师事务所自身为经济社会发展提供优质高效法律服务的能力

金融危机的发生、加剧与蔓延不仅给律师业务带来影响,而且也给律师事务所自身管理带来挑战。律师事务所必须比以往任何时候都更应关注自身业务风险、注重加强内部管理、重视事务所规范建设。在提倡事务所专业化发展方向的同时,根据法律服务形势的变化,进一步调整、优化业务结构,增强律师事务所抗风险能力。律师事务所应当进一步健全合伙体制,完善治理结构,优化分配模式,规范利益冲突,关注成本控制,练好内功,进一步提高律师事务所自身为经济社会又好又快发展提供优质、高效、规范、持续法律服务的能力。

五、进一步发挥作用，加强行业协会建设，优化执业环境，为律师行业发展创造有利条件

律师协会应当进一步发挥专业委员会的作用，继续深入研究国际金融危机对我国各个经济领域，包括律师行业自身的重大影响，并及时提出相应对策，在金融风险防范、企业破产重整、公司投资融资、劳动争议纠纷、"三农"法律服务等重要业务领域通过业务指引、专业培训、风险提示、研讨交流等多种形式对律师执业活动进行引导和规范，切实提高律师行业为应对金融危机提供服务的能力。各地律师协会应当主动了解、分析、把握当地经济社会发展中的涉及法律方面的新情况、新问题、新趋势，积极与当地政府部门进行沟通、交流，提供法律意见、建议或专业报告，充分发挥反映诉求、提供服务、规范行为的职能作用。

律师协会应当密切关注金融危机背景下律师行业自身的变化，及时了解广大律师诉求，为律师执业排忧解难；引导律师事务所有序展业，防止出现恶性压价等不正当竞争行为，维护规范的法律服务秩序；与政府相关部门进一步沟通协商，以进一步改善律师的税收待遇，从而降低律师行业执业成本，扩大律师行业业务规模，增强律师事务所抗风险能力，鼓励与扶持作为现代服务业重要内容的律师服务业做大做强；加强律师行业宣传工作，大力宣传律师在应对金融危机、服务企业发展、化解社会矛盾中的作用和事迹，让社会充分了解并进一步认可律师职业本质，为律师业务拓展和创新创造更加有利的条件。

各地贯彻本《通知》的情况和意见，望及时报告全国律协。

二〇〇九年一月十九日

附录 3

中华全国律师协会
关于律师为"三农"提供优质法律服务、促进农村经济、社会和谐发展的指导意见

(2009)律发字第 03 号

各省、自治区、直辖市律师协会：

党的十七届三中全会作出了"关于推进农村改革发展若干重大问题的决定"，提出了新形势下推进农村改革发展的行动纲领。农村的发展改革和制度创新，是农村经济发展市场化和法制化的过程，律师是农村法制建设和法律服务的重要力量，在社会主义新农村建设中，律师应该积极作为，有所贡献。

为此，全国律协号召广大律师，深入贯彻落实科学发展观，坚持多予少取、服务"三农"的方针，以多种方式参与服务"三农"工作；倡导获得荣誉称号的全国优秀律师事务所和优秀律师，在"三农"法律服务中，发挥模范带头和专业骨干作用；号召基层律师事务所和律师，在服务"三农"工作中，发挥地域优势，不断开拓业务领域，探索建立律师服务"三农"的有效机制，为农村经济健康发展和农村社会和谐稳定，为实现和维护农民合法权益发挥积极的作用。

现就当前律师服务"三农"工作提出以下意见：

一、当前律师服务"三农"中应特别关注的法律问题

（一）农村基本经营制度中的法律问题

农村土地承包经营、林地承包经营、土地承包经营权流转等，是农村经济活动的基础形式，涉及法律问题复杂，争议纠纷很多，是各级政府以及广大农民关注的重点。

1. 土地承包经营中的法律问题

土地是农民谋生的主要手段，也是农民进行投资、积累财富和代际转移财富的主要途径。为了稳定农村土地承包关系，完善土地承包经营权，保护耕地，国家有关部门正在抓紧制定、修订、完善相关法律法规和政策，实施最严格的耕地保护制度，赋予农民更加充分而有保障的土地承包经营权。如：集体土地所有权确权登记颁证工作，将权属落实到法定行使所有权的集体组织；土地承包经营权登记试点，把承包地块的面积、空间位置和权属证书落实到农户；落实草原承包经营制度，防止和纠正借机调整土

地承包关系,违法收回农民承包土地的各种行为。

2. 土地承包经营权流转中的法律问题

党的十七届三中全会以后,各地都在抓紧建立健全农村土地承包经营权流转市场,并对土地承包经营权流转提出严格的政策要求,即不得改变土地集体所有性质,不得改变土地用途,不得损害农民土地承包权益,坚持依法自愿有偿等价原则,尊重农民的土地流转主体地位,任何组织和个人不得强迫或变相胁迫流转,也不能妨碍自主流转等。这些都涉及对农民土地承包经营权的物权保护问题,需要律师在实践中,准确把握、运用政策要义和相关配套法律法规。

3. 集体林权制度改革中的法律问题

国家已确定将用五年左右时间基本完成明晰产权、承包到户的集体林权制度改革,并要求尽快建立健全产权交易平台,加快林地、林木流转制度建设,完善林木采伐管理制度。

(二) 金融信贷中的法律问题

未来几年,随着金融体制改革的不断推进,各种新型农村金融组织和以服务农村为主的地区性中小商业银行将会陆续出现,金融机构创新农村金融产品和金融衍生服务,将使越来越多的乡镇企业和农民可以享受到金融、信贷服务;国家鼓励依法进行权属清晰、风险可控的大型农用生产设备、林权、四荒地使用权等抵押贷款;鼓励应收账款、仓单、可转让股权、专利权、商标专用权等权利质押贷款;农村消费信贷市场也将逐步扩大。这些必将涉及资信调查、借贷、担保、合同起草和审查等法律问题。

(三) 农民合作组织建立和运行中的法律问题

根据十七届三中全会精神,家庭经营要着力提高集约化水平,统一经营要发展农户的联合与合作,鼓励发展各种农村经济组织形式。律师应积极探索为农民合作组织建立和规范运行提供全程法律服务;因地制宜,使农民专业合作社发展成引领农民参与国内外市场竞争的现代农业经济组织;重点关注有潜力的农户、专业大户和龙头企业,为其生产经营、招商引资、土地流转、知识产权保护、农业科技应用等提供法律服务;帮助农民探索设立业主制、合伙制、公司制新型农场,依法完善各种农场的治理结构。

(四) 农业保险法律问题

国家十分重视农业保险,正在扩大政策性农业保险试点范围,增加险种,如逐步建立农业再保险体系和财政支持的巨灾风险分散机制;鼓励在农村发展互助合作保险和商业保险业务;探索建立农村信贷与农业保险相结合的银保互动机制等等。这些农村保险的新发展新事物,都会带来一系列新的法律问题。

(五) 农业知识产权保护法律问题

国家近年来不断加大农业科技投入,建立农业科技创新基金,重点支持关键领域的科学研究。随着农村建设和农业科学技术的发展,农业知识产权保护也日益重要。

主要体现在：对重要产品、专利、核心技术的保护，农民、农业经济组织产品服务商标的保护和农村物质、非物质遗产的保护等等。

（六）农业劳动关系法律问题

农民工就业、工资、福利保障等是涉及农民工权益保障的重要问题。在国际金融危机影响下，党中央、国务院要求各级政府高度重视这一问题，采取有力措施，最大限度安置好农民工，努力增加农民的务工收入。当前，农民工就业困难、劳动保障不足和收入下降问题十分突出，企业雇佣农民工中的劳动法律问题也会更加突出。

（七）城镇化、城乡一体化中的法律问题

在我国农村城镇化、城乡社会经济一体化进程中，需要大量的建设用地，在确保18亿亩红线的前提下，随着农用地征收范围的缩小，必然出现城中村改造、宅基地置换、农民集中区建设、集体建设用地流转等情况。律师应在各级政府制订相关政策规定时，积极提出法律意见，促进政府依法决策。对农村环境污染治理、生态农业建设、移民搬迁安置、集体资产处置、化解乡村政府债务等问题，也需要政策引导和法律服务的跟进。

（八）农村仲裁机构的法律问题

《农村土地承包经营纠纷仲裁法》即将出台，各地将陆续建立农村土地纠纷仲裁机构。据调查，有些地方的农民对仲裁解决纠纷的认可度较高。律师在农村土地承包经营纠纷仲裁中，可以受聘作为仲裁员，也可受委托代理争议各方参与仲裁，律师应为规范农村土地承包经营纠纷仲裁活动发挥作用。

（九）农村宅基地、房屋流转法律问题

我国农村房屋不同于城市的商品房，农村房屋的流转受到很多限制，主要体现在对房屋所依附的宅基地的限制及受让人身份的限制。由于现行法律法规不够明晰，导致农村房屋在买卖、继承、抵押过程中，纠纷繁多，情况复杂，容易引发纠纷。

（十）村民主体资格和农民社会保障中的法律问题

村民资格是村民享有权利和承担义务的基础，是村民取得宅基地、土地承包权、征地补偿费等一系列权利的前提。现行法律法规还未对村民资格认证统一标准，导致农村"外嫁女"要求获得原村征地补偿费之类的纠纷层出不穷。

随着我国经济的进一步发展，农村和城市的差距将逐步缩小，农民的社会保障水平也将逐渐提高，范围进一步扩大。农民和农民工社会保障中的法律问题也值得关注。

二、律师服务"三农"的形式和途径

（一）为基层政府做好法律顾问

律师应积极与基层政府建立服务关系，担任政府法律顾问、参与政府信访活动和维稳工作，开展法律宣讲解说，就法规政策咨询提出法律建议；律师应积极关注农村改革和发展中出现的新问题、新情况,研究各种法律关系的变化和调整,向政府反映广大农民诉求,为政府依法行政及时提出建议和意见,避免政府在涉及群众根本利益问题上决策失误。

(二)为农村各种金融机构、经济组织提供法律服务

律师应关注农村改革创新实践,关注各种新型农村经济组织、经济形(模)式、社会管理与服务模式的生成与发展,寻找业务切入的途径和时机。已经或正在生长中的农村经济组织包括:乡镇企业、农村金融服务机构、政策性农业投资公司、农业产业发展基金组织、农民专业合作社、农民专业技术协会等。农村的改革和发展使农村不同经济组织之间的联系日益密切,法律问题变得复杂。律师应通过担任法律顾问、提供法律意见、参与争议的调解、仲裁、诉讼等方式,积极为农村各种经济组织提供法律服务。律师还可以配合土地承包经营权流转服务组织,为流转双方提供法规咨询、合同制作和签订、纠纷调处等服务。

(三)化解矛盾纠纷,促进农村社会和谐稳定

律师应依法办理涉及农村的诉讼、非诉讼法律事务,参与行政调解、司法调解,或主持民间调解活动。

我国农村处在经济社会的快速变革中,各种矛盾纠纷会日益显现,今后将会更多的表现为农村征地、环境污染、移民搬迁、土地承包、集体资产处置等容易激化矛盾的群体性纠纷。律师应从预防和化解纠纷入手,及时向政府反映农民诉求,配合政府机关参与农村群体性事件的疏导,为避免和解决群体性事件发挥作用,促进社会和谐。

(四)律师应成为开展农村普法教育和法制宣传的生力军

农民对法律知识的需求是现实和迫切的,在普法宣传和法制教育活动中,律师应当发挥重要作用。律师应以多种方式开展农村普法宣传和法制教育活动,如送法下乡、开设律师农村法制讲堂等,增强广大农民的法律意识,为农村经济和社会发展营造良好的法制氛围。目前农村普法教育和法制宣传的切入点有:土地承包经营权的确认与流转;农业生产贷款;农业技术开发与知识产权保护;农产品、生产资料的购销、运输以及新农村建设中涉及的各种环保问题等。

(五)开展法律援助,维护农民的合法权益

对农村中的五保户和低保户的社会保障、残疾人救助、灾害救助纠纷、赡养、抚养类家庭纠纷,交通、医疗事故等人身伤害案件及环境污染等关系到农民群众利益的纠纷和案件,律师应与法律援助机构相互配合,从促进公平正义、促进社会和谐出发,积极参与法律援助活动,认真履行法律援助义务,依法维护农民的合法权益。

三、加强律师服务"三农"能力建设

(一)律师应认真学习贯彻党和国家关于"三农"工作的一系列政策,关注"三农"相关制度的发展进程,研究和预测农村经济社会发展中出现的大量法律服务需求,如

农村招商引资、投融资、土地相邻权、农村知识产权保护、土地征用补偿安置、宅基地使用、基础设施建设、建立农村社会保障制度等，积极开拓农村法律服务领域。

（二）律师应加强学习，掌握有关农村发展和建设的法律、法规，加强对"三农"法律问题的研究，提高从事农村法律服务的能力和水平。当前，新型农村金融组织、农村消费信贷、涉农贷款定向税收减免和费用补贴、政策性金融对农业中长期信贷支持、农民专业合作社信用合作试点及农村生态保护等新事物、新问题，都是律师应重点关注和研究的领域。

（三）律师应增强工作责任感，把服务"三农"作为自身工作的重点，扑下身子到农村去，到农民群众中去，熟悉村情、民情，运用法律知识提供优质高效的法律服务。要坚持法律效果与社会效果的统一，正确把握和处理运用法律手段解决法律权益问题与维护社会和谐稳定的关系，坚持从大局出发，从贯彻党的方针和国家法律出发，从维护最广大人民根本利益出发，通过卓有成效的工作，把律师做中国特色社会主义法律工作者、经济社会又好又快发展服务者、当事人合法权益维护者、社会公平正义保障者、社会和谐稳定促进者的"五者"要求落到实处。

（四）各级律师协会应将律师服务"三农"作为一项重要工作进行研究，提出律师服务"三农"的工作方案，动员和组织律师参与服务"三农"活动。应以县域律师事务所为主，调动和发挥县域律师的积极性和地域优势，加强工作整合；倡导大中城市律师事务所与县域律师事务所开展"一帮一"专业互助，或采取律师事务所与乡镇司法所和乡镇法律服务所"结对子"等多种方式，加大对县域律师和基层法律工作者服务"三农"的业务培训和指导；要依靠司法行政机关的支持，与政府相关部门（法制办、农委、扶贫办等）加强沟通，加强律师服务"三农"工作宣传，为律师服务"三农"创造良好的外部条件；要积极组织律师开展"送法律下乡"、"送法律进农家"活动；要强化"三农"法律问题研究，不断提高律师服务"三农"的业务水准，建设一支熟悉"三农"问题，精通涉农法律的高水平的专门人才队伍。

二〇〇九年四月十七日

全国律师执业基础培训指定教材

 中华全国律师协会/编

律师执业基本技能（上）	定价：68.00元
律师执业基本技能（下）	定价：78.00元
律师执业基本素养	定价：26.00元
律师职业伦理	定价：49.00元

如何成为合格的律师？如何成为优秀的律师？这不仅是初出茅庐的青年律师们迫切想知道的，也是律师行业管理所孜孜以求的。如何提高律师行业的执业水准，提升律师行业的整体素质，是关系到律师行业持续、稳定、健康发展的首要命题。

本套教材由中华全国律师协会主持编写，一批执业经验丰富、业务专长突出、热心律师教育事业、理论及实务上均有建树的律师共同参加了教材的编撰工作。

地址：北京市海淀区北三环西路43号青云当代大厦2003室（100086）

联系人：郎老师 010-62117788-103　传真：010-62196688　网址：www.yandayuanzhao.com

中华全国律师协会律师业务操作指引

 中华全国律师协会/编

为全国的执业律师
从事各项法律业务提供指导与借鉴

中华全国律师协会律师业务操作指引①

本书内容包括律师办理国有企业改制与相关公司治理业务、办理有限责任公司收购业务、办理风险投资与股权激励业务等16项业务操作指引，执笔人均为本领域的优秀律师，并经过各专业委员会组织众多资深律师反复讨论后确定，对于律师从事各项法律业务具有很强的指导性、借鉴性，也是新从业律师最佳的学习范本。

中华全国律师协会律师业务操作指引②

本书内容包括律师从事劳动法律服务业务、商业秘密法律业务、公司治理业务、公司诉讼业务、未成年人法律援助工作、未成年人刑事案件辩护工作、电子数据证据业务、工资集体协商业务、专利侵权业务等21个业务操作指引。

中华全国律师协会律师业务操作指引③

本书内容包括律师承办企业法律顾问业务、从事税法服务业务、从事证券法律业务尽职调查、代理商标注册申请业务、办理技术合同非诉讼法律业务、办理高新技术业务领域法律尽职调查业务等19项业务操作指引。

地址：北京市海淀区北三环西路43号青云当代大厦2003室（100086）

联系人：郎老师 010-62117788-103　传真：010-62196688　网址：www.yandayuanzhao.com